KB199674

민속원 아르케북스 050 minsokwon archebooks

한국근대음악사 1

1860년부터 1910년 까지

| 노동은 |

민 속 원

두레 풍물

조선후기 사회경제적 변화는 이앙법(이모작과 수리시설을 포함하여)에서 찾을 수 있다. 이앙법과 더불어 공동노동조직인 두레는 이전
시기보다 훨씬 더 공동체 문화를 창출하는 계기가 되었다.
두레 풍물은 또한 농민들의 장단 감수성의 성숙은 노래와 기악은 물론 음악의 생활화·생활의 음악화가 구축되어 마을공동체 문화를 이
루고 수평적 연대를 공고하게 할 수 있었다.
위 그림은 새참을 기다리며 모내기 마무리를 하려고 두레 풍물을 치고 있다.

두레 풍물
왼쪽 그림은 이한철의 8곡병 중 「세시풍속도」이고, 오른쪽 그림은 작자미상의 8곡병 중 「경직도(耕織圖)」이다. 왼쪽은 한참 신명난 두레 풍물로서 모내기 하는 모습이고, 오른쪽은 두레기를 꽂고 두레북 장단에 맞춰 모내기하는 모습이다.

신윤복의 「굿」에서 악사들

김홍도와 함께 풍속화의 쌍벽을 이루는 도화원 출신 신윤복(申潤福; 1758~?)의 그림에서는 무녀 뒤에 굿청이 보인다. 굿청이자 당골들의 전국적인 조직체로서 전라도와 경상도는 신청(神廳)을 두었다. 그리고, 경기도는 재인청(才人廳), 노량진은 풍류방(風流房), 함경도는 스승청, 제주도는 슨방청, 그 밖에 화랑청·장악청·악공청·공인청·공인방 등을 두었다.

신과 인간이 만나는 곳이 굿이고 보면, 무당이 신에게 가무백희로 제의를 하기에 당골을 비롯하여 소리꾼 광대, 악기주자 악공, 솟대와 줄타기를 비롯한 땅재주의 재인, 춤추는 무용수가 항상 배출된다. 더욱이 조선이 중앙과 지방의 국가기관에 급창·배우·예문패(藝文牌)·기녀를 포함하여 세악수와 취고수가 편제되어 있으므로 명인·명무·명창이 나올 수 있었다. 특히, 도청(都廳)이 조직되어 나례 등 국가의 의례에 지역별로 선정한 희자(戱子)로서 정재인(呈才人)들이 광화문 밖에 오산(鰲山) 등 산대(山臺)를 설치하고 온갖 연회를 하였다.

산대희(山臺戱)

18세기 산대 공연형태를 한 눈에 알아볼 수 있는 그림이다. 이 그림은 1725년 청나라 칙사 아극돈(阿克敦, 1685~756)의 『봉사도』(奉仕圖) 제7폭에 나오는 그림으로 황주 제안관(齋安館)에서 나례청 등재 정재인들의 연희모습이다. 아극돈은 조선에 네 차례(1717~1725)나 사신으로 왔었다. 『봉사도』는 1725년(영조 1) 청나라 사신 아극돈이 부사 자격으로 경종(景宗)의 조문과 영조 책봉례로 조선을 다녀가면서 20폭 그림에 제시(題詩)와 발문을 적은 기행화첩이다. 왼쪽부터 줄을 타는 어름, 대접돌리기의 버나, 요사스런 탈을 쓴 초란이 4인, 팔걸음 3인, 고수 1인 온갖 잡상이 4층에 걸쳐 있는 산대를 끌고가는 '예산대(曳山臺)' 등의 연희모습이 보인다.

이 연희 이외에 제11폭에 솟대놀이와 취고수와 세악수, 제14폭에 취고수, 제18폭에 취고수와 세악수 및 항발무 등의 춤 모습 보인다. 『봉사도』의 아래 그림은 위 그림 중 연희자들만 가려 뽑은 그림이다.

7

예산대와 해암호취, 솟대패의 연희들

위쪽 왼쪽 그림은 1725년 청나라 칙사 아극돈의 '봉사도'에서 가려뽑은 그림이고, 오른쪽은 김홍도의 1795년 그가 51세되던 해에 지본 담채로 그린 '해암호취(海岩豪鷲)'에서 가려뽑은 그림이다. 예산대가 오른쪽의 바다바위인 오산(鰲山)과 같이 산대가 선인들이 사는 신사(神山)와 같이 만든 연회이었다.

아래쪽 두 그림은 솟대패의 연회장면으로 감로탱에서 뽑은 그림이다. 왼쪽은 1890년작 경기도 화성 용주사의 감로탱으로 솟대 꼭대기에 거치대와 쌍줄에서 솟대타기를 하는 모습이다. 오른쪽은 18세기말 화기(畵記)가 없는 감로탱에서 솟대패의 연회종목을 보여주는 부분만을 뽑은 그림이다. 솟대놀이 밑에서 죽방울놀이와 꼭두각시놀음인 덜미 종목이 펼쳐지고 있는데, 이는 근대 남사당놀이의 여섯 종목의 하나이다.

8

수양악기 거문고와 비파 및 아회

조선의 선비와 사대부들은 인격을 완성하려고 거문고(琴)와 비파(瑟)가 수양악기로 다루는 음악의 나라이기도 했다. 위 두 그림은 이경
윤(李慶胤)의 16세기 말엽 작품으로 전해지고 있는 그림이다.
아래 그림은 이인문(李寅文, 1745~1821)의 19세기 초의 '루각아집도'(1805년작)의 부분 그림으로 음악과 시와 노래의 모임인 아회(雅
會) 모습이자 악회(樂會)의 모습이다.

庚炎之夜雲月
勝筵華端出化
驚人香夢
眉山首

檀園

金氏雲林
畫所

가곡하는 시회

그림은 김홍도의 1791년작 「송석원시사 야연도(松石園詩社夜宴圖)」이다. 서울 서쪽 인왕산 옥류동에 있었던 천수경(千壽慶)의 뒤뜰인 송석원에서 장훈 등 9인의 중인들이 모여 시회를 펼쳤다.

이 모임체와 달리 중인 출신들이 위 그림가 같은 시사(詩社)모임으로 『가곡원류』(박효관·안민영), 『청구영언』(김천택), 『금옥총부』(안민영) 등의 가곡집이 나왔다.

경수연과 세악수

이 그림은 19세기 '선묘조제재경수연도첩(宣廟朝諸宰慶壽宴圖帖)'(문화재연구소본)에 나온다. 노모를 모신 재신들의 경수연(慶壽宴)에서 장악원 세악수들이 춤과 함께 연회음악을 베풀고 있다. 세악수는 왼쪽부터 좌고·장고·피리·피리·해금·대금 등 세악 편성으로 이루어졌으며, 그 뒤쪽으로 집박자가 있다.

향연에서 공연하는 세악수

김홍도의 '평양감사 향연도' 중 부벽루연회도의 부분 그림이다. 부벽루각 안에서 평안감사를 비롯하여 수많은 인파가 연회악 보고 있다. 춤은 위로부터 처용무·포구락·검무·무고의 춤 공연종목을 한꺼번에 보여주고 있다. 홍의를 입은 세악수들은 좌로부터 좌고·장고·대금·피리·피리·해금이며 맨 오른쪽에 집박자가 있다. 춤추는 곳에 세악수들의 「대풍류」 연주가 있다.

19세기 벽두 세악수

혜원 신윤복(蕙園 申潤福)의 '혜원풍속도첩(蕙園風俗圖帖)' 중 쌍검대무(雙劍對舞) 그림이다. 두 여인의 날렵한 춤과 칼끝이 세악수들의 검무(劍舞) 반주음악이 무르 익고 있다. 좌로부터 좌고·장구·대금·피리·피리·해금의 군영 소속 세악수들이 좌고잡은 패두의 지휘로 「대풍류」를 연주하고 있다.

20세기 벽두세악수

대한제국의 군대가 해산되는 1907년에 서울에서 찍은 세악수들이다. 광무대나 원각사 등의 예술단 소속의 세악수로 보인다. 이 사진은 W.L.허버드(Hubbard)의 저서 『외국음악사(History of Foreign Music)』(N.Y.: Irving Squire, 1908), 35~41쪽에 나오는 사진이다.

세악수와 취고수의 행악

18~19세기의 작자미상의 작품, 8폭의 '평양감사 환영도' 중 제2폭에 나오는 그림이다. 상단의 평안감사 앞의 세악수 행렬과, 하단의 세악수와 취고수의 행악이 크게 일어나는 행렬그림이다. 상단 양열의 세악수들은 피리·장구·젓대·해금·좌고 순으로 행진하고 있다. 좌고를 멜 수 없어 고수 두 사람이 함께 들고가면서 치고 있다.

13

경기감영(京畿監營)의 취고수와 세악수

위 그림은 「경기감영도」 중 부분이다. 경기감영을 중심으로 그 일대를 12폭으로 그림 중 5~6폭에 앞열에 취고수 12인과 뒷열에 세악수 8인 등 20인이 군졸 호위로 행진하며 「대취타」를 연주하는 모습이 그려져 있다. 경기도관찰사가 도내 행정과 군사업무를 통제 지휘권한을 가진 이곳에 세악수와 취고수가 편제되어 활동하였다.

대한제국(大韓帝國)의 취고수와 세악수

아래 행렬도는 고종의 동가행렬을 그린 기록화인 「대한제국 동가도(大韓帝國動駕圖)」에 나오는 취고수와 세악수 행렬도이다. 본래 그림은 취고수와 세악수가 서로 떨어져 있었지만, 여기에서는 한 자리에 모아 놓았다. 이 그림은 고종이 1868년 3월 23일부터 군대열무 장면을 당대 최고의 초상화가인 채용신(蔡龍臣, 1850~1941)의 작품으로 전해지고 있으나, 그 이후 대한제국기에 작자미상자가 서양화법에 의한 모사본 제작으로 추정되는 그림이다. 앞열의 말을 탄 취고수는 주라·장고·자바라·나발·나각·용고·호적·장고 그리고 해금과 젓대 등 24인조로 편성되었다. 뒷열의 앞은 취고수로 징·호적·용고·나발·나각·주라 등 16인조와 해금·애금·피리·장고·좌고와 박 등 9인조의 세악수가 편성되어 장쾌한 대취타를 연주하며 행진하고 있다.

서울 사방(동서남북)에 대한 이해체계

한국인들은 동서남북의 사방공간을 음양오행관으로 적용시킴으로써 인간을 자연화 시킨다. 서울의 경우, 북쪽의 현무를 북안산을, 남쪽의 목멱산(남산)을 주작으로, 좌 청룡으로 낙산(낙타산)을, 우 백호로 인왕산을 심았다. 그리고 내명당 중앙에 경복궁을 짓고, 좌청룡 쪽을 문(文)과 장손을 삼아 문묘와 종묘 그리고 성균관을 건축하였다. 우백호 쪽은 무(武)와 여자로써 사직단을 지었다. 종묘와 사직은 나라의 가장 큰 제사이다. 다음 그림의 반차도나 진찬도 역시 동서남북을 음양오행관으로 편제하고 한 중앙에서 음악 속에 춤으로 기(氣)를 일으켜 우주의 운화(運化)로 삼았다.

「진연반차도(進宴班次圖)」와 「인정전 진찬도(仁政殿進饌圖)」

「진연반차도」는 18세기말~19세기초의 그림으로 「수원능행8폭병」의 한 그림이다. 의식에서 지위에 따라 늘어서는 차례인 반차(班次)는 음양오행관에 따라 차례와 편성을 정한다. 왕의 왼쪽은 좌청룡이어서 왕손과 문관이 직급에 따라 차례로 서고, 왕의 오른쪽인 우백호에 황후와 공주를 비롯하여 무관이 직급에 따라 차례로 서 있다. 그러한 반차 속에 음악과 춤이 있다. 그 안에 있는 장악원 악사들 역시 합주단과 정재(춤)을 비롯한 가창단 모두가 다시 음양오행 질서 속에 각각 편제된다.

「인정전 진찬도」는 「진연반차도」와 한 그림이다. 인정전 안에 왕좌는 빈 채로 233명이 지위에 따라 상을 받아 앉아 있다. 그리고 그 사이에 음악과 춤이 있다. 우주의 운화에서 영원하기를 바라면서.

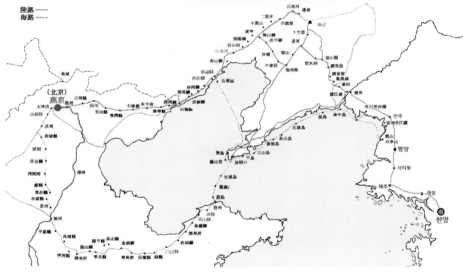

陸路 ——
海路 ----

정재인들의 연희

아극돈(阿克敦, 1685~1756)의 『봉사도(奉仕圖)』(1725년작) 제7폭 중 조선 정재인들의 연희 모습이다. 그림에는 줄을 타는 어름산이, 그 아래 재담자 매호씨와 반주하는 세악수, 접시 돌리는 버나잽이, 요사스러운 탈을 쓴 초란이들의 연희가 펼쳐지고 있다.

연행사(燕行使)의 사행로(使行路)

'연행(燕行)'은 조선시대 중국정부를 방문하는 외교사절로서, 청(淸)나라의 수도인 연경(燕京, 곧 북경)에 가는 사행(使行)이었다. 조선의 사절단은 1637년 병자호란 이후 조선말까지 약 250년간 700회 이상을 다녀왔다. 연행기간은 5달 정도였다. 사행로가 명대(明代)에는 해로와 육로였으나, 청대(淸代)에는 육로 만을 이용했다. 지도에 붉은 색 선이 육로이다.

1863년의 조선 연행사와 북경의 아라사관(俄羅斯館)

중국 정부를 방문한 조선 연행사들이 북경 러시아관인 아라사관(아래)을 방문하여 기념사진을 찍었다. 정사 이의익(李宜翼), 수행 이항억(李恒億)들로 이 사진은 역관·의원·화원들 15인의 사진이며 한국최초의 사진작품으로 알려져 있다. 이곳 방문 연행사들은 러시아의 나침반과 벽시계는 물론 자명금(自鳴琴, Musical Box)을 보고 문화적 충격을 받았다. 박사호, 김경선에 이어 1838년 이후에 이규경(李圭景)이 자명금을 관찰하고 그 기록들을 연행록에 남겼다.

북경의 천주당

왼쪽부터 차례대로 **북경의 북당 천주당**　　**북경의 남당 천주당**　　**북경의 동당 천주당**

북당은 1703년 가톨릭의 파리외방전교회 소속 장 드 퐁트네(Jean de Fontaney, 洪若翰)신부가 중국 북경 서안문 밖에 건축한 천주당이다. 조선의 가톨릭 신자인 이승훈(李承薰)이 이곳 그랑몽 신부한테 세례를 받았다.

한편, 1605년 가톨릭 예수회 선교단 소속의 마테오 리치(Matteo Ricci)신부에 이어 1650년 같은 예수회 선교사인 아담 샬(Adam Schall) 신부가 중국 북경의 선무문 쪽에 남당(南堂) 성당을 세웠다. 로마 가톨릭교 수도회나 선교단이 중국 북경에 동·서·남·북에 세운 천주당은 모두 네 곳이었다. 동·서·남·북에 각각 동당·서당·남당·북당 등이 그것인데 제일먼저 천주당이 남당이었다. 조선의 연행사들이 제일 많이 찾은 곳이 이곳이었는데, 이곳에 서양의 천문학·지리학·수학·과학 등의 한역서학서(漢譯西學書)가 있을 뿐 아니라, 오르간·망원경·자명종·세계지도 등이 있었기에 문화적 충격을 받은 곳이다. 또, 자금성 정문로 아래에 조선 연행사들의 사관인 조선관에서 가까운 선무문 쪽에 남당이 있었고, 무엇보다 이곳이 다른 곳보다 서양문명의 소산들이 풍부하게 있었기 때문에 이곳을 자주 방문하였다

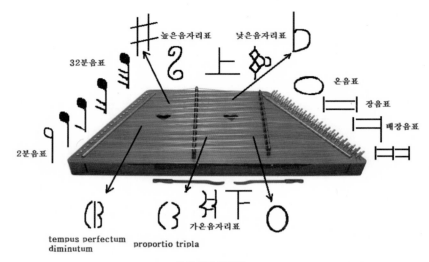

높은음자리표　낮은음자리표

32분음표

온음표

장음표

배장음표

2분음표

가온음자리표

tempus perfectum
diminutum　　proportio tripla

다시 그린 「양금도」

위의 양금은 서유구의 『임원경제지』 유예지에 나오는 「양금도」를 필자가 다시 그린 「양금도」이다. 서양 음조직의 이론체계를 조선후기 실학자들이 어떻게 이해하고 수용하였는지를 「양금도」를 보면 알 수 있게 된다. 이해의 틀은 조선의 음양(陰陽)체계에 기(氣)의 운동 성격이다. 양금(dulcimer)은 위 그림에서 오른쪽 아래가 탁성(濁聲)으로 저음이 나고, 그 저음이 차례로 올라가서 가운데 아래 음으로 이어지고, 또 오른쪽 아래에서 위로 올라가면 청성(淸聲)인 고음이 난다. 이 양금에 해가 떠오르거나 소리의 진동 기가 빨라지면 음의 운동이 올라가고 음표 또한 빨라지므로 올림표(♯)와 32분 음표 그리고 높고 맑은 음[淸聲]으로 이해했다. 그래서 낮은 음쪽에 음표가 두 배 이상으로 긴 음표부터 차례대로 음이 올라가면서 배장음표·장음표·온음표·2분 음표·4분 음표·8분 음표·16분 음표·32분 음표로 그려 넣었다. 또, 높은 음역 쪽에서 왼쪽 위에 높은음자리표를 그려 넣었다. (이하 음자리표와 박자 등의 글은 필자의 『경기음악』2를 참고하기 바란다.) 곧, 양악의 음조직 원리를 기(氣)체계로 이해했던 것이다. 이러한 양금과 서양음악의 음조직 원리를 기체계로 이해한 이는 홍대용과 이규경 그리고 서유구와 박제가(朴齊家) 등 조선인들이 그러했다. 홍대용은 이 양금을 들여와 조율악기로 삼았다. 그리고 조선의 음률악기 대안으로 제시하고, 「영상회상」을 연주하는 율방을 통하여 전국화가 이루어졌다.

Musical Box
사진은 포켓용 음악상자이다.

실린더　쇠못

태엽

쇠빗

회전판

자명금 분해

왼쪽 사진과 동종의 Musical Box이다. 스스로 울리는 악기라는 뜻으로 '자명금(自鳴琴)'이라 했다. 실학자들은 이 악기를 북경 아라사관에서 구입하여 분석하여 연행록에 기록을 남겼다.

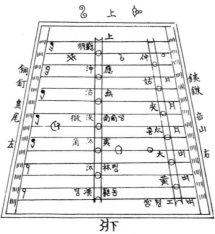

,연행사들의 남당에서 오르간 검증(위)

홍대용 등 조선연행사들이 북경 남당 성당을 견학하고 각종 연행록에 오르간 기록을 남겼다. 오르간 기록과 같은 구조로 된 그림의
파이프오르간은 1766년 돔 베도(Bédos de Celles)의 파이프 오르간 단면도이다.
다음의 양금과 자명금은 이들에 의하여 조선에 수용되었던바, 모두 조선의 이해체계로 수용하였다. 그만큼이나 자주적인 해석으로 양
악을 수용하고 있었다.

양금도(洋琴圖)(아래)

조선후기 실학자 서유구(徐有榘, 1764~1845)가 조선 최대의 농서(農書)이자 실용백과사전으로서『임원경제지(林園經濟志)』를 저술했다.
바로 그『임원경제지』제13지에 생활 음악으로 '유예지'항목에 양금을 다룰 수 있도록 하였을 뿐 아니라, 이 양금에 서양음악의 음조
직 이론체계를 그려 넣었으니, 바로 '양금도'이다.
이 양금도는 서유구의 양악 이론체계에 앞서 홍대용을 비롯한 이규경과 서유구 등이 대표적인 사람이었다. 1746년 가톨릭 선교사(페레
이라Thomas Pereira와 페드리니(Theodore Pedrini)들이 음악통론 개론서를 한역서학서로 완성한『율려정의 속편』을 이규경이 조선에
소개하였다. 주목할 점은 서양음악을 그대로 설명하지 않고, 조선의 음양(陰陽)체계로 재해석하여 수용하였으니, 서유구의 양금도 또한
그렇하다(앞쪽 '다시 그린 양금도' 참고).

1875년 강화도를 침략하는 일본운양함 군인들과 조계지(租界地)

1875년 일본은 조선과 외교교섭을 하려고 일본함대인 '운양함(雲揚艦)'이 9월 20일에 영종도 육상 포대와 교전, '강화도사건'을 일으켜서, 1876년 2월 불평등 조약인 「조일수호조약」을 체결한다. 일본에 대해 부산·인천·원산 등 3개 항구 개방과 치외법권과 무관세 무역인정, 일본화폐사용, 개항장에서 일본인 통행거리설정 허가 등 경제적 침투를 자행한 조약체결이다. 외국인 전용 주거지역으로 치외법권지역인 조계(租界)를 조선은 1883년 인천에 일본전관조계를 시작으로 해마다 각국의 조계가 설정하였다. 1884년 조선은 인천의 경우 미국·영국·청국·일본·독일 대표와 「인천제물포각국조계장정」이 체결되어 각국마다 조계지역이 지정되었다. 각국 국기가 조계지를 구분하고 있다.

제물포의 인부좌(仁富座)와 같은 형태의 동경의 신부좌(新富座)(위)

1892년 5월 한국 최초로 인천에 '인부좌(仁富座)'라는 2층 극장이 생겼다. 장소는 일본조계지와 가까운 공동조계지인 야마노테(山の手) 지역이다. 이 지역은 현재 인천 중구 송학동이다. 인부좌에 앞서 인천 중구 쪽에 100석도 안되는 가설극장이 있었지만, 인부좌는 700 석이 넘고 규모는 2층일 정도로 비교가 안되었다. 『조선신보(朝鮮新報)』 1892년 6월6일자에 의하면 '인부좌'극장이 인천은 물론 조선 최초의 극장이 된 셈이다. 위 사진은 인부좌가 모방한 같은 형태의 극장으로 1875년의 일본 토오쿄오(東京)의 '신부좌(新富座)'이다. 곧, '새로운 부를 추구하는 극장'이 신부좌이고, '인천에서 부를 추구하는 극장'이 인부좌이다. 프로시니엄(proscenium) 극장형태인 인 부좌에서 1892년 6월 5일에 개최된 '자선연예회'는 가부키(歌舞伎), 무용, 죠오루리(淨瑠璃), 소인극 (素人芝居) 등 일본작품들을 공연하 였다.

1897년에 설립한 사립부산유치원(아래)

강화도조약 이후 일본불교(진종 대곡파)가 부산에다 본원사 별원을 짓고 한국최초의 유치원을 설립하였다. 개항지마다 일본불교와 신 사가 설립한 유치원과 초등기관이 프뢰벨 교육과 함께 황민화 교육을 하였으니 일본의 종교와 문화침투가 아닐 수 없었다. 한국은 뒤늦게 서양선교사들이 1903년 전후에 유치원 교육을 실시하였다. 유입된 피아노와 오르간에 맞춰 유희와 율동 그리고 노래교 육을 페스탈로찌와 프뢰벨교육을 바탕으로 교육하였다.

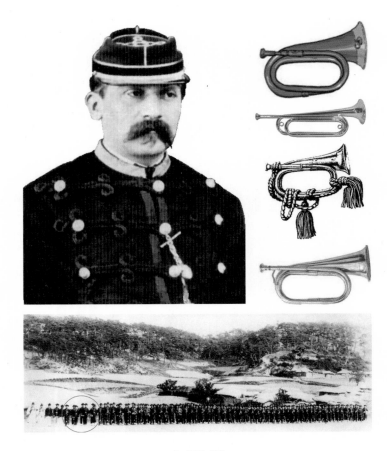

다그롱(위 왼쪽)

다그롱(Gustave Charles Désirè Dagron, 1845~1898?)은 프랑스 근위 제1연대 군악대 출신으로 1872년 일본과 3년간 계약체결로 프랑스군사고문단 일원으로 일본 토오쿄오(東京)에 왔다. 일본육군교도단군악대 교사로 활동하면서 계속 계약연장을 하였으며, 1883년에 일본을 떠나 프랑스 파리에서 최후를 맞았다. 1881년간 조선의 이은돌은 이곳 교도단군악대에 유학하여 다그롱한테 신호나팔과 코오넷 그리고 군사학을 익힌 바 있다.

여러 가지 형태의 신호나팔(Bugle)(위 오른쪽)

군대에서 사용하는 나팔은 신호나팔 또는 경보나팔로서 높고 날카로운 소리와 먼 곳까지 울리므로 소음 속에서도 들을 수 있기 때문에 북과 더불어 군사적 연락수단으로 사용되었으며, 전장터에서 지휘관의 호령을 전달하는데 사용되었다. 현재도 군대의 기상과 국기계양, 식사, 국기하강, 취침 등 일과생활이나 퍼레이드에서도 사용된다. 한국은 1880년대부터 신식군제로 개편하면서 사용되었으며, 나팔대와 곡호대, 그리고 학교악대에서 병식훈련교과에 사용하였다. 초기에 신호나팔수를 동호수(銅號手), 또는 나팔수(喇叭手)라 불렀다. 이 악기는 여러 음정을 낼 수 있는 피스톤 밸브가 없지만, 자연배음, 곧 "도·솔·도·미·솔·시b·도"를 낼 수 있으므로 서양음악이 전파되는 계기가 된다.

1880년대 신군제로 편성한 부대의 나팔수(아래)

사진 속 ○표로 표시한 부분이 아래 사진의 신호나팔수들이다. 근대적인 서양식 군제확립은 조선의 가장 큰 국가적 발전책이었다. 1882년부터 편성한 신호나팔대(동호수→나팔수)는 1900년 친군에 의하여 전군에 580명의 군악대·곡호대·나팔수가 편성될 정도로 발전한다. 동그라미 안에 보이는 나팔수들은 왼편에 쉬어 자세로 나팔을 들고 있는 모습에서 훈련받은 나팔수일 것이다. 이러한 서양식 악대발전은 기존의 악대인 세악수와 취고수에 의한 취타대가 약화되는 계기가 되었다.

사립학교의 나팔대(위)

국권회복운동으로 학교는 체육시간이 주목되어 여학생들의 유희시간과 함께 남학생들의 병식훈련이 강화되었다. 자연히 학교악대가 전국적으로 생겨났다. 사진과 같이 아주 어린 학생도 신호나팔을 오른쪽에 허리악기자세를 취하는 모습에서 훈련을 받았음을 보여준다.

곡호대(曲號隊)(아래)

이 사진은 '곡호대'의 행진모습이다. 곡호대는 곡호수(나팔수) 10인과 고수(작은 북) 10인 그리고 부교 1인 등 21명으로 편성한 군대의 악대이다. 시위대(侍衛隊)나 시위연대의 '군악대'와 달리 진위대(鎭衛隊)와 지방대의 편제는 '곡호대'이었다. 1904년 러일전쟁 직후 일본은 군제개혁을 통해 원수부를 관제로 격하시켜 폐지한데 이어 그나마 존재했던 시위연대 군악대, 진위대와 지방대의 곡호대를 1907년 7월 조선통감이자 조선군사령관가 장악하고 군대해산조칙에 따라 모두 해산되었다.

1897년 시위대 군악대(위)

위 사진은 1897년 10월 12일 대안문 앞에서 시위대 군악대의 행진모습이다. 이 날은 대한제국이 성립되어 황제가 등극하려고 제천단인 환구단(圜丘壇)에 나아가는 날이어서, 궁내부 소속의 전악(典樂)과 취타대(吹打隊)의 행진도 있었다. 장관을 이룬 이 행렬 한 가운데에 군악대가 행진하고 있다. 이미 1895년 6월 시위대 군악대가 설치되어 있었다.

1904년 시위연대 군악대의 전승축하회(아래)

이 사진은 1904년 5월 6일 러일전쟁에서 승리한 일본군의 전승축하회(창덕궁)에서 연주하는 시위연대 군악대이다.

프란츠 에케르트(왼쪽)

에케르트(Franz Eckert, 1852~1916)는 일본과 조선의 군악교사로 악대육성과 악대창작곡 등 다방면에 공헌을 세운 음악인이다. 그는 조선정부 초빙으로 1901년에 와서 '시위연대 군악교사'로 활동하며, 폐지될 때까지 그 역사와 함께한 악대지도자이다. 1916년에 은퇴, 건강악화로 조선에서 삶을 마감하였다. 그는 음악과 군악교육의 체계화, 1902년 한국최초의 국가 「대한제국 애국가」 작곡, 백우용과 정사인 등 악대지도자를 육성하였다.

백우용(오른쪽)

백우용(白禹鏞, 1883~1930)은 악대지도자이자 음악교원과 작곡가로 큰 공헌을 세운 음악가이다. 덕어(德語, 독일어)학교를 졸업하고 무관학교를 거쳐 1904년에 3등 군악장으로 군악중대에 있을 때부터 군악대 발전 1인자로 큰 공헌을 세웠지만, 1919년 9월 조선총독부의 해체령에 따라 15년동안 대한제국 군악대와 조선총독부의 이왕직양악대 생활을 마쳤다. 이후의 민간인들의 도움으로 설립한 경성악대(京城樂隊)도 1930년 백우용 죽음과 함께 해체되었다. 그는 또한 보성중학교을 비롯하여 1928년 동국대학교 전신인 불교전수학교가 개교하자 음악강사로 활동하였다. 「봉영행진곡」을 비롯한 최초의 불교창가인 「봄마지」 등을 작곡, 여러편의 창가집과 '영산회상'과 양악 -조선악을 비교하는 글을 남겼다.

시위연대 군악대

위 사진은 시위연대 군악대의 파고다 공연 직후의 기념사진이다. 정면 중절모자의 군악교사 프란츠 에케르트와 우측으로 군악대장인 백우용이 서있고, 그 뒤로 군악대원들이 서 있다. 공연작품은 「대한제국 애조가」를 비롯한 미국·영국·프랑스·일본·독일 등 각국 국가(國歌), 행진곡 「프레데릭 카알 친왕」·「탄호이저 행진곡」(바그너)·「성조기여 영원하라」(스으자) 등, 왈츠 「푸른 도나우 강」(요한 스트라우스)·「헝가리 무곡」(브람스)·「술·여자·노래」(요한 스트라우스) 등, 서곡 「세미라미데」(롯시니)·「포르티치의 벙어리 딸」(오베르)·「일 트로바토레 선곡」(베르디)·「필레몽과 보시스」(구노), 극곡 「파우스트」(구노)·「마르타」(플로토) 등의 작품을 연주하였다. 모두 유명 작품들이다. 궁중은 물론 정부기관과 군영, 그리고 파고다공연 등의 공연으로 시위연대군악대의 연주에 고종황제와 독일함대와 대동한 영국타임즈와 독일의 각 일 간지 기자들이 "이 연주가 동양순방중 가장 인상에 남을 것이며, 특기할만한 점은 우수한 한국군악대의 존재"라며 크게 소개했다. 한국은 17세기부터 양악을 수용하고 발전시킨 결과가 근대강병책과 만나면서 아시아에서 우뚝 솟은 악대로 발전시켰다. 아래는 위 사진의 악기편성과 그 이름들이다.

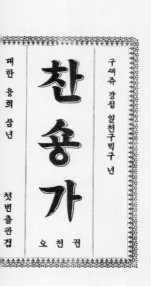

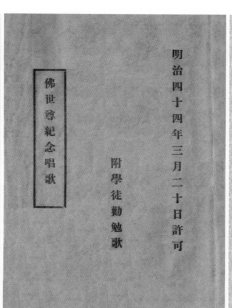

1909년 『찬숑가』, 1911년 『불세존기념창가』, 1910년 『보통교육창가집』 제1집

1909년 장감(장로교와 감리교) 연합의 악보 『찬숑가』가 나왔다. 이 『찬숑가』가 1911년 조선총독부의 '인가교과용도서'가 되자 전국의 장감 계열의 음악교과도서로 선정되었다. 이 찬숑가는 주로 미국 복음성가가 중심이고, 스코틀랜드민요나 유명 아리아 등이 있었으므로 한국의 클래식음악교육과 1910년대 항일노래에 가장 큰 영향을 미쳤다. 가운데의 『불세존기념창가』 등이 1911년 3월 조선총독부의 '인가교과용도서'로 선정되어 불교계 학교에선 이를 채택하였다.

『보통교육창가집』 제1집은 대한제국 학부가 1910년 6월에 발행한 한국최초의 국정음악교과서가 된 셈이다. 그러나, 실제로는 학부가 일본음악교육가로서 한성사범학교 교수로 코이데 라이키찌(小出雷吉)를 초빙하여 조선통감부가 일본음악으로 주도한 책이다. 그리고, 한국인들이 애국가류 항일가요를 부르고 있는 현상을 끊기 위해서도 유아-초등-중등과정의 모든 학제에 이 교과서를 권고하니, 기독교계 사립학교 『찬숑가』와 대립하였다.

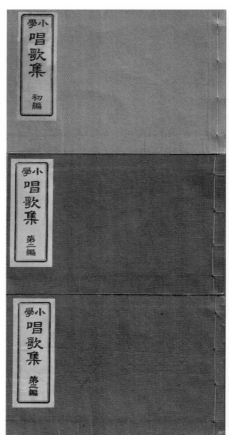

일본의 각종 창가집들(1879~1915)

1910년 대한제국 학부에서 발행한 『보통교육창가집』이 빌려온 일본의 각종 창가집들이다. 이 창가집들은 이미 학부의 창가집보다 20년 앞서서 발행되기 시작한 창가집이다.

일본의 「소학창가집」은 1879년에 이자와 슈우지(伊澤修二)가 주창하여 창설한 문부성음악취조괘가 학교교육용으로 편찬한 창가집이다. 모두 3편으로 구성한 창가집이다. 『심상소학창가』는 일본문부성이 편찬한 창가교과서이다. 『신작창가』는 일본의 작사가이자 문학가이면서 교육자인 요시마루 카즈마사(吉丸 一昌)가 1912년부터 1915년까지 전 10집으로 편찬 발행한 창가이다.

애국가 제정운동(왼쪽)과 「무궁화가」 등 애국가들(오른쪽)

왼쪽은 『독립신문』1896년 9월 22일, '논설'로서 국가 제정과 보급을 제안한 내용이다. 독립협회는 이 논설을 제안한 것으로 그치지 않았다. 이 제안을 발전시켜 각종 집회에서 '애국가'를 식순에 넣었다. 또 주요 행사마다 애국가를 첫 머리에 정식으로 넣어 의례절차로 실행하였다. 독립협회는 또한 민족주의 사상의 하나로 국민적 통일과 애국심을 고취하기 위하여 국기·국가(國歌)·독립문·독립관·독립공원 등 상징물(symbol manipulation) 제정에 열정을 쏟았다. 모두가 국민적 통일과 애국심을 높이려는 상징으로, 그리고 민족공동체의 주체성을 강화하기 위한 상징이었다. 이 과정에서 국민들이 「무궁화노래」등 애국가류를 만들어냈다. 특히, 「무궁화노래」1에서 후렴은 현행 「애국가」, 후렴과 똑같다. 이 노래들은 배재학당 학도들이 1899년 6월에 부른 노래이다. 이 노래는 "동해물과 백두산이"로 시작하는 노래와 함께 「무궁화노래」2란 제목으로 한동안 모든 사람에게 불리운다. 후렴이 애국가 제정의 공통구절로 만들었고, 「무궁화노래」2를 1에 이어서 계통적으로 나왔다는 점에서 "동해물과 백두산이"의 「무궁화노래」2는 국민 모두가 만든 애국가이다.

(*이 필사본 「무궁화가」 1, 2는 '손승용(孫承鏞, 1856~1928)본 창가집'에서 가려 뽑은 애국가이다. 그는 1896년 서재필·주시경과 함께 『독립신문』기자로 활동하였다. 이어서 1900년부터 인천영화학교 교사를 지내고, 전도사를 거쳐 목사(강화읍교회 담임)로서 1906년에 이동휘(권사)와 함께 보창학교운동을 펼쳤다. 서울서강교회 담임목사를 끝으로 은퇴하여 고향 나주에서 삶을 마감했다. 이 창가집의 대부분은 1900년 영화학교교사와 1906년 보창학교운동 기간동안 당시와 창가번호 제48 「백만명구원가」이 1909년에 전개한 운동가임을 볼때 1910년 이전의 필사본으로 보인다.

협률사

대한제국은 1902년에 근대식 극장과 예술단을 설립하였으니, 바로 '협률사'이다. 협률사는 전래의 극장이 아니라 서양식 프로시니엄 극장(Proscenium Theater)이었고, 공연작품도 국왕을 찬양하는 아악이 아니라 국민들의 민악(民樂)이었을 정도로 시대의 변화를 실감케 하는 극장이자 예술단이다. 또, 5일장이 들어서는 장시나 19세기 후반에 대도시 중심으로 상설화 가는 회대(戲臺)나 그 밖의 공연장이 아니라 상설극장이자 근대적인 유통구조로 운영한 극장이다. 위의 태극기 안에 '궁내부 소속 협률사'라며 국가운영의 예술단임을 내세우고 있고, 아래는 19세기 내내 인기이었던 항장무(項莊舞) 정재이다.

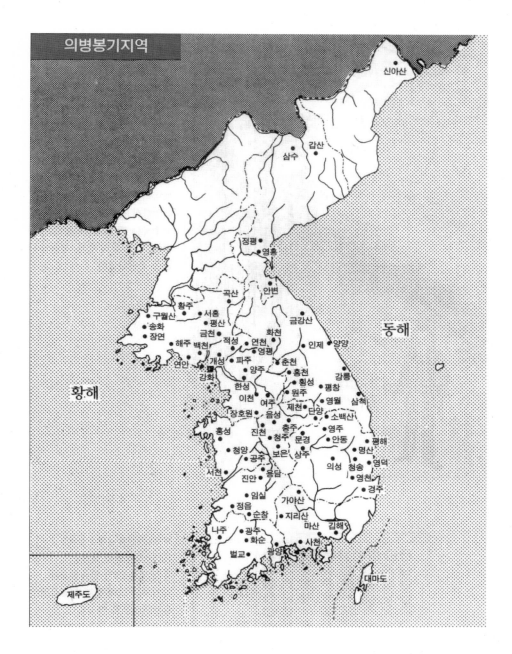

의병봉기지역

의병봉기지역
1890년대부터 항일의병투쟁은 1907년 대한제국의 군대해산으로 지도와 같이 전국적으로 불길처럼 일어났다. 의병들은 「의병격중가」와 「의병창의가」를 비롯하여 항일노래를 부르며 국권회복운동을 하였다.

벙어리가 높은 소리로 묘법을 설하고
귀머거리가 먼 곳에 가는 말을 듣는다
무정한 만물도 다 찬탄하고
허공에 가부좌하고 밤새워 참선하다

啞者高聲說妙法
聾者遠處聽微言
無情萬物皆讚嘆
虛空趺坐夜來參

指空和尙
14세기

1980년대가 우리들을 깨닫게 하고 횃불을 치켜들게 한 것은 한반도에 살고 있는 인간과 민족으로서 역사수행이었다. 인간 음악사이자 민족음악사가 바로 우리 나라 전全 음악사의 주제라는 사실을 80년대를 통하여 일깨워 주었다. 그러나 80년대가 있기까지 우리들에게 서양음악사는 항상 위대한 음악사로 작용했다. 우리들의 음악적 삶의 가치와 미적 기준을 지금까지 배운 바 있는 서양음악의 역사와 미학에 맞추어 살아왔음을 고백해야겠다. 이 땅에서 일어나는 모든 현상을 우리들이 보려고 했던 것도, 들으려고 했던 것도, 느끼려고 했던 것도, 생각하려 했던 것도 서양문화가 중심이었다.

그러다가 80년대가 시작되었다. 광주가 열리었다. 오히려, 광주를 통하여 이 땅의 인간과 민족이 고통스럽게 다가왔다. 광주뿐만이 아니었다. 이강숙의 수많은 글발도 그러했고, '제3세대'도 그러했고, 음악학연구회와 이건용과 민족음악연구회의 전통과 신통新統 구현도 그리고 노래운동도 그러했다. 모두가 선생이었다. 우리가 내딛고 서 있는 땅이 분단 비극의 땅이자 끝내 인간이고자 몸부림쳐야 하는 땅이었음을 깨닫기까지는 너무나 고통스러운 그 날들을 버티어 갔다. 그 동안 '보고・듣고・느끼고・생각한 서양음악문화에 한없이 행복하였던 우리들은 80년대 앞에 무력해져감을 눈 앞에서 확인했다. 우리가 배운 모든 것이 그래서 80년대 현실과 너무나 동떨어져 있었다. 비로소, 눈・귀・심장・대뇌가 잘못 조작되어 있는 자신들을 발견하며 소스라치게 놀라지 않을 수 없었다.

놀라움은 또한 아픔이었다. 많은 것을 버려야 했다. 그 버림은 나 자신의 버림뿐만 아니라 우리 모두의 버림이자 지난 백년 간의 역사 모두의 버림이었다. 버리고 난 뒤 자리잡은 그 공허함이 우리들을 괴롭히고 있었다. "깨닫지 못하면 황금과 같고 깨달으면 똥과 같다"라는 말 때문에도 더 버려야 했다. 비록 한 평이 주어질지라도 끝내 사람으로 버티려는 우리가, 과거의 역사적 사건과 미래에 다시 기대할 수 있는 교차 현장에서 그 인간화의 희망을 역사 진취의 힘으로 실천할 때만이 풍요로울 수 있다는, 그리고 그 힘은 분단의 대결에서 통일의 협력으로 나아가 한반도와 국제간의 차별없이 열어 줄 때만이 풍요로울 수 있다는 믿음이 모든 것을 해체시키고 있었다. 그래서 한국음악의 역사와 미학은 현재의 역사이자 미학일 수 있었다.

80년대 내내 나는 이 땅의 음악 역사와 미학을 내 목숨처럼 여겨 밝히려 노력했다. 대학 4학년(1969) 때 처음 국학(국악이 아닌)을 접근하고, 70년대 그 일환으로 조금씩 현장에 뛰어들며 한국인의 음악적 사회화 과정을 조사한 모든 것이 80년대에 죽어 있지 않고 내 속에서 다시 불꽃처럼 피어나고 있었다. 1984년에 나는 『한국영아음악연구韓國嬰兒音樂研究』로 80년대 이전을 정리하였다. 때로는 개화기란 이름으로 근대를 찾아갔다. 정신문화연구원 자료실에 들어가 1880년대 『친군우영도안親軍右營都案』과 『친군별영등록親軍別營謄錄』을 찾아내 악대사를 밝혀 보기도 하고, 『신문집성 명치편년사新聞集成明治編年史』와 『사화기략使和記略』을 뒤져 근대 최초의 음악유학생이자 악대지도자인 이은돌李殷乭(李銀石)을 백년 만에 빛을 보게 하였다.

참으로 부끄러운 고백을 해야겠다. 1986년에 발표한(서울대학교 음악대학 작곡과 이론전공 주최, '86년도 춘계학술대회', 4.12, 음대시청각실)나의 「개화기 음악의 연구상황」이란 글 때문이다. 지금도 읽어 보면 찢고 싶을 정도로 졸필이었다. 한편으로 이 때 나는 영원히 역사의 진실 속에 있어야 한다는 믿음이 생겼고, 동시에 글 쓰는 것이 처음으로 무섭게 다가온 때이기도 하다.

「개화기 음악의 연구상황」에서 부각한 일제음악사에 나는 뛰어들었다. 영인본 『매일신보』 읽기는 고통스러웠다. 글자 크기가 너무 작은데다 인쇄 자체가 흐렸기 때문이다. 거의 매일 확대경으로 살았다. 1986년에 월간 『객석』과 1987년 월간 『음악동아』, 그리고 1989년에 계간 『낭만음악』과 1993년 『친일파 99인』에 그 결과들을 발표했다. 처음 발표 후 비판 아닌 비난을 받기도 하고 때로는 격려도 받았다. 1987년에 한국음악학연구회 학술모임에서 「한국음악의 제3전환기 선언 – 신新의 해석」을 발표(그후, 월간 『객석』 11월부터 3회에 걸쳐 연재)한 뒤, 조선후기를 본격적으로 공부했다. 현대사는 근대사와 맞물려 있고, 근대사는 조선사와 맞물려 있기 때문에도 조선 시대사가 밝혀지지 않고는 모든 것이 모래 위에 있는 역사 기술記述이라고 생각하였다. 1988년 「조선 후기 음・악 연구」 I과 II를 한국음악학연구회 학술모임에서 발표하였다.

그 직후 나는 현대사로 드디어 빠져나왔다. 「해방과 분리공간의 음악사 연구」Ⅰ·Ⅱ·Ⅲ·Ⅳ를 1988년 계간『낭만음악』겨울호부터 1989년 가을호에 4회에 걸쳐 2백자 2천 장 이상의 원고를 발표하였다. 김순남 선생이 다시 살아났다.

나는 한편으로 광주에도 기꺼이 찾아가 몇 차례 강의를 하였다. 80년대초 대학에서 무력했던 나를, 그리고 광주로부터 진 빚을 조금이라도 갚기 위한 것이었다. 나는 언제나 역사 앞에 죽어 있었고 역사 진실을 밝히기를 바라는 독자 앞에서 부활하고 있었다. 80년대 음악정체성 밝히기에서 부각된 현대음악 역사가 좌우대립보다 오히려 친일과 민족진영간의 갈등이 더 심각한 단면임을 알기도 하였다. 현대사에서 피할 수 없다기보다 숙명적으로 북한바로알기에도 이때 뛰어들었다.

1990년 10월, 나는 판문점을 넘어 월북하고 10박 11일 만에 월남하였다. 평양에서 개최한 범민족통일음악회에 참석하였기 때문이다. 민간으로서 정부의 남북교류법의 첫 승인과 윤이상 선생의 초청 노력에 힘입어 영광을 안은 것이다. 나는 남쪽의 서울전통예술단의 일원이 되어 평양과 금강산을 방문하였고, 인민문화궁전에서 「민족음악과 조국통일」이란 주제로 학술 발표를 하기도 하였다. 분단 45년 만에 남쪽 학자로는 처음으로 발표한 영예도 안았다. 또한, 북쪽의 음악학자인 박우영·리차윤·김득청·선생들과 만나 우리 나라 음악사에 대한 서로간의 관심을 가지고 대화도 하였다. 그러나 더 부끄러운 일이 있었다. 판문각에서 개성으로 가고, 개성에서 평양행 특별열차를 타고 갈 때 나는 무서웠다. 혼란을 디디고 일어선 것은 며칠 후였다. 분단이데올로기란 무엇인가? 민족의 행복이란 무엇인가? 돈은 행복의 척도인가? 금강산에 다녀온 뒤 나는 금강산 가을병에 걸려 있었다. "우리 한반도는 어디로 가고 있는가?"라는 물음과 가을 산빛이 이유였다. 나는 1991년 가을 지리산 청학동에 들어갔다.

1991년 이건용 선생과 공저로『민족음악론』을, 1992년에 이강숙 선생의 호의로 낭만음악사에서『김순남, 그 삶과 예술』을 펴냈다. 1993년에 「분단과 세계를 넘어 인간과 음악을 위대하게 한 윤이상」이란 글을 발표한뒤 베를린에서 윤이상 선생을 다시 만났다. 여기에서 한 삶이 어떻게 죽음을 맞이하고 있는지를 많이 생각하였다. 비록, 죽음을 체험할 수 없을 터이지만.

90년대에 들어와 악학樂學과 음악기학音樂氣學 그리고 대중문화와 세계화에 관심을 가지면서 한국음악의 역사와 미학 구분의 경계선이 나에게 사라졌다. 비로소, 한국음악

사총서 일환으로 「한국근대음악사」를 『낭만음악』에 발표할 수 있었다. 실로 80년대 벽두부터 1994년 말까지 나는 대부분 한국음악의 역사와 미학 바로세우기에 정열적으로 혼불을 태웠다. 모두 우리 음악사를 발로 쓰기 위한 몸부림이었다. 『한국근대음악사』 1은 이렇게 태어났다. 처음 머리글에 썼던 "80년대가 우리들을 깨닫게 하고 횃불을 치켜들게 한 것은 한반도에 살고 있는 인간과 민족으로서 역사수행이었다"라는 문맥은 이렇게 태어났다.

이 글이 나오기 전, 나는 서울대학교 미학과 음악사론 시간에 같은 제목으로 강의하면서 이 글들을 가다듬을 수 있었다. 또 수정된 내용을 한국과학기술원과 민족미학연구소 그리고 목원대학교와 그 밖의 특강 시간을 통하여 발전시켰다. 알고 보면, 이 글은 이 땅에 살고 있는 모든 사람들이 만들어낸 역사서이다.

『한국근대음악사』 1은 1860년부터 1910년까지 50년 간 인간화로서 음악과 세계에서 민족의 자주화를 실현하려는 음악의 관점으로 기술한 역사서이다. 135년 전부터 전개된 이 시기는 조선 시대사와 현대사가 맞물려 있는 역사시기로서 오늘의 역사를 반성케 하고, 또 봉건체제의 해체와 인간화 그리고 국제관계에서 국권상실과 민족국가 보존이 민족현실이라는 점에서 중요한 시기임에도 불구하고, 지금까지 양악의 기준과 역사 발전론에 밀려 가장 소홀히 다루었던 분야이기도 하다.

앞으로 집필 계획은 『한국근대음악사』 1에 이어, 1910년부터 1945년까지 35년 간을 다룬 『한국근대음악사』 2를 현대사인 『한국현대음악사』 1(1945~1950)이 나온 직후에 펴내려고 하고 있으며, 1950년부터 1990년까지 『한국현대음악』 2를 끝으로 '한국근현대음악사'를 일단 완성시키려고 한다.

『한국근대음악사』 1은 이 땅의 인간화와 민족의 자주화를 국내외의 관계사에서 어떻게 전개하였는지를 밝힌 글이다. 자연히, 제1장에서 우리 음악역사의 인식과 과제, 그리고 시대구분과 그 성격들을 밝히고 있다. 제2장은 우리 음악역사의 과제의 하나인 인간화의 근대성을 계층별 음악사회로 구분하고 그 특징들을 알아보았다. 제3장부터 제7장까지, 곧 1860년부터 1910년까지의 근대 전기를 네 시기로 구분하여 각각의 시기가 어떻게 펼쳐졌는지 사회문화적 시스템으로 접근하여 풀어갔다. 이 역사쓰기를 위하여 나는 도상학(Ikonographie)의 접근을 잊지 않았다. 그것은 우리 음악이 '보기와 듣기'보다는 이 땅의 인간과 민족의 음악이 여러분들의 '읽기와 느끼기'로 체험되어야 한다고

고 믿었기 때문이다. 그리고, 근대사에 등장하는 일본어의 한글 표기는 '최영애 – 김용옥 일본어 표기법'(Table of C.K. system for Japanese)에 의하였지만, 표기법 이상의 세계로 나를 이끌어 주었다. 책의 끝에 실은 필자의 글과 저서목록은 독자들에게 참고가 될 수 있다고 믿어 실었다. 한국근대음악사를 쓰기 위하여 80년대부터 지금까지 발표한 모든 글들을 정리한 목록이다. 앞으로 개정판의 경우는 글을 압축하고 장마다 참고문헌과 감상 음반들을 악보와 함께 게재하려고 한다.

나는 변함없고도 고요한 마음으로 감사드리고 있다. 우리들의 80년대사에서 뚜렷한 자취를 남긴 이강숙 · 이건용 · 송방송 · 조선우 · 김춘미 · 노영해 · 박미경 · 박종문 · 백대웅 · 성경희 · 이석원 · 조영주 · 허영한 · 홍정수 선생 등 '한국음악학연구회'와 빛나는 토론이 있었다. 박범훈 선생은 나에게 박병천 선생을 알게 해주고 진도에서 소리북과 아쟁과 춤으로 날이 새도록 해준 것에 감사하지 않을 수 없다. 나는 진도에서 한국인이 어떻게 죽음을 음악화하는가를 일깨웠다. 민속원 홍종화 사장은 수년간 본서가 나오기를 기다려 주었다. 감사드린다. 이 글의 원고와 색인을 정리해 준 장수홍 · 천현식 · 강현정 그리고 민속원 신나래 선생의 노력과 희생 또한 컸음을 이 자리에 부기한다. 아내는 늘 지켜주고 챙겨주었다. 생명의 두 손으로.

이제 모든 것이 고요하다.

1995. 8.

2015. 8.

멀리 산하를 바라보며

필자 삼가 씀.

차례

내 처음 육신의 허물을 탓하며 죽을 때에

이 땅에 살아온 모든 이의 삶과 죽음의 역사 앞에서

다시 살아날 수 있음을

기뻐하노라

시간은 의식이 없으니

우리들은 어제도 오늘도 내일도

그리고 이 땅도 저 땅도 어데서든지 그대를 만나고 있었거니

만나는 모든 것마다 선생이었어라

지금도 전통도 아프리카도 분단도 목숨도 세계도

모두가 선생이었어라

이 땅의 역사라는

노동은

1995

한국음악사의
인식과 과제

01

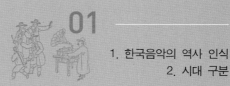

1. 한국음악의 역사 인식

오늘날 우리 음악 사회가 안고 있는 안팎의 여러 문제들을 올바르게 인식하고 극복하기 위해서는 우리 나라 음악사에 대한 바른 이해가 요구된다. 우리는 우리 나라 음악 역사 연구와 서술은 물론 음악사 교육을 올바르게 실현하여야 하는 절실한 때에 살고 있다.

그것은 우리 나라 음악 역사에 대한 바른 이해 없이는, 우리가 안고 있는 음악 현상들을 푸는 데 한계가 있을 뿐 아니라 국제 관계에서도 올바르게 나아갈 수 없기 때문이다.

음악 역사뿐만 아니라 한 개인의 삶의 역사도 올바르게 풀어가야 한다. 해방된 의식 없이는 모든 굴레로부터 해방된 삶을 살 수 없다. 자의식의 확립은 언제나 역사 의식과 함께 한다.

나는 어디에서 태어났고 누구를 만났으며 어떤 교육을 받아 오늘에 이르렀고 지금은 어떻게 살아가고 있는지를 알고 싶어하는 한 개인의 역사 의식이야말로 자의식의 확립 그 자체이다. 자의식이 있는 곳에 역사 의식이 있다.

우리가 개인사를 넘어 우리 나라 역사에 대하여 바른 이해를 하려는 이유도 이 때문이다. 우리 나라에서 지금 펼쳐지고 있는 여러 음악 현상에 대한 문제 의식을 가지는 사람일수록 우리 나라 음악사에 대하여 올바른 역사의식을 가지고 싶어한다. '어제·이땅'(과거의 한반도 상황)이나 '오늘·이땅'(현재의 한반도 상황)의 음악에 대해 그 역사적 기원은 무엇이고, 그 역사적 발전과정 및 역사적 위치가 어떠한지를 밝히는 것이 음악의 역사 의식이다.

우리 나라에서 펼쳐지고 있는 음악은 전통음악만 있는 것도 아니고, 서양음악만 있는 것도 아니다. 베토벤식 고전음악에서 쇤베르크식 현대음악과 뉴키즈에서 노래방에 이르는 대중음악이든, 또 아악이든 민악(민속악)이든, 남한음악이든 북한음악이든, 페미니즘 음악이든 아니든 간에 모든 음악 현상은 그 현상을 가능케 한 사회문화적 시스템의 역사적 진행 과정과 뗄 수 없다.

지금은 왜 전래傳來음악을 싫어하게 되었는가? 음악인들의 사회적 윤리 의식이 왜 희박하게 되었는가? 북쪽의 「피바다」 가극이 도대체 어떠하길래 상연이 안 되는 것인가? 왜 사람들이 모였다 하면 노래방을 찾게 되는 것인가? 뽕짝은 일본 엔카의 아류인가, 아닌가? 우리 나라 근현대음악은 도대체 있었는가, 없었는가?

학교음악 역사교육은 누구를 위하여 실행되고 있는 것인가? 왜 서양음악사만 배우게 되었는가? 도대체, 서양의 학문과 예술이 우리들 삶에 어떤 의미가 있는가? 우리 나라 음악사는 음악 역사로서 성립될 수 있는 것인가? 일본에서는 왜 일본음악사를 강조하고 있으며, 일본인이 쓰고 있는 서양음악사는 어떤 의미가 있는 것인가? 서양음악사라고 배우면서 혹시 그 저자의 음악사 정보를 배운 것은 아닐까? 서양음악사를 배웠다고 하면서 혹시 독일음악사를 배운 것이 아닐까? 프랑스음악사는? 이탈리아음악사는? 이들 나라들을 전부 합친 음악사가 세계음악사인가? 북한음악사는? 아프리카음악사는?

예술 음악과 대중음악의 진정한 차이는 무엇일까? 세계의 모든 음악은 종족음악(Ethnic Music)인데도 불구하고 왜 서양음악만 여기에서 독립시키려고 할까? 한국음악의 역사와 미학을 왜 서양의 역사와 미학으로 접근하려고 할까?

한국인들은 죽음을 어떻게 음악으로 표현하고 있는가? 음악이 앞설까? 인간이 앞설까?… 이처럼 언뜻 떠오르는 몇 개의 질문만 던져 보아도 그 문제들을 풀어내려면 우리 나라의 사회문화적 시스템과 그 역사 의식을 올바르게 이해하지 않고서는 접근하기 어려울 것이다.

그런데도 우리들은 중고등학교 시절 단 몇 줄에 불과한 음악사만 배웠고, 그나마 그 음악사는 토막사였다. 지금도 우리에게는 우리 나라 음악역사를 가르치는 학교가 드물다. 그뿐만 아니라 우리 나라 근현대 음악사는 단 한줄도 배우지 않고 있다. 음악대학에서도 최근 들어와 '개화기음악사'나 '한국음악사'라는 과목으로 '선택'되거나 '국악과'

에서 가르치고 있기는 하지만, 대부분 서양음악사에 비하여 구색 갖추는 식의 맛보기가 아니면 국악사만이거나, 역사 인식이 뚜렷하지 않은 자료사 아니면 아악중심사이다 (아악중심사라 할지라도 순수음악사인 양 이해하고 있지만, 본래는 정치음악사인 줄을 모르면서 말이다). 물론, 아악사 기술이 지금까지 왕조사를 대변하여 기술하여 온 것도 사실이지만, 참된 아악사 기술은 '정치'라는 유학 용어의 바른 이해 없이는 불가능하다. 우리들은 이 땅에서 인간과 사회를 관계지우며 삶의 정치를 음악으로 풀어내며 표현하려는 사회문화적 시스템의 역사를 가지고 있다. 그렇기 때문에서도 이제 아악사를 본래의 아악사로 회복하고, 민중들의 삶과 죽음의 음악 역사를 이제 한반도의 전체적인 음악사로 발전시켜 바르게 학습해야 할 것이다.

역사는 그 스스로 역사적 진실을 향하여 우리에게 말을 건네고 있었고, 지금도 그 진실에 합당하게 인간－사회적 검증을 통한 실천을 요구하고 있다.

식민지하에서 친일이 왜 문제가 되는지를, 또한 그 작품과 행위가 민족 윤리 앞에서 밝혀지지 않고는 해방공간의 음악사도 그 뒤의 분단음악사도 영원히 복원되지 않는다. 그렇다고 친일 작품과 그 행각을 지우개로 지우거나 깊숙한 곳에 감추거나 불사른다고 해서 역사적 사실이 증발하는가? 아니다. 역사는 결코 지워지지 않는다. 왜냐하면, 역사 스스로는 우리들의 인간화 실현과 민족의 자주화 앞에서 언제나 역사적 진실을 내뿜고 있기 때문이다.

80년대에 진입하여 우리 음악계가 획득한 소중한 성과는 '우리 나라 음악 역사'에 대한 관심 집중이다. 그 관심은 교과서 속에 갇혀 죽어 있는 역사가 아니라, 오늘 우리에게 생생하게 파도쳐 오는 살아 있는 역사로서 말이다. 말할 나위 없이 그것은 음악과 그 음악을 낳고 있는 한국음악 사회를 바르게 자리매김하려는 과학적 인식과 실천에서 비롯되었다.

이 항에서 우리가 우리 나라 음악 역사 인식의 구조를 분명히 하기 위해서 몇 가지 정보를 공유할 필요가 있다. 모든 나라의 음악 현상과 음악사를 과학적으로 분석할 수 있는 용어가 바로 '음악'이라는 용어 자체에 있다면(이 용어가 우리 역사에 있었음을, 또 Music의 일본식 번역어가 아닌, 또 앞으로 발전시킬 수 있는 용어라는 점에서 우리들은 감사해도 좋을 것이다), 그 용어가 뜻하는 바의 자리매김이 무엇인지를 알아보기로 하자. 지금까지 우리 나라 음악 역사에서 발전시킨 구조적인 물음과 그 실천의 자리매김을 표시하면 다음 〈그림 1, 2,

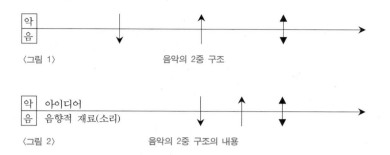

〈그림 1〉 　　　　　　　　　　　　　음악의 2중 구조

〈그림 2〉 　　　　　　　　　　　　　음악의 2중 구조의 내용

3)과 같다.

〈그림 1〉에서 보면 음악은 '음'과 '악'으로 이루어진 2중 구조이다. '음'은 '악'의 조건이자 토대이고, '악'은 '음'을 선택하고 질서를 부여한다. '음과 악'은 서로 뗄 수 없을 뿐더러 상호 보완적이다. 그래서 음악을 악음으로 세웠다.

이러한 관계의 '음악' 용어는 〈그림 2〉와 같은 내용을 가지고 있다. 곧, '음'은 소리의 재료로서 음향적 재료(acoustic materials)를 가리키고, '악'은 아이디어(idea)를 가리킨다. 다르게 말한다면 '음'은 음악의 사실 체계 전반을 가리키고, '악'은 가치 체계 또는 의미 체계를 가리킨다. '악'이라는 아이디어나 그 가치 체계를 가지고 '음'이라는 사실적인 음향적 재료를 선택하고 질서를 부여한 것이 '음악'이자 '음악의 2중 구조'이다.

다음 〈그림 3〉은 〈그림 1, 2〉를 더욱 구체화시킨 내용이다. 곧, '악'은 작곡을 추진시키려는 감정, 분위기, 상상 등의 내적인 힘과 곡을 형상화시키려는 정신적 노력을 말한다. 그래서 '악'은 아이디어이자 의미 체계라고도 하였다. '음'은 음재료와 구성 원칙으로 나누어져 있다. 음재료는 말 그대로 음音의 재료들이다. 그 재료에는 음계(또는 선법), 음높이[音高], 음길이[長短], 음세기[強弱], 음빛깔[音色], 템포, 아티큘레이션 등이 있다.

서로 다른 음높이를 동시에 놓아 화음(chord)을 만들거나, 음높이와 음길이를 결합하여 선율(melody)을 만들기도 하고, 음길이는 템포·리듬·박절을 조건화시킨다. 구성 원칙은 미학적으로 균형이나 대조나 변화를 가져오기 위하여 결합한 음재료들을 음악적으로 반복하거나 변주하거나 조를 바꾸거나(전조) 이동하면서 반복시켜 음악으로서 통일체를 이루게 하는 구성 원칙을 가리킨다.

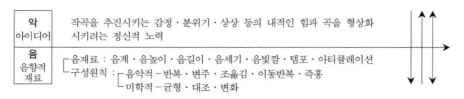

| **악** 아이디어 | 작곡을 추진시키는 감정·분위기·상상 등의 내적인 힘과 곡을 형상화 시키려는 정신적 노력 |
| **음** 음향적 재료 | 음재료 : 음계·음높이·음길이·음세기·음빛깔·템포·아티큘레이션
구성원칙 :┌ 음악적 ─ 반복·변주·조옮김·이동반복·즉흥
　　　　　└ 미학적 ─ 균형·대조·변화 |

〈그림 3〉　　　　　　　　　　　음악의 2중 구조의 구체적 내용

이러한 음 악 또는 악 음 은 그 자체로서만 존재하는 것은 아니다. 음악은 역사와 함께 언제나 사람·사회와 관련을 맺으면서 전달되어 비로소 의미를 가져왔다. 음악의 의미가 개인의 사적私的인 문화 세계에서 일어나는 것이 아니라 사람들 '사이에서', 곧 사회화 과정에서 일어난다. 이처럼 음악은 공유共有된 의미를 사회적으로 형성하고 있다.

음악은 음악을 만드는 사람이 사회와 관계를 맺으며 활동하는 인간의 활동 결과이다. 즉, 음악은 (음향적) 재료(material)라는 조건에서 사회적(social) 관계를 맺으며 표현(expressive)하는 인간 활동이다. 이것이 사회 문화적 시스템이다. 다시 말하면 그 인간활동의 역사가 그 사회의 음악 역사이다.

그러므로 음악사는 재료·사회·표현을 서로 뗄 수 없는 밀접한 관계로 형성하였으므로, 그 접근도 전일적全─的 접근(holistic approach)으로 역사 해석을 해야 하는 이유가 여기에 있다. 〈그림 4〉가 그것이다.

한 민족의 사회문화적 시스템이 전개한 역사, 그 역사 중에서 우리 나라 음악사는 어떻게 전개하여 왔는가? 〈그림 4〉를 우리 나라 음악사에 적용하면, 한반도의 음악사 과제는 지금까지 안으로 인간화와 함께 하려는 음악사 전개와, 밖으로 국제 관계 속에서 민족의 자주성을 실현하려 했던 음악사 전개가 그 과제였다.

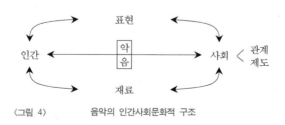

〈그림 4〉　　　　　음악의 인간사회문화적 구조

즉, 안으로는 당대마다 인간화를 실현하기 위하여 어떻게 음악을 함께 했으며, 또 과거·현재·미래의 역사상에 우리들의 삶과 죽음이라는 인간조건을 어떻게 음악으로 드러냈는지가 언제나 과제였다. 밖으로는 한반도의 지정학적 위치로 말미암아 지금까지 서쪽으로 중국, 남쪽으로 일본, 동쪽으로 미국과 서양, 북쪽으로 러시아와 서양과 역사 과정마다 국제 관계를 맺어왔다는 것 자체가 민족국가로서 보존·응전·극복을 통하여 세계화를 모색하려 한 역사 전개였다는 점에서 세계 속에 민족의 자주화를 구현하려고 한 것이 언제나 과제였다.

역사가 새롭게 전개할 때마다, 밖은 '새 것'이고, 안은 '헌 것'이라는 인식이 공식화할 때마다, 국제화 → 세계화의 발전 단계에 자칫 '안'의 전통이 '발전의 걸림돌'로 작용하는 경우가 있다. 그 공식화가 다름아닌 사대주의이자 민족허무주의며, 조선 시대까지 중국음악이 새 것이자 힘의 음악이었고, 근대에는 일본음악이 새 것이자 힘의 음악이었으며, 해방 후는 미국과 소련을 통한 서양음악이 새 것이자 힘의 음악이었다는 점에서 그러하다. 당대마다 그 음악을 전문화시킨 음악 정치인이 언제나 엘리트로 부각해 온 역사가 이를 반증한다. 우리들의 음악은 이러한 엘리트에 의하여, 또 외세에 의하여 왜곡되었다.

박연처럼 조선 시대까지 중국 악론으로 조선 시대 음악을 해석하려고 하였던 역사나, 근대기간 토오쿄오東京 유학생들이 일본식으로 수용 해석한 서양음악 발전론으로 한국음악을 원시음악이라고 규정한 것이나, 해방공간 이후 서양의 현대음악론으로 한국음악을 이국적으로 표현하거나 순수 음악관으로 해석하려고 하였던 역사들이 바로 그것이다. 이들은 모두 언제나 한반도 역사 밖의 음악 역사와 미학으로 안을 해석하려고 하였지 단 한번도 안으로 들어와 해석하려 들지 않았다.

우리 나라 음악사에서 근대사처럼 서양의 음악관으로 철저하게 왜곡된 적은 그 유례를 찾아볼 수 없을 것이다. 토오쿄오東京 유학생들이 그러했다. 홍난파의 경우도 우리 음악을 원시음악으로 규정했고, 그 추종자들에게 이 이론은 60년대 이후까지도 신화처럼 작용하였다. 이들의 대부는 헤겔이었다. 이미, 19세기 유럽의 정신과 사상을 대변하였던 헤겔G.W.F. Hegel(1770~1831)은, 동양은 오직 한 사람만이 자유라는 것(One is free)을 알고 그리이스와 로마의 세계에 이르러 약간의 사람이 자유라는 것(Some are free)을 알았으나, 게르만 세계로 발전하면서 비로소 모든 사람이 완전하게 자유라는 것(All men absolutely are free)을 알았다고 하였다. 그러면서, 세계사야말로 동방에서 서방으로 진행하여 유럽이 세계사의 종결이되 아시아는 세계사의 단초端初라며 중국이나 인도 그리고 세계지도에 보이지도 않는 조선은 변화라는 것이 일절 없는, 참다운 의미에서 아직도 세계사의 권외圈外라고 주장했다. 이러한 세계관에 기초하여 동양을 비롯하여 비서양권의 음악사가 (서양)음악사 기술에서 '고대'편에 묶여지는 계기가 되었고, 그 신화는 지금도 계속되고 있다.

더욱이, 1827년 헤겔에게 충실하게 영향을 받은 독일의 음악학자들이 있었다. 크라우제Karl Christian Friedrich Krause가 바로 그 한 사람이었다.

그는 인도, 중국, 아랍권 등 동양음악은 선율(melody)만 발달되어 있기 때문에 음악의 아동기에 속하고, 유럽 기독교 시대에 들어와 다성음악(Polyphony)이 발달하였으므로 음악의 청년기로 발전할 수 있었거니와 서양의 근대 시기에 들어와 화성(harmony)이 합리성의 결과로 발전되었기 때문에 음악의 장년기를 맞이할 수 있었으므로, 음악사는 고대의 멜로디 → 기독교 시대의 다성음악을 거쳐 근대의 화성 시대로 발전할 수 있었다는 것이다. 바로 음악의 3요소로서 리듬·멜로디·화성이 근대에 확립할 수 있었다는 것이 그것이다.

따라서, 19세기 서양제국이나 일본, 그리고 일본 유학생들은 동양음악이 화성이 없으므로 원시음악 아니면 음악사의 아동기에 해당한다는 정체(停滯, 정지하여 있음)의 신화에 사로잡히게 되었다. 지금도 웬만한 서양음악사에 동양음악은 전부 '고대편'에 속해 있는 것이 그 반증이며, 한국양악사가들 또한 이런 발전론에 사로잡혀 있었다.

그러나 음악은 화성이 없어도 서양의 예술음악처럼 존재해 왔다. 또 아프리카 트란스발Transvall의 벤다Venda인들은 음향지각을 기본적으로 4도나 5도의 간격으로 하고 있으므로 '화성적(harmonic)'이며, 한국의 생황이나 시나위 등의 음악도 '화성적'이지만, 서양의 '화성학'처럼 처리하지 않는다. 또, 동양권의 음계 체계 중 하나의 음계 체계인 5음음계를 서양음악인들이나 그 추종자들은 서양의 평균을 체계로 이해하며 상대적 평가를 하곤 하였다. 즉, 5음음계·온음음계·7음음계·반음계 중 5음음계를 서양음악인들이나 그 추종자들은 서양의 평균을 체계로 이해하며 상대적 평가를 하곤 하였다. 즉, 5음음계·온음음계·7음음계·반음계 중 5음음계가 '합리화의 단계가 늦어진 음계'라는 20세기 저명한 사회과학자인 막스 베버Max Weber의 진단(음악사회학, 1921)에 따라 우리들 스스로조차 5음음계가 합리성이 부족한 음계라고 간혀 버려 '합리성에 대한 열등 의식'에 사로잡히게 된 지도 어언 백여 년이 지났다.

한국음악의 음조직 감각이 음악기학音樂氣學(후에 자세하게 살핀다)에 충실하여 '기화氣化'의 음들을 역동화시키기 때문에 7음음계나 반음계를 벗어난 경우도 있어 서양의 5선 보표에 다 담아낼 수 없거니와, 인도에서는 한 옥타브를 서양의 12반음계보다 배가 되는 22개의 스루티shruti('듣다'의 뜻)로 구성하는데, 이것의 기준은 '수학적'이 아니라 '청각'에 의하여 측정하는 음악 관습 때문에 비롯된 것이다. 말하자면, 19~20세기에 걸쳐 유럽의 철저한 자민족 중심적 견해로 합리화시킨 음악론과 이 이론을 무차별적으로 수용하려는 비서양권의 열등 의식이 결합하여 이 기간 세계 모든 음악이 처참하게도 '체계적으로 왜곡'되어 왔다.

유럽음악이나 그 음악론도 결국 세계음악에서는 하나의 종족음악(ethnic music)이자 종족음악론(theory of ethnic music, Ethnomusicology)이라는 사실을 최근에 깨닫기까지 실로 200년간 비서양권이 엄청난 희생을 치렀다. 모든 문제가 각각의 세계관의 차이에서 나온 결과임에도 불구하고 지난 200년 동안 '음악은 국경이 없다'라는 이름하에 서양의 팽창주의 강령구호가 목소리를 높여 왔다.

또 하나의 역사 인식은 동서남북의 외국음악이 외세로 등장할 때마다 전래음악을 불변의 음악으로 인식한 전통주의적 역사 인식이 도사리고 있었다는 점이다. 더욱이 전통주의 입장의 정치인 · 음악인들로 말미암아 특정 아악雅樂만을 유일하게 '악樂'으로 인식하고 민족 구성원 전체에 삶의 표현과 사회 소통으로써 발전시키지 못하거나 민중들의 음악을 '속된 음악' 이란 뜻의 '민속악民俗樂' · '속악俗樂'으로 매도함으로써 민족 공동체 음악이 민족음악으로 발전되지 못하고 역사적으로 해체 위기에 직면한 시대도 있었다.

지금까지 안팎으로 조건화된 정치적 질곡과 외세의 부단한 도전으로 인하여 음악인들 역시 스스로 음악의 2중 구조에서 음에만 사로잡혀 순수음악 지상주의를 내세움으로써 일제하에서 해방공간 이후까지 한반도인들의 삶의 인간 조건이나 민족 현실을 외면한 채 아무런 공헌도 할 수 없었다. 순수 지상주의는 개인적 · 사회적인 흙탕물에 있을 때만이 연꽃처럼 피어나는 법이다. 그렇다고 하여 음악이 음악 그 자체를 떠나서 사회적 관계만을 부각시킬 때는 그것은 벌써 음악이랄 수도 없다. 이것은 한반도에서 음악이 지금까지 하나의 총체적 사회체계(social system)를 형성하면서 그 구성원들끼리 음악적 전통을 공유해 왔다고 하여 우리들은 결코 음악을 먼저 강조하거나 또는 사회 구조를 먼저 강조하는 것이 아님을 말한다. 그것은 각기 다른 방식으로 서로 보완하여 통일시켜야 하는데, 음악과 사회 구조가 동일한 현상에서 나온 서로 다른 양식이기 때문이다.

우리 나라가 지정학적 위치와 국제 관계로 말미암아. 한반도에 국가가 들어서면서부터 벌써 '민족'이 형성되었다는 역사적·사회적 사실이 음악 역사 과제를 안게 하였다. 즉, 우리 나라는 초기부터 역사적 범주의 인간집단의 공동체로서 민족이 형성되어 왔기 때문에 음악사적으로도 안팎으로 떠안은 과제가 있다는 말이다.

그것은 우리 나라의 음악 역사 전개가 안으로는 인간으로서 사회적 성격을 띤 인간·사회적 의식과, 밖으로는 민족적 성격을 띤 민족의식이 양대 산맥이 되어 발전되지 못한 즉자적卽自的 형태로 나아갈 것이냐, 그렇지 않으면 발전한 대자적對自的 상태로 나아갈 것이냐에 따라 음악 역사 성격이 달라져 왔다. 개인과 사회적 삶이 사회 내부에서나, 그것의 외부로서, 한반도 민족과 다른 민족간의 도전과 갈등과 대립 상황에서도 언제나 깨어 있어야 하는 것도 이 때문이다. 즉자적 상태와 대자적 상태의 대립이 통일성으로 지양하는 음악이 근대 이전에도 있었지만, 역사적으로 가장 치열하게 통일에의 지양성이 바로 근대라는 점에서 우리 나라 근현대음악사 전개의 의의가 있다. 지금까지 우리 나라 음악 역사의 과제를 그림으로 나타낸다면 〈그림 5〉와 같다.

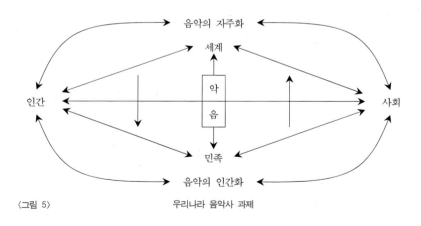

〈그림 5〉　　　　　　　　　　우리나라 음악사 과제

지금까지의 그림들이 바로 우리 나라 음악사로서 민족음악 역사를 나타낸 것이다. 그러므로 '인간-음악-사회와 민족-음악-세계'의 관계를 무시하고 음악의 음만을 역사화한 형식사나 양식사 또는 장르사로만 추적할 수 없는 이유도 여기에 있으며, 그것은 항상 당대마다 드러내려고 하였던 시대 정신이 밝혀져야만 제대로 이해할 수 있다(수평적 전개). 그리고 동시에 지정학적 위치로 국제 관계를 맺어온 우리 나라 음악사를 관계사로서 수직적 전개를 동시에 찾아야 우리 나라 음악사의 과제로서 역사 수행을 바르게 이해하고 실행할 수 있을 것이다〈그림 6·7〉참고).

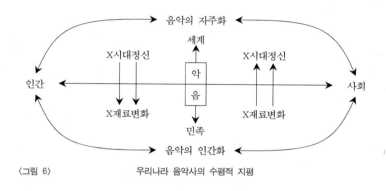

〈그림 6〉   우리나라 음악사의 수평적 지평

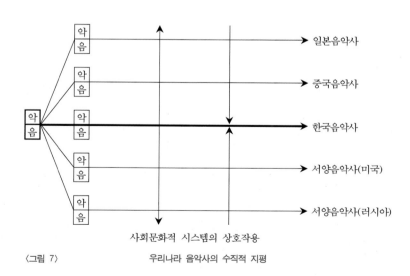

〈그림 7〉   우리나라 음악사의 수직적 지평

앞의 그림처럼 우리 나라 음악사가 안팎으로 각각 어떤 관계성을 가지고 어떤 위치로 연관되어서 펼쳐졌느냐에 따라 음악 역사의 성격이 주어질 것이다. 그러고 보면, 〈그림 7〉에서 확인할 수 있는 것처럼 우리 나라 음악사는 한편으로 세계음악관계사이기도 하다. 바로 이 사실이 관계사를 맺고 있는 나라들의 사회문화적 시스템을 적확하게 이해하여야 우리 나라 음악사도 바르게 이해할 수 있는 이유이다.

우리가 '인간 – 사회·민족 – 세계로서 음악 역사'로 드러내고자 했던 우리 나라 음악 역사를 인간음악사이자 민족음악사로 접근해야 하는 이유가 여기에 있다.

한편, 우리는 어떤 저자의 음악사를 공부하였느냐에 따라 그 음악사가 깔고 있는 역사 인식을 습득하게 된다. 우리가 '비판적'으로 음악사를 학습해야 할 이유가 여기에 있다. 만약, 그라우트Donald Jay Grout의 『서양음악사(A History of Western Music)』를 공부하였다면, 서양음악사 자체보다도 그라우트가 바라본 역사상歷史像을 공부하였다는 말이다. 지금까지의 음악 역사를 오직 그 음악 역사가가 해석한 음악 역사 서술이나 음악 역사 책을 통하여 학습하였다면, 우리들은 그 저자의 역사상에 의하여 역사인식을 자리잡게 된다는 말이다.

음악사에 있어서 역사의 이해란 결국 음악사가의 역사상歷史像을 통해 주어진다. 이것은 음악 역사에 대한 역사가의 사유 방식이나 방법과 논리가 저마다 다름을 말해 준다. 그러므로 저마다 다를 수밖에 없는 음악사가音樂史家의 사유 방식과 방법과 논리를 우선적으로 검토해 보지 않으면 안 된다. 즉, 음악사가가 음악의 역사를 '오늘·이 땅'의 토대 위에서 접근 하는지, 아니면 그 현실 밖에서 초현실적·초역사적으로 접근 하는지를 주목해야 한다. 물론, 역사적 사실에 대한 새로운 해독解讀이나 잘못 해독된 오류의 밝힘이나 새로운 자료의 발굴을 기본적으로 전제하면서 말이다. 그러나 자료(사료)는 '오늘·이땅'의 존재 의미와 역사 실천 논리를 상호 인과 관계로 밝혀 전체적으로 생생한 역사적 현실을 드러내야 비로소 살아 있을 것이다.

바로 이러한 접근들이 우리 나라 음악사를 먼저 우리 사회문화적 시스템의 역사로서 접근하려고 할 때, 먼저 '안으로부터' 대화하여야 할 이유이다. 그 대화는 대전환을 하지 않고서는 획득하기 어려운 대화이다.

따라서, 우리 나라 음악 역사는 '인간 – 사회·민족 – 세계'가 '음악'과 관련한 총체로서의 음악 역사, 곧 인간이 살아온 사회생활 총체로서의 '과거'와 그것의 음악 서술로서 '인간 음악 역사'가 이루어질 때, 그 자주성이 열릴 것이다. 인간 – 사회 · 민족 – 세계를 배제시킨 채 '음악의 2중 구조'만으로 하는 역사적 해석, 곧 초인간적 – 초사회적인 음악사 서술이나 그 설명은 우리의 목숨 같은 '오늘 · 이땅의 음악 현실'을 초역사적으로 바꾸어 놓기가 일쑤이다. 지금도 그 초역사적 음악사관으로 우리 음악사를 서양음악사와 비교하여 우리 음악 역사에 대한 역사적 · 미적 허무주의를 노출시킨 과오를 얼마든지 찾아볼 수 있다.

여기에서 말하는 '인간 – 사회 · 민족 – 세계'는 '인간화 실현이자 세계와 관계에서 민족의 자주성 구현'과 다름아니다. 인간화 실현과 민족의 자주성 구현은 모든 사회적 · 국제적 굴레와 모순을 주체적으로 극복하고 실천할 때만이 실현할 수 있다. 그렇다면, 이러한 과제를 우리 나라 역사에서 어떻게 전개하였는지를 '대화(비판 – 반비판 – 자기비판의 변증법적 대화)'하여야 올바른 역사 인식을 획득할 수 있을 것이다.

자연히 우리들은 음악의 2중 구조가 인간과 사회 · 민족과 세계의 범주에서 조망되어질 때, 비로소 우리 나라에서 음악 역사의 깊이(수평적으로), 넓이(공간적으로), 크기(입체적으로)를 가지는 역사인식을 할 수 있다. '인간 – 음악 – 사회'에서 음악 역사의 깊이, 넓이, 크기에 관련된 음악역사관은 그것을 자리매김하는 전체로서 세계관, 가치관, 계급적 이해 관계, 정치의식, 민족의식 등의 깊이, 넓이, 크기의 이해 정도에 따라 달라질 것이다.

우리 나라 음악사는 지금까지 우리 나라가 줄기차게 실현하려 했던 과제, 곧 모든 굴레로부터 인간해방을 추구하려 한 음악 역사와 우리가 끊임없이 '대화하고 오늘에 실천' 할 때만이 진실을 가지고 '어제 – 오늘 – 내일'을 열어갈 수 있다.

2. 시대 구분

지금까지 위에서 언급한 우리 나라 음악의 진행 성격인 인간화와 민족의 자주성이라는 과제를 중심에 놓고 사회문화적 시스템과 사회 발전의 원리에 따라 다음과 같이 시대를 구분하고자 한다.

1) 고대음악사 : 고조선에서 삼국 시기까지

2) 중세음악사 : 삼국통일기부터 19세기 중엽까지

3) 근대음악사 : 19세기 60년대부터 1945년 해방까지

4) 현대음악사 : 해방 이후부터 현재까지

이러한 시대 구분에서 근현대음악사를 먼저 다루고자 함은 인간화 실현과 민족의 자주성 구현을 드러낸 음악 역사의 과제가 근대사부터 치열하게 펼쳐지고 있기 때문이다. 이제, 근대음악사와 현대음악사를 다음과 같이 시대 구분하여 구체적으로 추적하려 한다.

1. 근대음악사(19세기 60년대~1945. 8. 15.)

전기 : 1860~1910. 8.

후기 : 1910. 8.~1945. 8.

1) 전기(1860~1910)

(1) 1860~1876

(2) 1876~1894

(3) 1894~1904

(4) 1904~1910

2) 후기(1910~1945)

(1) 1910~1919

(2) 1919~1931

(3) 1931~1941

(4) 1941~1945

2. 현대음악사(1945. 8.15.~현재)

1) 제1기(1945. 8.15.~1950. 6.26.)

(1) 1945. 8.15.~1945.12.31.

(2) 1946. 1. 1.~1947. 8.15.

(3) 1947. 8.15.~1948. 8.15.

(4) 1948. 8.15~1950. 6.25.

2) 제2기(1950. 6.25~1979)

3) 제3기(1980~1990)

4) 제4기(1990~현재)

근대음악사의
전기 전개

02 ────────────

1. 근대음악사의 전기 개관

근대음악사로 시기 구분한 85년 동안의 기간은 1910년을 분기점으로 전기(1860~1910) 와 후기(1910~1945)로 나눈다. 먼저 전기 개관으로 첫째 음악 사회의 변화, 둘째 시기 구 분과 전개 상황, 셋째 19세기 사회경제적 상황과 외세에의 대응 상황을 드러내 보자.

1) 음악 사회의 변화

근대, 특히 19세기 중반 이후부터 1910년 이전에 음악 사회가 변화할수 있었던 몇 가지 변수 중에서 두 가지가 크게 작용하였다. 안팎의 위기 상황에 대한 변화의 요인 하나는 안으로의 변화이고, 또 하나는 밖으로의 변화이다.

안으로의 변화는 신분제적 토지 소유 원리의 붕괴 등과 같은 사회경제적인 변화, 그 리고 지배 이념으로 작용하던 성리학적 가치관의 해체이다. 밖으로의 변화는 제국주의 의 식민지 쟁탈에 따른 외세의 등장과, 이와 맞섰던 반외세 사이에서 일어난 변화들이 다. 우리 나라의 '근대'는 안팎의 과제가 맞물린 시기이다.

전자가 반봉건적 성격을 가졌다면, 후자는 반외세 또는 반제국주의적 성격을 가졌 다. 그리고 전자에서 민중들의 음악, 곧 민악권民樂圈이 농촌수공업과 상업적 농업의 성 장을 비롯하여 1862년에 전국 70여 개 지역에서 농민들이 주체적으로 항쟁에 참여한 반봉건운동에 따라 자주적 역량 확대와 새로운 계층 출현에 따른 음악공간의 확대로 그만큼 새롭고도 다양한 양상들로 발전하는 데 비하여, 아악권雅樂圈은 국가 체제의 국제적 약화에 따른 변화를 겪고 있었다.

후자에서는 19세기 제국주의의 식민지 쟁탈 시대가 세계 정세를 휩쓸면서 구미열강들이 조선을 둘러싼 동아시아의 문호 개방을 강압적으로 요구했다. 이와 함께 들어오는 서양음악에 대하여 전통음악은 자체의 대중화 모색을 시도하면서 대응했다. 또한 양악의 자주적 수용을 끊임없이 모색하는 등 민족음악적 운동이 이 기간에 펼쳐졌다.

전자는 민악에 바탕을 두고 새롭게 등장한 산조나 창극을 비롯하여 유랑 예인집단들의 전문화, 새로운 시대 정신에 즉응하는 중인中人들의 악회樂會나 시사詩社 활동, 동학의 서학西學 대응에 따른 자주적인 가사운동, 민요의 광범위한 노래가사 바꿔 부르기(노가바) 등을 손꼽을 수 있다. 후자에서는 애국가를 비롯한 애국계몽창가의 발전과 군악대 문화, 그리고 학교음악교육의 새로운 모색이 이 기간의 주된 음악 흐름이었다.

이렇게 음악의 새롭고도 다양한 흐름이 가능했던 것은 민중들의 주체적인 음악 감수성에 뿌리를 두고 있었기 때문이다. 모두 자생적인 근대화를 가로막는 내압과 외압에 대한 끊임없는 대응이었다. 그것은 지금까지 중세사회가 안고 있는 사회 모순에 대한 응전이자, 서구 열강의 침략에 대한 대응이었다. 곧 통치 권력의 구조가 '국왕 – 양반관원 – 토호·향리 – 농민과 천민'으로 층화되고, 민족공동체의 자주적 성장을 잠식한 제국주의의 식민지 침투에 대한 반작용의 결과이다.

2) 근대 전기의 시기별 구분과 전개 상황

근대 음악사 전기(1860~1910)는 다음과 같이 네 시기로 구분한다.

제1기 : 1860년대부터 1876년까지 약 16년의 기간이다. 1860년 민중에 기반을 둔 동학 창도와 개항(1876) 전인 1862년 농민항쟁에서 보듯 농민들이 반봉건운동과 위정척사운동을 벌이는 기간이다. 안으로는 동학의 신앙 가사와 춤, 민악의 예술적 기반 확립과 새로운 역사 평가, 아악의 민간화, 그리고 밖으로는 제국주의에 대응하는 가사 그리고 양악을 자주적으로 수용하고 발전시켜 조선음악의 근대화를 모색한 시기이다.

제2기 : 1876년부터 1894년 동학·갑오농민전쟁이 일어나기 전까지의 기간이다. 이 기간에 개화사상과 위정척사사상이 시대 정신으로 부각되었다. 음악사에서는 이 기간 첫 해외 유학생인 이은돌李殷乭이 부각되고, 부대에서 서양식 악대를 신설, 그리고 (학교) 찬송가 보급을 시작하는 시기이다. 즉, 궁정·교회·학교에 급속한 변화가 일어나고 있었다. 궁정음악을 총괄한 장악원掌樂院 음악이 이 기간까지 직제로서 유지되지만 이후 직제 개편이 이루어지는 데서도 그 변화를 확인할 수 있다. 특히 모든 산조散調의 조상이랄 수 있는 김창조金昌祖(1865~1929)가 '가야금 산조'를 확립한 시기이기도 하다. 다른 한편으로 도시 중심의 상업 발달과 함께 민악이 활성화되고, 전통음악인들의 신분해방 기획이 실천으로 이루어지는 시기이기도 하다.

제3기 : 1894년 동학과 갑오농민전쟁 시작부터 1904년 8월 제1차 한일 협약이 강압적으로 체결되기 직전까지의 시기이다. 동학농민전쟁으로 열려지고, 독립협회운동과 만민공동회(1898)로 이어져 자주적 근대화가 전환을 이룬 시기이다. 정부로부터 이끌어낸 갑오개혁과 음악인 신분의 해방, 각종 애국가로 분수령을 이루며 노래가사 바꿔부르기를 시도한 노래운동, 백낙준白樂俊의 거문고 산조 확립(1896), 판소리와 병행한 창극의 태동, 왕립군악대의 창설 등 새로운 근대음악 양상으로 펼쳐 나갔다. 특히, 동학과 갑오농민전쟁으로 열려진 음악예술인들의 신분해방은 이 땅의 음악사에서 가장 획기적인 사건일 뿐만 아니라, 이것을 바탕으로 협률사를 비롯하여 민악의 사회적·국제적 부각은 물론 20세기 한국음악을 주도하는 계기가 되었다.

제4기 : 1904년 제1차 한일협약 직후부터 1910년까지 국권 회복을 바탕으로 애국운동과 계몽운동, 의병투쟁을 통하여 애국창가운동과 관련한 학교음악교육과 의병들의 항쟁가, 서양음악을 자주적으로 수용하며 전통음악의 발전을 모색한 민간 음악교육기관이었던 조양구락부(후에 조선정악전습소로 발전) 창립, 국권회복의 시대 정신이 반영되어 창극으로서 최초로 민족 현실을 드러낸 「최병두타령」 등이 이 기간 뚜렷하게 펼쳐지면서 1910년 일본제국주의를 새로운 국면으로 맞이하였다.

3) 19세기의 사회 상황

음악 사회를 살펴보기 전에 우리들은 개항(1876) 전후의 사회 상황을 알아보아야 할 것이다. 그래야만 음악 사회가 구체적으로 드러날 수 있기 때문이다. 사회경제적 측면으로서 제도와 외세 침략상황에 대한 대응이 그것이다.

(1) 사회경제적 상황

조선 시대는 '국왕 – 양반 관원 – 토호·향리 – 농민·천민'이라는 중층적 구조가 제도화되어 사회적 관계를 맺은 사회이다. 이 중층적 구조는 모두 토지 소유 관계에서 비롯되었다. 토지는 조선 사회의 생산수단에서 절대적인 비중을 차지할 뿐만 아니라 국가 권력의 근간을 이루고 있었다.

왜냐하면, 국왕은 전 국토를 자신의 영토로 삼고 있었으므로, 이를 양반 관료들이 그 대행자로 협업하며 왕권이 발동되었거니와, 여기에 각 지역의 왕권 대리자인 수령守 슈이 연결되었고, 토착 지배세력인 토호·향리들이 직접 생산자인 농민·천민 사이에서 그 왕권을 중개하고 있었기 때문이다.

중앙과 지방의 주州·부府·군郡·현縣 등의 관청에 속해 있던 하급관리가 아전衙前이었다면, 그 지방 출신으로 대대로 이어가는 아전이 '향리'였다. 이들은 지방 수령 밑에 있었다. 향리는 서리·역관·기술관료·서얼·군교 등과 함께 중인층을 구성하고 있었다. 비록, 양반관료층에게 천대받은 하찮은 신분이었지만, 부를 축적하여 힘을 쌓아갔다.

판소리를 양반 관료층의 정서에 맞도록 개작하여 널리 알려진 신재효申在孝(1812~1884)가 전형적인 향리 출신이다. 그리고 시조가인으로 활동한 그 유명한 김천택金天澤과 김수장金壽長도 중인 출신이었다. 또, 『가곡원류』나 『금옥총부』 등의 시조집을 낸 박효관朴孝寬과 안민영安玫英 등도 그러했다. 이들 중인들이 중심이 되어 시사詩社(시 동인회) 문학 운동을 19세기 70년대에도 '육교시사六橋詩社(육교란 청계천 하류로부터 여섯 번째 다리, 곧 광교의 별칭)'에서 펼쳐 보이듯 모든 면에 뛰어나 있었지만, 결코 양반이 될 수 없어서 비분강개한 계층이다.

수령은 '원'이나 '원님'으로 불리기도 하였다. 수령은 부윤·대도호부사·목사牧使·

군수·현령·현감 등 각 고을을 맡아 다스리던 지방관을 이름한다. 토호土豪는 토착 지배세력 중의 하나로 신분상으로 양반 관료층과 거의 동일하였다. 토호와 향리는 이익에 따라 밀착되어 있었고, 경우에 따라서는 왕권에 대항하기도 하고, 때로는 농민을 지배, 수탈하기도 했다.

이처럼, 토지를 기반으로 하여 신분이 갈라져 있었다. 국가의 권력 질서는 모든 토지의 국유제를 원칙으로 그 소유권과 관리권을 독점하는 데서 비롯되었다. 자연히 토지 직접 생산자인 농민이나 천민들은 국가권력이 행사하는 그물망, 곧 조세租稅(토지를 근거로 한 소작료와 땅세), 공납貢納(특산물 조달), 역役(병역 의무와 같은 군역과 노동의무와 같은 요역)을 떠맡고 있었다.

즉, 지배층은 왕권과 제도적으로 결탁하여 직접 생산자인 농민들을 계급적으로 수탈하고 있었다. 더욱이 농민층 아래의 천인 계급으로서 노비나 다를 바 없는 당골·광대·창기·사당·승려·백정·진척(뱃사공) 등은 민중문화예술의 직접적인 생산자이면서도 이들 지배층으로부터 경제적으로 수탈을 받는 것은 물론, 이들 지배층의 문화공간에 이용당하는 생활을 하고 있었다.

이들 중 당골·광대·창기 등 문화예술가들은 국가의 문화예술 관청과 지방관청에 일평생 동안 얽매여 살았다. 그들은 행사 요원으로 조건화되었을 뿐이다. 그들이 본래 비인간적 사회 조건으로 조건지워진 천민으로 태어난 것은 아니었지만 말이다.

그러나 이러한 사회 제도가 맨 밑바닥부터 흔들리기 시작한 시기기 바로 1592년의 임진왜란과 1597년의 정유재란, 1627년의 정묘호란과 1636년의 병자호란 이후부터였다. 밑으로부터 사회 개혁의 요구가 있었음에도 불구하고 지배층은 당쟁 아니면 세도 정치에 정신을 팔고 있었다. 그 동안 여러 차례에 걸쳐 토지개혁론이 주창되어 단행되기도 하였지만, 조선 후기에 들어와서 왕권의 쇠약, 정치 기강의 문란, 삼정三政 문란을 비롯하여 국가 재정이 파탄으로 내몰려졌으면서도 직접 생산자인 농민과 천인들은 모든 세원稅源이 떠 맡겨진 수취收取 대상이 되어 가일층 착취를 당하고 있었다. 농민들은 착취를 피하기 위하여 자기가 살던 땅을 버리고 떠돌이 신세가 되어 혹자는 산 속에서 화전민이 되는가 하면, 혹자는 품바 타령을 부르는 거지떼가 되기도 하고, 혹자는 도적이 되기도 하였다.

오랫동안 살판·죽을판이 계속되었다. 19세기에 전국 도처에서 지속적으로 농민항쟁이 일어나는 것도 이러한 사회경제사적 배경에서 찾을 수 있다. 천민으로 버림받은 당골·광대·창기·사당·승려 들도 이 때쯤 더욱 집단적으로 조직화되어 공동체를 이루어갔다. 한편으로, 일정 지역에 살고 있었던 당골들조차 당골판을 떠나고 있었다. 떠돌이(유랑) 예인집단들의 발생 또한 이러한 사회경제사적 배경과 직접 관련이 있다.

한편, 농촌의 피폐로 굶주리는 사람들과 떠돌이들은 광산 채굴업이나 수공업 부문에서 임금노동자로 흡수되어 상대적으로 경영자가 되기도 했고, 이들의 생산품이 시장에서 화폐로 교환되는 등 상업자본이 산업자본으로 전환되어 분업이 일어나고 있었다. 더욱이, 15세기 조선 시대 초기에 농법農法이 변화되고, 17세기에는 이앙법移秧法이 보급되어 18세기 이앙법의 전국적인 실시는 상품화폐경제 시대로 진입하는 계기가 되어 선진적인 농업경영가로 성장하는 경영형 부농富農을 만들어 냈다. 그것은 인습적인 사회 신분제의 대변동을 예고하게 되었다.

조선 시대 직전까지는 농사를 짓고 나면 지력地力 회복을 위하여 1~2년씩 땅을 놀리는 이른바 휴한농법休閑農法을 썼으나, 15세기에는 땅에 퇴비를 주어 지력을 보충하고 매년 농사를 짓는 집약적 농법으로 전환한바 있었다. 물론, 인구 증가로 토지에 대한 관심이 상대적으로 높아져서 토지 소유 관계를 강화시킨 결과이다. 그만큼, 김매기와 비료 주기를 조직적으로 할 수 있는 노동력 확보가 가능하였고, 그만큼이나 식량 증산에 대한 필요성이 절실하였기 때문에서도 변화된 농업기술의 발전을 가져왔던 것이다.

여기에다 17세기부터는 논에다 볍씨를 직접 파종하는 직파법直播法이 아니라, 볍씨를 못자리에다 키워 일정 기간이 지난 뒤에 논에다 옮겨 심는 이른바 '이앙법'의 보급이 획기적으로 이루어졌다. 그것은 파종에서부터 노동력을 크게 절감시키는가 하면, 단위 면적당 수확량을 증대시키는 결과를 가져왔다. 그리고 이앙법 보급과 함께 벼와 보리를 번갈아 수확할 수 있는 2모작 농사 방식 또한 보급되었다.

이와 같은 두 가지 농사 방식은 수리 시설의 확충과 함께 집약적 소경영이 마련되었음을 뜻한다.

말할 것도 없이, 농업 생산력 발전의 지표가 이루어져 사회 구조 전체에 큰 지각 변동이 이루어졌다. 지주로서 지위를 상실한 양반이 속출하고(보통 몰락한양반 또는 잔반), 향호부민鄕豪富民이라 부르는 토호들이 경제력을 이용하여 자기 지역의 향직鄕職을 취득하여 향권鄕權을 좌지우지한 것도 여기에 기인한다. 또, 이것은 양반층이나 농민층의 분해로 신분 계급의 분화 자체를 촉진시키는 계기들이었다.

따라서, 농업과 수공업 발전으로 경제력이 집중되는 지역에 전문예술가들이 문화예술을 시장화시켜 나갔다. 시장市場(또는 場市)이나 시장적 공간이 그러했다. 시장은 다수의 판매자와 구매자가 주기적으로 만나 거래를 행하는 장소로서 우리 나라는 시市·장場·허墟·허시墟市·저자·시상市上·장문場門·장시場市·시장市場 등으로 불렀다.[1]- 5일장도 정기 시장이었지만, 서울의 시전市廛과 지방의 향시(보통시장, 약령시, 가축시장, 조석 시장 등을 포함하여), 그리고 대외무역시장이 여기에 속하였다. 또, 전국의 조창漕倉 같은 경우도 비정기적 시장이었다.

서울 종로의 상설점포라 할 수 있는 시전이나 각 지방의 지역마다 5일장이 개설되는 장시에 판매 행상인 보부상, 위탁 판매나 창고·운수·은행업자(화폐경제의 전개에 따라)인 객주客主(또는 主人), 브로커인 거간居間, 여관업자이면서 객주를 겸한 여각旅閣 등을 중심으로 상품 유통 과정이 활성화되면서 소비자의 경제적 욕망과 생산자의 공급이 맞물려 이 지역으로 사람들이 모여들었다.[2]-

18세기 전국적으로 꽤 이름나 있었던 시장으로 경기도 광주의 사평장, 송파장·안성 읍내장·교하 공릉장, 충청도의 은진 강경장·직산 덕평장, 전라도의 전주읍내장·남 원읍내장, 강원도의 평창 대화장, 황해도의 토산비천장·황주읍내장·봉산 은파장, 경 상도의 창원 마산포장, 평안도의 박천 진두장 등이 바로 그러한 곳이었다.[3]-

한편, 지방에서 거두어진 조세는 바다 길[海路]이나 강 길[水路]로 서울의 서강西江이나 용산의 조세창고, 곧 '경창京倉'에 운반되는 바, 한강·금강·낙동강·영산강·서해 바다 길목 등에 설치된 해창海倉이나 강창江倉 등의 조창漕倉(조세로 징수된 미곡 보관소) 지역(아산의 공세곶창, 충주의 가흥창, 익산의 덕성창, 나주의 영산창, 원주의 흥원창, 영광의 법성포창 등)에서는 어김없이 세미稅米를 수납하고 있었기 때문에 창촌倉村이 들어서는 지역이야말로 사회경제적 유통 구조가 활발하였다.

이곳들은 세미수납 공간으로만 기능하지 않고, 파는 사람과 사는 사람이 모일 수 있

1_ 이재하·홍순완, 『한국의 장시』(서울 : 민음사, 1992), 23쪽 참고.
2_ 崔虎鎭, 『近代朝鮮經濟史』(東京 : 慶應書房, 1942), 19~42쪽 참고.
3_ 정승모, 『시장의 사회사』(서울 : 웅진출판, 1992), 156쪽 참고.

는 장소로 주어져, 사회·경제·문화 등이 거래·소통하는 시장 역할을 하고 있었다. 자연히, 다수의 사람들이 모여 주로 상품 거래가 이루어지는 시장은 동시에 문화 교류의 거래 공간이기도 하였다.

시전이나 장시, 그리고 조창 지역의 문화 욕구 또한 커져 가고 있을 때 바로 이곳에 난장판이 벌어졌었다. 씨름판, 줄다리기판, 윷놀이판, 보부상 놀이판이 벌어졌고, 저 유명하다는 남사당패를 비롯하여 각종 전문 예인집단들의 연행판이 어김없이 판벌임을 하였다. 대체적으로 17세기 이후의 현상들이었다.

경기도 송파장에서는 크고 작은 명절과 장날의 씨름판, 산대놀이, 광대패들의 연행판이 벌어졌고, 동래 중앙통의 시장터나 수영의 시장터 그리고 고성 등의 장터에는 오광대며 들놀음[野遊]판이 유명했는데, 조창 지역의 산신과 용신에 대한 별신제가 널리 알려진 것도 기실 장터가 목이 좋았기 때문이었다.

그뿐만이 아니었다. 궁정과 관청에 공물 청부업자인 공인貢人들이 서울 종로 지역의 육의전과 지방 장시의 객주나 여각과 관계를 가지고 점차 상업 자본으로 성장하여 활동하고 있었다. 서울의 사상私商인 시전상인·경주인·장인匠人 등이 공인으로 나타나 자본을 축적하였고, 그 중에서 도고都賈라는 도매상의 상업 자본이 부각되었다. 지방의 사상을 이루는 서울지역의 강상江商, 개성 지역의 송상松商, 국경 지역의 만상灣商이나 그 밖의 보부상이 성행하고 있었는가 하면, 앞서 지적한 객주·거간·여각이 자유 상인으로서 활동을 전개하였다. 즉, 이들은 민악의 수요화에 큰 몫을 하고 있는 계층들이었다.

이와 같이 공인 자본의 형성이나 서울과 지방의 사상 및 객주·거간·여각과 같은 자유 상인의 대두, 자유 시장의 발생, 상평통보와 같은 화폐의 전국적인 유통 등으로, 이 밖의 수공업이 비록 자급자족의 경제 상태를 벗어날 수는 없었지만 상공업과 무역의 발달 및 수공업의 새 양상을 띠게 되었다. 특히, 18세기 말만 하더라도 전국 각지의 장시 1천여 곳에 5일장이 들어섰었다.

상거래가 이루어지는 바로 이러한 곳이 사당·창기娼妓·광대(화랑 또는 巫夫)·악공樂工·초란이(탈패) 등의 음악시장이었다. 사당패·솟대쟁이패·대광대패·초란이패·중매구패·광대패·굿중패·각설이패·얘기장사·남사당패·풍각쟁이패 등이 각각 순회 공연을 하며, 꼭두각시나 탈춤이며 산대놀이·병신굿·줄타기·접시돌리기(버나)·

〈사진 1〉　　　　　　　　　　　　　　　　　　경상도 울산의 5일장

우리 나라 시장은 파는 자와 사는 자 사이에 경제적 거래가 이루어지는 곳일 뿐만 아니라 문화예술적인 체험과 교류가 이루어지는 곳이기도 하다. 상철시장, 5일장, 10일장, 주시, 연시 등 정기 시장과 포구장, 난장(시장을 처음 열 때 벌이는 부정기 시장) 등의 부정기 시장이 들어서면 사람들은 곱게 준비한 흰옷을 입고 장에 나섰다. 장터 어느 모퉁이 빈 공간에서 광대패들의 줄타기라도 구경할 수 있을 것이라는 기대 속에서 장터로 나서는 사람들, 장터는 멋진 문화예술의 장터였다.

〈사진 2〉　　　　　　　　　장터 어느 모퉁이 큰 마당에서 벌어진 남사당패의 무동타기

시장뿐만 아니라 사람이 모일 만한 곳이면 어김없이 예인집단들이 판벌림을 하고 있었으므로 사람들은 문화 기대 속에 장터에 나선다. 웬만한 예인집단이나 두레 풍물패조차 무동타기는 인기 종목 중 하나였다. 두 어깨 위에 춤추는 어린이(舞童)를 앉혀 춤과 재주와 노래를 벌이는 무동놀이는 동니 또는 동구리라 부르기도 하였다. 한 사람을 올려놓은 2층거리에서부터 5층거리까지 있었는데, 사진 속 오른쪽 무동놀이 경우는 풍물 반주 속에서 3층거리 무동타기판이 한참 어우러져 있다.

땅재주(살판) · 장대타기 · 풍물놀이 · 춤 · 판소리는 물론 기악독주와 합주 등의 연행이 성행할 수 있었다. 이들의 연행은 그만큼 뛰어나지 않으면 대중성을 상실하거나 도태되기 마련이다. 그것은 민중들이 조선 후기에 들어와 두레 풍물의 발달로 문화예술에 대한 감수성이 성숙되어 있었기 때문이다.

민중들의 문화감수성은 이앙법과 2모작이라는 농사 기술의 촉진과 함께 수평적인 공동노동 조직체인 '두레'의 발달에 따라 '두레 풍물'이 활성화되면서 성숙해졌다. '두레 풍물'에 의한 성악과 기악 그리고 춤 등 종합예술적 감수성을 민중들이 이미 가지고 있었다. 나중에 다시 살펴겠지만, 19세기 중반기 이후 두레 조직이 기존의 각종 수직적 향촌 지배에서 벗어나 독자적이고도 공고한 수평적 조직으로 발전하는 기틀이 이루어지는 것도 이러한 사회경제적 기반 위에 있었기 때문이다. 민중의 문화생활 자체에 이들 전문 문화예술인들이 함께 하고 있었다. 전문 문화예술인들의 뛰어난 예술 감각은 이러한 민중들의 삶 자체에 기반을 두고 있었다는 말이다.

그만큼, 두레에 의한 두레문화 감수성은 근대음악사회를 떠받치는 샘물과 같은 음악보고音樂寶庫이다. 말할 나위 없이, 전문 예인집단들은 이들의 종합예술적인 감수성의 기반 위에 있었고, 점차 상층부의 대중성을 획득하여 후견인을 만나 상층 이동이 이루어지기도 하였다. 판소리나 산조가 그 대표적인 예이다. 조선 후기 음악 사회는 이러한 전계층의 민악화가 촉진되면서 완성되었다. 판소리 · 산조 · 풍물 그 밖의 각종 전문 연행 양식이 더욱 풍부하게 확대된 것이 그 좋은 예이다. 이 분야는 나중에 다시 살피기로 한다.

이와 같은 사회경제사적 전개로 말미암은 민중들의 자주적인 '눈뜸'은 스스로를 새로운 사회적 존재로 성장할 수 있게 해주었다. 이 눈뜸은 서울의 경창에서부터 시골의 작은 포구에 이르기까지 각종 유통 구조를 독점한 국가 권력과도 맞서는 눈뜸이었다. 즉, 궁가宮家의 각 궁방宮房에서부터 말단의 수령 · 토호 · 향리에 이르기까지 18~19세기 상품화폐경제의 유통구조를 장악하고 국가 권력을 행세하고 있었다. 더욱이 국가 재정의 근간인 전정田政 · 군정軍政 · 환곡還穀 등 국가에서 배정한 일정 액수의 삼정 수취제受取制를 이들 수령 · 토호 · 향리 3자가 결탁하여 각종 세稅 이름을 붙여 초과징수함으로써 민심이 흉흉해질 대로 흉흉해졌었다.

'전정'이란 세원稅源을 토지에 두고 거두어들이는 세무행정으로 전세 · 삼수미세三手米

<그림 8>　　　　　　　　　　　　　김홍도가 그린 무동(18세기)

김홍도(1745~1805)의 『풍속화첩』중에 나오는 이 무동(舞童) 그림은 무동의 흩날리는 옷자락과 발끝을 세운 디딤발의 모습을 삼현육각 (좌고·장구·피리2·젓대·해금)과 대비시킴으로써 부각시킨 그림이다. 주목할 사실은 좌고와 피리 한 사람 그리고 해금 연주가들의 복식이 갓을 쓴 다른 연주가들과 복식이 다른 것으로 보아 군영에 속한 세악수들로 보인다는 점이다. 좌고를 치는 사람은 이들의 패두로 보인다. 삼현육각 편성은 조선시대 모든 계층의 일거리에 앞을 다투어 선호한 편성이다.

稅·대동미大同米 따위가 여기에 속한다. 이 밖에도 부가세와 각종 수수료 등도 있었다. '군정'은 15~60세까지 장정들에게서 거두어들이는 대역세代役稅에 대한 행정으로, 여기에 군포軍布(봉족 1인당 1필)를 세로 걷고 있었다. 여기에서 궁정음악인들 역시 예외가 아니었다. 궁정에서 음악 생활을 한다는 사실 자체가 결코 좋은 생활이 아니었다. 병역의무를 면제받는 대신에 국가권력기구는 궁정의 각종 음악행사원으로 징발한 악공樂工(주로 천민 출신)이나 악생樂生(주로 양인 출신)들에게 국가기관(예컨대, 궁중과 지방의 장악원이나 군영 등)에서 봉급을 주지 않고 이들의 친척이나 얽매인 사람(봉족奉足이라 하였다)들에게 군포 대신 가포價布, 즉 쌀[保米]이나 베[保布]로 충당하게 하였다. 악공 한 명에 통상 봉족 두 명이 딸려 있었고, 봉족이 이들의 생활비를 가포로 주고 있었다. 봉족 한 명이 부담하는 경우,

베를 1년에 열두 필 바쳤다. 악공 한 명이 1년에 생활비로 받는 스물네 필로는 서울 변두리에 하숙생활하기도 어려울 정도로 곤궁하였다. 장악원 악공인 경우 서울에 움막을 치고 살면서 교대없이 매일 출근하였다.

더욱이, 왜란·호란을 겪고 난 후 그 가포가 점차 줄어들었다. 17세기 중엽 이후만 하더라도 여섯 필로 줄어들 정도였기 때문에 아주 비참한 생활이 계속되었다. 이들 음악인의 의무는 거의 평생토록 벗어날 수 없었다. 또, 생활비를 내야 하는 봉족 역시 전쟁이나 가뭄 등 흉년이 들 경우, 다른 세금과 함께 그 여섯 필도 감당할 수 없음에도 불구하고 말단 행정 기관은 정해진 가포보다 더 징수하는 변태적 탐학을 자행하고 있었다.

삶과 죽음을 민중들과 함께 하며 믿음의 공동체를 이룬 당골들은 무세巫稅로 징수당했다. 그들은 춘궁기에 연명하기 위하여 국가에서 어쩔 수 없이 대여받은 미곡인 환곡 역시 추수기에 정해진 액수의 이자보다 초과징수당하는 사례가 허다했다.

이 사실이 음악 사회에 중요한 변동을 가져오게 한 계기가 되었다. 왜란·호란 이후 장악원의 악공·악생은 물론 이들의 봉족 역시 '죽기를 작정하고' 현직과 현지에서 도망감으로써 10년간 궁정음악행사(제례악 등)가 중단될 수밖에 없었던 사실이 이를 반증하고 있다. 장악원에만 변동이 일어난 것은 아니다. 각 병영과 지방 관아와 병영에 묶인 악공과 세악수나 취타수 등에게도 변동이 일어났다.

'죽기를 작정하고 도망간' 음악인들에 의하여 삼현육각(대금1, 피리2, 해금1, 북1, 장구1 등 6개)으로 연주한 궁정의 영산회상 곡들이나 각 병영의 삼현육각 연주곡들이 지방 각 관아와 병대兵隊의 삼현육각 사이에 교류를 이루는 계기가 되었다. 기존의 향제 영산회상을 풍부하게 하였다. 또, 당골 집단들은 신청神廳(또는 재인청) 조직으로 다양한 음악 양식을 창출하며 주도하였고, 궁정에 있어야할 음악인들이 없음으로 해서 그 자리의 대부분을 종합예능기량이 뛰어날 수밖에 없었던 신청 산하의 당골들로 대체해서 궁정에서도 민악화가 급속하게 촉진되는 계기가 되었으니, 이것이 중요한 변동이었다.

그렇다고 국가 기관이 필요하다고 해서 행정력을 동원하여 궁정 음악인들을 징발할 수 없었다. 도망간 이들이 '소요를 일으킬 수' 있었기 때문이었다. 그만큼, 지배 구조의 중층적 체제가 해체되어 가고 있었다. 악공 출신이자 비파의 명수인 송경운宋慶雲은 정묘호란(1627) 이후 전주로 '도망'가 있으면서 전쟁 이후에도 복귀하지 않을 정도였다.

그곳의 수령·토호·향리들은 계契를 조직하여 그를 강력히 보호하고 있었고, 송경운 자신은 새로운 비파 양식을 창출하며 살아갔다.

　민중들은 사적 토지 소유 관계의 성장과 두레 조직의 공고화, 상품화폐경제의 발전에 힘입어 19세기에 농민항쟁으로 지배 체계와 맞설 정도로 인간화에 눈을 뜨며 성장하고 있었다. 전통적인 지배질서는 해체되어 갔다. 보다 조직화된 민중들은 지배층 통치권력의 지배에 맞서서 인간화가 실현하는 사회를 건설하려는 움직임을 보였다. 1862년 전국 70개 지역에서 전개한 농민항쟁과 이 항쟁이 정점화된 1894년의 갑오농민전쟁에서 그 구체성을 찾아볼 수 있다. 그 농민전쟁의 주된 원인도 1862년에 이어 관의 불법적인 조세 수취와 고율의 소작료나 이자 징수를 위한 농민 사형私刑, 곡물시장의 일본 독점, 정부 재정의 팽창에 따른 농민들의 새로운 세금 부담 등에서 비롯되었다.

　지배층의 이데올로기였던 성리학이 그 시대를 대신할 수 없을 정도로 자주적인 근대가 열려지고 있었던 것이 근대음악사의 전체적인 특징이었다. 이 근대 지평은 때마침 서양 제국주의가 완성되는 시기와 맞물리면서 새 과제를 안겨 주었다.

　(2) 외세의 침략과 조선의 대응

　19세기에 자본주의를 세계적 규모로 발전시킨 영국·프랑스·독일·미국 등의 나라에는 19세기 후반기에 산업자본주의 대신 독점자본주의가 들어섰다. 이들 자본주의 국가는 자국 안에서 밖으로 눈을 돌려 국외 시장에 자본 수출을 꾀하여 초과이윤을 얻으려 해외시장 개척에 나선다. 세계시장을 독점적으로 장악하기 위해서 이들이 경쟁적으로 식민지 개척에 나서는 제국주의 단계가 되자 세계는 범세계적 식민주의 시대로 전환되었다.

　19세기 중엽 이후 다른 제3세계에 이어 아프리카가 분할되고 중국과 조선도 국제시장경제에 편입되기에 이르렀다. 그 동안의 동아시아적 균형의 질서가 세계시장경제로 강압적으로 편재되기 시작한 것이다.

　19세기 벽두 이전부터 나타난 외국상선과 군함, 곧 이양선異樣船은 1860년을 전후하여 더욱 빈번해졌다. 영국, 프랑스, 미국, 독일, 러시아의 각종 이양선이 해마다 몇 차례씩 나타나 식수와 식량 공급을 요구하고, 해난 구조 요청이나 측량을 빌미로 접근하였지만, 그 목적은 통상 요구에 있었다.

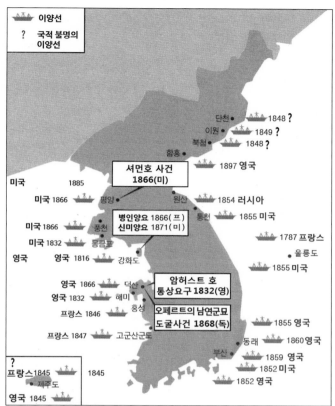

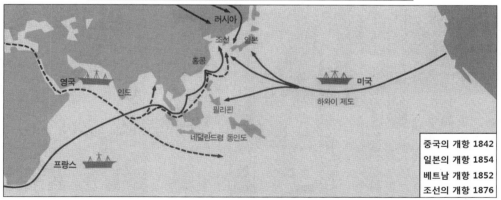

〈그림 9〉 　　　　　　　　　　　　자본주의 열강들의 조선·아시아 침략상황

19세기 초엽 산업혁명을 완료한 서구 열강들이 아시아 지역으로 손길을 뻗쳐 왔다. 중국 일본 베트남에 이어 조선은 1876년에 개항되었다. 그림은 『사진과 그림으로 보는 한국의 역사』 3권, 서울 : 웅진출판, 1993, 29쪽에서 인용하였다.

1840년 중국에서 아편전쟁을 일으킨 영국은 뒤이어 프랑스와 연합군을 편성하여 1856년 제2차 아편전쟁을 일으키고 천진과 북경을 함락시켰다. 1858년 천진조약과 1860년의 북경조약 체결로 중국이 반식민지화되면서 그 동안의 동아시아 질서가 급속하게 해체되어 갔다. 북경조약 체결과 함락 소식이 동시에 우리 나라에 알려지면서 긴박한 위기감이 감돌았다. 동학이 때맞춰 발생하고 반외세의 내용을 담은 동학 가사가 만들어진 때도 이때였다.

1866년, 프랑스와 미국이 우리 나라를 무력으로 침공하는 것과 함께 조불, 조미전쟁을 일으키자 민족국가의 존망은 동아시아 차원이 아니라 세계 제국주의 차원으로 확대되었다. 1876년에 우리 나라는 유럽의 세계 패권 장악에서 유일하게 예외로 남은 조그만 섬나라 일본과 맺은 불평등조약 체제의 성립(조일수호조규, 조일무역규칙 등)으로 자본주의 세계 체제에 종속적으로 편입하기에 이르렀다. 그것은 곧 미국(1882), 영국(1882), 독일(1883), 이탈리아(1884), 러시아(1884), 프랑스(1886), 러시아(1888), 오스트리아(1892), 벨기에(1901), 덴마크(1902) 등과 통상 조약을 체결하는 길을 터놓았거니와 부산(1976), 원산(1880), 인천(1883), 목포(1897), 군산(1899) 등의 개항은 물론 서울의 시전에서부터 도시·강변·포구 등 우리 나라 전지역에까지 이들 자본에 개방되어 상업·무역·해운·금융·철도·광산·어업·농업 각 분야에 걸쳐 경제적 침탈의 길을 터놓아 민족자본의 형성을 가로막았다.

민족자본이 자주적으로 발전할 수 있는 기회가 막힌 채 자본주의 세계체제 특히 일본제국주의의 자본에 종속적으로 편입되었다. 객주의 경우 상품매매·창고업·위탁판매·운송업·숙박업·금융업을 하면서 최대의 도매상으로 성장하고, 개항 이후 외국무역과 외국상품의 담당자가 판매자로 대두하였으면서도 소상인을 침탈하며 일본 곡물상인에 매판적으로 종속된 경우가 그것이다. 특히, 농민경제를 직접적으로 파괴하는 개항장과 연안의 포구에 미곡 수집과 수출 활동을 펴는 외국상인의 침투는 농민들에게 극도의 위기감으로 다가 왔다. 더욱이, 이들 외국상인과 손을 잡은 내부의 지배집단으로 말미암아 민중은 중층적으로 고통을 받고 있었다.

이들 외세로 인해서 타격을 받고 몰락해 가는 개항장의 여러 상인들, 곧 여각, 보부상을 비롯하여 시전과 장시의 상인들이 청淸·일상日商에 대한 점포 철회와 시위를 벌이거나 상회나 상회사를 설립하여 대응하기도 하고, 모순으로 나타난 당대의 현실 체

〈그림 10〉　　　　　　　1866년 조불전쟁(병인양요) 당시 강화유수부

개성·강화·광주(경기)·수원·춘천에는 각 유수부(留守府)가 있었다. 유수(留守)는 지방 관직이 아니라 중앙의 경관직(京官職)이므로 조선 정부 그 자체였다. 고요하기 그지없는 강화가 이 해에 조불전쟁을 겪을 정도로 더 이상 고요한 아침의 나라가 아니었다. 10년 후인 1876년에 불평등의 강화도조약이 일본과 체결됨으로써 조선은 개화당하기 시작한다. 당시 프랑스가 약탈해간 국가적인 보물들은 아직도 되돌려지지 않고 있다.

제를 종말론적 세계관을 가지고 새로운 세계로 열어 가려는 동학의 창도에 때맞춰 내부적 유대로 결속한 전 민중의 동학농민전쟁과 영학당英學堂, 활빈당, 척사위정, 애국계몽운동 그리고 항일의병운동은 전민족이 대응한 반외세 운동이었다. 그것은 조선의 전 민족적 반외세·반자본 운동이기도 하였다.

　이 운동은 외세가 식민지 개척 자체를 '국제 무역의 증대로 세계 평화의 중요한 담보와 인류 발전을 위한 항구적 보장'이라고 정당화시키며, 제국주의 문화를 '아는 것이 힘'이라고 내세우는 폭행적 논리에 대한 민족적 대응이었다. 이것이야말로 우리 나라 근대음악이 실천해야 할 또 하나의 과제임을 예고하고 있었다. 우리 나라 근대음악사는 지금까지 외래음악과 외세음악을 자주적으로 수용하고, 민족음악에 재통합한 바 있는 조선 후기의 역사성을 근대에 어떻게 발전시켜야 할지를 결정하는 중대 시기였다. 자주성을 잃을 때, 우리의 음악은 일본과 서양음악 앞에서 원주민식 조롱거리 음악으로 전락하고 스스로 민족적, 사회적, 정서적 갈등을 일으킬 것이라는 사실은 불을 보듯 뻔하기 때문이다.

우리 나라의 근대는 일본과 유럽의 제국주의 팽창으로 말미암아 억압된 성격으로 나아가고 있었지만, 음악의 근대성을 자주적으로 구현하고 있었다. 19세기 60년대 직후부터 「권학가」나 「칼노래」 등 동학의 가사나 「괘심하다 서양되놈」 같은 단가, 지난 시기 홍대용, 박지원, 이덕무, 박제가, 정약용, 이규경, 서유구에 이어 이 기간 최한기崔漢綺(1803~1877)의 음악기학音樂氣學 입장에서 서양음악이론의 자주적 수용은 물론, 80년대 직후부터 이은돌李殷乭의 서양식 악대 설립과 발전, 동학농민전쟁에서 확인하듯 두레 풍물과 「칼노래」와 「새야 새야 파랑새야」 등의 공동체 문화의 공고한 대결, 1900년대 전후의 학교와 사회에서 애국가운동이나 계몽창가운동 그리고 의병항쟁가 등으로 국

〈사진 3〉   1850년대 이후 이양선들
1853년 1월 부산 앞 대한해협에 들어온 미국의 포경선
미국 아시아 함대 콜로라도호의 강화도 공격 대기 모습(1871년 5월)

권을 회복하려 한 노래운동, 조양구락부에 의한 조선음악과 서양음악 전문 교육기관 설치, 판소리를 창극으로 발전시키는 내용 등이 바로 그것이다.

이러한 반외세 민족운동은 반봉건운동과 함께 우리 나라 근대음악의 양대 산맥을 뚜렷하게 이루는 점에서 전前 시대와 다른 성격을 가지고 있다. 그렇다면, 우리 나라 근대음악이 구체적으로, 인간화 실현으로서의 음악이자 세계 속의 민족음악으로 어떻게 자주적으로 구현하고 있는지를 추적하여 보자. 먼저, 근대음악 전기 제1기에서 민중의 삶의 방식과 음악 사회는 어떠했으며, 여기에 바탕을 두고 견고하게 성숙하는 전문 음악인들과 그 음악 양식의 특징은 무엇인지, 또 외세에 대응하는 음악 사회는 어떻게 형성되었고, 서양음악을 자주적으로 수용하고, 이 땅에 재통합하는 것은 물론 세계를 전망하는 음악 이론에는 무엇이 있고, 그 내용은 어떠한지 등 그 근대음악 제1기 음악사 항목들을 알아보기로 한다.

2. 근대음악 사회의 구성

지금까지 우리 나라 음악사 인식과 과제를 점검하여 보고, 이어서 근대음악사 전기의 시기별 구분과 전개 상황, 특히 19세기 우리 나라의 사회경제적 상황과 외세의 침략에 대한 조선의 대응이 어떻게 전개되었는지를 알아보았다.

이제, 19세기 60년대 음악 사회가 어떻게 구성되었는지를 계층별로 살펴보기로 하자. 이것은 '음악을 통한 역사 전개'가 계층별로 어떠한 세계관과 음악 양식으로 구체화하였는지를 밝히는 단서가 된다. 제2장 근대음악사 중 첫째 항목인 '근대음악사 전기 개관'에 이어 이번에는 '근대음악 사회의 구성'을 알아보기로 한다.

한국음악사에서 19세기 60년대를 기점으로 '근대음악사'라고 시기를 구분하는 것은 안으로 인간화를 실현하는 음악과 밖으로 세계 속에 민족의 자주화를 실현하는 음악이 본격화할 수 있었기 때문이라는 점을 이미 밝힌바 있다. 이러한 시대적 성격은 그 이전의 시기와 확연히 다를 정도로 지속적으로 추구한 흐름이었으며, 근대에 흔들릴 수 없는 시대 정신으로 부각되었다.

전자의 경우, 1862년부터 전국에서 70여 군데에 걸쳐 농민항쟁과 함께 두레 풍물이 공동체 음악 문화를 확인하고 있는 사실이나, 이러한 흐름을 1894년 갑오농민전쟁에서 정점화시킨 바 있고, 이후 독립협회와 만민공동회를 통하여 전개하는 애국가 운동을 통하여 '노래'가 새로운 국면을 맞이하면서 1904년 이후 계몽운동과 함께 애국 노래운동으로 봉건성을 탈피하고 근대성을 지향하며 국권을 회복하려는 역사적 전개가 뚜렷하였다. 이러한 근대성 지향은 무엇보다도 민중들을 기반으로 하였고, 그 기반 위에 또 다른 축으로 의병전쟁이 가장 치열했던 1908년에 창극 「최병두 타령」을 통하여 현실성과 민족성 그리고 대중성을 반성적으로 확보하면서 음악전문인들의 음악운동 줄기들도 모두 이 땅에서 인간화를 실현하려 하였던 줄기찬 산맥이었다.

후자의 경우, 1860년 동학의 「용담가」나 「안심가」 등의 『용담유사』에 담은 신앙 가사나, 동학의 자주적인 혁명 송가이자 장부의 순교가殉敎歌랄 수 있는 「칼노래」 등은 반외세의 성격을 드러내면서 민족의 자주성을 구현하고 있었다. 그런가 하면, 자주적인 관점에서 세계를 보편적인 관계로 수용하면서 비판한 이 시기 최대의 철학자이면서 음악학을 탐구한 최한기崔漢綺(1803~1877)의 '음・악・론'은 그만큼 돋보였다.

또, 1880년대 전반기에 자주적인 (군)악대(Military Band) 형성을 주도한 이은돌李殷乭의 활동이나, 1894년 반외세의 기치를 수립하려 한 동학・갑오농민전쟁에서 천민 출신인 신청神廳인들의 음악활동, 1904년의 학교 설립에 따른 실력양성론으로 전개하는 계몽운동, 그리고 항일무장투쟁으로 나서는 의병전쟁과 함께 펼쳐진 음악운동은 모두 반외세를 드러내면서 민족의 자주성을 구현하려 한 부동의 산맥이었다.

이와 같이 19세기 60년대를 기점으로 안으로부터 인간성 실현의 과제와 밖으로 세계 속의 민족의 자주성 구현이라는 시대적 과제는 필연적으로 안으로 반봉건과 밖으로 반외세의 기치를 내걸고 있었다. 그만큼이나 조선 민족의 현실에 대한 개혁 의지와 민족정서가 한 축으로 함께 분출되고 있었다. 이 분출들은 기실 기층민중들의 생활에 기반을 두고 있었다. 말하자면, 기층민중들의 생활이 토지라는 일터에 집중되어 있으면서 보다 나은 삶의 보상을 영위하려는 현실이 안팎의 과제로 부각됨에 따라 끊임없는 위기 의식에 사로잡힐 수밖에 없었으므로 이에 맞서려는 분출이었다.

기층민중들은 그들의 삶의 터인 땅과 수평적인 인간관계를 신뢰하며 민족공동체 문화를 공고히 하였다. 이는 그들이 견고하고도 오랜 역사성을 드러내고 있는 문화예술을 공유하였기 때문에 가능하였다.

〈사진 4〉　　　　미국 아시아 함대 콜로라도호의 강화도 공격 대기 모습(1871년 5월)

따라서, 이 장에서는 기층민중들의 음악 사회를 구성하는 세 축, 곧 농민, 유랑이나 정착 예인집단 등의 음악인, 신청神廳(또는 재인청)을 먼저 알아보고, 이어서 중인들의 시회詩會와 선비들의 악회樂會, 사대부들의 기회耆會, 끝으로 궁정 음악 사회를 추적하기로 한다. 기층민중들의 두레 풍물 등으로 성숙한 음악감수성의 기반 위에 문화공동체를 구축한 전문 예인집단과 민중들의 삶과 죽음을 혼불로 불사르며 공동운명체로 이끌어 간 이 시대의 뛰어난 예술성을 가진 신청은 19세기 조선사회를 민악화民樂化하는 보고였다. 이 사실에서 주목할 점은 어느 계층의 음악권을 막론하고 기층민중 출신의 음악인들이 음악을 실제적으로 주도하였다는 점이다. 그러면 '근대음악사회 구성' 중 가장 중요하다고 할 수 있는 '기층민중들의 음악' 항목부터 알아보기로 한다. 왜냐하면, 한국음악이 모두 이들의 역사적 기반 위에 있기 때문이다.

1) 기층민중들의 음악

토지에 기반을 두고 성리학적 예악관禮樂觀으로 정치적 기반을 구축한 조선 사회라 할지라도 18세기나 19세기 특히 19세기는 계층 구분 없이 전조선의 민악화民樂化가 완성되는 역사적인 시기이다. 그것은 말할 나위 없이 민중들의 '생활의 음악화－음악의 생활화'의 기반이 그만큼 공고화한 데서 비롯된다.

　민중들의 '생활의 음악화 – 음악의 생활화'가 촉진된 것은 기층민중들의 음악 사회를 형성하는 농민과 전문 예인집단들과 신청 음악인들이 같은 사회적 위치에서 삶과 죽음을 공동 운명체로 삼은 결과이다. 특히, 농민들의 두레 풍물에서 발달된 음악감수성은 전문 예인집단이나 신청 음악인들의 음악 생산이 치열하게 발달되지 않고는 도태되어 버리는 '음악 요구의 눈'이었다. 말하자면, 농민들의 음악감수성이 이 시기의 음악 예술의 비평 사회를 이끌어간 주체였다.

　농민들의 음악감수성이 성숙할 수 있었던 것은 크게 두 가지 분야에서 비롯되었다. 첫째는 농민들의 삶이 토지의 직접 생산자로서 두레의 일(work) 문화에 기반을 두었고, 둘째는 일 문화와 상호 작용으로 삶의 세계를 '기화氣化 – 장단'으로 구조화시켰기 때문이다. 비록, 이들이 정치적으로 억압을 받고 사회적 신분이 최하층에 묶여 있을지라도 말이다.

　'두레'는 '공동노동 조직'을 가리킨다. 두레의 형성 과정 자체야말로 농민 대중들만 자주적이고 수평적인 지위를 획득하는 역사이다. 농민들의 위치가 예전과 분명하게 달랐다. 즉, 19세기에 농민대중들의 지속적인 두레 조직화로 농촌 사회내의 농민들의 위상을 수평적으로 강화시켜 농민항쟁의 주체로까지 발전되었다는 점에서 지난 시기의 수령과 이서・향임층을 중심으로 수직적으로 이루어진 향촌 지배 질서와 달랐다.

　우리들은 먼저 '계契'를 이해할 필요가 있다. 조선 시대에도 마을을 중심으로 공통된 이해를 가진 사람들이 상호 협동하기 위한 조직, 곧 '계'를 조직하였지만, 여기에서 말하는 바의 계란 서로 돕는 목적적 계가 아니라 마을의 지배 체계를 유지하기 위한 계였기 때문에 그 성격을 이해할 필요가 있다는 말이다.

　조선 전기에 이미 지배 계층의 이념에 충실한 향도 조직이나 양란(임진왜란과 병자호란) 이후 출현한 사족士族 중심의 동계나 동약들은 지배 체계의 이익을 위한 계였다. 그리고 18세기 후반에는 동계의 하계下契로 편입한 기층민들의 마을 중심 운영 구조를 확보한 촌계류 조직도 있었다. 그러나 두레 조직은 기층민중들의 공동 노동 조직이면서 수평적인 계로 발전하는 결정적인 역할을 한다. 기존의 수직적 형태와는 비교되지 않을 정도로 19세기에 두레 조직이 공고화되었다. 이것은 17~18세기의 이앙법移秧法의 전국적 확산에서 기인되었다. 그 동안 볍씨를 경작할 논에다 직접 뿌리는 직파법과 달리, 못자리에 길러서 옮겨 심는 이앙법은 노동력을 결정적으로 감소(5분의 4정도)시킬 뿐만 아니라, 광작廣作도 가능케 하여 이모작을 할 수 있게 되었으며, 농민들은 경제적·시간적으로 여유가 생겨 노동 조직의 운영 기반을 충실하게 할 수 있었다. 바로 여기에서 '두레'가 새롭게 부각되었던 것이다.

토지의 직접 생산자인 농민들의 두레 조직의 확대는 농사에 대한 새로운 경영을 불러일으켰으며, 두레 조직에 의한 농민들의 수평적인 삶의 훈련이 토지에 걸맞는 삶의 요구, 즉 인간화에 눈을 뜨게 하였다. 그 결과 1862년 전국 70여 군데에 걸쳐 농민항쟁이 점화되고 후에 동학·갑오농민 전쟁으로 정점화하기에 이르러 두레 조직이 가히 농민들을 사회 개혁의 주체로까지 승화시킨 힘이 되었다.

두레가 발달되었다는 사실은 토지 현장에서 일(work) 자체와 농민들의 인간적 삶을 상호 작용시키는 삶의 문화가 창출되었음을 뜻한다. 그 창출이 다름아닌 두레 풍물이었다. 즉, 마을에서 농민들의 수평적인 두레 조직의 강화가 두레 풍물을 발달시키는 계기가 되어 농민들의 독자적인 음악과 문화예술의 감수성을 성숙시켰다.

마을 있는 곳에 두레가 있었고, 두레 있는 곳에 두레 풍물이 있었다. 일판이 벌어진 곳이면 어디서든 두레 풍물을 쳤다. 마을 공동체들이 음력 5월부터 7월 중순까지 일터에 집중적으로 노동력을 투여할 때마다 어김없이 두레 풍물을 울렸다. 그렇다고 두레 풍물이 이 기간에만 한정적으로 쓰인 것은 아니다. 일단 마을에 두레 풍물대가 상설적으로 편성되어 있었기 때문에 정월 대보름부터 동지까지 일판과 의식儀式적 공간 그리고 놀이판을 주도할 수 있었다. 두레 풍물대는 마을 악대에 다름아니다. 두레 풍물의 역사가 다름아닌 기층민중들의 음악 역사일 정도로 그 역사는 오늘에도 지속적인 생명력을 가지고 있다. 지금도 전국 도처에서 변함없이 현지 조사와 복원이 가능한 점도 이 두레 풍물 역사를 반증한다.

'두레 풍물'처럼 마을공동체 사이에서는 '풍물'이라는 말이 전국적으로 광범위하게 쓰이고 있었던 것이 사실이지만, 이 외에도 매구(또는 매굿, 매귀, 화반)·풍장·두레·걸궁·걸립(또는 건립)·군물軍物·군고軍鼓·금고金鼓·농상계 등의 명칭이 있었다. 이처럼 명칭이 많았던 것은 풍물의 기능이 다양하였음을 보여 준다. 예를 들어, 마을의 공동사업(마을 제사·건물·다리·도로 건설·선착창 건설 등)을 추진하기 위하여 그 재원 해결을 위해 놀았던 풍물을 걸립乞粒이나 걸궁乞窮 또는 금고金鼓라고 불렀으며, 그 사업 이름을 따

〈그림 11〉   두레 풍물
모심는 일을 계속하면서도 이들과 함께 두레풍물패가 따라 나오고 있다. 일이 있는 곳에 두레풍물패가 언제든지 등장하여 모든 판을
공동체 음악으로 풀어갔다. 그림에서 장구 이외에 꽹과리가 둘(상쇠와 부쇠)이고 나이든 점으로 보아 모심는 일이 끝나 행진할 때에는
그 규모가 컸을 것으로 보인다.

절걸궁이나 나루걸궁, 서당걸립이나 낭걸립(서낭대걸립) 등으로 불렀다.

  농민들이 토지의 직접 생산자라고 하여 이들이 '밥'만을 위하여 산 것은 아니다. 농
민은 인간적인 문화생활을 향유할 권리가 있다. 기층민중들이 어떻게 지배 체계에게
기만당하고 있는지를 알기 위하여 해방적 관심을 가졌다고 하여 인간적인 문화 요구를
포기했던 것이 아니다. 기층민중들이 땅에서 운명지워졌다는 것은 이들의 삶의 세계와
부단한 상호 작용을 하였다는 것이고, 바로 이 점이 지난 시기와 다른, 모든 것으로부
터 해방적 관심에 '눈'을 가지고 있었음을 말한다.

  그 눈은 자기 기만으로부터 해방하려는 눈이고, 그 정치적 억압 체계로부터 인간화
실현을 구체화하려는 해방적 관심을 품은 눈이다. 기층민중들의 눈은 이제 '밥'만을 생

산하도록 지배 체계의 경제적 효율성의 도구적 인간으로 기만당하는 눈이 아니다. 무엇보다도 기층민중들은 일과 상호 작용의 언어고 문화예술을 창출하려는 두레 풍물을 기반으로 문화감수성을 획득하였다. 두레 풍물이 울리는 판은 신명이 열린 판이자 자유의 공간이었고 해방의 공간이었다. 이들은 일과 관련한 음악문화와 의식과 관련한 음악문화, 놀이와 관련한 음악문화를 풍부하게 창출하고 있었다. 이들의 일거리와 삶거리에 음악이 혼불처럼 타고 있었다. 여기에 '생활의 음악화 – 음악의 생활화'가 이룩되어 우리 나라 음악사에 획을 그어 놓았다. 그리고 이 점이 농민들의 음악감수성의 성숙을 가져온 두 번째의 계기이다.

두레 조직이 농촌 경제사회의 변모상을 이끌어간 주체였던 것처럼, 두레 풍물은 민족음악문화의 진원지로서 주체였다. 두레 풍물은 농민들의 미적 감수성뿐만 아니라 윤리성과 생명의 역동성(기화 – 장단에 따른)을 스스로 확보하고 있었다.

풍물 악기를 지금은 마을 이장집이나 새마을회관에 보관하는 것이 관례화되었지만 (바로 이 사실이 일본 제국주의의 행정적 감시 체계의 결과이지만), 근대 전기까지만 하더라도 마을의 제사용 용기를 보관하는 '신성한 집(충남 청양군 청남면 왕진리의 경우 마을에서 지은 동중同中집에 보관)'에 두었고, 일판에 나가기 위하여 먼저 마을지킴이 집(당산집 등) 같은 의식儀式 처소를 순례하고 나아갔으며, 일년 농사를 준비하기 위한 호미모둠은 제의祭儀적인 모임이었다. 이러한 의식적인 공간은 마을 공동체의 신앙 공간이기도 하지만 이들의 삶과 죽음에 대한 반성적인 공간이기도 하였다. 이 공간에서 더불어 사는 삶에 대한 반성은 그만큼 윤리적이지 않을 수 없었다. 이러한 사실들은, 두레 풍물이 일상적인 삶과 함께 하면서도 이를 윤리적으로 이끌어냈음을 시사한다.

두레 풍물은 또한 삶과 자연이 '살아 있음(생명성)의 역동성'을 체험케 한 음악이었다. 기氣의 운동화運動化(또는 運化), 곧 기화氣化의 주도성을 가장 구체적으로 드러내고 있는 것이 음악이다. 즉, 음악 역시 모두 기氣의 작용이라고 할 때, 기화가 지배하는 세계를 열어 주는 음악 중 하나가 두레 풍물이라는 점이다. 기는 늘 스스로 운동하여 모든 것을 '살아 있음'으로 변화시키는 물질이다.

이 땅의 민중들은 기를 사람의 주기적인 호흡 구간에 따라 여러 가지 길고[長] 짧은[短] 수數로 질서화시킨 이른바 '장단'을 창출하였다. 장단악기의 총화인 두레 풍물로 사람을 '신神바람'(신명감 – 어깨춤 – 허튼춤)으로 '살아 있게' 하는 데 합의하여 역사화시켰다. 한국음악은 기화 – 장단이 미적 특성뿐만 아니라 인식적·윤리적 특성으로도 세계관을 체계화한 핵심이다. 아주 느린 호흡법으로 길고 짧음을 수화數化시킨 '진양' 장단에서부터 중모리 → 중중모리 → 자진모리 → 휘모리 → 단모리로 휘몰아 빠르게 한 장단이나 그 밖의 엇모리, 굿거리, 세마치 등은 모두 기화 – 장단의 구체적인 전개이다. 이 모든 장단은 기화의 전체적인 질서 속에서 전개하는 하나하나의 장단 방식이다. 따라서, 모든 장단은 서로 관계성을 가지고 한 질서 속에 있다. 진양에서 빠름의 호흡을 조정하였고, 휘모리에서 느린 호흡을 조정하며 기화의 질서에 따랐다. 그러므로 장단은 서양식 리듬이 아니다.

기가 서양 개념에서는 없듯이 장단도 서양음악 개념으로는 설명되지 않는 것도 이 때문이다. 장단은 장단을 기막히게 잘 치는 데 목적이 있는 것이 아니라 기화로써 사람의 혈맥을 뛰게 하여 자연과 인간의 조화를 꾀하는 데 있었다.

여기에서 우리는 기화 – 장단 그 자체와 음악인과의 관계를 설명해야 할 것이다. 한국음악의 실제적인 장인이란 기화 – 장단이 주관하는 질서를 따르는 사람을 말한다. 즉, 장인의 솜씨에 음악이 열려진다기보다는 기화 – 장단이 그 장인을 통하여 판에 나타나면 그 판의 질서를 우리 모두가 따르게 할 수 있는 그러한 사람이 장인이다. 그러므로 장인의 주관적인 해석에 따라 음악이 지배되거나 좌지우지되는 것이 아니라, 기화 – 장단이 장인을 통하여 판의 참여자 전체의 피와 맥을 뛰게 함으로써 '살아 있음'을 충만하게 체험시킨다. 장인이냐 아니냐 하는 것은 기화 – 장단이 주관하는 판을 살판으로 이끄느냐 그렇지 않으면 죽을판으로 이끄느냐의 정도의 차이에 달려 있다. 또, 기화 – 장단이 지배하는 음악판을 진지하게 열었느냐, 열지 못하느냐에 장인의 수준이 달려 있다. 또, 기화 – 장단이 판으로 짜여진 '수천 수만의 길' 중에서 어느 한판(유파)을 창출하였느냐, 못 하였느냐에 따라 연주가 – 창작가가 결정되었다. 민중 음악예술 언어에 "장단을 이겨라!"랄지, "장단을 이기지 못하면 헛것이여!"라는 말들은 모두 이를 두고 하는 말들이다.

그렇다면, 기화가 장단을 통하여 어떻게 구체적으로 나타났는지를 알아보아야 할 것이다. 그렇지 않으면 지금까지 말한 바의 기화 – 장단론이 뜬구름 잡는 이야기가 되고 말 것이다. 19세기 60년대 조선에 있으면서 범세계적으로 살아간 최한기의 '음악기학론音樂氣學論'에 의하면 氣를 의도적으로 발생시켜 확인할 수 있는 것은 사물과 사물(또는 물체와 물체), 또는 기와 사물(또는 물체)을 부딪쳐서 소리로 그 기를 확인한다고 한다. 자연적으로 발생되는 것은 기와 기, 기와 사물(또는 물체)이 서로 부딪치는 경우가 있고, 기혼자 날릴 때도 아주 작지만 소리를 낸다고 한다. 소리는 벌써 기와 물物(사물이나 물체)의 부딪는 결과이기 때문에 기의 발생을 뜻한다. 이러한 기의 움직임, 곧 기화氣化를 어떻게 음악적이고도 사람 '몸' 중심으로 처리할 수 없을까를 역사적으로 고민하고 합의하여 오늘에 이어진 것이 '장단'이다. 기와 물을 진지하게 선택하여(부딪쳐) 몸의 한 호흡 구간에 길고[長] 짧게[短] 수화數化시킨 것이 바로 '장단'이다.

〈그림 12〉는 굿거리 장단(♩=60~72) 정도의 노래곡에서 한 호흡 구간의 공간을 표시한다.

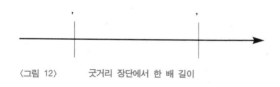

〈그림 12〉   굿거리 장단에서 한 배 길이

그림을 설명하기 전에 독자가 먼저 고려할 사항이 있다. 그것은 장단 전체의 한 판을 이 글에서는 단 한 호흡 구간(한 배)으로 설명하고 있다는 것이다.

한국음악을 해명하기 위하여 기화 – 장단론을 얘기하자면 책 한 권 분량으로도 부족하다. 사실이 그러한데도, 장단을 이해하기 위해서는 위의 설명이 불가피하다. 또, 〈그림 12〉처럼 한 호흡 구간을 ' '표시로 하였지만 이것은 평면상의 이해를 돕기 위한 불가피한 표시이다. 장단은 평면상의 진행이 아니라 역동적인 공간이다. 이러한 표시를 평면상으로 처리할지라도 그것은 공간 전체의 움직임이라는 것을 독자들이 전제하여 주길 바란다.

문제는 '기화 – 장단의 길고 짧음을 어떻게 수화數化'시킬 수 있느냐에 있다. 즉, 〈그림 12〉와 같은 한 호흡 공간을 어떻게 처리할 것이냐에 있다는 말이다. 이 분야가 일본이나 중국 그리고 서양과 다르게 처리하는 분야이다. 한국과 서양만을 비교한다면, 서양은 근대 이후에 한 호흡 구간을 대체적으로 2박자(4분의 2박자와 같은 2박자계, 4분의 3박자 같은 3박자계, 4분의 4박자와 같은 4박자계 등을 포함하여) 중심으로 발전시킨 데 비하여, 한국은 3박자(8분의 6박자와 같은 2박자계, 8분의 9박자와 같은 3박자계, 8분의 12박자와 같은 4박자계를 포함하여)를 역사적으로 발전시켰다. 3박자 중에서 특히 8분의 12박자를 중심으로 삼고, 그 중심적인 관계에서 엇모리(8분의 10박자)나 세마치(8분의 9박자)를 주변으로 삼았다. 단적으로 말하여 서양은 한 호흡 구간의 역동성을 2박자 중심으로 본 것에 비하면, 한국은 3박자로 보았다. 그리고 우리와 역사적으로 관계 맺은 바 있는 중국과 일본은 2박자 체계로 되어 있다.

〈그림 13〉과 같이 우리 나라는 '장단 공간'을 여러 악기들이 맡아 한 호흡 구간에서 저마다의 역할을 하면서 전체적인 질서에 따르고 있음을 보여 줄 것이다.

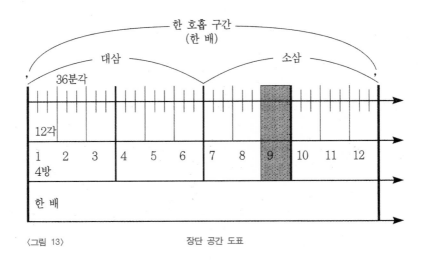

〈그림 13〉 　　　　　　　　　　 장단 공간 도표

〈그림 13〉에서 한 호흡 구간의 단위, 곧 '한 배'와 8분의 12박자(8분 음표가 한 박일 경우) 에서 8분음표 세 개씩 묶은 4방方, 8분음표 하나씩 계산한 12각角, 또 1각을 세 개씩 분할하여 36분각分角의 분할을 한 배는 다 가지고 있다. 한배·4방·12각·36분각을 어느 악기이고 넘나들 수 있지만, 대체로 징은 한 배 1점을 쳐서 호흡을 조정케 하고, 꽹과리는 12분과 36분각의 공간을 넘나들면서 풍물의 장단을 세분한다. 풍물대에 참여한 모든 사람들이 한 배를 통하여 동시에 4방을, 때로는 12각을 때로는 36분 각으로 한 호흡으로 몸에 가득 채워 나가면서 기의 느낌 확인[體認]으로 역동화시킨다. 아무리 36분각을 더욱 세분화시키는 장단일지라도 기층민중들의 한 배에 따른 기화－장단의 질서는 변함이 없다(민중음악 언어에서 4방과 12각의 역동 공간에서는 '원박', 36분각에서 박은 '잔박'이라 하였다).

8분의 12박자 중9박자째에 ■칠한 것은 기화의 흐름을 이 공간에서 쳐서 모아지게 함으로써 다음 한 배의 합장단을 예비해 주고 있음을 표시한 것이다. 그리고 이러한 특징 때문에 6박까지의 '대삼'과 뒤의 6박까지의 '소삼'으로 구분한다. 이 구분은 음량·음향·음색의 대비에 따른 구분이자 기화－장단의 역동성의 대비이다. 대삼과 소삼은 한 배에 머무르지 않고 이어가는 다음 한 배의 경우에도 적용한다. 그리고 앞의 한 배가 그 다음에 이어지는 한 배와의 관계에서 앞이 대삼을 이루고 뒤가 소삼을 이루며, 이 관계성은 앞의 두 배와 뒤의 두 배와의 관계에서도 이어간다. 곧, (기화－장단－공간의) '판을 짜 나가는 균형'으로서 '판 짜기'이다.

그러고 보면, 기악 합주에서 각 악기들이 한 배 중 대삼의 첫박에 기와물(여기에서는 악기, 타악기인 경우 양손과 양변 즉, 채편과 북편을 부딪쳐 기를 일으킨다)을 부딪침으로써 일어난 기를 흘러 움직이면, 소삼 공간에 이어지면서 여러 갈래로 기화가 흐트려 움직이다가[散] 아홉 번째 박에서 흐트려 움직이는 기화를 쳐서 모아지게 하여[聚](또는 들이마신 숨이 다하면서 다음 숨을 들이마시기 위한 힘이 아홉 번째 박에 오게 함으로써) 다음 한 배 첫박의 부딪침을 예비하는 공간이기도 하다. 이 원칙은 모든 음악 공간에 기본으로 삼아 약속 체계를 지키면서 기화의 모임과 흩어짐[聚散, 예컨대 아홉 번째 박 처리와 같은 기능의 역동성이 훨씬 자유로워진다. 시나위 합주에서 장구[장고(杖鼓)]는 대체적으로 아홉 번째 박을 모으게 하는 역할을 한다. 이러한 기화－장단 질서는 모든 민악의 기본을 이루는데, 이 질서가 열리느냐 안 열리느냐는 것은 기화－장단이 '몸에 젖어 있느냐 안 젖어 있느냐'에 의하여 결정된다(가락 역시 장단을 떠나 독립된 것이 기화－장단에 의한 가락론은 다음에 이어진다). 지금까지 살핀 바를 평면에서 선으로 나타낸다면 〈그림 14〉와 같이 그릴 수 있다.

〈그림 14〉　　　　　　　한 배의 장단 흐름

또 한편, 장단의 속도를 잡아가는 것은 풍물인 경우 한 배에 앞서 꽹과리가 예시하며 잡아 주고, 시나위 합주인 경우는 장구가 잡아 주고, 산조의 경우는 진양에서 다스리면서 장구가 잡아 주고, 판소리인 경우는 첫 대목의 아니리와 북으로 잡아가며, 아악일 경우는 합주 전의 박이 치면서 그 간격으로 잡아 주는 것도 대개 장단성 타악기가 그 역할을 다하고 있기 때문일 것이다. 이러한 한 배의 장단 질서를 느리게 하면 진양이지만, 기화의 빠름을 점차 몰아침으로써 생기는 장단은 중모리 → 중중모리 → 자진모리 → 휘모리 등이다.

〈악보 1〉은 〈그림 13〉과 〈그림 14〉를 기준으로 한 배에서 생성하는 장단 형태 중에서 극히 일부를 보여 주고 있다.

물론, 장단 형태는 〈악보 1〉만 있는 것이 아니다. 수천·수만 가지의 형태를 즉흥적으로 발생시킬 수 있는데, 이 분야는 전문 예인집단에서 다시 한 번 살펴보기로 한다. 이처럼, 한 배의 장단 질서를 공유한 사람들은 이제 한 배의 호흡 구간을 징 한 점으로만 처리하는 기술로 두지 않는다. 장단이 다양해지고 복잡해질수록, 또 한 배 이상의 호흡 단위를 구분할 경우 징의 역할 또한 달라진다.

〈악보 1〉　　　　　　　　　굿거리 장단에서 형성하는 장단 형태

여기에 '채'의 명칭이 등장한다. 즉, 한 배의 질서가 아니라 그 이상의 질서를 장단의 큰 호흡 단위로 삼을 때 징의 점 수가 달라진다. 장단의 호흡 단위를 징의 점 수에 따라 1채·2채·3채·4채·5채 등으로 구분하는 것이 '채'(또는 次나 마치)이다. 지금까지는 그 채는 12채까지 일반화되었다. 이와 같은 채의 종류가 많은 것은 장단의 '판 짜기'에 있었기 때문이다. 그리고 그 판 짜기에 등장하는 모든 장단이 목적하는 바는 '즉흥적인 자연스러움'으로 기화—장단을 역동화시키는 데 있다. 대체적으로 한 배에서는 4채까지 판을 짜고, 5채에서 12채까지는 두 배(한 배에 대한) 이상의 호흡 단위로 짜 나갈 때 적용한다.

〈악보 2〉는 징의 수효(점 수)에 따라 어떻게 꽹과리가 장단 가락을 연출하며 판 짜기 하는가를 보여 준다.

〈악보 2〉   채의 종류에 따른 장단 변화

　　이러한 장단들은 일판에서 일의 종류에 따라 두레 풍물을 치는 경우가 일반적이지만, 놀이판에서 즉흥적으로 판을 짜 나가거나, 또는 전문 예인 집단이나 신청 음악인들의 걸립이나 다른 판놀음에 적용하기도 하였다.

　　한편, 지금까지 두레 풍물이라고 해서 꽹과리·징·장구·북 등 4물만 등장하지 않았음은 이미 지적한 대로이다. 두레 풍물이 광활한 일판에 있었다는 점 또한 음향적으로 풍물을 발달시키는 계기였다. 꽹과리(깽매기, 쇠)는 판(일, 놀이, 믿음 등의 판)을 압도하며 다른 악기의 기화─장단성을 고양시켜 나가는 악기이다. 그러면서 장단의 극치를 고도로 이끌어갔다.

　　대규모 풍물대일수록 풍물대 편성이 세분된다. 꽹과리를 상쇠─부쇠─끝쇠로 세분하기도 한다. 꽹과리가 36분각 공간에서 자유할 수 있었던 것은 징에 의한다. 말하자면, 꽹과리는 징에 의하여, 징과 관련 속에서 '놀 수' 있다. 이것은 판소리에서 소리꾼이 '놀 수' 있었던 것이 고수의 북 장단에 의하여 좌우되는 것과 같은 관계이다. 징이 판모임의 주체인 기화를 호흡단위로 구분하며 전체 호흡을 조정하는 악기이기 때문이다. 그러므로 판(판굿)에서 모든 풍물패의 발놀림(춤과 같이 발 놀리는, 또는 발 땡기는 기술)에 따른 호흡 조정의 질서도 징에 의한다. 징잽이 역시 수징─부징으로 나눈다. 북과 장구는 실로 오래 전부터 무업을 수행하는 음악인들에게 믿음적 악기로 상징되었고, 또 그만큼이나 민중 생활에서 믿음 소리로 익혀온 악기이다. 두레 풍물대에서 북잽이가 또다시 설북─부북─끝북으로 나누어지는 것처럼, 장구잽이도 설장구─부장구─끝장구로 나누어지기도 한다. 풍물패의 합주 중에서 꽹과리·징과 더불어 장구는 음량·음향·음색·가락이 앙상블을 이루어야 풍물패의 격을 이룰 수 있다. 날라리(쇄납, 새납, 태평소,

〈사진 4〉 　　　　　　　　충남 논산군 부적면 아호리 풍물대
출전 : 湖南日報社, 『忠淸南道發展史』, 1932, 279쪽

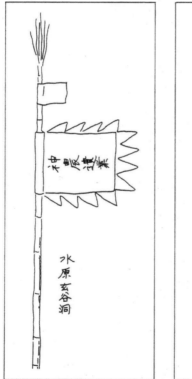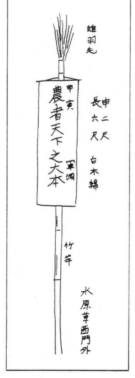

〈그림 15〉　　　　　　　　낭기의 두 유형
1900년대 초반 경기도 화성 지역의 낭기, 출전:『韓國土地農産報告書』, 1906

호적)는 판을 축제적으로 열어 주고, 두레 풍물이 기화에 빠질 때마다 공동체의 결속을 축복으로 이끄는 힘의 악기이자 유일한 가락 악기이다. 이 밖에 두레 풍물 편성에 쓰인 '나발'은 사람을 모이게 하고 판을 개시하는 악기로서 마을 공동체의 신호 체제를 확립시켜 준 악기이다. 소고(법고)가 두레 풍물의 전체적인 놀이와 춤 기술을 연출하는 악기로, 그 밖의 무동舞童에서부터 색시에 이르기까지 흔히 잡색雜色이 여기에 편성되어 있다. 이 모든 편성과 기능을 풍물대 앞에서 도도하게 바람에 펄럭이며 두 가지 유형의 낭기(또는 농상기 · 용두기 · 나레기 · 농자대본기 · 용당기 등의 명칭이 있다)나 영기令旗로 마을 공동체를 표상하며 행진하였다.

두레 풍물 편성은 낭기, 깽매기를 비롯한 사물, 기타 법고나 새납 같은 악기, 잡색이 행진 편성을 이루고 있으며, 그 인원은 전문 풍물대가 있지 않은 마을에서는 보통 10여 명 안팎이었다. 그리고 이들을 포함한 공동 노동 인원은 20여 명 안팎이었고, 큰 마을의 경우는 몇 개의 두레 조직을 할 수 있었다. 두레꾼과 두레 풍물을 포함한 두레 조직은 마을에서 나이와 경험이 가장 많은 좌상과 그 밑으로 영좌, 이좌 순으로 조직 체계를 갖추고 있었으며, 지도자로 선임된 좌상(때로는 영좌)은 농사 일을 지시한다. 두레 풍물은 칠월백중 때 보통 호미걸이 행사를 하는데, 이 때는 이웃 마을 두레 풍물을 초청하여 놀았으며, 일하다가 돌아올 때 다른 두레와 만나면 두레 낭대줄에 호미를 걸어 두고 합굿을 하기도 하고, 때로는 두레 싸움을 하기도 하였다. 한 마을의 당산집이 어디에 있느냐 등에 따라 형 두레와 동생 두레로 갈라지기도 하였으며, 다른 한 마을의 두레가 경제적으로나 또는 정치적으로 강대해질수록 마을 기선을 잡기 위하여 두레 싸움이 일어나기도 했다.

〈그림 15〉는 1900년대 초반 낭기의 두 종류를 보여 주고 있으며, 이 두 종류의 낭기가 1930년대에도 일반화되어 편성되어 있음을 〈사진 4〉가 확인하여 줄 것이다.

지금까지 우리는 두레 풍물의 장단론과 편성을 주로 알아보았다. 이제 두레 풍물을 일판에 어떻게 적용시켜서 '노래 문화'를 풍부하게 하였는지를 알아보기로 한다. 먼저 주목할 사실은 농민 대중들의 두레 자체가 공동노동 조직인 만큼 풍물과 함께 공동체 훈련이 일평생 체제화되었다는 점이다. 공동체 문화의 형태이자 공동체의 신호 체제에 따른 훈련이 다름아닌 '나발'에 의한 신호 체제와 일판에서 두레의 행위를 지시한 두레 풍물의 역할이었다. 이 역할은 후에 농민 항쟁의 행위 체제로까지 전화하는 역할을 한다는 점에서 주목을 받기에 충분하다.

　대취타에 쓰이는 '나발'과 달리 민중들이 사용한 '나발'은 보통 대나무 재료나 금속 재료로 진동을 발생시키는 '불대(mouthpiece)'와, 불대와 연결되어 있으면서 대나무 통으로 된 죽관과 오동나무나 소뿔로 만든 나팔관으로 이루어졌다. 때로는 '뗑깔'이란 이름으로 불리기도 하였다. 그 전체 길이는 보통 1m가 넘었다. '나발'은 두레가 서는 날 아침이나 두레 싸움의 시작과 끝, 들에서 일의 신호용처럼 작업장에서 작업 시작과 끝, 새참 신호, 비상 신호, 머슴날의 기세를 부리기 등의 신호 체제에 활용하였다.

　〈그림 16〉의 그림들은 여러 형태의 나발들이고, 〈표 1〉과 〈표 2〉는 두레에서 나발의 신호 체제 형태이다. 원래, 나발이 한 음만 길게 나게끔 주법화하였기 때문에 신호

전체 3.5재[尺]

← 소뿔 →　← 　대나무에다 새끼와 헝겊.　→ (금속이나 목재)

↑ 불대

부산시 수영의 나발(뗑깔)

〈그림 16〉　　　　　　　　　　　　　　　　　　　**두레용 나발**
오동나무 속을 판 나발인데 경남 창녕군에서는 '뗑깔'이라 불렀다. 들일 신호용과 머슴날에 기세를 올리기도 하였다(노동은 그림).

체제상에는 음의 높낮이로 처리하지 않았다. 대신 음의 길고 짧음의 배열로 신호들을 구분하였다. 물론 이 때의 소리에 의한 신호 방식은 나발뿐만 아니라 징이나 꽹과리도 사용하였다.

어느 문화권의 음악 사회이든 그 문화권의 사회 공동체들의 행동 유발을 규제하는 항목이 세분될수록 신호 체제 역시 세분되어진다. 서양이 배음열(harmonic series)에 기초하여 발전시킨 신호 나팔 제도는 그 좋은 예이다. 한국에서는 두레 풍물이 그 신호 체제를 완비하였다. 그 사실은 다양한 행동 규제의 조직적 통일성이 발달하고 있었음을 말한다. '갑오농민전쟁' 항목에서 다시 살펴보겠지만 이 때에도 기·나발·징·북소리·봉화 등에 따라 행동 수칙이 보다 더 조직적으로 규정되어 있었다.

농민대중들은 나발 신호 체제 외에도 일판에서 두레 풍물을 통하여 수많은 소리 체제와 행위 관계에 일평생 익숙해져 있었다. 두레패가 일판에 나가기 위하여 사람을 모으는 일, 일판으로 행진하는 일, 논에 들어가는 일, 김매기를 개시하는 일, 지심매기를 마치는 일, 다른 논으로 옮기는 일, 마을로 돌아오는 일 등 모든 것이 풍물 장단에 의하지 않은 것이 없었다. 장단을 몸으로 느끼고 행위를 분별해 냈다. 이러한 체인體認은 일이 풍물 장단-소리였고, 풍물 장단-소리의 삶 그 자체가 일과의 상호 작용을 모두 담고 있었음을 말한다.

〈표 1〉 두레에서 나발의 신호 체제(부산 지역)

신호용도	신호구분	주법이나 연주방법
모임신호	———, ———, ———, ———,	동서남북을 향하여 길게 한 번씩 분다
작업시작	——— —, ——— —,	길게 한 번과 짧게 한 번을 반복한다
새참과 휴식	— — —, — — —,	짧게 세 번을 반복하여 분다
작업 끝	— ———, — ———,	짧게 한 번과 길게 한 번을 반복한다
비상신호	——— · · · ·, ——— · · · ·,	길게 한 번과 짧게 세 번을 반복한다

〈표 2〉   두레에서 나발의 신호 체제(강경 지역)

신호용도	신호구분	주법이나 연주방법
두레 싸움	—— —— —— ——————	마지막 음은 나발 끝을 올려 분다
화해	—— —— —— ——	마지막 음은 나발 끝을 중간에
모임 신호	—— —— ——	마지막 음은 나발 끝을 중간에

〈표 3〉은 전라도 정읍의 두레 풍물패가 오늘날에 전하고 있는 일거리의 행위 지시나 행위 표현이다.

〈표 3〉   논일의 행위 지시와 유발

용도	두레가락
들에 나갈 준비 → 점차 몰다가	
3번 가락으로 마침(때로는 쌈쌀 때 → 3)	
들에 나간다(질굿) (다른 논에 가거나 마을 귀환)	
들에 이르면 5와 같이 치는데 그 직전에 1+2+3을 하고 논에 들어간다.	
5와 같이 들풍장을 6처럼 몬다. ↓	
7로 이어진 뒤 1~3을 치고 마친다.	

8 김매기(지심풍장)
(지심매기가 끝나갈 때 날풍장을 치는데
이 때는 악보 6과 비슷)

물론, 신호 체제는 농민대중들에만 있었던 것이 아니다. 조선 후기 병영 신호 체제에서도 나발이나 징과 북뿐만 아니라 각角·탁鐸·나螺·호적(태평소, 새납) 등이 사용되었다. 대개 나발喇叭일 경우 대취타에도 쓰이고 있지만, 농민들에게 그 악기는 두레 풍물 악기, 특히 신호 체제 악기로 활용하고 있었다.

이처럼, 농민들의 신호 체제가 두레 현장에서 완비되어 있었고, 병영의 조직적인 신호 체제와 같이 조직적인 행동을 유발할 수 있었다. 이 사실은 농민들이 근대음악사 제1기부터 전국적으로 농민 항쟁을 조직적이고도 지속적으로 일으킬 수 있었던 것도 평상시 이와 같은 신호 체제에 기반을 둔 공동체 훈련에서 비롯된 결과이다.

기층 민중들의 '생활의 음악화-음악의 생활화'는 두레 풍물 문화에서 비롯한 기화-장단의 체인體認이었지만, 이러한 장단 체제는 필연적으로 사람 목소리나 악기에 의하여 가락화된다. 비로소 장단론은 가락론에 의하여 스스로를 더욱 풍부하게 한다. 가락론은 장단론으로 말미암아 다양하고도 성숙한 노래 문화를 창출한다. 마을 공동체들은 기화-장단성 세계를 현실적인 일-놀이-믿음 판에 구체화하기 위하여 가락을 기사와 악기로 기화-장단화시킨다. 일노래-놀이노래-믿음노래가 그것이고, 일음악-놀이음악-믿음음악이 그것이다. 이러한 음악 문화의 요소들에 의하여 사회의 유기적 장치를 이룩할 수 있었던 '생활의 음악화-음악의 생활화'는 바로 신참자新參者에 대한 학습에 있었다. 즉, 한 마을 사회의 생활 양식을 마을 사회의 구성원들이 신참자들에게 '학습'을 통하여 전달하고, 이러한 학습으로 말미암아 신참자들은 그 마을의 사회 존속에 필요한 문화 요소들을 익혀 나가는 데서 비롯하였다.

문화 요소에 으뜸가는 내용이 다름아닌 기화-장단이 축약으로 나타나는 아기들 음악이다. 예컨대, 생후 7개월에 아기들에게 가르치는 「짝짝꿍」에서 사회 구성원들이 목적하는 바의 학습이란 아기들에게 눈과 손의 협응은 물론, 엄지를 감싸고 있는 나머지 손주먹의 상태에서 엄지를 펴게 하는 운동을 통하여 엄지와 검지를 발달시키고, 또 기화─장단의 가장 구조적이면서도 간단한 요소들인 장단과 가락을 기억시키게 하여 그 행위를 강화시켜 다른 발달 항목도 구조적으로 적용시키는 데 있었다. 이러한 학습 체제는 태어나면서부터 돌 때까지 「짝짝꿍」·「곤지곤지」·「잼잼」·「꼬노꼬노」·「음마음마」·「도리도리」·「도리도리 짝짝꿍」·「질라래비 훨훨」·「둥개둥개」·「불아불아」·「달강달강」·「섬마섬마」·「걸음마」·「쭈쭈」 등을 비롯한 발달심리학적·신앙적 측면뿐만 아니라, 「내 손이 약손이다」·「호랑이 온다」·「소리개 떴다」·「까치야까치야」·「자장자장」 등의 음악 치료학적 접근과 정서 훈련 그리고 신경생리심리학적 학습 강화 측면들을 약 20가지 가락으로 익혀 갔다. 이러한 구조들의 가락은 모두 한국음악의 장단의 핵심, 곧 3박자 4박자계(8분의 12박자)인 '♩ ♩ ♪♪ ♩.=짝 짝 짝짜 꿍'에 의한 가락 익히기를 체인할 수 있었다〈악보 3〉 참고).

〈악보 3〉   짝짝꿍

노래 : 김소란(81) 경기도 양주군 수동면
채보 : 노동은, 1982

〈악보 3〉에서 음향적 재료의 학습 목표는 8분의 12박자 익히기와 음계에 따른 음의 높낮이를 조정하는 길 익히기였다. 장단을 떠난 가락이 없다. 사회 구성원들은 3박자 4박자계(8분의 12박자)가 중심이라는 점과 3박자 3박자계(8분의 9박자) 등이 주변이라는 '장단의 관계성'을 학습하였고, 신참자는 익혀 나갔다. 그리고 뒤에 다시 추적하겠지만, 민악民樂 음계의 네 가지 형에 기반을 둔 가락 길을 정서적 상황에 따라 적용시킬 수 있는 학습이기도 하였다.

음의 높낮이 · 음의 세기 · 음의 빛깔 · 아티큘레이션articulation(음의 끊기나 음을 충분히 내기, 음 가락 흐름의 구분짓기 등)을 비롯하여 음재료 결합에 따른 노래의 대비를 비롯한 형식감 등이 포함된 학습 목표였다. 이러한 익힘은 아기가 성장하여 어린이 – 젊은이 – 늙은이, 곧 요람에서 무덤까지 일평생 적용할 수 있는 음악 거리를 삶의 현장에서 강화시키고, 삶의 문화에 대한 보상을 받을 수 있었기 때문에서도 '생활의 음악화 – 음악의 생활화' 가 가능하였다.

이처럼, 음악 문화 요소의 사회화 과정에서 신참자와 구성원들이 가장 심층적으로 상호 교감하며 음악 문화 요소를 체인할 수 있었던 시기는 일판에서 논농사와 관련한 때일 것이다. 그것은 토지를 직접 생산하는 농민들이 일평생의 조건이라는 점에서 특히 그러하다. 농민들은 땅을 떠나 살 수 없을 뿐만 아니라 오히려 땅을 적극적으로 삶의 터전으로 삼아야 하는 데서 그러하다. 땅은 농민들의 생명 그 자체일 뿐만 아니라 신앙이기도 하였다.

농민들의 땅의 이용은 논농사에 집중되어 있다. 논농사는 정월의 호미모둠에서부터 준비하여 가을에 추수하여 보관할 때까지, 때로는 2모작의 과정에까지 일년 내내 과정 이었다. 이 과정에서도 모내기 전후가 논농사의 일거리가 집중되어 있기 때문에 그 노래들은 모심기와 김매는 소리가 중심적으로 발달되어 있다.

〈그림 17〉은 연대 미상의 조선 후기 민화로서 모심기 전후 과정을 잘 나타내고 있다. 곧, 써래질 · 번지질 · 못자리에서 벼 옮기기 · 모심기 · 두레 북치기 등이 모두 나타나 있다.

〈그림 17〉에서 왼쪽 아래에는 논 바닥을 고르게 하는 써래질, 그 위에 어느 농부가 씨 뿌리기 전에 모판을 판판하게 고르려고 널빤지를 오른발로 멋지게 타고 있는 번지질, 시원스럽게 윗옷을 벗어제친 농부가 좁은 길을 따라 모를 옮기는 일, 그리고 아낙들과 함께 모를 심으며 뒤로 몰아가는 모심기, 오른쪽 아래편에서 두레 북을 삼각 나무에다 매달아 왼발을 치켜 올린 모습에서 신명감을 읽을 수 있을 뿐만 아니라 그 뒤편에 꿩장목을 매달은 두레가 꽂혀 있으며, 그 사이에 팔자 수염 밑으로 긴 담뱃대를 물고 지켜 보고 있는 지주의 모습은 물론, 동네 어린이가 신나게 지켜 보면서 현장 학습을 익히고 있다. 그리고 보면, 이 그림은 논농사의 한 단계만을 보여 주는 것이 아니라

모심기 전후의 과정을 한꺼번에 보여 주고 있다.

물론, 노래는 이 단계에만 있는 것이 아니다. 따비(쟁기보다 작고 보습이 좁게 생긴 농기구)나 쟁기로 논밭을 일구며 부르는 「가래질 소리」나 「밭갈이 소리」, 논밭에 거름을 주며 부르는 「거름내기 소리」, 논에 물을 대는 「물푸기 소리」, 못자리에서 한 묶음씩 져서 못단을 만드는 「모찌기 소리」, 옮겨 놓은 못단을 가지고 모를 심는 「모심기 소리」, 모심은 후 보름(때로는 열흘이나 한달 간격)이 지난 뒤 논을 매는 「논매기 소리」(이후 네 번까지 논매기를 한다)를 하는데, 손으로 초벌할 때 부르는 「초벌 소리」(선글 소리, 아귀더듬이 소리)와 호미로 김을 매는 「두벌 소리」(아시매기 소리)와 「세벌 소리」(얼카뎅이 소리)와 마지막 「네벌 소리」(만물 소리) 등을 한다(지역마다 그 명칭이 다르다). 이어서, 벼를 베는 「벼베기 소리」, 빗살이 촘촘한 쇠틀(그네)에다 낟알을 훑어내는 「그네 소리」, 마당에다 개상이나 탯돌을 차려 놓고 곡식 털기를 할 때 부르는 「개상질 소리」, 그 밖의 「타작 소리」, 「도리깨질 소리」 등이 그것이다.

일의 단계가 있는 곳에 어김없이 그 노래가 있었고, 그 노래들은 모든 유기적 문화 요소들을 나타내고 있다. 이 노래들은 일터의 전과정과 관련한 '일노래'이다. 한 사람

〈그림 17〉 　　　　　　　　모심기

〈악보 4〉 상사디여

♩. = 36

독창 제창

상 사 - 아 디 - 여 이 상 사 아 - 디 - - 여

독창 제창

상사 아 - - 소리를 - 으 - - 맞차 - 주소 - 상 사 아 - 디 - - 여

독창 제창

상사 - 핵교르 - 을베푸 - 르고 - 상 사 - 디 - - 여

독창 제창

서 - 엉 - - 훈을 - - 으 - - 배우 - 기는 - 상 사 - 디 - - 여

〈악보 5〉 모찌기 소리

♩. = 60

독창 제창

졸이자 - 졸이 - 자 이모 - 자리로졸이자 졸이자 - 졸이 - 자 이모 - 자리로졸이자

독창 제창

여러분들 - 손을 - 모아 이모 - 자리로에우세 졸이자 - 졸이 - 자 이모 - 자리로졸이자

이 구성지게 부르며 일 상황에 따라 즉흥적인 가사 지음과 가락 짓기로 메겨 주면(독창하면), 이에 협응하며 공동으로 받는(제창하는) '메김소리 – 받는 소리' 연주 형태로서, 대부분 한 노랫가락에 가사를 반복시키는 장절적 노래(strophic song) 형식으로 되어 있다. 일반적으로 '메기는 소리'는 선창자, 선소리꾼, 전렴이란 이름으로 알려져 있는데 독창자를 가리킨다. 이러한 '메기는 소리 – 받는 소리'가 장절적 노래형식으로 발달한 것은 일

이나 놀이를 하면서 실제적인 일의 리듬에 따른 호흡하기도 하고, 독창자의 즉흥 가사·가락 짓기의 준비 단계에 따른 가격 주기, 또 독창자의 노랫가락을 들으며 감상하기 등의 목적에서 비롯되었다.

일노래 중 대표적인 노래는 「모내기 소리」(상사 소리나 상사디여(야) 또는 농부가 또는 모내기 타령이나 덩지 타령)와 「김매기 소리」이다. 〈악보 4〉는 모내기 소리인 「상사디여」이고, 〈악보 5〉는 못자리에서 한 묶음씩 못단을 만드는 「모찌기 소리」이다(노래 「상사디여」는 경남 고성군 고성읍 고성농요 기능보유자인 천의생(1922년생) 외 여러분이 부른 노래를 백대웅이 채보한 악보이다. 「모찌기 소리」는 경남 고성군 고성읍에서 1929년에 태어나 이 고장에서 내내 살아온 이점두 할머니의 노래로 백대웅이 채보한 악보이다. 이점두는 1979년에 고성농요 기능보유자로 지정받았다. 이 두 노래는 『브리태니커 팔도소리』 제2권, 서울 : 한국브리태니커회사, 1989, 66, 72~73쪽에 나온다.

〈악보 4〉나 〈악보 5〉의 공통적인 특징은 3박자 4박자계로서 8분의 12박자의 장단감, '미·(솔)·라·시·도·레'라는 민악 노래의 제4형 음계에 속한다(백대웅은 제1형으로 '솔·라·도·레·미', 제2형으로 '레·미·솔·라·도', 제3형으로 '라·도·레·미·솔' 그리고 제4형 '미·솔·라·도·레'로 구분한 바 있다. 지방 토리에 따라 분류한 기존의 방식은 제1형이 경기의 창부 타령조, 제2형이 서도의 수심가조, 제4형에서 도가 시로 꺾어지는 목을 쓰면 전라도의 육자배기조, 이 두 음사이가 꺾지 않으면서 도로 끝나면 경상도의 메나리조라고 하였다. 그러나 그 토리에 의한 민요 분류 방식은 그 지방에서만 나타나는 것이 아닌데다 음향적 재료 분석에는 적절하지 않은 미학적 용어기 때문에 적절하지 않다. 이 글은 백대웅의 분류 방식을 따른다).

「모찌기 소리」의 가사에 나타나듯, "못자리를 에워싸서 못자리를 점차 줄여 나가자"와 같이 공동 노동 조직체인 두레꾼들이 협업으로 못자리에서 못단을 만들어가는 공동체의 일의 리듬이 어느 사이 놀이 리듬과 함께 하는 세계를 나타내고 있었다.

농민들의 일노래는 물론 땅에만 국한되지 않는다. 농촌 경제 사회가 주로 벼농사와 또 다르게 이익이 많이 남을 수 있었던 인삼이나 담배 그리고 무명 경작이 중심이었다는 데서 일노래는 다양하였다. 「베틀 노래」·「물레 타령」·「길쌈 노래」·「물레 노래」·「명주짜는 노래」 등이 그 노래들이다. 그만큼 농민 대중들은 1년 삶의 전과정에 이들 일노래가 집중되어 있었기 때문에, 놀이노래나 믿음노래 또는 기악이 일노래를 떠나 있지 않았다. 농민 대중들의 음악 정서는 말할 나위 없이 '일 ─ 놀이 ─ 믿음'과 함께 한 관계성에서 부른 노래이자 풍물을 치고 간 음악이었다.

어린아이부터 어른들에 이르기까지 각종 놀이에 함께 한 '놀이노래'는 그 노랫가락이나 타령류와 잡가류들을 창작 보급하였다. 「한글 노래」·「꼬리따기 노래」·「달풀이 노래」·「윷 노래」·「줄다리기 노래」·「그네타기 노래」·「영변가」·「유산가」 등이 그 노래들이다.

또, 「축원가」나 「지신밟이 노래」·「성주풀이 노래」·「장승 노래」·「염불 노래」·「회심곡」·「단오 노래」·「상여 소리」에서 보듯 농민 대중들이 삶의 전 과정에 나타나는 '믿음노래儀式歌' 또한 창작보급했다.

일－놀이－믿음노래 이외에도 물론 더 첨가할 수 있는 노래가 있다. 즉, 자연물을 노래한 '자연노래'(소 타령·도라지 타령·범벅 타령 등)와 실존의 상황을 노래한 '세상사 노래'(시집살이 노래·이별 노래·팔자 노래·신세 타령 등)가 있다.

특히, 일노래 중 일터가 논이면 논의 일노래가 되고, 그 터가 들이나 산이면 들노래·산노래가 되고, 바다나 강이면 바다노래·강노래가 될 정도로 다양한데, 어느 경우에도 기층민중들의 일과 상호 작용하려는 삶의 세계를 극명하게 드러내면서 기화－장단을 노래와 악기로 일체화하였기 때문에 '생활의 음악화－음악의 생활화'가 성숙될 수 있었다. 여기에서 이 특징을 잘 나타낸 노래 중 어부들이 부르는 뱃노래 일종인 「붕기 풍어 소리」 중 '노젓는 소리'의 예를 들어보기로 하자. 즉, 음향적 재료에서 형식으로 나타나는 장절형과 메기고 받는 연주 방식, 제1형(솔라도레미)의 노래 부분과 제3형(라솔레미솔)으로 새납(날라리)으로 간주하며 반전反轉시키는 구분법, 메기고 받는 독창과 제창을 고려한 기악의 앙상블 실력, 풍물이 주도하는 장단성 등은 어느 사이 일의 리듬이 축제 공간화한다. 「붕기 풍어 소리」는 처음 배를 밀고 바다로 나아가는 '배치기 소리'와 고기를 푸는 '바디질 소리', 만선으로 돌아올 때의 '노젓는 소리', 배를 밀고 들어올 때 부르는 '배치기 소리' 등 모두 네 곡이 그 중심으로 되어 있다.

「붕기 풍어 소리」의 경우, 기층민중들의 '음악 짜임 능력'이 탁월하여 음악감수성이 얼마나 풍부한지가 잘 표현되고 있다. 앞소리(전주 부분)에서 풍물로 합주하고, 노래 부르는 기술이나 메기는 소리가 등장할 때(11맡', 맡'은 마디의 준말) 북으로 조연助演함으로써 독창을 앞세우는 기술, 받는소리가 등장할 때 풍물 음량으로 말미암아 쉴 수밖에 없는 새납과 풍물을 계속 협연하며 반주하는 기술, 노래 한 도막이 끝나고 다음 도막으로 넘어가기까지 간주로 처리하는 기술, 간주일 경우(17맡') 지금까지 중심적 음구조였던

〈악보 6〉 　　　　　　　「봉기 풍어 소리」 중 노젓는 소리

어 헝 에 양 어   어 – –   어 – 어 어   허 어

선 제 저 – 어 안 – 사 신 기

좋 다 – –

한 주만 ? ? 에－놓고　한 씨 저기 가 역 수 만 따 거 라

에－헤에 허－요 어　에 어 으 어 어 야－어　야 야－야　아 히

제1형(계명으로 솔라도레미)에서 새납이 제3형(라도레미솔)으로 바꾸어 다른 정서를 창출하는 기술, 그리고 이 때 새납이 한 옥타브 위의 파(f')에서 구름을 뚫고 찬연히 빛나는 햇빛과 같이 쏟아지게 하는 기술, 이 기술들을 노래 한 도막씩 역전하며 형식화하는 기술 능력 등이 전문가 이상으로 짜임 능력이 탁월하게 나타나고 있다. 그뿐만 아니다. 받는 소리가 계속하여 '에헤여 어~'와 같이 기(氣)의 흐름을 자연 그대로 발음하여 혈맥을 뛰게 하는 면이나, 특히 17마디 이후부터 날라리의 장단 처리 기술이 뛰어나다.

즉, 17맏'(마디)에서 날라리가 처리하는 장단, "♪♪♪♫ ♫♫ ♪♪♪│♩ ♫♫"이 그것이다. 원래 기본 질서는 17마디와 18마디가 "♪♪♫♫ ♫♫ ♫♫│♩ ♫♫"이었지만, 사이사이에 쉼표를 처리함으로써 긴장이 생겼다. 이 연주는 축적된 노래나 연주 기술이 생활화가 되지 않고서는 획득하기 어려운 기술이다. 판소리에서 소리 전문가들이나 전문 예인집단들이 처리하는 '잉애걸이' 장단(규칙적으로 반복하는 맥동적 박의 흐름에서 활동박이 당김음으로 처리 되는 장단)이 여기에서도 나타나고 있는데, 이 장단을 바로 기층민중들이 처리(새납의 간주 부분 등)하고 있었다. 그리고 기화 – 장단이 주도하는 질서에 몰입하려는 태도가 즉흥성을 야기시키는데, 17맏'에서 새납의 가락이 또다시 반복시켜 나타나는 21맏' 이후나 28맏' 같은 곳에서 그 가락 유형이 각각 다르게 나타나는 데서 이를 반증한다. 또, 받는 소리로 나타나는 부분들에서 새납과 협연할 때, 10맏'·13맏'·14맏'·15맏'·25맏'·26맏' 등 도처에 장단 변화를 확인할 수 있다. 그 음정 간이 장2도로 불협화적 음들로 부딪치고 있지만, 기층민중들은 이에 대하여 협화적으로 여기고 있는 점은 기화 – 장단에 더 주안점을 두고 있기 때문일 것이다. 또, 21맏'에서 새납에다 메기는 소리가 "좋다"라고 처리하는 것도 모두 이러한 연유에서다.

「붕기 풍어 소리」의 예와 같이 일노래가 새납이나 풍물 악기와 합연함으로써 합연의 높은 음악감수성을 가질 수 있었던 것은 일과 삶의 세계를 상호 작용하려는 끊임없는 '생활의 음악화 – 음악의 생활화'에서 비롯된다. 풍물에서 새납은 가락 악기로 각광을 받았다.

다음 〈악보 7〉 역시 풍물의 5채 장단을 바탕으로 새납이 경축적인 환희성을 가락에 넘치게 하고 있다. 황해도 연안 지방의 새납 가락이다.

이처럼, 기층민중들은 그들의 일과 상호 작용으로서 삶의 세계를 두레 풍물과 노래로 '생활의 음악화 – 음악의 생활화'를 탄탄하게 드러내고 있었다. 이들은 일 – 놀이 – 믿음

과 그 밖의 자연과 세상사에 나타나는 전 삶의 과정을 구조화시켜 새로운 신참자들이 출현할 때마다 음악 학습으로 삶의 현장에서 사회화시켜 나갔다. 요람에서 무덤까지 전음악 과정은 다름아닌 일터의 과정과 같았다. 기층민중들의 뛰어난 음악감수성은 일정 정도 수준 높은 음악 사회를 요구하는 주체였다. 농촌 경제 사회가 주로 장시場市나 뱃길을 따라 경제력이 집중된 조창漕倉 등 상업이 발달한 지역에서는 어김없이 전문 예인집단이나 신청 음악예술인들이 운집하였다. 이들의 높은 예술성은 바로 농민 대중들의 음악감수성 기반 위에 있었기 때문에 전문 예술인들은 스스로 치열하지 않을 수 없었던 음악 사회가 형성되었다. 말하자면, 전문 예술인들은 장인적 예술성을 획득하지 않고서는 대중속에서 존재할 수 없었다. 자연히 전문성의 치열성 획득이 고도의 상

업성까지 보장하는 음악 사회가 형성되어 갔다. 바로 그 기반 위에서 19세기는 전조선의 민악화를 이룩하였다.

토지에서 두레 풍물로 일 – 놀이 – 믿음 거리에 적용하며 발달한 '생활의 음악화 – 음악의 생활화'는 기층민중들의 성숙한 음악감수성 소유를 말한다. 그리고 이들의 삶의 음악 세계는 '삶의 조건을 구속하는 모든 것으로부터 해방'을 갈구하는 체험을 하게 하였다. 이것이 전前 시대와 현저하게 다른 19세기 60년대의 흐름이었다. 안으로부터 사회경제적 환경과 정치 환경으로부터 인간 조건이 억압받고 있다는 현실, 밖으로부터 제국주의로 말미암아 민족 위기에 처해 있다는 현실 인식이 치열하면 치열할수록 해방 체험은 현실화되어 갔다. 말할 나위 없이 근대 한국음악사회가 해결해야 할 중차대한 과제가 근대 민족 국가에 합당한 민족음악사회를 수립하는 일이었다. 근대음악사회 수립도 그 방법에 있어서 지배층을 중심으로 위로부터 근대화를 추진하려는 세력도 있었고, 기층민중들이 요구하는 음악근대화도 있었다. 결국, 자주적 근대화가 식민지 지배로 실패하였지만, 이 기간의 자주적 근대화의 구조와 방향은 민족 음악이라는 내재적 · 외재적 흐름이 부단한 민중들의 요구로 근대음악사 전기를 마련하였다는 점에서 이들의 음악 사회가 무엇이 어떻게 이루어졌는지를 알아보았다. 그렇다면, 기층민중들의 음악 사회 기반 위에서 19세기를 역사적으로 민악화에 앞장섰던 신청 음악예술인들과 전문 예인집단들의 음악 사회는 어떠했고, 그 밖의 악단은 어떻게 형성되어 있었는가?

우리들은 여기에서 기층민중들의 '생활의 음악화 – 음악의 생활화'가 신청 음악예술인들의 생활과 밀접한 관계에서 비롯하였음을 주목할 필요가 있다. 기층민중들이나 신청 음악예술인들의 삶과 생활 자체가 종교적이라는 점에서 모든 것을 음악화할 수 있었다. 즉, 기층민중들이 정월 초하루부터 섣달 그믐까지 1년 내내 경제적 풍요를 가져오기 위해서도 모든 재해災害를 빚어내는 우주의 비정상적인 현상을 극복하고 부단히 자연 변화에 질서를 부여하려 한 것이 또한 음악이기 때문이다. 기층민중들의 율력律曆이 바로 자연 변화에 대한 질서를 부여하고 슬기롭게 대응하기 위한 규율이라면, 그처럼 풍부하였던 1년간의 민요나 민악은 그 율력의 소리 내기이다. 자연히, 기층민중들의 소리는 일과 놀이뿐만 아니라 우주 현상을 주관하는 자에게 '거룩한 두려움'을 가지고 제의적祭儀的 소리 만들기에 나섰으며, 그 제식祭式 공간을 신청神廳과 그 음악예술인들을 불러옴으로써 거룩한 소리를 체험하여 삶의 질을 풍요롭게 할 수 있었다. 신청 음악예술인들은 음악 예술에 앞서 하늘과 땅의 우주 현상을 종교로서 주관하는 제사장이었다. 기층민중들의 일과 놀이와 믿음 치레는 한 민악民樂의 세 국면局面이며, 기층민중과 신청 음악예술인을 하나로 묶는 삶 그 자체였다. 바로 이 점이 궁중 아악이나 그 밖의 악단樂壇 음악 예술과 다른 점이다.

다음 표는 이렇게 만들어졌다.

〈표 4〉 민요 캘린더

　　24절후 달력 : 1995년 기준　　　　　　　　　　　　　　　　　농사력 : 강원도 명주 · 전부 고흥지역 기준

월	24절후	음력	양력	명절(음)	풍속(음)	농사력(양)	민요
1	소한(小寒)	12. 6	1. 6		사당제	새끼꼬기 논거름주기 보리밟기	새끼꼬는 소리 거름내는 소리
	대한(大寒)	12.20	1.20				
2	입춘(立春)	1. 5	2. 4	설날(1. 1) 상원(1.15)	볏가리대 불놀이, 祭 고싸움	가래질 보리밭매기 논갈기	가래질소리, 고사덕담 밭매는 소리
	우수(雨水)	1.20	2.19				
3	경칩(驚蟄)	2. 6	3. 6	이월삭일	머슴날	볍씨뿌리기 가래질 밭씨뿌리기	가래질 소리
	춘분(春分)	2.21	3.21				
4	청명(淸明)	3. 6	4. 5	삼월삼짓날 한식(3. 7)	화류놀이	써래질 보리베기 담배심기	써래질소리, 물대는 소리 보리타작소리 담배노래, 밭가는 노래
	곡우(穀雨)	3.21	4.20				
5	입하(入夏)	4. 7	5. 6	초파일(4. 8)	탑돌이	초벌매기 모심기 보리수확	모찌는 소리, 초벌매는 소리 모심는소리, 모줄넘기는소리 보리타작소리, 도리채질소리
	소만(小滿)	4.22	5.21				
6	망종(亡種)	5. 9	6. 6	단오(5.5)	단오놀이	두벌매기 세벌매기 무배추심기	두벌매기 소리, 방아(애)소리 세벌매기소리, 두사리소리 얼카산이야
	하지(夏至)	5.25	6.22				
7	소서(小暑)	6.10	7. 7	유월유두	물맞이	담배수확 밭매기 무배추심기	담배노래 밭매는 소리
	대서(大暑)	6.26	7.23				
8	입추(入秋)	7.12	8. 8	칠월칠석	백중놀이 길쌈내기 호미썻기	수확 무배추심기 보리심기	마장거지소리, 배추씻는 소리
	처서(處暑)	7.27	8.23				
9	백로(白露)	8.14	9. 8	추석	성묘	벼베기 보리심기 마늘심기	벼처내는 소리, 벼바심소리 나비질소리, 가래질소리 메밀소리
	추분(秋分)	8.29	9.23				

10	한로(寒露)	윤8.15	10. 9	중양절(9.9)		방아찧기 간장담기 메주쑤기	방아찧는 소리
	상강(霜降)	9. 1	10.24				
11	입동(入冬)	9.16	11. 8		성주굿 시제	땔감준비 새끼꼬기	나무베는 소리, 지게소리 새끼꼬는 소리 나무쪼개는 소리
	소설(小雪)	10. 1	11.23				
12	대설(大雪)	10.15	12. 7			가마니짜기 땔감준비	가마니짜는 소리
	동지(冬至)	11. 1	12.22		동지팥죽		

농사력 : 『韓國民俗大觀』 제5권, 고려대 민족문화연구소, 1982, 339~340쪽 참조.

2) 신청과 음악예술인

지금까지 기층농민과 그 음악을 중심으로 알아보았다. 이것은 우리 나라 근대음악사
회가 어떠한 갈래로 구성되어 있는지를 살피기 위한 것이었다. 그래야만 근대음악사는
물론 우리 나라 전체 음악사가 '언제부터 · 어떻게' 진행되고, '왜 · 어째서' 계기화가 되
었는지를 구체적으로 드러낼 수 있다. 음악 사회를 구성하고 있는 갈래, 곧 기층민중들
의 음악 사회를 구성하는 세 축으로서 농민과 신청과 예인집단 음악인은 물론 중인들
의 시회詩會와 선비들의 악회樂會, 사대부들의 기회耆會 그리고 궁정음악에 매인 음악인
들과 그 음악들로 나눌 수 있다. 이제, 기층농민들의 음악 다음으로 근대음악사회 구성
을 계속 살펴보기로 한다. 곧, 2) 신청 음악, 3) 예인집단음악, 4) 시회 · 악회 · 기회 그
리고 궁정음악 등 악단樂壇이 이어진다.

신청神廳이란 당골(음)악인들의 조직체나 그 공동체를 대표하는 청사廳舍를 말한다. 이
들은 조선 시대에 가장 낮은 사회적 신분으로 기층민중들과 함께 일반의 직접 생산자
로서 민중의 삶을 살았고, 민중을 비롯하여 전계층의 삶과 죽음의 인간 조건을 해방이
라고 하는 자아 초월의 체험으로 이끌어 간 주체로서 선생先生이었으며, 마을 공동체는
물론 국가 기관의 믿음 치례와 여러 행사 치례를 주관하였고, 이러한 모든 것을 (음)악
으로 수행하였으며, 민악계와 아악계를 중개하며 모든 계층의 음악감수성을 민악화民樂
化함으로써 우리 나라 전 음악사를 민족음악 역사로 이끌어 온 가장 오랜 보고寶庫이자
혼불과 같은 산맥이다.

그럼에도 불구하고 이 분야는 유교권 · 기독교권 · 일제 · 과학주의자들로부터 가장

왜곡당한 분야가 되었다. 때로는 미신으로 처단되거나, 행정적으로 해체시키거나, 조선 민족의 근본을 싹쓸이하겠다는 일제의 인멸책으로, 때로는 비과학적인 문화 인식 등으로 해체가 촉진된 분야이다. 여기에서 우리는 민족문화과학으로 변모된 이 분야를 이제 추적하지 않고서는, 또 오늘에 밝힘이 없이는 무엇이 미신인지, 무엇이 과학인지, 무엇이 종교 현상인지, 무엇이 음·악 예술인지를 '오해와 편견'으로 자아내어 결국 독단주의로 빠질 것이며, 민족허무주의로 일관할 뿐이다.

그렇다면 신청의 구성·명칭·조직은 어떻게 이루어지고 있으며, 그 음·악 세계와 교육 방법, 음악기학으로서 기화성, 끝으로 신청(음)악인들의 사회경제적 위치를 가늠해 보기로 한다.

(1) 구성·명칭·조직

무巫를 수행하는 무인巫人들의 조직체 신청은 주로 무당(남자는 박수; 무당과 박수를 통틀어 무격巫覡)과 무당의 남편인 무부巫夫, 그리고 그 가족들로 구성된다. 이들은 집단적인 공동 사회를 형성하고 있어서 때로는 '당골네'라고도 부른다. 당골이란 명칭은 일반인이 어떤 특정의 무인에게 믿은 치레를 자주 부탁하면서 그 무인을 당골 무당, 그 집을 당골집이라고 부르는 데서 비롯되었으나, 보통 줄여서 당골堂骨·단골檀骨·감골甘骨·단골斷骨 등으로 불렀다. 무당이 주로 신과 인간 사이에 종교적 체험을 이끄는 무인巫人이라면, 무부는 무당을 도와 높은 수준의 음·악으로 현장을 이끌어 간다. 바로 이 점이 음악사와 그 미학의 대상이 된다. 무부에 대한 호칭은 그 역할에 따라 달리 불렀다. 소리꾼을 광대廣大, 악기(거문고·대금·피리·가야금·아쟁·징·장구·북·깽매기·해금 등)잽이를 악인樂人이나 공인工人·고인 또는 악공樂工이라 하였으며, 줄타기나 땅재주 등 연희판에 연행을 주도하는 꾼들을 재인才人, 풍물패가 되어 걸립할 경우에는 신청 걸립패 혹은 재인 걸립패라 불렀다. 무부들이 어느 한 장르에 전문가라기보다는 그만큼이나 종합적이었다. 왜냐하면, 전분야一家를 다루었기 때문이다. 그리고 남도에서 보는 것과 같이 무당 자신이 이러한 노래와 춤과 악기를 통합적으로 다루고 있었다.

이들의 성악과 기악 음악의 전분야와 춤·재주·연극·종교성의 종합적 기술로 말미암아 오늘날의 '음악'이란 용어는 극히 제한적으로 쓰이고 있음을 우리가 인정할 수밖에 없으며, 또 우리들이 음악 분석말고도 '재료·사회·표현'이라는 전일적 접근

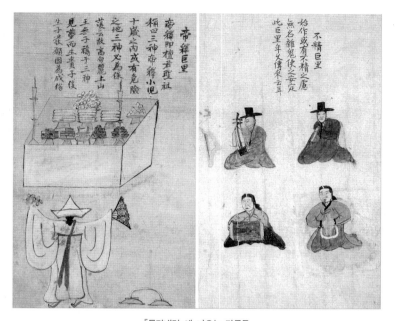

〈그림 18〉　　　　　　　　　　　　　　『무당내력』에 나오는 당골들

『무당내력(巫堂來歷)』은 작자미상으로 1825년이나 1885년경의 저서이다. 머리글에서 단군과 그 아들 부루(扶婁)를 제사하는 데서 무당 기원이 되었다고 밝히고 있다. 부정거리와 제석거리가 적힌 이 그림에는 해금・피리・장구・제금을 연주하는 모습이 보인다. 무당(여) 이라 할지라도 거의 모든 악기들을 다루고 있어서 이들 음악 탤런트들이 예술사회를 주도하고 있었다. 한편, 『무당내력』에는 부정거리 －감웅청배－제석거리－별상거리－대거리－호구거리－조상거리－만신만명－신장거리－창부거리－성조거리－구룡－뒷전 등의 12점 그 림으로 설명하고 있다.

(holistic approach)만이 이들과 대화할 수 있는 조건임을 깨닫게 한다.

　한편, 각 도시나 마을의 당골 사회에 대하여 감독과 제반 사무를 관장한 신청은 지역 에 따라 그 이름이 달랐다. 함경도는 스승청, 노량진은 풍류방風流房, 경기도는 재인청才 人廳, 전라도는 신청, 제주도는 슨방청이나 심방청이라 각각 불렀다. 경우에 따라 전라 도와 같이 화랑청이라고도 하였다. 그 밖에 장악청掌樂廳・악공청樂工廳・공인청工人廳・ 공인방工人房이란 말로 부르기도 하였고, 때로는 섞어 말하기도 하였다. 이것은 신청 음 악인들이 왕립 음악 기관이나 지역 기관에 소속됨에 따라 그 기관 명칭인 장악원掌樂院 이나 여기에 속한 음악인들의 명칭인 악공이나 공인이라고 부르는 데서 비롯되었다. 신청 조직내의 담당인들의 호칭도 자체적으로 붙인 경우도 있지만, 때때로 행정 기관 의 조직, 명칭을 따오는 경우도 이러한 연유에서다.

　신청이 무인들의 조직체 본부라고 하는 사실은 바로 이곳에 일정한 역할이 있었음을

〈사진 5〉   1930년대 전남 나주신청

뜻한다. 신청은 무인들 조직체를 관장하며 계통을 이어가는 역할과 노래·춤·곡예·미술·기악 독주와 합주 판을 펼치는 악회의 판벌림 그리고 굿 수행의 이론과 실제 교육, (음)악 교육 기관으로서의 기능을 하는 조직체의 대표 기관으로서의 기능이 그것이다. 신청의 주요 역할이었던 조직체 관장管掌은 각 도 중심으로 조직 체제를 강화하는 일과 지도자를 중심으로 조직 체제 확립, 무세巫稅에 대한 공동 부담과 공공 기금 마련, 조직의 공식적인 추천 명령서 발부와 출연出演 통제, 기관 건물의 건축이나 중건重建 사업, 교육 제도 확립 등이 있었다.

신청을 출입하는 사람들은 물론 무인들 중심이지만, 악회의 판 벌림과 교육적 기능으로 말미암아 무부들의 후견인 역할을 한 양반 출신이나 타지방의 율객들도 자주 찾아들곤 하였다. 한편, 전라남도 진도군 진도면 성내리의 신청인 경우 그 건물은 방 셋과 봉당·마루·부엌이 있는 20여 평의 기와집(근대에는 함석집 등도 포함)으로 된 집으로 해방 직후까지도 있었다(〈사진 5〉 참고).

신청이 있는 곳은 그 주변에 무가巫家가 집단적으로 형성되었다. 큰 무가는 수백 호인가 하면, 작은 곳은 20~30여 호에 이르렀다. 성내리 신청인 경우는 30여 호의 당골

집안이 집단적으로 거주하였는가 하면, 노량진의 무가巫家 집단은 처음 형성할 때 '수백호'였으나 재인청 재정비를 단행하는 1853년에 40여 호로 줄어들기도 하였다.

무인들은 근대에 가까울수록 안으로부터 유교를 이데올로기로 삼은 지배 체제와 밖으로부터 기독교나 일본 제국주의자들 그리고 근대 교육을 받은 지배 체제로부터 '싹쓸이'대상이자 가장 비과학적인 미신 집단이라고 천대받으며 인멸의 행정 조치를 당하였다. 그럼에도 불구하고 왜 끈질긴 생명력을 오늘에까지 발휘하였을까? 신청은 결코 자연발생적이거나 즉흥적인 집단이 아니었다. 신청은 그들 자신의 신앙에 기반을 둔 공동 운명체로서 공고한 삶의 태도를 비롯하여, 민중들의 삶─그 인간 조건과 공동운명체로 살아왔고, (음)악의 감수성을 전계층의 체험 속에 활화산처럼 번지게 하는 등의 여러 이유도 있었겠지만, 무엇보다도 강력한 조직 운영에도 있었다.

조선 시대의 지방 행정 체계가 왕 → 감사監司 → 수령守令 → 면리임面里任으로 이어진 것과 같이 그 행정 구역도 도 → 주州·부府·군郡·현縣 → 면面 → 리里로 편성되어 있었다. 이것은 크게 세 개의 층으로 이루어졌다. 수령이 관할하는 고을(읍, 군현)을 중심으로 위로 여덟 개의 도(함경·평안·강원·황해·경기·충청·전라·경상도)와 아래로 면[坊 또는 社]이나 리里(또는 洞)로 편성되어 있는 것이 그것이다. 8도는 여러 가지 사정(산천지세나 서울과의 관계 등)에 따라 경기·충청·경상·전라·황해도는 좌·우도로 나누기도 하고, 강원도는 영동이나 영서로, 평안도는 동·서도로, 함경도는 남·북도로 구분하여 각기 관내에 주·부·군·현을 편성하고 있었다. 이 사실은 8도에 속한 각각의 주·부·군·현의 총수에 따라 신청이 조직도 전국적으로 관내 구역을 나누어 활동하고 있었음을 말한다.

이 구역 구분은 신청의 전국적인 규모가 강력한 조직 체계로 완비되어 있었음을 반증한다. 곧, 18세기에 이미 널리 알려진 「변강쇠가」(가루지기 타령, 橫負歌)에서도 신청의 전국 조직 구분 내용이 잘 나타나 있다. 즉, '8도 통문 보내기' 대목과 '장승회의' 대목이 그것이다. 이 회의는 천하의 난봉꾼 변강쇠가 지리산 근처에 있는 장승을 벌목하여 땔감으로 삼자, 한 동관同官이 서울 노량진에 있는 전국 재인청(신청)의 우두머리 대방(대빵)에게 원통한 일을 당하였다고 호소함에 따라 전국회의를 소집하고 변강쇠를 단죄하는 회의였다. 여기에서 우리는 신청(재인청)의 대방이 전국에 팔도 통문 보내기를 살펴볼라치면 신청의 전국 조직 내용을 확인할 수 있다.

아니리 : 그 때의 장신 목신木神 무죄관無罪間에 강쇠 만나 도끼 아래 조각나고 아궁이 탄 재가 되어 오죽이나 원통하랴. 허공중천 높이 떠서 울다가 나 홀로는 이 원수를 못 갚겠네. **대방**님전 찾아가서 이 원정原情을 아뢰리라. 서울 노들 선창가에 **장승대방**을 찾아가서 문안을 드린 후에 원정을 아뢰는데,

중몰이 : 소장小將은 경상도 함양에서 산을 지키는 장승으로 신기천이神祇賤易(天神과 地祇)한 일 없고, 평민 침학浸虐한 일 없어 불피풍우不避風雨하고 있어 우두커니 서 있는데, 변강쇠라 하는 놈이 일국一國의 난봉꾼으로… 깊이 통촉하옵소서.

자진몰이 : **장승대방** 크게 놀라 이런 변괴 처음이라. 경홀작처輕忽酌處(경솔하고 가볍게 죄의 경중을 참작하여 처단함)할 수 없다. 사근내(용인의 옛이름) **공원**公員님과 지지대(수원 북쪽에 있는 고개 이름) **유사**有司님께 내 전갈을 전한 후에 요새 적조하였으니 문안 일향 하옵신지. 함양 동관同官 발괄 원정白活原情(관아에 대해 억울한 사정을 글이나 말로 하소연함) 자세히 듣자오니 전고 없다 재변이라 수고 타 마옵시고 일차 왕림 하옵소서.…**8도 동관** 다 청하여 공론처치 하옵시다. **대방**이 좋다 하고 입으로다 붓을 물어 통문 넉 장 써냈으니 그 통문에 하였으되,

아니리 : …(중략)…

중몰이 : 통문 한 장 지어내어 사근내 공원이 맡아 가지고 **경기 삼십사관**34官 **충청도 오십사관**54官 차례로 전케 하고, 또 한 장을 들더니만 지지대 공원이 맡아 가지고 **경상도 칠십일관**71官 **전라도 오십육관**56官 차례로 전케 하고, 셋째 장을 들더니만 고양 홍제원(지금의 서울 홍제동) 동관同官이 맡아 가지고 **황해도 이십삼관**23官 **평안도 사십이관**42官 차례로 전케 하고, 넷째 장은 양주 다락원(지금의 동대문 밖 3리 지점에 있는 누원樓院) 공관이 맡아 가지고 **강원도 이십육관**26官 **함경도 이십사관**24官 차차로 전케 하라. 이렇듯이 분부하여 각처로 모두 보냈구나.

위 「변강쇠 타령」 사설에서 우리는 대방(대빵)이랄지 공원이나 유사 등의 조직원 명칭과 8도의 부·군·현 수數에 걸쳐 신청의 조직망이 구축 되어 있음을 알 수 있을 것이다. 〈표 5〉는 18세기 말부터 19세기 초반 각 도별 관내 주·부·현 총수와 신청의 관내 총수를 각종 자료와 비교한 표이다.

각 도별 관내 주·부·현 총수와 신청의 관내 총수

도별	지방 행정 구역 관내 수		신청 지방 관리 관내 수			
	주 부 군 현 수	변강쇠가	진도씻김굿	대전고사소리	평양재수굿
경기도	38 (좌도 21, 우도 17)	34		37	16
충청도	53 (좌도 20, 우도 33)	54		53	
경상도	71 (좌도 40, 우도 31)	71	77		
전라도	56 (좌도 24, 우도 32)	56	53		
강원도	26 (영동 9, 영서 17)	26			
황해도	23 (좌도 14, 우도 9)	24			23
평안도	42 (서도 21, 동도 21)	42			22
함경도	25 (남도 15, 북도 10)	24			

〈표 5〉에서 행정 관내 수와 신청의 조직 관내 수가 대체적으로 일치하는 것은 「변강쇠가」이지만, 「평양재수굿」의 관내 수는 미분화 상황으로 보아 행정 관내 수보다 신청 관리 관내 수가 부족하게 나타났다. 이것은 「평양재수굿」이 다른 텍스트보다 더 오래된 형태라는 점 이외에도, 조선 시대에 들어와 신청 조직이 끊임없이 재정비와 조직 확산을 이루었음을 알 수 있다. 실제로 1836년 경기도 재인청인 경우 4만여 명의 계원이 있었던 기록(경기도京畿道 창재도청안唱才都廳案)으로 보아 19세기 초반에 규모상으로 가장 방대한 조직 확대가 이루어진 듯하다. 이것은 유교를 정치적 이데올로기로 삼은 정부가 조선 전기간에 걸쳐 신청 제재를 행정적으로 조치하였음에도 불구하고 조직 확산이 이루어졌음을 시사한다.

그만큼, 국내외로 사회 불안이 조성되어 신청을 통한 종교적 믿음 치례가 결속되어 있었던 것이고, 또 신청(음)악인들로 말미암아 민악 감수성이 전국에 걸쳐 이루어졌음을 확인케 한다.

한편, 「변강쇠가」에서 보듯 신청을 통한 전국적인 강력한 지도력과 공동체의 생존을 위한 조직 체계가 완비되어 있었던 바, 그 조직 체계는 다음 〈표 6〉과 같다.

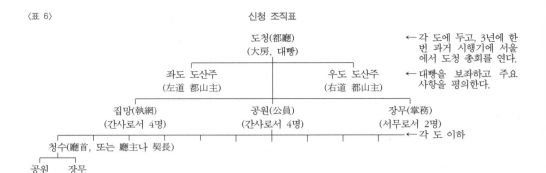

〈표 6〉   신청 조직표

                              도청(都廳)   ← 각 도에 두고, 3년에 한
                            (大房, 대빵)   번 과거 시행기에 서울
                                                            에서 도청 총회를 연다.

        좌도 도산주   우도 도산주   ← 대빵을 보좌하고 주요
        (左道 都山主)   (右道 都山主)   사항을 평의한다.

    집망(執網)   공원(公員)   장무(掌務)
    (간사로서 4명)   (간사로서 4명)   (서무로서 2명)
                                                        ← 각 도 이하
        청수(廳首, 또는 廳主나 契長)

    공원   장무

　　이러한 전국적 조직체로 말미암아 신청(재인청) 출신들은 조선 최대·최고의 음악 예술 공급처를 유지할 수 있었다. 즉, 신청 조직이 전국적인 조직화를 꾀할 수 있었던 것은 조선 사회 자체가 이들의 음·악 예술을 필요로 하였기 때문이다. 조선 국가 자체가 예약 문화를 국가적으로 지향하고 있었으므로 이를 제도화한 궁중의 장악원과 행정 기관인 각 지방의 관아의 악공들과 관기의 대부분을 신청 출신으로 손쉽게 유치할 수 있었거니와 중앙과 지방의 각 병영의 조라치와 태평소에 의한 취타수와 삼현육각 편성을 골격으로 한 세악수들이 이들 신청 출신들이었다. 그뿐만 아니라 기층민중들의 삶과 죽음의 일·놀이·믿음 치례에 그 전문가들인 신청 출신들이 절대적으로 필요하였다. 신청 출신들은 관官·군軍·민民 사회 조직에 모두 뻗어 있었으므로 아악류와 민악류에 걸친 2중 음악성(bi-musicality)이 또한 뛰어났다.

　　따라서, 신청 조직은 자치 조직망을 통하여 조선 시대 병영의 공적 취타수(조라치와 태평소 등의)나 세악수 공급을 하면서 신청의 책임자가 병영 군악 조직의 책임자로 병행하기도 하여 조직을 더욱 공고하게 할 수 있었다. 곧, 취타수나 세악수의 상위직인 패두牌頭도 신청 자치 기관의 조정에 따르기가 일쑤였다. 이 사실은 병영의 군악 역할을 한 지도자급 음·악 예술인들은 동시에 전국 신청을 통솔할 수 있었다는 말이다. 1900년대, 곧 1902년에 들어와 이들이 산재한 궁중과 병영의 모든 악가무 장르를 통폐합하여 협률사 조직체로 전환하였을 때에도 이들 주무자는 역시 신청(재인청)의 도산주道山主였다는 점에서도 그 조직의 전국화를 유지할 수 있었다.

(2) 신청의 음 · 악 세계

신청의 종교성은 비과학적인 미신인가? 음 · 악도 미신적 음악인가? 신청인들은 종교적인 굿을 한다. 신청의 신앙 체계는 세계의 다른 종교와 마찬가지로 심오하고 중요한 세계를 가지고 있다. 그것은 우주의 기원과 인간의 본성을 밝혀 내는 변증법적 과정이 분명하기 때문이다. 현상학적 측면에서 사람의 종교적 체험은 인간의 불완전성을 자각하는 정正(thesis)과, 초월적인 능력을 믿는 반反(antithesis)과, 이 믿음에 의한 자아 초월의 합合(synthesis)이라는 변증법적 과정을 가진다. 정正은 모든 인간 존재를 문제로 가득 찬 존재이자 실존으로서 '맺히고 꼬여 있는 존재'이며 고통으로 가득 차 있기 때문에서도 언제나 불안한 상태에 있는 것이라 본다. 마치 날개 없는 실락원에 살고 있는 것이다. 반反이야말로 실락원의 상태에 있음을 깨닫고 그 낙원을 무아無我(not-self)나 초월이라는 개념에 의하여 회복하려는 단계이다. 문제로 가득 찬 존재, 꼬여 있는 실존과 정반대 되는 개념이 바로 무아이자 초월이다. 이 개념은 흔히 하나님(기독교)이나 브라만 · 불타 · 열반(불교), 천天(유교), 존재 그 자체(철학일반) 등 다른 이름을 가지고 있듯이 무巫는 '만신萬神'의 이름을 가진다. 합合의 단계는 경험적 자아가 보편적 자아(universal ego)의 의식으로 돌아가는 것을 깨닫는 단계이다. 이것이 구원이나 해방의 자아 초월의 체험이다.

이것은 세상사에 맺혀 사는 기층민중들이 선생(사제)의 인도에 따라 만물의 원인과 근원으로 간주하는 만신萬神 안에서 자아 초월의 해방 체험을 할 수 있었기 때문에 다시 세상사를 역동적으로 살아갈 수 있었다는 말이다. 조선 사회에서 기층민중들이 꼬여 있을 수밖에 없었다는 점은 사회 경제적 · 정치적 조건 자체가 봉건사회의 천민이라는 억압 조건으로 나타나고 있는 현실로 말미암는다. 농촌경제의 직접적인 생산 주체이면서도 그 인간 조건으로 인해 맺힘의 존재였다.

맺힘이 서양과 다른 점은 정신적 영靈만 맺혀 있는 것이 아니라 신체적인 육肉도 동시에 맺힘, 곧 영육이 분리되지 않고 동시적으로 맺힌다는 세계관을 가지고 있는 점이다. 영육의 맺힘, 심신心身의 맺힘, 정신과 육체의 맺힘은 '살'의 맺힘(꼬임)으로 이해하였다. '살'은 부정不淨 탄 영 · 육이므로 죽여야(풀어내야) 하는 영으로서 살煞이자 풀어내야 하는 살(피부를 포함한)이다. 영靈 · 육肉 간의 부정不淨 타는 맺힘은 어느 한 사건으로 비롯한 것이 아니라 동 · 서 · 남 · 북에 걸친 4방과 하늘과 땅(上下)에 대한(결국 5방으로서) 영육의 맺힘이요, 과거에서부터 현재까지 영향을 미치고 있는 역사의 맺힘이기 때문에 만신과 음・악이 절대적으로 요청되었다. 따라서, 정신적 영만 초월의 체험이 필요한 것이 아니라, 신체적인 육도 함께 풀어서 초월의 체험을 이끌어 낸다고 기층민중들은 이해(Verstehen)하고 있었다.

바로 여기에 기층민중들이 서양과 다른 세계관을 가지고 우주의 기원(우주론)과 인간 존재 그리고 믿음 치레를 이해하며 문화를 형성하였다. 신청의 음・악 역시 이 안에 있었다. 특히, 음악(노래와 같은 성악과 반주와 같은 기악)뿐만 아니라 시・춤・곡예(기계체조와 같은 재주를 포함하여)・미술 등을 통한 악樂의 다양한 형식과 예술성・연희성은 경기・황해 지역의 굿보다도 남도의 그것에서 강조되는 부분이다. 자연히 세습무의 음・악이 주목받는다.

그렇다면 당골들을 통하여 초월의 체험을 어떻게 음・악으로 기획하였는지를 삶의 날과 씨로서 정신적 세계와 살풀이로서 육체적 풀이를 알아보아야 할 것이다.

① 삶의 날과 세계관

직물은 가로와 세로, 곧 날과 씨의 짜임새요, 경위經緯의 짜임이다. 날은 가로요 씨는 세로다. 삶의 날은 가로적 삶의 모든 것으로 체계적 국면이요, 상하(좌우에 대한)로서 하늘과 땅의 중앙 국면이다. 여기에 비하여 삶의 씨는 역사적 국면이요, 좌우(상하에 대한)로서 과거와 현재간의 왕래를 말한다. 어느 것이나 그 가운데는 인간 조건이 맺혀 있는 현장(여기)이고, 과거와 현재를 왕래하면서도 시간적으로 '지금'이다. 즉, 당골네를 통하여 만신과 음・악으로서 맺힘을 풂으로, 갈등에서 초월로, 대결에서 화해로 체험하는 공간과 시간은 '지금・여기'이다.

신청 음・악인들이 굿의 각 거리를 통하여 음・악 세계를 기획한 것은 '오늘・이땅'에서 '지금・여기'로 살아가는 당사자들의 인간 조건들을 갈등에서 초월로 이끌어 내고 또다시 현실을 역동적인 삶으로 나아가게 하는데 있었다. 먼저, 체계적 국면(사방상하의)을 구체화한다.

모든 것에 다 있으면서 신으로 전환할 수 있는 만신은 그 으뜸이 제석帝釋이다. 제석은 태양의 창조주인 일광제석(남성)과 달의 창조주인 월광제석(여성) 한 쌍으로 일월성신(해와 달과 星辰)을 뜻한다. 일월의 영역권인 별[星辰]들도 동서남북의 방위로 삼는가 하면, 영靈도 일월영역권을 상하단계별로 펼쳐지게 한다.

즉, 동두칠성東斗七星・서두칠성西斗七星・남두칠성南斗七星・북두칠성北斗七星을 합친 '사

〈그림 19〉 　　　　　　　　　　　　　　칠성과 오방신장

방칠성四方七星님'이 전자이고, 일월용왕日月龍王・천궁호귀天宮胡鬼에서부터 천신장天神將・천복대감天福大監・천왕중[天王僧]으로 내려오고, 그리고 가장 낮은 단계로 내려와 각 지킴이를 설정한 것이 후자이다. 이것들을 굿거리마다 접근하여 일상적인 삶에서 의식儀式(ritual) 공간으로 전환한다.

　만신의 드러냄은 흔히 무가巫歌와 그림, 원형 놋거울이나 청동거울과 같은 명도明圖(神鏡이라고도 한다), 깃대(신장기와 같은)・부채 등 그 밖의 장식품에 가시화된다.

　다음 〈악보 8〉은 우주의 창조주로서 일월성신을 뜻하는 제석굿으로 「진도씻김굿」에 나오는 제석굿은 일월성신 − 동서남북의 사방 − 지금・여기로 이어지면서 가정과 자손의 번창과 풍요를 노래하고 있다.

　이처럼, 하늘에서 내려와 땅에서 펼치는 사방상하의 과정은 다른 「독경」에서도 나온다.

불설명당	신묘경은	텬강대디	슈명당
동방에는	청뎨지신青帝地神	서방에는	백뎨지신白帝地神
동방에는	적뎨지신赤帝地神	북방에는	흑뎨지신黑帝地神
열위지신이	하감하사	소원성취	발원이요

　　우주의 창조주에서 인간사의 사방과 중앙, 곧 오방신의 세계가 결국은 인간이 살아가는 삶의 터인 마을과 집으로 이어지면서 현실을 구체적으로 지향한다. 이것은 물·가뭄·바람 등의 천재天災와 지진·해충에 의한 지재地災 등 자연 재해로부터 해방을 기획하고 생산의 풍요를 바라는 기층민중들의 바람에서 같은 연결 고리를 가지고 있었음을 말한다. 즉, 농업생산의 주체인 기층민중들이 자연 재해로부터 해방되는 것 자체가 바로 '마을지킴이'를 구체적인 신앙 공간으로 요청하였다는 말이다.

〈악보 8〉　　　　　　「진도씻김굿」 중 제석굿

노래 : 채정례
채보 : 이정란, 1988

오시드라 오시드라

중하나 나려온다

♩.+♩ = 46-54 실음, 엇모리장단

중 한나 나려 온다 중 한나 나려 온다 저 중의 맵 시보소

저 - 중의 치 례보소 얼 굴은 관옥이요 풍 - 채는 두 목이라

고 름에느 줒 안에차고 해 와같은 바 래광주 달 과같이 드 러메고

달 과같은 바 래광주 해와같이 드 러메고 용 도세전 육 - 간자

제 - 고 리 길 게달아 제 - - - 철 - 철 철 철 철 철

나 무아미 타 - 불 염 불하여 나 려 온다 - -

제석님네 아버지는

♩. = 72-80 실음, 굿거리장단

(제)지 석 - - - - - - 지 - 석 님 네 아 버 - 지는

천 왕지석을 살 으시고 지 - 석 - 님네아버 - 지는 일 워르 - 제 석 에 살 으시고

지경성국을 다구어라

♩. = 72-80 실음, 굿거리장단

지 경 성 - 국 을 다 - 구 어 라 지 경 성 - 국 을 다 - 구 어 라

　그뿐만 아니다. 물(수신)과 산(산신)과 바람(풍신)은 기우제나 풍어제나 산신제·당산제
나 마을굿 등을 통하여 생산력 증강을 도모하는 기층민중들의 대상이었다. 또한 탑과
장승과 솟대와 신목도 같은 지평에서 마을지킴이다.

이제, 마을지킴이 공간에서 끝내는 '집지킴이' 공간으로 전환한다. 집은 인간이 구체적으로 살아가는 현실이다. 집안의 웃어른인 성주지킴이, 대대손손 웃어른인 조상지킴이, 생육과 건강의 부엌지킴이, 출산과 육아지킴이, 집안 터지킴이, 줄기찬 샘지킴이, 복을 몰고오는 곳간지킴이, 집 문지킴이, 장맛 돋게 하는 철륭지킴이, 변소지킴이 등이 그것인데, 이것은 모두 사람이 살아가는 집을 구체적으로 현장화시키고 있음을 말하고 있다. 마을지킴이와 집지킴이 모두가 마을 공동체로 하여금 무巫의 중개가 필요한 것은 아닌 자체의 신앙 구조를 가지고 있었지만, 그 세계관이 겹쳐 있기 때문에 언제든지 함께 하고 있었다. 이러한 사실들, 곧 '마을 공동체의 삶을 위협하는 안팎의 사회적 재앙으로부터 해방'을 기획하는 기층민중들의 바람은 무巫의 인도로 '집지킴이 → 마을지킴이 → 땅의 동서남북과 중앙으로서 상하 → 일월성신 → 우주'라는 믿음권을 순향성順向(性)이나 그 역향성逆向性의 순환 구조로 체험하여 왔다.

② 삶의 씨와 세계관

삶의 씨는 삶의 역사 의식을 현재화하는 데 있다. '어제와 오늘을 왕래'(과거와 현재간의 해석학적 순환)하면서도 오늘로 지향하는 무巫의 중개는 신도信徒로 하여금 역사의 길이와 크기와 깊이를 확인케 하여 현재의 근원을 해방의 체험으로 이끌어 내고 내일(미래)을 헤아리게 한다. 즉, 현재의 연원성淵源性을 역사적 접근(어제와 오늘의 왕래)으로 확인하기 위하여 어제로부터 돌이킴으로써 삶과 죽음의 역사를 드러내 오늘의 현장을 구체화시킨다. 그리고 내일의 삶의 터전을 역동화시킨다는 말이다. 곧, 삶과 죽음의 뿌리 찾기와 뿌리 확인이 역사적으로 시도되는데 조상과 관련한 거리가 그것이다(그 내용은 모든 무가에 나타난다).

사방과 중앙 그리고 과거와 현재 그 어느 곳이나 어느 때이든지 도처에 만신의 존재는 기층민중들로 하여금 종교적 태도를 가지게 하였다. 왜냐하면, 어느 곳 – 때라도 신에 대한 경외심은 물론 거룩한 두려움이 자연에 대한 종교적 감정을 가지게 하였기 때문이다. 스스로 몸을 삼가고, 마음을 순수하게 하지 않으면 어김없이 살이 낀다는 이해 체계는 초자연적인 존재가 항상 자기 안에 임재하고 있다는 의식이며, 이것이 바로 경외심과 두려움이며 윤리적 겸손이다. 신과 인간 사이, 자연과 인간 사이에서 기층민중들은 자체의 토착적인 신앙과 함께 무巫로 말미암아 환경 보호를 뛰어넘어 환경

장승(충남 청양군 정산면 송학리)

솟대(전남 화순 동복면 가수리)

탑(지리산 청학동)

〈사진 6〉　　　　　　　　　마을지킴이로서 탑·장승·솟대

공동체를 이루고 있었다. 이러한 종교적 감정과 함께 음악 역시 신과 인간 사이의 화해와 자연과 인간, 인간과 인간, 사회와 인간 사이를 신뢰케 하는 감정을 직관적으로도 가질 수 있었다.

이것이 바로 우리의 '직관에 의한 음악 개념'이다(이 때의 직관은 단순한 감각도 아니며, 지각적 직관과도 다르다. 그것은 이원론을 초월하여 더 분화할 수 없는 최종적 직관이다).

한편, 지금까지의 삶의 날과 씨는 분리되지 않는 것으로서 굿의 어느 '거리'(절차)에서나 기획하고 있다. 마치 어떤 절차든지 '신神을 부르고[請神] ─ 즐겁게 하고[娛神] ─ 보내는[送神]' 과정이 공통적인 기본 요소로 되어 있는 것처럼 말이다.

삶의 날과 씨의 내용은 「초가망석」에 잘 나타나 있다. 사방이나 그리고 위로 하늘과 아래로 땅의 모든 신들을 불러들이는 거리는 물론 과거와 현재를 역사적 순환 구조로 확인케 함으로써(어제와 오늘로서) 언제나 삶의 현장인 '터'를 역동적인 해방 공간으로 체험시키는 거리(절차)가 「초가망석」이다.

다음은 「진도씻김굿」 중 「초가망석」 거리 전문이다(채정례본 인용).

채록 : 박주언, 1988

늙어늙어 만년주야	한번 늙어 만년되면	다시 젊기 어려워라
(후렴)신이로고나 ─ ─	마야장천	오늘이로고나 에─에야─에이요─
운항산 그늘 아래	슬피우는 저 벅궁새야	너는 어이 슬피를 우느냐?
죽은 고목이 새순이 나서	가지가지 꽃이 피니	마음이 슬퍼 울음을 운다 (후렴)
하늘천자 높이 있어	따지자를 굽어 보니	공자씨 맹자씨는
책장마다 실렸건만	불쌍하신 함씨 망자는	어느 책에 가 실리셨오? (후렴)
화교가 났네	화교가 났네	하나님전 화교가 났네
물들었다 써는 것은	사해용왕 법이로세	바람불고 비오는 것
하나님의 조화로세	사람 죽고 사는 것은	염라대왕의 조화로구나(후렴)
산도─!	이 산도 쉬어 가고	저 산도 쉬어 가고
양우양산을 쉬어갈 때	동네들이 동네자망	방네들어 방네자망
시름시름 쉬어 갑시다		

(왕아)임신아
조선은 국이옵고
한양도 서울이요
내리굴러 이십팔숙
이덕 마련하옵실 때
도주월땅 잡으시고
자시에 생천하니
인시에 인하야
인황씨 역강
인의예지 천년윤기
염제신농씨
남구비여 성기따고
마련하옵시고
혼원씨 배를 무어
청용을 정하시고
서는 무기사구금하니
흑용을 정하시고
해동조선 전라도
그가 명당지덕입니다

나무남산 본이로세
팔만은 사두세경
개성국도 본서울은
허궁천 비비천
경상도 칠십칠관
전라도 오십삼관
하날이 생기시고
태월아 천황씨
일만팔천해 살으실 때
삼강오륜 예정유정
창모기수하고
갖은연장 마련해서
수인씨 불을 빌어
이재불통 하옵실 때
남은 병정이칠한데
백용을 정하시고
중은 임계오십도인데
진도군 의신면

세경도 서울이요
집터잡아 삼십삼천
삼화도리 열시왕
일흔일곱골
쉬흔세골 잡으실 때
축시에 생지하니
일만팔천해 살으실 때
이수인간 마련해서
성자 마련 하옵시고
이목인외하여
인간의 농사법
구인화씨법 마련하고
동은 갑을삼팔목하니
적용을 정하시고
북은 경신일육수하니
황용을 정하실 때
원두리 앉으시던

가문을 다니시고
내려오신 신관
부원군같이 어지신
은 같고 학같이
해로 달로 분간하면
달로 성수는
초사홋 날입니다

정중을 묻사오면
곽업술업 한림당사
함씨녀 가문 안에
시우찬 채씨구녀
해로서는
시월상달

가문은 올라가신 구관
의사병사
구녀정중은
정중입니다
정묘년 햇머리요
날로 일진은

성주는 본관이요　주인으로 좌정하고　지신은 객관이요
조왕은 아관인데　주인 모를 공사　있아오리까?
올라라 마흔닷새　날이 열려　중궁대궁 자말받던
성주님 모시옵고　초이레 하계조왕　열이레 진계조왕
수무이레 팔만사천　경덕궁 시리장장　배판하신 지대조왕님
모시옵고　웃친선영님 모시옵고　이 정성 나선 말은
다른 말씀이 아닙니다

불쌍하신 부모님　씻기시나 해갈천도시켜　새왕극락 가시라고
마당생기 뜰생기　두대받이 챌을 치고　야락잔치 나서온데
어찌 성주본관　주인을 모르겠오?
성주님 모시옵고　이 정성 나서라고　남생기 여복덕
여생기 남복덕　일상생기 이중천의　삼화절체 사본궁
오상화해 육진복덕　칠하절명 팔진유혼　생기복덕일 더우 잡아
동에는 청계수　남에는 적계수　서에는 백계수
북에는 흑계수　오동수 감동수　흐르고 솟아난 물
훔치고 기지어다

상탕에 머리감고　중탕에는 목욕하고　하탕에는 열손발
시념백무 금주단발　한 연후에　술이 찬 시루 시리등괭미
장든 노무새 기름든 채소　국밥진지 수력대덕　만판진수 등돌아 놓았으니
씻김받어 오셨거든　고히 흠향하옵시고　십대지옥도 면하시고
천근도 여의시고　중복가시옵고　진옷벗고 마른옷 입고
새왕극락 가옵실 때　가사에 걱정근심　우환잡작 희살요물
제하시고　자손발복 시키시고　농사장원 시키셔서
부귀공명하게　길올려 주옵시고　생왕극락 옥경연화당
수구품 밑으로　일실성불되어 가옵소사

③ 음·악의 특징

신청 음·악인들이 민중에 기반을 두고 모든 계층과 모든 모임을 주관하고 참여할 수 있었던 것은 민중들의 삶과 죽음이라는 인간 조건의 선생으로서의 위치와 전문적인 음·악 예술가라는 점에서 그러하다. 이들은 신과 인간 사이를 고도의 전문적 기술과 능력으로 중개하는 사제로서 선생이었다는 점과 민중들의 세상사와 정부 기관에 속하여 행사를 주도하였고, 이러한 모든 것을 언제나 통합적인 예술로 풀어냈다는 점에서 최대의 음·악예술가이다. 이것이 이들로 하여금 총체적인 예술의 장르와 기능을 성숙하게 소유할 수 있었던 계기이다. 한편, 신청 악樂의 장르화가 성악과 기악으로서의 음악은 물론 시, 춤, 미술, 체육, 치료학 등이 하나로서 총체적으로 형식화되었다는 점에서 여기에서는 '음악'이라고 표기하지 않고, (음)악이나 음·악이라고 표기하였다.

가. 신청 음·악의 대중화

이들은 굿은 물론이거니와 관청의 제사와 의식, 문화 예술 행사, 환자 치료 그리고 모든 계층의 문화 예술 행사를 으뜸가는 예술가의 위치에서 주도하였다. 무녀巫女의 자질일 경우 궁정이나 관청의 여악女樂이나 간호일을 맡는 의녀醫女와 의복 장식 일을 맡는 침선비針線婢, 때로는 군대에 징발당하기도 하였다.

무부들도 군영 복무와 군대 징발에 예외가 아니었을 뿐만 아니라 궁정과 중앙 군영 그리고 각 지역 관아의 군영 악공과 세악수로 선정되어 궁정행사는 물론 지방의 관청의 각종 행사를 치렀다. 즉, 궁정의 장악원 소속의 악공과 지방 관청의 악공, 그리고 중앙과 지방의 각 병영의 취타수랄수 있는 조라치와 태평소잽이, 또 삼현육각 편성의 세악수로 얽매여 활동하였다. 또, 나례청에도 얽매였다. 음력 섣달그믐 밤에 궁중이나 민가에서 치렀던 마귀와 사신邪神을 쫓는 의식이나, 중국의 칙사들을 위안하기 위하여 베푼 공연들, 왕의 행차나 신임 감사의 영접 행사와 공연들 곧 나례儺禮에 동원되었다는 말이다. 나례에서 처용무가 악공과 기녀에 의하여 이루어지는 것이고, 곡예나 희학지사戱謔之事일 경우에 재인들에 의하여 이루어졌으므로 이들 악공·기녀·재인들은 신청 출신들이 압도적이었다. 나례청에 반드시 신청 출신만이 아닌 중이나 백정 등도 있었으나 그 기능적 역할로 말미암아 이들이 주류를 이루었다. 특히, 무부들은 총체적 예술 기능이 뛰어난 연유로 광대·악인(때로는 공인)·재인·걸립꾼으로 활동하였다. 이러한 점에서도 언제든지 여러 장르별로, 양식별로 분화·발전할 수 있었다.

　다음 〈그림 20·21·22〉는 이들이 주도한 일반적인 문화 예술의 형태를 보여 주고 있는데, 모두 조선 후기의 그림들이다. 〈그림 20〉은 장악원의 처용무로서 동·서·남·북방과 중앙, 곧 5방이라는 방위로 삼현육각 편성에 맞추어 처용무를 추고 있는 신청 예술인들의 춤사위를 볼 수 있는데, 5방에 대한 방위 감각과 그 인식 체계는 궁중에서도 일반화되어 있었다. 〈그림 21〉은 김홍도金弘道(1745~1805)의 1804년 작품 「기로세연계도」로 계단 위에 삼현육각 편성의 연주 형태를 보여 주고 있다. 〈그림 22〉는 3일 유가 그림으로 과거 시험에 장원급제하여 어사화를 꽂고 사흘 동안 관계자들을 찾아 순회할 때 동원된 신청인들이 탈놀이와 살판, 역시 삼현육각 연주 형태로 행진하는 모습을 보여 주고 있다. 그 멋들어진 합주 가락은 아낙네들이 돌담을 넘겨 보거나 「신등용문」에서 막대기를 가지고 앞곤두를 하는 사람들의 복장이 모두 군영軍營의 복색이라는 점에서 이들 삼현육각패들이 군영의 세악수와 광대임을 확인케 한다. 조선시대의 삼현육각 편성에 의한 그 음악문화는 광범위하게 일반화하였다. 군영의 세악수들과 광대들이 정부기관은 물론 민가의 각종 행사까지도 주도하였음을 알 수 있게 한다.

〈그림 20〉　　　　　　　　　　　　　　　처용무

1	2

1 〈그림 21〉　　　　　　　　　　　　김홍도의 「기로세연계도(耆老世聯禊圖)」(1804)

2 〈그림 22〉　　　　　　　　　　　　3일유가(遊街)의 삼현육각패
과거에 급제하면 급제자가 3일 동안 좌주(座主)나 친척 등을 찾아 인사하는 3일유가는 으레히 세악수와 광대를 불러 함께 나간다. 그림은 기산 김준근의 그림으로 화제에 "과거하여 가는 사람"으로 표시하였다. 맨 앞에 피리 부는 두 사람이 군영의 복색이어서 이들은 군영의 세악수이다. 대부분의 세악수 편성은 좌고·장고·해금·대금·피리·피리 등 삼현육각패이지만, 그림에서는 피리가 한 사람 더 있어 삼현칠각패가 앞장서서 가고 있다. 맨 앞의 두 사람은 피리 연주뿐만 아니라 앞곤두 등 땅재주와 소리를 하기도 한다. 그림에서는 한 사람이 급제자의 붉은색 과거합격증인 홍패를 들었고, 또 한사람은 부채를 들고 있다.

　　앞질러 가는 아이들, 그리고 창문을 열고 호기심 어린 눈으로 얼굴을 내민 처녀의 모습에서 거리를 압도하는 이들의 가락이 대중화되어 있음을 알 수 있다.

　　신청(재인청) 음악예술인들의 으뜸가는 기악 연주 형태는 삼현육각으로서 상류층에서는 「군악」·「여민락」·「영산회상」(다짱, 대짜, 닷장, 소무지악)으로 판모임을 하였지만, 민중들 판에서는 곧잘 시나위 판 등이 벌어졌다. 이 사실들은 이들의 음악예술인들이 민가뿐만 아니라 궁중이나 양반지배층에 이르기까지 그 음악들을 중개하며 대중음악과 고급음악을 다루고 있었음을 또한 반증하고 있다.

〈그림 23〉 　　　　　　　　　　　　　　　　　　민가에서 삼현육각

19세기 작자미상의 그림으로 잔칫날에 좌고·장구·피리·피리·젓대·해금 순으로 앉은 전형적인 삼현육각 편성이 연주하고 있다. 구경나온 어린이들과 담장 너머의 아낙네들의 모습에서 개방적인 모습이 보인다.

　　나. 신청의 음·악 교육

　　신청 예술인들에 대한 사회적 요청은 이들로 하여금 조직력과 교육력을 강화시키는 계기를 이루었다. 정치적으로 지배층 이념이 유교였기 때문에서도 신청의 굿은 사교邪敎로 취급, 전全조선 시대에 금압 정책이 시행되어 언제나 그 조직력이 당면 문제였다. 그럼에도 불구하고 전계층이 이들에 대한 종교적·예술적·연희적으로 그 필요성을 현실적으로 요청하였기 때문에서도 신청의 효과적인 관리 체제가 필요하여 그 조직력은 전국적으로 확산되었다. 따라서, 앞서 지적한 대로 신청은 조선 시대에 가장 비상한 노력으로 전국적인 조직력을 갖추는 데 성공한다.

　　신청에 대한 전계층의 종교적·문화 예술적 요청은 그 조직력과 함께 비상한 교육 체계를 갖추게 하였다. 즉, 모든 사람들이 요구하는 '인간-음악-사회'의 질적 수행을 위하여 음·악 교육 강화책은 필수적이었다. 자연히 신청의 교육 체제는 민간 음·악학교로서 한국의 전역사를 통하여 가장 오랜 산맥으로 내려왔다.

이들의 음·악 교육은 신청이나 당골 개인 학습에서 굿의 이론과 실제, 성악과 기악, 춤, 탱화, 공작, 각종 곡예류의 재주 등을 종합적[一家]으로 시행하였고, 그 완성은 현장에서 이루어졌다. 즉, 우리 나라 최초·최대의 음·악 학교인 신청은 그 내용이 크게 세 가지로 이루어졌다. 첫째가 음악기학音樂氣學이었고, 둘째가 이론과 실제의 음·악 학습이었으며, 셋째가 현장 실연에 따른 완성 교육이었다.

첫 번째의 음악기학 과정은 단적으로 "기氣 넣자" 학습이다. 모든 학습자는 일과가 시작되자마자 누워 있는 상태에서 사람 몸에 외부와 통하는 아홉 개의 구멍[諸竅]에 따라 기를 끊임없이 익히는[習染] 교육이 수행되었다. 신청 교육은 이 아홉 구멍 일부와 다른 부분으로 익히는 학습이 이루어지는데, 그것은 발바닥·무릎·궁·배·젖꼭지 등을 입·코·눈·귀의 구멍을 통하여 호흡하는 방식이 바로 "기 넣자" 교육이었다. 예컨대, 발바닥에 "기 넣자"를 익히는 동안은 다른 부분을 '죽이는' 방식으로 순서화시킨다. 이렇게 한 구멍의 익힘은 결국 아홉 구멍이 서로 통하게 하는 데 있다. 서로 통할 때 장단을 통한 기화의 통찰력과 익힘의 능력이 이루어진다. 이처럼 음·악의 모든 장르를 몸의 구멍을 통하여 익히는 단계가 신청교육의 첫 번째 과정이다.

두 번째 과정은 장단長短 교육이다. "기 넣자" 방식은 장단 익힘으로 나아가는 데 있다. 즉, "기 넣자"를 장단으로 구체화시켜 학습한다. 장단은 기의 양태를 호흡에 따라 '길고 짧게' 수화數化시킴을 말한다. 말하자면, 호흡을 통하여 사람 몸에 장단을 실제적으로 '느끼게' 하고, 이어서 장구나 북 같은 장단 악기로 장단 느낌을 실제화시켰다. 그 다음으로 가락 소리나 가락 악기로 그 장단감을 이끌고 간다. 신청의 음악 교육은 "기 넣자─장단" 학습이 핵심이라고 말하여도 좋을 정도로 기본이었다. 신청은 '음률音律을 전습하는 곳'이기도 하지만, 그 기반이 '장단을 통한 기화氣化의 학습장'이었다. 따라서, 장단을 익히는 학습자는 1:1이나 1:多로 대면하며 보여 주고 들려 주는 학습장이 아니라, 학습자가 선생의 무릎에 앉아 장구를 같이 치게 하는 학습이었다. 이것은 기를 인식시키거나 이해시키는 교육보다도 기를 몸과 장구에 의한 '느낌 교육'으로 수행하였음을 말한다. 이로써 몸 구멍을 통한 호흡의 들숨과 날숨의 교차 방식을 느낌으로 확인하고 장단의 색채와 대비 그리고 무궁한 변화성을 실제적으로 체험할 수 있었다.

장단 학습의 실제적인 기본 방식은 '구음'이었다. 구음 교육의 목표는 구음 자체의 익힘에 있는 것이 아니라, 구음의 기본과 변화 장단을 익히고 앞서 지적한 대로 '기화의 실제적인 느낌 교육'으로 장단의 무궁한 변화성과 그로 말미암아 장단과 가락이 즉흥성을 통하여 성악과 기악, 춤, 곡예를 몸에 배이게 하는 데 있다. 이것은 기화氣化를 통한 '인간 – 음악 – 사회'의 신뢰와 조화 그리고 완성에 있었다.

다. 음악 기학으로서 신청 음악 – 한국 민악의 기화성

〈악보 9〉와 같이 '기화'가 구음화된 것이나 음표로 나타낸 장단은 언제나 그 자체가 한 작품에서 일관되게 끝나지 않는다. 그것은 나타낸 구음이나 음표에 있지 않고 '기화가 지배하는 질서'에 있기 때문이다. 그 지배는 몸의 아홉 구멍에도 있으며, 구음이나 음표 실현 속에서도 언제나 주체로 있다. 몸과 호흡으로 기화의 운동감을 체험하고, 그 느낌이 구음이나 음표로 구현하는 방식은 무궁무진함을 헤아리게 된다. '기화 – 호흡 – 장단의 구체화'를 몸의 느낌에 '미루어[推] 헤아림[測]'이 다름아닌 기화 – 장단의 추측推測이다. 장단의 추측은 이해함이 아니라 실제적인 연습에 있다. 그리고 장단의 추측이 목적하는 바는 한 호흡 구간에 한 장단 형태로 매듭지어지는 데 있지 않고 장단의 운동성에 있음으로 해서 끊임없는 장단의 역동성을 창출하는 데 있다.

이렇게 기화를 구체적인 장단으로 구현하며 끊임없는 익힘은 장단이 '몸에 배어 푹 젖어(游 長短)' 있을 수 있으며, 이 때부터 신청 예술인들은 장단으로부터 자유와 해방의 길이 주어지고 무궁한 가락이 창출된다. 이것이 흔히 말하는 바의 "장단을 이겨라"라는 학습 강령 구호이다. "장단을 이기지 못하면" 그 어느 것도 실현되지 않는다는 말이다. 장단 자체도, 가락(선율)도, 색채감도, 대비도 실현되지 않는다는 말이다. 왜냐하면, 기화는 장단에 의하여 크고 작음, 멀고 가까움, 무거움과 가벼움, 빽빽함과 성김, 빠름과 느림이 이루어지는 바 이것의 실현이 색채감이나 대비 그리고 가락(선율)의 생김이 결정되기 때문이다. 기화를 장단에 의하여 통찰과 익힘의 능력이 자유할 때, 신청 예술인들은 굿 행위와 목소리와 악기와 춤에 이를 널리 적용하고 하나하나를 자기화시켜 나갔다. 그러므로 가야금 현장은 기화가 지배하는 질서로서 전체이다. 비로소 부분은 전체이고, 전체는 부분에 전부로 완성되어 움직인다.

장단 이름	장구 구음/ 지시 음표(장구/징)	비고
굿거리	덩 기덕 덩 더러러러쿵 기덕 쿵 더러러러 경 기 도 충 청 거 리 콩 나 물 에 술 한 잔	경기도 충청거리 콩나물에 술 한잔
살풀이	덩 더러 쿵 더러러러덩 다 기 덕 쿵 덕 쌍 도 리 돈 돈 닷 돈 도 리 도 리 돈 돈 닷 돈 쌍 도 리 단 돈 닷 돈 쌍 도 리 단 돈 닷 돈	쌍도리 돈돈 닷돈 도리도리 돈돈 닷돈 쌍도리 단돈 닷돈
흘림	올 콩 절 쿵 전 대 콩 　 개 건 네 큰 껍 딱	올콩 절콩 전대콩
문굿	진 진 문 여 소 　 바 뻐 바 뻐 문 여 소	주인 주인 문 여소 바뻐 바뻐 문 여소

　따라서, 한국 민악의 장단은 몸과 소리와 악기와 춤이 일체화되어 기화의 역동성을 있게 한 근본이다. 이것이 인간－음악－사회를 하나로서 존재케 한 한국 음악 예술의 미적 감수성이고 느낌과 움직임[感動]의 체험이며 세계관이다.

　이러한 내용, 곧 기화를 호흡 단위에 따라 장단으로 수화數化시키는 교육 방식은 끊임없이 운동력(또는 변화성, 즉흥성, 변주성)이 실제 살풀이 장단 자체에서 이미 조건화되어 있다. 즉, 8분의 12박의 기본 박인 ♩. ♩. ♩. ♩.은 살풀이 장단에서 ♩. ♩. ♩♩♩으로 되어 있다. 앞 대삼구간이 점4분음표 둘과 소삼구간(대삼과 소삼구간에 대한 장단 대비는 '기층 민중들의 음악' 항목 중 장단 특징을 참고하라)이 4분음표 세 개로 구성되어 있기 때문에 전체한 구간이 8분의 12박이나 4분의 6박으로도 변화할 수 있는 운동력을 이미 배태하고 있다. 그리고 3 : 3이나 2 : 2로 일관하지 않고 3 : 2나 2 : 3이라는 리듬 형태 ― 흔히 서양음악용어로 말하여 헤미올라 ― 도 출현한다. 하나이면서도 둘이고, 둘이면서 하나인 살풀이 장단은 실제 진도씻김굿 중 「초가망석」에서 잘 나타나 있다〈악보 11〉 참고〉. 참고로 굿거리와 살풀이 장단을 먼저 비교하면서 〈악보 10〉을 보기로 하자.

〈악보 10〉 　　　　　　　　　 굿거리와 살풀이 장단 형태 비교

장단	한 구간의 기본 형태
굿거리	
살풀이	장구
	징

〈악보 11〉에서 살풀이 장단은 어느 한 마디의 장단으로 통일되지 않고 끊임없이 변화로 운동하고 있음을 확인할 수 있을 것이다.이 악보는 음악학자 박미경朴美瓊이 1982년 2월 21일에 채보한 악보로서 이 분야의 본격적인 종족음악학적 접근을 한 바 있거니와 그리고 최초로 총보화시킨 바 있다. 지금까지의 '기화 ― 장단'은 이제 음계라는 재료에 적용함으로써 음音의 변화성과 활성화가 이루어진다. 음音도 기화의 성질, 곧 크고 작음, 멀고 가까움, 무거움과 가벼움, 빽빽함과 성김, 빠름과 느림에 따라 지역적 관습인 음악 짜임에 따라 성격이 주어진다. 앞서, 「초가망석」인 경우 다음 〈악보 12〉와 같은 음계에 담아 음의 기능을 하면서 가락의 가는 길이 열리는 것도 그 예이다.

〈악보 11〉 「초가망석」의 장단 변화

채보 : 박미경

장구

〈악보 12〉 「초가망석」의 계면길

음 역

하청 아래 더음청 본청 꺾는 아래청 꺾는 윗청 엇청 상청 더음청 윗본청

음(音)의 기능

작곡가 백대웅白大雄(1943~2011)에 의하면, 본청은 하청과 완전4도를 형성하며 서로 넘나드는 길의 관계를 가지고 있으면서 본청이 음계 한가운데 자리잡고 있어서, 하청이 흔히 '떠는 목'의 기능을 한다(반드시 떠는 것은 아니다). 본청에서 단3도 위의 꺾는 윗청은 '비애의 음'으로 꺾는 아래청으로 자주 진행하는 길을 트고 있다(꺾는 아래청이 꺾는 윗청으로 진행하지는 않지만, 반드시 꺾는 윗청이 꺾는 아래청으로 진행하지도 않는다). 꺾는 윗청은 장2도 위의 엇청이나 장3도 위의 상청음으로 구성한 장식음군을 형성하여 '다루침새'(굴림새, 시김새) 역할도 한다. 엇청은 계면길에서 자주 사용되지 않으나 이 음이 있음으로 해서 가락이 풍부해진다. 이와 같은 음계의 음音기능은 음音 길을 조건화시켜 기화ー장단에 의하여 변화성이 풍부하게 되는데, 〈악보 13〉은 살풀이 장단에 의한 가락 길이 주어진다.

〈악보 13〉은 모두 세 사람의 신청 출신이 출연하고 있다. 독창자 한 사람과 노래를 포함한 합주적 그룹(Tutti)이랄 수 있는 고인(공인, 악공, 잽이) 두 사람이 그들이다. 고인 두 사람은 서양식으로 독창을 보조하는 반주자가 아니다. 이들은 반주하고 있는 것이 아니라 협연자로서 독주 그룹에 속한 음악인들이다. 고인 한 사람이 노래와 피리·아쟁을 동시에 맡고 있고, 또 한 사람이 노래와 장구를 맡고 있다는 점에서도 신청 음악인들은 총체적 음악 기량을 획득한 사람들이다. 더욱이 고인 1이 연주하는 아쟁 선율과 또 여섯째 맏'(마디의 약어)에서 노래 2의 노랫가락은 각각 노래 1과 '함께' 즉흥적인 변화성을 보이고 있다. 앞서, 〈악보 4〉의 장단 변화성에서 살펴보았듯이 그 장단에 있어서는 맏'마다 변화성을 보이고 있다. 무엇보다도 중요한 사실은 노래 1의 가락과 고인 1, 2의 가락과 악보를 비교하면 불협화적 음정으로 진행하고 있다는 점이다. 즉, 서양의 화성학 원칙처럼 가락 처리가 되어 있지 않다. 그렇다면, 불협화적인가? 아니다. 가락 자체의 진행 개념 자체가 서양의 그것과 다른 데서 출발하고 있다. 서양은 가락의 기반을 화성에 두고 있으며, 우리 나라는 '기화 – 장단'에 두고 있다(서양의 리듬론과 다르다). 이러한 차이는 역사 발전에 있는 것이 아니다. 인식론적 차이점과 형이상학적 차이점에서 비롯한 것이다. 단적으로 말하여, 서양음악은 지성(이성 또는 합리)에 기반을 두고 있다면, 한국은 직관에 두고 있다. 서양은 '가정에 의한 개념(concept by postulation)'에 따라 음악 논리가 펼쳐졌고, 한국은 '직관에 의한 개념(concep by intuition)'에 따라 음악 논리, 특히 기화를 역동화시켰다. 이 비교는 앞으로 더 밝히기로 하고 다음 항목을 진행하기로 하자.

'기화 – 장단'이 목소리와 악기에 의한 '가락의 길'에 고정되어 있지 않고 무궁무진한 변화성에 운동을 한다는 사실은 〈악보 13〉을 채보한 같은 신청 예술인에게 같은 환경에서 또다시 채보할 경우 가사와 장단의 구간을 제외한 장단 형태나 가락 길, 협연 형태 등이 언제나 같지 않은 데서 이를 반증한다. 이것이 모든 민악의 자유함이고, 해방 체험이다. 이미, 필자가 『한국영아음악연구』(1984)에서도 밝혔듯이 민중들은 같은 노랫가락일지라도 상황에 따라 언제든지 다른 노래들을 풍부하게 노래한다. 오직, 기화 – 장단 – 가락 길의 구조를 불변적으로 통찰하면서 상황에 따라 가변성의 장단과 가락을 풍부하게 하는 것도 모두 '생활의 음악화 – 음악의 생활화'에 기인한다.

박미경도 「한국음악의 즉흥성」(『공간』 통권 248권, 1988년 4월호)이라는 논문에서 밝혔듯이 〈악보 13〉을 노래한 김대례의 경우 같은 대목을 각각 다른 판에서 세 번 채보하였을

〈악보 13〉 　　　　　　「초가망석」 중 '공심은 저러지고' 대목

노래 : 김대례 외
채보 : 박미경(1982)

나 — — — — — 무 — — — —
네 — — — — —

때에도 같은 선율이 없었음을 밝히고 있다. 이것은 즉흥적인 가변성이 '기화'에 있음을 반증한다. 이처럼, 기화-장단에 의한 자유함은 음악의 장단과 가락과 협연 형태를 고정화시키지 않음을 말한다. 알고 보면, 한국음악의 변화성이나 즉흥성을 계기화시키는 것은 기화성 자체에서 비롯된 것이다.

끊임없이 창작이 가능한 것은 이 때문이다. 지금까지 영향사적影響史的으로 존재해 온 틀[制, 流]을 숙고하여 오늘의 틀에 담아 기화를 역동화시키는 것이 우리가 지금 실현해야 할 창작-연주-감상 태도이다. 모방과 재현에만 집착할 때 음악 역사가 정체停滯하는 것도 이 때문이다.

기화가 장단에 의하여 나타나면서 모든 사건, 곧 판을 주도하는 주체이며, 모든 판을 지배하는 질서 그 자체이고, 모든 인간-음악-사회를 가득 채우는 충만한 세계임을 지금까지의 서술에서 밝혀 보았다.

그렇다면, 기화-장단이 인간의 정신뿐만 아니라 어떻게 몸을 해방과 초월의 체험으로 이끌어 가는가? 어떻게 신청 음·악이 살의 풀이(치료학으로서)로서 존재하는가?

④ 살의 풀이로서 신청 음·악

앞서 신청 세계관이 삶의 날로써 동·서·남·북(4방)·중앙의 위 아래(5방), 그리고 삶의 씨로써 과거와 현재간의 왕래를 기획하면서 현재를 지향하는 음·악 세계관을 지적한 바 있다. 삶의 날로서의 체계성과 씨로서의 역사성을 무巫의 중개에 의한 신과 화해, 초월의 체험 때문에 모든 인간은 5방과 역사에 대한 외경畏敬의 태도를 가질 수 있었다. 인간이 이러한 4방위와 하늘과 땅으로서의 5방과 역사에 대한 의식적儀式的 외경이 조화될 때 해방 체험을 기획하지만, 그 균형이 깨질 때 깨끗하지 못한[不淨] 정신과 몸이 된다. 4방위와 하늘·땅-곧 5방과 과거·현재간에 대한 순수하지 못한 태도는 이윽고 정신과 육체의 불균형, 그리고 한마음(single-minded)이 아니라 두 마음(double-minded)을 품게 되고, 조화된 한 몸이 아니라 조화되지 못한 불균형의 두 몸이 됨으로써 '살'이 낀다.

'살의 낌'으로 정신과 육체의 분화가 이루어진다. 정신적 영靈에 살이 끼고, 신체적인 육肉에 살이 낀다고 기층민중들은 이해하고 있었다. 살의 낌은 살의 맺힘이요 영육간의 맺힘이다. 그뿐만 아니다. 영육의 맺힘, 심신心身의 맺힘, 정신과 육체의 맺힘은 모두 '살'의 맺힘(꼬임)으로 이해하였다. '살'은 부정 탄 영·육이므로 죽여야[풀어내야] 하는 영으로서 살煞이자 풀어내야 하는 살(피부를 포함한)이다. 영·육간의 부정 타는 맺힘은 어느 한 사건으로 비롯된 것이 아니라 동·서·남·북에 걸친 4방과 하늘과 땅[上下]에 대한 영육의 맺힘이요, 과거에서부터 현재까지 영향을 미치고 있는 역사의 맺힘이기 때문에 만신과 음·악이 절대적으로 요청되었다. 따라서, 정신적 영만 초월의 체험이 필요한 것이 아니라, 신체적인 육도 함께 풀어서 초월의 체험을 이끌어 낸다고 기층민중들은 이해(Verstehen)하고 있었음은 앞서 지적한 대로이다.

따라서, 모든 모임의 첫 거리는 '살의 풀이'로 시작하는데, 씻김굿일 경우는 '안당'(《악보 14》 참고)으로 하고, 경기도 재수굿에서는 부정굿, 그 밖의 모든 일반 행사일 경우는 '고사소리'(《악보 15》)로 풀어낸다. 이것은 맺힘을 먼저 풀어냄으로써 순수함으로 해방 체험을 하려는 데서 그러하다. 굿이나 고사의 기도 축문은 그 가사에서 살의 풀이를 기획하는데, 이것은 정신적 영靈의 풀이뿐만 아니라 신체적인 육肉의 풀이도 동시에 기획함을 말한다.

〈악보 14〉「안당」

노래 : 채문굴
채보 : 이정란, 1988
채록 : 박주언, 1988

경상도 칠십칠관	일흔일곱골	도주월땅 잡으시고	전라도 오십삼관
쉬흔세골 잡으실 때	자시에 생천하니	하날이 생기시고	축시에 생지하니

. . .

삼백육십오일	번개같이 넘어가도	만인간 입담에다	관재구설살은
밀막으고	남이하는 감기고뿔	행불노불 살기도	밀막아서
동서남북 열두연세	유리사방 내왕해도	앞에가린 희살막고	뒤에 따른 객기도
밀막아서	동에 들어온 대신살기	남에 들어온 조문살기	부부에 공방살기
자손에 공명살기	재물에 손재살기	집안에 화재살기	농사에 피농살기
몸에 신병단병살기	헛장놀랭장 낙성살기	밀막아서	마음에 있는 사망
뜻으로 점지하고	뜻에 있는 사망	마음으로 점지시켜	손질 던지고
발길 옮긴대로	손에는 쥘사망	발에는 딛을 사망	재수머수 고이붙여
수명장수 시켜주옵소서			

〈악보 15〉 고사 소리

노래 : 이규헌(1916년생)
채보 : 이소라, 1991

오 - 영 문학악 산 에 각 도각읍을마련 할 제 중 남 산 안 산 되고

과 천하고도관악 산 - 화 산 이비 쳐있고 동 작 강수 기 막 을 -

여 - 천지도묵언이 라 천 하 라는 - 검유 - 차 사 - 바 는 - 시 기 신 데

이댁 가중은 대가중	건명에 김씨 대주	곤명에 모씨 제주	작년걸은 험한 해는
꿈결걸이 다 보내고	경오년으로 접어들어	집안식구 사시는대로	몸주살이 시다하니
몸주대살 풀고가세	살을 풀어라		
거리노정에 낙상살	들로가면 등용살	물로 가면 요왕살	산으로 가면 산신살
동긔 밖에는 수살살	동네방네 불안살	이웃지간에 구설살	쌈난데는 액살이요
살인 난데는 조심살	부모님 돌아가 몽상살	초상난데는 상문살이고	혼인대사 주장살
애기난데는 삼신살이고	삼신 끝에는 보정살이고	이 터전을 접어드니	대문 밖에는 수문장살
모진 광풍에 화재살	안마당에 선진살이요	바깥마당 후진살	마루대청 성주님살
부엌 삼칸 접어드니	외금실도 주왕살이고	내금실도 주왕살	팔만사천 제대 조왕님
물떠 멍에는 용녀귀	뒷터전에 접어드니	뒷터전에 터주님살	아랫방 윗목에 제석살이고
건너 방에는 은은살	내외간에는 공방살이고	원근 도중에 이별살	횟대 끝엔 넉마살이라
어떤 넉마 걸렸나	아낙금상 부인마마	나드래 치마는 열두폭	세폭 네폭 행주치마는
여기 저기도 걸려있고	가위 밥에도 묻어들이고	실밥에도 다라들어	청색이며 홍색이며
모든 액운을 휘몰아다가	금일 고사 때를 만나	울릉도 깊은 물에	아주 멀리 소멸하니
만사가 대길하고	소원성취가 발원이오.		

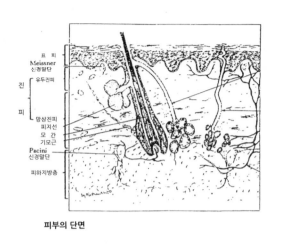

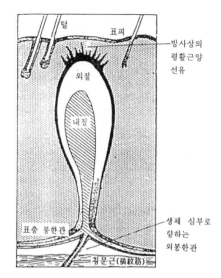

| 표피 |
| Meissner 신경말단 |
| 유두진피 |
| 망상진피 |
| 피지선 |
| 모간 |
| 기모근 |
| Pacini 신경말단 |
| 피하지방층 |

피부의 단면

〈그림 24〉   서양의학에서 살(피부)의 이해와 동의학에서 살의 이해

   살의 맺힘은 실제적으로 몸의 살이 맺힘에 따라 기氣의 흐름도 맺혀 얼굴과 피부색의 변화를 일으킨다고 기층민중들은 이해하고 있었다. 기는 경락經絡과 기육肌肉 사이를 흘러간다. 경락만 하더라도 그것이 해부로는 인식되지 않는 보이지 않는 시스템이다. 피부과학에서 살(피부)은 표피表皮(epidermis), 진피眞皮(dermis corium)와 피하지방층(subcutis, panniculus) 등 3층으로 구성되어 있다. 경락이 통하고 있는 부위가 살 중에 있는 진피이므로, 실존이 현실에서 맺힘에 따라 그 당사자는 진피에 있는 경락이 맺히고, 이 경락은 안으로 연결되어 있는 오장육부의 맺힘을 유발하여 그 결과가 표피(피부) 색色으로 나타난다.

   즉, 한의학에서는 순수하지 못한 사건이 사람에게 들어올 때에는 피부로 시작하여 이어서 낙맥絡脈(Connecting Meridians)을 통하여 장부(五臟六腑)에 이른다. 맺힘의 조건이 안에서 발생하거나 밖으로부터 들어오면 진피의 기 흐름에 이상이 생긴다. 진피의 경락관이 장부로 연결되어 있기 때문에 기 흐름의 이상은 장부의 이상을 가져오고, 그 결과로 표피의 색 변화가 일어난다(〈그림 24〉의 오른쪽 그림 중 봉한관은 경락관이다).

   이러한 육의 맺힘을 음악과 춤으로 풀었다. 소리는 진동에 의하여 생긴 에너지이고 보면, 장단과 소리 가락에 의하여 계속되는 기화의 운동성은 에너지화하여 진피를 자극함에 따라 오장육부가 운동하는데 고유로 가지고 있는 소리의 진폭과 장단이 자극되

〈사진 7〉 　　　　　　　신청·재인청에서 나온 살풀이 춤(춤 : 김숙자)

어진 그것과 일치할 때, 즉 각각의 진동수와 공명 현상을 일으킬 때, 몸의 맺힘은 풂의 효능성으로 극대화한다. 살풀이는 음악과 춤의 좋은 본보기이다. 몸의 기화는 장단성으로 나타나게 되고, 그 장단이 한 호흡 구간에 따라 춤사위가 조정된다. 그 춤이나 음악은 감상용이 아니다.

참여자 모두가 살의 풀이를 기획하는 공동 체험 공간을 형성하기 위하여 존재하고, 소리꾼이나 잽이나 춤꾼이 끝내는 보이지 않고, 기화가 지배하는 질서만을 체험하는 초월의 공간을 위하여 우리들에게 드러내고 있는 예술이다.

음악은 '판'이 실연될 때 음악 기화가 진행된다. 판이 주어지지 않을 때는 자연 기화만 운동할 뿐이다. 따라서, 인간－음·악－사회가 만나는 사건, 곧 '판'에서의 음·악 행위는 연주자나 청중이 기화(흔히 '신명'이라 말하는)의 일체화로 말미암아 하나가 된다. 이래서 참여자 모두가 느껴지는 '판'의 음악 체험은 느껴지는 사람이나 느껴지는 대상(노래·악기·연주·작품을 모두 포함하여)이 전혀 구별되지 않는 상태에 이른다. 흔히 말하는 바의 주객미분主客未分의 상태가 이것이다.

창작자나 연주자가 판놀이(또는 악회)의 주체도 아니고, 청중이 든든 객체도 아닌 오직 기화가 지배하는 질서에 따르면서 그 판을 충만하게 채우는 초월의 체험을 획득한다. 그 체험은 삶의 세계가 해방의 체험을 획득하는 지평이기도 하다. 바로, 이러한 사실 때문에 한국음악학은 음악학 자체의 이론 수행에 있지 않고 '판'을 실천적으로 펼치고 기화 체험을 획득하는 데 있다. 그러할 때, 한국의 음악학은 음악기학音樂氣學의 역동성을 소유한다. 이것은 음악기학이 학문의 합리적 단계를 초합리적 단계로 지양하며 더 나아가 기화의 수행에 있기 때문이다.

신청의 음·악은 곧 음악기학의 근간을 이룬다. 신청 음·악은 심신 일원음악心身一元音樂(Psychosomatic Music)이다. 바로, 이 세계관으로 말미암아 한국음악기학의 서양 파트너로 만날 수 있는 것은 현대물리학에서 비롯된 과학철학이나 앞으로 있을 음악학에서나 가능하다. 음악기학으로서 기화성은 스스로 이 땅의 자주적인 세계관과 전통음악과 새로운 전통음악, 곧 신통음악新統音樂을 언제나 예비하고 있었다. 이것이 우리의 민족 음악 미학이고 역사철학의 근간을 이룬다.

(3) 신청 예술인의 사회적 지위

조선 시대 신청 음·악 예술인들의 사회적 신분은 법제적으로 양인이었다. 그러나 그 사실을 믿는 사람은 조선 전시대에 없었다. 이들은 노비·백정·승려와 함께 경제적·사회적·정치적으로 가장 낮은 천민 계급에 속하였다.

『삼국유사』에 의하면, 삼국의 초기 왕들은 무격巫覡이었으나, 조선 시대로 내려오면서 점차 그 지위가 떨어져 천민에 이르렀다. 비록, 조선 시기에 성수청星宿廳에 국무國巫를 두고 "국가 기관으로부터 8도의 주읍州邑에 이르기까지 모두 신청 출신의 관선무官選巫와 함께 이들의 지위는 소외받는 천민이었다. 또, 이들이 나라의 사직과 문묘와 종묘의 제례와 각종 연례와 군례악을 악樂의 실천으로 이끌었음에도 불구하고 천민으로 악공이었을 뿐이다. 그들은 유교가 지배 이념으로 정착된 사회에서 심지어 민간에서조차 배척의 대상이었다. 일반의 어린이조차 반말을 할 정도로 업신여김을 받았다. 무부와 함께 무녀의 자질이 활인서나 혜민서 그 밖의 지역 기관에 있어 국가에 봉사하였지만 천민이라는 삶의 조건을 벗어 날 수 없었다.

정부는 실제로 1492년, 1426년, 1444년, 1471년, 1517년, 1533년, 1745년, 1764년, 1784년 등을 비롯하여 근대 초기의 일본 제국주의자들에 의하여 서울의 무녀들 집을 파괴하는가 하면, 무부들의 조직 활동을 금지시키거나 귀양을 보내기도 하고 서울 밖 외방으로 쫓아냈다. 1784년에 전국적으로 신청 활동을 금지시킨 경우도 있다.

이처럼 정부의 계속적인 금압 정책에도 이들은 조직적 대응으로 번창하였고, 전계층이 이들의 기화氣化 – 예술 감수성을 필요로 여길 정도로 민악화가 촉진되었다. 그 촉진은 말할 나위 없이 이들이 대중의 기반에 철저하게 붙박혀 존재하였기 때문이다. 궁중의 제사나 나례 행사 등 공식적인 행사에 참가하는 것을 계기로 이들이 서울에 들어올 수 있었거니와 이미 상층부와 하층부가 이들로부터 정서화가 이루어졌는 데다, 이들의 대중화에 의한 경제적 이익을 관청의 관리들이 "해마다 무포巫布의 이로움을 받아 쓰는 데 탐"을 내고 있었기 때문에서도 정부의 금압 정책하에서도 뻗어 갈 수 있었다. 17세기 중반 이후에 산대놀이가 외국 칙사 환영과 국왕의 연례회뿐 아니라〈그림 20〉 참고), 지역 관청이나 기사耆社(〈그림 21〉 참고)나 삼일 유가(〈그림 22〉 참고) 등 민가에 거주한 지배층의 각종 행사에까지 파급되면서 신청의 음·악 예술은 수요가 늘어났다. 이러한 수요는 몇몇의 행사에 한정된 것이 아니다. 이미 왜란(1592~1598)과 호란(1627, 1636)을 겪은 17세기 전반 이후로 궁중음악의 악기·악보·음악들이 파괴되고 특히 음악인들의 납치·피살·도망으로 궁중음악 자체가 피폐해져 위기에 처한 결과 10여 년간 궁중음악이 폐지되어 있었다. 자연히 신청 출신이 악공으로 선정되어 갔다. 음악 없는, 예악 없는 정치 체제가 있을 수 없는 국가가 조선이었다. 더욱이 전래적으로 악공들 일부가 무녀의 자제로 충원되기도 하였다.

물론, 악공들은 신청 출신말고도 점쟁이·판수·경사經師 및 양인과 각읍 보충군의 자손들도 징발되었다. 그러나 이미 이들의 음·악 기능이 탁월하였으므로 현실적이고도 압도적으로 충원될 수밖에 없었다. 음·악 예술이 하루아침에 완성되지 않기 때문이다. 바로 이 사실이 궁중음악의 민악화는 물론 지배층의 민악화가 더욱 촉진되는 계기가 되었다. 호란 이후 효종(1619~1659)의 다음 말이 이 사실을 반증한다.

어찌하여 한갓 속악을 듣거나 연습하기를 좋아하면서 아악을 연습하지 않느냐?

[上曰 豈可從習悅耳之俗樂 不習雅樂]4–

4_ 『樂掌謄錄』 丁酉(효종 8, 1657) 10月 22日條, 57a.

그러나 이러한 사회적 신분보다는 사회경제적 지위가 이들을 굴욕적인 상황으로 치닫게 하였다. 신청 출신은 누구나 정부가 부세한 무포세巫布稅에 대한 수탈과 양곡 환상이 어려움을 당하는 상태에 이르자 유랑민이 되어 판을 떠나게 되는 상황이 발생하였기 때문이다. 유랑민은 정처없이 떠도는 떠돌이다. 전국이 농업생산력의 발전과 상품화폐경제의 보급에 따른 농민층 분해의 심화와 삼정(전정·군정·환곡) 수탈의 강화 그리고 수령·서리에 의한 탐학과 사대부들에 의한 무단 지배 등으로 전국이 피폐해지는 상황에서 이들에게 가중된 무포세와 양곡 환상은 스스로 모든 것을 포기하고 '죽기를 작정하고 다른 곳으로 회피'하게 하였다. 자연히, 판을 떠나갔다. 판의 떠남은 음·악예술가로서 죽음이다. 원래, 환곡 자체만 하더라도 빈민 구제책으로 국가에서 미곡을 대여하고 추수기에 이자를 가산하여 받아들인 것이지만 이미 조선 후기에는 빈민 구제보다 고리대금업이 될 정도로 문란하여졌다. 19세기 전반에 이들이 스스로 고백하듯이 '각종 사역에 완전한 사람을 쓰려 해도 방도가 없게 되었고, 그 중에서도 가장 어려운 것이 양곡을 환상하는 일'⁵-이었기 때문에 '감당해 낼 수가 없어 직업을 잃고 떠도는 자가 열에 팔·구가 되고, 지금 남아 있는 사람도 몇 안되게 될 정도'(위의 책)가 되어 있었다.⁶-

여러 가지 변화가 일어났다. 이들은 신분 상승을 꾀하거나 먹거리를 찾아 새로운 예인집단을 형성하여야만 했다. 이들 중 판소리와 기악 그리고 재주에 뛰어난 일부의 음·악인들만이 상층으로 신분 상승 이동을 하거나, 신청 출신의 유랑민 중 일부는 기존의 예인 집단에 흡수되거나 새로운 집단을 조직하여 발전시켜 나갔다.

판소리 장르가 17세기 말까지 제1기 기간을 지나 18~19세기 전반에는 권삼득·송흥록·모홍갑·고수관·박유전·박만순·이날치·김세종 등 8명창 시대를 맞이한 데 이어 그 이후의 5명창들이 모두 신청에서 나와 전계층에 걸친 대중화로 민악화 시대를 도래시킨다. 이들의 상대는 아래로는 기층민중들로부터 위로는 국왕에 이르렀다.

1860년대 이후 20세기 벽두까지만 하더라도 판소리 명창들은 약 2백여명을 웃돌고 있다는 데서 이 분야의 대중화를 가늠할 수 있을 것이다. 무엇보다도 모홍갑은 종2품

5_ 『神廳完文』"則各項使役責備無路之中, 最所難堪者還上受食也."
6_ 위의 책, "故不能擔當, 流離失所者什居八九, 目下餘存者亦無幾希."

제2장 | 근대음악사의 전기 전개 149

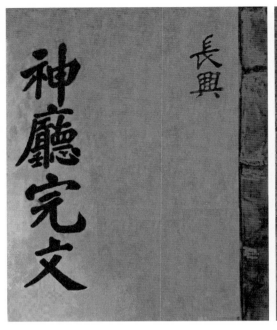

| 1 | 2 |

1 〈그림 25〉　　　　　　　　　　　　　　　　　　　　　장흥 신청완문
1832년작인 전라도 장흥의 신청완문이다. 완문(完文)이란 관청에서 향교·서원·단체·촌·개인에게 어떠한 사실을 인정해 주는 확인
과 인준 문서이다. 장흥신청완문은 전라도 장흥 도호부 관청에 있는 좌수·호장·호리·공례리·병리·형리가 **무부**(巫夫)들의 폐해를
바로잡기 위한 조목건에 대한 사실을 확인시켜 주고 있다. 신청완문말고 신청선생안(先生案)이 또 있는데, 이것은 신청에 가입한 무인
(巫人)들의 성명·생년월일·본향 등을 기입하고 훈서(訓書)·규약문·절목·완문·등장(等狀) 등도 첨부하였다. 매년 춘추로 신청은
선생안을 모셔놓고 선배 무인들에 대한 유교식 절차의 제사도 지내면서 육각을 잡았다.

2 〈사진 8〉　　　　　　　　　　　　　　　　　　　　　만화집
1754년 영조 30년에 유진한이 춘향가 판소리 공연을 보고 나서 한시로 춘향가를 썼다. 이 시대는 소위 8명창 시대로 이들의 부단한
노력으로 판소리가 점차 양반들에게까지 주요 장르로 소통하는 계기가 되어 음악의 다양성을 이루었다.

동지 벼슬로, 송흥록은 정3품 통정대부로, 박만순과 이날치 그리고 박기홍은 무과 석달
직계로, 장판개(1885~1937)는 참봉 벼슬을, 이동백은 정3품 벼슬을 받아 각각 면천免賤을
받았다. 또, 이날치는 한때 줄타기 명인으로, 장판개는 땅재주 명인으로, 전통춤의 명인
한성준(1875~1941)은 줄타기와 땅재주 명인으로 각각 알려져 있다. 이것은 모두 신청
음·악 교육의 총체성과 현장에서 직업적인 전문가로 생활화가 되었기 때문에 모든
계층의 뛰어난 예술적 감수성을 부응한 데서 가능했다.
　　그리고 신청 음·악 예술의 기악적·성악적 성과가 근대음악 전기 제2기에 산조와

제3기에 창극을 발전시키는 것도 이러한 연유에서다. 그러나 대부분의 신청 출신들은 기층민중들의 삶과 죽음의 선생이었지만, 조건화된 천민으로 살아가고 있었다. 나중에 살펴겠지만, 이러한 신청의 인간 조건은 대중과 함께하면서 1860년대와 동학·갑오농민전쟁에서 농민들의 지도자로 현장에 뛰어들기에 이르렀다.

이로써 신청은 안으로 봉건사회가 해체되어 가는 시대와 밖으로 외세가 밀려드는 19세기 중반기에 중심권으로 있으면서 안팎으로 요구하는 다양한 음악 문화의 발전에 부응하고 있었고, 아래로는 민중들의 삶의 문화와 위로는 정부의 악樂 문화를 중개하며 조선 후기 음악 사회를 주도한 우리 나라에서 가장 핵심적인 음·악 예술 전문집단이었다. 이러한 신청의 성격과 기능을 수평적으로 연대한 것이 다름아닌 떠돌이와 붙박이 예인집단이었다.

3) 예인집단과 음악예술인

조선 후기 음악 사회를 민악화民樂化로 천하통일한 두 개의 산맥은 신청神廳과 예인집단藝人集團이었다. 이 사실은 우리에게 몇 가지 중요한 점을 시사한다. 지배 체계가 성리학적 예악禮樂의 미학관으로 정치화를 끊임없이 기도한 시대 속에서도 조선의 음악감수성은 역사적으로 민악이라는 점, 이들이 기층민중 출신이었기 때문에 인간화를 추구하는 기층민중들을 하나의 음·악 예술로 묶을 수 있다는 점, 조선 후기에 들어와 기층민중들은 물론 왕권을 수행하는 모든 계층들의 음·악 예술적 요구에 이들이 부단한 한 창조적 중개로 음악의 대중성과 음악 예술성을 다양하게 성숙·발전시킬 수 있는 보고寶庫라는 점, 외세의 침략에 따라 국가가 위기의 소용돌이에 휩쓸릴지라도 이를 한민족 공통의 민족음악으로 대응(갑오농민전쟁에서 확인할 수 있듯이)하거나 세계화시킬 수 있다는 점 등이 그것이다.

한편, 기층민중들의 음악 사회를 구성하는 이들 이외에도 중인中人 출신들의 음악계인 시회詩會와 선비들의 악회樂會, 사대부 출신들의 음악계인 기회耆會 등이 높은 예술성을 창출하며 다양하게 전개되었다. 중인들은 말 그대로 양반과 농민들의 중간 위치에 있으면서 아악적 미학관에 있었다는 점에서 시회만 창출한 것이 아니라 탈춤과 악회와 기회도 전개하였다. 결코 시회라는 장르로만 일관하지 않았던 것도 조선 후기의 특징

〈그림 26〉   19세기 중반 모흥갑과 19세기 후반의 판소리

| 1 | 1 모흥갑의 판소리 공연장면 |
| 2 | 3 | 2, 3 기산 김준근이 그린 판소리 공연 |

그림은 명창 모흥갑의 판소리 공연장면이다. 모흥갑은 평양감사 김병학의 부름으로 평양 능라도에서도 소리판을 벌였다. 모흥갑은 후에 전주신청의 대방으로 추대되었다. 기산 김준근의 그림에서는 1890년대에도 판소리 장르가 널리 일반화 되어 있음을 보여준다.

이었다. 이러한 점은 선비나 사대부는 물론 궁중도 마찬가지였다. 중요한 점은 왕권을 대행하거나 중개한 이들이 조선 후기에 아악적 미학관과 더불어 민악적 감수성을 더 부각시킴에 따라 민악권 출신 음·악인들을 후견하였을 뿐만 아니라 민악을 예술화시키는 계기를 마련하였다는 점이다.

이제, 예인집단과 그들의 특징을 중심으로 알아보고, 그 이후에 악단樂團을 형성한 시회·악회·기회와 궁중음악을 살피기로 한다.

예인집단이란 주로 기층민중 출신의 예술인 집단을 말한다. 예인집단이라 함은 이들이 노래·악기·춤·인형극·곡예(줄타기·땅재주·접시돌리기·장대타기 등)·재담 등 예술 장르를 통합적으로 다루면서 음악 대중성은 물론 예술성을 집단적으로 창출하였기 때문이다. 한국의 전통예술가들은 서양중세음악사에서 가사와 선율을 찾아내는 시인음악가들, 곧 트루바두르Troubadours와 트루베르Trouveres보다 더 폭넓게 역할을 하였다. 또, 이들은 서양음악사가 근대에 들어와 시인이나 음악가 또는 기악연주가나 작곡가로 분화·발전함에 따라 서양음악 문화 전통이 다른 양상을 가지는 경향과 달리 통합적인 형태로 지금까지 내려올 정도로 다른 세계관을 가지고 있다. 그러나 예인집단들이 통합적인 장르를 가지고 연행을 하였을지라도 그 구성원들의 성격과 중심적으로 부각시킨 장르의 특징에 따라 예인집단의 이름이 주어지는 데다 예인집단의 주된 생활 근거를 특정 지역에 두었는지의 유무에 따라 성격적 이름이 뒤따른다.

예인집단을 경제적인 생활 근거지로 분류한다면 두 가지 유형이 있다. 떠돌이 예인집단과 붙박이 예인집단이 그것이다. 떠돌이 예인집단은 말 그대로 떠돌이 신세로 이곳저곳을 다니면서 공연 수입으로 살아가는 유랑 예인집단이다. 붙박이 예인집단은 특정 지역에 농업이나 향리로서 관청에 종사하면서 그 지역을 중심으로 연행하는 예인집단을 가리키는데, 경우에 따라서는 여러 지역에 초청된 예인집단이다.

예인집단을 구성원과 장르 중심으로 분류한다면, 사당패·걸립패·솟대쟁이패·광대패·남사당패 등 많은 패가 있다. 사당패인 경우는 여자(女色)들로만 구성한 떠돌이 예인집단이고, 붙박이 예인집단은 서울의 사계축四契軸(용산구 송파동과 만리동 지역)을 중심으로 남자들이 구성한 선소리패 등이 그 대표적 경우이다.

① 떠돌이 예인집단

조선 후기부터 20세기 전반까지 발달하였던 떠돌이 예인집단은 집단의 구성체와 부각시킨 장르 형태에 따라 사당패・솟대쟁이패・대광대패・초란이패・걸립패・중매구패・굿중패・광대패・각설이패・애기장사・남사당패・풍각쟁이패 등이 있었다.

이들이 사회적인 상황에 따라 부침浮沈을 거듭하였을지라도 조선 후기에 성행한 사실은 다음 〈표 7〉에 나타나 있다. 밑줄은 필자가 쳤다.

〈표 7〉은 조선 전시대에 나타난 자료의 일부분이다. 예인들의 연행에 대한 기록은 물론 최치원崔致遠의 「향악잡영5수鄕樂雜泳五首」처럼 신라 시대부터 찾아볼 수 있지만, 〈표 7〉과 같이 조선 시대에 들어와 예인들의 연행은 더욱 구체화되고 있었다. 특히, 성현成俔(1439~1504)의 「관괴뢰관극시觀傀儡觀劇詩」나 『선조실록』의 시대와 달리 조선 후기에 들어와 전문 예인들이 다양화되었거나 집단화하였음을 보여 주고 있다. 〈표 7〉에 나타난 예인집단만 하더라도 사당패・초란이패・풍각장이 각설이패・광대패・무당패(신청이나 재인패)・초막산민이라는 풍물패・나악이나 나산붕으로 불려진 산대놀이패・꼭두각시패・국중패・솟대쟁이패 등이 1920년대까지 유지하고 있었다. 정약용丁若鏞의 지적처럼 "목민관은 이를 금하지 않고 때로는 관가의 뜰에까지 이들을 끌어들여 심지어 관가의 안식구들까지 발을 드리우는" 사태가 전개될 정도로 예인집단은 전계층의 기반 위에 유행하고 있었다.

〈표 7〉   예인 집단의 발달사

시기	출전	성행한 예인집단 이름이나 형태
1439~1504	성현, 관괴뢰 관극시	궁궐이라 화사한 봄 채붕(彩棚)은 술렁이고, 울긋불긋 뜰악에 가득한데, <u>방울놀이</u> 공교롭다 선료(宣僚)의 솜씨요, <u>줄을 타는</u> 그 모습 정작 바람탄 제비라, 네 벽 두른 좁은 방엔 <u>꼭두각시</u> 춤, 백 척 장대 <u>위선</u> 잔 잡고 기세도 등등, 임금께서야 <u>광대놀이</u> 즐기지시 않지만, 오로지 뭇 신하와 태평성대 즐기시럼이…
1607	『선조실록』 211권 3장, 40년 5월 병인	10여 년 이래에 인심이 어두워져서 사악한 말이 돌아다녀도 다시 단속하지 않으니 어리석은 백성들이 미혹되어 <u>남자는 거사(居士)가</u> 되고 여자는 사당(社堂)이라 일컬으며 자기의 일을 아니하고, 검은 옷을 입고 걸식을 하며 서로 유인해서 그 무리가 진실로 늘어나는데도 주현(州縣)에서는 금지할 것을 모르니 평민이 반은 방탕해졌습니다. 도로에서 서로 바라보고 산곡에는 꽉 차서 혹은 스스로 모이면 천 명 백 명이 무리를 이루어 보는 바에 놀랍습니다.

17~18세기	『박타령』 성두본 A	앞에 선 두 아이는 <u>검무장이</u> 복잡이라, <u>풍각장이 각설이패</u>, 방정스런 외초라니 등물이 짓끌어 나오더니, 놀보의 안마당을 장판으로 알았던지…
1818	정약용, 『목민심서』	<u>배우놀음</u>, <u>꼭두각시놀음</u>, 나악, <u>사당패</u>, 요사스러운 말과 재주를 파는 자들은 모두 금해야 한다. …목민관은 이를 금하지 않고, 때로는 관가에 뜰에까지 이들을 끌어들여 심지어 관가의 안식구들까지 발을 드리우고 …
1843	송만재, 『관극희』	재주놀면 판을 치는 광대놀이판, 길게 뽑는 소리바탕 광대와 비슷, <u>꼭두각시 재주꾼</u>의 갖가지 재간, 익살스런 한두 마당 적어 볼거나. …손뼉치며 펼쳐보네 오십살 부채, 좌우 소매 흔들면서 <u>줄에 오르니</u>, 타령장단 봄하늘에 울려 퍼지자, 나플나플 복사꽃이 바위에 지듯. …사뿐사뿐 걸음은 물결 타듯이, 뛰려다 멈춰서서 수다를 떨어, <u>땅을 굴러 곤두서니</u> 그림자 없어, 발 밖에 거꾸로 떨어지는 꽃잎.
1868	경복궁 창건가	사방팔면 광대노름 천태만상 거사노름, 네 보아도 그 거동 제 보아도 이 거동, 온갖 사람 다 모히니 각색풍류 드러왔다, <u>무당패</u> 들어오니 제금 중 무슈하고, <u>광대패</u> 드러오니 장구북이 무슈하고, <u>거사패</u> 드러오니 소고도 무슈하고, <u>초막산민</u> 드러오니 꽹가리도 무슈하고, <u>각쳐 악공</u> 다 모이니 피리 생황 무슈하고, 증치고 제금치고 북치고 소고치고, <u>션소리</u> 두세 놈의 뛰놀고 소리하네. 각군 졸화답하니 원근이 요란하다.
1910 이후	한양가(신영길 본)	<u>거사놈과 사당놈</u>을 대궐안에 불러들여 <u>아리랑 타령</u>시켜 밤낮으로 노닐적에 춤잘추면 상을 주되 지우자(至遇者) 수건으로 노래하면 잘한다고 돈백냥식.
1921	최영연, 『해동죽지』	나산붕·무동패·사당패·홍동지(꼭둑각시)·풍각패·무간장(솟대쟁이패)·고사반(굿중패) 항목.

조선 후기에 예인집단이 직업적으로 형성할 수 있었음은 몇 가지 사정이 있다. 조선이 왜란과 호란을 겪으면서 궁중의 음악인(악공·악생 등)들이 피납·사망·도망하였거니와 18세기 전통 연행 집행 기관이었던 산대도감의 폐지에 따라 많은 음·악 예술인들이 떠돌이 예인들로 발생하였다.[7] 또 하나의 사정은 조선 후기에 농촌이 피폐해지고 사회적 모순이 위기로 치달으면서 농토의 직접 생산자였던 농민들의 이농離農 현상이 두드러지는 데 있었다. 농토에서 이탈하여 떠돌이 신세로 전락한 농민들은 도적이나 거지 아니면 자신의 예능을 수단으로 살아가야 했다. 서울의 시전이나 지방의 장터, 임노동자들이 모이는 광산촌이나 세미稅米를 거둬들이는 조창 지역 등을 떠돌아다녔다. 이들 중 두레 풍물패 생활을 하였던 농민들은 예인집단에 흡수되기도 하였다. 예인집

7_ 산대도감 폐지에 따라 서대문 밖에 살았던 나희패들이 분화해 나갔다. 녹번리 산대·애오개 산대·노량진 산대·퇴계원 산대·사직골 딱딱이패 등이 붙박이 형태로 자리잡은 데 비하여 여기에 흡수되지 못한 연행인들은 떠돌이 예인집단으로 흡수되었다.

단에 흡수된 사람은 농민들뿐만 아니다. 당대 최대 최고의 음 · 악 예술가 집단인 신청(재인청) 출신들 역시 자신들에게 부과된 무세巫稅나 그 밖의 빌려 쓴 환곡세 미납으로 '10의 8, 9'가 '굿관'을 떠나갔다. 이들은 모두 신분적으로 동류나 다름없었으므로 예인 집단화가 가능하였다. 바로 이러한 현상 때문에서도 예인집단은 신청이나 절과 관련을 맺기도 한다. 사당패나 남사당패 그리고 걸립패와 중매구패 등은 절과 관련이 있는가 하면, 광대패의 경우는 신청과 관련이 있었다. 남사당패의 경우는 절뿐만 아니라 신청(재인청)과도 깊은 관련이 있었다.

이들은 떠돌이 아니면 일정 지역에 붙박혀 살아가면서 이합집산으로 집단화되어 갔다. 물론, 일정 지역에 버티면서 '죽지 못하여' 살아가는 음 · 악 예술인들이나 이 분야에 너무 유명하게 된 판소리꾼이나 기악 연주가나 줄타기 등의 예능인들은 신분 상승을 꾀하면서 살아가고 있었기 때문에 떠돌이 예인집단과 구분이 이루어졌다.

그러나 탈춤 연행패의 경우처럼 기층민중들 출신으로 조직된 경우와 달리 중인 출신이 주관한 예인집단은 그 성격상 사정이 달랐다. 이 경우, 탈춤 연행패를 주관하는 계층이 대부분 중인 출신으로서 향리 집단이었기 때문이다. 즉, 탈춤 연행패 구성원이 농민이나 천민 출신의 악공들이 참여하였을지라도 패를 주관하며 판벌림을 주재한 것은 대부분 향리 집단들이었다. 향리 조직은 본질적으로 읍권邑權 행세와 관련이 있다. 향리들은 읍의 사회적 관계를 반영하는 제의祭儀, 곧 성황당이나 사직단 · 여단 등의 제의와 각 군현 나름대로 설치한 그 밖의 제의를 주재하면서 탈춤을 의례화하였다. 이것은 향리 집단들이 읍권의 운영 원리에 기반을 둔 제의에서 발전시킬 수가 있었지만 독자적인 발전이 아니었다. 경남의 5광대들이 초계의 대광대패를 본받아 성립된 사실이나, 양주별산대 등이 기층민중 출신으로 조직한 산대를 초청한 과정에서 발전한 사실을 미루어보면 떠돌이 예인집단의 영향을 받았다. 그 예술적인 전문성으로 말미암아 떠돌이 예인집단은 조선 후기 민족 문화 예술의 거대 산맥이다.

이들은 마을과 장시, 시전, 조창 등 상업 발달 지역을 떠돌아다니면서 순회 공연을 하며 살아갔다. 마을의 행사는 물론 궁중 행사, 도시인들의 수연壽宴과 혼인 행사, 진사나 3일 유가 행사에 초청받아 공연을 하기도 하였다. 이들이 비록 사회정치적 위상이 신청인들과 함께 조선 정치 사회에서 극도의 소외계층이었으나 조선 후기에 들어와 도시 중심으로 이들에 대한 수요가 늘어났고, 19세기에 독자적인 전문 예인집단으로 발전하면서 점차 지위가 향상되어 가고 있었지만, 20세기에 들어와 일본 제국주의의 억압 밑에서 민족 사회가 굴절된 채 전개되자 해체되어 갔다.

그렇다면, 떠돌이 예인집단은 어떻게 구성되고, 어떤 내용으로 공연을 하였을까? 떠돌이 예인집단에는 사당패, 초나리패, 솟대쟁이패, 걸립패, 중매구패, 광대패, 대광대패, 무동패, 얘기장사, 풍각쟁이패, 남사당패, 굿중패 등이 있다.

① 사당패

사당패는 여자들로 구성된 연행패로서 사당벅구춤이나 산타령 같은 민요나 판소리, 때로는 줄타기, 재담 등까지 그 연행 종목으로 삼고 있었던 떠돌이 예인집단이다. 주된 공연 종목은 판염불을 중심으로 춤과 노래였다. 사당패가 소리만 전문으로 하였을 경우에 '홀미패'라 불리기도 하였고, 후에 발전한 '남사당패'와 구분 짓기 위하여 '여사당패'라고도 하였다. 사당社堂은 사당捨堂・사당社黨・사당舍堂・사정舍正・금당金堂이라 고도 불렸다.[8]

'사당社堂'이란 말은 '거사居士'라는 용어와 함께 불교에서 나왔다. '거사'를 또한 '우바새優婆塞'(산스크리트어 Upāsaka의 음역어)라고도 한다. 즉, 출가하지 않고 불교에 귀의한 일반 가정[俗家]의 남자를 '거사'나 '남사당'이라고 하는 데 비하여, 그 여자를 '사당' 또는 '여사당'이라고 하였다. 그만큼 절과 밀접한 관계가 있었다. 1874년 신재효가 개작한 것으로 알려진 「흥보가」 중 박 타는 대목을 보면 사당패들은 경기도 안성 청룡사, 경북 하동 쌍계사의 목골, 전라도 성불암, 창평 대주암, 함평 월량사 등 절을 중심으로 활동한 것으로 보인다. 이 밖의 전남 강진군 대구면 정수사淨水寺 밑의 사당리沙堂里, 황해도 구월산 패엽사 근처의 사당골, 경남 남해군 고현면 화방사花芳寺 근처의 사당골 등 모두가 승려들의 시중이나 불교 행사 때의 가무 연출이나 절 걸립으로 재원을 충당시켜 주는 대신 절[본산]을 중심으로 대중적인 활동 영역을 넓혀 갔다.

사당패가 여자들로 조직[女色 조직]되었다고 하여 반드시 여자들만 있었던 것은 아니다. 이들에겐 짝을 이루는 남자들이 있었으니, 바로 거사이다. 그리고 사당패를 대표하면서 거사의 우두머리 노릇을 하는 사람을 '모갑某甲'이라 불렀다. 모갑이와 거사들이

8_ 宋錫夏, 「社堂考」, 『朝鮮民俗』 第三號(京城 : 朝鮮民俗學會, 1940), 10, 65쪽 참고.

나장(羅將)

〈그림 27〉　　　　　　　　　　　　　　　　　　사당패

거사 2인이 소고를 치며 춤을 추며 「산타령」을 부르자 사당이 함께 어울려 춤을 추며 노래한다. 왼손에 부채를 들고 치마 쪽에 가 있지만, 오른손은 이미 나장(羅將, 검정 깔대기전건을 쓰고 검정 까지 등거리를 입은 사람)이 팔을 감고 어울리는 동안 머리를 길게 땋은 다른 한 사당이 치마폭을 잡고 사람을 불러 모으고, 또다른 한 사당이 부채를 내밀자 한 사람이 허리춤에서 돈을 꺼내고 있다.

주로 걸립패의 화주化主 출신이 많았다는 점에서 사당패와 걸립패는 조직상 유기적인 관련이 있었던 것으로 보인다. 조직 편성과 그 인원수는 일정하지 않았다. 이들의 인원수가 1900년대 이후의 기록[9]-에 여자들이 10여 명이었다고 하니 거사들까지 합치면 대

9_　최영년 『해동죽지』(1921).

략 20여 명이 한 패를 이루고 있었을 것이다〈표 8〉 참고).

〈표 8〉   사당패 조직

사당(모갑)

사당(거사)   사당(거사)   사당(거사)   사당(거사)   사당(거사)   사당(거사)   사당(거사)

　사당패 조직이 처음에 성립될 때는 남자인 거사들이 직접 연행에 참여하지 않고 사당들만이 공연을 하였지만, 거사(또는 남사당)들이 대부분 노래·풍물·버나(접시돌리기)나 얼른(요술) 예능을 가진 걸립패 출신이었으므로 점차 연행에 직접 참가하였다. 다음의 「홍보가」 중 박타는 대목이 이 사실을 확인케 한다.

　　1. (잦은몰이) 여사당 거동 봐라. 세장구細長鼓 통을 턱 밑에 바짝 매고 장구를 치는데, 토르롱 토르롱 토드록 토드록통 다꿍 퉁다꿍 퉁다꿍 퉁다꿍. (아니리) 아 놀보놈이 그 모양을 보더니만, 여사당이 이뿌스름하게 생겼음에 환장해 가지고 개기름을 질질질 흘리면서…한참 놀 적에 해적奚笛든 놈은 제가 제장단에 반해 가지고 까불어 대는듸, 가가 가기루가 아아아아아아아아, 이이이, 한쪽서는 남사당하고 여사당패가 짝을 지어 갖고 노는듸, 여사당들이 앞에 쓱 곱게 꾸며 갖고 나와서 예쁘게 한 마디 메기면, 또 남사당들이 뒤에 섰다가 우르르르 앞으로 달려들면서, 왔다갔다가 한번 뒷소리 메기고, 이렇게 한번 놀던가 보더라.

　　2. 거사와 사당이 나오는데 몹시 늙고 병든 몸 거사는 떨어진 패랭이 쓰고 남사당은 남루한 치마 걸치고…

　　3. 걸사행乞士行 - 동당 동당 동당 수술을 늘어뜨린 소고 긴 자루 닳고 닳아 반들반들 백철의 고리는 쟁쟁 소리낸다. 한 번 칠 때 굽혔던 머리 일으키고 두 번 칠 때 등 뒤로 감추고 네 번 칠 때 무릎까지 내리고 한번 공중으로 던지자 뱅그르 돌고 동당 동당 동당 노래하는 입 북치는 손 잘도 어울린다.…주막으로 장터로 바람 부나 눈이 오나 삼한三韓 천지에 집도 절도 없는 신세라네… 동당 동당 동당 호남 퇴기 해서 창녀 한 불당에 내 사당 네 사당 무어 다투랴. 아무 데고 인산인해 이룬 곳에 엉큼하게 손 집어넣어 치맛속 더듬는다.

인용문 2에서는 사당패가 패랭이를 쓴 거사와 함께 출연하는 모습을 그렸다. 이 시는 화가 강세황姜世晃의 손자인 강이천姜彝天(1769~1801)이 1778년에 지은 시이다.[10] 이 시에는 18세기 사당패 공연에 거사가 이미 참여하고 있음을 보여 준다.

인용문 3에서는 걸사 – 거사들이 사당을 동반한 모습과 사당들의 연행 모습을 단적으로 보여 주고 있다. 사당들이 수술을 늘어붙인 소고와 장구(세장구)를 가슴에 두르고 치는 '동당 동당 동당' 소리와 가슴과 어깨에 동여맨 장구의 백철 고리가 '쟁쟁' 소리를 낼 정도로 역동적인 연행 활동상이 전판을 주도하면서, 머리를 굽히거나 펴거나 재빠르게 몸을 돌리거나 등 뒤로 몸을 감추거나 무릎까지 내리거나 공중으로 뛰어돌거나 하는 등의 현란한 연행 모습에 청중들이 넋을 잃을 듯한 정경을 극적으로 표현하고 있다. 사당들은 장구 치며 노래들을 부르고 있었다. '아무 데고 인산인해 이룬 곳'에서 여사당들의 치맛속을 '엉큼하게 더듬는' 관객들의 모습에서나 '닳고 닳아 반들반들'해진 악기나 다 떨어진 거사들의 패랭이 모자나 사당들의 남루한 치마, '집도 절도 없이 삼한 천지'로 떠도는 모습에서 사당들의 사회적 위치를 드러내고 있다.[11]

인용문 1에도 거사와 사당의 결합은 마찬가지였지만 거사 이름이 달라져 있다. 여사당패가 세장구를 매고 연행하는 판에 남사당이 참여하여 합동으로 연행한 것으로 보아 반주를 맡았던 남사당들의 반주 형태는 해금・젓대・피리[奚笛]가 편성되어 있는 소위 '삼현육각'이었을 것이다. 18세기 중반 이후부터 금金과 비파가 빠지고 해금・장구가 대신 들어간 삼현육각 편성, 곧 좌고・장구・젓대(대금)・두 개의 피리・해금 등이 일반화되어 모든 연행과 행사에 고착되어 갔다. 이 변화는 모든 계층의 생활에서 소리연행패들을 옥외 행사에까지 초청 요구를 하여 연행 공간이 넓게 다양화함에 따라 음향상 조절(옥외 공연에 비파는 효과가 없는 등)이 있었을 정도로 청중과 연행자간에 사회적 교류가 행해진 결과라고 보아야 할 것이다.

한편, 사당패들의 삼현육각식 반주에 사당들의 주요 공연 종목이 장구춤과 각 지역의 민요나 유행하는 단가 등 거의 모든 성악곡들이지만, 주요 레퍼토리로는 산타령이

10_ 임형택 편역, 『조선시대 서사시』 하(서울 : 창작과비평사, 1992), 302~307쪽 참고.
11_ 걸사행은 이학규(李學逵, 1770~?)의 글로 나타났지만 연대미상의 작품이다. 인용문은 임형택, 위의 책, 308~311쪽에서 뽑았다.

었다. 「홍보가」나 「변강쇠가」에 의하면, 사당패들은 염불念佛이라는 선소리, 곧 산타령山打令을 불러제끼는 데서 그러하다. '산천초목'으로 불리는 「놀량」, 「녹음방초」, 「갈가보다」, 「오돌또기」, 그 밖의 「방아타령」, 「자진방아타령」 등 여섯 곡이 「염불」의 노래들인데, 이 「염불」은 19세기에 들어와 붙박이 예인집단인 선소리패 또는 산타령패들의 주된 곡목으로 이어진다.

거사들은 또 사당을 업고 다니거나 사당패의 온갖 뒷바라지, 때로는 사당의 허우채[解衣債, 몸값]를 관리하였다. 사당패는 절에서 내준 부적을 가지고 다니면서 수입원으로 삼아 그 수입 일부를 절에다 냈으며, 연행판의 수입과 허우채 그리고 절의 부적 판매와 양식 구걸로 삼한 천지를 떠돌며 살아갔다.

그러나 경기도 안성 청룡사 뒤편의 당골에 살던 바우덕[金岩德]이라는 여사당의 경우, 다른 무당패·광대패·거사패·풍물패(초막산민)·선소리패 기타 기악 전문 음악패들과 함께 1864년부터 경복궁 중건 사업에 초청 연행자로 불림을 받아 노래와 소고춤으로 당대를 홀릴 정도로 유명한 경우도 있었다.

1930년대에는 걸립패와 남사당패가 합류됨에 따라 사당패가 없어지고, 이들의 연행 종목이 남사당패에 흡수되기도 하였다.

② 초라니패

'초라니'는 원래 '초란이'란 말로서 요사스런 탈을 가리킨다. 이들은 초란이굿, 곧 가면극인 탈놀음을 주된 공연 종목으로 삼았던 패이지만, 이외에도 메구밟기 풍물이나 얼른(요술)·죽방울 받기 등도 함께 하였다. 17~18세기에 형성한 판소리 중 「박타령」(홍보가)이나 정약용의 『목민심서』(1818)에서 '초란이'나 '초라니' 또는 뇌자儡子라는 이름이 나오는 것을 보아도 17~19세기 기간에 널리 알려진 떠돌이 예인집단이다. 이들은 주로 관에 매인 노비나 군인 출신들이 주도하였다.

「홍보가」 중 놀부가 셋째 통을 박 타는 대목에서 나오는 초라니패는 사당과 거사로 조직되어 있었다. 그리고 소고를 치는 사당들은 '당글 당글 다당구 다당구 다당구'라는 구음 장단으로, 장구를 맨 사당들은 '토르롱 토르롱 토르록 다꿍 통다꿍 통다꿍' 등의 구음 장단을 기본으로 공연하고 있었다. 반주는 남사당(또는 거사)들이 삼현육각 편성을 선호하고 있었다.

〈그림 28〉   솟대쟁이패의 놀이판
위 그림은 1730년작 운흥사 감로탱화에 나오는 솟대쟁이패의 연희모습이다. 솟대에 양쪽으로 늘어선 쌍줄에서 솟대타기 중 팔걸음(물
구나무서기로 팔로 걷기)이 주종목(아래 그림 참고)이지만, 동시에 이들은 젓대(대금)타기를 앉거나 발로 줄에 매달린채 연주하는 것이
장기이었다. 팔걸음으로 솟대타기를 할 때는 젓대를 아래 가운데 그림처럼 걸어논다. 그 쌍줄백이의 솟대타기 아래 마당에선 죽방울놀
이와 춤, 그리고 삼현육각패가 대풍류 연주로 연희의 흥을 돋군다.

③ 솟대장이패

동네 입구에 세워 놓은 솟대처럼 굵고 긴 장대를 세우고 쌍줄을 양쪽에 매달아 연행하는 떠돌이 예인집단을 솟대쟁이패라 한다. 그 장대 길이가 보통 10여 길이었다. 솟대쟁이패를 솟대패[蘇塗牌]로 줄여 말하기도 하는데 이들의 주종목은 솟대놀이와 죽방울 놀이였다.

조선 전기부터 솟대놀이는 신청 출신들의 외국 사신 맞이 환영 행사 등 국가적인 행사가 있는 유사시에 정부의 나례도감[儺禮都監]을 통하여 나타났던 것이고, 나례도감 소속의 재인들은 솟대놀이 이외의 산대놀이·꼭두극·줄타기 등 연희[演戲]를 마친 후에 경향 각지를 떠돌면서 연행할 수 있었다.

장대 위에서나 장대를 중심으로 매단 줄에서 여러 가지 형태로 놀았던 솟대놀이 형태가 언제부터 쌍줄을 장대에 매단 솟대놀이로 발전하였는지는 확실하지 않으나, 조선 후기에는 쌍줄을 매단 솟대놀이패가 일반화되었다〈그림 28〉 참고).

솟대쟁이패는 솟대타기(쌍줄백이)를 비롯하여 새미놀이(어름 - 줄타기)·살판(땅재주)·풍물이 전문이었고, 이 밖에 버나(접시돌리기)·병신굿(지주와 머슴이 엮어내는 2인 탈놀음)·얼른(요술) 등을 공연하였다. 조선 서커스의 원류가 아닐 수 없다. 솟대쟁이패의 기본은 살판에 집중되어 있는데, 이것은 땅에서나 쌍줄로 맨 솟대타기의 기본이기 때문이다. 살판이란 두 손을 짚고 한 번씩 공중돌기를 하는 기술로 일종의 텀블링이지만, 그 종류가 대략 열두 가지 기본 살판에다 변형시킨 무수한 형태(팔짱 살판·자국 살판·화로 살판 등)가 있었으며, 그 최종적인 완성은 솟대타기에 있었기 때문에 '잘하면 살판이며, 못하면 죽을 판'이란 말이 나올 정도였다. 즉, 솟대타기에서는 쌍줄 위에서 전개한 '팔걸음'(두 팔 짚고 거꾸로 서서 걸어가기)과 '고물 무치기' 등의 기본 동작을 활용하였고, 솟대목이 세워진 땅에 깔아 놓은 멍석 위에서 두세 사람이 펼친 살판의 경우는 '앞곤두'(앞으로 공중돌기)·'팔걸음'·'살판'(살판의 마지막 기본 동작으로 몸을 틀어 공중 회전하기) 등의 놀이판을 한 데 이어서 화로를 안고 뒤로 넘어 가기를 시도한 화로 살판을 응용하였다는 말이다.

무엇보다도 중요한 사실은 이러한 놀이가 모두 재담과 노래와 기악 반주로 진행되었다는 점이다. 쌍줄에서 노는 살판쇠나 멍석에서 노는 살판쇠는 매호씨(어릿광대)와 재담을 주고 받았으며, 이들의 지시에 의하여 꽹과리·징·장구·북·날라리로 연주하는 잽이(악사)들이 7채가락·덩덕궁이·자진가락 등으로 연주하였다〈표 9〉 참고).

<표 9>   살판 놀이형태(첫 부분)

등장차례	재담내용	행위	음악형태
잽이 살판쇠 매호씨	매호씨! 어이!	잽이석에 앉아서	7채가락, 판을 연다.
살판쇠	이번에는 땅개비(메뚜기)가 나왔는데, 이 발 바닥엔 용수철이 달린 것도 아니 것고 뛰기는 뛰는데 어려운 재주렷다.	명석 위를 빙빙 돌며 엄지와 중지 끝으로 입에 넣어 휘파람을 분다.	
매호씨	이놈! 진국은 난데, 웬 놈이냐. 한번 넘어가는데 아주 어려운 재주렷다.	이리저리 뛰며 넘는 흉내를 낸다. 다시 휘파람을 분다.	덩더궁이로 바뀐다.
살판쇠	안암팍이 분명하니 앞곤두부터 넘어 가는데 휙휙.	휘파람 소리에 이어 앞곤두로 공중돌기.	

　〈표 9〉의 살판 놀이는 일종의 종합음악극이었다. 모든 예인집단이 그렇듯이 음악 없는 놀이가 없었다. 어떤 연행이든 그 바탕은 음악이었다. 이것은 기층민중들의 '생활의 음악화─음악의 생활화'가 일반화되었다는 점에서도 예인집단이 이를 전문적으로 반영시킨 공연 양식이었다.

　솟대쟁이패는 솟대타기와 땅재주 그리고 새미놀이들이 주종목이라는 점에서 남사당패의 공연 종목과 겹치고 있으며, 실제로 뛰어난 솟대쟁이패의 살판쇠는 남사당패로 스카우트될 정도로 교류가 있었다. 솟대쟁이패와 남사당패가 서로 다른 점 중에 하나로 전자가 주로 낮에 공연하는 데 비하여 후자는 밤에 주로 공연한다는 점이다. 솟대쟁이패는 그 구성원이 농민 출신이나 신청 출신 등의 기층민중들로 구성되었으며, 그 조직은 남사당패와 비슷하였다(솟대쟁이패의 우두머리를 꼭두쇠라 하였다).

　1900년대 전후로 경상도 진양晉陽이 본거지로 알려진 적도 있지만, 일반적으로 떠돌이 생활을 하였다. 1920년대까지 경상도 이우문패가 유일하게 존속하고 있었으며, 남사당패에는 세 패가 있었다. 솟대쟁이패의 연행 종목이 역사적으로 발전되지 않고 해체될 수밖에 없었던 것은 말할 나위 없이 일제의 민족문화 말살 정책과 일본 곡마단에 의하였다. 1930년대 이후 남사당패와 합류하였다가 해체되어 갔다.

④ 걸립패

걸립패란 원래 필요한 재원을 마련하기 위하여 조직한 판굿 전문 연행패이다. 걸립乞粒 자체가 필요한 재원을 해결하는 방식이기 때문에 때로는 걸궁乞窮이라고도 하지만 시설물 건축에 걸립이 목적이 있다 하여 건립建立, 또 풍물 동원과 돈 마련과 결부함에 따라 금고金鼓(주로 전남 지역에서)라고도 하였다. 어떤 마을 공동체가 제사나 건물이나 다리 또는 도로 건설 등에 재원을 마련하려고 할 때 걸립패를 조직하기 때문에 당면 사업 목적에 따라 절 걸립, 나루 걸립, 서당 걸립, 다리 걸립, 낭 걸립 등으로 성격이 주어지지만, 목적하는 바는 공동체의 대동성大同性에 있었다. 주민들은 절 걸립에 동조하여 자발적으로 돈이나 곡식, 술 등을 냄으로써 신앙 공동체의 대동성과 신심을 발휘하였다. 걸립패는 재원 마련이 끝나면 사당패나 다른 예인집단을 만들거나 흡수되기도 하지만, 붙박이 걸립패의 경우는 생업 현장으로 되돌아간다.

떠돌이 걸립패는 일반적으로 승려 출신인 비나리가 중심이 되고, 일반 예인들이 동참하여 조직한 절 걸립패가 대표한다. 그러나 중들로만 구성된 걸립패 있었으니 바로 중매구패가 그들이다. 따라서 걸립패의 처음 발생 시기에는 남자[男色]들 중심이었지만, 걸립 자체가 재원 마련에 있었다는 점과 성숙해진 대중들의 문화 예술 감수성으로 말미암아 점차 전문적인 일반남녀 예인들이 중심이 된 걸립패가 일반화되었다.

절 걸립패 경우, 절에서 떼어 준 증명서의 일종의 신표信標를 주민들에게 제시하고 풍물놀이와 춤에 이어 집지킴이(터·성주·조왕·샘 등)에 대한 굿과 고사 문서인 비나리 축원과 기타 탈놀이 등을 하면서 곡식과 금품을 걸립하며 떠돌아다닌다.

걸립패는 우두머리 화주化主가 대표하는데, 그 아래로 고사꾼인 비나리, 비나리와 부부 관계를 맺고 있는 젊은 여인 '보살'의 춤과 노래, 풍물 잽이, 접시돌리기 전문가 버나산이와 줄타기 전문가 얼른산이, 그 밖의 곡물을 지니고 다니는 남자인 탁발 등 대략

〈표 10〉 　　　　　걸립패 구성

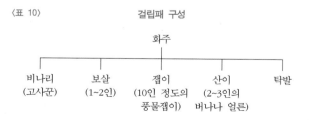

15명으로 조직된다〈표 10〉 참고〉.

걸립패 화주들은 조직체 운영 경험을 바탕으로 때때로 사당패를 조직하여 모갑이와 거사로 전환하기도 한다. 사당패와 걸립패와 중매구패가 모두 절과 관련하여 발달하였기 때문에 그 전환도 비교적 쉬웠다. 유교를 정치적 이데올로기로 삼은 조선 시대에서 사찰은, 재정적 자립을 끊임없이 해결해야 할 과제로 안고 있었기 때문에 절 걸립패와 불가분의 관계를 맺고 오늘날까지 이어온다. 이러한 관계성은 연행 종목에까지 발전하여 20세기 전후로 걸립패들이 남사당패와 같은 종목으로 발전하여 '영남걸궁패'의 경우 30년대 이후까지 그 명맥을 유지하고 있었다.

⑤ 중매구패

중매구패는 중들이 주도하는 걸립패, 곧 승 걸립패僧乞粒牌를 가리킨다. 중매구패란 이름은 이들의 중심적인 공연 종목이 '중매구'라는 탈꾼을 고용한 데서 비롯되었다. 중매구란 구체적으로 경남 남해군 화방사花芳寺소속의 걸립패 성원 중 탈놀이를 가리키다가, 이후 이들을 고용하여 나가면서 걸립패라는 이름과 달리 '중매구패'라고 일컬었다. 그만큼 경상도 지역을 중심으로 발달하였는데 중매구패의 주요 공연 내용은 탈뿐만 아니라 천수경 등의 불경 노래와 풍물이었다.

⑥ 광대패

광대패廣大牌는 신청 출신의 무부巫夫들이 떠돌이로 전환한 패이다. 자연히, 무부가 중심이 되어 여자들까지 조작하였지만, 신청이 굿판을 떠나지 않는 다는 점과 달리 광대패는 굿판을 떠난 신청 출신 패이다.

광대라는 용어는 18세기 이후만 하더라도 광대廣大나 화랑花郎 또는 무부巫夫라는 말로 서로 섞어 불렀었다. 신청에서 무부는 무당의 남편을 가리킨다.

정약용의 『목민심서』(1818)에서도 세금 대신에 곡식을 거둬들이는 창촌倉+에서 목민관이 광대·사당·늙은 퇴기·여자로서 술을 파는 주파酒婆·악공·초라니·투전꾼·백정 등과 함께 잡류로 분류되어 공연불허 방침을 세우도록 촉구한 바 있다. 이유는 이들의 공연이나 그 밖의 놀이에 관리들이 돈을 크게 낭비함에 따라 부정의 온상으로 자리잡고 있다고 보았기 때문이다.

이 여덟 가지의 잡된 무리들은 성색聲色과 주육으로 온갖 유혹을 하여 창촌의 세미稅米 수납 관리가 이에 빠지고, 뱃사람들이 이에 빠지곤 하여 함부로 낭비하게 된다. 그렇게 되면 탐욕이 더욱 깊어져서 함부로 부정하게 거두어들여서 그 구멍을 메우려고 할 것이니, 이것들은 마땅히 엄금하여야 한다.

그만큼, 돈을 '함부로 낭비'할 정도로 대중적인 인기가 있었던 패가 광대패였다. 바꿔 생각한다면, 경제적인 이익이 있는 곳은 어김없이 떠돌이 예인집단들이 찾아오는 곳이기도 하였다.

광대패가 신청 출신이라는 점에서 떠돌이 예인집단 중에서 가장 뛰어난 예술적인 기능을 가진 패일 뿐만 아니라 그 공연 종목도 가장 풍부하고도 종합적으로 수행할 수 있었으며, 각종 예인집단의 공급원이기도 하였다.

이들은 당시 관이나 민간에 일반적으로 통용되고 있는 악기 편성법, 곧 삼현육각(장구·북·대금·해금·목피리·곁피리) 편성을 하고 여기에다 판소리와 지역에 따라 발전한 민요(12잡가나 산타령, 서도 소리 등), 춤, 일종의 음악극으로 엮어지는 줄타기(어름)와 땅재주(살판) 등을 종합적으로 펼쳐 나갔다.

다음 〈그림 29, 30〉은 19세기에 광대패의 전형적인 공연 모습으로, 삼현육각 편성에 의한 자리 배치와 줄타기와 칼춤[劍舞] 형태를 알게 해준다. 이 그림은 1890년대 풍속화가로 활동한 기산箕山 김준근金俊根의 그림이다.

〈그림 29〉에서 삼현육각의 좌석 배치는 안쪽을 향하여 오른쪽에 장구와 좌고 등 막울림악기(Membranophone, 막을 진동시켜 소리내는 악기)가 오고, 왼쪽으로는 대금과 피리(2) 등 공기울림악기(Aerophone, 공기의 진동으로 소리내는 모든 악기로서 예컨대 관악기 등)와 해금 등 줄울림악기(Chordophone, 줄을 진동시켜 소리내는 악기로서 예컨대 현악기 등)가 일반적으로 편성되어 있다. 막울림악기인 장구와 좌고, 공기울림악기인 대금과 피리 두 개의 편성은 '판'의 상황에 따라 달랐으나 19세기 전반기까지 좌고 → 장구 → 대금 → 피리 2 → 해금 순이거나 좌고 → 장구 다음으로 다른 악기들을 상황에 따라 서로 바꾸었고(김홍도, 신윤복의 그림의 경우) 19세기 후반기의 김준근의 그림에서는 좌고와 장구의 순까지 바꾸었다. 즉, 이 그림에 등장한 광대패에서는 장구의 역할이 중요하게 부각되었는데, 이것은 공연 종목인 줄타기나 칼춤에 모두 장단을 두었기 때문인 듯하다. 어느 그림에서든지 삼현육각 공

〈그림 29〉　　　　　　　　　　　　　　　　　　　　　광대패의 줄타기

기산(箕山) 김준근(金俊根)은 1890년대 부산 초량과 원산에서 작품 활동을 한 풍속화가이다. 그의 많은 풍속화가 영국 대영박물관과 오스트리아 빈 민속박물관 등 유럽의 각 박물관과 도서관에도 소장되어 있다. 비록, 궁정 화원 출신들의 그림보다 솜씨가 떨어질지라도 19세기 한국인들의 생활 현장을 사실적으로 드러내고 있다는 점에서 음악 예술사를 복원시키는 데 결정적 역할을 한다. 그림에서는 삼현육각 편성에 의하여 줄 위의 살판쇠와 멍석 위의 매호씨(어릿광대)가 재담과 노래를 한참 아울리고 있다. 그의 그림은 삼현육각편성 악기와 좌석 배치, 연행 풍습을 구조적으로 확인할 수 있다는 점에서 한국음악사 화상학(畵像學, Ikonographie) 연구에 없어서는 안 될 대상이다.

연을 그릴 적에는 일반적으로 장구와 대금 연주자의 간격을 넓게 둔다. 바로 그 악기를 연주하려면 자리를 넓게 잡아야 하기 때문이다.

　　이들이 신청에서 나왔기 때문에 떠돌이 광대패는 '뜬 광대'라 부르고, '뜬 광대'에 비하여 굿판을 떠나지 않은 신청의 음악패를 '대령광대'로 부르기도 하였다. 대령광대는 궁중과 지방 관청 그리고 왕권을 수행하는 모든 계층에 이르기까지 일정 지역에 있으면서 활동 영역으로 삼은 것에 비하여, 뜬 광대는 전국의 마을과 경제 활동이 집중된 지역을 떠돌면서 민중들을 중심으로 활동 영역을 삼았다.

두말할 나위 없이 뜬 광대패가 발생한 것은 '굿판을 떠날 수밖에 없었던' 사회경제적

〈그림 30〉   광대패의 칼춤 공연

궁핍과 정치적인 압박 때문이었다. 구체적으로 마을 수령과 서리들이 신청 조직원들에게 부과한 무세巫稅와 환곡 제도를 이용하여 탐학과 무단 지배를 자행하게 되자 '이를 감당할 수가 없어 직업을 잃고 떠도는 자가 열에 팔・구'12-가 된 데서 떠돌이 광대패가 나왔던 것이다. 18세기부터 19세기 내내 이들은 '죽기를 작정하고 다른 곳으로 회피'하고 있었지만, '종교에서 변모된 예술'을 가지고 기층민중들을 만나고 있었다.

⑦ 대광대패

대광대패는 장대 타기와 탈놀음을 주종목으로 삼는 연희패이다. '대광대[竹廣大]'라는 말은 이들이 긴 대나무 장대(십자형으로 네 길 정도의 길이)와 서낭당 각시 인형을 가지고 다니며 스스로 "대광대 들어왔소"라고 자처한 데서 비롯된 듯하다. 성현成俔(1439~1504)의

12_ '故不能擔當 流離失所者 什居八九', 長興 『神廳完文』(1832).

「관괴뢰관극시觀傀儡觀劇詩」에서 '백 척 장대 위에선 잔 잡고 기세도 등등[長竿百尺舞壺舡]'과 같이 백 척 장대처럼 보이는 긴 장대 위에서 연행하는 장대 놀이가 이미 조선 전기부터 주요 연행 장르로 자리잡고 있었다. 물론, 대광대패는 장대타기와 탈놀음만 하지는 않았다. 고깔 쓴 기악 연주가(악공)들의 연주와 무동 놀이, 죽방울 받기, 춤 등 종합적이었다. 대광대패가 솟대쟁이패와 다른점 하나만 지적하면 솟대쟁이패가 솟대 장대에 매단 쌍줄을 이용하는 데 비하여 대광대패는 쌍줄 없이 대나무 끝 십자형에서 노는 것이어서 재료나 그 내용이 달랐다.

대광대패 놀이는, 장대 타기를 약 20여 분 진행하고 나서 탈을 쓴 5방신장五方神將(동·서·남·북·중앙의 신장)들의 춤과 중·양반·말뚝이 과장과 영노·할미·영감 과장을 끝으로 사자춤 과장으로 이어지는 것이 중심이었다. 죽방울 받기는 오광대놀이에서도 찾아볼 수 있지만, 놀이자의 기술에 따라 방울 수가 달라진다. 이 놀이 형태가 최치원崔致遠(857~?)의 『향악잡영5수鄕樂雜詠五首』에서 '몸 돌리고 팔 휘둘러 방울 놀리니[廻身掉臂弄金丸]'라는 글이 나오는 것으로 보아 삼국 시대부터 있어 왔다. 기록에 의하면 일곱 개 정도로 관중을 매혹시켰으며, 뛰어난 자는 아홉 개까지 놀았다고도 한다. 붙박이 5광대인 경우의 방울 놀이는 보통 세 개였다는 점에서도 떠돌이 예인집단의 그것과는 기교로나 연희 종목에서나 성숙도 등 여러 가지 점에서 격이 떨어진다.

신청 출신의 무부들은 광대라 부르는 것이 일반화된 이래, 광대라는 말은 여러 가지 뜻으로 바꿔 썼다. 환칠한 얼굴이랄지, 또는 가면이나 가면연희자 등으로 전용한 것이 그것이다. 이것은 대광대패가 반드시 신청 출신으로만 조직된 것이 아니라는 점에서도 광대패와 그 성격이 달랐다는 말이다.

한편, 떠돌이 대광대패가 경상도 여러 지역에 오늘날과 같은 5광대와 야유野遊(들놀음)를 정착화시켰다는 점에서 그 역사성을 가지고 있다. 대광대패 중 19세기 후반 경상도 초계군 밤마리(현 경상남도 협천군 덕곡면 율지리)에 일정 기간 동안 정착한 밤마리 대광대패가 그 영향을 주어 특정지역의 붙박이 예인집단을 형성케 하였다. 밤마리 대광대패의 영향을 받아 오늘날과 같은 유형으로 탈놀음이 붙박힌 오광대놀이 지역으로는 산청·가락(김해 지역)·마산·진동·고성·통영·거제 지역의 학산과 거제·진주 지역의 도동과 진주·가산(사천 지역) 등이 있고, 들놀음 분포 지역으로 동래·수영·부산진 등이 있다. 물론, 밤마리 대광대패와 성격이 같은 이외의 대광대패는 선령의 신반新反과 남해의 대곡大谷과 진주晉州에도 있었다. 그리고 이들 밤마리 대광대패 영향으로 이들보다 격이 떨어진 붙박이 오광대놀이나 들놀음이 처음 발생하였다기보다 그 이전부터 여러 형태의 탈놀음이 있었다가 그 영향으로 정착하였음을 이해하여야 할 것이다. 나중에 다시 살펴보겠지만, 떠돌이 대광대패들은 기층민중들 출신이지만, 붙박이 5광대나 들놀음의 경우에는 중인 출신들이 주도하였다.

대광대패 중 경상도 지역에서 일정 기간 동안 정착하며 광범위하게 영향을 미쳤던 대광대패가 밤마리에 있을 수 있었던 것은 강을 끼고 있는 이 지역이 내륙 교역의 큰 시장이었기 때문이다. 밤나무 숲이 우거진 밤마리가 경제적 집중 지역으로 부각된 것은 조선 시대 이래 1930년대까지였다. 하역장으로 완비된 이 지역에 많은 객주집과 거상들이 상주하였다는 사실 자체가 인근 마을에서 모인 산물을 하류로 교역할 수 있었으므로 떠돌이 예인집단은 물론 각종 연회가 발달한 지역이기도 하다.

⑧ 무동패

무동패란 두 어깨 위에 무동舞童을 세우며 춤과 재주를 주종목으로 삼은 패이다. 무동은 다른 말로 '동니' 또는 '동구리'라 불렀다. 무동 한 사람을 어깨 위에 세웠을 경우에는 2층거리라 하였는데, 무동패는 2층거리부터 5층거리까지 다양한 형태가 있었다. 이들은 흰 고깔에 붉은 치마를 입고 춤을 추며 여러 가지 연행을 하였다. 무동의 대중화는 조선 전기의 나례도감이 주관하는 나례희儺禮戱나 각 지방의 잡희雜戱, 그리고 조선 후기의 대광대패나 남사당패와 같은 떠돌이 예인집단의 공연 작품과 두레 풍물 놀이에까지 편성되어 있을 정도로 일반화되어 있었다.

정부의 경우, 외국 사신을 맞이할 때 서울 모화관에서 악대(고취인들로 편성한) 주악과 광화문 밖에 좌우로 산대를 높게 만들어 그 위에서 살판, 줄타기, 마상재馬上才, 죽광대, 사자춤, 학춤 공연과 함께 무동 놀이를 하였다. 1844년 작품으로 알려진 한산거사漢山居士의 「한양가」에서 "화류춘풍 대도상에 세마치 길군악에 무동은 춤을 추고 벽제 소리 웅장하다"라는 내용이 있듯이 무동 놀이의 음악은 동원한 집단마다 달랐다.

⑨ 얘기장사

얘기장사는 한 사람의 이야기 구연자와 1~3인의 악기잽이로 편성된 떠돌이 이야기

극패를 말한다. 이들은 이야기꾼이 「옥루몽」이랄지 「춘향전」이랄지 「홍길동전」이나 「심청전」 등을 일정한 장소를 선택하며 옮겨다니거나 집집마다 방문하며 구송하였다. 이야기 전개 방식은 대동한 잽이의 음악에 의하여 더 극적으로 끌고 갈 수 있었던 것도 특징이다.

18세기 후반에서 19세기 초반의 글로 보이는 조수삼趙秀三의 『추재집秋齋集』에 의하면 이 기간 전문적인 이야기꾼들의 활동을 확인할 수 있다. 당시, 전기수傳奇叟 같은 사람들이 그 예이다. 이들이 「숙향전」·「소대성전」·「심청전」·「설인귀전」 등을 구송하고 있었으며, 매달 초하루에는 동대문쪽 첫째 다리 아래에서, 이튿날은 둘째 다리 아래, 사흘째는 베오개에서, 나흘째는 교동 어귀에서, 닷새째는 대사동 어귀에서, 엿새째는 종루 앞에서 옮겨 앉아 구연하였다. 그리고 그의 뛰어난 구송 솜씨에 구경꾼이 언제나 가득 몰렸으며, 가장 중요한 대목에서는 뚝 그치고 읽지 않았다고 한다. 구경꾼들이 그 대목을 듣기를 원할 경우에는 다투어 돈을 냈다고 한다. 말할 나위 없이 판소리 가객과 더불어 이 기간 얘기장사가 도처에 있었다.

⑩ 풍각장이패

지체부자유자들이 해금이나 퉁소洞簫(퉁애) 등을 가지고 남의 집 앞에서 구걸하거나 또는 퉁소·해금·가야금·북 등의 편성으로 장마당에서 판놀음을 하는 예인집단을 풍각장이패라 한다. '풍각風角'에서 '풍'이란 풍류나 풍악風樂과 같은 음악이라고 한다면, '각'은 삼현육각과 같은 악기편성 또는 총각總角이나 다각茶角(절에서 차茶일을 맡은 사람)을 가리키고 있기 때문에 풍각은 악사들이나 그 음악을 말한다. 음악적 특징이 대체적으로 민요 음계(미·솔·라·도·레·미)에서 '미·라·도'를 골격음으로 삼은 니나니 가락과 또는 「봉장취」·「시나위」(심방곡) 음악이 중심이고, 그 밖의 삼현도드리류·자진 타령류·가야금의 짝 타령 등의 음악과 무동이 검춤을 공연하였다. 어느 경우는 퉁소잽이나 해금잽이 혼자서 떠돌이 신세가 된 경우도 있다.

이들이 비록 벙어리나 소경, 손 병신, 다리 병신 등이었지만, 해금·꽹과리·퉁소·북·가야금·무동 등을 편의에 따라 편성하여 니나니 가락이나 「시나위」 또는 「봉장취」나 판소리 등을 연주하는 모습은 '그 소리가 심히 애절하여 듣는 자마다 눈물을 흘리며 돈을 던져 주지 않으면 안될 정도[聲甚哀絶 聞之者莫不流涕 擲錢相助]'[13]-였다고 한다. 주목할 점은 풍각장이패가 다루고 있는 시나위와 봉장취 또는 판소리 등이 원래 신청의 음·악이고 보면 풍각장이패가 이들 조직에서 이탈한 떠돌이 예인들이어서 그 질은 뛰어난 예인들인 경우도 있으나, 신청이나 광대패들보다 떨어진 경우가 대부분이었다는 점이다.

이들이 연주한 퉁소잽이의 니나니 가락과 봉장취 곡은 아래의 악보와 같다.

〈악보 16〉   니나니 가락

보은 허식의 퉁소 연주
이보형 채보

〈악보 17〉   봉장취

정해시 퉁소 연주
이보형 채보

느린 중중모리

13_ 최영년, 『해동죽지』(1921).

앞의 악보와 같이 퉁소 가락을 애절하게 늘어뜨리며 마냥 자유스럽게 연주하는 흐름은 마냥 멋들어진 가락으로만 해석할 수 없다. 그들은 그만큼 한맺힘으로 살았다. 그러면서도 이들의 삶의 풍부한 음악감수성과 익혀간 기량으로 즉흥을 뛰어넘어 자유함을 목놓아 부르짖고 있었다. 풍각장이 패들이 연주하는 시나위류의 심방곡을 평가하여 '구름이라도 뚫을 듯한 곡조(穿雲 – 関神房曲)'라고 평가[14]한 것을 보면 이를 반증하고 있다. 또한 풍각장이패 중에는 뛰어난 예인집단이 포진하고 있음을 반증하고 있다.

한편, 풍각장이패는 처음부터 신청 출신으로 조직된 패가 아니었다. 조선 초기에 그들은 백정 출신들이었다. 15세기, 곧 조선 초기의 문인이었던 양성지梁誠之(1414~1482)의 문집 『눌재집訥齋集』에서 이를 확인할 수 있다. 이 자료에 의하면 백정(때로는 화척禾尺이나 재인으로 불렸다)들이 '소를 도살하고 혹은 거지 노릇을 하며…혹은 풍악을 하여 빌어먹는 일을 하는 자'라고 지적된 것처럼 초기의 풍각장이들은 백정 출신이었다.

그러나 조선 후기 중 18세기의 경우는 그 활동은 대부분 신청 출신들이었으므로, 그 음악 수준도 조선 초기의 형태와 달리 수준급이었다. 「박타령」에서 놀부가 박을 타자 검무잽이・북잽이와 각설이패, 초라니패와 함께 풍각장이가 등장하여 가얏고・퉁소・해적・북・소고로 판벌이는 대목을 보면 우선 풍각장이의 음악 활동을 엿볼 수가 있다. 「변강쇠가」의 경우, 천하의 난봉꾼 변강쇠가 장승을 벌목하여 땔감으로 사용한 죄로 말미암아 신청 조직이 이를 징계하여 변강쇠가 죽고 혼자 남게 된 여인 앞에 등장한 것도 풍각장이패였다. 이 패에 다 떨어진 통량갓을 맨 판소리 가객과 소경(봉사)인 퉁소장이, 소경의 지팡이를 잡은 열댓살 먹은 소년의 검무, 그 밖의 가얏고잽이, 북치는 늙은 총각들이 구성되어 아악곡인 여민락與民樂과 신청의 전문적인 악곡인 심방곡心方曲과 봉장취鳳長醉, 가야금잽이의 짝타령 등이 연주된 바 있다. 여기에서 우리는 여민락, 심방곡, 봉장취, 판소리를 연주할 수 있었던 조선 후기의 풍각쟁이패가 전기의 그것과 질이 달랐음을 알 수 있을 것이다. 이러한 변화는 말할 나위 없이 풍각장이패가 18세기에 들어와 농민들이나 신청인들이 토지와 굿판을 이탈하여 떠돌이들로 전환한 사회경제적인 이유에서 비롯된다. 근대음악 시기에 접어든 1860년대에도 풍각장이패는 퉁소와 대금・해금으로 구걸하며 떠돌이 신세로 자리잡고 있었음은 황해도 관찰사를 지낸 바

14_ 최영년, 『해동죽기』.

있는 정현석鄭顯奭의 『교방가요敎坊歌謠』(1872년작으로 알려짐)에서 '풍각風角 소적행걸簫笛行乞'
이라 하여 이를 확인하고 있다.

한편, '듣기만 하여도 인정이 움직여 눈물이 쏟아져 흐르던' 풍각장이패가 사라진 것
도 일제하였다. 거지들조차 음악 예술인일 수 있었던 것은 봉건 음악 사회의 사회경제
적인 억압 조건에서 비롯된 점말고도 한국 기층민중인들의 '생활의 음악화 – 음악의 생
활화'의 기반이 사회적으로 탄탄하였기 때문이다.

⑪ 남사당패

남사당패는 연희 종목의 다양성과 질, 그리고 구성 인원 면에서 떠돌이 예인집단 중
에서 광대패와 함께 가장 규모가 크고 조직적이기도 한 대표적인 예인집단이다.

〈표 11〉

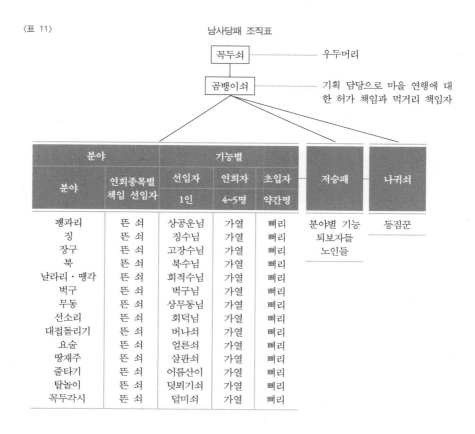

남사당패 조직표

| 꼭두쇠 | ⋯⋯⋯⋯⋯ | 우두머리 |
| 곰뱅이쇠 | ⋯⋯⋯⋯⋯ | 기획 담당으로 마을 연행에 대한 허가 책임과 먹거리 책임자 |

분야		기능별			저승패	나귀쇠
분야	연희종목별 책임 선임자	선임자 1인	연희자 4~5명	초입자 약간명		
꽹과리	뜬 쇠	상공운님	가열	삐리	분야별 기능 퇴보자들 노인들	등짐꾼
징	뜬 쇠	징수님	가열	삐리		
장구	뜬 쇠	고장수님	가열	삐리		
북	뜬 쇠	북수님	가열	삐리		
날라리·땡각	뜬 쇠	회적수님	가열	삐리		
벅구	뜬 쇠	벅구님	가열	삐리		
무동	뜬 쇠	상무동님	가열	삐리		
선소리	뜬 쇠	회덕님	가열	삐리		
대접돌리기	뜬 쇠	버나쇠	가열	삐리		
요술	뜬 쇠	얼른쇠	가열	삐리		
땅재주	뜬 쇠	살판쇠	가열	삐리		
줄타기	뜬 쇠	어름산이	가열	삐리		
탈놀이	뜬 쇠	덧뵈기쇠	가열	삐리		
꼭두각시	뜬 쇠	덜미쇠	가열	삐리		

여자들로 구성된 사당패와 구별 짓기 위해서도 남자들로 구성된 남사당패는 35~50여 명의 구성원들이 풍물·버나(대접돌리기)·살판(땅재주)·어름(줄타기)·덧뵈기(탈놀이)·덜미(꼭두각시놀음) 등 여섯 가지 대표적인 놀이를 가지고 농촌·어촌·조창·장시·도시 등을 떠돌며 연행하였다.

이들은 〈표 11〉과 같은 조직으로 운영되고 있었다.

이 표를 보면, 남사당패는 꼭두쇠를 정점으로 곰뱅이쇠 – 뜬쇠 – 분야별 기능 선임자 – 가열 – 삐리 순으로 조직되었다. 꼭두쇠는 남사당패의 모임과 흩어짐이 결정될 정도로 그의 능력이 주어지는데, 그는 남사당패의 우두머리로 패를 대표하며 절대 권력을 가진다. 꼭두쇠를 보좌하는 곰뱅이쇠는 그 다음 가는 실력자로 경우에 따라 1~3명까지 있다. 하나는 마을 유지를 찾아가 연행 판벌림에 대한 허가(곰뱅이)를 맡는 사람이고, 또 한 사람은 먹거리를 해결하는 글곰뱅이다. '글'은 남사당패의 은어로서 밥을 가리킨다. 나머지 한 사람은 '모총', 곧 금전 출납을 맡은 총무 역할을 한다.

'뜬쇠'는 분야별 선임자이자 때때로 그 분야의 수석 잽이나 수석 연행자와 겹쳐 있기도 한다. 꽹과리인 경우, 그 선임자를 '상공운님' 또는 '상쇠'라고 부르는데, 그가 '뜬쇠'이기도 하였다. 뜬쇠는 차기 꼭두쇠 후보자들로서 보통 열네 명이었다. 차기 꼭두쇠는 전체 회의를 통하여 뜬쇠 중에서 선출되거나 추대된다. 그러나 경우에 따라서는 상쇠와 덜미쇠(꼭두극 주조종자로서 선임자)가 꼭두쇠의 후임으로 추대되기도 한다. 분야별 뜬쇠 아래에는 몇 명의 가열과 삐리를 둔다. 삐리는 남사당패에 처음으로 들어온 어린 소년들을 가리킨다.

남사당패의 수입원은 삐리의 연행 대가로 마을이나 장시에 모인 사람들이 주는 수입이 전부였다. 19세기에 들어와 전前 세기와 더욱 다르게 삼정 문란과 지배층의 탐학과 무단 지배로 말미암아 사회는 피폐해질 대로 피폐해지고 있었으므로 이들의 수입이 극히 제한될 수 밖에 없었다.

또, "대개의 경우 열에 일곱은 곰뱅이가 트지 않았다"와 같이 남사당패의 연행 허가가 안 나왔으므로 마을에 들어갈 수 없었다는 점은 이들의 생활이 처음부터 바닥 같은 인생이 계속되었다는 점을 말해 준다. 이처럼 생존을 위협받는 억압적인 사회 모순은 이들로 하여금 사회병리적인 허우채 수입 통로를 잉태하고 여기에 삐리가 팔려 나갔던 것이다. 한편, 삐리는 분야별 기능을 익혔으며, 여장女裝으로 무동을 타기도 하였다. 가

〈사진 9〉 　　　　　　　　　　　　　　　　**남사당패의 공연 주종목**

위 그림과 사진들은 남사당패 연희의 여섯 주종목을 한데 모은 것이다. 1은 풍물놀이, 2는 버나(대접이나 쳇바퀴 또는 대야 등을 앵두나무 끝으로 돌린다), 3은 덧뵈기 마당으로 탈놀음이다. 4는 살판이다. 땅재주 놀이마당을 가리킨다. 그림은 앞곤두와 자반뒤집기, 팔걸음 등의 재주를 보이고 있다. 5는 덜미이다. 1번과 함께 7번 사진은 풍물놀이 위로 줄이 보이는데, 곧 줄놀이 마당이다. 줄꾼 어름산이와 매호씨의 재담을 주고 받으며 앞으로 가기, 장단줄, 거미줄 늘이기 등의 줄놀이를 한다. 마당이다. 6번은 그림과 사진으로써 남사당놀이의 마지막 마당인 꼭두각시놀음 마당이다. 덜미쇠가 극에 등장하는 박첨지·꼭두각시 등의 소도구의 목덜미를 쥐고 놀리는 마당이다. 박첨지마당과 평안감사마당으로 나뉘어 진행한다.

7

5번과 같은 줄놀이(어름) 마당의 그림으로 1832 경기도 남양주시 별내면 덕송리의 흥국사 감로탱에 나오는 부분 그림이다. 그림에서 쌍줄을 타는 어름산이 줄꾼과 아래 부채를 들어 흥을 돋구는 매호씨가 대화한다. 삼현육각패가 반주하는 동안 죽방울놀이와 춤놀음을 한꺼번에 보여주는 형태로 그려져 있다. 참고로 쌍줄은 솟대 꼭대기에 도르래로 줄을 조정하여 왼쪽의 두 개의 작수목에 묶어 또다시 한 줄을 땅에 고정시키는 틀로 되었다.

열이 될 때까지 말이다. 남사당패는 양반 사회를 풍자하는 덜미극을 통하여 강한 사회 의식에 눈을 뜨고 공동 운명체를 형성하는 한편, 예술에 대한 뜨거운 정열로 집착해 갔다. 남사당패는 1930년대 이후 여사당이나 걸립패와 합류하면서 본래의 성격과 연희 종목이 달라져 갔다.

남사당패는 장시나 조창의 경우와 달리 떠돌이 예인집단이라 하여 함부로 마을로 들어갈 수 없었다. 지주와 같은 마을의 최고 권력자에게 허가(곰뱅이)를 받아야 하였다. 대체적으로 마을의 두레패와 사전 교감을 이루고 난 뒤 곰뱅이를 텄다. 이 일을 곰뱅이쇠가 맡아 그 권력자와 '곰뱅이 트기'를 하는 동안 남사당패들은 누런 영기를 앞세우고 마을이 잘 보이는 마을 어귀의 높은 언덕(서낭당 고개 같은 데)에서 취군 가락으로 풍물과 재주를 보여 준다. 허락이라도 받아냈다치면 이내 길군악을 치며 마을에 들어가 넓은 마당에 자리잡고 공연 준비를 하는 한편, 마을을 돌며 길놀이를 한다. 밤이 되면 횃불을 밝히고 앞서 소개한 남사당놀이가 벌어진다. 첫째 마당 풍물놀이부터 끝마당인 덜미놀이까지 다음과 같이 펼쳐지면서 어느 사이 마을에는 대동축제판이 전개된다. 남사당패들은 공연이 시작되기 전에 으레 박탈 공연을 하였다. 박탈은 광대가 누워서 조끼나 저고리를 아무렇게나 입혀 어수룩한 촌사람처럼 장식한 그 옷걸이 위에다가 얼굴 같은 가면(탈)을 발에 씌우고 발로 조정하는 탈놀이로서 때로는 '족탈'이라고도 하였다.

꼭두각시 놀이나 줄타기 놀이처럼 재담과 노래가 삼현육각 반주에 맞추어 공연된다.

이들의 놀이판 무대 설치와 놀이 내용을 이미 심우성의 『남사당패연구』에서 다음과 같이 밝힌 바 있다.[15]

1. 풍물놀이 - 인사굿, 돌림벅구, 선소리판, 당산벌림, 양상치기, 허튼상치기, 오방감기, 모동놀림, 사통백이, 가새(위)벌림, 좌우치기, 밀치기, 벅구 같은 판굿, 상쇠놀이 따벅구, 징놀이, 북놀이, 장구놀이, 시나위, 새미받기, 열두발 상모놀이 등 스물네 명이 펼치는 마당이다.

2. 버나 - 대접이나 쳇바퀴·대야 등을 앵두나무 끝으로 돌리는 마당이다. 돌리는 버나잽이와 소리를 받는 매호씨가 등장하여 재담과 소리로 진행한다. 재료에 따라 대접버나·칼버나·자새버나·쳇바퀴버나 등이 있다.

3. 살판 - 땅재주 놀이마당이다. 앞곤두·뒷곤두·번개곤두·자반뒤지기·팔걸음·외팔걸음·외팔곤두·앉은뱅이 팔걸음·수세미트리·앉은뱅이 모말되기·숭어뜀 등의 기술이 그것인데, 여기에도 살판쇠와 매호씨 간의 재담과 악사들의 음악이 놀이에 따라 진행된다.

4. 어름 - 줄놀이 마당이다. 어름산이(줄꾼)와 매호씨가 재담을 주고받으며 서로 노래하고 장단에 맞춰 놀이가 진행된다〈그림 29〉 참고). 앞으로 가기·장단줄·거미줄 늘이기·뒤로 훑기·콩심기·화장사위·처녀총각 외호모거리·허궁잽이·가새트름·외 허궁잽이·쌍 허궁잽이·양반걸음·양반 밤나무 지키기·녹두장군 행차놀이 등이 있다.

5. 덧뵈기 - '덧본다, 또는 곱본다'에서 나온 말로서 탈을 가리킨다. 일종의 탈놀음 마당이다. 지역인들의 상황과 요구에 따라 그 내용을 변통하기도 한다. 마당씻이 - 옴탈잽이 - 샌님잽이 - 먹중잽이 등 네 마당으로 짜여 있으며, 등장 인물은 샌님·노친네·취발

15_ 심우성, 『남사당패 연구』(서울 : 동화출판공사, 1974), 44~51쪽.

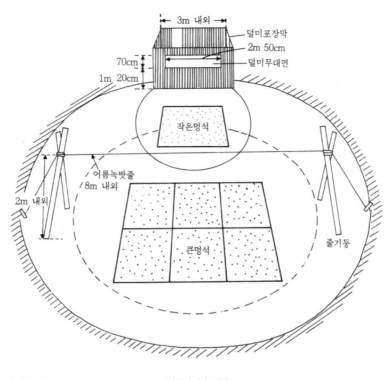

<그림 31>   남사당패 놀이판
그림 : 심우성

범례

||||||||||||||||| 선 안의 풍물놀이판(그 밖이 관중석)

. . . .   선 안이 버나, 살판, 어름, 덧뵈기의 놀이판(그 밖이 관중석)

――――――   선 안이 덜미놀이판(그 밖이 관중석)

이·말뚝이·먹중·옴중·피조리(2인)·꺽쇠·장쇠(2인) 등이다.

6. 덜미 – 남사당놀이의 마지막 마당으로서 꼭두각시놀음 마당이다. 덜미쇠가 극에 등장
하는 박첨지·피조리(처녀)·꼭두각시·홍동지·덜머리집·박첨지 손자·표생원·묵
대사·영노·동방삭이·홍백가·상좌·귀팔이·평안감사·상주·이시미·작은 박첨
지(동생)·매·꿩·청노새·사령·잡탈·상도꾼 등의 인물 인형과 절·상여·만사·
요령·부처·영기·피새(새소리 내는 것)·부쇠 등의 소도구들의 '목덜미를 쥐고' 또는 '몽
둥이를 쥐고' 놀린다라는 말에서 '덜미'라는 말이 나온다.

덜미는 다음과 같이 2마당 7거리로 진행된다.

〈사진 10〉 　　　　　　　　 남사당패의 줄놀이 마당
사람들이 모여든 장터에서 남사당패 어름산이(줄꾼)가 줄놀이 마당을 펼치고 있다.

· 박첨지 마당 – 박첨지 유람거리, 피조리 거리, 꼭두각시 거리, 이시미 거리
· 평안감사 마당 – 매사냥거리, 상여거리, 절 짓고 허는 거리

　이러한 2마당 7거리에 쓰일 인형을 주조종사인 '대잽이'와 보조적인 '대잽이보'가 무대에서 진행할 때, 무대를 향하여 앞자리에 앉아 있는 사람들인 '산받이'와 '잽이'들이 말과 소리와 음악을 극적으로 꾸려 나간다. '산받이'는 인형과 대화를 하는 소리꾼이라면, '잽이'는 꽹과리·징·북·장구·날라리 등의 악사들이다.

　최영년 『해동죽지』에 의하면 꼭두각시놀이란 '세속을 풍자하고 음란한 풍속을 막는 것[諷刺世俗 防杜淫風 名之曰 '곡둑각시']'이다. 꼭두각시놀음이 원래 남사당패의 전용 공연물은 아니다. 그 역사도 6, 7세기경부터 발전하여 중국이나 일본에 영향을 미친 것과 같이 오래되었으며, 지역에 따라 '박첨지놀이'라고 하는 지역도 있고, 오광대놀이, 홍동지놀이, 궁중에서는 꼭두각시라고도 불린다. 이처럼 민간에서부터 궁중에 이르기까지 다양하게 전개되었다는 점에서 성격도 각각 다른 것이 사실이다. 그러나 공통적인 것은 이를 전파시킨 담당자가 떠돌이 예인집단이라는 점, 그 내용이 당대의 시대적 변화를 민감하게 반영하면서 현실 비판과 야유, 늙음과 젊음의 대결로 생명에 대한 부단한 경고,

부당한 대상을 응징하는 공격성 등, 모두 기층민중들의 바람을 공유하고 있다. 또, 탈춤과 그 내용·성에 있어서 비슷하지만, 어투가 한문투와 관용구가 적다는 점 등 민중들의 걸러지지 않은 삶의 진실이 쏟아지는 것도 꼭두각시놀음의 특징이 아닐 수 없다.

〈그림 32〉 　　　　　　　　　　　　　　　　　꼭듸각씨 그림
소장 : 서울대학교

〈사진 11〉 　　　　　　　　　　　1930년대 꼭두각시놀이 공연 장면

〈참고도판〉   굿중패
중들이 변복하여 법고와 징을 치며 고사와 범패로 복을 비는 패이다.
김준근이 그린 굿중패의 그림이다.

　다음은 꼭두각시놀음에 대한 조선 후기의 궁중 형태(〈그림 32〉)와 1930년대 공연 사진
(〈사진 11〉)이다.

　다른 떠돌이 예인집단들도 마찬가지지만, 남사당패 역시 가장 치명적인 때가 겨울이
다. 추위에 따른 연행 중지는 이들에게 경제적 기반의 약화를 가져오기 때문이다. 사정
이 좋을 때는 이 기간에 개인 기량이 떨어진 삐리나 가열을 수련시키기도 하고, 좋지
않을 때는 겨우내 헤어졌다가 이듬해 봄에 다시 만나기도 한다.

　전국적으로 경기도 안성·진위, 충청도 당진·회덕, 전라도 강진·구례, 경상도 진
양·남해, 황해도 송화·은율 등지가 바로 남사당패의 겨울나기 은거지로 알려졌다.
특히, 경기도 안성은 조선 후기 각종 예인패가 집중된 지역으로 부각되는데, 이것은
안성의 청룡사靑龍寺가 예인집단을 보호하고 육성한 데서 비롯된다.

　19세기에 성행하였던 남사당패는 1900년대 이후로 안성의 개다리패[일명 바우덕이(金岩德)
패, 여자인 바우덕은 사당패 출신이었다]와 그 후신으로 이북 지역에서 활동한 안성 복만이패,
안성 복만이패를 이어받은 원육덕패(해방 직후 재결성), 황해도를 중심으로 활동한 오명선吳

明善패, 진위振威패 남사당과 그 후신이자 평택과 오산을 거점으로 전라도와 충청도 지역을 연행한 심선옥沈善玉패, 서울을 중심으로 경기도 일원에서 활동한 이원보패, 최군선패 등 전국적으로 40여 개가 있었으나 '신파' 극단이나 농악대에 흡수되기도 하였지만, 대부분 일제의 민족문화 말살 정책으로 1930년대에 전승의 맥이 끊어졌다. 남사당패놀이 중 박탈(족탈)은 1900년대 직전에 박춘재朴春載에게 독자적으로 이어져 광무대(1907년부터)를 중심으로 공연되다가 이동안에게 전수되었다. 그리고 남사당패나 솟대패의 줄타기 종목은 1900년대 직전에 김관보와 이봉운으로 이어지다가 임상문과 이동안으로 전승되어 역시 광무대의 주요 공연 종목이 되기도 하였다.

⑫ 굿중패

중들이 변장하고, 법고와 징을 치며 고사를 비는 패이다. 이들은 법고와 범패로 복을 빌어 주는 것이 주된 분야이다. 대개 가을걷이가 끝난 다음 변장한 중들이 긴 장대를 앞세워 촌마을을 돌며 집 앞에서 굿을 하면 집주인이 고사 치르는 선반, 곧 '고사반'을 마루에 내놓게 되고, 이어서 상쇠가 고사와 범패로 복을 빌어 준다. 불가佛家에 재물을 헌납하려는 사람들이 앞다투어 환영한 패였다.

그러나 본래의 굿중패가 중들로 구성되었기 때문에 절과 관련한 기존의 사당패, 걸립패, 중매구패 구성원들과 교류로 유입하면서 고사반만으로 끝나지 않고, 공연 종목을 늘려 가다가 20세기 전후로 예인집단들이 중심이 되면서 또다른 남사당패처럼 발전시켜 나갔다. 이 경우는 지역에 따라 50년대까지 이어졌다.

(2) 붙박이 예인집단

떠돌이 예인집단이 유랑 예인집단인 데 비하여 붙박이 예인집단은 특정 지역에 붙박혀 살면서 활동하는 예인집단을 가리킨다. 근대 기간 오늘날의 서울역 중심으로 활동한 선소리패나 경상도 고성5광대 등의 탈패들이 붙박이 예인집단 중 한 예이다. 선소리패들이나 5광대들은 농민이나 천민 출신이었지만, 봉산탈춤의 경우 그 출신들은 해당 지역의 중인 출신인 향리 집단들이었다. 대체적으로 선소리패들이 주로 경제가 집중적으로 발달한 도시 지역을 중심으로 소리로써 살아간 예인집단들인 데 비하여, 향리 집단들이 주도한 탈놀음은 해당 지역의 읍권邑權을 독점하고 안배하기 위한 사회정

〈사진 12〉 　　　　　　　　 선소리패의 공연
선소리패는 때로는 산타령패나 짠지패 이름으로 활동하였다.

치적 성격이 강하였다.

　선소리란 서서 부르는 소리[立唱]로서 앉아서 부르는 소리[坐唱]와는 구분되고, 또 민요에서 한 사람이 메기는 소리인 선소리[또는 앞소리]와도 구분된다. 선소리패의 연주 방식이 선소리이지만, 이들은 장구를 멘 한 사람의 소리 메김과 소고小鼓를 치는 4, 5명이 제창으로 앞소리를 받는다. 소리받는 사람들은 대개 일렬 횡대 위치로 뒤에 서서 춤을 추며 앞뒤로 움직인다. 경기와 서도 지역의 선소리패들이 부르는 소리 가락이 주로 '산타령'이기 때문에 흔히 '산타령패'라 불렀다. 물론, 선소리패(또는 산타령패, 또는 짠지패) 노래는 산타령만 있었던 것은 아니었다. 보념報念·화초사거리花草四巨里·양산도·방아타령·자진방아 타령·경복궁 타령·개고리 타령 등도 있었다. 선소리패들은 산타령을 비롯하여 나머지 노래들을 내리 부른다. 보념과 화초사거리의 음악적 특징이 전형적인 중모리 장단에다 남도소리조여서 이 노래들은 남도 선소리패들의 영향이 컸다. 반면, 경기와 서도지역의 선소리패들은 그 중심적인 노래가 산타령이었다. 산타령은 「놀량」·「앞산타령」·「뒷산 타령」·「자진 산타령」 등 4곡이 연가곡식으로 이루어진 노래 작품이다.

〈악보 18〉   놀량

이창배 · 윤종필 · 김순태 · 김수현 창
한만영 채보

녹 양 뻗은 - - 길 로 - 평 양 감 영 쑥 들 어 도 간 - 다 에 - 헤

에 헤 - 이 요 - - - 이 이 네 - 로 구 나

〈악보 19〉   앞산 타령

이창배 · 윤종필 · 김순태 · 김수현 창
한만영 채보

천 관 아 산 염 - 불 암 은 - - 연 주 대 요 -

도 봉 불 성 삼 막 으 로 돌 아 - - 든 다 - 아 - -

〈악보 20〉

뒷산 타령

이창배 · 윤종필 · 김순태 · 김수현 창
한만영 채보

강 원 도 금 강 산 에 — 이 유 점 사 — — —

법 당 뒤 에 느 릅 – 나 무 – – 뿌 리 마 다 서 천 서 역 국 서

〈악보 21〉

화초사거리

박녹주 · 박초선 창
한만영 채보

산 천 – 초 목 – 이 – – 송 닢 으 흐은 어허

어 허 어 허 헌 데 – – 구 (이) 경 – 헤 허허허 허 어허허야

보념

신유경·김효순·성우향 창
한만영 채보

산타령은 남도의 보념이나 화초사거리와 달리 '민요 제1형'(솔라도레미)으로 이루어진 5음음계로서 '도-미'와 같은 장3도 진행이 두드러진다. 장3도로 진행하는 특징이야말로 산세의 웅장한 기상을 사실적으로 표현하려는 데서 비롯된 것으로 볼 수 있다.

선소리패가 붙박이 예인집단으로 형성되는 데에는 사당패와 같은 떠돌이 예인집단의 영향이 컸다. 한만영이 밝히고 있듯이,[16] 그것은 선소리패들이 부르고 있는 산타령들이 사당패들의 주된 곡목과 같기 때문이다. 즉, 「흥보가」나 「변강쇠가」 중에서 사당패들이 부르는 곡목이 '염불'이며, 이 염불이 선소리패들의 산타령이었다.

19세기에 들어와 사당패 떠돌이 예인 집단 중에서 붙박이 선소리패가 도시를 중심으로 자리잡는다. 경복궁 낙성식(1868, 고종 5)에 대원군은 여러 전문적인 예인집단을 초청하여 민악 큰마당을 펼칠 때에도 유명 선소리패들의 연행도 있었다.

사방팔면 광대놀음 천태만상 거사놀음…<u>선소리 두세 놈이 뛰놀고 소리하니 각 군졸 화답</u>하니 원근이 요란하다.

밑줄 : 필자

위의 가사가 나오는 「경복궁가」나 「경복궁 창건가」에 의하면, 무당패·광대패·거사패·초막산민이라는 풍물패·각 처의 악공들과 함께 선소리패들이 사방팔면에서 천태만상으로 연행하는 모습을 전하고 있어서, 이미 19세기 민악은 민가는 물론 궁정에

16_ 「산타령에 관한 연구」, 『한국전통음악연구』(서울 : 풍남, 1991), 123~148쪽.

이르기까지 모든 계층의 정서를 민악화하였음을 나타내고 있다.

선소리패들이 흥행을 목적으로 조직되어 상업 도시에서 활동하던 시기는 대체적으로 19세기 후반이다. 떠돌이 예인집단들이 예전부터 발달되어 온 것과 달리 붙박이 예인집단들이 조선 후기 중에서도 19세기에 들어와 자리잡은 점은 하나의 역사적 특징이었지만, 붙박이 예인집단 모두가 상업 도시를 중심으로 발달한 것은 아니었다. 나중에 다시 짚어 가겠지만, 탈춤패들인 경우는 그 주재자가 향리 집단이라는 점에서 '읍邑'을 중심으로 성립하여 정착되어 갔기 때문이다.

그러나 대부분 선소리패들은 음악 자체로 상업적인 흥행이 이루어지고 있었기 때문에 서울 같은 상업 도시를 중심으로 발달하고 있었다. 20세기 벽두만 하더라도 뚝섬패·과천패(과천 방아다리패)·호조戶曹다리패(진고개 월선이패)·청패靑牌·쇠붕구패·한강패·서빙고패·왕십리패·용산 삼개[麻浦]패·동막패東幕牌·자문밖패·성북동패·배오개 마전다리패·무아간패·애오개패 등이 진을 치고 있었다.

이 중에서 뚝섬패(또는 뚝섬 산타령패)와 과천패가 유명하였다. 그 밖의 평양의 선소리패도 동아리를 이루고 활동하였다. 서울 선소리패의 소리꾼 중에서 의택이패로 알려진 의택, 종대패로 알려진 종대, 허덕선, 김방울 등이 그 이름을 20세기 벽두에 날렸으며, 남자판이 중심이었던 선소리에 여자가 부각한 진고개 호조다리패(또는 월선이패)의 월선, 금옥, 밀양이도 뛰어들어 점차 그 판도를 여자들 쪽으로 대중화시켜 나간 것도 20세기 벽두의 특징이었다.

선소리패가 사당패에서 붙박이로 정착하는 과정에서 처음에는 사람이 붐비며 경제적으로 발달한 서울의 한강·용산·마포(삼개)·지호·서호 등 5강을 중심으로 발전되었다가 점차 상설시장이 있는 서울 내륙 쪽으로 들어온 셈이다.

선소리패 이외의 붙박이 예인집단으로는 평양의 날탕패와 서울의 사계축패가 있었고, 그 밖의 경상도 지역의 각 지역 탈춤패가 있었다.

평양날탕패는 각종 연행을 하는 패로서 1908년에 서울에 와서 그 이름을 날리고 있었으며, 선소리패인 서울의 뚝섬패와 함께 각종 무대 공연을 장식하고 있었다.

서울의 사계축四契軸패는 서울역 앞에서 만리재 → 청파동에 이르는 지역, 곧 사계축을 중심으로 활동한 소리패를 가리킨다.

이들은 「유산가」·「적벽가」·「제비가」·「소춘향가」·「집장가執杖歌」·「달거리」·

「구방물가」·「가진 방물가」·「출인가出引歌」 등 '잡가'를 주요 공연 곡목으로 삼고 있었다. 이 분야에서는 '추·조·박'이라는 3인이 일세를 풍미하였는데, 그들은 추교신秋敎信, 조기준曺基俊, 박춘경朴春景 등이었다.

그러나 선소리패의 '잡가'는 20세기 벽두에 급격한 사회 변동에 따라 당대의 모든 성악곡을 지칭하는 용어와 내용으로 발전하여 근대음악으로 자리잡아 갔다.

기존의 잡가뿐만 아니라 가곡과 가사·시조를 구가舊歌란 이름으로, 그리고 신민요와 쇼오카唱歌 등을 신가新歌란 이름으로 구분하고, 이를 전부 '잡가'란 이름으로 수용하여 근대성악곡을 발전시킨 것이 그것이다.

선소리패와 시동 예기藝妓와 하교의 예기들과 관계하여 한성창기조합의 주된 공연 종목과 원각사의 공연 종목으로 이 잡가가 자리잡았다.

한편, 선소리패들이 불렀던 「유산가」·「적벽가」·「제비가」·「집장가」·「평양가」 등의 노래 형태는 다음과 같다.

(악보 23)　　　　　　　　　　유산가(遊山歌)

한비취·김혜란 노래
백대웅 채보

(악보 24)　　　　　　　　　　적벽가

김순태·김수현·이창배·윤종필 노래
한만영 채보

〈악보 25〉   제비가

정득만 노래
한만영 채보

만첩산 중 늙 은 - 범   살 진 - 암 개를 물어 다 놓 고 -

에 어 어 - 루 - 노 닌 - - 다 - 광 - 풍 에 낙 - 엽 처 럼 -

〈악보 26〉   집장가

이정희 · 조은화 · 차옥선 노래
윤종필 장구, 한만영 채보

(독창)
집 장 - - - - - - - 로

(합창)
거 동 - 을 - 봐 라 - - - - - - -

〈악보 27〉   평양가

이은주 · 이은미 노래
백대웅 채보

♩. = 50 (실음은 5도 아래)

갈 까 - - - 아 - - 보 - 오 - - - - 다 -

가 아 - 리 갈 - - 까 - - - 보 - - - - - - 다 -

임 을 - - 따 - - - - - 라 - - - - -

붙박이 예인집단 중 탈춤패들은 주로 중인 출신들이 주재하였다. 이 사실은 탈춤패의 연행이 도시보다 읍을 중심으로 발달되어 갔음을 시사한다. 물론, 탈춤은 붙박이 예인집단들만이 연행한 것은 아니다. 떠돌이 예인집단인 대광대패나 중매구패 그리고 솟대쟁이패들도 탈춤을 연행하였다. 이들이 상업 중심지나 여러 지역의 마을들을 떠돌며 부정기적으로 연행한 것은 사실이지만, 18세기 중엽에 들어와서 읍을 중심으로 붙박이 탈춤패들이 성립·발전하였다. 이처럼, 지금과 같은 양식으로 전해진 봉산탈춤이 대체로 18세기 중엽에 성립한 데 이어서 19세기 초의 양주별산대와 그 직후의 읍을 중심으로 한 붙박이 탈춤패들이 세시풍속과 관련지워 성립·발전한 것이 근대음악사에 있어 중대한 변화였다. 사회정치적 변화였다. 이 분야의 탈춤패들은 천민 출신들이 도시화된 탈춤패로 발전한 것이 아니라, 읍을 중심으로 향리 집단들이 읍의 제의祭儀와 세시풍속을 통하여 읍권邑權을 독점하고 이들만으로 읍권을 안배하려고 한 점이 더욱 두드러졌다는 점에서 사회정치적 특징이 강하였다.

먼저, 다음 예문 중 가항은 정약용의 『목민심서』 중 「형전刑典」에 나오는 기록이고, 나항은 1893년 경상도 고성 부사로 부임한 오횡묵吳宖默이 작성한 『고성총찬록固城叢瓚錄』 고종 30년 12월 30일자에 나오는 기록이며, 다항은 『조선총독부 관방문서과』에서 나온 오청吳晴의 「가면극 봉산탈 각본」인데, 이 기록에서 우리들은 중인 출신들이 여러 예인집단들을 주재하였음을 알아보기로 하자.

가. 배우의 놀이, 꼭두각시의 재주부림, 나악儺樂으로 시주를 청하는 일, 요언妖言으로 술수를 파는 자를 모두 금해야 한다. 남쪽 지방의 아전과 군교들은 사치와 방종이 습속이 되어 봄이나 여름 화창한 때가 되면 배우의 익살(우리 말에 덕담이라 한다 - 원주)과 굴뢰붕간窟儡棚竿의 놀이(우리 말에 초란이 또는 산대라고도 한다 - 원주)로 밤과 낮을 이어서 즐기고 있다. 수령은 이를 금하지 않을 뿐만 아니라 때로는 관정에까지 끌어들이고 심지어는 그 내아內衙의 부녀자들까지 발을 드리우고 그 상스러운 장난을 구경하니 예법에 크게 어긋난다.

나. 풍운당을 돌아다보니 아전의 무리들이 나악을 갖추고 유희를 하고 있다. 이것이 무어냐고 물으니 "해마다 치르는 관례입니다"라고 한다. …관아로 돌아왔을 때는 날이 이미 어두웠다. …악기를 마구 두들겨 어지럽고 시끄러워 사람의 말을 구분하기 어렵

다. 월전月顚과 대면大面, 노고우老姑優와 양반창兩班倡의 기이하고 괴상한 모양의 무리들

　　이 순서대로 번갈아가며 나와 서로 바라보며 희롱하며 혹은 미쳐 날뛰며 소란스럽게

　　떠든다거나 혹은 천천히 춤을 춘다.

다. 봉산탈은 원래로 봉산 이속吏屬들이 자자손손 세습적으로 출연하여 오던 것으로서 그

　　중 취발, 노승, 초목 등의 역할은 이속 중에서도 가장 중요한 인물이 하고…,

밑줄 - 필자

　위의 가~다 인용문에 밑줄 친 '아전'이나 '이속'은 각종 연행패나 탈춤패를 주도하였는데, 그들이 중인 출신들로서 향리들이었다. 특히 나항의 내용은 읍내의 제당祭堂에서 제의를 마치고 관아에서 횃불을 켜 놓은 밤에 펼쳐진 탈춤패의 연행에 관한 기록이다. 나항의 탈춤은 오늘날의 고성5 광대의 내용과 일치하는 것으로 보인다. 아전衙前이 중앙과 지방의 주州·부府·군郡·현縣에 있는 관청의 하급 관리로서 보통 서리胥吏라 하였는데, 지방에서 대대로 아전 출신들을 향리鄕吏라 하였다. 향리 조직에서 수반首班으로 꼽는 3공형三公兄, 곧 호장戶長·이방吏房 등의 이임吏任과 지역마다 중요하게 여긴 또다른 이임吏任들은 읍권 행사를 독점하며 세습하고 있는 데다, 이들 향리 집단들의 관장 아래 각 군현의 성황당·사직단·여단 등 제의祭儀를 주재하여 왕권을 중앙과 마을을 중개하는가 하면, 제석除夕이나 단오와 같은 세시풍속 등을 통하여 각종 악공과 연행패를 주도하고 스스로 탈놀음의 연희자였다는 점에서 떠돌이 예인집단들과 달랐다.

　이 사실은 붙박이 예인집단 중 탈춤패들은 읍의 제의와 세시풍속을 주도하면서 왕권 중개자로서, 읍권 주재자로 역할을 하였다는 것을 보여 주는 예이다. 그리고 이를 바탕으로 분화되어 가는 향촌 사회에서 부를 축적할 수 있었다는 점에서 이들의 사회적·경제적·신분적 왕권 주재자로서 지배 체계에 편입한 내용으로 말미암아 19세기 각종 농민항쟁에서 농민들의 공격 대상이 되기도 하였다.

　붙박이 탈춤패들은 통영(충무)·고성·마산·진주·산청·김해의 가락·진동·창원(마산)·거제와 거제의 학산·사천의 가산 등 경상도 지역의 오광대패들이 있었다. 또, 동래나 수영 그리고 부산진의 들놀음野遊도 여기에 속한다. 이러한 오광대놀이나 들놀음은 그 지역의 두레 풍물, 서낭굿, 별신굿, 지신밟기를 비롯하여 여러 가지 민중들의 놀이와 관계를 맺고 중층적으로 발달하였음은 말할 나위 없다. 해주·강령·봉

〈사진 13〉   동래 들놀음 중 말뚝이 춤과 하회탈패
윗 사진은 「말뚝이춤」으로 서연호, 1989에서 인용하였다. 아랫 사진은 1930년대 하회탈패 모습이다.

산・황주・서흥・기린 등지의 해서 지방 탈놀음이 때때로 상인들에게 탈판을 빌려 주고 상인들이 고객을 초대하거나 음식을 팔아 공연 비용을 대신하였던 경우와 달리, 경상도 지역의 탈놀이나 들놀음은 읍권의 독점과 향인 집단들의 정치적 질서의 안배에서 읍의 제의와 세시풍속을 이용하였다.

이처럼, 떠돌이 예인집단들이 천민 출신으로서 조직한 전문적 예인집단이었는 데 비하여, 붙박이 5광대들은 중인 주재하에 농민・천민 출신들이 연행한 비전문 예인집단이었다는 점에서 차이가 있다. 또, 전자가 연중 연행을 시도하며 체제 모순을 비판한 데 비하여, 후자는 제의나 세시풍속 등 일정한 날에 연행을 하였으나 왕권을 중개하고 읍권을 독점하려는 배경에서 발달할 수 있었던 것도 구별되는 특징이다. 따라서, 근대화가 진행하면서 전자가 사회경제적・정치적 측면에서 일찍이 소멸・해체되는 반면에, 후자는 사회정치적 측면에서 지역적인 배경을 가졌기 때문에서도 현재까지 전승될 수 있었던 것도 커다란 특징이다.

한편, 중인들은 붙박이 5광대 성립과 발전뿐만 아니라 전라도 감영의 통인청에 의하여 전주대사습을 통하여 판소리를 주도적으로 발전시키고, 황해도 해주 감영에서 탈춤 경연을 주도한 것처럼 경제적・정치적 바탕으로 체제지향적인 신분 상승을 꾀하며 민악을 상층 문화 감수성으로 이끄는 장본인들이었다. 그러나 중인이라 하여, 조선 사회에서 결코 양반이 될 수 없었던 신분적인 차별성으로 말미암아 이들은 시・가(기악 포함)를 통합한 독자적인 시회詩會나 가단歌壇을 형성하며 근대를 마련하고 있다는 점에서 이 분야가 밝혀져야 할 것이다.

이들의 시회를 비롯하여 선비나 사대부들의 악회, 기회 그리고 궁정음악의 이모저모를 다음 항목에서 살펴봄으로써 음악 사회의 갈래를 가름하고 근대음악사를 비로소 펼쳐 보기로 하자.

4) 악단의 음・악

지금까지 사회계급별로 분류한 조선 후기의 음악 사회 중 기층민중들의 음악과 그 전문 집단으로서 신청과 예인집단들을 중심으로 알아보았다. 이제, 마지막으로 추적해야 할 음악 사회가 왕권을 수행한 계급들의 음악계, 곧 악단이다. 여기에는 중인中人들의 시회詩會, 선비들 중심의 시회와 악회樂會, 사대부 출신 이상의 기회耆會, 그리고 궁정을 비롯하여 지방 관청에 이르는 아악류 음악이 있다.

지금까지 음악 사회의 구조나 인간의 음악 행동 그리고 음악 사회의 변동을 논하면서 사회계급별로 음악을 분류하고자 하는 데에는 조선 시대, 특히 근대 음악 사회가 계급별로 사회경제적·정치적인 대립이 분명하기 때문이다. 그러할지라도 '계층(social stratum)' 용어와 '계급(class)' 용어를 혼용한 것은 조선 사회가 이질적인 이원론적 계급으로 대립하는 사회구성체적 성격도 있지만, 어느 경우에는 다원적인 계서적階序的(몇 계단을 차례로 나눈) 성격의 계층 사회로 존재하고 있을 뿐 아니라, 사회경제적인 구별 이외에도, 예컨대 반봉건·반외세로서 동학東學 음악이나 만민공동회나 의병항쟁과 더불은 음악 운동 등이 대립적인 계급이 수행하였다기보다는 통합적 성격으로 음악 공동체를 구성하고 있다는 점에서 그러하다. 말하자면, 그 용어들이 획일적으로 적용되지 않는다.

우리는 여기에서 무엇보다도 먼저 우리를 괴롭히는 사항을 풀어야 하는데, 그것은 왕권 수행자들이 차용한 '음악 용어'들이다. 그 용어들은 모두 '악'에서 나오고, 악으로 통합하여 악으로 종결한다. 그만큼, 악은 모든 사회문화적 시스템을 담고 있다. 이 용어는 그 자체로서 풀리지 않을 뿐 아니라, 서양의 용어로도 접근하기가 쉽지 않은 이유가 여기에 있다. 그것은 이 용어들이 이미 다의미성(polysemantics)을 가졌음을 뜻한다. 하나의 언어가 오직 하나의 의미만을(또는 대상만을) 가지지 않으므로 모든 언어들은 다의미성을 가지고 있다. 그래서 우리를 괴롭힌다. 그 용어들은 먼저 조선시대 왕권 수행자들의 존재 이유가 되었던 형이상학적 밑받침, 곧 유학儒學 용어를 함께 풀어야 제대로 그 뜻들이 해명된다. 예컨대, 악樂이란 용어를 풀기 위해선 음악 용어인 성聲·음音·율律을 풀어내야 할 뿐만 아니라, 유학(또는 유교) 용어인 성性·정情과 함께 풀어야 하고, 또 민중들의 언어의 유사성과 차별성을 비교 검토하여야 한다.

악樂이란 용어 풀이는 만만치 않다. 더욱이 오늘날 우리가 늘 쓰고 있는 'Music'의 번역어로서 '음악'이란 용어와 '같은 용어'로 생각하는 사람들에게는 언제나 혼란만 야기할 뿐만 아니라 심지어 볼멘소리까지 한다.

알고 보면, 그만한 이유가 있는 셈이다.

지금까지 'Music'이란 용어를 사용하는 용어 본국이나 용어 차용국들의 음악인들이 그 번역어로서 '음악'이란 용어야말로 국경 없이 모든 문화권의 음악 현상에 적용할 수 있다고 믿었을 뿐만 아니라,[17]- 비오라Walter Wiora나 네틀Bruno Nettl이 함께 지적한 것처럼 서양이 산업혁명 이후 '범세계적 산업 문화'와 함께 서양음악을 가지고 세계화하려 한 강압적 의도를 제3세계가 모른 채, 오직 그 음악을 낳은 서양 모태로 귀속하는 길이 근대화의 길이라고 믿었던 무비판적 추종자들과 손잡은(이 부류에 속한 제3세계인들은 대부분 자국의 역사나 미학 분야에 무지한 데다 열등한 것으로 여겨 버린 민족허무주의와 사대주의 성격을 가지고 있다.) 저간의 역사에서 비롯되었으며, 더욱이 자국의 음악인들이 근·현대사 기간 동안 언어과학화와 대중화를 치열하게 전개시키지 못한 결과, 서양음악의 일정한 개념에 친숙한 사람들에게 정보화가 안 되기 때문에서도 볼멘소리가 있어 왔다. 그렇다면, 악樂과 관련된 용어들을 먼저 접근하고, 이어서 계층별 음악을 알아보아야 할 것이다.

(1) 정치/ 성性·정情/ 성聲·음音·악樂

'악樂'이란 용어는 첫 번째로 정치 철학에서 태어난 음악 용어임을 밝혀야겠다. 이 사실은 조선 시대의 '악'이 음악 용어로 자리매김한 것도 사실이지만, 그 자리매김이 바로 정치를 위하여 구체화한 용어임을 시사케 한다. 조선 시대의 '아악雅樂'이나 '정악正樂' 또는 '국악國樂' 등 모든 '악'과 관련한 용어나 그 문화 발전은 왕권 대행자들의 음악 문화로서 발전하였을 뿐만 아니라, 실제로 통치 용어로 체계화되고 정치 질서를 위하여 기능하였다. 이 이유로 말미암아 '악' 해석을 오늘날 순수음악 용어로만 접근하여 풀어내는 설명이야말로 비전통적일 수 밖에 없다.

조선은 유학의 한 계통인 성리학性理學을 국가 이념으로 삼아왔다. 성리학이란 중국 송宋나라 때 유학으로, 성명性命과 이理·기氣의 관계를 논한 유교 철학이며, 그 뿌리는 고대 중국에 두고 있었고, 성리학이 우리 나라 고려 말엽에 전해진 이후 조선 시대에 들어와 왕성한 학문 연구(이 분야의 대가로서 서경덕, 이황, 이이 등을 꼽을 수 있을 것이다)와 국가 이념, 곧 조선 지배층의 통치를 위한 이념으로 발전을 이룬바 있다.

17_ 이러한 믿음은 물론 한계성을 노출시켜 왔다. 서양 본국이 시·음악·무용을 포괄하는 하나의 종합 예술인 뮤즈의 예술 용어 '무지케(Musike)'에서 플라톤 시대에 벌써 언어 역할이 무지케에서 떨어져 나간 데다 근대 이후 음악이 독자적 분과 장르로 형성되기에 이르렀고, 또 인간 정신의 자존적 영역인 '지식(과학)·도덕·예술'이 지금까지 한통속이었다가 19세기에 '예술을 위한 예술'처럼 지식·도덕과 별도로 예술이 독립하고, 그 독립에서 음악이 더 분과 장르로 떨어져 나간 역사를 기본으로 깔고 있다는 역사성을 무시한 채 Music - 음악 용어를 적용하였기 때문이다.

여기에서 말하는 바의 '성명'은 천성天性과 천명天命을 합한 용어이다. '천성'의 하늘天은 물리적 의미의 모든 자연 현상, 예컨대 우주(宇宙가 아니라 Kosmos)나 천지 또는 세계나 국가라는 뜻의 천하天下 등을 뜻하기도 하지만, 관념적 의미로서 자연 법칙·운명·도덕의 근원·우주의 주재자 등을 가리킨다. 이 용어에서 천명天命·천도天道·천리天理 등의 용어가 파생되었다. 하늘天을 종교적 의미로 본다면 기독교의 하나님이나 신神 개념과 같으며, 불교의 브라만·불타·열반과 같은 개념이고, 초월이나 존재 자체 개념과도 서로 통한다. 이 모두는 인간이 불완전하고 유한하며 상대적인 상태와 대립적이다. 그래서 천성天性은 본성本性이며 '인간이 타고난 것'이라고 유학자들은 말한다.

결국, '성명'이란 '하늘天로부터 부여된[命] 인간의 본질적인 것'을 뜻한다. 그만큼, 이 용어는 인간 존재의 본질·구조 및 인간의 존재 근거에 대한 물음과 이해의 방식이랄 수 있는 용어이다. 거듭 말하자면, '성명'은 서양식 철학 용어로 '존재 자체'랄 수 있는 본성으로, 인간이면 누구나 자기에게 주어진 본성을 회복하여 인간다운 삶을 실현하는 데 그 의미가 있다.

이기理氣론 역시 성리학의 근간을 이루는 이론이다. 단적으로 말하면, 이理는 모든 만물의 변화와 생성을 주재하는 이치를 가리키는 데 비하여, 기氣는 만물을 생성하는 질료 자체를 가리킨다. 이가 형이상形而上인 것이라면, 기는 형이하形而下인 것이다. 인식론의 측면에서 이는 관념적 사유 대상인 데 비하여 기는 실증적인 인식 대상이다. 여기에서 이를 우위에 두느냐 기를 우위에 두느냐에 따라 이기론이 전개되는데, 예컨대 퇴계退溪와 고봉高峰간의 논쟁은 조선 시대 최대의 쟁점으로 부각된 바 있다.

따라서, 성리학이라는 명칭은 '인성人性이 곧 천리天理'라는 '성즉리性卽理'를 제창한 중국 송나라의 정이程頤(1033~1107)의 학설에서 유래하였다. 성리학을 주희朱熹(1130~1200)가 완성하였으므로 '주자학朱子學', 또는 그 중심 인물이 정호程顥와 그 아우인 정이 그리고 주희라는 점에서 '정주학程朱學'이라고도 한다. 그리고 그 주된 내용을 태극론·이기론·심성론·성경론誠敬論 등으로 크게 나누고 있다.

이처럼, 성리학이 유학의 한 계통이므로, 형이상학과 종교적 차원(유교)을 이룩하여 인본주의와 현세주의를 결합한 실천철학으로까지 발달하였다.

문제는 조선이나 중국이 하늘天의 명령을 받은 본성을 누구나 밝혀서 인간다운 사회를 이룩하려는 유학, 특히 성리학으로 발전시키지 않고, 왕王을 중개하여 봉건제도를 위한 철학 이론 체계와 통치 이념으로 계급화한 데 있었다. 즉, 하늘天의 명령을 받은 왕의 행동이 표본이 됨으로써 왕의 실제적 권위를 전제화專制化하였고, 그 왕권을 대행하는 지배층과 피지배층으로 철저하게 조건화시켜 신분 계급화로서 봉건 질서를 이룩하였다는 점에 문제가 있었다. 민중들이 사는 길人道은 스스로 '하늘의 길天道'에 직접 도달할 수 없으므로, 왕이 '왕의 길王道'로서 중개하여야 도달하는, 즉 왕의 왕도에 의하여 민중들이 천도天道를 향하게 하는 윤리적 생활 지침이 이미 고대에서부터 확립되어 있었다.

이상은 15세기 전반에 나온 조선의 악樂의 정의[18]에서도 분명해진다. "악樂이란 성인聖人이 성정性情을 기르며 신神과 인간을 화和하게 하며…길道이다"에서도 성인이 악으로 하늘의 신과 땅의 인간을 중개하여 하나로 조화케 하는 길이 바로 악의 길[樂道]이다. 이론적으로는 누구나 성인聖人이 될 수 있었지만, 실제로 계급화된 조선 봉건 사회에서는 왕만이 성인이 될 수 있었다. 즉, 왕도王道의 악樂만이 형이상화形而上化하는 이론적 기초로 작용할 수 있었다. 뛰어난 공부벌레 세종이 공부하던 경연經筵의 교재 중 으뜸간 책이 송나라 채원정蔡元定의 저서 『율려신서律呂新書』였다랄지, 세종이 거의 일평생 '막대기로 박자를 짚어 장단을 삼아서' 수없이 작곡한 일들이 모두 인간과 사회를 악樂으로 풀고 화합케 하려는 정치적 의도에서다. 악 없이는 국가 정치가 바로 설 수 없었다. 악은 언제나 정치와 함께 한다. 악의 위치가 바로 여기에 있었다.

왕이 나라를 다스리는 네 가지 기준, 곧 제도로서 예禮·화합으로서 악樂·사특함을 끊어 내려는 형벌刑·하나된 행동거지로서 정치政 등 '예악형정禮樂刑政'이 모두 왕도를 확립하려는 점에서 하나였다. 자연히 왕은 악을 창작하여 국민과 사회를 화합으로 이끌 책무가 주어졌다. 왕은 어느 경우에도 국가 경영의 마지막 단계에 확립해야 할 책무가 악의 부흥에 있었다. 그 부흥은 국민들의 (음)악 감수성을 성숙시켜 상호 소통으로 이끌어 간 것이 아니라, 왕의 악 확립에 있었다. 그러므로 악은 국민들이 사유와 의지로서 확립하려는 (음)악을 가리키지 않는다. 그것은 왕의 정치 덕목으로서 (음)악을 가리킨다. 국민들은 악이란 용어를 처음부터 가질 수 없을 뿐만 아니라 그들의 음악이 있다면 그것은 악이 아니라 '속된 소리'가 있었을 뿐이다. 이 때의 용어, '소리'나 '속악俗樂',

18_ 『세종장헌대왕실록』, 136권 아악보 머리글.

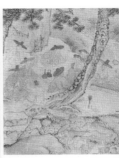

김득신, 「풍속8곡병」 중 제4폭

김홍도의 「삼공불환도(三公不換圖)」(1801)　　　김홍도, 「사계풍속도병」 중 「후원유연」(18세기)　　　정선, 「사공도시화첩(司空圖詩畵

〈그림 33〉　　　　　　　　조선시대의 학자·정치가·경륜가 들의 음악생활

불완전하고 실존적인 정(情)을 본래의 성(性)으로 조화시키려고 부단하게 성실(誠實)하고자 노력하여 인간과 자연을 악기로서 화해시키려 노력하였다. 단원 김홍도의 「삼공불환도」 화제(畵題)에 나타나듯 삼공(영의정, 좌의정, 우의정으로 三公)과 바꾸지 않겠다는 뜻이고 보면 인간과 자연을 음악으로 조화시키려는 삶이 정치적 관직보다 더 바른 생활이라고 그린 그림에서 우리들은 이 화해를 엿볼 수 있다. 그러나, 이 화해는 참으로 간단한 문제가 아니었음은 김득신(金得臣)의 그림에서 보듯 거문고 음악을 듣는 이들이 갓이 흐트러질 정도로 술에 취하고 기생과 함께 하였다는 점에서 그러하다. 그 문제는 늘 긴장의 연속이었다. 조선전기의 거문고나 비파는 수양악기이었던 것과 달리 후기에 아서 가야금이 더 일반화 되고 미적 표현악기로 바뀌어져 간다.

'민속악民俗樂' 또는 '토악土樂' 용어가 그것이다. 왕만이 왕도의 악으로서 천도天道의 악으로 나아갈 수 있다. '아악'이나 '정악'·'국악' 용어는 민중들에게 붙여질 수 있는 용어가 아니었다.

　　왜 조선이 국가음악인 아악류를 참된 음악으로 보았고, 또 바른 음악[正樂]으로 규정한 데 비하여, 민중들의 음악을 '속된 음악[俗樂, 民俗樂]'으로 규정하면서 홀대하였는지의 이유가 여기에 있다. 민중들의 '민(속)악'은 처음부터 천도로서 악이 될 수 없었을 뿐만

이인문의 〈루각아집도〉와
김홍도의 〈단원도〉
왼쪽 그림은 이인문(李寅
文)의 76세가 되던 1820년
에 그린 '누각아집도(樓閣
雅集圖)'이다. 오른쪽 그림
은 김홍도, 〈단원도(檀園
圖)〉로서 1785년작이다. 단
원 김홍도가 거문고를 치
고, 정란이 시를 노래하고
있으며, 강희언이 부채를
들고 감상하고 있다. 벽에
비파가 김홍도의 비파가 걸
려 있으니, 조선시대 거문
고와 비파는 모든 선비들의
수양악기이었다.

아니라 왕도로서도 아악으로 나아갈 수 없는 (음)악이었다. 이러한 차별성은 물론 조선
시대에 확립된 것이 아니었다. 이미, 기원전 5세기 공자(551~479 B.C.)가 살았던 중국의
춘추시대(770~469 B.C)에 심도 있게 확립한 '악론樂論'에 그 뿌리를 두고 있었으며, 그로부
터 거의 1860년간이 지난 14세기에 조선이 차용하고 있었던 악론이기도 하였다.

악樂의 두 번째 의미는 종교적 세계관과 관련이 있다. 악은 성인이 되는 방법으로서
자아의 정신 수양으로 발전하였다. 중국 주나라 말엽부터 여러 유학자들이 기록한 『예
기禮記』 중 악에 관한 기록[樂記] 책뿐만 아니라, 송나라에 들어온 불교로 말미암아 유학
이 새로운 신유학新儒學으로 발전한 악론을 살펴보더라도 악은 뚜렷하게 종교적 차원의
의미가 있다.

앞서 신청 항목에서 이미 현상학적 관점으로 인간의 종교적 체험을 변증법적 과정으
로 밝힌 바 있다.

인간의 불완전성을 자각하는 정正(thesis)과 어떤 초월적인 능력을 믿는 반反(antithesis), 그리고 이 믿음에 의한 자아 초월이라는 합合(synthesis)이 그것이다. 신유학에서 정正은 실존적 정情이고, 반反은 앞서 지적한 대로 '하늘天'으로서 '본성本性'이며, 합合은 성인聖人의 길이다. 본성은 초월적인 것을 가리킨다. 9세기 신유학의 선구자인 이고李翶가 "인간이 성인聖人이 될 수 있는 것은 그의 본성本性을 따르는데 있고, 인간이 그 본성을 배반하는 것은 정情이다"라고 정의하는 것을 보면, 정情은 인간이 실존적 정황에 있는 사람의 마음[心情]이다. 그러므로, (정반합 중에서 정으로서의) 정情은 불완전하며 문제로 가득 찬 존재의 상태이며, 언제나 불안한 상태에 있다. 정情은 반反으로서 성性을 흐리게 한다. 정情은 불교 개념으로서 번뇌이며, 성性은 깨달음悟이자 견성見性이며, 돈오頓悟이다. 신유학에서 성性은 인간의 본성本性이며 하늘의 이치[天理]이므로 경험적인 정情과 대립적이며 초월적이다. 그 본성本性이야말로 '하늘이 인간에게 부여한 것이고 인간이 타고난 것'이라고 신유학자들은 말한다. 그렇기에 신유학은 누구나 성性을 회복함으로써 피할 수 없는 정情을 조정할 때 성인聖人이 될 수 있다고 보았다. 성性을 회복하는 방법이 다름아닌 정신 수양이다. 그것은 끊임없이 성誠하고자 하는 인간의 노력, 곧 경敬에 거居하고자 노력할 때[居敬], 비로소 성聖의 경지를 얻는 해방의 길로 들어선다. 즉, 성인聖人은 실존적 불안의 원인이었던 정情을 제어制御한 사람이자 본성本性을 완전하게 회복한 사람이다.

한편, 『중용中庸』에서 정情은 기쁨喜·분노함怒·슬픔哀·즐거움樂 등 4정情으로 나누고 있지만, 이것은 결코 네 가지만을 가리키는 것이 아니라, 모든 감정을 상징화한 분류이다. 『악기樂記』에서 정情은 기쁨·분노함·슬픔·즐거움 외에 공경함敬·사랑함[愛] 등이 더 보태져 6정情으로 나뉘어졌으며, 신유학에서는 기쁨·분노함·슬픔·즐거움·사랑함·싫어함惡·욕심냄欲 등 7정情으로 일반화시켰다. 정情에 욕심을 내면 성性이 흐려질 뿐 아니라 심리적·육체적 갈등을 빚어낸다. 한의학에서 정情이 지나치면 질병을 일으키는 원인으로 해석하고 있는 것도 이 때문이다. 이 때의 7정情은 기쁨·분노함·근심함憂·골몰함思·비통함悲·두려움恐·놀라움驚 등이다.

지금까지의 설명들이 필요한 이유는 이러한 성性과 정情의 관계가 음악音樂을 설명하는 데 서로 뗄 수 없는 관계가 있기 때문이었다. 유한자로서 인간은 정情을 일으키지 않을 수 없다. 인간은 정情이 일어난다. 이를 두고 『악기』 같은 책에서는 인간의 마음

[人心]이 사물에 따라 6정情의 느낌이 일어난다고(움직인다고) 말하고 있다.

원시 유학에서는 성性이 정情에 따라 어떤 상태에 놓여 있느냐를 세분하여 용어화시킨 점을 지금부터 우리가 주목해야 할 것이다. 이 점이 음악 용어를 세분화시켜 개념화하였기 때문이다. 『중용』에서는 '희·노·애·락'의 여러 감정이 일어나기 이전[未發]의 성性의 상태를 '중中'이라 하였고, 그 여러 감정들이 일어난(생겨난) 다음[己發]의 성性의 상태를 '화和'라 하였다. '중中'은 중립성을 뜻하지만, '화和'는 '중절성中節性' 또는 '적합성適合性'이라 한다. 즉, 여러 감정이 일어나기 전의 성性·정情은 중립성을 가진 '중中'으로 있지만, 여러 감정이 일어난 직후의 상태에서 성性이 주재가 될지, 정情으로 사로잡힐지 모른다. 성정性情에서 성性이 적극적인 주재 상태가 되었다면 이 때의 정情은 '지나친 상태도 아니고 못 미치지도 않은', 정情을 느끼면서도 성性이 주체인 '중절성', 곧 성정性情이 마디마디마다 조정이 된[中節], 적합하게 조화를 이룩한 '화和'가 주어진다. 이러한 자아 수양 방법은 마음의 번뇌를 일으키는 실존적 정情을 성性으로 억제함으로써 마음의 안정을 이룩하려는 방법이자, 인간 사고의 과정을 초월하려는 방법이기도 하다. 신유학에서 이러한 방법은 소극적으로는 허虛라는 용어로, 적극적으로는 성誠이나 명明이라는 명사로 각각 기술하고 있다.

성誠은 뜻을 성실하게 하는 것으로 사르트르식 표현을 빌린다면 자기기만(bad faith) 대신에 자기성실(good faith)을 가리킨다. 따라서, 성性이 주체가 된 성정性情의 적합(중절) 관계는 모든 감정적 집착과 관념상의 구별을 초월한 신비적 의식의 관계이자 자아 초월의 상태이며 해방 구원이랄 수 있다.

그렇다면, 성정性情이 음악과의 관계는 어떠한가? 마음 속에서 정情이 일어나면(움직이면) 소리聲가 실존적 정황에 따라 일정한 틀을 갖춘 곡조가 이루어지는 바, 이 때의 곡조를 음이라 하였다. 이 음音은 서양음악에서 흔히 말하는 tone의 번역어로서 '음'도 아니고, 하나하나의 '음'도 아니다. 음音은 틀(짜임)을 갖춘 음악 작품을 가리킨다. 그렇다손 치더라도, 그 '음音'은 요즈음 해석하는 바와 같이 한 창작가의 사유나 의지 또는 작곡 작업을 추진한 정신적 노력의 결과를 가리키지 않는다. '순수 자연 그 자체로 이루어진 곡조'이다.

문제는 성정性情 중에 어느 것이 적극적으로 중개하였느냐에 따라 '음音의 내용적 성격'이 달라진다는 것이다. 유학은 성性이 주체가 되어 정情을 조절한 음[곡조]이어야 함을 미적·윤리적으로 규정하여 놓았다. 성정性情에서 성性이 흐려지고 오직 정情만으로 곡조를 이룬 음音을 가장 싫어했다. 왜냐하면, 정情이 주체가 된 곡조는 필연적으로 감정에 치우친 음악이 되므로, 이 때의 음악이야말로 윤리적 기준이 배제되고, 미적 기준만이 고려된 음악으로 보았기 때문이다. 그러한 음音은 실제로 음音을 구성하는 성聲들을 분명하게 드러내야 하기 때문에 심하게 떨게 된다고 보았다. 크게 흔들어지는 성聲은 큰 파장을 이루는 진폭이 생기기 때문에서도 정情의 반응이 커지기 마련이며, 이것은 그만큼 성性이 흐려진 오직 정情만의 짜임을 미적으로 고려할 뿐이라고 유학은 비판한다. 그러나 성性이 더욱 주체가 되어 정情을 제어한다면, 그 성聲도 흔드는 짜임을 심하지 않게 억제할 뿐 아니라, 그렇다고 전혀 흔듦이 없는 성聲이 아니므로, 성정性情의 적합성(중절성)으로 음(오늘날의 의미로는 음악이다)을 조직·표현한 것으로 보았다. 이것이, 성정性情의 조화에 의한 미적 드러냄의 악樂, 곧 선善과 미美의 극치를 이룬 악樂(진선眞善·진미眞美의 악樂, 그 모델이 소악韶樂)으로 그 이상을 삼았다. 이러한 미적 가치를 위하여 끊임없이 성誠하려는 노력, 곧 성性을 회복하려는 태도에서 성聲을 조직하는 '음音'이야말로 '덕음德音'인 데 비하여, 성性이 흐려지고 정情이 주체가 된 태도에서 성聲을 짜나간 '음音'은 실존적 감정感情에 빠진 '익음溺音'이라고 구분하여 미학적 비평 용어로 상대화시킨다.[19]

지금까지 내용을 그림으로 나타낸다면 〈표 12, 13〉와 같다.

덕음德音 입장에서는 익음을 '간사한 음악姦音'이라고 비판한다. 그 익음은 음音이 아니라 음音 이전의 성聲일 뿐이며, 그 성聲도 '간사한 소리[姦聲]'라고까지 비판하는 따위가 그것이다. 여기에서 음音 자체는 악樂이랄 수 없다. 음音이 덕음德音으로 매개媒介(Vermittlung)하였을 때만이 악樂으로 성격지어진다. 덕德音음은 구체적으로 성性이 회복하여 주체가 된 음악이다.[20]

19_ 덕음(德音)은 아악(雅樂)이나 정악(正樂) 등 악(樂)으로 나아갈 수 있지만, 익음(溺音)은 악(樂)이 되기는커녕 나라를 망하게 한 음악 '망국지음(亡國之音)'으로 정(鄭)나라 음악과 위(衛)나라 음악 '정위지음'이자 음성(淫聲)이며 간성(姦聲)이라고 비판하며 평가절하적 비평 용어들을 생산해 냈다. 더욱이 한술 더 떠 성인聖人으로서 왕도를 구현하는 임금의 악(樂)은 정악(正樂)으로서 아악(雅樂)이며, 이것이 나라의 악 '국악'이라는 당위성을 가진 데 비하여, 민중들의 음악은 자칫 '속된 소리나 음악'(민속악 또는 속악, 또는 상 것들의 소리)으로 상대화시킨 것은 왕도 중심적 미학관이 아닐 수 없다.

20_ 그러므로 이 글에서 때때로 '음악'을 '음악'이나 '음악(音樂)'으로 적지 않고 '음·악'이나 '음(音)·악(樂)' 등 가운데 점으로 나눈 이유가 여기에 있었으며, 그 용어 표기는 아악류만의 악(樂)뿐만 아니라 민악(民樂)의 모든 악(樂)까지 포함하고 있다.

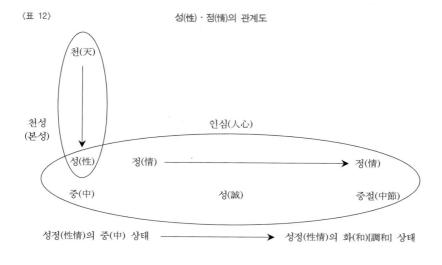

〈표 12〉 성(性)·정(情)의 관계도

천(天)

천성
(본성)

인심(人心)

성(性) 정(情) ————————————————→ 정(情)

중(中) 성(誠) 중절(中節)

성정(性情)의 중(中) 상태 ————————————————→ 성정(性情)의 화(和)[調和] 상태

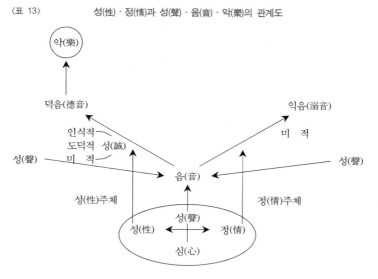

〈표 13〉 성(性)·정(情)과 성(聲)·음(音)·악(樂)의 관계도

악(樂)

덕음(德音) 익음(溺音)

인식적
도덕적 성(誠) 미 적
성(聲) 미 적 성(聲)

음(音)

성(性)주체 정(情)주체

성(聲)

성(性) ←→ 정(情)

심(心)

『악기』에서 정鄭나라와 위衛나라 등의 음악을 '정성鄭聲'이자 '난세의 음악亂世之音'이고 '망국의 음악亡國之音'이라고 비판한 것은 중국 한족 중심의 정치적·문화적 배외 사상 [華夷思想]이기도 하지만, 동시에 그렇게 비판한 기준을 정나라와 위나라 음악이 인식적·도덕적 기준이 없이 오직 미적 기준만으로 만들어진 음악으로 보았기 때문이다(물론, 이 비판은 중국 한족음악문화가 위협을 받을 정도로 정나라·위나라의 각각의 민족음악이 전국으로 소통되고

있기 때문에서도 이를 막고 중국 한족 문화의 대의를 지키려는 존왕양이尊王攘夷의 문화 정책에서 비롯된다).

그러하기에, 성정性情에서 성性이 주체가 되어 정情을 조절한 음악音으로서 덕음德音을 악기 기준[律]에 따라 국가 제례 음악에 쓰이는 음악을 바로 '악樂'이라 하였다[후에 살펴겠지만, 이 때의 악樂은 그 장르로 아송雅頌으로서 시詩나 『시경詩經』에 오른 민중들의 시詩와 일무佾舞를 비롯한 정재呈才류의 춤과 제례악·연례악·군례악으로서 음악 모두를 포함한다. 이 장르 중에서 제례악의 시·가·무·악을 최고의 악樂으로 쳤다.

그렇게 보면, 악樂의 위치를 가장 잘 나타낸 책이 다름아닌 『대학大學』(크고 넓은 배움)일 것이다.

> 물物(물건이나 사물)에 접한 후에 앎에 이르고, 앎에 이른 후에 뜻을 성실하게 하고, 뜻을 성실하게 한 후에 마음을 옳게 할 수 있고, 마음을 옳게 가진 후에 몸을 깨끗이 하고, 몸을 깨끗이 한 후에 집안을 질서 있게 하고, 집안에 질서가 있은 후에 나라를 다스리고, 나라를 다스린 후에 천하를 평화롭게 할 수 있다[物格而后 知至 知至而后 意誠 意誠而后 心正 心正而后 身脩 身脩而后 齊家 齊家而后 國治 國治而后 平天下].

여기에서 격물格物이란 사물의 이치를 연구하는 것으로 정확한 지식 탐구를 말하며, 치지致知는 깨달아 알기에 이르른 것으로 참된 지식을 얻는 것이며, 성의誠意는 마음을 참되게 하는 것으로 참된 마음이며, 정심正心은 참된 다음에 마음이 바르게 되는 것으로 바른 마음이며, 수신(脩身, 修身)은 수양하여 몸을 닦고 행실을 올바르게 하는 일이며, 제가齊家는 말 그대로 집안을 다스리는 일이며, 치국治國은 나라를 다스림이며, 평천하平天下는 세계를 평화로 이끌어 냄을 말한다. 『대학』은 다시 변증법적으로 평천하에서부터 시작하여 격물에 이르는 순서로 설명하고 있다.

결국, '격물치지(줄여서 格物)'는 학문의 영역으로 인식적(cognitive) 요소를 말하고 있고, '성의정심(줄여서 誠正)'은 윤리적(moral) 요소이며, 지금까지의 한 개인이 안으로부터 자기 완성을 꾀한 것[成己]을 '수신제가치국평천하(줄여서 修齊治平)'에 적용하는 실천적(practical) 요소로서 한 개인의 밖으로 자기 완성을 실천적으로 이룩[成物]하는 것을 말한다고 할 수 있겠다.

악樂은 이러한 '격-치-성-정-수-제-치-평格致誠正修齊治平' 끝자리에서 있으면서 각 요소에 피드백한다고 볼 수 있다. 격치의 인식적 요소와 성정誠正(성정性情이 아님에 유의)의 윤리적 요소, 그리고 수제치평의 실천적 요소 다음의 끝자리에 악樂으로 매개媒介(Vermittlung)하며 스스로 미적(aesthetic) 요소를 드러내고 있다.

즉, 악樂은 인식적 요소와 윤리적－실천적 요소 그리고 미적 요소를 동시에 매개하고 있으며, 매개된 악樂은 또다시 피드백하여 변증법적인 방법으로 물음을 던지고 있다. '격치'에서 악樂은 "악樂이란 무엇이냐?"가 생긴다. '성정誠正'에서 악樂은 "왜 악樂을 하느냐?"가 본질이다. '수제치평'에서 악樂은 "누구를 위한 악樂이냐?"가 본질이다. '악樂' 스스로에서 "악樂은 어떻게 표현으로 드러내 인간과 사회를 풀어내야 하느냐?"가 본질이다. 이러한 "악樂이란 무엇이냐?－악樂이란 왜하느냐?－악樂은 누구를 위하느냐?－악樂은 어떻게 표현하고, 인간사회를 풀어내야 하느냐?"가 바로 '악학樂學'의 이론과 실제의 본질이다. 또, 악학樂學에서 어느 한 항목의 물음을 떼어 내어 설명할 수 없는 전일적 접근(holistic approach)을 해야 하는 이유가 여기에 있다.

조선 시대 1493년에 『악학궤범樂學軌範』을 만들어 낸 본래의 뜻도, 고악古樂・구악舊樂・금악今樂을 역사철학적으로 밝히려 하였던 본질도, 조선 후기 악학자들의 백과전서적 악樂 규명이나 물화物化된 사회를 악樂의 정체성正體性으로 회복하려고 하였던 이유도, 그리고 이형상李衡祥(1653~1733)이 『악학편고樂學便考』를 펴낸 이유도 각각 이러한 이유에서다.

그러므로, 악樂의 구성을 서양음악 개념, 곧 Music이 작곡자의 아이디어idea가 음향적 재료(acoustic materials)를 조직하고 질서를 부여한 이중 구조였다면, 그 구조를 명쾌하게 '음音・악樂'으로 접근하며 분석할 수 있다. 음音은 음향적 재료이며, 악樂은 아이디어이다. 다만, 조선의 악樂이 음音만의 재료를 선택하고 질서를 부여하는 아이디어로 존재하지 않고, 인간과 사회가 매개된 아이디어를 가리킨다. 인간과 사회가 매개되지 않은 채, 오직 미적인 기준만으로 기능하는 음악이라면, 그것은 음音에만 관심을 가지고 조직하려는 아이디어이므로 조선 시대에 '익음溺音・성성聲・간성姦聲・망국지음亡國之音' 등의 비판적 음악 용어를 사용한 경우와 비교할 수 있다. 조선에서 악樂은 헤겔의 음악 미학식으로 설명한다면, 아이디어가 음향적 재료의 울리는 소리에만 관심을 가지는 '형식'이 아니라, '악이란 무엇이며－왜 하여야 하며－누구를 위하여 해야 하며, 어떤 음악으로 표현하여 인간과 사회를 풀어내야 하느냐?'가 매개된 '내용'으로 음향적 재료를 조직하고 질서를 부여한 셈이다.

지금까지의 내용을 도표로 표기한다면 〈표 14〉와 같다.

〈표 14〉   '음·악'의 형식과 내용

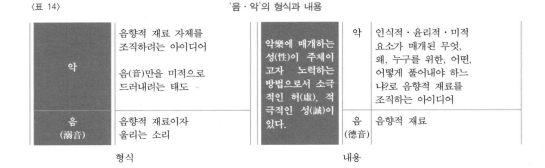

| 악 | 음향적 재료 자체를 조직하려는 아이디어

음(音)만을 미적으로 드러내려는 태도 | 악樂에 매개하는 성(性)이 주체이고자 노력하는 방법으로서 소극적인 허(虛), 적극적인 성(誠)이 있다. | 악 | 인식적·윤리적·미적 요소가 매개된 무엇, 왜, 누구를 위한, 어떤, 어떻게 풀어내야 하느냐?로 음향적 재료를 조직하는 아이디어 |
| 음
(溺音) | 음향적 재료이자 울리는 소리 | | 음
(德音) | 음향적 재료 |

　　　　　　　형식   내용

결국, '음音·악樂'의 이중 구조로서 악樂의 내용으로 매개된 것은 성性을 회복하기 위한 인식적-윤리적-미적 요소로서 '격치성정수제치평', 곧 사물을 탐구하는 데 있어서 궁리함과 성실함과 실천-표현하려는 길이야말로 악의 길[樂道]이자 성인聖人에 이르는 악樂의 추구라고 할 수 있다.

유학에서 이러한 내용성은 음향적 재료들인 소리(또는 음)들을 실제적으로 규정하였으니, 이것이 유학의 독특한 미적 기준이 되었다. 이 미적 기준은 동시에 악樂의 첫 번째 의미로 밝힌 바 있는 왕의 정치력과 밀접하게 관련지어 놓음으로써 또다시 악樂에서 종교적 차원과 정치적 차원을 뗄 수 없음을 체계화시켰다. 정情이 마음 속에서 움직이므로 소리가 곡조를 이룬다고 볼 때, 국민들의 정情의 느낌感은 왕의 정치력 여하에 따라 달라진다는 이론이 그것이다.

조선에서 15세기 후반에 펴낸 바 있는 『악학궤범樂學軌範』에서 '악이란 하늘天로부터 사람들에게 부여한 것으로 허虛에서 일어나 자연自然에서 이루어진 것'으로 정의하면서도, "사람들이 느낀 바가 같지 않음에 따라 소리도 같지 않아…하나로 만드는 것은 임금의 인도 여하에 달렸다"라고 설명하는 것도 그것이다. 사람의 음악 현상[人道]은 끝내 임금[왕]의 인도 여하[王道]에 따라 천도天道에 이를 수 있음을 규정하고 있다. 이것은 인도人道의 음악이 천도天道의 음악에 이를 수 없으며, 오직 왕도王道의 음악에 따라 실현할 수 있다는 것이다. 따라서, 왕의 정치가 정도를 벗어나면 원망스럽고 노기怒氣를 띤 곡

조가 되고, 왕의 정치가 사납고 국민이 곤궁하여지면 곡조가 슬프면서도 괴로워진다고 보았으며, 왕의 정치가 화평하여지면 곡조가 안정되어 화락한 가락으로 되는 것은 모두 왕의 정치력 여하를 설정한 것이자, 곡조가 인위적인 사유와 의지 또는 창작력에 의한 것이 아니라 '순수 자연 그 자체'로 이루어지는 것으로 보았기 때문이다.

자연히, 왕도의 정치력을 성숙시키기 위하여 음을 다섯으로 나누어 각음들이 기능적인 역할을 할 수 있도록 하였다. 다섯 음으로 구분한 것은 모든 현상(자연, 사회, 정신현상 등)을 음양오행陰陽五行에 의하여 각각의 다섯 위치가 서로 작용하여 그 성쇠盛衰를 결정한다고 믿어 이를 체계화한 데서 비롯한다. 중국의 '궁·상·각·치·우宮商角徵羽'는 중국에서 계명으로 '도·레·미·솔·라'에 해당한다. 궁은 임금을 상징하고, 상은 신臣의 상징으로 삼고, 각은 민民의 상징으로 삼고, 치徵는 민사民事의 상징으로 삼고, 우羽는 재물의 상징으로 삼은 것이 그것이다. 그리고 각각의 음들이 거칠어지면 해당하는 부류가 어지러워지고, 다섯 음 모두가 어지러울 때는 각각의 부류간이 서로 다투며 싸우기 때문에 나라가 망한다고 보았다. 왕의 정치력 수준은 바로 '궁' 음이 다른 음들간의 관계에 있으므로 궁음이 언제나 주요 기능 음으로 작용한다.

조선 시대 『악학궤범』에서도 중국계 아악이 12율(황종에서 응종까지 12개의 음) 4청성淸聲(청황종·청대려·청태주·청협종)으로 이루어진 바른 소리[正聲]가 있음을 밝히고 있다. 이것은 악樂의 종교적 차원을 이용하여 왕王의 정치적 권위를 형이상화形而上化한 것에 다름아니다. 즉, 변치·변궁 2음을 자주 쓰게 되면 '궁' 음의 음악적·정치적 기능이 중심을 잃게 된다는 것이다. 결국, '궁상각치우' 다섯 음의 기능을 잃게 된다거나, 4청성을 12율보다 선호하여 자주 쓰면 12율의 기능을 잃게 됨으로써 "군신君臣과 사물事物의 분별이 어지러워진다"라고 비판하며, "항상 정성正聲이 주가 되어 변성과 4청성을 제어함으로써 중화中和의 기氣에 어긋나지 않게 하라"는 규정이 그것이다. '궁' 음이 주요 음이 되어 다른 '상각치우'의 관계가 조화로워야 한다는 이러한 음악미학적·정치적 해석으로 말미암아 악樂은 언제나 '정치적 기반'에 있었다.

물론, 조선이 중국식 미학 원칙에서 미적 가치를 제외하고는 실제적인 음 조직을 그대로 적용한 것은 아니다. 그러나 이 경우 서양식 화음 관계와 달리 음 하나하나가 기능하면서 이웃 음과의 관계 설정(가락과 장단에서)으로 역동화시킨다는 점, 그 음들의 짜임에서 큰 파장 폭을 야기시키지 않도록 성性으로 정情을 자제케 하는 점, 궁상각치우(실제로 조선에서 적용한 음들은 다르다)로 인간과 사회를 왕도王道의 정치력으로 조화시키려는 뜻에서 구조적 음들을 형성케 하여 사용 빈도수가 많아진다는 점, 이러한 특징들이 시·노래·춤을 하나의 악樂 장르로 삼았다는 점 등이 모든 아악류의 특징을 이루었다. 이 특징을 지향하며 구현한 음악 사회가 지금부터 살피려는 정치 지배층의 아악권, 기회, 악회, 시회 등의 음악 사회이다.[21]

(2) 국가 기관의 아악

조선 시대가 성리학을 국가 이념으로 삼고, 한 개인인 임금王의 실제적 권위를 형이상화形而上化하여 '제도 문화'와 '공동체 문화'를 구축하여 전제專制의 기초로 삼았다는 점은 이미 널리 알려진 사실이다. 이 제도 문화를 수행하기 위하여 국가 기관에 음·악 기관 운영을 가장 중요하게 여기고 있었으므로, 중앙과 지방을 조직화하였다. 조선의 국체國體정통성을 역대 선왕들이 가져다 주고 있는데다 조선 시대의 토지가 생산 수단에 절대적 비중을 차지하고 있어 임금이 전국토를 자신의 영토로 삼고 있었으므로 전자의 종묘와 후자의 사직은 국가통치상 '종사'의 양대 축이며, 국가 통치 철학으로서 성리학을 제도화하고 조직화함으로써 국가 권력의 기반을 이룩할 수 있었다. 여기에서 '제도 문화'란 '예禮'이며, '공동체 문화'는 '악樂'이어서, 성리학적 예악禮樂문화, 곧 왕권 문화가 전 국가 기관에 걸쳐 발달되어 있었다. 예악 문화가 기회耆會·악회樂會·시회詩會의 악樂문화에 영향을 준 것은 물론이다.

① 예악의 제도화와 미학성

예악문화의 발달은 조선 초기부터 국가 통치 규범을 관찬官撰 법전으로 펴낸『경제육전經濟六典』(1397년 초간), 또는『고려사』의「예지」, 행정통치기구인 육조의 육법전인『경국대전經國大典』(1485년 완성) 등에 나타난 '예전禮典', 역시 조선이란 국가의 각종 의식 절차를 규정한 그 유명한 규례집『오례의五禮儀』(1451년 완성), 그리고 국가적으로 후세에 참고

21_ 이 밖에 악(樂)이 시·노래·춤 등 여러 장르가 통합된 의미가 있지만, 구체적인 내용은 필자의「'음·악', 한반도에서 그 갈등의 언어성」Ⅰ·Ⅱ·Ⅲ(『한국음악사학보』제5, 8, 10집, 경산 : 한국음악사학회, 1990~1993) 논문을 참고하기 바란다.

하기 위하여 기록한 각종 의궤儀軌와 『악학궤범樂學軌範』 등을 보아도 확인할 수 있을 것이다.

이러한 자료들을 우리가 참조하면, 조선 시대는 국가적으로 치르는 예(또는 의식 절차)로서 크게 길례吉禮·군례軍禮·가례嘉禮·흉례凶禮·빈례賓禮 등 다섯 가지를 나누고, 궁정을 비롯하여 전국가 기관에 제도적으로 확립하여 각각의 악 문화 예술을 펼쳐 나갔음을 거듭 확인할 수 있다. 조선의 국가문화는 단적으로 예악문화라 할 수 있다.

여기에서 5례를 간단하게 말한다면, '길례'는 제사에 관한 예禮로서 종묘와 사직단에서 이루어지는 각종 제사·산천제·기우제·공자 사당에서 지내는 제사이다. '군례'는 군사적 의식 절차와 기구에 대한 예로서 활쏘기·군사 사열·훈련·탈춤 등의 예이다. '가례'는 경사적 의식 예로서 명절날의 망궐례 조서와 칙서를 맞이하고 표문을 보내는 의식, 조회나 각종 모임 의식이다. '흉례'는 죽음에 관한 예로서 각종 제사 절차와 도구 등의 규정 예이다. '빈례'는 중국과 일본의 사신이나 친서·선물을 맞이하는 예를 말한다. 바로 이러한 예에 음·악이 빠질 수 있었을까? 아니다. 어김없이 있었다. 음·악이 없는 조선을 생각할 수 없다.

다음 〈표 15〉에 나타난 것처럼 5례 중 가장 대표적인 사항만 간단하게 밝혀도 조선 시대의 예악 문화가 얼마나 풍부하였는지를 이해할 수 있을 것이다. 〈표 15〉에서 '종묘와 사직'의 내용만을 더 알아보기로 하자. 그것은 조선의 예악 문화가 지향하는 목적이 첫째로 국가 존립의 법통성을 확립한 역대 왕의 사당으로서 종묘宗廟에 두었고, 둘째로 땅과 관련하여 농업 생산에 관련한 사직社稷 등이 국가 재정의 뿌리 공간이었으며, 셋째로 국가이념성을 확립하여 주는 사당으로서 문묘文廟에 뿌리를 두었던 바, 이 세 가지 중에서 종묘 제도 문화와 사직 제도 문화가 종묘사직인 바 곧 '종사宗社'가 조선 5백 년간 국가 근본이자 최고의 예제와 격식이었으므로 이를 통하여 예악 문화 전체를 알아보자는 데 있다.

〈그림 34〉　　　　　　서울 사방(四方)에 대한 조선인들의 이해 체계(左靑龍・右白虎・南朱雀・北玄武)

조선은 동서남북 방위와 음양오행으로 서울 도성을 구축하였다. 이러한 접근은 서울 도성 뿐만 아니라 주부군현에 따른 지방의 관아배치도, 경복궁 건축도, 모든 대중소의 제의에 등장하는 문부백관이나 기악대, 성악대, 춤대의 당상 당하의 배치가 모두 이에 따랐다. 그것은 동아시아는 오래전부터 우주의 북극성과 북두칠성이 포함된 자미원을 단순한 별자리로 본 것이 아니었다. 자미원은 우주의 중심으로 생각했다. 우주의 중심이므로 자미원이 인간과 우주의 생명을 주관하는 곳이고, 모든 생명이 시작되고 죽어 돌아가는 곳으로 여겼다. 하늘 중심은 상제가 사는 북극성 자리로서 자미궁이다. 이 북극성 주위를 북두칠성이 24시간을 두고 한 바퀴씩 돌고 그 중력의 힘으로 자미원 밖의 28수와 태양계 별들이 움직인다. 태양계는 북성 주변을 자전하면서 공전한다. 바로 북극성의 자미궁을 구천궁궐로 본 따 땅의 경복궁을 구중궁궐이라 했다. 그리고 경복궁은 물론 서울 도성을 구축했다. 서울은 땅의 북극성과 북두칠성의 자미원으로 구축한 하늘의 도시이었고, 그 음악도 하늘음악이었다.

〈표 15〉　　　　　　　　　　　　　　　　5례(禮)의 내용

종류	갈래	대상	시기	악樂
대사 (大祀)		역대 왕과 역대 왕비 [종묘]	네 철의 첫달 상순과 납향일. 영녕전에서는 봄・가을 첫달 상순	종묘 제례악영신(迎新)에 각각 보태평악과 전폐에 보태평무를 춘다. 진찬에 풍안악, 초헌에 보태평악, 아헌과 종헌에 정대업악을 주하고, 정대업무를 춘다. 철변두에 응안지악, 송신에 홍안악을 주한다. 영녕전과 문소전 제악으로 낙양춘, 초헌에 환환곡, 아헌에 유황곡, 종헌에 정동방곡을 연주한다.
		토지와 곡식의 신 [사직]	봄・가을철 각각 중간달 첫무일[上戊日]과 납일	헌가악으로서 영신 순안 지악을 주하고, 열문무(烈文舞)를 춤춘다. 강신 이후 응종으로 노래하고(등가) 열문무를 춘다. 전폐에 숙안악을 주하며, 태주 (헌가악)

길례				를 주하고, 소무무(昭武舞)를 춘다(진찬악에 응안악, 아헌·종헌에 수안악, 문무는 물러나고 무무가 나오면 서안악, 송신에는 임종궁 순악악을 각각 주한다).
	중사 (中祀)	천신(天神)	봄·가을철 각각의 중간달 상순	헌가악으로 영신원안지악을 주하고, 열문무를 추며, 강신후 노래(등가악)와 열문지무를 추고, 황종을 주하며 소무무를 춘다.
		풍운뇌우(風雲雷雨)	위와 같음	
		산신과 내신 [山, 川神祭]	봄·가을철 각각의 중간달 상순	
		농사 주관 신[先農]	경칩 후 해일(亥日)	국왕이 대차에 나오면 여민락 만조, 직전에 갈면 여민락령, 국왕이 갈기후 관경대(觀耕臺)에 오르면 여민락 만, 왕세인가 적전을 갈 때는 역성곡, 대사례와 어사례에도 역성곡을 각각 주한다. 친잠식에 왕비가 대차소에 나오면 역성곡, 옹비가 대차소에 돌아오면 여민락령을 주한다.
		누에 주관 신[先蠶]	봄철 끝달 사일(巳日)	
		비(雩) 맡은 신[雩祀]	여름철 첫달 상순	전폐에 숙안악을 주한다.
		나무 주관 신[句芒]		가사
		문선왕[공자신]	봄철과 가을철 중간달 첫정일[上丁日]	헌가악으로서 응안악을 주한다. 전폐에 명안악.
		단군	봄철과 가을철 중간달	
		고려 시조	봄철과 가을철 중간달	
		기타 역대 왕조의 시조	봄철과 가을철 중간달	
	소사 (小祀)	선목(先牧) 마사(馬社) 마보(馬步)	여름철 중간달 가을철 중간달 겨울철 중간달	
		영성(靈星) 노인성	입추 후 진일(辰日) 추분일	
		이름난 산과 큰 강	봄철과 가을철 중간달	
		추위 맡은 신[司寒]	춘분일과 겨울철 끝달	
		행군 주관 신[禡祭]	봄과 가을철에 무예 익히기[講武]를 하기 하루 전	
		큰 군기[纛祭]	경칩과 상강날	초헌에 간척무와 납씨가 노래, 종헌에 창검무를 추고 납씨가 노래, 철변두에 정동방곡을 노래.
		전염병 신[厲祭]	청명, 7월 15일, 10월 초하루	

군례	출정(出征) 반사(班師)		
가례	국혼(國婚) 사연(賜宴) 책봉(冊封) 노부(鹵簿)	임금 거동 때 의장	시용 전정헌가악(악사 2인, 악공 59인 등) 〃 〃 임금의 출궁이나 환궁 때는 전후 고취악(망궐례·망궁례·배표전 및 임금 행행시에는 쓰지 않는다)
	참고		조참, 문과전시, 생원과 진사의 방방(放榜), 배표전, 권정례의 경우는 사용 전정 고취악을 주한다. 망궐례(望闕禮, 지방관이 매달 초하루 보름에 궐패에 배례하는 예식)·망궁례(望宮禮, 황후궁을 향하여 배례하는 예식)·배표전(拜表箋, 천자의 은명이 있을 때 보내온 예장을 절하고 받는 의식)·하대비전(賀大妃殿, 왕대비께 하례드리는 예식) 및 조하(朝賀, 임금에게 하례드리는 예식)·조참(朝參, 한 달에 네 번씩 임금이 정전에 나와 신하의 정견을 청취하는 의식)·연향(宴享, 경사나 또는 외국 사신을 대접할 때 베푸는 연회) 등 예식에 왕이 출궁하면 여민락 만기나 성수무강 만기를 주한다. 모든 배례(拜禮)는 낙양춘, 왕의 환궁에는 여민락령 또는 보허자령의 황궁악을 주한다.
흉례	국상(國喪) 국장(國葬)		
빈례	국빈맞이		

종묘가 역대 제왕의 위패(신위)를 모시는 왕가의 사당이라면, 사직은 땅의 신[土神]인 사(太社의 社)와 곡식의 신[穀神]인 직(太稷의 稷)이 합해진 용어이다. 종묘와 사직이란 용어가 합처진 '종사'를 어느 왕조이고 통치 질서의 기본으로 삼았던 것은 전자가 왕권의 정당성을 부여하는 법통을 뜻하고, 후자가 토지에 기반을 두고 농업경제 활성화를 꾀하여 국가 재정 기반으로서 국가 권력(왕권)의 본질을 이룰 수 있었기 때문이다. 고려에 이어 조선이 1392년에 건국한 직후, 개경의 옛 고려의 종묘를 헐어내고 조선 왕조의 종묘를 맨 먼저 건립한 것도 그것이다. 뒤이어 1394년 한양에 새 도읍지를 정하려고 하였을 때에도 궁궐 터(경복궁)를 잡고 그 왼쪽에 종묘를, 오른쪽에 사직단을 세운 대신 개경의 종묘를 헐어낸 것도 그것이다. 이것은 다음 〈그림 34〉의 서울 풍수·지리도와 같이 조선인들의 세계관을 그대로 반영한 것이다. 곧, 음양陰陽을 서울 공간에 적용하였다.

이 경우, 한강 이북만을 서울 공간으로 삼았다. 경복궁 뒤의 북악산[북현무北玄武]로 보았다. 주산이 백악이라면 그 뒤의 삼각산(북한산)은 조산이대을 중심으로 왼쪽의 낙산駱山(또는 馳駱山)을 청룡青龍으로 보고[左青龍], 오른쪽의 인왕산仁旺山을 백호白虎로[右白虎], 그리고 남쪽의 목멱산木覓山(곧 남산이다. 남산은 백악 주산에 대한 안산이고, 그 뒤의 관악은 삼각산 조산에 대한 조산에 해당한다)을 남주작南朱雀으로 보고, 그 내명당 중앙에 경복궁 터를 잡았다[내명당을 중심으로 도성으로 삼았다.

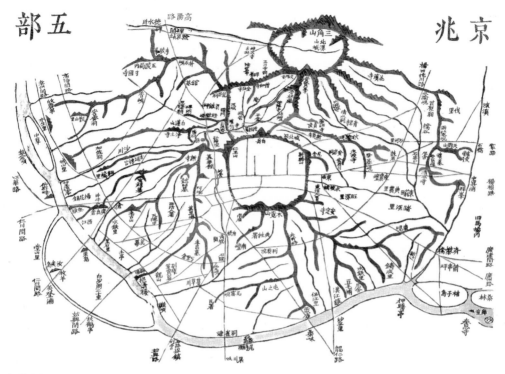

도성내 본류는 청계천이다. 한강 북쪽만을 서울로 보았다. 백두산이 삼각산으로 뻗어와 북악과 이어지는데 비하여 관악산이나 청계산은 속리산이 뻗어올라와 이어진 것으로 보았기 때문에 풍수지리로 보면 한강 남쪽의 강남은 서울로 보지 않았다).

　여기에서, 청룡이 문文·남자·장손에 해당하므로 문묘나 종묘 또는 성균관을 두고 지역에서는 서원이나 문묘 또는 서원 안에 복합적인 공간으로 삼았다. 여기에 비하여 백호는 무武·여자·지손支孫에 해당하여 땅의 공간인 사직단을 두었다.

　조선의 국가 설립이 종묘 사직을 양대 지주로 삼았던 것은 이와 같은 공간의 이해에서 비롯되었고, 그 드러냄은 서울뿐만 아니라 이 땅 어느 곳에서든지, 그리고 모든 도구(악기 배치, 곧 악현을 포함하여)의 공간 처리를 이 세계관으로 드러냈다.

　특히, 남자와 문文의 공간으로서 청룡에 해당하는 종묘가 역대 제왕의 위패 사당인데

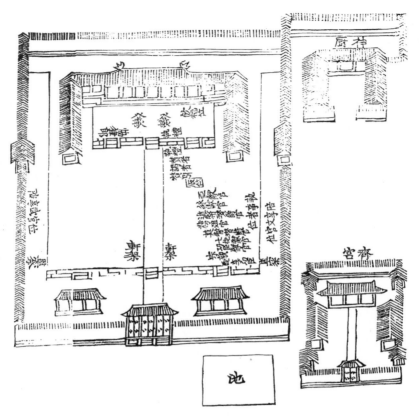

〈그림 36〉   조선 전기(성종 때)의 종묘

조선 전기 때의 종묘는 이후 신실(神室)의 부족으로 증축하였다. 예컨대, 정전 좌측으로 영녕전 증축이 그것이다. 임진왜란 직후 왕이 평양 의주로 피난하였을 때에도 종묘의 신위는 바로 옮겨졌지만, 서울의 종묘와 궁궐은 왜군에 의하여 소실되었다. 임란이 일어난 지 16년이 지난 1608년에 가서 제일 먼저 종묘 공사를 착수하였다. 정전의 댓돌 위에서 연주하는 등가와 댓돌 아래에서 연주하는 헌가의 형태나 각 제관들의 위치가 그림에 나타나 있다. 『國朝五禮儀』 序例, 卷一.

다 왕권의 법통성을 주기 때문에 모든 5례 중에 으뜸으로 삼았다(문묘 역시 왕권의 법통성에 덕치의 이념성을 제공하는 남자의 문文공간으로 이해하고 있었다). 그 중에서도 대大·중中·소사小祀의 가장 큰 격식과 예제는 물론 악樂을 제도화시켜 이 분야를 전무후무하게 발달시킬 수 있었다〈그림 36〉과 〈사진 14〉, 〈사진 15〉 참고).

〈사진 14〉   사직단(1910년)

〈사진 15〉   현재의 사직단 모습

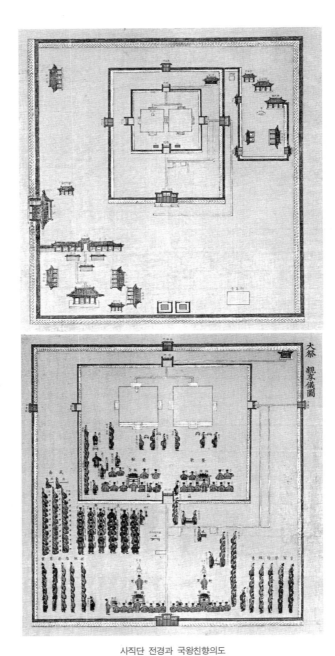

〈그림 37〉 　　　　　　　　　　　　　　　사직단 전경과 국왕친향의도

위 그림의 사직단에서 국왕이 대제 친향의(大祭 親享儀)를 올리면 문무백관은 물론 기악대, 성악대, 춤대가 〈그림 38-1~3〉과 같이 동
서남북 방위에 따라 배치되고 당상·당하로 나뉘어 사직제례악을 연주한다.

남

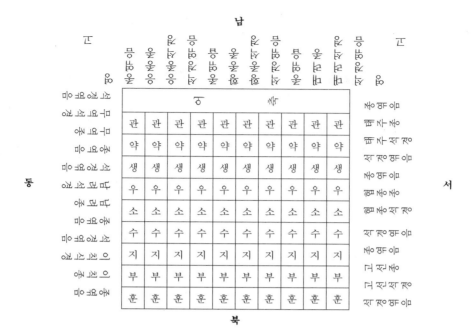

〈그림 38-1〉   사직단의 기악대 배치

3면에 각각 종엮음 셋, 석경엮음 셋을 배치하는데 서쪽 종엮음은 남쪽 석경엮음에서 사이를 두고 서쪽에, 동쪽 석경엮음은 남쪽 종엮음에서 사이를 두고 동쪽에, 남쪽 석경엮음은 서쪽 종엮음에서 사이를 두고 남쪽에 배치한다.
영고 셋을 배치하는데 하나는 남쪽 기악대 남쪽의 한복판에, 하나는 서남쪽 모퉁이에, 하나는 동남쪽 모퉁이에 배치한다.
'축' 악기와 '어' 악기는 남쪽 기악대 안에 배치하는데 축악기는 서쪽에, 어악기는 동쪽에 배치한다.
'관' 10개를 축악기와 어악기의 북쪽에 한 줄로 배치하고 다음에 '약', 다음에 '생', 다음에 '우', 다음에 '소', 다음에 '수', 다음에 '지', 다음에 '부', 다음에 '훈' 각각 10개씩을 각각 한줄에 모두 남쪽을 향하게 배치한다.

남

가경											가종	

금	금	금	금	금	금	금	금	금	금	금	금
노래하는 사람	노래하는 사람	노래하는 사람	노래하는 사람	노래하는 사람	노래하는 사람	노래하는 사람	노래하는 사람	노래하는 사람	노래하는 사람	노래하는 사람	노래하는 사람
노래하는 사람	노래하는 사람	노래하는 사람	노래하는 사람	노래하는 사람	노래하는 사람	노래하는 사람	노래하는 사람	노래하는 사람	노래하는 사람	노래하는 사람	노래하는 사람

동 ·········· 서

북

〈그림 38-2〉   사직단과 성악대 배치

'가종' 하나를 서쪽에, '가경' 하나를 동쪽에 배치하고, 슬비파슬 6개, 금거문고금 6개를 한 줄로 종과 석경의 북쪽에 배치하는데 '슬'은 서쪽에, '금'은 동쪽에 배치한다.
노래하는 사람은 두 줄로 각 줄에 12명씩 '슬'과 '금'의 북쪽에 모두 남쪽을 향하게 배치한다.

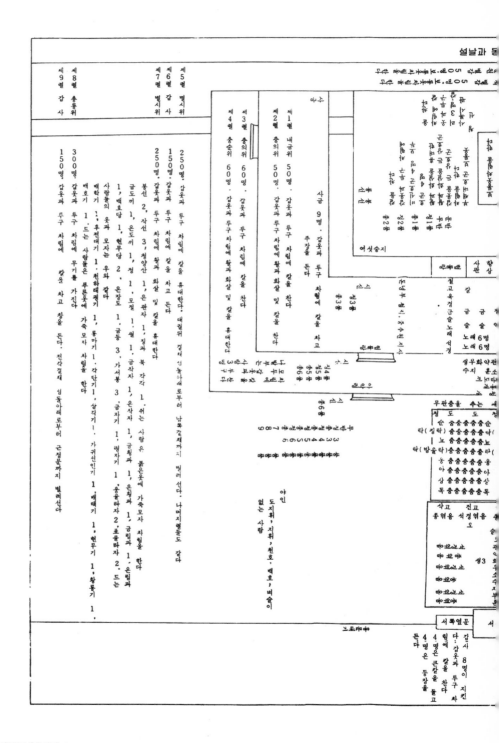

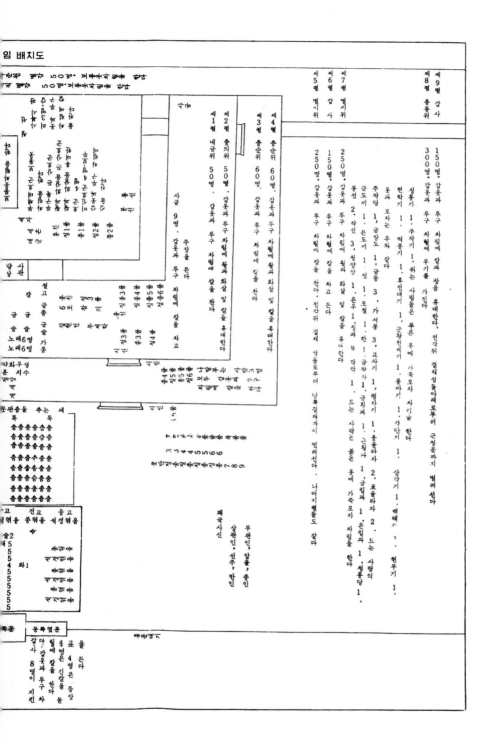

독 [큰기독]		정
휘		휘

동								서
		춤추는 사람	춤추는 사람	춤추는 사람	춤추는 사람	춤추는 사람	춤추는 사람	
	웅	춤추는 사람	춤추는 사람	춤추는 사람	춤추는 사람	춤추는 사람	춤추는 사람	순
		춤추는 사람	춤추는 사람	춤추는 사람	춤추는 사람	춤추는 사람	춤추는 사람	
	아	춤추는 사람	춤추는 사람	춤추는 사람	춤추는 사람	춤추는 사람	춤추는 사람	택[징택]
		춤추는 사람	춤추는 사람	춤추는 사람	춤추는 사람	춤추는 사람	춤추는 사람	
	상	춤추는 사람	춤추는 사람	춤추는 사람	춤추는 사람	춤추는 사람	춤추는 사람	노
		춤추는 사람	춤추는 사람	춤추는 사람	춤추는 사람	춤추는 사람	춤추는 사람	
독 [편지독]		춤추는 사람	춤추는 사람	춤추는 사람	춤추는 사람	춤추는 사람	춤추는 사람	탁 [방울택]

북

〈그림 38-3〉　　　　　　　　　　　　　　사직단의 춤대 배치

'정' 하나와 독[큰기독] 하나를 단 아래에 있는 악기를 배치한 남쪽에 배치하는데 '정'은 서쪽에, '독'은 동쪽에 배치한다. '휘'가 둘 인데 하나는 '정'의 서북쪽에, 하나는 독[큰기독]의 동북쪽에 배치한다.

여섯 줄의 춤추는 패는 두 '휘'의 북쪽에 배치하는데 줄마다 8명씩으로서 모두 남쪽을 윗자리로 한다.

'순' 1개, 택[징택] 1개, '뇨' 1개, 택[방울택] 1개를 춤추는 패의 서쪽에 배치하고 '웅' 1개, '아' 1개, '상' 1개, 독[편지독] 1개를 춤추 는 패의 동쪽에 배치하는데 모두 남쪽을 윗자리로 한다.

앞서 '서울 사방에 대한 조선인들의 이해체계'에서나 악기배치에서 확인할 수 있듯이 여기에서도 같은 배치를 하고 있다. 임금의 자 리를 중심으로 좌측의 청룡에 해당하는 곳에 세자·세손·대군·종친 등이 직급별로 차례화하였다. 임금의 자리를 중심으로 우측의 백호에 해당하는 곳에 문반과 무반의 종2품까지 있지만 이것은 왕의 자손에 대한 신하들을 상대화한 것이다. 그러나 큰 댓돌 아래쪽 으로 좌측에는 문반이 있는 데 비하여 우측으로는 무반으로 배치하였다. 좌의 청룡이 문(文)이고, 우의 백호를 무(武)로 보았기 때문이 다. 이러한 공간배치 중앙에서 역시 방위로 배치한 기악대·성악대·춤 대·기악대들이 자리잡고 악樂을 베푼다.

우리는 여기에서 음양오행사상이 조선시대에 광범위하게 영향을 미쳤음을 확인할 수 있다. 본래 그것은 사계절의 변화와 농업생산의 관계를 체계화하는 과정에서 생겨났다. 시간적인 4계절을 공간적인 동서남북과 결합하고 음양의 생성변화에 따라 그 상호작용이 농업 생산을 결정한다는 사상이었다. 점차 시간에서 늦여름을, 공간에서 중앙을 더한 5행으로 발전하였다. 이러한 음양오행사상이 유학과 결합하면서 인간의 내재심리뿐만 아니라 인간이 접촉·관찰·경험할 수 있는 것에서부터 없는 데에 이르기까지 체계화되고 또 제국 질서의 우주론으로 발전하였다. 동아시아에서 하루 아침에 이루어지지 않은 참으로 오랜 기간과 광범위하게 이루어진 유물적·종교적 체계였다.

종묘와 사직[종사]이 중앙집권적인 통치 질서의 본산이므로 서울 안에서는 한 군데밖에 없었지만, 지방의 경우에도 주·부·군·현 등 행정 조직을 통하여 그물망처럼 제도화(공간화)하여 정치문화의 통일성을 기획할 수 있었다. 지방의 경우, 서울 도성 안의 그것보다 격이 떨어졌지만, 개성의 목청전, 영흥의 선원전, 평양의 영승전, 전주의 경기전, 경주의 집경전 등이 왕의 영정을 모신 건물들로서 이곳에서 종묘 제사를 치렀던 것도 그 한 예이다. 또, 사직의 경우 다음 〈표 16〉과 같은 지역에서 사직단을 두었다. 이들 지역에서도 '종사'에 대한 제사를 치르면서 '악樂'을 올렸다 함은 지역 관청에 악생樂生과 악공樂工 등 음악 전문인들로 구성한 '장악원掌樂院'이 매어 있었기 때문이다.

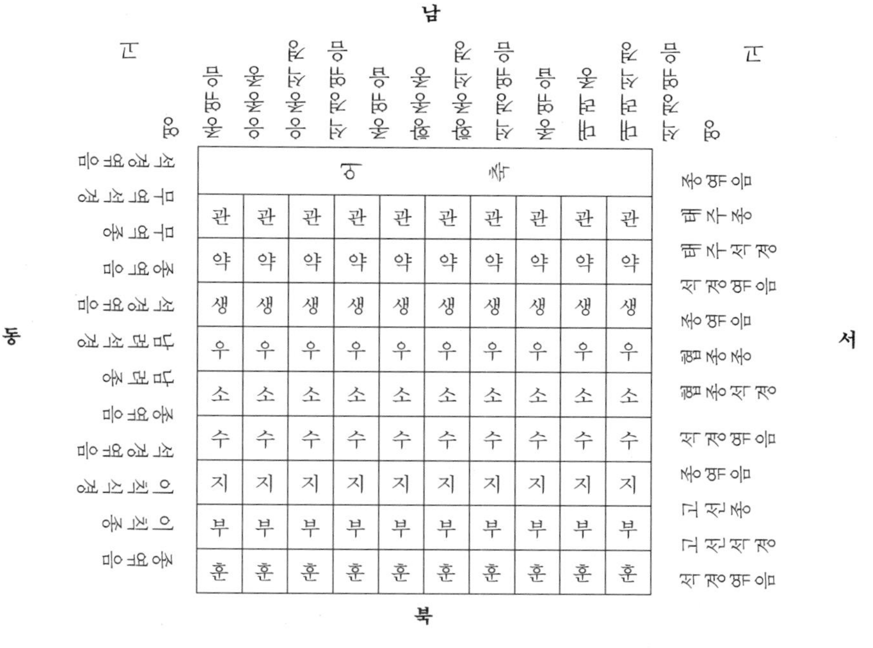

남

	헌				축				
관	관	관	관	관	관	관	관	관	관
약	약	약	약	약	약	약	약	약	약
생	생	생	생	생	생	생	생	생	생
우	우	우	우	우	우	우	우	우	우
소	소	소	소	소	소	소	소	소	소
수	수	수	수	수	수	수	수	수	수
지	지	지	지	지	지	지	지	지	지
부	부	부	부	부	부	부	부	부	부
훈	훈	훈	훈	훈	훈	훈	훈	훈	훈

동　　　　　　　　　　　　　　　　　　　　　　**서**

북

〈그림 39-2〉　　　　　　종묘(풍운뇌우, 선농, 선잠, 우사단, 문묘, 산천, 성황단도 같음) 기악대 배치

3면에 각각 종엮음 셋, 석경엮음 셋을 배치하는데 동쪽 종엮음은 북쪽 서경엮음에서 사이를 두고 동쪽에, 서쪽 석경엮음은 북쪽 종엮음에서 사이를 두고 서쪽에, 북쪽 석경엮음은 동쪽 종엮음에서 사이를 두고 북쪽에 배치한다.
로고 셋을 배치하는데 하나는 북쪽 기악대 북쪽의 한복판에, 하나는 동북쪽 모둥이에, 하나는 서북쪽 모둥이에 배치한다.
(바람, 구름, 우뢰, 비 귀신의 제사에만은 '뢰고' 세 개를 쓰고 농사귀신의 제사에는 '로고' 세 개를 쓴다.)
'축'악기와 '어'악기는 북쪽 기악대 안에 배치하는데 '축'악기는 동쪽에, '어'악기는 서쪽에 배치한다. '관' 10개를 축악기와 어악기의 남쪽에 한 줄로 배치하고 다음에 '약' 10개를 한줄로 배치하며 다음에 '화' 3개, '생' 7개를 한 줄로 배치한다(바람, 구름, 우뢰, 비 귀신의 제사에만은 '화' 10개를 한 줄로 배치한다). 다음은 '우', 다음은 '소', 다음은 '수', 다음은 '지', 다음은 '부', 다음은 '훈' 각각 10개씩을 각기 한 줄에 모두 북쪽을 향하게 배치한다.

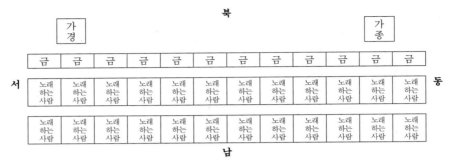

〈그림 39-3〉　　　　　　　　　　　　　　　종묘의 성악대 배치
'가종' 하나를 동쪽에, '가경' 하나를 서쪽에 배치하고 슬[비파슬] 6개, 금[거문고금] 6개를 종과 석경의 남쪽에 한 줄로 배치하는데 '슬'은 동쪽에, [금은 서쪽에 배치한다.
노래하는 사람은 두 줄로 각 줄에 12명씩 '슬'과 '금'의 남쪽에 모두 북쪽을 향하게 배치한다.

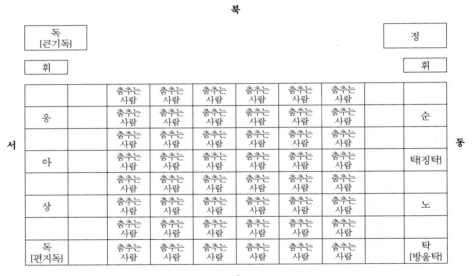

〈그림 39-4〉　　　　　　　　　　　　　　　종묘의 춤대 배치
'정'하나, 독[큰기독] 하나를 대칭 아래에(바람, 구름, 우뢰, 비귀신, 농사귀신, 누에귀신, 우사단 제사 때에는 제단 아래에 배치한다) 악기를 배치한 북쪽에 배치하는데 '정'은 동쪽에, '독'은 서쪽에 배치한다. '휘'가 둘인데 하나는 '정'의 동남쪽에, 다른 하나는 독[큰기독]의 서남쪽에 배치한다. 여섯 줄의 춤추는 패는 두 '휘'의 남쪽에 배치하는데 줄마다 8명씩으로서 모두 북쪽을 윗자리로 한다.
'순' 1개, 탁[징탁] 1개, 뇨 1개, 탁[방울탁] 1개를 춤추는 패의 동쪽에 배치하고 '응' 1개, '아' 1개, '상' 1개, 독[편지독] 하나를 춤추는 패의 서쪽에 배치하는데 모두 북쪽을 향하게 한다.

〈그림 37, 38, 39〉에서 확인할 수 있듯이 사직단 역시 댓돌 위[堂上]의 등가와 그 아래[堂下]의 헌가가 있었다. 풍운뇌우, 산천, 성황당 등 국가에서 치르는 모든 제사 형태의 악(樂) 또한 그러하다. 한편, 사직단의 '악현(樂縣, 악기편성법과 공간배치법)'은 종묘·풍운·뇌우·선농·선잠·문선왕의 그것과 정반대임을 알 수 있다. 그것은 사직단[社]이 남쪽에서 북향한 데 비해 종묘 등의 신실이 남향하고 있기 때문이다. 이처럼 방향에 따라 악현이 달라지는 것은 천지간의 조화가 기화(氣化)를 일으키는 악기 연주로 결정된다고 보기 때문이다. 그만큼 이 분야의 철저한 숙고가 있었다. 이 분야는 앞으로 별고로 다루어질 것이다.

〈표 16〉   지역에 설치한 제사단(전라도 읍지 일부)

대상 지역이름	사직단	문묘	성황사	여단	풍운 뇌우단	장악원				출처
						악생	악생보	악공	악공보	
전라도무장현	○	○	○	○		1	6	2	12	무장현읍지(1741)
〃 장흥도호부	○	○	○	○		1	6	3	18	장흥부지(1790년대)
전라도 제주	○	○	○	○	○			○		탐라지(1650년대)
〃 대정현	○	○	○	○						탐라지(1650년대)
〃 무주도호부	○	○	○	○			11		25	적성지(1898)
〃 승평도호부	○	○	○	○				21 (保立)		신증 승평지(1618)

○표는 있음, 공란은 설치 여부 불명

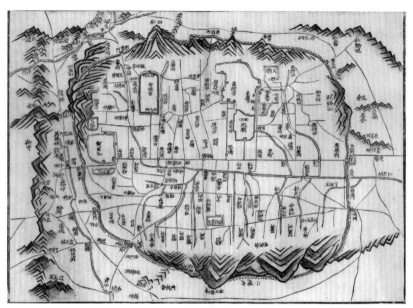

〈그림 40〉   중앙(서울)의 종묘와 사직단 위치(붉은색 표시)

김정호의 『청구전도(靑丘全圖)』에 나오는 「도성도(都城圖)」(1861)이다. 이 그림의 백악산 아래 경복궁(푸른색) 좌측(좌청룡)에 종묘(태묘)와 오른쪽(우백호)에 사직이 각각 붉은 색으로 자리잡고 있다.

좌청룡을 경계하는 산으로 낙타산(낙산), 남주작에 목멱산(남산), 우백호에 인왕산을 각각 도성의 경계로 삼았다. 그리고, 각각의 문을 냈다. 낙타산쪽에 홍인지문(동대문), 목멱산 쪽에 숭례문(남대문), 인왕산 자락에 돈의문(서대문),북악산에 숙정문(북대문) 등 동서남북에 문을 내고 그 사이마다 북동쪽에 혜화문, 남동쪽에 광희문, 남서쪽에 소의문(서소문), 북서쪽에 창의문(자하문)을 내서 역시 경계로 삼았다. 그리고, 경복궁 아래 내수에 해당하는 청계천을 축으로 도시의 역동성으로 삼았다. 동서남북 사방과 음양오행의 중심은 북극성을 축으로 자미원 세계에 두고, 이를 서울 사방 뿐만 아니라 경복궁 안이 공간배치도 북극성을 축으로 한 공간배치를 하였다. 또, 지방 주부군현의 관아도 안산과 좌청룡의 향교나 서원, 우백호 쪽에 사직단을 배치하는 것이나 당상 당하의 기악, 성악, 춤의 음악도 모두 그러했다.

〈그림 41〉   지방(무주 관부)의 사직과 향교의 위치
〈그림 40〉과 〈그림 41〉 중 위의 것은 18세기 중엽에 제작한 〈도성3군문 분계지도(分界之圖)〉에서, 아래 것은 『적성지(赤城誌)』에서
옮겼다. 궁궐(경복궁) 왼쪽의 종묘와 오른쪽의 사직단 배치는 지역의 궁실과 궁실 왼쪽의 종묘나 문묘(또는 향교)를 두고, 오른쪽에
사직단을 둠으로써 같은 세계관으로 통치 질서를 이룩할 수 있었다.

　우리는 여기에서 조선의 '예악' 차원이 어떻게 미적·예악적 기준을 제공하고, 이어
서 왕권을 형이상화形而上化하였는지를 이해할 수 있게 되는데, 그것은 다음 〈악보 28〉
에서 스스로 드러내고 있다. 악보 제목의 '희문熙文'이란 노래 가사 중 '희운熙運(빛나는
국운)'과 '문치文治(문화정치로 잘 다스림)'의 첫 글자를 합한 이름이다. 이 '음·악'은 「종묘제
례악」 연주 과정 중 '영신迎神(신령을 맞이하는 예禮) − 전폐奠幣(신령에게 예물을 올리는 예) − 진찬進
饌(신령에게 음식을 올리는 예) − 초헌初獻(첫 잔을 올리는 예) − 아헌亞獻(둘째 잔을 올리는 예) − 종헌終獻
(셋째 잔을 올리는 예) − 철변두徹邊頭(제사 마칠 때 제기를 거둬들이는 예) − 송신送神(신령을 보내드리는 예)'
중 초헌(모두 11곡으로 구성)의 첫 번째 곡이다.

희문(熙文)

국립국악원 보

列 組 (聖)　　胎(開) 係(熙)　　謨 (運)

炳 蔚　　　　　變 (文)

葉 (治)

앞의 〈악보 28〉에서 먼저 주목할 점은 노래하는 악장 부분과 악기 편성이 벌써 '감정'을 일으키면서도 이를 자제하여 조정하고 있는 악樂이라는 점이다. 즉, 악장의 선율과 대금·당피리·해금·아쟁·편경·편종 등의 선율이 같으면서도 1) 악장, 2) 대금·당피리, 3) 해금·아쟁, 4) 편경·편종 등 네 그룹이 음의 운동 환경을 극한적으로 역동화시키지 않고 조정으로 균형을 이루고 있다.

민악처럼 음의 운동 환경을 정情에 솔직하게 맡기어 감정感情(정에 느끼어)에 따라 온갖 장식을 붙여 가며 역동화시키는 것과 달리 '희문'의 가락은 그 장식을 아예 처음부터 고려하지 않은 것이 바로 정情을 조정·기획함이다. 이처럼, 음의 운동성을 역동화시킬 수 있었던 대금·당피리·해금·아쟁 등을 스스로 자제한데다, 더욱이 이들 악기의 운동 음향을 모두 잠식시킬 수 있는 악기, 곧 '한쪽으로 치는 몸울림 악기(Idiophone)'인 편경과 편종을 같은 선율로 편성시킴으로써 감정을 조정·기획하고 있다. 물론 이러한 선율 운동법이 너무 절제되어 메마른 듯한 감정만 일으킬 수 있다. 왜냐하면, 〈악보 28〉의 희문이 '솔·라·도·레·미'라는 평조 5음음계를 한 옥타브내에서만 철저하게 지키고 있기 때문에 그 표현력 자체를 제한하고 있기 때문이다. 그럴 경우, 이 가락은 단순하기 그지 없을 것이다. 이러한 현상을 조정·기획한 것이 다름아닌 악장의 노래와 '절고'의 연주법이다. 악장의 노랫가락만 장식화한다 함은 노래 가사가 적극적으로 매개하여 미적美的 내용으로 작용할 수 있음을 전제하는 것이고,[22] 또 한 옥타브를 벗어나면서 장단 자체를 자유스럽게 역동화시킴으로써 적극적으로 성정性情간의 적절성을 기획하자는 뜻이며, 그 뜻은 '절고'가 기氣의 운동에 따라 호흡을 일으키자는 데서 잘 나타나 있다.

말하자면, 성정性情에서 성性은 마음心의 이理라고 한다면, 정情이 마음心의 동動(움직임)이어서, 움직인 정情을 성性으로서 주체하고 기획하며(의意라 한다) 끊임없이 성정性情간의 균형을 적중的中(또는 中節)시키려는 지향성(지志라 한다)이야말로 '희문'의 특성(성誠의 의지, 또는 성의誠意)을 창출하기에 이르렀다.

마음의 정情에 따라 일어난 가락을 억제하고 성정性情간의 균형으로 안정을 이룩할 때, 우리는 악樂에서 인간의 사고 과정을 초월하는 마음의 태도를 견지할 수 있다. 그러므로, 이 태도는 본성을 회복한 성인聖人의 마음 상태를 얻을 수 있다. 따라서, 희문의 악樂은 움직이되動 고요함靜을 지향하고, 고요하되靜 움직이는 과정을 모두 지향하고 있다. 이것은 인간이 모든 '동動·정靜'으로부터 '완전한 자유를 획득'하자는 '적연부동寂然不動(고요하여 움직이지 않음, 또는 움직이었으나 적중시켜 고요한 것)'의 상태에 있는 것, 곧 '성誠에 이르는 것[至誠]', '성실하게 하는 것'을 도모하려는 데서 비롯한 악樂이다. 이것이 악樂으로서 마음의 성정性情을 순수성으로 이끌자는 것이자, 한 가지 일만 의지意志하는 것(키에르케고르)이자, 또는 사르트르가 말하는 바의 '자기 기만 대신에 자기성실(good faith)'을 뜻한다.

이러한 악樂의 예악적 특징은 '희문'뿐만 아니라 궁정음악의 모든 특징이기도 하며, 왕권을 지향하는 모든 계층의 문화의 특성이기도 하다. 이처럼, 적연부동寂然不動의 상태를 가져다 주려고 기획한 예악 문화가 모든 궁정문화예술의 형식을 창출하였으니, 그것의 일차적인 드러냄은 성聖의 경지를 얻어 천도天道의 길을 악樂으로써 체험하며 해방

22_ 희문의 가사는 "여러 성군께옵서 빛나는 국운을 열으셨으니[列聖開熙運], 찬란한 문화정치가 창성하도다[炳蔚文治昌], 언제나 우리는 성미함을 찬송하오며[顧言頌盛美], 이를 노래에 베풀어 부르나이다[維以矢歌章]"로 되어 있는데, 이것은 노래와 시를 통하여 정감을 일으키되 뜻하는 바의 시적 세계가 행동을 바르게 하고 악(樂)에서 완성한다는 내용.

의 길에 들어서려는 데 있지, 결코 왕도王道 문화를 일차적으로 창출하는 데 있지 않다. 이러한 특징은 다음의 〈그림 42, 43〉에서도 드러난다.

〈그림 42〉는 정조(1776~1800)가 수원에 있는 능으로 거둥[陵幸]할 당시의 모습을 화원들이 그린 18세기 말엽의 그림 중 일부이다. 〈그림 42〉는 잔치 의식 참여자 서열 그림[「진연반차도」]의 한 부분을 부각시킨 것으로, 언뜻 화려함의 극치를 보여 주는 듯 하지만 모두가 흐트러짐이 없이 위계질서를 견지하고 있으며, 춤(선유락船遊樂) 추는 자나 연주자 등 악인樂人들은 일차적으로 성聖의 경지를 얻어 천도天道의 길로 나아가 해방의 미체험을 기획·조정하고 있다. 〈그림 43〉은 〈그림 42〉와 같은 『수원능행팔곡병水原陵幸八曲屏』에 나오는 그림으로 「인정전 진하도仁政殿進賀圖」이다.

〈그림 43〉 중 가운데에 악사들 48명이 맨 앞의 교방고敎坊鼓의 장단에 맞춰 한참 연주를 하고 있는데, 그 연주하는 음악이 어느 음악이건 간에 일차적으로 적연부동의 악樂을 지향하고 있다. 왕좌가 빈 채로 그려 있는 것은 여러 의미가 있지만, 누가 앉아 있어도 왕을 초월하여 악樂이 있으려는 데 참뜻이 있다. 그것은 작품 자체가 일차적으로 천도天道를 매개하며 충족한 세계로 존재하려는 데 있는 것이지, 왕도王道의 주관성에 의하여 좌지우지하며 존재하는 것이 아니기 때문이다. 이 그림 역시 〈그림 42〉와 같이 위계질서[班次]가 분명하다. 인정전 안 맨 위의 자리잡은 왕좌에서부터 맨 밑 담장 밖쪽의 일반 시민들에 이르기까지 계층별로 자리잡고 있다.

문제는 이러한 뜻만으로 악樂이 자리잡지 못하고 있다는 점이다. 악樂은 스스로 해방성을 기획하고 작품의 세계가 모든 것을 지배하는 충족의 세계로 존재하려 하지만, 그 정치 체계 안에서 일어나고 있는 사회정치적·사회경제적 가치판단들간의 계층 갈등을 정당화시키고, 그 갈등을 은폐화시키면서 초존재론적 의미 체계만으로 정당화하는 데서 자명하게 드러나고 있다.

우리 나라 민족의 음악을 '속된 음악'이라는 '속악'이나 '민속악'으로 폄하시키며 상대화시킴으로써 악樂은 지배 계급의 이데올로기 표현으로 치닫는 것이 그것이다. 또 있다. 원래, 악樂은 자기 수양으로 누구나 성인聖人의 해방성을 기획하는 데 있었지만, 그 기획은 왕의 악樂만이 중개할 수 있다고 형이상화하였기 때문에 〈그림 43〉에서 보듯 일반 민중들은 담 밖 맨 아래 끝자리에서 '구경만 허용하는 악樂'이자 '처음부터 접근할 수 없는 악樂'으로 조건화시켜 버렸다. 이와 같은 계층별·계급별로 구분짓는 악

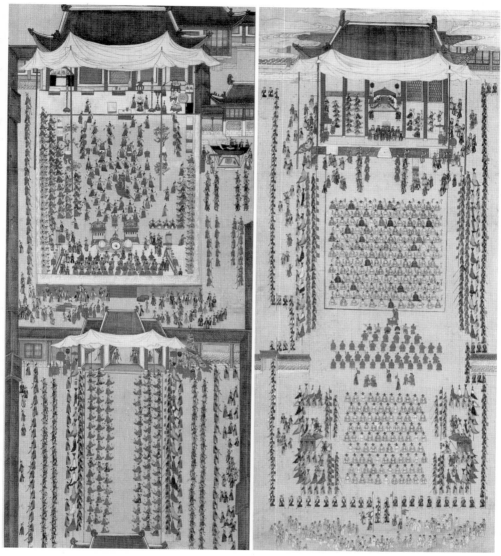

269쪽 〈그림 42〉　　　「진연반차도」
18세기 작자미상의 화원이 그린 그림이다.

〈그림 43〉　　　「인정전진찬」
역시 18세기 작자미상의 작품이다.

樂을 어떻게 본래의 악樂으로 회복하고 자유의 해방성을 기획할 것이냐는 점은 조선 후
기, 특히 근대 직전의 개신악학자改新樂學者에게서 최대의 과제로 부각되기에 이른다.

악樂의 억압성은 또 있다. 계층 계급 구분 없이 누구나 악樂으로써 삶의 해방성을 지향하며 나아가야 함에도 불구하고, 그 악樂을 정부 기관에서 실제적(practical)으로 수행한 사람들은 조선 사회에서 가장 밑바닥으로 소외받은 천민으로 조건화시킨 점은 그 사회야말로 굴절된 음악 사회가 아닐 수 없었음을 드러내는 것이라 할 수 있다. 자연히, 이들이 '악樂을 수행하는 인간'으로서 '악인樂人'이 아니라, 천민의 신분을 노출시키는 '악樂을 연습하는 공인工人'으로서 '악공樂工'이었다. 정부 기관은 '악공'이 주축이었다. 물론, 정부 기관은 악공과 더불어 양인[樂生] 출신이 양대 축이었다. 양인良人들은 천민 출신보다 위였지만 역시 소외 계층으로 최하층이었다. '악생樂生'이었던 양인들은 양민[良人]·상민常民·상인常人·백성이란 이름으로 불렸는데, 농農·공工·상商에 종사하기도 하였지만 대부분 농업에 종사하였으며, 국가와 양반의 토지를 경작하였으므로 사회경제적 지위가 농노와 같았다. 양인과 천민들은 사회계급적으로 빈농층을 이루고 있었다. 이들이 그 신분 지위에서 벗어날 수 있었던 형식적 발판이 1894년 소위 갑오경장에 가서 비로소 마련될 정도로 조선 사회의 신분철폐야말로 최대 과제였다.

조선 시대 정부 기관 안에 얽매인 음악인들은 천민 출신의 '악공'뿐만이 아니었다. 같은 천민 출신으로 의녀醫女와 바느질 하는 침선비針線婢, 여기女妓, 관현맹인管絃盲人(때로는 양인 출신들도 선발하였다)들이 전국에서 선발되어 기관에 매이게 하였다. 물론, 천민 출신의 악공보다 위에 있으면서 주로 농업에 종사한 양인 신분으로 '악생' 역시 천민적 조건으로 소외 받는 신분이기는 마찬가지였다. 말하자면, 본래의 악인樂人은 성인聖人이 되려고 부단하게 성실誠實을 쫓는 인간으로 뜻이 있었지만, 조선 사회에서 신분적으로 가장 천민이었다 함은 이율배반적이 아닐 수 없었다. 천민은 처음부터 사회 진출이 막혀 사회정치적으로 영원한 소외 계층이자 사회경제적으로 빈농층이 되어 후손 대대를 살아갔다.

한편, 악공과 악생들을 중심으로 정부가 조직하여 관장한 조선 시대 왕립음악기관인 장악원掌樂院(1469~1897, 이 연간 전후로는 다른 이름이었다)을 관장한 사람들은 악공이나 악생 출신이 아니라 왕권을 대행하고 있는 양반 관료들이었다.[23] 장악원에서도 양반 관료와

23_ 음악인들의 신분 조건이나 현실 인식 또는 용어의 구체적 내용들은 필자의 「한국음악인들의 현실인식과 수행」, 『민족음악론』(서울 : 한길사, 1991) 또는 「음악, 한반도에서 그 갈등의 언어성」 I · II · III, 『한국

음악인들을 중개한 계층이 바로 중인들이었는데 이들이 지도자로 나서기도 하였다.

악공·악생들은 예조禮曹의 장악원과 달리 군부 기관인 병조兵曹와 그 군영軍營에도 얽매여 있었다.

② 정부 음·악 기관의 조직화

가) 장악원

조선 시대 문화가 성리학을 국가 이념으로 삼고, '종묘·사직(종사)'을 양대 축으로 상징하는 예악 문화로 제도화하는 데 가장 심혈을 기울인 분야가 음·악인들과 음·악 기관의 조직화에 있었다. 하나는 중앙과 지방의 행정기관으로서 예악 문화를 주관하는 예조禮曹 산하의 기관과, 또 하나는 왕권과 수도권을 비롯하여 변방을 방비하는 병조兵曹 산하의 병영 기관이 그것이다.

예악·제향·조회·외국 조공 파견과 영접·연회·진헌·교빙·학교·과거에 관한 일을 도맡은 예조는 고려 때부터 제도화되어 1894년에 폐지된 우리 나라 최대 국가 기관이다. 예조에 속하여 모든 국가 행사의 예악문화 행정과 실제적 연행 활동에 동원된 음·악 기관이 장악원으로서, 이 장악원은 국초의 여러 음악 기관이 변천하여 1466년 장악서掌樂署로 일원화하면서 시작되었다. 장악원은 그로부터 400년이 지나 1897년에 성립하는 대한제국의 장례원 협률과로 개칭·흡수될 때까지 우리 나라 예악 문화의 꽃이었다. 장악원은 국가적으로 치르는 모든 대·중·소의 행사에 가무악歌舞樂의 장르로 참여하여 예악 문화를 꽃피운 왕립 음·악 기관이다. 곧, 연회[宴享]·조회의식[朝儀]·사대事大와 사신접대[待使客]·제사 등의 의식 행사에 참여하였다.

연회로서 종묘와 사직 등의 각종 제사, 단오나 추석을 비롯하여 각종 행사에 참가하는 임금의 행차, 매해 설날이나 동짓날의 회례연, 매해 가을철의 양로연 등과, 조회의식으로서 설날·동짓날·매달 초하루와 보름·큰나라 임금의 생일과 태자의 생일 등 축하 조회, 임금의 정식 행차[禮行] 등, 다른 큰나라를 섬기는 절차로서 사대事大 행사, 다른 나라 사신들을 영접하고 보내며 또는 파견하는 연회[송별 연회로서 전연餞宴 등], 그리고 최대

음악사학보』 5, 8, 10집을 참고하기 바란다.

행사로서 대·중·소의 제사, 곧 종묘와 사직을 비롯하여 천신·풍운뇌우·산신과 내川신·선농·선잠·비와 나무와 공자와 단군과 고려 시조와 역대 왕조의 시조에게 드리는 제사, 선목·마사·마보·영성·노인성·사한·마제·독제·여제 등의 제사, 국상國喪·국장國葬 등의 제사, 군사 출정과 반사, 나라의 혼례·사연賜宴·책봉 등의 행사가 그것이었다. 따라서, 1년 내내 장악원 없이는 국가적 행사를 치를 수 없었을 정도였다(대·중·소사의 제례가 끝나면 그 다음에 참가자들을 위하여 국왕이 장악원의 연례악宴禮樂(또는 연악宴樂)을 베풀었다. 위로할 때에는 대부분 속악이었다. 예를 들면 석전이 끝나고 이튿날 음복연飮福宴이, 춘추의 둑제가 끝난 이튿날에 역시 음복연을 개설하고 장악원의 풍악이 국왕명으로 베풀어졌다).

장악원은 승정원·사간원·홍문관·성균관·봉상시·내의원·상의원 등과 더불어 정3품 관청으로 나라의 음·악 행사를 도맡고 있었으므로 크게 세 분야로 구성되어 있었다. 첫째는 정직正職으로서 과거 출신의 양반 관료이며, 두 번째는 잡직雜職으로서 중인 출신과 악생·악공 출신으로서 행정 관료, 세 번째는 음악·정재呈才·노래[歌樂] 분야에 실제를 도맡은 궁중음악예술인들로 구성되어 있다.

1485년의 『경국대전』 규정에 의하면 장악원은 당상관으로 제조 두 명과 당하관으로 정 1명(정3품)·첨정 1명(종4품)·주부 1명(종6품)·직장 1명(종7품) 등 모두 여섯 명의 사대부 출신들이 관리로서 진출하고 있었다. 이들 중에서 다른 직무에 있으면서 음악을 아는 두 명의 관리를 장악원 벼슬(주로 첨정 이하)에다 겸임시키고 있었다.

우리가 익히 알고 있는 박연朴堧(1378~1458)은 1405년에 생원이 되고, 1411년에 문과 과거 시험에 급제한 이래 예문관 대제학과 예조판서에 이르는 과정에서 악학(장악원의 전신) 제조를 겸임하고 있었다. 그는 아악 이론과 실기에 능했던 음·악 이론가였던 것이다. 『악학궤범樂學軌範』의 편자이자 『용재총화慵齋叢話』의 저자인 성현成俔(1439~1504)의 경우도 약관 24세 때 대과에 급제하여 이후 예조판서에 이르렀지만, 예조판서로 있으면서 장악원 제조를 겸직하고 있었다. 성현은 제조로 있으면서 객인에 대한 연향과 사신에 대한 사연賜宴, 습악으로 취재取才(과거 시험보다 낮은 급의 시험) 시험들로 매일 음악을 듣지 않은 날이 없었다고 고백할 정도로 그 겸직은 단순한 겸직이 아니었다(『용재총화』 제2권 참조). 이 밖에도 조선 전기 때 장악 기관(봉상시·아악서·전악서·악학·관습도감 등)에 직간접으로 관계를 맺은 바 있는 맹사성·유사눌·남급·이효장·양성지·이윤손·정도전·왕강·정사척·김자지·정인지·황수신 등은 모두 양반 사대부 출신들이었다.

정직과 달리 잡직은 모두 13개의 관청에 두고 있었지만 17세기 이후부터 소멸되고 있었다. 그러나 사복시·군기시 등과 함께 장악원의 잡직 규정은 18세기 이후에도 유지되고 있었다. 장악원의 잡직은 악樂의 경험과 기술 소유 정도나 그 소임에 종사한 시일에 따라 주는 벼슬로서 네 명 정도의 중인 출신인 서리들도 있었지만, 대부분 악생·악공 출신들이 독차지하였다. 그들의 수는 46명 정도였으며, 이들은 실제적인 습악習樂을 그만둔 음악인들로서 장악원의 행정 관리로 직책을 맡은 체아벼슬[遞兒職]인이었지만 장기간 궁중에 유숙하며 근무[長番]하였다. 그리고 1,200일의 출근일수가 채워지면 품계를 올려 주었으나 어느 경우이고 정6품 이상을 오르지 못하였다. 악공의 경우는 체아벼슬 20명을 두었으되, 당악이 12명이고 향악이 8명이었으며, 관악기와 현악기를 연주하는 맹인[管絃盲]들은 출근 일수가 400일이 차면 품계를 올려 주되 천인들은 종6품을 더 올려 주지 않았다.

1485년 『경국대전』에 정한 장악원 잡직 규정은 다음 〈표 17〉과 같다.

〈표 17〉   장악원 잡직 품계(1485)

품계	관직명	정원	비고
정6품	전악(典樂)	1	체아벼슬로서 악사
종6품	부전악(副典樂)	2	체아벼슬로서 1명의 악생과 1명의 악공 봄·가을은 악생, 여름·겨울은 악공이 맡는다
정7품	전율(典律)	2	체아벼슬로서 1명의 악생과 1명의 악공
종7품	부전율(副典律)	2	체아벼슬로서 1명의 악생과 1명의 악공
정8품	전음(典音)	2	체아벼슬로서 1명의 악생과 1명의 악공
종8품	부전음(副典音)	4	체아벼슬로서 1명의 악생과 3명의 악공
정9품	전성(典聲)	10	체아벼슬로서 4명의 악생과 6명의 악공
종9품	부전성(副典聲)	23	체아벼슬로서 6명의 악생과 12명의 악공 4명의 관현맹인

〈표 17〉의 관직명 특징은 성聲에서 악樂으로 나아가는 성聲 → 음音 → 율律 → 악樂을 전典과 부전副典으로 나누어 차례대로 종9품에서 정6품까지 품계화하였다는 점이다. 성聲·음音보다 악樂을 으뜸가는 예악 문화로 보았지만, 실제로 음악예술인들은 정6품까

지밖에 못 미쳤으며, 녹봉 역시 어느 경우에도 품계보다 더 올려 받지 못하였다는 점에서 스스로 신분 제약을 받고 있었다. 전악은 반드시 중인 출신이나 양인 출신만이 맡지는 않았다. 15세기 후반 장악원 전악에 두 번이나 올랐던 뛰어난 현금絃琴 명인이었던 이마지는 본래 천민 출신으로 악공에 있었던 예가 그것이다.

한편, 장악원은 음악·정재呈才·노래[歌樂]들을 실제적으로 맡아 각종 국가 행사에 참여한 음악예술인들은 악공과 악생이 주축이었다. 장악원은 1485년 『경국대전』에 정한 규정으로 아악으로서 좌방左坊에 속하는 악사 2명·악생 297명·보충인원수 100명으로 모두 양인으로 조직하였고, '속악'은 우방右坊에 속하는 악사 2명·악공 518명(10명마다 보충인원수가 1명)·가동歌童 10명으로 모두 관청 노비[公賤]로 채웠다. 이처럼, 장악원은 829명의 방대한 궁중음악인과 별도로 악공·악생을 보충하는 인원수 152명 정도를 포함하고 있었다. 이들은 국가 행사의 성격과 규모에 따라 동원되었다.

악공·악생들은 지방마다 일정하게 배당한 수에 따라 선발했다. 또, 취재시험을 계속하여 보아야 했다. 악생은 아악 중 삼성三成 및 등가와 문무文舞 그리고 무무武舞를 시험보았다. 악공들은 당악, 향악 등을 시험 보았는데, 자세한 내용은 『경국대전』예전 항목으로 규정하였다. 이들 악생이나 악공들은 석 달내에 출근일수가 30일이 차지 않거나 제사·연회·예식 모임에 까닭없이 두 번 참가하지 않은 사람을 시험에서 제한하기도 하였다.

한편, 천민이자 기생 출신인 궁정음악인과 무용수들도 3년마다 지방에서 젊은 여종 중에서 뽑아 올렸다. 기생이 150명, 연화대蓮花臺에 10명, 여의女醫가 70명이었다.

이 밖에 악기 기술자들도 천민으로 중앙과 지방에 얽매였다. 장악원에 풍물 악기를 만드는 장공인[風物匠] 네 명과 악기 리드를 만드는 장공인[簧葉匠] 두 명, 상의원에 풍물 악기를 만드는 장공인 여덟 명, 군기시 기관에 징 만드는 장공인[錚匠] 열한 명(다섯 명은 개성부)과 북 만드는 장공인(鼓匠) 네 명을 각각 선발한 것이 그것이다. 앞서 여기女妓가 악樂 익히기와 근무일이 되어도 결석할 경우에는 그의 남편까지 죄로 다스릴 정도로 이들 신분은 엄격하게 통제받고 있었다.

남들이 보기에 '궁중음악인'이나 또는 '중앙 관청의 음악인'으로 화려한 듯하였지만, 왜란과 호란 이후 '죽음을 불사하고 도망'다니기 시작하였을 정도로 생활이 비참하기 그지없었다. 서울 변두리에서 하숙 생활을 하며 궁정에 출입한 악공들이 정부로부터

1년간 지급받은 베 24필은 하숙비 내기에도 벅찼을 뿐만 아니라 폭주하는 정부 행사로 혹독한 생활을 오랜 기간 동안 하지 않으면 안 되었다. 이들이 지배 체계의 독재적 악樂 질서로부터 자기 신분과 음악 그 자체를 회복하며 '악樂의 인간화와 악화樂化'를 실천하려 한 시대가 말할 나위 없이 조선 후기부터였고, 근대부터 민족 음악 사회를 지향한다는 점에서 우리의 주목을 끈다.

나. 중앙 군영

국가 활동의 중심은 예나 지금이나 재정과 국방에 있다. 1860년대 조선 정부의 군사 업무는 크게 두 개의 기구로 운영되고 있었다. 병조兵曹와 군영軍營이 그것이다. 1392년 (태조 원년)부터 세워진 병조가 군사 행정과 사법司法 업무를 관장하는 기관이라면, 국초부터 변통을 거듭한 군영은 최고 군사 기관이다. 병조는 무관 선발과 징병·도성의 수위와 대궐 파수把守·왕의 경호·무기 관리 그 밖의 우편 연락 사무 등이 기본 임무였다. 구체적으로 병조는 무선武選·군무軍務·무예 훈련·의위儀衛·우역郵驛·병갑兵甲·기장器仗·문호門戶와 문 단속 및 서울의 성문과 민가의 경비는 물론, 궁궐문 열쇠 관리 등을 도맡고 있었다. 병조는 고려 시대에 이어 국초부터 1894년 군무아문軍務衙門으로 개편·폐지할 때까지 있었다.

여기에 비하여 군영은 수도 방위군영으로서 훈련도감·어영청·금위영 등의 삼군부三軍府와 수도 외곽 방위 군영으로서 총융청·수어청, 그리고 왕권 호위扈衛(궁궐을 지킴) 군영으로서 호위청과 용호영, 그 밖에 각 지방마다 군영이 있었다.

우리가 여기에서 주목할 사실은 병조 밑에 세 개의 하위 기관(무관 인사 업무 주관처인 무선사武選司, 왕 행차 관계 사항만 전담하는 승여사乘輿司, 징병·훈련·무기 관리·전쟁 등의 업무를 주관한 무비사武備司 중에서 승여사의 업무, 그리고 중앙과 지방의 각 군영에 있는 취고수吹鼓手나 세악수細樂手 등 군악대 역할이 조선의 음악 문화를 창출한 산맥이었을 뿐만 아니라 삼현육각 편성의 음악 문화를 전계층 문화로 일반화시켜 음악사적으로 영향을 미쳤다는 점에 있다. 즉, 국왕의 행차를 전담하는 기관이 예조가 아니라 병조의 승여사이고, 국왕의 대궐 안팎으로 나가는 일[動駕]·국왕의 친정親政과 조하朝賀 때 자리에 나오는 일[殿座]·국왕의 거동과 전좌殿座할 때 호위[陪扈] 등을 장악원이 아니라, 각 군영의 악대가 도맡았다는 점에서 그러하다. 그렇다면 어떤 군영에 어떤 내역의 악대가 편성되어 있는지 다음

〈표 18〉로 확인하여 보자.

〈표 18〉   중앙 각 군영의 악대 내역(1808)

병영 이름	창설 년도	목적	폐지 년도	악대편성		
				취고수(吹鼓手)	세악수(細樂手)	기타
호위청 (扈衛廳)	1623 (인조원년)	궁중호위	1881 폐지 – 1882 복설 – 1883 폐지 – 1891 부활 – 1894 폐지			
용호영 (龍虎營)	1650 (효종원년)	왕의친병 [禁軍]	1882	39명(書字的 1명, 패두 1명, 회자수 1명, 별장 배 8명 포함)	25명(패두1명, 겸내취 10명 포함)	
훈련도감 (訓鍊都監)	1594 (선조27년)	수도방위	1882	183명(『군기요람』) 대포수 15명, 화전수 10명, 세악수 25명, 중군배 10명, 복마군 11명 포함		취수 358명
				196명(『육전조례』)	25명	四所吹手172명 五司吹手153명 兼內吹 12명 元內吹 2명
금위영 (禁衛營)	인조 - 현종 을 거쳐1682 창설(숙종8)	수도방위	1884	10명(『만기요람』)	25명	鄕吹手30명
				100명(『육전조례』)	25명	
어영청 (御營廳)	1624 (인조2년)	수도방위	1881 장어영 → 1882 어영청 → 1884폐지)	117명 (복마군 7명, 겸내취 3명 포함)	25명 (겸내취 6명 포함)	
총융청 (摠戎廳)	1624 (인조2년)	경기일원 수도외곽 방위	1846 (총위영 → 철종 때 총융청)	26명		
선전관청 (宣傳官廳)	조선국초	형명 · 계라 시위 · 전령 등을 관장	1882			도예(徒隷)로서 원내 취 50명 겸내취 44명

이 표는 1808년 『만기요람』, 『육전조례』를 참조하여 작성하였다. 한편, 총융청의 경우 창설할 당시에는 취고수만 있고 세악수는 없으나, 숙종년간의 실록 기록(1703년 경우)에 의하면 '세악수' 편성이 있었다.

〈표 18〉은 주로 1808년에 편찬된 『만기요람萬機要覽』과 1865년(고종 2) 『대전회통大典會通』 이후에 편찬한 『육전조례六典條例』에 의한 표이다. 1808년에 비국유사당상備局有司堂上

〈사진 16〉 총융청(摠戎廳)

도성외곽을 수비하고 도성의 입번숙위를 하는 총융청은 경기도 남양·수원·광주·장단·양주 등 중앙 도성의 외곽을 거점으로 구축
되었다. 광주가 수어청(守禦廳)으로, 북한산성이 총융청으로 이관되는 등 여러 번 편제변동이 있었다. 경기도 각 지역의 정군이외에 속
오군으로 조직한 총융청은 취수·고수를 비롯하여 취고수와 세악수가 편제되어 있었다. 1884년 친군영제가 성립되면서 폐지되었다.

으로 있으면서 호조판서였던 서영보徐榮輔와 부제학 심상규沈象奎가 23대 국왕인 순조의
왕명을 받아 국왕의 정무 비망록이랄 수 있는 『만기요람』을 편찬한 바 있다. 『육전조
례』는 『대전회통』 등에 빠진 각 관청의 사목事目 및 시행 규례를 보완하여 왕명으로
찬집한 책이다.

19세기에 들어와서 수도 방위 군영으로서 3군부(훈련도감·어영청·금위영)와 수도 외곽
방어 군영으로서 총융청과 수어청 등 5군영 체제, 그리고 왕권 호위 군영으로서 호위청
과 용호영 중에서 3군부는 그 지위가 병조보다 상위일 정도로 최고 군령 기관이었으며,
왕권 호위 군영으로 용호영은 왕권 강화와 더불어 강화되어 갔다.

이들 군영에 우리가 말하려 하는 취수吹手와 취고수와 세악수 등의 악대가 각 군영의
정치적 위상만큼이나 서로 경쟁하고 있었다. 이들 군영에 취수·취고수·세악수·겸
내취兼內吹·원내취元內吹·향취수鄕吹手 등이 있었으니, 이들이 바로 군영의 신호 체제와
행진은 물론 국왕의 궐 안 팎으로 행차나 군인들의 사기 양양과 위로 역할 및 군영

안팎의 각종 연회 공연을 톡톡하게 한 군악대이자 문화 예술 선전대였다.

취수는 고수鼓手와 함께 주로 군영의 각종 신호 체제를 담당하였다. 취고수는 군영의 군기軍器에 쓰이는 악기 중 부는 악기[吹]와 두드리는 북[鼓]으로 편성하여 합주하는 군악병이다. 군기로 쓰이는 부는 악기로 나발喇叭·호적胡笛·나각螺角·동대각銅大角·목대각木大角·동라銅螺·주장朱杖(태평소나 땡깔과 같은 형태의 붉은 옻칠을 한 목관 악기) 등이 있고, 두드리는(치는) 악기로 대고大鼓(용 그림이 그려져 있는 화룡대고畵龍大鼓 포함)·대행고大行鼓·중행고中行鼓·소행고小行鼓 등의 북鼓과 동고銅鼓라 할 수 있는 점자點子와 세점자細點子·자바라·솔발(자바라보다 작은 바라)·징(대징·중징·소징)·장구 등이 있었다.

이러한 취고 분야의 악기들은 어느 군영이고 일반적으로 편성되어 있었다. 다음 〈표 19〉가 그것이다.

〈표 19〉　　　　　　조선 군영의 군기(軍器) 중 악기 비치 내역(1808년의 『만기요람』에 의함)

군영 악기		용호영	훈련도감	금위영	어영청	총융청		비고
						본청	북한산성	
나발		17점(지)	50지	120지	20쌍	5쌍	11쌍	금위영 경우, 89지가 경군과 지방군 몫
호적		17지	47지	144지	13쌍	5쌍	·	금위영 경우, 116지는 경군과 지방군 몫
주장(朱杖)		29개	60개	75개	111개	50개	·	
나각		2쌍	5쌍	7척	5쌍	1쌍	·	
동대각		7지	·	·	7쌍	1쌍	·	銅大角
목대각		·	4지	8지	6쌍	·	10쌍	木大角
자바라		4쌍	34쌍	10쌍	10쌍	2쌍	·	
나	나	1좌	·	·	·	·	·	
	동라	·	32지	12지	1쌍	·	·	
	소라	·	·	·	·	1쌍	·	
징 (대징, 중징, 소징)		3좌	29좌	38좌	25좌 (10좌 10좌 5좌)	13좌 (1좌 · 8좌)	22좌	금위영 경우 18좌는 경군과 지방군 몫
솔발		3자루	16자루	21자루	50자루	1쌍	·	금위영 경우 15자루는 경군과 지방군의 몫

화룡대고	4좌	·	·	·	·	·	畵龍大鼓
화룡행고	12좌	·	·	·	·	·	화룡대고의 7좌는 7개 번의 기수 몫
점자	·	6부	2부	10쌍	2쌍	·	
세점자	·	·	·	2쌍	·	·	
장구	2좌	·	6좌	6좌	1쌍	·	용호영은 세악수 몫
북[鼓] (대고, 소북, 대행고, 중행고, 소행고)	· · · · ·	146좌 (8좌, · 16좌, · 83좌)	53좌 (8좌, · 12좌, 14좌, 15좌)	93좌 3좌 · 5좌 30좌 55좌	17좌 (2좌 6좌) · · ·	18좌 4좌 · · ·	

이 표는 1808년 『만기요람』을 참조하여 작성하였다. 총융청 내 북한산성에는 훈련도감창·금위영창·어영청창·승창을 포함한다.

조선 초기부터 군호軍號의 일종인 형명形名과 취타의 일종인 계라啓螺 그리고 왕의 시위와 전령 등을 관할하던 곳이 '선전관청宣傳官廳'이었다. 계라란 나각과 같은 악기로 국왕 행차를 인도한다는 뜻이다. 선전관청이 1882년 폐지될 때까지 원내취 50명과 겸내취 44명 등 99명을 두고 있었다. 즉, 이들이 국왕이 거동할 때마다 취타를 장중하게 연주하였다.

조선은 초기부터 군영에 취타라는 군악 악대를 운영하고 있었다. 만세경국萬世經國의 법전을 편찬할 목적으로 1485년(성종 16)에 『경국대전』을 완성한 바 있는데, 여기에서 조라치와 태평소를 각 군영에 두도록 못박아둔 것도 그것이다. 군영은 '나발을 부는 사람'이란 뜻의 취라적吹螺赤을 이두 표기로 '조라치'라 하였던 바 새납과 같은 태평소大平簫와 함께 서울 지방 그리고 각 지역의 군사들 중에서 취주 악기를 잘 부는 사람을 대상으로 조라치에 640명과 태평소에 60명을 선발하여 이들을 넉 달씩 교대로 운영하고 있었다.

원래 서울 군영에 있는 사람들을 '내취內吹'라고 하였다가 후에 황내취黃內吹(초립에 황색 옷을 입었다 하여)로 불렀고, 지방에서 선발한 내취를 흑내취黑內吹(초립에 흑색 옷을 입었다 하여)로 구분하였으며, 1790년(정조 14) 황내취를 원내취로, 흑내취를 겸내취로 개칭하면서 그 복식도 황색 옷으로 통일시켰다. 자연히 대취타의 최고 책임자는 선전관이었다. 그 이

하로 계라차지啓螺差知나 취라차지吹螺差知, 그리고 증수鉦手와 대취타[편성은 대개 소라·주장·
태평소·바라·호적·북·적笛·해금·피리·장구 순이었다]가 뒤따랐다.

한편, 세악수는 5군영 체제에 취고수와 더불어 편제한 삼현육각 편성의 악대이다.
피리 2·젓대(대금) 1·해금 1·북(좌고) 1·장고 1 등의 악기 편성이 고정적으로 확립될
때까지 삼현육각 형태는 비파·편경 등이나 때로는 다섯 명씩 한 단위 편성이 있었을
때도 있었다. 이 악기들은 각 군영에 공식 비치 악기로 두지는 않았지만, 유일하게 장
구는 용호영의 경우 세악수들에게 나누어 준 것을 보면 장구가 취고수의 악기가 아니
라 세악수들의 지급 악기였다. 또 김홍도가 마흔두 살 때 그린 1786년의 「안릉신영安陵
新迎」(황해도 재령의 목민관으로 악산헌樂山軒이 부임할 때 기록화) 그림에 등장하는 취고수와 세악수
그림에서도 세악수에 좌고·장구·대금·해금·피리(2인) 잽이가 뚜렷하게 등장하고
있다는 점에서 삼현육각 편성이었다. 세악수가 곧 삼현육각이었다(그림 44) 참고).

〈그림 44〉　　　김홍도가 1786년에 그린 세악수와 취고수(위쪽)과 19세기 '평양도'(작자미상)에 나오는 대취타

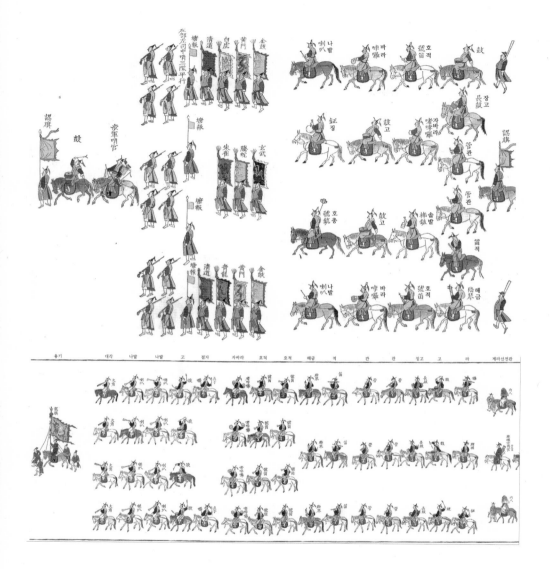

〈그림 45〉　　　　　　　　　　　　국왕 능행의 취타대

이 그림은 1795년(정조 19년) 정조가 화성과 현륭원으로 갈 때 그 행렬도인 「반차도(班次圖)」이다. 이 그림은 약 15m인 「반차도」 중 선두 취타대와 어전 취타대 부분만 가려뽑은 그림이다. 정조는 화성행차가 끝난 뒤에 「원행을묘정리의궤」와 함께 이 「반차도」를 기록 하였다. 단원 김홍도와 함께 당대 일류 화원인 김득신(金得臣)・이인문(李寅文)・장한종(張漢宗)・이명규(李名珪) 등이 그 주인공이다. 이 반차도에는 맨 처음 모든 신호를 알리는 고수가 먼저 등장하여 맨 끝인 좌사후초군(左司後哨軍) 3대를 이끄는 고수까지 모두 117명 이 행진한다. 큰 악대가 선두에서 취고수와 세악수로 편성한 18명의 취타대(윗 그림), 그리고 정조가 타는 어가 뒤의 용기(龍旗)를 앞세 운 가장 큰 악대가 취고수 30명과 세악수 21명 총 51명이 행진하며 연주하고 있다. 세악수는 좌고・장고・피리1・피리2・대금・해금 등 6인 1대가 모두 3대 18인에다 라(鑼)와 징을 비롯하여 세악수의 지휘감독자인 패두(牌頭) 등 3인을 더한 인원이다. 이 반차도의 악 기이름을 필자가 선 위에다 다시 적어놓았다. 그 밖의 악대는 취고수 1대, 또는 세악수 1대 등이 행렬 사이사이에 편성되어 행진했다.

삼현육각 편성이 여러 패牌로 나누어질 수 있었던 세악수는 용호영에 25명, 훈련도감에 25명, 금위영에 25명, 어영청에 25명 등 100명이 중앙 군영에 있었다. 여기에 비하여 취고수는 용호영에 39명, 훈련도감에 183명, 금위영에 100명, 어영청에 117명, 총융청에 26명 등 465명이 중앙 군영에 있었다.

한편, 부는 악기로 취주할 때의 취타와 삼현육각의 취주인 세악 등으로 구분할 때는 취타 주자를 취고수나 취악내취와 삼현육각 주자를 세악수나 세악내취라 하였지만 취타와 세악이 합악으로 갖추었을 때의 대규모의 군악을 '대취타'라 하였다. 대취타의 약식 편성이 소취타이나 이 경우에는 통상 세악수가 편성되지 않았던 것이 관례이다. 행사 성격에 따라 대취타의 편성 규모나 위치가 조금씩 달라왔으나 부는 악기 → 북 → 관악기 → 장구 → 패두 순으로 일반화하였다. 〈그림 45〉는 대취타로 국왕의 능행陵行에 편성하여 그 위엄을 드러내는 그림 중 부분이다.

5군영 체제 직전의 조라치나 태평소가 취타 군악으로 편성하고 있을 때는 '조라 차지'가 그 악대 지도자였으나, 5군영 체제에서 취고수와 세악수 편성에서는 패두가 악대 지도자 겸 책임자였다. 취고수나 세악수 출신들은 천민층의 신청(재인청) 출신과 농민으로 두레 풍물패 출신들로 구성되고 있었지만, 그 기량과 종합적인 예능성 그리고 지속적인 공급 조직으로 말미암아 천민으로 신청 출신이 주요 위치를 차지하고 있었다. 패두 역시 마찬가지였다. 바로 이 이유로 이들은 각 군영에 세습화될 수 있었다. 또, 이들의 삼현육각패들이 기량이 뛰어나 있는데다 삼현육각식 문화가 일반화된 18세기에는 군영 밖의 일반 민가에까지 초청할 정도로 자유스러워질 수 있었다.

패두의 위상은 가히 독자적이었다. 용호영의 취고수와 세악수 패들이 5군영에서 으뜸 가는 위상으로 자리잡은 1760년경, 용호영 세악수 편성의 이패두李牌頭는 당시 왕족이었던 서평군西平君이나 낙창군洛昌君(?~1772) 대감 초청에도 거절할 상황까지 이르렀다는 점에서 독자적이었다.[24] 이패두가 곧잘 연주한 삼현육각 편성은 거문고·젓대·피리·장구 등이었고, 또 서울의 기생들이 전부 따랐기 때문에 정재呈才식 춤과 노래가 당시 인기 공연 종목이었다.

바로 이러한 패두의 위상은 삼현육각패들의 복식과 달리 전립이나 입식 초립을 쓰거

24_ 成大中, 「丐帥傳」, 『海叢』 第四册.

위 그림에서 맨 오른쪽에 홍주의를 입은 세악수 피리 2인과 대금과 해금 순으로 앉아서 2인의 대무를 반주하고 있다. 좌고와 장고 중 장고의 고수는 서서 집박을 하고 있는 모습이 보인다. 그런데, 좌고는 첫 번째의 자리에 군복 복식으로 앉아 있으니, 이가 곧 세악수의 지휘감독자인 패두(牌頭)이고, 이들이 모두 군영에 속해 있음을 보여준다. 이다. 위 그림은 김홍도의 「평양감사향연도」 중 '연광정연회도' 부분 그림이다.

혜원 신윤복(蕙園 申潤福)의 '혜원풍속도첩(蕙園風俗圖帖)' 중 쌍검대무(雙劍對舞) 부분 그림이다. 가운데 빨강색 치마와 파랑색 치마를 입은 두 여인의 날렵한 춤과 칼 끝이 세악수들의 검무(劍舞) 반주음악이 무르 익고 있다. 우(右)로부터 좌고·장구·대금·피리·피리·해금의 세악수들이 좌고잡은 패두의 지휘로 연주하고 있다. 그가 대표자인 것은 유일하게 군복을 입었으니, 이들이 군영 소속의 세악수임을 확인케 한다.

〈그림 46〉   18세기 후반 세악수의 패두 모습

나 또는 흑색이나 청색 옷을 입고 좌고나 북 또는 집박을 함으로써 자신을 구분하였다.

〈그림 46〉은 겸재 정선(1676~1759)에 이어 18세기 후반의 뛰어난 기록 화가였던 단원 김홍도金弘道(1745~1805)와 혜원 신윤복申潤福의 그림 중 부분으로 패두가 삼현육각 반주패와 서로 다른 복식으로 연주하는 모습들이다.

18세기에 용호영의 세악수들이 가장 뛰어난 위치에 있었다고는 하지만, 어느 군영의 세악수들이 독보적이었는지는 기실 그 군영의 정치적 위상에 달려 있었다. 5군영과 왕권 호위 군영(호위청과 용호영)이 모두 왕권의 신장 여부와 당쟁 사이의 역학과 깊은 관계에 있었기 때문이다. 예컨대, 어영청이 1652년(효종 3)에 청나라의 간섭이 느슨해지자 왕권 호위 정예군과 북벌의 선봉군으로 국왕이 군제 개편을 서둘렀을 기간은 5군영 체제에서 그 위상이 강해졌으나, 효종이 죽은 뒤로는 당쟁 격화와 북벌 의욕이 침체되면서 그 위상 또한 약화되었다. 또, 소위 1623년 인조반정仁祖反正에 적극 가담하여 주도함으로써 성공하였던 서인 정권西人政權의 주류파 김류·이귀李貴 등이 사적으로 모집 양성한 군인들을 해체시키지 않고 공적으로 유지한 군영이 바로 호위청屬衛廳이었기 때문에 호위대장과 당상들은 모두 인조반정의 측근자들이었으며, 그 뒤를 이어 자식들이 그 직을 승계하고 있었을 뿐 아니라 군영 편성도 국가의 공식 편성 이외의 사적으로 1,000명에 이르렀을 정도이니 이 때의 취고수와 세악수의 위상은 컸다. 세악수들이 세습할 수 있었던 것도 이러한 이유에서이다. 그래서 호위청의 논란 또한 여러 차례 제기되었으나 그 때마다 서인과 남인의 이해 관계와 국가 권력간의 이해 관계로 존치하다가 1881년에 폐지되었다.

따라서, 총융청의 경우 1703년(숙종 29)에 총융사 이우항李宇恒이 개인적으로 총융청 세악수들을 불러내어 사가私家에서 잔치를 벌였을 때, 사헌부司憲府에서 총융사를 고발하려고 하였던 것(『숙종실록』 권38, 숙종 29년 2월 계사조)도 군제 변통과 함께 이해 관계에 기인한다. 총융청은 그 다음해인 1704년에 내영內營제를 폐지하고 3영(중·좌·우영)제로 개편하였다.

용호영의 패두나 취고수·세악수들의 위상이 5군영 체제에서 크게 확립된 것은 '왕권 강화'와 밀접하다. 즉, 인조반정이 일어난 1623년 이후에는 왕권이 약화된 대신에 반정 공신들의 주도 세력들이 자기 군사 기반을 호위청 설치로 강화하였으므로 왕의 친병으로서 금군禁軍이었던 용호영 위상이 그만큼이나 약화될 수밖에 없었다. 이 기간 용호영의 패두나 취고수 등은 소리가 커질 수 없었다. 그러다가, 17세기 후반부터 북벌 정책과 군비 확충이 진행되면서 왕권이 강화되었고, 숙종 연간(1675~1720) 중 1686년(숙종 12)에 가장 우수하고 능력 있는 무관들을 선발·영입하였을 뿐만 아니라 우수한 자들이 주요 관직으로 진출하였고, 또다시 1728년(영조 4) 3월에 이인좌李麟佐 난(밀풍군 탄을 추대하여 병란을 일으킨)을 계기로 영조가 왕권 호위 강화와 수도 방비 주력 일환으로 용호영을 강화하자 그 위상이 극대화하면서 용호영의 대취타가 모든 군영 중에서 정상을 차지할 수 있었다. 이 때부터 19세기까지 용호영의 세악수와 취고수의 지위는 다른 군악수들과는 비교할 수 없는 최고의 지위였다. 1728년 이인좌난을 토벌하여 공을 세웠던 금대거사琴臺居士[유득공柳得恭(1749~?)의 종씨인 유운경柳雲卿 현감 아들로 성명 미상]의 천첩 소생이었던 유우춘柳遇春이 18세기 중반 직후부터 해금 최고의 명인으로 일가를 이룬 바, 유우춘이 바로 용호영의 세악수였다. 그는 거문고잽이 김철석과 안安씨 성을 가진 젓대잽이와 동東의 장구잽이·복卜의 피리와 더불어 삼현육각 편성으로 당대를 누비고 있었다. 또, 1760년의 용호영 이패두가 거느리는 세악수와 기생들의 풍악이 왕족의 초청을 거부할 정도로 그 지위를 확보하고 있었다.

영조 경진庚辰년(1760 - 필자)에 대풍이 들었다. 임금(영조 - 필자)이 널리 영을 내려 잔치를 열고 즐기게 하였다. <u>용호영의 악樂이 5영五營 중에서도 제일인데</u>[英祖庚辰大稔 上命中外設宴以娛 龍虎營樂冠於五營](밑줄은 필자)[25]

이 사실들은 용호영의 세악수들이 삼현육각으로 군영 밖의 각종 연회를 주도하고 있었을 뿐만 아니라 삼현육각 문화를 일반화시켰음을 시사한다. 다른 한편으로 용호영 세악수들의 활동이 다른 모든 군영의 세악수들에게도 커다란 영향을 미쳐 활성화시켜 나갈 수 있었다. 이제, 삼현육각의 세악 문화는 우리 나라 최대의 문화를 형성할 수 있었으며, 어느 계층이든지 세악 감수성이 일반화되었다.

삼현육각 편성의 세악수들이 가장 압도적인 연주곡으로 관악 영산회상管樂靈山會相(또는 대짜나 다짱·닷장이라 불리는)과 같은 대풍류곡, 연회 때의 가곡·가사 등의 가곡 반주를 곁

25_ 成大中,「丐帥」,『海叢』.

들인 거상악擧上樂, 행진할 때의 길군악·취타·군악류의 취타 작품들이 중심이었다. 거상악의 경우 삼현육각 반주로 가곡·가사·시조를 노래할 수 있어서 가객이나 기생 그리고 중인 출신들의 시회와 만나고 있었거니와, 장악원의 속악부에 편성한 세악수들과도 교류하였으며, 그리고 신청(재인청) 출신들이나 떠돌이 예인집단의 연행 종목의 연주 편성으로도 서로 교감하고 있었던 우리 나라 최대의 연주 형태와 그 문화권을 형성할 수 있었다. 이렇게 된 이유 중 하나가 5군영 체제와 지방 각 관아와 감영의 세악수들을 신청 조직이 5도가都家 체제를 모방하여 전국적으로 조직화하여 통제할 수 있었다는 점에서 그러하다. 신청은 그만큼 궁중 장악원과 병영 그리고 지방 각 관아의 모든 악가무樂歌舞를 공급할 수 있는 지원 기능과 지속적인 교육 기능을 갖춘 우리 나라 음악 문화의 최고 자치 교육 기관이기도 했다.

다) 지방 관아와 병영

우리 나라 지방의 행정 구획은 전국을 8도로 나누어 각각 관찰사를 두고 그 밑에 부府·대도호부大都護府·목牧·도호부都護府·군郡·현縣의 각 읍邑을 두었으며, 그 수령守令으로 부윤府尹·대도호부사大都護府使·목사·도호부사·군수·현령縣令·현감縣監 등을 두었으므로 각지의 행정 관청으로 관찰사(또는 감사)가 영문營門으로 있는 감영監營에서부터 마을의 관아官衙가 있고, 여기에 중앙의 장악원과 군영의 축소판인 각각의 악대가 있었다.

관찰사의 경우 한 도의 행정·사법·군사 전부를 통괄하고 있으므로 민정과 군정을 통합한 권한을 가지고 있었다. 이 사실은 각 지방의 관아에까지 공적인 지방 장악원이 편제되어 있어서 여기에 상민 출신의 악생과 악생보, 천민 출신의 악공과 악공보를 군영에 편제하고 행정 관청의 각종 행사도 도맡게 하였음을 말한다.

전라우영의 경우 1457년(세조 3) 이래 나주 거진羅州巨鎭을 설치하여 나주 목사가 병마첨절제사兵馬僉節制使를 겸하여 나주목과 광주목, 영암군과 영광군, 고창현·무장현·장성현·진원현·남평현·무안현·함평현의 병권을 관장하고 있었던 바, 그 나주 거진의 전라우영에 무관武官으로 취수 35명과 나주목 군역 의무자(군액軍額이라 하였다) 중 악생·악공 42명을 '장악원'에 두었으며, 또 지방 정규군으로 병영에 취타수 65명을 두어 이들을 중심으로 병영과 나주목의 각종 행사를 치렀다. 말할 나위 없이 장악원에 세악수를 편성하여 두었다(『羅州牧志』 참고).

또, 전라도 무주관부의 경우에는 군병으로 장악원 악생보를 11명, 악공보로 25명을 두고 있었으며, 군기로서 악기는 쟁鉦 2좌와 행고行鼓 9좌를 상비하고 있었다.[26] 또 1618 년경의 전라 승평부(순천)는 군정軍丁으로 악공을 21명(保 포함), 군기軍器로 대쟁大鉦 1·중 쟁 1·소쟁 1·고鼓 1·향우각鄕牛角 3대 등을 두고 있었으며,[27] 1741년의 『무장현茂長縣 읍지邑誌』에 의하면 무장현은 군영에 악생 1명과 악생보 6명, 악공 2명과 악공보 12명을 묶어 '장악원'으로 편제하되, 대쟁 5좌·소쟁 1좌·행고 21좌 등의 군악기를 공식 예치 하고 있었다. 한편, 규모가 큰 경우도 있었다. 1593년(선조 26) 직후 임진왜란을 평정하기 위하여 충청도·경상좌도와 우도·전라좌도와 우도의 각 수군절도사를 통합하여 삼도 통제사로 개편하며 그 총본영을 경상도 고성군 두룡포(현재의 충무)에다 통제영統制營을 두 었을 때 이곳에는 취고청吹鼓廳과 기생청이 있었던 바, 취고청의 경우 악공이 100명에 이르렀을 정도로 규모가 컸다.

이처럼, 각 지역의 모든 행정 조직은 장악원을 군영에 편제시켜 일반 행사에까지 겸 임토록 하였으므로, 오히려 중앙의 장악원이나 군영의 군악대보다 더 많은 행사를 치 렀다고 볼 수 있다. 특히, 평안도 관찰사로 감영이 평양에 있으면서 평양부윤과 평안도 병사·수사를 장악하고 있는 평안감사의 환영도(김홍도나 그 밖의 기록화가들의 작품)에서 우 리들은 그 평양감영의 장악원이 중앙의 장악원과 용호영의 대취타 등의 모든 것에 못 지 않은 화려함의 극치를 다음 〈그림 47〉에서 확인할 수 있을 것이다.

26_ 『赤城誌』券之一. 10b(1898) 참고.
27_ 『新增 昇平志』(1618) 참고.

〈그림 47〉　　　　　　　　평안감사 환영도에서 감영의 장악원과 예인집단들
〈그림 47-1〉　　　　　　　부벽루 평양감사 환영 세악수와 춤(8폭 중 제1폭)
부벽루 안에 앉아 있는 평안감사 앞에서 관기들이 대무(對舞)를 세악수들의 반주에 맞춰 한창 춤추고 있다. 왼쪽 맨 아래로 신청 출신들이 재인 줄타기를 하려고 줄이 매어져 있고, 그 주변에 구경꾼들이 북적대고 있다.

〈그림 47-2〉　　　　　　　세악수와 취타(8폭 중 제2폭 부분)
취고수의 완전한 형태가 보인다. 금고(金鼓)라는 깃발 아래 왼쪽에 패두가 보이고 이어서 주장이라는 관악기와 소쟁·점자·징·운라·피리·나발 순으로 편성하여 취타를 연주하고 있다. 오른쪽의 경우도 같은 편성이다.

〈그림 47-3〉　　　　　　　　　　　　　　　세악수와 광대들(8폭 중 제2폭 부분)

평안감사 행차 앞에서 양 열로 삼현육각의 세악수들이 길군악류의 연주를 하며 나아가고 있고, 그 앞으로 광대들이 춤을 추며 나아가고 있다. 세악수들 중 좌고수가 또 한 사람의 도움을 받아 치는 모습과 해금·대금·장고 바로 앞으로 피리잽이의 치켜든 팔에서 한참 신이 나 있는 모습이 보인다. 모두 전립 모자에 흑색 차림을 한 전형적인 군영 복식이다.

〈그림 47-4〉　　　　　　　　　　세악수·광대춤·학춤·북춤[舞鼓](8폭 중 제2폭 부분)

관서포정아문(關西布政衙門) 안의 선화당(宣化堂)에서 평안감사를 환영하는 관기들의 학춤·북춤이 화려하게 펼쳐지고 있다. 정재복을 입지 않은 점에서 훨씬 솔직한 모습들로 삥 둘러 관기들이 앉아 있으면서 기생 점고 행사가 펼쳐진 듯하다. 모퉁이의 광대들 춤과 함께 집박으로 패두와 좌고·해금·장구·대금·피리 등의 삼현육각의 편성이지만 패두의 긴 수염 모습에서 그 위엄의 통제력을 가지고 있다. 8폭 중 제5폭도 같은 선화당에서의 행사 그림이다. 제5폭에는 관기들이 둘러싼 가운데 북·대금·해금·장구·피리 다섯 명과 서서 박을 잡은 세악수들이 반주하고 정재인 검무(劍舞)를 평안감사가 관상하고 있는 그림이다. 선화당 연회는 언제나 화려하였지만 기층민중들에게는 원성의 대상이었다.

〈그림 47-5〉 　　　　　　　　　　　**대동강의 세악수와 취고수**(8폭 중 제5폭)

제5폭은 평안감사의 대동강 행선 그림이다. 관서제군사명(關西諸君司命) 군기와 용기(龍旗)가 평안감사이자 관서 지방의 병사와 수사를 겸하고 있는 위세를 떨치고 있다. 여기에도 평안감사 승선 배 위로 광대들의 춤과 그 아래 배에 관기들의 춤판이 장구·피리·북·해금·대금·박의 세악수 반주로 벌어지고 있으며, 세악수 배 아래에 세 대의 취고수 배가 보인다. 나발과 운라·징·태평소 등과 주장 그리고 나발 등 취고수들이 세 개의 배로 나누어 타면서 앞서가고 있는 모습에서 취타의 위용이 드러나고 있다. 제6폭은 제2폭처럼 행사 그림이지만 2폭과 달리 평양 관내 행차이다. 여기에도 2폭처럼 취소수와 세악수 그리고 광대와 관기들이 앞서 등장하고 있다. 제7폭은 제5폭과 같은 대동강 승선 그림으로 형태는 다르지만 세악수와 취고수가 등장하고 있다. 북에 태극무늬가 모두 그려져 있다.

〈그림 47-6〉 「평양감사 환영도」에 나타난 공연형태

19세기 감영(監營)이 있었던 공주·전주·대구·원주·해
주·평양·함흥 등에는 위의 그림처럼 재인·배우·예문
패·관기를 비롯하여 군영의 취고수와 세악수들이 여러 공
연형태로 활동하였다. 감영 뿐만 아니라 주·부·군·현에
이르는 행정기관에 크고 작은 의전과 공연형태가 있었다.

(3) 기회

'기회耆會'라 함은 국가 기관이 관료 출신이나 일반 기로耆老(예순 살 이상의 노인)들에게 베푼 연회 모임, 또는 민간에서 사대부 출신 기로들의 악樂 동인[耆社] 모임을 일컫는다. 고려 시대부터 있어 왔던 기회가 조선 시대에 들어와서 왕권 강화의 일환으로 노인들에 대한 악樂과 선물 등으로 향연을 베푼 바 있다. 말할 나위 없이 이것은 효행을 장려하여 유교의 통치 이념을 구현함과 동시에 중앙집권적 지배 체제를 확고하게 유지하려는 데 그 목표가 있었다. 조선 시대의 기로 정책은 일반 노인들을 대상으로 하는 양로연養老宴과 양반 관료 출신인 노인[耆臣]들을 대상으로 한 기회가 있었다. 모든 국가 기관에 기로소耆老所(처음엔 기로회耆老會로 불리다가 1428년부터 기로소로 개칭. 때로 기사耆社라고도 하였다)를 설치하여 기로 정책을 주도할 정도로 국가의 주요 정책 중 하나였다. 이 때는 예외없이 국왕이 악樂과 축시祝詩와 여러 선물을 하사하였다. 기회에 음악과 시, 그리고 투호 놀이가 점차 양식화하였다.

양로연은 서울의 대전大殿이나 지방의 관아官衙에서 70세 이상의 천민 출신의 일반 노인에 이르기까지 대상으로 삼아 축하 연회를 개최해 주었으며, 이 자리에 향악 중심의 연례악宴禮樂・음식대접・선물(약・쌀・목면 등) 등을 베풀었다. 또, 천민 출신이라 할지라도 100세 이상은 면천免賤하여 남자의 경우 7품직 벼슬, 여자의 경우 작爵을 내려 주기도 하였다.[28] 연례악으로는 「체안지악體安至樂」・「문명지곡文明之曲」・「관천정지악觀天庭之樂」・「무열지곡武烈之曲」・「수명명지악受明命之樂」・「서안지악舒安之樂」・「융안지악隆安之樂」 등의 아악과 「오양선五羊仙」・「황하청黃河淸」・「아박牙拍」 등 속악俗樂이었으며, 거문고・비파・종・북 등을 편성하여 연주하였다.[29]

양반 관료 출신의 경우에는 두 가지가 있었다. 하나는 왕이 참석하고 전직 당상관급들의 모임체로서 보제루普濟樓에 개설하는 '기로회'이고, 또 하나는 왕과 나이가 70세 이상이고 벼슬이 3품, 정1품 이상의 관원들의 종친들과 재신宰臣들의 모임체인 '기영회耆英會'인데, 기영회는 훈련원에 개설하였다. 둘 다 매년 3월 상사上巳일과 9월 중양重陽일에

28_ 『世宗實錄』卷68, 世宗 17年 6月 辛酉條.
29_ 『世宗實錄』卷133, 養老儀와 『牧民心書』卷3, 愛民 6條 第1條 養老條 참조. 한편 위의 곡들은 『樂學軌範』卷2에 그 가사 전문들이 나온다.

있었다. 이 때 왕이 술과 악樂과 놀이를 하사하였다. 모두 영광스럽게 생각한 모임체다.

조선 중기에는 먼저 화살을 병 속에 넣는 투호投壺 놀이에서 진 쪽이 잔을 이긴 쪽에 주고, 이어서 장악원의 악樂과 술로 연회가 베풀어진다. 이 연회에서는 반드시 취해야 장악원 연주가 그쳤다. 투호 놀이가 행해질 때는 「낙양춘洛陽春」 곡이 연주되고 '투호가사投壺歌詞'를 노래하였다(투호가사 내용을 번역하면 '위대하신 임금께서 노인들을 기르사/ 시화 연풍하고 좋은 날에/항아리와 화살을 주서 이 밤이 다가도록 즐기도다/머리가 누렇게 늙은 이들의 위의가 근엄하도다/산 가지가 많기를 바라니 아울러 그 복을 받으리로다'이다.).[30]

조선조 초기인 1394년(태조 3)에 태조가 60세가 되자 70세가 넘는 정2품 문관 출신들과 함께 기사에 모여 연회를 베풀고 토지·노비·염분 등을 하사한 이후로 기회가 제도화되었다. 이 때의 기회는 임금과 신하가 함께 참여하고 있었으므로 관아의 서열로는 첫째로 꼽혔다. 즉, 중앙의 정치 구조상 왕과 가장 가까운 관련자들의 모임체로서는 으뜸이기 때문이다.

바로 이곳에 장악원 음악인들과 무용수들이 나와 처용무와 침향무류의 춤, 여기에 맞춰 영산회상과 같은 기악곡, 또 천보구여지곡天保九如之曲을 비롯한 노래와 기악곡 등 장악원이 다루는 궁정의 연례악류가 연주되었다. 다음 〈그림 48〉은 「선조宣祖조 기영회도」(1585년작)로서 바람이 살랑거리는 한 밤(두 개의 촛불)에 두 개의 매화 꽃병을 두고 두 무용수가 서로 맞서 꽃을 즐기고[弄花] 있으면서 한참 악공(12명)들이 연주를 하고 있지만, 찬 잔을 앞에 놓은 주변의 인물들이 한 점 흐트러지지 않고 감상하고 있다.

악기 편성에서 이 기간 비파·거문고 등이 쓰였음을 주목할 필요가 있다. 비파와 거문고의 경우 모든 선비들의 필수 수양修養 악기였지만〈그림 52〉참고), 후대에 내려올수록 점차 사라지고, 이러한 편성이 압축된 지역의 삼현육각식 악기 편성에서도 이 두 악기는 제외되기 때문이다.

한편, 15세기 중반 이후 기회에 참석한 사람들은 다른 연회가 있을 경우에 훈련원의 행사를 더 찾았다. 다른 곳에서 예법에 묶여 진행하는 것보다 훈련원의 그것이 훨씬 자유스러웠기 때문이다.[31] 벌써 관변 악樂보다 예악禮樂에 묶이지 않는 자연스러운 악

30_ 『악학궤범』 I (서울 : 민문고, 1989), 144쪽에 있다.
31_ 成俔, 『慵齋叢話』 第九卷 참고.

〈그림 48〉　　　　　　　　　　　「선조(宣祖)조 기영회도」
작자 미상(1585년작)

樂을 더 선호하였음을 말한다.

　중요한 역사적 사실은 관 주도의 기회만 있었던 것이 아니라, 민간 중심의 동호인 기회가 있었다는 점이다. 관의 그것처럼 명분을 가지고 있되 훨씬 자유스러운 동호인 모임체를 조직하고, 음악 연주와 시 짓기 그리고 활쏘기와 바둑 두기 등 문화 예술을 스스로 즐겨 나갔으니, 이것이 악회나 시회 등의 음악 문화를 더욱 활성화시키는 계기가 되었기 때문이다. 이러한 민간 중심의 기회는 원래 고려 시대의 최당崔讜(1135~1211)이 관직에서 물러난 일곱 명의 나이든 사대부들과 함께 모임체를 구성하고 그 이름을 '해동기로회海東耆老會'라 한 것이 효시로 알려졌다.

　1520년(중종 15)의 아이현阿耳峴 기로회耆老會나 1522년의 만리현萬里峴 기로회耆老會 등이 그 예들이다.[32]

　또, 1629년의 남지南池 기영회耆英會, 1635년의 청풍동淸風洞 기영회耆英會, 1730년의 이

32_ 『大東野乘』卷13, 遺閑雜錄 참조.

〈그림 49〉 　　　　　　　　　「남지 기로회도」
이기룡(1629년작)

원梨園 기로회耆老會, 1793년의 삼로회三老會 등이 그것이다.[33] 이들 기회들은 2품 이상으로 70세 이상의 고위 관리들이 참여하기도 하였다.

〈그림 49〉「남지 기로회도南池耆老會圖」(궁정화원 이기룡작)는 〈그림 48〉을 제작한 1585년보다 44년 뒤인 1629년 작품으로, 정확하게 1629년 6월 5일 남대문(당시는 숭례문) 앞 어느 집에서 연꽃들이 피어 있는 연못 위 관직자들 앞에 한 성악인이 가곡으로 분위기를 고조시키고 있는 그림이다.

이 모임판에 등장하는 이인기李麟奇 · 윤동로尹東老 등 열두 명에는 왕이 없었으며, 또 〈그림 48〉의 등장인보다 모두 관직이 떨어진다. 이 사실은 조선 초기에 관직을 엄격하게 제한한 경우와 달리 조선 중기에는 벌써 민간 사대부 사이에 기회가 일반화되었음을 말한다. 이 사실을 확인할 수 있는 사료로 김홍도가 1804년에 그린 「기로세연계도耆老世聯稧圖」가 있다. 이 그림은 송도(개성)의 양반 출신으로 나이든 64명의 기회라는 점,

33_ 洪敬謨, 『耆社志』卷14, 己編 5 洛社故事條 참고.

〈그림 50〉
김홍도(1804)

「기로세연계도(耆老世聯稧圖)」

그리고 이 기회에 출연한 악공들이 개성 지역의 삼현육각이라는 점, 일반 민중들이 자유분방한 모습으로 기회 주변에 포진하고 있다는 점에서 기회의 일반화를 확인할 수 있을 것이다. 다시 한 번 김홍도의 그림을 부분적으로 확대하여 보면 다음 〈그림 50〉과 같다.

　이미, 조선 중기는 조선 전기와 다른 (음)악 사회였다. 성현成俔(1439~1504)의 뛰어난 수필집 『용재총화』에 따르면, '세 사람만 서로 만나도 반드시 기녀의 악樂을 즐길[三人相遇, 必用妓樂]' 정도가 되어 있었다. 또, '잔치하는 장막이 서울 도성 문 밖에 서로 이어져 날이 저물도록 흥청거리며 놀면서 직책 일을 폐지[帳幕相連於都門外, 終日遨遊, 廢棄職事]'하는 상황이고 보면, 이 모임에 악공들이 동원되어 '악기 다루는 공부를 할 수 없을[不得調樂也]' 정도가 되어 있었다.

　이처럼, 조선 전기의 엄격한 예악 문화와 다르게 조선 중기에 자유스러운 음·악 문화로 전환되고 있었음은 양반 관료들이나 정치권에 진입하지 못하였을지라도 부유한 계층에서 자기 집에 천민 출신의 악공과 기생들을 자유스럽게 고용하고 있었다는 점으로도 확인할 수 있다.

　　가. 유방효는 태재 선생의 아우이다. 심준·윤복과 함께 남대문 밖에 살았다. 모두가 아
버지 허물 때문에 벼슬길에 설 수 없었다. 집은 다 부유하였으므로 노래 잘하는 기녀를 두고
매번 손들을 맞아 취하도록 술을 마시니···[34]

　　나. 당시 서평군 공자公子 표標는 부자로 호협하였으며 성품이 음악音樂을 좋아하는 분이었
다. 실솔의 노래를 듣고 좋아하여 날마다 데리고 놀았다. 매양 실솔이 노래하면 공자는 으레
거문고를 끌어당겨 통소 반주를 하는 것이었다. 공자의 거문고 솜씨도 또한 일세에 높았으
니 서로 만남이 더없이 즐거웠다.···공자公子(서평군, 왕족으로 영조 때 외교 공로가 컸던 사람-필자)는
집에 악노樂奴 10여 명을 두고 있었으며 희첩姬妾들도 모두 가무歌舞에 능하였다.[35]

　위 인용문에서 시기는 '가'가 15세기 중반 이후이고, '나'가 18세기 중반이다. 곧, 악
가무樂歌舞에 심취한 양반 관헌이나 그 부유층들은 조선시기 내내 악공과 기생들을 소유
하며 음·악 문화를 널리 발달시키고 있었다.
　기회의 성격으로 악회나 시회로 발전한 경우를 반증할 수 있는 뚜렷한 것은 1794년
(정조 18)에 결성한 구로회九老會와 비슷한 시기에 결성한 금란사金蘭社 등에서 찾아볼 수
있다. 구로회 구성원들인 김성달金成達·최윤창·황덕순黃德順·백경현白景炫·김현金
炫·엄계응嚴啓膺·이경오李景五·조지원趙志遠·마성린馬聖麟(1727~1798 이후)들은 중인 출신
의 고로古老로서 김성달의 정사인 함취헌涵翠軒에 거의 매일 모여 시·가歌·악회를 벌
이고 있었다. 마성린은 시문집인 『안화당사집安和堂私集』을, 백경현은 시조집 『동가선東
歌選』 등을 펴냈다.
　역시 고로古老들의 모임체이자 중인 출신들로 결성한 금란사는 김광익金光翼·허서許
瑞·한욱韓旭·김진태金振泰·안상덕安尙德·장도문張道問·장도순張道順·김수경金壽慶　들

---

[34]　성현, 『용재총화』 제2권.
[35]　이옥(李鈺), 가자 송실솔 전, 『담정총서』, 이우성·임형택 역편, 『이조한문단편집』 중(서울 : 일조각,
　　1982), 220~221쪽에서 인용.

로서 이들 역시 거의 매일 시·가·악회로 18세기 후반을 장식하고 있었다.

> 손을 놀려 금琴을 타고 있는데, 금琴의 소리가 맑디맑아 은연중에 하늘에 가득 찬 듯 울리니, 이 사람이 곧 당세의 금객琴客 이군 휘선李君輝先이다. 그 옆에 한 소년이 또한 금琴을 안고 마주앉아 가락에 맞추어 같이 타고 있는데, 소리마다 가락마다 서로 어울려 장단 고하가 마치 부절符節을 맞춘 듯하다. 묘수가 아니면 어찌 이와 같으리요? 이 사람이 곧 전 사알前司謁 지군 대원池君大源이다. 두 금琴 사이에 한 사람이 의젓하게 앉아 구르듯 오르내리는 소리로 박자에 맞추어 노래를 하는데, 노랫소리가 두 글의 소리에 배합되어 소리가 구름에까지 닿는 듯하여 듣는 사람으로 하여금 저도 모르게 손발을 움직여 춤추게 하니 묻건대 이 사람은 누구인가? 당시 선가善歌 김군 시경金君時卿이다. 창가의 한 사람은 호탕한 노인으로 크게 취해 안석에 기댄 채 금조琴調와 가조歌調를 평론하고 있으니 유전회 천수劉典會天受이다. 안상에 필연 도구를 벌려 두고 그 곁에 큰 종이를 펼쳐 놓았는데 백면의 소년이 포의布衣에 띠를 띤 채 붓을 쥐고 석상의 광경을 그리고 있으니, 곧 윤생 숙관尹生叔貫이다.[36]

1788년으로 62세가 되었던 마성린이 참여한 어떤 모임에 금객·가객·화원·시인뿐만 아니라 음악평론가까지 어울리고 있었다.

> 당시 우대友臺에 아무아무 노인들은 또한 모두 당시에 알려진 호걸들이었다. 계契를 맺어 노인계老人契라 하고, 또 호화 부귀한 사람들과 유일遊逸·풍소風騷의 사람들이 계를 만들어 승평계昇平契라 하였다. 오직 즐겁게 놀고 연락하는 것이 일이었는데 선생(박효관)이 실로 맹주였다.
> 내가 총발總髮한 지 신사년(1881)에 이르러 예순여섯이 되었다. 우대의 노인들이 필운동 삼청동 사이에서 계를 만들었는데, 허다한 계회들은 불과 4, 5년 사이에 흔적도 없어졌으나 오직 노인계만은 몇백 년을 계승해 오며 온갖 규모가 오히려 예전보다 더욱 찬란하니 이 계의 웅화영매雄華英邁함은 천지와 더불어 짝한다.[37]

36_ 마성린(馬聖麟), 「시한채청유세문(是閑齋淸遊說文)」, 『안화당사집(安和堂私集)』 상권, 강명관(姜明官), 「18, 19세기 경어전(京衙前)과 예술활동의 양상」, 『한국근대문학사의 쟁점』(서울 : 창작과비평사, 1990), 97~99쪽에서 재인용. 밑줄은 필자.
37_ 강명관(姜明官), 위의 책, 106쪽에서 재인용. 밑줄은 필자.

위 인용문은 안민영安玟英(1816~?)의 가집歌集 『금옥총부金玉叢部』에 밝히고 있는 노인계 자료이다. 안민영은 1876년(고종 13)에 스승이었던 박효관과 더불어 『가곡원류』를 편찬한 바 있으므로, 이 노인계 모습은 19세기 후반 모습이다. '허다한 노인계의 모임체들'이 결성·해체를 거듭하는 과정에서도 박효관朴孝寬(1800~1880)의 '노인계'는 민간 기회의 전통을 '몇백년 계승'해 오면서 음악·문학사에 시·가·악에 깊은 영향을 미치고 있었다. 자산自山 안확安廓이 밝힌 가곡 시조의 계보도가 그것이다.[38]

이처럼, 궁정의 기회 문화가 중기에 이르면 점차 궁정 밖에까지 그 모임체를 본뜬 기회 문화로 더욱 성행하고 있었으며, 궁정의 기회와 별도로 다른 성격의 악회와 시회로 분화 발전하였다.

(4) 악회

'악회樂會'란 다양한 계층들이 악樂을 지향하며 벌이는 판모임을 말한다. 예악 문화권의 모든 악樂의 판벌임을 악회라 할 수 있지만, 여기에서 악회란 조선 후기에 계급적 대립을 지양하며 모든 계층이 '본유의 악樂을 회복'하며 해방의 예술 체험을 기획하는 악회를 말한다. 악樂의 형식이 시·가·무의 통합 장르이고 보면 음악 분야에 악공들이 주체적으로 참여하고 있다는 점에서도 사대부들의 기회나 조선 전기의 다른 악회와 그 성격이 달라 있었다. 특히, 조선 후기의 악회는 실학자들이 본래의 악樂을 회복하자는 새로운 문화 예술 운동의 일환이었다. 그만큼, 이 모임판은 예술 체험에 따른 성숙

38_ 안확(安廓), 「歌聖 張竹軒 逝去 百二十年」, 『朝鮮』 11월호, 제145호(京城 : 조선총독부, 1929), 30~35쪽.

〈그림 51〉   「관월도(觀月圖)」
16세기 후반 화단에서 가장 큰 비중으로 활약한 이경윤은 '달을 관망하는 그림'으로 알려졌다. 이 그림에서 악(樂)으로 절대 자유를 체
험하는 세계를 그대로 드러내고 있다. 어느 사이에 삼라만상이 고요하면서도 거문고 소리가 가득 채우고 있다. 그림에서 허허로움은
더 이상 가필하지 않은 대담한 여백 생략과 차를 끓이는 동자 모습에서 악(樂)과 어우러진 차향을 더욱 느낄 수 있는 것 같다.

〈그림 52〉   「단원도」(부분)
김홍도(1785). 18세기 후반까지 선비들의 수양(修養) 악기의 중심은 거문고와 비파였다. 이 그림에서 비파는 방안에 걸려 있다. 거문고
를 타는 단원 김홍도, 그 앞에서 무릎 장단을 치며 노래하는 정란(鄭瀾), 비스듬히 앉아 부채를 부치며 감상하는 강희언(姜熙彦) 등 악
회가 벌어졌다.

한 감수성과 악樂이 스스로 충족하고, 악樂이 모든 참여자를 변모시키는 존재의 진리를 드러내게 한다는 점에서 새로운 전개가 아닐 수 없었다.

이 전개는 그 동안의 악樂이 성誠하고자 하는 인간의 노력, 곧 해방의 상태에서 절대자유를 누리려는 부단한 노력을 악樂으로서 이룩하려 하지 않은 조선 사회의 총체적 모순에 대한 비판에서 이루어졌기 때문에도 엄청난 예술 사건이었다.

모든 선비가 이러한 뜻에서 거문고琴와 비파琵琶가 일반화되어 실제적으로 다루었지만〈그림 51, 52〉참고), 다산茶山(丁若鏞, 1762~1836)이 신랄하게 비판한 것처럼, 조선 후기는 '과거' 시험으로 말미암아 악樂의 실제(practice)가 없이 악樂 이론 수험생만 생산하는 '물화物化(reification)'된 악樂 사회로 굳어져 갔었다. 다산이 악樂의 고유 영역과 악樂으로서 자기 완성과 사회간의 관계성을 회복하려는 경세치용經世致用으로 실천하려고 몸부림친 것도 물화된 악樂 사회였기 때문이었다.

그러하기에, 다산이 『악서고존樂書孤存』을 통한 '악樂의 밝힘'이나, 홍대용(1731~1783)·박지원(1737~1805)·이덕무(1731~1793)·박제가(1750~1805?)·이규경(1788~?)·최한기(1803~1879)

〈그림 53〉　　　　　　　　　　　　강세황의 「현정승집도(玄亭勝集圖)」

조선후기 대표적인 문인화가이자 단원 김홍도를 이끌어준 강세황(姜世晃, 1713~1791)이 34세 때 그린 그림이다. 이 그림첩 서문에 "거문고와 노랫소리가 교대로 일어나고 술을 마시고 시를 읊어서 피로함을 잊었다"라는 대목처럼 이들 사대부들은 악회를 펼쳐 나갔다.

등의 '개신악학정신改新樂學精神'을 통한 악회 운동과 민족 음악 전개는 예술적인 사건이 아닐 수 없다.

18세기 동아시아의 중심 인물이었던 담헌湛軒 홍대용洪大容 한 사람만 하더라도 실제적으로 거문고·가야금·퉁소·양금dulcimer·오르간organ을 뛰어나게 다루었으며, 자기 집에 악회(유춘오 악회)를 판벌여, 같은 신분이었던 동료들은 물론 중인 출신이자 당대 거문고와 양금의 명인 김억金檍, 천민 출신이자 거문고 명인이었던 김성기金聖器(또는 基)와 역시 천민 출신이자 생황과 양금의 명인이었던 보안普安 등으로 판을 벌임으로써 신분적 차이를 넘어 계급을 해방시키며 시와 악을 본유의 악樂으로 회복하고 있었다.

더욱이, 이들 지식인들은 악론樂論을 전개함에 있어 서양음악의 물리학적 접근을 적극적으로 수용하고 민족음악사의 새로운 기술은 물론, 특히 근대의 최한기에 이르러 악樂의 기학氣學을 수립하고 조선의 민족악론을 전개한다는 점에서 역사적인 사건이 아닐 수 없었다.[39]

(5) 시회詩會

조선 시대에 예禮가 있는 곳에 악樂이 있었고, 악이 있는 곳에 예가 있었다. 국가의 예악권을 지향한 '악단樂壇'은 궁정음악과 군악, 그리고 양반 관료들의 기회가 주축이었지만, 조선 후기에 변화가 일어났던 '악단'으로 악회와 시회詩會를 들 수 있다. 악회와 시회 구분이 엄격하지는 않지만, 악회가 주로 음악이 중심인 데 비하여 시회는 한시漢詩와 시조 가곡류의 노래가 더 두드러지게 나타나고 있었다. 자연히, 음·악 예술인들과 교류가 없을 수 없다.

시회란 중인 출신들의 시 동인 모임체[詩社]로 시 창작 중심의 악회를 뜻한다. 즉, 중인들의 시와 노래[歌壇]가 성립되어 음악사적으로 시조와 가곡을 발전시키는 계기가 된 점이 우리를 주목시킨다〈그림 53〉 참고).

중인들의 시회는 17세기 이래 본격적인 시사詩社가 결성된 이래 19세기 80년대까지 위항시사委巷詩社로서 그 기능을 다한다. 그들은 신분 제한에 따른 울분을 되새기고 현

39_ 필자의 「조선 후기 음·악 연구」 I, 『한국민족음악현단계』(서울 : 세광음악출판사, 1989)를 참고하여 주기 바란다.

〈그림 54〉 「송석원시사 야연도(松石園詩社夜宴圖)」

서울 서쪽 인왕산 옥류동에 있었던 천수경(千壽慶)의 뒤뜰인 송석원에서 중인 출신인 장혼(1759~1809), 마성린, 차좌일, 박윤묵, 조수삼, 김락서 등 아홉 명의 문사들이 모여 시회를 펼쳤다. 송석원 시사는 때로 옥류시사, 옥계시사, 서원시사, 서사(西社)라고도 하였다. 대담한 생략으로 9인·보름달·밤안개·냇물 소리가 한데 어울리며 한창 시 창작과 가곡이 밤의 정적을 가르고 있다. 송석원 시사에 18세기 중반 이후의 화원들인 최북·김홍도·이인문 등이 참여하였는가 하면, 이 시사 출신의 시인이었던 임득명의 경우는 화가이기도 하였다.
19세기의 경우 김수철·유숙·이한철 등 중인 출신의 화원이 김정희 문하에 들어가 사대부적 교양을 익히고 있었다.

실적인 개혁에 앞장서서 기여한 것이 사실이다. 중인을 이루는 역관, 경아전, 서리, 율관, 의관, 서얼 등이 학문을 익히고 전문적인 환경을 갖춘 데다 대체적으로 경제적인 지위가 높았음에도 불구하고 중인이라는 하급 관리 신분 제도로 말미암아 사회 진출 통로가 막혀 있었기 때문에 이러한 악단적 시회가 발달하는 계기도 되었다. 즉, 한문 문화권에 일찍부터 편입되어 있었으므로 악(樂)으로서 인간과 사회를 화해시키며 악(樂) 고유의 영역을 회복하고 있었음에도 불구하고, 이들이 사회 정치적 현실에서는 왕권을 말단적 하급 관리로만 수행하는 계급 조건이었으므로 악(樂)으로서 절대 자유 획득을 억압받고 있었다.

그러하기에 이들은 19세기 70년대 중반 이후 개국을 주도하는 세력으로 급성장하기에 이른다. 근현대사 이후 일본과 서양제국주의로 말미암은 사회 변혁기에 지배 체제와 쉽게 손을 잡게 되는 이유도 기실 여기에 있었다.

한편, 이들이 음악사에 역사적으로 공헌한 분야는 말할 필요도 없이 시조와 가곡 장르였다. 그 예로 중인(서리) 출신이었던 김수장金壽長(1690~1770)은 '노가재 가단老歌齋歌壇'을 주도하여 『해동가요海東歌謠』를 남긴 점을 들 수 있다. 역시 중인(포졸) 출신이자 18세기 중엽 전후로 가인歌人으로 활약한 김천택金天澤도 '경정산 가단敬亭山歌壇'을 김수장과 함께 주도하고 『청구영언靑丘永言』을 남긴 경우나, 매화점 장단을 창안하고 인왕산 중턱에 가대歌臺를 설치하여 가곡 발달에 큰 자취를 남긴 장우벽張友璧(1730~1809) 역시 중인 출신으로 시조-가곡음악사에 산맥을 이룬 바 있다. 장우벽 계보로 이어지는 박효관朴孝寬과 안민영安玟英은 중인 출신으로 인왕산의 칠송정七松亭을 중심으로 한 서원시사西園詩社에서 『가곡원류歌曲原流』와 『금옥총부金玉叢部』 등 시조집을 펴낸 것에서 시사가 근대음악사를 열어간 줄기였음을 확인케 한다.

우리는 지금까지 근대 음악 사회를 형성하고 있는 계층별 음악 사회를 추적하였다. 기층민중들의 농민·신청·예인집단들의 음악 사회와 예악적 악단을 형성하고 있는 궁정·기회·악회·시회 음악 사회가 그것이다.

이 구조를 먼저 추적한 이유는 무엇보다도 근대음악사의 시대 구분과 성격을 분명하게 드러내기 위해서다. 여러 층으로 이루어진 음악 사회라 할지라도 그 특징은 인간이 자연에 대한 거룩한 두려움으로 인간과 자연을 화해시키려는 뚜렷한 음악 개념과, 또 음악의 고유한 자율성으로 모든 것을 해방의 상태에서 체험하려는 세계가 일상적으로 있었다. 그러나 조선 사회의 감추어진 질서는 국왕이 전국토를 자신의 영토로 삼아 국가 권력의 본질을 이루면서 '국왕 → 양반 관원 → 토호·향리 → 농민'으로 계층적 계급 사회를 형성하여 왕권을 핵으로 국가 지배 체계를 형이상화한 유교 이념 질서이기 때문에 조선의 음·악은 계층별로 억압받고 있음을 떨칠 수가 없었다. 악단을 지향한 아악권도 역시 물화되어 있었다.

따라서, 한국음악사에서 근대는 어떻게 본래의 음·악을 인간과 자연 앞에서 회복하여 인간화로서 음악과 외세 앞에서 민족의 자주적 음악으로 발전시킬 것인지가 최대의 과제로 부각되기에 이르렀다. 그러면 이제 근대 음악사를 펼쳐 보기로 하자.

근대 전기
: 제1기 음악

03

근대 전기
: 제1기 음악

지금까지 근대 전기의 개관, 기층민중들의 음악, 전문집단으로서 신청神廳과 예인집단 그리고 악단樂壇을 살펴보았다. 많은 독자들이 인내력을 가지고 지금까지의 추적에 동행하였을 것이라고 생각한다. 말할 것도 없이 음악을 통한 근대사 전개가 어떻게 구체화하였는지를 알아보기 위하여 피할 수 없는 내용들이었다.

이제, 한국 근대음악사 전개를 밝혀 나가자. 먼저, 근대 전기 중 제1기의 음악 역사이다. 다음처럼 이 기간의 시기 구분을 기억하면서 말이다. 한국 근대음악사(1860~1945. 8)에서 전기(1860~1910. 8) 중 제1기(1860~1876)의 시기 구분이 그것이다.

1. 근대 전기 : 제1기 민족음악사회의 전개

근대음악사 전기 제1기는 음악 사회가 민족음악으로서 자각과 실천을 전개함으로써 지난 시기와 그 역사적 성격을 달리한다. 두 가지 점에서 19세기 60년대의 '조선'은 위기에 직면한 시대일 뿐 아니라 이후의 역사 전개에서 지속적으로 국가 체제가 해체되어 간다는 점에서 지난 시기와 분명 달랐다. 즉, 안으로는 국가 권력의 본질을 이루었던 토지 소유 원리와 성리학적 정치 체제가 급속히 무너져 가고 있었다. 밖으로는 '조선'이라는 국가 체제가 지금까지 동아시아 질서를 유지하던 중국이 서양제국주의에 의하여 무너져감에 따라 다른 동아시아와 함께 세계사적 질서 개편으로 전환을 하지 않으면 안 될 정도로 새로운 국면으로 접어들었다는 점에서 그러하다.

이처럼, 나라 안팎의 위기 상황 고조는 인간과 민족으로서 일깨워진 사회공동체들로 하여금 우리 나라 음악이 어떻게 새로운 질서 앞에 대응하여야 할지를 고민케 하고 실천하였다는 점에서 지난 시기와 달랐다. 따라서, 이 시기의 음악 이론과 실제는 민족음악의 이론과 실천이었다. 이것은 조선 후기 '개신 악학자改新樂學者'들로부터 촉발된 민족음악론이 이 시기 최한기에 의하여 정점화한 사실에서도 반증할 수 있을 것이다.

지금까지의 역사적 성격들을 더 자세하게 알아보기로 하자. 전자의 경우, 조선은 '국왕-양반 관헌-토호·향리-농민'이라는 엄격한 신분제적 편제 속에서 토지를 차등 소유하는 신분제적 토지 소유 원리가 바로 국가 권력의 본질을 이루었다. 그러나 19세기 60년대, 특히 1862년부터 전국 70여 개 지역에서 농민항쟁(지금까지는 흔히 조선 후기 민란이나 임술민란 또는 삼남민란이라 일컬었다)이 일어난 것도 그 근본은 신분제적 토지 소유 원리의 모순과 이것으로부터 낡은 억압 질서였던 성리학적 정치 체제의 통치 이념, 곧 봉건질서를 깨뜨리고 새로운 인간적 사회를 건설하려는 데 있었다. 이미 조선의 통치 질서를 유지한 인사 정책의 핵심인 과거제 원칙이 족벌과 당색으로 충원되거나 매관매직으로 충당되는 현상은 19세기 수취 체제의 문란과 더불어 조선의 봉건 질서를 붕괴시키는 계기를 이루었다. 조선의 통치 이념으로 근간을 이룬 유교는 더 이상의 통치 이념이 아니라 '빈 말'의 증폭이었다. 1862년의 농민항쟁이 19세기 수취 체제收取體制(국가가 세금을 거두어들이는 체제로 전정, 군정, 환정(곡)이 그것이다)의 문란으로 농촌경제의 피폐화를 가져와 거지·도적·화전민 등 떠돌이가 발생하는가 하면, 평안도 농민항쟁(1811, 소위 홍경래란), 1814년 서울에서 양곡 고갈로 폭동, 1833년 서울에서 쌀값 폭등으로 폭동, 1840년의 죽산 민란과 전국적인 기근, 1850년 서울에서 도적 횡행, 1851년 황해도민의 민란, 1852년의 전국적 흉년으로 떠돌이(유랑민) 증가, 1856~1857년간 전국적 수해와 도적단들의 횡행에 이어 일어난 항쟁이었다. 이러한 반봉건투쟁으로서 농민항쟁이 이후의 근대사 전개에 따라 지속적이고 조직적이었다는 점에서 전 시대와 달랐으며, 조선의 봉건 질서를 붕괴시키는 직접적인 요인이라는 점에서 19세기 60년대는 새로운 국면 전개의 시기였다.

후자의 경우, 두 가지 점에서 '조선'의 60년대는 너무나 충격적 사건들로 민족적 위기감에 휩싸인다. 하나는 중국이 영국·프랑스와 1860년에 북경조약을 체결함으로써 반식민지화가 되었다는 사실이 조선 사회에 알려진 이래 조선은 민족적 위기감이 팽배해졌다. 그 위기감은 중국이 더 이상 우리의 가치와 기준을 제공하는 세계 중심 국가가 아니라는 점을 분명하게 하면서 '홀로서기'가 아니면 다른 나라와 '손잡기'를 선택하지 않으면 안되는 위기감이었다. 또 하나는 조선 자체가 19세기 벽두 이전부터 나타나기 시작한 외국의 '이상한 배'(상선과 군함), 곧 이양선 출현 자체가 60년대 전후로 더욱 빈번해짐에 따라 민족국가의 위기감은 더욱 현실화하였다.

즉, 이양선은 19세기 중반에 완성된 서양제국주의의 경제와 군사외교자체를 상징하고 있었으며, 또한 과학이 세계 지배 질서의 근간임을 단적으로 표명하고 있었다.

처음으로 나타난 이양선은 18세기 말(1787) 프랑스 군함으로 제주도와 울릉도에 나타났었다. 여기에서 1850~60년대간에 나타난 상황을 다음 〈표 20〉으로 확인하여 보자. 이러한 이양선 출몰 현상에 대하여 조선은 〈표 20〉보다 더 심각한 위기 의식으로 인지하고 있었다.

〈표 20〉   1850~60년대의 이양선 출몰 상황

연도	이양선명	국적	출현 장소	목적	비고
1850	이양선 1침[상선]	프랑스	울진		문정관이 총상을 입음
1851	프랑스선 1침[상선]	프랑스	대정 모슬포		
1852	칭리개(稱里介)호	미국	동래 용담포		포경선
	프랑스선	프랑스	고군산도		
1854	Palloda호[군함]	러시아	두만강구	측량, 탐험	많은 민간인 살상
	Vostok호[군함]	러시아	영흥만의 송전만		
			영일만		
			홍원 용성진		
1855	Hornet호[군함]	영국	독도	측량	
	Sylvia호[군함]	영국	부산		
	Virginia호[군함]	프랑스	부산, 두만강구		
	이양선 1침[상선]	미국	통천군	표류 착	
1856	이양선 1침[군함]	프랑스	홍주 고대도		민가와 민간인 약탈
			외양 장구도		
	愛西亞末[상선]	영국	동래 용당포	무역	
	이양선 2침[상선]	영국	동래 용당포		
1860	南白老[상선]	영국	동래 신초량	난파 표착	말[馬]을 구해 감
	이양선[상선]	영국	영암 추자도	통상요구	정부가 구제
1864		러시아	경흥		
1866	Primauguet[군함]	프랑스			조선 · 블란서 전쟁
	Surprise[군함]	미국	신미도		
	Sherman호	미국	대동강 하류		

1867	?	독 일	해미 조금진		Oppert
	?		충청 해남도		Oppert
	Shenandoah[군함]	미국	장산곶		
	Watchusett[군함]	미국	장산곶		
	Colorads[군함]	미국	강화도		조선·미국 전쟁

금년(1848-필자주) 여름과 가을 이래 외국 배가 출몰함이 경상·전라·황해·강원·함경 5도에 보였다. 이양선異樣船의 출몰이 이미 3, 4개월에 이르고 있다.[1]

외국 선박이 출몰함과 지나감이 대단히 많아 없는 해가 없으며 금년(1849년-필자주) 전후하여 지나간 수가 작년보다 배 이상이나 된다. 뿐만 아니라 곧 사라지기 때문에 문정問情(조선 관리가 외국 배의 사정을 물어서 정세 파악하는 일-필자주)도 제대로 못 하고 있다. … 각 도에서 올라오는 보고마다 모두 똑같은 보고이니(이양선 출몰의 빈번과 문정問情을 못한 보고-필자주), 변정邊情의 소홀하고 잘못됨이 진실로 한심하다. 단지 무사한 것만 지적한다면 꼭 근심할 바가 못 된다고 할 수 있을지 모르지만 역시 염려 않을 수 없다. … 차후부터는 기어이 문정을 하여 보고토록 각 해안에 있는 수군절도사에게 엄한 분부를 내리도록 하는 것이 좋겠다.[2]

이러한 기록과 〈표 20〉으로 미루어 본다면 이양선 출현은 해마다 있었다. 한동안 이양선의 동정을 모르다가 제국주의 성격이라는 사실을 국가적으로 확인하자마자 1864년에 정권을 잡은 대원군은 왕권을 강화하고 쇄국정책을 펼침으로써 조선의 자주적 근대성을 차단하기에 이른다. 물론, 이양선 출현 자체는 세계제국주의의 모든 것의 출현이었다. 조선을 비롯하여 동아시아의 위기감은 이제 세계제국주의와의 대응 여하에 따라 민족국가 존망이 달려 있을 정도로 불안감을 가져다 준 것도 사실이다. 비록, 서양의 이양선이 제국주의 성격을 드러내고 있지만, 조선은 원하든 원하지 않든 세계경제와 민족경제 관계, 세계 군사외교와 자주적인 군제 개편과 국제외교간의 관계, 세

1_ 함경감사 박영원(朴永元)의 1849년의 장계(狀啓)에 나오는 말로 『備邊司謄錄』 卷24, 第236冊, 憲宗 15年 己酉 3月 15日條에 나온다.
2_ 좌의정 김도희(金道喜)의 비변사(備邊司) 당상 입견시에 한 말로, 『備邊司謄錄』 卷24, 第236冊, 憲宗 15年 乙酉 3月 15日條에 나온다.

계과학과 인간 정신을 창출하는 민족문화전통의 새로운 발전 관계 등이 앞으로 풀어가야 할 과제임을 인식하고 능동적인 국제 감각으로 대응했어야 했지만, 이를 끊어내고 있었다. 대원군이 세운 다음의 '척화비'가 그것이다.

바다 멀리서 온 오랑캐들이 우리 경계를 침범하고 우리 땅에 침입했다. 서양 오랑캐가 침범해도 싸우지 아니하면 그들과 화친和親(나라 사이의 좋은 교분 – 필자주)하는 것을 뜻하고, 화친을 하면 곧 나라를 팔아먹는 것과 같다(洋夷侵犯, 非戰則和, 主和賣國).[3]

조선과 세계의 관계성을 끊어낸 것은 1866년 조불전쟁(흔히 병인양요로 불리는)과 1867년 조미전쟁(흔히 신미양요라 불리는) 직후부터 더욱 강화되었다. 더욱이, 서교西敎가 전통문화질서를 부정함에 따라 신해사옥(1791) · 신유사옥(1801) · 황사영 백서사건(1801) · 기해사옥(1839) 등이 일어났음에도 불구하고 교세가 확장되는 현실은 그 위기감을 더욱 세차게 몰아쳤다.

조불전쟁의 원인도 프랑스 신부 리델Félix Clair Ridel(이복명李福明, 1830~1884)이 조선을 탈출하여 청에 있는 프랑스 함대에 보고함으로써 일어났다는 점에서도 서교(천주교) 탄압 가속화로 사회 불안이 만연하였다.

이러한 위기와 혼란 속에 정신적 지주 역할이 그만큼 필요하였기 때문일 정도로 19세기 60년대는 새로운 민족문화 전개를 모색하기도 한다. 동학이 그것이다. 동학이 서양을 대표하는 서학을 대응하며 1860년에 선포하고 이후 반봉건과 반외세 민족항쟁을 주도한 산맥이라는 점에서 제1기의 역사적 성격을 뚜렷하게 한다.

서교가 밖에서 들어와 잔반(몰락 양반)이나 중인들 중심으로 번져 나간데 비하여, 1860년 동학이 안에서 농민들을 기반에 두고 번져 나간 것부터가 '서학西學 – 서교'와 '동학'의 성격이 다르다.

그리고 동학이 당대의 모순으로 드러내고 있는 현실 체제를 극복하며 우리 나라 민족 정통을 새롭게 이끌어 간 커다란 산맥이라는 점에서도 다르다.

우리는 여기에서 안팎으로 위기감에 감싸이고 있는 이 시기 조선의 민족적인 현실을

3_ 대원군이 1866~71년간에 전국에 걸쳐 세운 척화비 내용이다.

동아시아와 세계사를 헤치며 우뚝 선 최한기崔漢綺(1803~1877)의 명쾌한 지적에서 이해할 수 있을 것이다. 인용문이 다소 길더라도 최한기가 통탄한 다섯 가지 '불행' 지적은 조선 사회 전반의 현실 비판이자 바로 극복할 수 있는 대안이라는 점에서 그 전부를 인용하려 한다(최한기에 관한 내용은 다음 항목에 다시 나온다).

이제부터는 운화運化의 학문이 점점 연마되고 퍼져감에 따라 조정에서 이것으로 인재를 등용하고, 여리閭里(마을 – 필자 주)에서 이것으로 후진을 권장할 터인데 미처 몸소 보지 못하니 이것이 첫째 불행이다. 국계國界(국경 – 필자주)와 방금方禁(지방 – 필자주)에 제한되어 천하의 훌륭하고 학식 있는 사람을 두루 만나지 못하며, 망원경·화륜선火輪船(발동기로 운항하는 선박 – 필자주) 따위 기계에 대하여 전해들은 의혹을 풀지 못하니 이것이 둘째 불행이다. 세상에는 옛것에 얽매여 옛것만을 숭상하는 사람과 속습俗習(풍습 – 필자주)에 빠진 무리가 많으나 아무리 고루해도 무사할 때는 크게 해로울 것이 없겠지만, 만약 모든 일들의 성패(성공과 실패 – 필자주)와 이둔利鈍(날랜 것과 굼뜬 것 – 필자주)이 관계되는 기회를 당하여서는 신기神氣(모든 것을 총괄하는 氣 – 필자주)·형질形質의 변통을 알지 못하여 참으로 민망하고 답답한데, 상세히 말하여 깨우치려 하면 뜻을 거슬리기 쉽고, 잠자코 말하지 않으려면 거만한 듯하니 이것이 셋째 불행이다. 외도外道(氣學 밖의 서교나 불교 등의 모든 것 – 필자 주)의 잡술과 종지宗旨(주요 뜻 – 필자주)가 그릇된 것은 이미 여러 현달한 사람들에게 배척당한 것이지만, 자잘한 재예를 가진 자와 마음의 뿌리가 얕은 자가 비루한 속습에 휩쓸리는 것을 면치 못하여 귀신에게 기도하려 심산유곡에 잇달아 다니니 이것이 넷째 불행이다. 세계를 돌아다니는 장사꾼이 근세에 발명된 여러 자잘한 기계들을 이용하여 혹 백성을 해치는 일을 일으켜서 화포火砲가 때때로 해안에서 발사되고 교술敎術이 우미愚迷(우매 – 필자주)한 백성에 전해지니 이는 비록 교통하는 초기에 있다가 오래지 않아서 곧 없어질 일이기는 하나 민심의 동요가 원근遠近(먼 곳과 가까운 곳 – 필자주)에 전염되니 이것이 다섯째 불행이다.[4]

최한기가 비판적으로 진단한 다섯 가지 사항은 국가 운영에서 인재 등용 부재, 세계로 개방되지 못한 인적 교류의 차단, 역사관에서 복고주의와 문화생활에서 폐쇄적인

4_   최한기, 「명남루수록」, 『기측체의』 전국역총서 기측체의 II권(서울 : 민족문화추진회, 1967), 164~65쪽.

지역 중심주의, 비상식적인 신비적 종교 행위, 이양선이 보여 주는 과학 발달에 대하여 대응하지 않은 채 민족의 삶의 뿌리가 흔들릴 수밖에 없는 현실 등이었다. 이 시기는 민족적으로 혼란 시대이자 대전환기였다. 최한기의 비판에 따르면 '지금 학문이 변동되고 물리物理의 혼명昏明(어두움과 밝음 – 필자주)이 바뀌는 시기'였다.

최한기의 비판 근거는 나중에 다시 밝히겠지만, 조선의 자주적 기학氣學이었다. 기학은 단적으로 인간의 '인식·윤리·예술'에 대한 전일적全一的(holistic) 이해의 학이자 물리학적 실제의 학이다. 물론, 최한기가 조선의 신분제적 토지 소유 비판이나 정치 체제 비판을 치열하게 전개한 것은 아니지만, 기학으로 안을 개혁하고 밖을 수용하려 한 자주성과 개방성, 그리고 조선의 국가적 이념학이었던 주자학적 치학治學이나 경학經學을 벗어나 기학적 세계관으로 전환하여 시대를 관통하는 근대성을 끊임없이 펼치고 있었다.

따라서, 제1기 음악사 전개는 안으로 반봉건적 음악과 밖으로 반외세적인 음악 흐름이 두드러진 성격으로 나타나면서 근대성이 전개된다. 이 전개는 지금까지 음악 문화의 줄기였던 민중들의 민악, 전문적인 음·악 예술가들의 신청 음·악, 전문 예인집단들의 음악 예술, 그리고 악단을 형성한 궁정과 지방관아의 음악계·기회·악회·시회 등의 기반 위에서 이루어진다.

제1기 음악에 반봉건적·반외세적 성격이 나타났다는 사실은 안으로 음악의 인간화와 밖으로 세계 속의 조선 음악을 실현하려는 데서, 또 지금까지의 모든 계층들의 음악 문화에 영향을 주어 근대성 앞에 새로운 모습으로 대응하며 발전을 모색하고 있다는 점에서 그 이전의 시기와 다른 새로운 역사 전개이다.

2. 기층민중들의 새로운 음악 전개

1) 음악의 새로운 인식

기층민중들이었던 농민이나 천민들은 조선 사회의 직접생산자였지만, 그들에게 돌아온 것은 언제나 지배 질서의 허구성과 사회 모순으로 나타난 삼정三政 문란·농촌의 피폐화였다. 그 당사자들이 자신들의 삶의 터를 떠나 화전민이나 광산의 임노동자나 거지떼 등의 떠돌이(유민流民, 또는 유망流亡)들로 전락하는 것도 알고 보면 봉건 권력이 미치지 않는 곳으로의 도피나 삶의 포기이다.

17세기 말엽 이후부터 떠돌이 규모가 더욱 커지면서 농민들의 봉건 지배 체제에 대한 저항도 조직적으로 진전된다. 봉건 억압자들에게 적극적으로 맞서면서 이들에게 타격을 주기 위하여 무장하며 조직적으로 움직였다. 소위 화적火賊과 수적水賊, 서강 출신의 서강단西江團, 떠돌이 거지들의 조직체인 유단流團, 신청 출신들로 조직한 채단綵團들이 이들이다. 18세기 후반부터 농민들은 세금 납부 거부하기, 감영에 의송議訟 올리기, 왕에게 알리기, 패서로 수령 비리 폭로하기, 솔밭에 불 지르기 등을 통하여 삶의 일상적인 토대에서 저항하기 시작하였다. 그러나 19세기에 이르러 항조抗租·항세抗稅 투쟁의 격화와 홍경래난(1811)을 통한 저항의식 확대로 표면화된 농민 저항은 드디어 1860년대에 조직적인 봉기 단계에 이르렀고, 이 단계는 조선의 봉건 체제를 급속하게 해체시키는 계기가 되었다.

왕을 비난하는 '돈의문 패서 사건', 도적 토벌에 대한 형조刑曹의 대책 마련, 서울에 전염병 유행, 그리고 동학이 창도된 해가 모두 1860년이었다. 제1기에 접어들어 봉건 사회의 구조적 모순이 극에 달하면서 사회 기반은 전반적으로 불안해진다. 이 과정에서 지금까지 농민들의 '생활의 음악화·음악의 생활화'로 발전한 음악들이 사회 체제를 비판하는 성격으로 발전한다. 1861년 경상도 단성 지역(현 경상남도 산청군 단성군)에서 「단성丹城이 곡성哭聲이 되었네」와 비안比安 지역(현 경상북도 의성군 비안면)에서 「탐관이 거관居官하니 비안이 불안하네」와 같은 저항 노래들이 쏟아져 나왔다. 모두 봉건적 조세 수탈과 지대 수탈 세력에 대한 저항의 노래들이었다. 1861년 2월 17일 사간원 정언을 역임하다가 관직을 버리고 농사를 짓고 있던 김인섭金麟燮(1827~1903)이 감사 김세균에게 보낸 단자單子에서도 농민 수탈의 실상이 잘 나타나 있을 뿐 아니라 「단성이 곡성이 되었네」라는 노래가 동요로 만들어져 불리고 있음도 이 실상을 반증한다.

열흘 보름 사이에 수만 전의 돈을 걷어가니 살갗을 벗기고 고혈을 빨아가는 모습을 차마 말할 수 없습니다. 사나운 군교들은 멧돼지처럼 돌진하여 세족의 집을 파괴하고 흉포한 포졸들은 매처럼 쪼아 사부의 의관을 찢어 버립니다. 도감과 검독이 나란히 진을 쳐서 신속히 움직이고 풍헌과 집강이 물같이 달려들어 밤낮으로 괴롭히고 마치 도적처럼 집안을 털어 세간을 훔치고 닭·돼지·개·양 등의 가축을 모두 빼앗아 가고 솥·그릇·의복 등 하나도 남김이 없습니다. 채찍이 낭자하고 감옥이 넘쳐서 원통한 기운이 천지에 가득합니다. 살려고 해도 살 수가 없고 오로지 죽기만 바랄 뿐입니다. 거리에는 「단성이 곡성이 되었네」라는 동요가 불리고 있습니다.

'살려고 해도 살수가 없는' 현실은 이제 단성 지역뿐만 아니라 전국 어느 곳에서든지 하늘로 치솟으며 비탄의 노래를 만들어갔다. 경상도 서단에 위치한 그 유명한 거창의 「거창가居昌歌」가 그것이다.

엇지타	우리 居昌	邑運니	不幸ᄒ여/ 一境니	塗炭ᄒ고	萬民니	俱渴리라
堯舜의	聖德으로	四凶니	이셔시며/ 齊威王의	明鑑으로	何大夫가	니단말가
日月리	발가시되	伏盆의	難照ᄒ고/ 陽春의	布德닌들	陰崖의	밋츨손냐
李在稼	언인진며	져지가	어인지고/ 居昌니	廢昌되고	在稼가	亡稼로다
諸吏가	奸吏되고	太守가	怨讐로다/ 冊房니	取謗ᄒ고	進士가	多事ᄒ다
(一弊)吏奴連	萬餘石을	百姓니	무슴죈고/ 四箋式	分給ᄒ고	全石으로	부치닌니
數千石	連缺衙前	믠친개	안니치고/ 斗升穀	물이장코	百姓만	물녀닌니
大典通篇	條目中의	이런法니	잇단말가			
(二弊)二千四百	放債錢니	이도쏘흔	吏連어든/ 結卜의	부쳐닉야	民間의	寃徵ᄒ니
王稅가	所重커든	요마흔	衙前連缺/ 奉命 흔	王臣으로	任意로	作奸ᄒ다
戶數도	百姓니라	쏘다시	寃徵시켜/ 衙前連缺	收殺ᄒ니	非但今年	弊端이라
明年가고	又明年의	每千年	弊端닌냐			

이 노래들은 1862년의 조직적인 항쟁을 예고하고 있었다. 2월 4일 지리산 기슭에 자리잡은 벽지 단성에서부터 농민항쟁이 일어난 것은 우연한 일이 아니었다. 단성의 농민항쟁은 진주(2.14)를 거쳐 3월의 거창과 함양, 4월의 비안으로 이어지고 1863년 2월까지 북으로는 함경도와 남으로는 제주도에 이르는 전국 70여 군데로 번져 나갔다.

농업 생산을 효율적으로 촉진하고 땅을 인간화시키기 위한 노래와 풍물은 더 이상 한가로울 수가 없었다. 농민들은 머리에 수건을 싸매고 지게 작대기를 손에 쥐고 항쟁에 뛰어들었으며, 그때마다 두레 풍물을 치며 나아갔다. 이미 정부에서도 제1기 직전부터 두레 풍물이 민중들의 군용물軍用物이 될 수 있다고 보아 1837년에 두레기(낭기, 농자대본기)와 새납(또는 태평소나 날라리라고 부른)이나 꽹과리(또는 꽹과리나 깽매기로 부른)·징·장구·북 등 풍물 악기를 몰수한 바 있었다.

일찍이 두레 풍물은 민중들의 일과 삶의 세계를 하나로 묶어 준 핵심적인 문화적 구심이었다. 노동 공동체로서 두레가 1865년 경복궁 중건에 역민役民으로 동원되었을 때에도 농민들은 어김없이 두레 풍물을 쳤을 정도이다. 농민들은 두레 풍물 없이는 일도 삶의 세계도 없었다. 두레 풍물 편성이 주로 장단 악기였다는 점에서 노래들의 가락이나 장단의 음악 구조를 더 세련되게 할 수 있었다. 1862년 농민항쟁에서 불려진 노래들은 분노의 노래를 담으며 음악구조적으로는 이전보다 훨씬 성숙하게 만들어져 갔다. 우리는 그것을 「경복궁 타령」에서 확인할 수 있다.

이처럼, 1862년의 농민항쟁은 농민들이 안으로부터 봉건 통치 체제의 모순을 폭로하고 인간화된 사회를 갈망하는 노래와 음악들을 더 다양하게 만들어 갈 수 있는 촉매제로 기능했다는 점에서 그 이전 시기와 분명 달랐다. 농민들이 삶의 인간적 조건들을 구속하는 모든 것으로부터 해방을 기획하는 시대적 상황이 1862년 농민항쟁에서 주어지고, 그 정점을 1894년 동학농민전쟁에서 이룬다는 점에서 제1기는 근대 지향의 변혁기였다.

노래들도 이미 예전의 노래와 달랐다. 대원군이 왕권을 강화하려고 1865년(을축년) 경복궁을 재건하자 농민들은 어김없이 노래를 만들어 그 현실을 비판했다. 당시 정부는 농민 대중을 징발하고 목재를 강제적으로 벌채하는 것은 물론, 강제 기부금이었던 원납전願納錢을 거두고 실제 가치의 5분의 1도 안 되는 당백전當百錢이나 청전淸錢과 같은 악화를 발행함으로써 물가를 치솟게 하는 등 기층민중들의 원성을 샀다. 더욱이 전국의 풍물패나 전문 예인집단들을 징발하여 경복궁 재건의 문화선전패로 이용하기조차 하였다. 바로 이러한 때에 비판적인 노래 「경복궁 타령」이 나왔다.

> 에헤 **남문을 열고 파루를 치니** 계명산천이 밝아온다
> 에헤 에헤 어야 얼럴럴거리고 방아로다 에헤
>
> **을축 사월 갑자일에** 경복궁을 이룩일세

에헤 에헤 어야 얼럴럴거리고 방아로다 에헤

도편수의 거동을 봐라 먹통을 들구선 갈팡질팡한다
에헤 에헤 어야 얼럴럴거리고 방아로다 에헤

조선 여덟도 유명탄 돌은 경복궁 짓는데 주춧돌감이로다
에헤 에헤 어야 얼럴럴거리고 방아로다 에헤…(이하생략)

　「경복궁 타령」은 기층민중들 사이에서 널리 불려진 노래이다. 19세기 60년대 지배층의 수탈 현실과 고통받고 있는 기층민중의 징발과 경제 수탈 현실을 생동적으로 노래한다. 일반적으로 어순상 '갑자 을축'으로 늘어 놓아야 함에도 불구하고, '을축 갑자'로 노래한 내용, 또 오전 4시 45분에 서른세 번을 치고 4대문을 여는 '파루'를 먼저 '남문을 열고 파루를 치니'로 뒤집는 내용으로 보아 지배층의 정치가 뒤죽박죽되어 말세적 현상으로 치닫고 있음을 비판하고 있다.

〈악보 29〉   경복궁 타령   안비취, 이은주, 묵계월 창
　　　백대웅 채보

한편, 이 노래에서 둘째 마디의 가사 '남문을'에 해당하는 리듬이 자주 반복되는데, 8분의 12박자에서 이 리듬이 헤미올라식으로 처리된다는 점에서 민중들은 민요 장단의 다양성을 이 시기에 풍부하게 표현하고 있었다.

농민들이 일상적으로 두레 풍물 문화에 의하여 공동체성을 가지고 있는 데다 1862년 농민항쟁을 거치면서 더욱 공동체성을 공고히 할 수 있었다. 즉, 1861년, 1891년, 1893년, 1894년, 1898년의 기록에서 확인할 수 있다. 1891년만 하더라도 전라도 나주에서 동학도들이 모임을 가질 때마다 종이를 찢어 기를 만들고 대를 쪼개어 창을 만들었으며, '북을 치고 나발을 불어' 무리를 모으면서 그 위세를 보인 데서 이를 확인할 수 있다. 또, 1893년 음력 3월 24일 서울의 북산과 남산에 동학도들이 망기望旗를 세우고 그 밑에서 '동학의 노래'를 부르고 있었다. 또, 1894년 동학항쟁시 「칼노래」나 「새야새야 팔왕八王새야」 등의 노래랄지, 1898년 홍덕농민항쟁에서 '나발을 불고 꽹과리를 치고 징을 때리며 북을 울리며' 진행한 내용들이 모두 여기에 속한다. 이 때의 나발은 놋쇠 나발일 수도 있었지만, 대개는 '뗑깔'이라 불리는 두레 풍물 신호용 악기이다. 이 악기는 오동나무나 대나무로 만들어졌다.

이처럼, 제1기 농민들의 두레 풍물이나 노래들은 그대로 항쟁의 신호체계와 공동체성을 가지면서 반봉건의 성격을 반영하고 있었다. 더욱이 두레 풍물이 동학농민전쟁 당시 관군의 서양군악대식 곡호대曲號隊나 일본 군의 군악대와 맞서는 반외세적 민족음악으로도 부각되었다.

2) 음악인들의 신분성 해방 기획

19세기에 들어와 광범위하게 이루어진 농민들의 떠돌이 발생과 도망은 1862년의 농민봉기 단계를 차지하더라도 그것 자체가 국가 기반을 저항하고 혼란으로 몰아친 계기를 이루었다. 그것은 농민들뿐만이 아니었다. 농민들보다 더 천민으로 취급받아 삶을 버림받은 노비들도 그들이 속한 삶의 현장을 떠나 죽음을 불사하고 도망다녔다. 이들이 도망가거나 삶 자체를 포기하는 것은 상전에게 아무런 신고도 없이 이루어지기 때문에 그것 자체가 봉건 질서의 신분제적 질곡으로부터 해방되려는 몸부림이었다. 도망은 농민들뿐만 아니다. 정부 기관(궁정과 지방 관아)에 얽매인 공노비들도 일상적으로 나타났던 것이다. 공노비들의 도망도 신분 해방의 추구이다. 실제로 17세기 중엽에 국가는 '노비추쇄도감'을 설치하여 공노비들의 도망과 속신贖身(몸값을 받고 노비 신분을 풀어 주는 일 – 필자주)을 부단하게 추적하고 억제하려고 하였지만 막을 수가 없었다.

원래, 조선은 정부 기관에 종사시킨 천인賤人으로서 공천公賤(또는 공노비)과 개인 노비로서 사천私賤(또는 사노비)을 고려 시대 이후로 광범위하게 증대시켰다. 이들 노비[종]들은 세습되었으며 매매와 기증은 물론 공출供出(의무로서 국가에 곡물을 내놓음 – 필자주)의 대상이었다. 그러면서도 병역과 납세 의무가 지워졌다. 공천에는 다시 사섬시司贍寺에 속하는 내노비, 서울과 지방의 각 관청에 속하는 관노비, 각 감영에 속하는 영노비, 역驛에 속하는 역노비 등으로 구분되며, 또한 이들은 15~60세까지 종사하였다. 이들의 도망과 속신으로 봉건 체제를 거부하는 움직임은 정부로 하여금 1801년에 내수사와 각 관방의 노비 원부를 태우게 하였거니와 1886년에 노비 세습을 금하게 하였으며 1894년에 형식적으로 공사 노비제를 전부 없애고 인신매매를 엄금케 할 정도가 되었다. 그만큼, 이들의 도망과 속신은 조선 사회의 봉건적 신분 질서의 질곡으로부터 부단하게 해방을 기획한 인간화 모색이었다.

바로, 공노비에 신청 출신의 음악가들인 악공과 기생들, 그 밖의 천민들과 농민(서민·백성·양인·상인 등의 이름으로 불려지기도 하였다. 천민 출신인 악공들보다 바로 위에 있는 신분층이다) 출신인 악생들이 장악원이나 군호軍號나 취타를 관장하던 선전 관청 그리고 군대 등 서울이나 각 지방의 기관에 얽매여 있었다. 즉, 장악원의 경우, 악공·악생들 말고도 일을 맡은 남종으로서 차비노差備奴들이 있었다(장악원에 일곱 명과 따라다니는 하인으로 다섯 명을 규정하여 두었다. 「형전」, 『경국대전』). 또 각 관아에는 정부 규정 이외에도 신청 기관 자체를 부속 기관으로 두고 있었기 때문에 신청 출신의 성악과 기악 전문인들(예컨대, 판소리 가객이나 삼현육각, 땅재주·줄타기 등의 재인들)을 언제나 동원시킬 수가 있었다. 궁정의 장악원과 지방의 장악원에 얽매인 악공 출신들과 기생들 그리고 장르별 음악 예술가들이 조선 후기부터 근대 전기 제1기 이후에도 줄기차게 도망다니거나 면천을 모색하며 신분제를 벗어나 해방을 모색하고 있었다.

변화는 그뿐만 아니었다. 악공과 악생들의 국가 봉급 대신에 농민들이 현역 복무를 하지 않는 조건으로 쌀이나 베布를 내어 악공·악생들을 먹여 살렸던 봉족인奉足人들도 '죽음을 불사하고 도망'갔다. 도망가지 않고는 그 세稅를 감당할 수가 없었기 때문이다.

또, 이들은 집단적으로 연명連名하여 신분제도로부터 해방론을 제기하기도 하였다.[5]

19세기 60년대부터 40여 년간 전국의 남녀 판소리 명창이 2백여 명을 헤아릴 수 있었던 것도 판소리 장르가 최고 융성기에 도달하였음만을 뜻하지는 않는다. 바로 신분 해방과도 밀접한 관계가 있다. 국가로부터 인정을 받으면 천민을 면하거나 그렇지 않으면 사회적 지위가 달라질 수 있었기 때문이다. 그만큼 이 장르가 치열하였다.

가왕歌王 송흥록의 제자이자 명창이면서 대원군의 총애를 받은 박만순朴萬順(1830~1898)이나 역시 가선歌仙으로서 명창이었던 박기홍朴基洪 등이 벼슬을 하지 않는 직급이지만 무과선달武科先達이 된 것도 면천을 통한 해방이었다. 모홍갑牟興甲의 경우는 1847년(헌종 13)에 헌종의 부름을 받고 「적벽가」를 불러 종2품 동지同知 벼슬을 받았으며, 가왕 송흥록宋興祿(1800~?)은 철종(재위 1849~1863)연간에 정3품 통정대부通政大夫를 받았던(1859년 직후) 경우가 그것이다.

이미 판소리 음악계는 천민이었던 신청 출신이 주도하면서 민중에서 국왕에 이르는 전계층의 으뜸가는 성악 예술 장르로 자리잡았다. 이들이 민중들 삶의 음악 문화와 서울과 각 지방의 장악원 악樂을 실제적으로 담당하였다는 점에서 음악 소통 범위는 광범위하였다. 이 기간 판소리 장르나 기악 장르 또는 탈춤을 지방관아의 각종 연행이나 제의祭儀 등과 연결할 때에는 하급 관리 조직체인 통인청通引廳이나 그렇지 않으면 3공형三公兄(곧 호장戶長·이방吏房·또 다른 이임吏任)을 형성하는 호장이나 이방이 맡았다. 통인청은 중인 출신으로 이서吏胥(서리, 이속, 아전 등 여러 호칭이 있다)나 천민 출신인 공천公賤으로 구성하고 수령의 심부름을 주된 임무로 하였다. 명창 명인들의 초청이나 경연대회 개최를 이들이 주도했다. 따라서, 반민반관의 신청(일부는 공식적으로 지방 장악원에 얽매였다)과 관청인 통인청이 판소리 뿐만 아니라 기생의 정재呈才와 재인들의 줄타기 등 모든 장르의 음·악 문화를 주관하기에 이르렀다. 고종 때 섭정한 흥선대원군이 집정 10년간(1863~1872) 이전에 안동 김씨의 횡포로 떠돌이 생활을 전전하고 있을 때, 전주에서 가왕 송흥록을 초청하여 판소리를 들을 수 있었던 것도 전주감영의 하급 관리인 이서 출신의 백 이방白吏房(명창 백성환白星煥의 증조부로서 이름이 불명하여 백 이방으로 불렸다)의 역할 때문이었다. 또 1864

5_ 구체적인 내용들은 노동은, 「한국음악인들의 현실인식과 수행」, 이건용 공저, 『민족음악론』(서울 : 한길사, 1991), 156쪽 이후를 참고하라.

년 흥선대원군이 전라감사를 통하여 전주 단오절 판소리 경창대회를 전주감영에서 주최케 하여 장원한 명창을 상경케 하고, 이를 '전주全州 통인청通引廳 대사습大私習'으로 승격시킴으로써 모든 명창 후보자들의 꿈의 제전으로 삼은 것도, 일찍이 신청 출신인 모흥갑이 전라도 각 고을의 신청 대방을 소집하여 전주 신청에서 송흥록을 가왕歌王으로 받드는 봉대식奉戴式을 거행한 것도 모두 통인청과 신청의 밀접한 관계를 드러내는 사례들이다. 그러고 보면, 중인으로 고창현의 이방이었던 신재효申在孝(1812~1884)의 등장은 결코 우연한 일이 아니었다전주의 경우, 관찰사가 있었던 영문營門 전속의 광대와 수령(군수)이 있었던 본부本府 전속의 광대들이 각각의 통인청 주관하에 대사습을 앞다투어 시행하였다. 영문 전속으로 이날치·박만순·주덕기·장수철 등의 광대가 있었고, 본부 전속으로 장자백·정창업·김세종·송만갑·염덕준 등이 있었다. 영문 통인청이 주관하는 경우는 주로 고종의 탄생일인 7월 연날에 전라감영이 있는 선화당에서 관찰사를 위시하여 각지의 수령(군수)들과 관민 모두가 참석한 자리에서 열렸다. 본부 통인청이 주관하는 경우는 주로 동짓날을 택하여 대사습을 개최하였다. 양 통인청이 주관하는 이러한 행사는 광대들의 과거로서 양쪽이 서로 경쟁하였기 때문에서도 모든 소리광대들의 최고·최대의 등용문이었다.

신재효가 안동 김씨나 대원군의 정권보호권에서 남창男唱과 동창童唱으로 구분하여 판소리를 가다듬거나 삽입하는 등 판소리 개작을 1867년부터 제1기 기간 동안 시도함으로써 민중과 신청에 기반을 둔 판소리의 비판적 풍자 정신을 떠나 이들 정서에 맞게 변화시켜 또 다른 판소리 문화권을 형성시켰으며, 여류 명창 진채선이나 허금파許錦波와 명창 김세종金世宗을 지도하는 등 후견인 역할도 하면서 판소리 분야에 여자를 등장시켰을 뿐만 아니라 경복궁 '낙성연 기념 공연(1868년)에도 출연시켜 지배층 정서에 으뜸가는 장르로 판소리를 자리잡게 하였다. 민중들 속에 여전히 뿌리를 두고 있는 판소리 줄기와 달리 신재효의 이러한 줄기는 당대나 후대에게 판소리를 전승케 할 수 있었으니 그 저력도 그의 부단한 신분상승 기획의 결과였다.

중인 출신이었던 호장은 그 지방 출신으로 대대로 하급 관리 생활을 하는 향리로서 수령(부윤·대도호부사·목사·도호부사·군수·현령·현감 등 각 고을을 다스리는 지방관의 총칭)과 군현민을 상징적으로 대표한다. 비록, 이방이 수령 밑에서 군현의 모든 행정 실무를 총괄하는 데 비하여 그 비중이 보잘 것 없지만 군현민을 대표하는 존재라는 점에서 정부의 의례에 참가하거나, 성황당이나 사직단, 또는 여단厲壇(전염병을 주관하는 신에게 제사하는 곳으로 전국에서 청명, 7월 15일, 10월 초하루에 제사하였다)이나 마을제 등 각종 제의를 주관하였다. 바로 이들이 신청(무격)이나 탈춤패 그리고 군부(병영과 수영)에 속한 장악원(또는 악사청)의 악공들을 불러 제의와 연행은 물론 경연대회(매년 단오절 무렵 황해도 해주 감영에서 각처의 탈놀이패를 불러 경연대회를 펼친 것)를 주관하였다(동래들놀음의 경우는 향리들의 조직체인 기영회가 주재하기도 하였다). 18세기 중엽에 이르러 현재와 같은 봉산탈춤의 성립이 19세기 전반기에 양주별산대를 비롯한 들놀음이나 5광대 등 여러 형태로 발전하면서 근대 전기 제1기 기간 동안에도 향리 집단들이 변함없이 이를 주재하였다. 이것은 향리 집단들이 기층민중들과 공감하면서 이를 이용하여 자신들의 위치를 강화함으로써 신분적 위계 질서를 유지하려는 데서 비롯되었다.

그러나 놀라운 변화는 천민 출신인 신청 음악예술인들이나 예인집단들의 부단한 신분성 해방 기획에 있었다. 이들이 신분상으로 해방되지 않고서는 음악 사회의 근대화도 기획할 수 없었다. 19세기 60년대부터 전국적으로 거의 매년마다 일어난 농민항쟁에 이들의 신분 해방 외침은 마침내 1894년 갑오농민전쟁에서 현실화됨으로써 한국음악사상 전환기를 맞이하였다. 즉, 갑오농민전쟁의 주체로 최하층의 천민 출신이었던 사노私奴·도한屠漢·수척水尺·역인驛人(또는 驛夫)·야장冶匠·승도僧徒들은 물론 음·악예술인이었던 무부巫夫·재인才人·창우倡優들이었다. 특히, 무부·재인·창우들은 갑오농민전쟁의 지도자로 전봉준과 더불어 세 거두의 한 사람인 손화중과 김개남의 부대원이 되어 그 용맹을 떨치면서 신분 해방을 외쳤다. 이들은 1894년 5월 전주화약 직후 자치적인 집강소執綱所를 설치하여 여기에서 12개조 폐정 개혁을 단행하였다. 그 중 하나가 노비문서를 소각하고 천인의 대우를 개선한 것이었으며 이러한 신분 투쟁과 신분 해방운동 전개로 말미암아 개화파 정부가 7월 2일(양력 8월 2일)에 법령 제정으로 사회신분제도를 폐지[공사 노비의 제도를 일체 혁파하며, 인구人口의 판매를 금할 사 등]하였던 것이다. 이들은 원래 제정일치 시대의 지도자였지만, 삼국 시대 이후로 점차 노비와 같은 천민으로 전락한 그 오랜 역사의 신분적 질곡에서 비로소 해방되었으니, 실로 역사적인 분수령을 근대에 이룬 것이다.

이들의 신분 해방으로 1900년대 전후 독자적인 근대 음악사회(협률사 → 원각사나 광무대 등의 결성으로 음악 그 자체까지 근대 음악 사회를 주도하는 등)를 주도할 수 있었으니, 이 계기가 바로 근대 전기 제1기였다. 이들은 신분 해방 공동체 속에서 판소리·시나위·노래·연행 등 각종 음악 장르 역시 비판적이면서 대중적인 음악으로 살아 있게 함으로써 근대사를 민족음악으로 전개하였다는 점에서 역사적이었다(이 분야의 상세한 내용은 근대 전기 제3기의 '동학과 갑오농민전쟁의 음악' 항목에 있다).

3) 민악의 예술적 기반 확립과 아악의 민간화

제1기에서 민악과 아악이 교류되어 민악 자체의 예술적 기반과 아악의 민간화 기반이 본격적으로 확립되는 시기를 가져온다. 이미 민악의 판소리 음악 수용층이 지배층으로 확대되면서 판소리의 전국화가 이루어졌으며, 민악의 기악도 제2기에 들어가 '산조'로 발전하면서 예술적 기반을 확고히 할 수 있었다.

이러한 현상들은 음·악 예술인들 자체가 민악과 아악을 동시에 2중 음악성으로 기능할 수 있었던 점과, 악공·악생들의 지방 교류에 기인하지만 무엇보다도 사회경제적·정치적 변동의 결과였다. 즉, 중앙과 지방에 얽매인 악공들이 양란(왜란과 호란) 이후 죽거나 납치되거나 '죽음을 불사하고 도망'갔기 때문에 일어난 현상이다. 그 결과, 국가 기반에 가장 심각한 현상을 초래하였는데, 병자호란 이후 10년간 종묘·사직·문묘·산천의 제향에 쓰이는 대·중·소사의 모든 제례악을 올리지 못한 데서도 이를 반증한다. 그렇다고 하여 전국에 흩어진 악공·악생들을 수색하여 '잡아놓으려는 계획'도 수립하였지만, '소요가 일어날 것'을 예상하여 실행에 옮길 수도 없었다. 이들은 장악원 복귀를 완강하게 거부하고 있었다.

노비 출신으로서 비파에 관한 한 신기神技에 가까운 인물로 평가받은 악공 송경운宋慶雲은 장악원 악사에 이르지만, 정묘호란(1627) 직후 전주(완주)에 피신하고 장악원 복귀를 거부한 대표적 인물이다. 그는 전주에서 송경운류 비파를 새롭게 양식화한 점에서 아악의 비파 음악을 민간화시키고 새로운 비파류를 발전시켰다.

비파는 고조古調와 금조今調가 다른데, 지금 사람은 대개 고조를 내치고 금조를 숭상하고 있다.…저(송경운-필자주)는 특별히 저의 곡조를 변화시켜 금조를 간간히 섞음으로써 사람들이 기뻐할 수 있도록 만들었습니다.[6]

6_ 『西歸遺稿』卷七.

17세기 후반 노예층에 속하는 천민으로서 활 만드는 장공인으로 궁정의 상의원尙衣院에 속하였던 김성기金聖基가 그 '일을 버리고' 거문고를 배울 수 있었을 정도로 사회가 변화되어 가고 있었다. 그는 조선 후기 가단歌壇 설립 및 시조 육성은 물론 '김성기金聖基 신보新譜'를 만들어 새로운 거문고 유파를 형성할 수 있었다. 지금까지의 음악 양식(전통에 기반을 두고) 기반 위에서 새로운 음악 양식을 만들어 가는 현상은 이들의 공통된 현상이다. 18세기 후반 해금의 명수 유우춘柳遇春도 '새로운 소리[新聲]', 곧 새로운 음악 양식을 만든 바 있다.

1862년 농민항쟁 당시 농민들에게 수탈자로서 규탄의 대상이 되었던 향리 집단들은 이후 봉건 사회의 모순을 자신들에게만 책임지울 수 없다는 책략으로 민중 예술가들을 더욱 광범위하게 지배층과 연결시켜 상업적 이득을 취하게 함으로써 민악의 대중화를 확산시켰다. 판소리 경우는 알려진 대로이다. 이미, 그 책략은 19세기 초반 정약용의 지적에서도 드러나듯이 배우들의 놀이나, 초란이패들의 꼭두극이나 산대놀이를 관아와 관련맺은 자들의 부녀자들이 주된 패트런으로 등장하며 사회적 문제를 야기시킨 바 있었다. 특히, 19세기 중반 이후의 5광대와 들놀음[野遊], 신청이 참여한 각종 연행과 의식이 향리 집단들과 함께 관아의 제당·동헌·객사 등지에서 오늘날과 같은 형태로 정착하는 계기가 되었다.

19세기에 들어와 향시鄕市의 발달에 따라 지금까지의 떠돌이 예인집단과 붙박이 예인 집단들을 마을에서 도시로 집중케 하고 상설무대화하려고한 것도 뚜렷한 변화이다. 서울 한강의 운송 거점 도시로 발전한 송파의 경우는 전국 1061개의 향시 가운데 최대 시장의 하나로 발전할 정도로 언제나 성시를 이루던 곳이다. 이 시기는 궁중산대가 쇠퇴하고, 대신 지역별 탈놀이가 발전하자, 송파에서도 19세기 중반까지 송파산대를 만들어 이후로 상인들이 상설화시킨 경우가 그것이다. 떠돌이 예인집단들이 자신들의 연행을 더욱 전문화시켜 서울 중심으로 자꾸만 진출하려고 한 것도 사회경제적 변화에 기인하며, 이 흐름은 19세기 말에 여러 상설 극장을 세워 근대적 운영 체제를 갖추게 한다.

서울의 중인 출신 중 선혜청 서리나 병조 서리·호조 서리·내수사 서리 등 경아전京衙前(동반 서리직 – 필자주)들이 직위를 이용하여 치부하자 악공들을 불러내어 풍악을 크게 잡는 것도 이미 조선 후기에 일반화되었다. 악공들은 가능한 한 장악원에 얽매이는 것보다 새로운 패트런을 찾아 독립해 나갔다.

더욱이, 제1세기 이후 서울은 소비적·향락적인 도시로 변해 가고 있었다. 중인 출신들은 한문 문화권에 일찍부터 편입되어 학문과 경제적인 지위를 가지고 있음에도 불구하고 신분제도상으로 사회 진출이 막힌 데다 농민들의 원성의 표적이 됨으로 해서 시회詩會가 역으로 18세기 이래로 더욱 발달할 수 있었다. 이들은 시조·가곡창 중심의 시사詩社와 한시의 중심의 시사, 그리고 그림과 글씨를 중심으로 한 시사들을 결성하여 나갔다. 어느 경우에는 이 모든 장르가 한데 어울렸다.

근대 전기 제1기 기간에 시사의 특징은 시사로서 마지막 불꽃을 사르고, 국제적으로 급변하는 제2기에 문예인으로 남기보다 개화사상가로 탈바꿈하여 새로운 문화를 모색해 나간다.

청계천 하류에서 여섯 번째 다리인 광교廣橋를 중심으로 결성한 육교시사六橋詩社는 1870년대 말 중인 출신 강위姜瑋(1820~1884)를 정점으로 이루어진 시사였다. 강위는 북학의 맥을 이은 추사 김정희의 제자로 1873년과 1874년에 연행燕行과 1880~1881년에 개화당의 대부 김옥균의 수행원 자격으로 일본에 가기도 하는 개화파이자 조선 시사의 마지막 시인이기도 하다.

또, 제1기에 마지막 삶을 불사르는 박효관과 안민영이 가곡과 가사집 『가곡원류歌曲源流』를 펴낸 것도 1876년이었다. 이들은 인왕산 근처(우대, 지금의 삼청동 지역)의 봉우리에다 필운대弼雲臺라는 '가대歌臺'를 만들어 매일 이곳에 올라와 노래를 불렀는데 매화점장단을 창단한 장우벽(1730~1809, 송석원松石園 시사詩社의 주도 인물이던 장혼의 부친, 김홍도의 「송석원시사 야연도」를 참고하라)의 계보이다. 안민영의 시조집 『금옥총부金玉叢部』에서 '내가 신사년(1881)에 이르러 예순여섯이 되었다. 우대의 노인들이 필운동·삼청동 사이에서 계를 만들었는데, 허다한 계회들은 불과 4, 5년 사이에 흔적도 없어졌으나 오직 노인계만 몇백 년을 계승해 오며 온갖 규모가 오히려 예전보다 더욱 찬란'하다고 말하는 것으로 보아 『가곡원류歌曲源流』가 만들어지는 1870년대 중반까지를 전후로 수많은 시회가 서울에 집중되어 있었음을 알 수 있다. 박효관과 안민영 등이 대원군의 지원(칠송정 수축)을 받고, 김윤석金允錫과 하규일(1867~1937, 1929년 제3대 아악사장이 되었다) 등과 함께 『가곡원류歌曲源流』를 편찬하였음은 주목할 사실이다.

(사진 17)　　　　　　　　박효관·안민영의 『가곡원류』(1876)
박효관과 그의 제자 안민영이 지은 이 시조집은 악보없는 가곡의 가사인 시조집이다. 이들 중인출신들은 조선후기의 사회를 주도하여
가곡·시조 장르를 발전시켰다.

　한편, 왜란과 호란 후 장악원 악공·악생들의 지방 피신이 지방의 악공들과 결합의
계기가 되어 향제 삼현육각을 비롯한 아악 문화를 민간화로 발전시키는 계기가 되었
다. 특히, 갑오농민전쟁으로 신분제 철폐와 제국 열강들의 매체(영화·축음기·극 등) 도전,
그리고 국가 재정 마련 일환으로 창설된 1902년 민악인 중심의 협률사가 발표 무대를
통하여 궁정음악과 정재를 일반화시키고 민악을 무대화하는 데 공헌한다. 그리고 관기
제도 폐지에 따른 이들의 사회화 역시 아악문화를 일반화시킨 계기가 되었다. 궁정 정
재의 경우, 가인전목단·선유락·항장무·포구락·무고·사자무·학무 등을 무대화
한 것이 그것이다.[7] 정재에는 그 음악도 뒤따랐다는 점에서 아악류의 일반화도 이루어
졌다. 또, 근대 전기 제4기에 조양구락부(→조선정악전습소) 창설도 그 예이다.
　이러한 사실들은 민악인들이 민악의 예술적 기반 확립을 기획하였을 뿐만 아니라 아
악문화를 민간화시킨 장본인이었음을 말한다. 이 계기들은 민악인 자체가 궁정과 관아
의 음악 주체인 데다 사회 변동과 함께 이들이 부단한 근대 음악 사회를 지향하였기

7_　『대한매일신보』 1907년 12월 24일자 참고.

때문에 가능하였다.

4) 민중 예술인들의 새로운 역사 평가

제1기 주요 특징 중 하나는 천민·중인 출신의 예술가들을 대상으로 역사 기록을 본격화하였다는 점이다. 지금까지 조선은 뛰어난 예술가이면서 민중예술가 출신이라는 봉건사회의 신분 제약 때문에 역사 서술의 대상이 될 수 없었다. 바로 제1기에 민중예술사적 성격으로 역사기록물이 쏟아져 나왔다는 점에서 지난 시기와 다르다.

물론, 이들 예술가들의 행적들은 사대부들의 문집 속에 '전傳'이라는 이름으로 산재되어 있었다. 그러나 이들을 독립된 전기집으로 정리하고, 그 성격을 역사로서 기록하여야 한다는 역사의식을 가진 것은 1844년 조희룡趙熙龍의 『호산외기壺山外記』(호산이 쓴 야사－필자주)부터이다. 조희룡은 직하시사稷下詩社에서 활동한 중인 출신으로 매화그림과 매화시로 이름을 날렸으며, 추사 김정희의 제자였는데, 호가 호산이었다. 여기에서 외기外記는 정사正史에 대한 야사野史로서의 기록을 가리킨다. 그는 신분제도에 대하여 비분강개하고 있었다. 『호산외기』 머리글에 "이항里巷(마을－필자주) 사람들은 혹 언행에 가히 기록할 만한 것이나 시문詩文에 가히 전할 만한 것이 있다 하더라도, 모두 적막한 물가의 풀이나 나무처럼 시들어 버리거나 썩어 버리고 만다. 아아, 내가 『호산외기』를 지은 까닭이 바로 여기에 있다"라고 쓴 것처럼 사대부 같았으면 기록 대상이 될 수 있건만 민중예술가들이 마을에 산다는 이유 하나만으로 '시들어 버리거나 썩어 버리므로' 기록을 남겨 역사적 평가를 받겠다는 의식이 분명하게 드러나고 있다는 점에서 이 시대의 역사의식성을 단적으로 드러내고 있었다. 조희룡의 기록물에서는 시·서·화·가객 등을 비롯하여 효자·열녀 등 39인의 행적을 기록하였다.

일단, 『호산외기』가 만들어지자 제1기에 들어와 직하시사 출신의 시인 유재건劉在建이 1862년에 『이향견문록里鄕見聞錄』을 편찬하였다. 여기에서도 문학·서화·음악·학행 등 308명의 이향인里鄕人들을 다루었다.

그리고 1866년에 같은 직하시사 동인 이경민李慶民이 『희조질사熙朝軼事』(국운이 번창하는 시대에 정사에 빠진 사실을 기록한 역사－필자주)를 펴냈다. 여기에서도 문학·서·화·금琴·의醫·복卜 등 이향인들이 대상이지만, 『호산외기』와 『이향견문록』과 다른 점은 이들 기록물에 없었던 인물로 정육동鄭六同・박의朴義・안용복安龍福 등을 첨가한 점이다. 이들은 대외적으로 애국적 활동을 펼친 사람들이다. 정육동은 임란 때 노량해전에서 일본군을 물리친 공헌자이고, 박의는 병자호란 때 청나라 장군을 죽인 사람이며, 안용복은 수군에 있으면서 울릉도가 일본에 넘어가지 않도록 공을 세운 인물이다. 이것은 저자뿐만 아니라 조선의 지식인들이 이양선 출몰과 개항 요구를 받음에 따라 위기 상황에 대응하려는 시대 정신의 반영으로 보인다.

19세기 대표적인 시사로 지난 시기의 옥계시사의 맥을 이어 서원시사西園詩社가 결성되고, 이어서 비연시사斐然詩社와 직하시사, 끝으로 70년대 말에 육교시사의 결성이 있었다. 바로 조희룡・유재건・이경민 등 직하시사 동인들이 부단한 집념의 소산으로 이향인들의 예술가에 대한 새로운 평가를 내렸다는 사실만으로도 신분과 예술의 해방성을 기획하는 역사 의식을 분명하게 하였다.

비록, 시사에 속한 악인樂人이나 가까이 지낸 음악인들만을 대상으로 삼았을 뿐이고, 신청 출신이나 그 밖의 뛰어난 음악인들을 제외시켜 음악사로서 한계를 가지고 있음에도 불구하고 말이다.

참고로 이들이 다룬 음악인들을 든다면 〈표 21〉과 같다.

〈표 21〉   시사 기록물에서 다룬 음악인들

음악인들	기록 전공별	호산외기 (1844)	이향견문록 (1862)	희조질사 (1866)	비고
김억(金億)	금(琴)・양금	○			거문고 명인[琴師]
임희지(林熙之)	생황	○		○	서화에 더 능통
장우벽(張友璧)	가곡	○			노래, 매화점 창안
김영면(金永冕)	거문고	○			시・서・화・금(琴)에 고루 능통
김성기(金聖基)	거문고		○	○	퉁소・비파 연주 및 창작가

3. 제국주의의 침략과 민족의 음악대응

조선은 음악을 통하여, 안으로는 봉건적 수탈에 대해 농민항쟁으로 대응하고, 밖으로는 제국주의 침탈에 대한 주체적 대응이야말로 근대 전기 음악사의 주요 과제로 부각되었다. 특히, 조선의 제1기 음악사는 서양과 일본의 제국주의, 곧 서구와 일본의 자본주의가 해외에서 자본 수출 시장을 독점적으로 확보하기 위하여 식민지 지배를 자행하려는 제국들의 팽창주의 시기와 맞물려 있었다. 이미 중국이 그로 말미암아(1840년 아편전쟁에 이어 불평등조약, 1856년 제2차 아편전쟁과 천진·북경 함락, 1858년 천진조약, 1860년 북경조약 등) 반식민지화가 되어 버렸고, 이 사실이 조선에서 현실로 드러나자 안팎의 위기에 대응하려는 새로운 질의 음악 역사가 전개되었다. 첫 번째로 꼽아야 할 대응이 동학일 것이다.

1) 동학가사

밖으로부터 서양의 제국주의 성격을 감춘 채 출몰하는 이양선이 조선에 빈번하게 나타나고, 1860년에 영국과 프랑스 함대가 북경을 점령하여 청나라를 굴복시켰다는 소식이 국내에 전해지면서 조선은 불안으로 휩싸인다. 더욱이, 안으로는 왕권 쇠약, 정치기강의 문란, 삼정 문란을 비롯하여 파탄의 국가재정원인 세원稅源을 농민과 천민에게 떠맡기는 등의 사회적 모순이 팽배해진데다 서양 신부들이 들어와 천주교 교세가 확장되자 봉건 사회제도는 물론 조선의 사회문화적 구조 역시 해체 위기론이 팽배해졌다. 이 시기의 모든 사람들은 천주교야말로 서양의 종교인 서교西敎이면서 서양의 학문을 비롯하여 서양의 모든 것을 상징하는 서학西學으로 인식하고 있었다.

1860년, 바로 이해에 최제우崔濟愚(1824~1864)가 득도하여 동학을 펼친 것은 결코 우연한 일이 아니다. 서학에 어떻게 대응하느냐 라는 과제에서는 누구나 예외가 아니었다. 최제우는 서학에 맞서고자 그 이름도 동학이라고 하였다. 그래서 동학은 밖으로 서학에 맞서고, 안으로 봉건 체제를 일신하려는 안팎 모두의 긴요한 과제를 안고, 이를 신앙가사로 '노래'하였으니, 곧 '동학가사'로 근대화를 기획하고 있었다. 동학 자체가 농민을 기반으로 하였기 때문에 그 노래들이 급속하게 기층민중들을 중심으로 보급되면서부터 동학의 신앙 가사가 조선 안팎의 항쟁가로서의 성격도 가지게 되었다.

1860년부터 1863년까지 동학의 신앙 가사집을 엮어낸 『용담유사龍潭遺詞』 자체가 그 노래들이자 동학을 구체화한 사상서였다. 여기에는 「용담가」·「안심가」·「교훈가」(이상 1860년작)·「도수가」·「몽중노소문답가」·「검결가」(이상 1861년작)·「흥비가」·「도덕가」(이상 1863년작) 등이 있다. 이 노래들은 안으로 당대의 말세론적이고도 불행한 하원갑下元甲 시대를 마감하고, 좋은 시절인 상원갑上元甲 시대를 맞이하려는 해방성이 강하게 작용하고 있다. 또, 밖으로는 밀려오는 외세에 대한 경계와 대항 정신이 번득이고 있다.

이 노래들은 모든 민중들의 노래가 그러하듯, 일정한 음제도에 얹어 민요식으로 부르는 '노래 가사 바꿔 부르기' 방식이자 '즉흥적으로 얹어 부르기'라는 점에서 장단과 가락의 즉흥성이 풍부하다. 안으로 대응하는 노래가 「몽중노소문답가」나 「안심가」 등이었다고 한다면, 「권학가」 등은 밖으로 대응하는 노래이다.

그리고 「칼노래」는 이 둘의 성격을 동시에 드러내며 스스로의 의지를 빛낸다. 「칼노래」는 1894년을 전후하여 「시검가侍劍歌」나 「격흥가」라는 이름으로 계속적으로 불릴 정도로 동학에서 가장 긴 역사성을 가지고 있었으며, 또 당대에 호남 지방뿐만 아니라 평안도 지방에 이르기까지 동학 조직을 통하여 전국에서 불려졌다. 그만큼 반제와 반봉건의 뜻을 드러낸다.

다음은 「칼노래」로 알려진 「시검가」를 현대문으로 옮겨 본 가사와 노래이다.

시호시호時乎時乎	이내 시호	부재래지不再來之	시호로다
만세일지萬世一之	장부丈夫로서	오만년지五萬年之	시호로다
용천검	드는 칼을	아니 쓰고	무엇하리
무수장삼舞袖長衫	떨쳐 입고	이 칼 저 칼	언뜻 들어
호호망망浩浩茫茫	넓은 천지	일신一身으로	비켜 서서
칼 노래	한 곡조를	시호시호	불러내니
용천검	날랜 칼은	일월日月을	희롱하고
게으른	무수 장삼	우주宇宙에	덮여 있네
자고명장自古名將	어데 있노	장부당년丈夫當年	무장사無壯士라
좋을시고	좋을시고	장부 시호	좋을시고

「칼노래」

노래 : 한창화(1927년생)
녹음 : 김광순(1993)
채보 : 김대성(1994)

이 노래는 3박자 4박자계로서 8분의 12박자의 중중모리 장단감을 가졌다. 경기도에서 태어난 1927년생 한창화가 주로 경기 지역을 중심으로 살면서 1950년에 천도교에 입교 하였고, 또 이 노래가 민악노래 제1형으로 '솔·라·도·레·미'라는 전형적 경토리라는 점에서 흔히 말하는 경기도의 창부타령조의 특징을 가지고 있다. 이 사실은 같은 칼노래 가사라 할지라도 지방마다 음구조가 달랐음을 뜻한다.

이 「칼노래」야말로 동학을 일으키는 신앙의 노래이자 자주성을 드러낸 민족의 노래라 아니할 수 없다. 이 노래에는 언제나 '칼춤'이 동원되었다. 칼노래를 부르며 칼춤을 추는 것뿐만 아니라 농민들이 두레 풍물을 치며 장쾌한 뜻을 새기는 그 장면은 상상만 해도 거룩할 수밖에 없다. 「칼노래」가사가 담고 있는 반봉건성과 제국주의의 침략을 반대하는 뜻이 분명하여 민중들에게 새로운 시대의 민족 노래로 번져 갈 수 있었다.

그러나 지배층은 당대를 '태평 시대'로 생각하고 있었기 때문에 이러한 「칼노래」는 혁명가인 반체제 노래로 판단하였다. 1864년 최제우를 처형시키면서 그 죄목에 좌도혹민左道惑民의 죄와 반체제적 혁명가로 규정하는 데서도 반증된다. 즉, "칼춤을 추며 흉한 노래를 불러 퍼뜨리고 태평한 세상에서 난리를 도모하고자 은밀히 도당을 모은다"[8]-와 같이 「칼노래」는 '혁명가'로 인식되고 있었다. 앞서 지적한 것처럼, 동학은 이후 1861년, 1891년, 1893년, 1894년, 1898년 등 주요 역사 현장에서 '북을 치고 나발을 불고 꽹과리를 치고 징을 때리며 동학의 노래'를 불렀다.

2) 유교 가사

반외세 성격으로 자주성을 노래한 것은 동학뿐만이 아니다. 그 흐름은 제1기 기간에 전분야에 걸친 시대 정신이었다. 1876년에 전라도 장흥 선비인 이중전李中銓(1825~1893)이 지은 「장한가長恨歌」도 전형적인 유교 가사로서 그 시대 정신을 드러내고 있다. "왜화倭和을 자파仔破ᄒ며 양로洋路을 거새拒塞ᄒ야/ 사방四方에 일이업서 보국주신輔國柱臣 안니될까"라 하여 유교로서 일본과 서양을 막아내어 그 시대의 위기를 극복하려는 데서 그러하다.

1866년 서장관으로 청나라 북경을 다녀온 홍순학洪淳學(1842~1892)도 그 직후 「연행가燕行歌」를 내놓아 서양을 비판한다.

도라오며	싱각ᄒ니	양귀ᄌ놈	통분코나
쳐쳐의	천쥬당과	ᄉ흑편만	ᄒ엿다며
눈깔은	움푹ᄒ고	코마루는	웃독ᄒ며
키꼴은	팔쳑쟝신	의복도	고이ᄒ다

8_ 劍舞 唱播凶歌 平世思亂 暗地聚黨(『日省錄』 高宗 元年 甲子 2月 29日條).

양귀자洋鬼子와 천주당天主堂은 홍순학 쪽에서 보면 서양이자 조선조차 그 서양에 잠식당할 수 있는 제국주의였던 만큼 이를 노래로 경계하고 있었다.

3) 신재효의 단가 「괘심하다 서양되놈」

그 시대인들은 조선에 천주교(가톨릭, 천주학, 서교, 서학) 전교가 제국주의 침략과 무관하지 않다고 보았을 뿐만 아니라 조선의 전통적 가치관과 문화를 위협하고 파괴하는 것으로 광범위하게 인식하고 있었다. 1866년 대원군 정권은 천주교 탄압을 강경책으로 선회한 데 이어 조불(조선·프랑스)전쟁을 민중들의 의용군과 협력하여 승리로 이끌면서 쇄국정책을 더욱 강화시켰다.

아전 출신 신재효조차 정족산성에서 조불전쟁을 승리로 거둔 직후 서양 제국주의 정체를 '천주학'으로 파악하고 그 비도덕성을 밝히며 자주성을 드높이는 단가를 내놓았다. 「괘심하다 서양되놈」이 그 단가短歌이다. 현대문으로 고쳤다.

괘심하다	서양되놈		
무군무부無君無父	천주학天主學을	네 나라나	할 것이지
단군기자	동방국의	충효윤리	받았는데
어히 감히	여어보자	흥병가해興兵可海	나왔다가
방수성防手城	불에 타고	정족산성鼎足山城	총에 죽고
남은 목숨	도생하자	바삐바삐	도망한다

신재효가 서양제국주의에 대한 치열한 인식이나 그 실천에 처음부터 한계는 있었지만, 자주적인 시각으로 단가를 지어 민족음악적으로 드러낸 점은 역사적이라 아니 할 수 없다.

4) 서양음악의 수용

조선이 서양음악을 수용하는 시대는 1860년대 이전에도 풍부하게 이루어졌지만, 이후에도 지속적으로 이루어진다. 수용 통로 중 하나가 개신악학자改新樂學者이며, 또 하나는 서교(천주교)에 의한다. 서교에 앞서 개신악학자들에 의하여 서양음악의 이론과 실제를 수용할 수 있는 기틀을 마련하였다는 점에서 그 성격은 철저하게 자주적이었다.

(1) 개신악학자들의 자주적 양악 수용

제1기 개신악학자들의 양악洋樂 수용 전통은 최한기崔漢綺에 의하여 이어진다. 다음 항목에서 다시 살펴보겠지만, 최한기는 음악기학 바탕에서 양악을 음악물리학적으로 분석하고 이해하며 수용한다는 점에서 지난 시기 보다 구체적이었으며, 그 수용 성격이 자주성과 개방성을 가지고 있었다.

조선이 양악의 '이론과 실제'를 수용하기 시작한 해는 1631년부터였다. 정두원鄭斗源 (1581~?)이 북경에서 서양지리서랄 수 있는 『직방외기職方外紀』와 『서학범西學凡』 그리고 『서양풍속기西洋風俗記』 등 27종의 한역서학서漢譯西學書 유입을 통하여 르네상스 이후의 서양음악교육제도에 관하여 단편적인 소개가 있었다.

여기에서 서학西學이란 용어는 서양 학술을 한역화漢譯化할 때 사용한 용어로, 중국에서 명明과 청淸나라가 교체하는 시기인 17세기 벽두 전후로 야소회耶蘇會(Society of Jesus) 소속의 가톨릭 성직자들이 사용한 용어이다. 즉, 서양의 종교·윤리 및 지리·천문 역산曆算·과학기술 관계의 서적을 천주교 선교 일환으로 번역·저술하였던 것이다. 이 서적들이 한역서학서(줄여서 서학서)였다. 특히, 조선은 주로 연행(북경 사행)을 통하여 꾸준히 서학서들을 유입, 18세기 중엽에는 경향 각지의 소장지식인들 사이에 실학, 또는 개신악학 정신으로 또 다른 인식 전환이 일어난 바 있었다.

정두원의 소개가 비록 단편적이라 할지라도 조선 자체는 중대한 인식 전환을 가져왔기 때문에 가볍게 지나칠 수 없다. 17세기 전반 정두원의 소개 이후 근대 전기 제1기의 최한기 시대까지 2백여 년간 김창업, 홍대용, 박지원, 이덕무, 박제가, 정약용, 이규경, 서유구 등 개신악학자들에게 계속적으로 소개되고 '탐구'하며 '서양 세계'를 이해함으로써, 또 다른 중국이 세계 도처에 있음을 깨달았기 때문이다. 이것은 지금까지 중국 중심의 '화이적華夷的 예악관禮樂觀'에서 조선의 '자존적 예악관'으로 전환하는 계기를 만들었고, 조선과 세계 관계를 새롭게 설정하여 자주성과 세계성을 가진 민족음악이 역사적 과제라는 사실을 다시 한 번 확인할 수 있었기 때문이다.

그러한 예, 곧 자주성과 세계성의 민족음악 과제는 '서양음악'에 대한 용어 변천에서도 확인할 수 있다. 서유구徐有榘(1764~1845)의 『임원경제지林園經濟志』에서 서양음악 용어를 처음부터 '음악音樂'으로 부르지 않았다는 사실이다. '저들의 음音'이라는 뜻을 가진 '피음彼音'이라고 하였다. 조선의 용어 용례에서는 '음音'이 곧 '음·악'이나 '악樂'이 아니다. 음의 단계는 악으로 나아갈 수 없었다. 그 음이 '인식적·윤리적·미적기준'이 갖추어질 때만이 악이 될 수 있었다. 서유구가 서양음악을 '피악彼樂'이나 '악樂'으로 부르지 않고, '피음'이라고 부른 것은 용어 사용에 신중성을 보여 준 것이다.

이 용어 사용의 신중성은 서유구뿐만이 아니다. 이규경李圭景(헌종 1835~1849 때 학자)도 『구라철사금자보歐羅鐵絲琴字譜』에서 서양 음악을 '서양의 음'이라는 뜻으로 '서음西音'이라고 불렀다. 그는 후에 서음을 '서악西樂'이라고 고쳐 불렀다. 그러나 초기에는 모두들 조선의 악과 서양의 음악을 동격화하지 않다가 '악'으로 인정하였다는 점에서 자존적이었으며, 동시에 스스로 개방성으로 나아갔다.

이 사실들은 서양음악이 우수하다 하여 일방적으로 수용하지 않았음을 뜻한다. 비판적 섭취를 통하여 서양음악을 수용하였으며, 그 수용을 통하여 언제나 조선의 음악 좌표를 설정했음을 우리는 주목해야 한다. 서양음악의 이론과 실제 두 분야를 조선의 음·악 세계관에 바탕을 두고 수용한 극적인 사실은 이론에서 『율려정의律呂正義 속편續篇』을 통하여 서양음악 이론을 구명하고, 실제에서 양금洋琴(dulcimer)과 자명금自鳴琴(musical box와 같은 mechanical instrument)을 유입하여 서양음악 실제를 적용하였다.

『율려정의 속편』은 『율려정의(Varie doctrine de la musique)』 전5권에 딸린 서학서로서 일종의 음악통론 개론서이다. 『율려정의』가 1713년 청나라 강희제의 명을 받고 1714년에 『어제御製 율려정의律呂正義』(상편 2권·하편 2권)가 만들어진 데 이어 드디어 1746년에 『율려정의 속편』 1권이 완성되었다. 이 속편은 포르투갈 예수회 신부인 페레이나Thomas Pereira(서일승徐日昇)와 이탈리아 라자리스뜨회 신부인 페드리니Theodore Pedrini(덕이격德理格 또는 덕례격德禮格 또는 덕리격德里格)가 참여하여 완성한 음악 서학서이다. 무엇보다도 이 서학서의 중요한 점은 서양음악을 그대로 설명한 데 있지 않고, 중국이나 조선의 이해 체계에 따라 재해석하여 한역화한 점이다. 즉, 서양음악의 조표·음표·음자리표·음이름·박자표 등의 종류와 형태 그리고 기능을 처음으로 보는 중국뿐만 아니라 조선의 지식인들은 낯설 수밖에 없었는데, 그 낯설음을 낯익음의 이해 체계에 따라 저술했다는 말이다. 그 결과는 악樂 해석과 실제에 있어 새로운 국면으로 전환할 정도로 영향이 심대

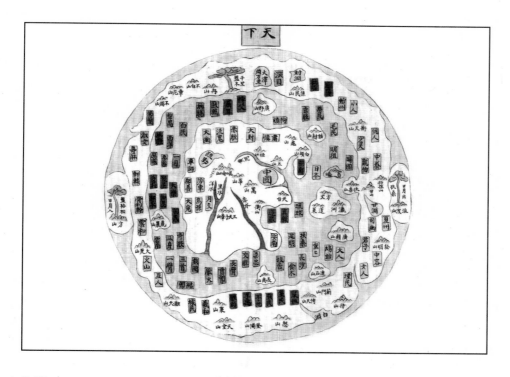

〈그림 55〉　　　　　　　　　　　　　「천하총도(天下總圖)」

이 〈천하총도〉는 철저하게 중국 중심으로 그려져 있다. 중국의 동쪽에 조선을 표시하고 있다. 세계 모든 나라의 중심 국가라는 뜻을 가진 중국(中國)은 춘추전국시대부터 세계지도를 중국 중심으로 그려왔거니와 조선 역시 중국의 동쪽으로 생각해 왔다. 조선후기에 가서 비로소 조선을 세계 중심 국가라는 인식전환을 가져왔는데, 여기에는 실학자들이 서양선교사들을 통하여 세계지도를 구입한 데서 비롯하였다.

하였다. 이제, 서악은 중국이나 조선의 악론에서 이해할 수 있게 되었다.

조선의 경우, 악이나 서양음악의 이론과 실제가 같은 원리에서 나왔다는 해석은 악론에 관한 형님 국가 중국말고도 서양 역시 문화가 발달한 세계라는 사실을 깨닫게 하였을 뿐만 아니라 중국을 벗어날 수 있는 근거도 마련하였으며, 조선의 악 이론과 실제의 모순도 서악을 대안으로 적용하여 극복할 수 있다는 자신이 생겨났다는 점에서 그 영향을 주목해야 한다.

예컨대, 서양음악의 올림표(#)와 내림표(♭)를 '굳셈剛'과 '부드러움柔'이라는 음양陰陽의 양극성(polarity)으로 그 기능을 이해하였다는 말이다. 하늘과 땅, 해와 달과 같은 양극성의 자연 현상을 '음양의 일차적 상관관계'라고 한다면, 그 일차적 상관관계로부터 도

출한 상관관계를 '음양의 이차적 상관관계'라고 할 때, '굳셈과 부드러움剛柔'이라는 '음양의 이차적 상관관계'로 #과 ♭을 이해했다. 또, 해가 떠오르는 정오까지를 양陽이라고 한다면, 해가 져가는 자정까지를 음陰이라 할 수 있는데, '올라감升' 쪽에 #, '내려감降' 쪽에 ♭을 두어 이해할 수 있었던 것이다. 원래 #으로서 sharp는 '날카로운' 뜻도 있지만 '격렬하거나 모진' 뜻도 있다는 의미에서 '굳셈剛'이며, ♭으로서 flat는 뜻 그대로 '부드러운' 것이어서 '부드러움柔'이다.

그뿐만 아니다. '높은음자리표'는 높아가는 음역 쪽 공간에 있는 자리표로 믿었으며, '낮은음자리표'는 낮아가는 음역 쪽 공간에 있는 자리표로 이해하였고, '가온음자리표'는 그 중간에 있는 음자리표로서 이해하였다. 세 가지 음자리표는 조선에서 '하늘·인간·땅'이라는 '삼재론三才論'으로 보았다〈그림 56〉 참고).

우리는 여기에서 주목할 사실들을 발견할 수 있는데, 그것은 조선인이 음·악을 '음양의 상관관계'로 이해하고 있었을 뿐만 아니라, '살아서 움직이는' 기氣의 구체성으로 살아갔음을 알아야 할 것이다. '굳셈과 부드러움', '올라감과 내려감' 등은 명사 용어가 아니라 동사적 언어성이라는 점에서 기氣운동을 드러내기 때문이다. 이것이 조선의 장단과 선율론 등 조선음악의 핵심이다.

한편, 지금까지의 서악 이론 체계 이해는 '양금'에 적용하여 양악의 실제를 구체화시키며 조선화시킨다는 점에서 주목된다.

18세기 홍대용洪大容(1731~1783)은 이 두 분야의 선구자이다. 그는 양금의 두 괘(bass bridge와 treble bridge)나 세 개의 음자리표를 역시 '음양의 이차적 상관관계'와 '삼재론'으로 이해하고 있었다. 또, 19세기 전반의 서유구徐有榘(1764~1845)나 이규경李圭景(1788~?) 등 역시 홍대용의 정신을 이어 받고 더욱 그 이해 체계를 도표화시켰다. 다음 〈표 22〉가 그것이다.

그렇다면, 〈표 22〉에 나오는 양악 이론에 구체적으로 어떠한 내용들이 소개되었는지를 〈표 23〉으로 알아보고, 이어서 양악 이론을 서유구의 저유명한 '양금도洋琴圖'로 어떻게 이해하고 수용하였는지를(지금까지 위에서 살펴본 '음양의 상관관계') 〈그림 58〉과 필자의 해석 도표인 〈그림 59〉를 함께 더 자세하게 알아보기로 하자.[9]

9_ 이 분야의 구체적인 내용은 필자가 1988년 4월 24일 한국음악학연구회 월례발표회에서 발표한 「조선

三品明調

用上中下三品以明調之等差者六几
作樂必有高音低音平音之三等若不
設一準則則高低無憑故用上中下三
品以紀一曲之始終為何聲調也其一
曰上品乃自下而上逆高之調其形號
如此 ♭ 此形號彷剛柔二記內之汞記
因此調用音惟有上起而無下落有自
強不息之義故以之為記焉至扵紀此

〈그림 56〉　　　　　『율려정의 속편』에 나오는 세 개의 음자리표

후기 음·악 연구」 Ⅱ 중 '조선 후기의 양악문화' 항목에 나온다. 〈표 23〉에서 이규경이 소개한 서악 내용표와 〈그림 58〉과 〈그림 59〉의 서유구의 양금도와 해석 도표는 이때 발표한 글에서 정리하였다. 그 논문들은 앞으로 책으로서 선을 보일 예정이다

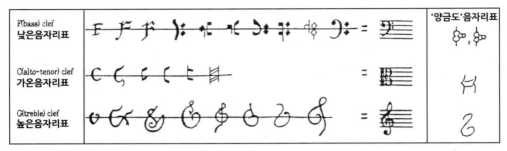

F(bass) clef 낮은음자리표	(음표 기호들)	= 𝄢
C(alto-tenor) clef 가온음자리표	(음표 기호들)	= 𝄡
G(treble) clef 높은음자리표	(음표 기호들)	= 𝄞

'양금도'음자리표

〈그림 57〉   음자리표 발전 형태

앞의 〈그림 56〉은 『율려정의 속편』으로서 조선에 유입한 당시의 서학서이다. 세 개의 음자리표를 '삼품명조' 항목으로 설명하고 있다. 오늘날 우리가 쓰고 있는 음자리표와 그 꼴이 다르지만 근대 직전에 나온 〈그림 57〉의 음자리표 발달꼴을 발견한다면 서양 선교사들이 소개한 음자리표가 바로크 시대에 확립한 꼴임을 확인시켜 준다.

〈표 22〉   양금을 통한 양악이론의 조선 의미체계화

양악이론	조선 악학자 이해체계	홍대용(洪大容)	이규경(李圭景)	서유구(徐有榘)
조표(조성)	음·양(陰陽)	양금(洋琴)의 두 괘	♭ → 유(柔) # → 강(剛)	우측 현 → ♭ 좌측 현 → #
12음	四時(4계절) 12月(달)	한 벌에 속한 4사(絲) 12현(12율)+2현 추가 도합 14현(56사)	12현	12현
세 개의 음자리표	삼재(三才) 천·지·인	삼품(三品)	삼품(三品)	삼 좌측 상(上) 품 우측 상(上) 아래 중(中)
출전		「籌解需用」 중 "黃鍾古今異同之疑"	『五洲衍文長箋散稿』 중 「歐羅鐵絲琴字譜」	『林園經濟志』 중 「遊藝志琴字譜」

〈표 23〉에서 이규경이 양악 이론을 소개한 것은 서양이 바로크 직후까지 확립한 음악통론식 이론이었다. 조표·음표이름·음자리표·음이름·선법·박자표 등이 그것인데, 이규경이 살았던 19세기 전반기(바로크→고전주의 음악→낭만파 전기)까지의 조성 체계나 화성학 등의 핵심을 소개하지 않았다는 점에서 물론 한계가 있는 것이 사실이다. 이 소개가 중국에서 1746년에 발생한 한역서학서 『율려정의 속편』밖에 참조할 수 없는 시대적 상황으로 말미암아 서양의 그것과 3세기 정도의 차이가 나는 것이 사실이지만, 동북아시아의 음양론과 삼재론으로 합리적 이해 체계를 추구하였다는 점에서 역사

〈표 23〉 이규경이 소개한 양악 이론 내용과 양악 실제의 내용

분류	이규경이 소개한 양악 이론 내용 전문			양악 실제 내용	
	이름	기호	다른 설명 내용	이름	비고
1. 배경	서악(西樂)은 서일승(徐日昇, 포르투갈 사람)·덕리격(德里格, 이탈리아 사람)이 청나라 초기에 잇달아 중국에 들어오면서부터 비롯되었다. 그가 말한 악樂)의 대요(大要) 두가지가 있는데, 하나는 관율(管律)·현도(絃度)가 소리를 내는 것 중에 성자(聲子)가 서로 맞고 안 맞는 까닭을 논했고, 하나는 음(音)을 살피고 법도에 맞는 규칙을 정했으니.				
2. 조표	강(剛) 유(柔)	♯ ♭	陰陽 二調 → 陽, 올라가는 표, 淸 陰陽 二調 → 陰, 내려가는 표, 濁	올림표 내림표	sharp flat
3. 민음표	倍長 長 緩 中 半 小 速 最速	⊟ 日 口 ○ ㅇ ㄱ ㅌ ㅌ		민음표	maxima longa brevis(Double whole note) semibrevis(Whole note) minima(Half note) semiminima(Quarter note) fusa(Eighter note) semifusa(Sixteenth note)
4. 음률	황종의 척도를 말하지 않고 격팔상생도 말하지 않았으나 은연 중에 고악(古樂)과 합치되고 있다.			음률	
5. 보표	5선으로 성(聲)을 구분했고,			Staff	
6. 음자리표	3품으로 조(調)를 밝혔는데			Clef	3개의 음자리표
	上品 中品 下品	𝄞 𝄡 𝄢	낮은 음에서부터 높아지는 올라갈 수도 내려갈 수도 있는 높은 음에서부터 낮아지는		Treble clef(G) 높은음자리표 Middle clef(C) 가온음자리표 Bass clef(F) 낮은음자리표
7. 음이름	여섯 가지가 위치를 정해서 7음을 갖추었으니, 이것이 곧 烏·勒·鳴·乏·朔·拉·(犀)·烏 ~全音~~全音~~半音~~全音~~全音~~(全音)~~(半音)~ 새로운 법으로 한 자(犀)를 보충, 7음이 비로소 온전하게 되었다 wu·le·ming·fa·shuo·la·his·wu 烏　勒　鳴　乏　朔　拉　犀　烏			음이름	Ut Re MI Fa Sol La Si Ut 온음 온음 반음 온음 온음 온음 반음 중국 발음: 우·러·밍·파·슈오· 라·씨
8. 7개조	중법(中法)의 [중국 고금(古琴)의 음역 구분]				중국 고금(古琴)의
	사자조(四字調) 삭핍오(朔乏烏;shuo, fa, wu) 을자조(乙字調) 납삭륵(拉朔勒; la, shuo, le) 척자조(尺字調) 핍오(乏烏; fa, wu) 공자조(工字調) 삭륵오(朔勒烏; shuo, le, wu) 상자조(上字調) 납오(拉鳴; la, ming) 범자조(凡字調) 납오륵(拉鳴勒; la, ming, le) 육자조(六字調) 핍오(乏鳴; fa, ming)				제1현을 잡고 타는 위치｜高音 제2현을 잡고 타는 위치｜譜表 제3현을 잡고 타는 위치 제4현을 잡고 타는 위치｜中音 제5현을 잡고 타는 위치｜譜表 제6현을 잡고 타는 위치｜低音 제7현을 잡고 타는 위치｜譜表

	이상 7조를 7급이라고 이르며, 높고 낮음, 위아래가 서로 힘을 빌어서 쓰인다.	
9. 박자표	악음(樂音)의 장단의 법도에 이르러서는 또 여덟 가지 형호가 있어서 준칙(準則)으로 삼는데,	박자표
	전 준(全 準)　　0 대 준(大 準)　　◑ 소반준(小半準)　　◉	tempus perfectum tempus imperfectum (proportio tripla) tempus imperfectum (dupla와 tripla의 결합)
	등의 서로 같지 않음이 있다. 평분도(平分度)·삼분도(三分度)의 호용(互用)에 이르러서는 그 설(設)이 각자가 복잡하고 번거로워서 그림이 아니고는 밝힐 수 없다.	평분도 proportio dupla 삼분도 proportio tripla
10. 전망	대강을 간략하게 기록하여 후일의 악樂을 논하는 자로 하여금 서술하는 바가 있게 하련다.	

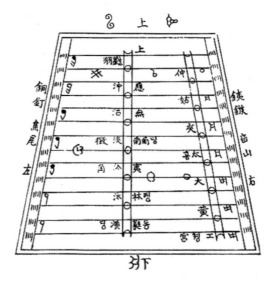

〈그림 58〉　　　　　　　　　　　서유구의 「양금도」

조선후기 실학자 서유구(徐有榘, 1764~1845)가 조선 최대의 농서(農書)이자 실용백과사전으로서 삶에 필요한 실용지식 16개 분야로 구성한 『임원경제지(林園經濟志)』를 저술했다. 바로 그 『임원경제지』 제13지에 삶의 음악으로 '유예지'항목에 양금을 다룰 수 있도록 하였을 뿐 아니라, 이 양금에 서양음악의 음조직 이론체계를 그려 넣었으니, '양금도'가 위의 그림이다.
이 양금도는 서유구의 양악 이론체계에 앞서 홍대용을 비롯한 이규경과 서유구 등이 대표적인 사람이었다. 홍대용은 서양음악의 조표가 양금의 음·양 두 패로 이루어졌고, 한 옥타브의 12구성음은 12율을 구성하며, 높은 음자리표와 가온음자리표, 낮은 음자리표는 조선의 천·지·인 삼재론의 3품으로 이해하였다. 이규경은 홍대용의 이론체계를 더 발전시켜 구라파의 철사금 곧 양금의 악보를 수 있는 「구라철사금자보」에서 그 이론들을 발전시켜 놓았다. 곧, 서양의 조표·민음표·음률·보표·음자리표·음이름·7개조·박자표 그리고 전망 등의 이론체계가 그것이다. 1746년 가톨릭 선교사(페레이라Thomas Pereira와 페드리니(Theodore Pedrini)들이 음악통론 개론서를 한역서학서로 완성한 『율려정의 속편』을 이규경이 조선에 소개하였다. 주목할 점은 서양음악을 그대로 설명하지 않고, 조선의 음양(陰陽)체계로 재해석하여 수용하고 있다는 점이다. 이러한 음양체계에 의하여 서유구가 『임원경제지』에 양금도(洋琴圖)를 그렸다.

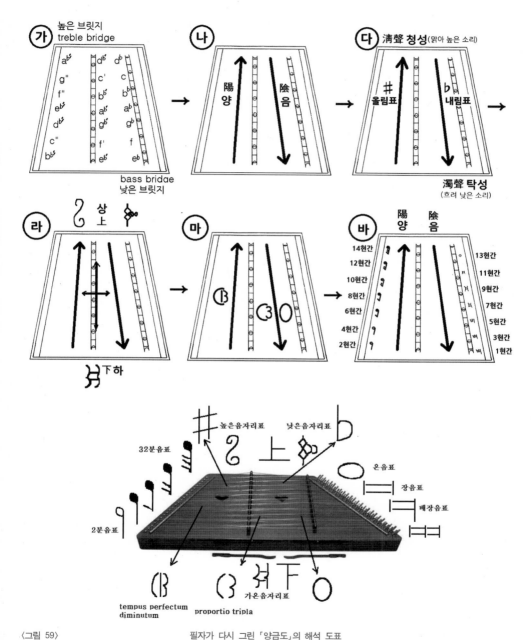

〈그림 59〉 　　　　　　　　　　　　　　필자가 다시 그린 「양금도」의 해석 도표

서유구의 『임원경제지』유예지에 나오는 「양금도」를 필자가 다시 그린 「양금도」이다. 서양 음조직의 이론체계를 조선후기 실학자들이 어떻게 이해하고 수용하였는지를 「양금도」를 보면 알 수 있게 된다. 이해의 틀은 조선의 음양(陰陽)체계에 기(氣)의 운동 성격이다. 양악의 음조직 원리를 조선의 기(氣)체계서 공동기반으로 삼아 이해했던 것이다. 맨 아래 그림은 (가)~(바)를 종합한 양금도이다.

적이었다. 즉, 서양음악을 조선 악樂 사회에서 홍대용·이규경·서유구 등 악학자들의 검증을 통하여 사회적 합법성으로 전환시키고, 이후 양악의 점진적이면서도 자주적인 사회적 수용을 계기화시켰다는 점에서 역사적이다.

특히, 서유구의 『임원경제지』에 소개한 '양금도'에 우리들의 주의력을 집중한다면, 18세기 후반부터 양금이 농촌에까지 일반화하였음을 알려 주고 있다. 『임원경제지』가 바로 '농촌 생활에 필요한 가정보감'이어서 모든 농촌 생활의 하나로 양금을 소개하고 있다는 점에서 그러하다.[10] 양금은 더 이상 특정 계층의 애완 악기가 아니었다. 영산회상이나 시조나 가곡 등의 악회나 시회를 펼치려 하는 시골 풍류방에까지 어느 사이에 합주 악기로 일반화하였다.

더욱이, 서유구는 '양금도'에서 서양음악 통론의 구조를 조율과 함께 그려 넣음으로써 양금을 다루는 모든 사람들에게(주로 거문고 주재琴師들이 다루었다) 이해할 수 있도록 소개하였다는 점에서 탁월하다. 물론, 조선의 음양 체계로 말이다.

〈그림 59〉의 ㉮가 홍대용 – 이규경 – 서유구 시대인 18세기 후반에서 19세기 전반부의 양금 조율법이라면, ㉮와 ㉯ 그림에서 왼쪽의 높은 줄받침대(treble bridge)는 음音이 올라갔으므로升 양陽(음양의)이라 해석하였다. 반대로 오른쪽 낮은 줄받침대(bass bridge) 쪽으로는 음音이 내려가므로降 음(陽;음양의)으로 해석하였다. 그림 ㉮와 ㉰에서는 올라가는 쪽엔 굳셈剛(sharp)을 나타내는 #표를, 내려가는 쪽엔 부드러움柔(flat)을 나타내는 ♭표를 그려 결국 양금판에서 한 짝을 이루어내는 해석 도표를 그릴 수 있었다. 그림 ㉱에서는 음들이 상승하는 양陽쪽에 높은음자리표 𝄞이나, 하강하는 음陰쪽에 낮은음자리표 𝄢이나, 그리고 상승하는 쪽의 천天(하늘)과 하강하는 쪽의 땅地쪽 사이에 사람人의 음역으로 중성中聲 가온음자리표 𝄡를 표기함으로써 삼재론三才論의 해석 도표가 가능해졌다. 장단에 따른 해석도 ㉱의 그림같이 정靜쪽으로 발전해 가는 공간(탁성공간)에 ○를 표기하고, 음가音價가 분할하여 점차 세분되어 가는 중성中聲 공간 쪽에 ☽을, 청성淸聲공간에 ⑬를 처리하였다. 따라서, ㉲와 같이 음표가 나타내는 음가音價가 운동을 일으켜 촘촘해지

10_ 이 저서에 대한 탁월한 해석이자 80년대 중반 이후 학계에 충격을 안겨다 준 김용옥(金容沃), 「번역에 있어서의 공간과 시간」, 『동양학 어떻게 할 것인가』(양평 : 도서출판 통나무, 1986), 145~223쪽 중 207 ~210쪽을 참고하라.

는 양陽(음양의)쪽 공간에 따라 반半(ᄀ) → 소小(ᄁ) → 속速(ᄀᆡ) → 최속最速(ᄀᆜ)을 그려 넣을 수 있었다. 박자가 점차 길어져 장長이나 정靜으로 발전해가는 음(陽;음양의)쪽 공간에 중中(ㅇ) → 완緩(ㄷ) → 장長(ᄃ) → 배장倍長(ㅂᆜ)을 그려 넣을 수 있는 해석 도표가 가능하였다. 그 결과가 〈그림 59〉의 ㉚이자 서유구의 '양금도'이다.

　이것은 음音의 높낮이에서 이들 음표나 박자표를 적용하여 이해한 것이 아님을 말한다. 음音들의 운동성, 곧 기氣가 음音운동으로 진행하였을 때의 이해 체계이다. 서양음악의 기호 체계를 음양陰陽의 상대적 동시성이나 순환적 연속성 또는 조화적 통일성으로 해석하여 그 수용의 당위성을 마련하였다는 점에서 서양음악은 점차 조선에서도 인정을 받는 사회적 합법성을 가질 수 있었다. 이것은 결코 '양금'만이 적용되는 사회적 합법성이 아니다. 또, 홍대용・박제가・이규경・서유구 시대만이 1회용으로 유행한 것도 아니다.[11]

　이들 이후의 거의 모든 금보琴譜나 양금보洋琴譜에 지속적으로 양금의 모든 것과 조선악朝鮮樂간의 합주 형태에서도 양금을 등장시키고 있을뿐 아니라, 삼현육각을 비롯한 합주의 조율 악기로 기준 삼았고, 또 거문고 주자가 독점적으로 다루고 있다는 점에서 역사성을 획득하고 있는 사회적 합법성이기도 하다. 이것은 양악의 이론과 실제 모두에 적용되는 동아시아권의 사회적 합법성이기도 하다. 그러나 그 사회적 합법성은 한국의 의미 체계 안에서 확인하고 논증하여 이해하려는 합리적 해석 행위가 있었기 때문에 양악의 합법성을 가지고 사회적 수용이 가능하였다. 바로, 이 사실이 중요하다. 결코, 무조건적이거나 무차별적 수용이 아니라는 점에서 위의 홍대용 － 이규경 － 서유구의 자주적인 역사성이 있다.

　한편, 이규경과 서유구는 이외에도 양금의 수용 경로와 배경, 율명, 조율법, 악기의 특징과 구조(재료・기능・역할 등), 보관법, 주법 등을 상세하게 밝히고 있을 뿐 아니라 박제가朴齊家(楚亭, 1750~1805?)와 당원항唐鴛港이 대화한 악론 내용과 양금도, 그리고 영산회

11_ 홍대용은 이러한 이해 체계와 양금 유입을 악회(樂會)에 적용하고 있었으며, 조선의 음률 제도의 대안 악기로 제시하여 엄밀한 물리학적 과학성을 밝힌 바 있다. 홍대용의 맥은 이후 영산회상・가곡・시조의 발달사를 촉진한 악회나 시회(詩會)로 이어지고, 근대 후기에도 풍류방을 중심으로 줄풍류의 조율음으로 토착화하고 그 악기의 품격을 거문고 연주가가 다룸으로써 높였으며, 조선 후기의 대중들에게 '소반 위에 구슬 굴리는 소리'와 같은 음색을 제공하여 완전하게 조선화시켜 버리기까지 하였다.

상·가곡·시조 등의 율자보律字譜도 각각 밝히고 있다.[12]

〈표 24〉　　　　　　　　　　　　　　　자명금 접촉 경로와 내용

연월일	접촉자	자명금 이해 내용	출전
1828. 6.25.	작자미상	또, 자명악(自鳴樂)이 있으니 역시 매감(梅龕) 모양과 같은데, 사람이 굴대 가락을 들어 고동을 굴리면 음악이 크게 일어나서 현(絃)·죽(竹)·금(金)·석(石)의 소리가 우렁차게 번갈아 연주되었다.	「往還日記」『赴燕日記』, 6月 25日條
1829. 1. 3	박사호 (朴思浩)	탁자 위에 자명종이 있는데 만듦새가 매우 정묘하다. 또, 손바닥만한 자명금이 있는데, 그 만듦새는 굴대를 한번 돌리면 기둥을 따라 용수철이 튕기어 음조를 이룬다.	朴思浩, 「燕薊紀程」, 『心田稿』, 己丑 五月 3日條
1832.12.26.	김경선 (金景善)	자명악의 음악이 천주당기에 기록한 것과 똑같아서 불거나 타거나 두드리지 않고 5음과 6율의 곡조를 스스로 이루었다. 이것은 기이한 기계이다.	金景善, 「俄羅斯館記」, 『燕轅直指』
1839 이후	이규경 (李圭景)	자명금의 소리를 내려면 우선 열쇠를 조그만 구멍에 넣어 틀어야 많은 음이 나오고, 틀지 않으면 그친다. (바깥은 양의 뿔로 되어 있는 바) 스스로 소리 나는 쇠판을 빗살 같은 쇠빗을 엮어 놓았는데, 여기에 조그마한 둥근 꼴의 긴 축(실린더 - 필자주)이 맞물려 있다. 그리고 이것은 누런 구리로 된 조그마한 많은 못들이 축 주변에 많은 별들처럼 널려 있듯이, 양의 창자처럼 구불구불 곡선을 그리며 꽂혀 있다. 태엽을 감아서 이것을 돌리면 축이 돌면서 축신의 못과 쇠판의 빗이 서로 부딪히면서 악곡이 나온다. 쇠빗은 강철로 만들어진 것인고로 축 끝의 조그만 톱니가 구불구불한 축의 머리 끝을 움직이면 된다. 한 곡이 끝나 다시 가락을 들으려면 열쇠를 다시 돌리면 된다.	李圭景, 「自鳴樂 自動戲辯證設」, 『五洲衍文長箋散稿』

한편, 양금과 함께 조선에 유입한 서양 악기로 '자명금自鳴琴'이 있다. 이 역시 조선

12_ 최근까지는 풍류방에서 단소의 음을 빌려 양금이 기본음을 잡고 세피리·대금·해금·장고·거문고·가야금 등 줄풍류의 조율음으로 다스려 왔다. 일반적으로 음에 정통한 사람이 양금을 잡아올 정도로 풍류방 문화의 중심적 악기였다. 그리고 위의 양금도에 등장하는 음길이의 배열이나 음자리표들의 배치 등에서 양금 왼쪽 괘 위쪽에 16분 음표를 배치하는 것을 평면적인 배치 이해로서는 풀리지 않는다. 왜냐하면, 16분 음표는 온음표보다 박이 그만큼이나 분할할 수 있기는 하지만, 조선인들은 그 음표를 '짧은 음표'로 이해한 것이 아니라 '빠른 음표', 곧 기(氣)의 운동성으로 보았기 때문에 양금 괘 왼쪽 상단에 배치하여 이해하였던 것이다. 서양 음악의 모든 기호 체계 설명은 이와 같았다.

사회가 서양 문명의 상징적 악기로 보고 악기 구조 분석을 하면서 실제적으로 서양음악을 듣고 있었다. 19세기 전반 조선의 실학인들은 북경 방문을 통하여 그 동안 서양음악을 접촉할 수 있었던 천주당(특히 南堂) 대신 러시아(俄羅斯)관을 찾아가서 자명금을 유입한다〈표 24〉 참고).

자명금 악기 구조 이해는 19세기 이규경에 의하여 더욱 구체적으로 변증하고 있었을 정도로 자명금 정보가 축적되어 있었다. 자명금 등의 자동 기계 악기류에서 음들을 조절하기 위한 원통(cylinder) 장치와 구멍 뚫린 마분지판(punched cardboard strip) 그리고 금속 원판(metal disc)을 들 수 있는데, 소리를 낼 수 있었던 것은 원통의 쐐기못(peg)을 넓이에 따라 부착시켜 음의 길이를 조정하고, 원통을 회전시키면 기계적인 작동에 따라 조정간(lever)에 맞물려 뜯어냄으로써 가능해진다. 자동오르간(mecanicalorgan)·자동피아노(mecanical piano)·자명금(musical box) 등이 이 원리에 따라 제작된 악기들이다. 조선에 유입한 자명금 원리는 원통(cylinder)의 쐐기못과 맞물려 있는 쇠빗(comb)이 서로 뜯어내면서 원하는 소리를 내게끔 되어 있는데 〈그림 60〉이 그것이고, 〈그림 61〉은 조선에 유입한 악기와 같은 종류의 자명금이다.

이미, 중국에는 러시아관이 부각되기 이전부터 예수회 선교사들에 의하여 북경의 네 개의 천주당(남당·북당·동당·서당)에 자명종이나 자명시계류가 들어와 있었다. 그리고 그 음악도 1793~4년간 영국 조지 3세George Ⅲ의 전권대사로 중국을 방문한 매카트니 George Macartney의 여행기[13] 중 1793년 8월 21일(수요일)조에서 확인되고 있듯이 『거지 오페라(Beggar's Opera)』(페푸시 작곡, 게이 대본의 오페라로 1728년 런던에서 공연한 발라드 오페라)의 주제가나 영국의 옛 노래들이었다. 이 사실은 조선에 유입된 자명금이 그 곡목들이 무엇이든지간에 서양의 음재료로 이루어진 '새로운 음악'을 조선인들이 체험하고 있음을 반증하고 있어서 우리들을 주목시킨다. 그리고 일본이 1852년 네덜란드인들에 의하여 전해진 것보다 앞서서 유입하고 구명하고 있다는 점에서 서양음악 수용은 그 이론이나 실제에 있어 근대를 착실하게 마련하고 있었다.

물론, 양금이나 자명금뿐만이 아니라 17세기 말부터 파이프 오르간을 분석하면서 서

13_ George Macatney, *A Journal of the Embassy to China in 1792, 1793, 1794*, 일본 동양문고 소장, 청구번호 MS-38.

실린더　　　　쇠못

태엽

회전판

쇠빗

〈그림 60〉　　　　　자명금　　　　　〈그림 61〉　　　자명금의 원통과 쇠빗 원리

왼쪽 사진은 포켓용 음악상자로 Musical Box로서 자명금(自鳴琴)이다.
오른쪽 사진은 왼쪽과 동종의 Musical Box이다. 이 소리나는 도구를 스스로 울리는 악기라는 뜻으로 '자명금(自鳴琴)'이라 했다. 실학
자들은 이 악기를 북경 아라사관에서 구입하여 분해하고 그 소리나는 도구를 연행록에 기록한다.

〈사진 18〉　　　중국 북경의 남당 천주당
홍대용의 경우, 1765년 음력 11월에서 1766년 4
월까지 북경을 방문(그 당시 용어로 '연행(燕行)'
이라 함)하였다. 북경에는 네 개의 천주당이 있었
는데, 홍대용은 자금성 아래쪽 조선숙소 가까이에
있는 남당 천주당을 네 차례나 방문하였다. 그는
이곳에서 독일인 Hallerstein과 Gogeisl과 필담을
통하여 오르간 구조 파악과 시연(試演)·자명
종·망원경·세계지도 등을 구석진 데까지 탐구
정신으로 관측하고 그 구조를 밝히고 있다. 그는
18세기 세계관을 펼친 큰 사람이었다. 한편, 홍대
용 이전에도 신지순·홍우정·김창업(노가재) 등
이 이곳을 방문하여 오르간을 보고 일부 기록으
로 남겼다.

양음악의 실체를 밝히고 있었다. 특히, 홍대용이 1766년 1월 8일부터 2월 2일까지 북경의 남당 천주당을 네 차례 방문하고 오르간 구조 분석(오르간의 연주대·바람궤·바람통의 구조, 음률 제도, 음색, 연주 원리 등을 구명하여 오르간이 생황 원리를 이용하여 확대시킨 악기임을 간파한다)을 철저히 하여 오르간을 시연(조선의 거문고 작품 한 장을 탔다. 최초로 파이프를 연주한 사람이랄 수 있다) 하였을 뿐만 아니라 조선에서 오르간 제작 집념을 세우고, 기존의 조선의 음률 제도를 비판, 양금으로 향악곡을 연주 해득하여 가야금과 관악에 양금을 맞춰 연주하는 기틀을 마련하였다. 이것은 모두가 조선의 개신악학방법론改新樂學方法論이었던 '박학博學 – 심문審問 – 신사愼思 – 명변明辯 – 독행篤行'(곧, 서양식 제안 – 의문 – 가설 – 추리 – 검증)에 의하여 서양음악의 안팎을 꿰뚫고 자주적으로 수용하였다는 사실들을 반증한다.

이처럼, 조선음악의 자주성과 개방적 악론 역사는 제1기의 최한기에 의하여 다시 한번 정점화한다. 이 항목은 최한기 항목에서 다시 언급하려 한다.

(2) 천주교의 양악문화 수용

한편, 조선의 서양음악 수용의 두 번째 통로는 천주교(서교)에 의한다.

여기에는 서양 교회음악 통로와 '노가바' 형태의 통로가 있었다. 전자의 경우는 주로 밖에서 들어온 사제들과 안에서 밖으로 나가 신부 수업을 마치고 국내에 들어와 활동한 최양업崔良業(최토마스, 1821~1861) 신부에 의하여 주도된다. 1836년 1월 다산 정약용이 유방제 신부로부터 최후성사를 받고 유명遺命을 달리하였을 때에도, 「성시메온 송가 (Nunc dimittis sérvum túum Dómine 주여 이제 당신의 종을 놓아 주소서)」를 되풀이하면서 노래한 경우가 그것이다〈악보 31〉 참고).

또, 최양업 신부가 전라도 고산 지방의 오두재 공소에서 파리외방전교회 지도자 르그레조아R. P. Legregeois 신부에게 보낸 편지(1858년 10월 3일자)에서 "서양음악을 연주할 수 있는 악기, 견고하고 소리 잘나는 것으로 하나 보내 주십시오." 라고 요청한 것처럼, 이미 최양업 신부는 오르간(예컨대, 성경오르간 등) 연주를 할 수 있었던 것으로 추정된다. 최양업은 오르간 구입뿐만 아니라 그레고리오 성가집과 찬미가집을 가지고 있었다. 1861년에 중국에서 발간한 성가집이 조선에 들어온다. 성수예절곡 및 성체강복곡, 두몽Dumont의 통상미사곡 등 4선 네우마와 찬미가가 그것인데 중국어로 가사 처리된 악보들이다.

〈악보 31〉   성 시메온 송가

1. Nunc dimíttis sérvum tú- um Dómi-ne, * secúndum vér-

bum tú-um *in* pá- ce :

「성 시메온 송가(The Canticle of St. Simeon, 'Nunc Dimittis')」는 성모마리아가 아기 예수를 성전에서 하나님께 봉헌할 때 시메온이 "눈크 디미띠스"로 부른 감사의 노래이자 기도이다. 4세기 이후 성무일과에 삽입되어 오늘에 이른다. 밤 늦은 시간의 기도인 종도(終禱, Compline)에 부르고 있어 때때로 최후성사에 「성시메온 송가」를 부른다.

병인박해가 일어나는 1866년(3월 29일)에는 다블뤼Daveluy 주교, 오매트르Aumaitre와 위엥Huin 신부, 장낙소(요셉), 황석두(루가) 등 신도들이 충남 보령군 오천면 영보리 갈매못에서 처형당하기 직전에 이들은 성영聖詠(psaumes)을 읊고 성가聖歌(cantiques)를 불렀는데, 이 때의 성가는 감사가, 곧 「떼 데움Te Deum」이었다.

1878년(1월 31일) 리델Ridel(이복명) 신부가 '찬미가'와 「아베마리아」를 불렀다. 또, 1879년 드겟뜨Deguette 신부가 길거리에서 「떼 데움」을 부른 기록들을 보면, 안팎의 신부들이 서양의 그레고리오 성가와 장·단음계로 이루어진 성가곡들을 이 기간 천주교 신도들과 함께 광범위하게 불렀음을 확인할 수 있다.

후자의 경우, 조선의 민요에 천주교 신앙 가사인 천주 가사를 얹어서 부르는 '노래 가사 바꿔 부르기'(노가바)를 공식화하여 민족 성가의 길을 터놓았다.

1800년 3월 부활절에 경기도 여주에서 이중배李中倍(교명 맡딩, 1801년 신유박해로 사형)와 김건순金建淳(교명 요사팟, 척화 대부 김상헌의 후손으로 노론 출신, 역시 1801년 처형)은 '개를 잡고 술을 빚어 가지고, 한 동리 교우들과 함께 길가에 모여 큰소리로 희락경喜樂經(부활절의 삼종경)을 부르고, 바가지와 술통으로 장단삼아 '노래'를 부르며, 해가 저물도록 계속'할 정도로 조선 민요에 천주 가사를 바꿔 부르는 방법이 일반화하였다. 이때의 노래는 '알렐루야'와 '부활3종경'이었다.

이 분야의 정점은 최양업 신부의 '천주가사'이다. 천주가사는 천진암이나 주어사의 교리 강학이 시작될 때부터 「십계명가」·「천주공경가」 들로부터 1930년 박제원의 「소경자탄가」에 이르기까지 수많은 형태가 존재한다. 최양업(최토마스) 신부가 이미

〈사진 19〉 　　　　　　　　　　　　　베론 학당과 바이블 오르간

배론신학교는 파리외방전교회의 회척에 따라 사제를 양성하려고 배론에 설립한 신학교이다. 조선교구 교구장 직무대행 메스트로 신부는 1855년에 배론에 신학교를 설립하였다. 조선교구가 설정된 1831년에 파리외방전교회는 1836년에 김대건, 최양업, 최방제 등 3명의 신학생을 마카오로 보내지었지만, 배론 신학교는 1866년(고종3) 병인박해로 푸르티에, 프티니콜라 신부와 장주기가 순교당하여 개교 11년만인 1867년에 폐교되었다. 배론신학교가 설립되어 폐교되는 기간인 1855년부터 1867년까지 기간은 최양업(토마스)신부의 마지막 선교활동에 속하는 시기이다. 최양업신부는 조선민요에 천주가사를 얹혀 부르는 노가바 방식(콘트라곽툼)을 취한 점에서 독자성과 민족성을 가지고 있다. 그는 이외에도 4선 네우마와 찬미가와 그레고리오 성가를 익히고 해독할 수 있었을 뿐만 아니라 바이블 오르간 등을 직접 수입하려고 노력한 점에서도 한국천주교회음악을 열어간 음악인이기도 하다.

〈악보 32〉 　　　　　　　 떼 데움(Te Deum)

PRO GRATIARUM ACTIONE

TONUS SOLLEMNIS

Hymnus III

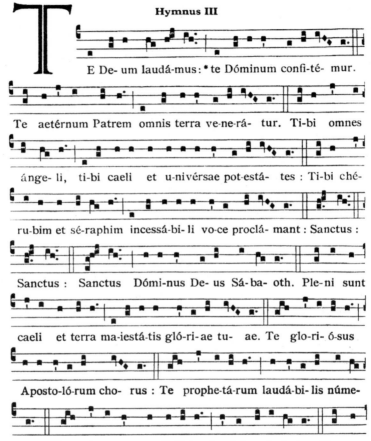

T E De- um laudá-mus: * te Dóminum confi-té- mur.

Te aetérnum Patrem omnis terra ve-ne-rá- tur. Ti-bi omnes

ánge- li, ti-bi caeli et u-nivérsae pot-está- tes : Ti-bi ché-

ru-bim et sé-raphim incessá-bi- li vo-ce proclá- mant : Sanctus :

Sanctus : Sanctus Dómi-nus De- us Sá-ba- oth. Ple-ni sunt

caeli et terra ma-iestá-tis gló-ri-ae tu- ae. Te glo-ri- ó-sus

Aposto-ló-rum cho- rus : Te prophe-tá-rum laudá-bi- lis núme-

rus : Te márty-rum candi-dá-tus laudat exérci- tus. Te per

「떼 데움」의 첫 가사는 '떼 데움 라우다무스(Te Déum laudámus)'로 '하느님, 우리는 주님을 찬양하나이다'로 되어 있으며, 하느님과 그리스도에 대한 라틴 그레고리오 성가이다. 「떼 데움」은 사은찬가(謝恩讚歌)이니 곧 감사가이다. 「떼 데움」은 주일과 축일의 조과경 끝에 부른다. 이 곡은 성 암브로시우스가 성 아오스딩의 영세기념으로 만든 것으로 전해진다. 또, 미사가 끝난 다음 천주께 베풀어 준 은혜에 감사할 때 부르기도 한다. 또, 서품과 서원미사 끝에 모든 이가 함께 부른다. 무엇보다도 선교사들이 순교를 각오하고 선교서 원을 할 때나 현지에서 비장한 상황 속에서도 천주께 감사하는 위대한 감사가로 부른다. 가사는 3개의 절로서 첫 번째가 '하느님이신 당신을 우리가 찬미하나이다', 두 번째가 삼위일체 안에서 신앙행위, 마지막 절은 그리스께 대한 탄원으로 마친다. 「떼 데움」은 한국천주교회사의 극적인 감사가로 관계를 맺은 성가이다. 1866년 병인박해가 일어나는 3월말에 바블뤼(Daveluy)주교, 오매트르(Aumaitre)와 위앵(Huin)신부, 장낙소(요셉), 황석두(루가) 등 신도들이 충남 보령군 오천면 영보리 갈매못에서 처형 당할 때 부른 성가가 바로 「떼 데움」이었다. 또, 1879년 드겟뜨(Deguette)신부가 길거리에서 기쁨으로 부른 성가가 「떼 데움」이었다. 이 밖에도 「성시메온 송가(Nunc dimittis sérvum túum Dómine, 주여 이제 당신의종을 놓아 주소서)」, 「알렐루야」 등의 그레고리오 성가가 불리워진다.

1837년부터 1842년까지 약 5년간을 중국 마카오의 파리외방전교회에서 신학·철학을 비롯하여 그레고리오 성가를 배우고, 1849년 말에 귀국하여 1861년 선종할 때까지「ᄉ 향가」·「선종가」·「이별가」·「자탄가」·「복자현양가」·「천당노래」등 수많은 천주 가사를 만들어 조선 민요에 '노가바'로 일반화시켰던 점은 우리에게 주목받기에 충분 하다. 민족 성가가 이루어질 수 있는 계기가 되기 때문이다. 조선인들이 '천주 가사' 를 접한 순간 누구나 조선 시대 음악문화의 특성인 구조적 음제도에 즉흥적으로 '노 가바'(노래 가사 바꿔 부르기)를 할 수 있었기 때문에, 자주적 음악감수성 확보로 조선 밖의 음악을 개방적으로 수용할 수 있는 토대가 마련된 것이다. 이 분야에서 대표적인 최 양업 신부의「ᄉ향가」가사와 노가바로 나타난 악보를 보기로 하자.

〈악보 33〉   ᄉ향가

이 러 - 할 풍 진 세 계 - 영 거 할 곳 아 니 로 다

이 노래는 1983년 2월 9일 충북 섭원리 본당 갈곡리 공소에서 윤기중(영세명 골롬바로서 1909년생) 할머니가 부른 가락이다. 당시 차인현 신부가 녹음한 바 있다. 이 분야 논문으로 최필선의 석사학위논문 「초기 한국카톨릭 교회음악에 대한 연구」(부산 : 동아대학교, 1989)가 있다.

「수향가」의 가사는 870행으로 이루어질 정도로 가장 긴 경세가警世歌이다. 그러할지라도 가사가 일단 조선인들에게 주어지면 천주가사를 적확하게 기억할 수 있었던 것은 즉흥적 노래 만들어 부르기로 신경 회로에 입력할 수 있었던 조선 시대 음악문화 자체가 지닌 '요람에서 무덤까지'의 노래 생활화에 기인한다. 바로, 근대 전기 제1기인 60년대는 민족성가의 바탕에서 서양 교회음악을 수용하였다.

5) 최한기 음 · 악 기학론

이 시기에 가장 보편적이고도 자주적인 관점에서 음악세계관의 체계적 확립과 수행은 최한기崔漢綺(1803~1877)에 의하여 이루어졌다. 그리고 제2기를 열어놓았다는 점에서 그야말로 이 시기의 정점이다. 더욱이, 조선 민족음악론이 서양음악체계 수용으로 새로운 시대의 문명 창조를 위한 체계로 인식되고, 조선민족음악론을 세계음악사적으로 균형을 이루게 했다는 점에서 최한기는 역사적으로 주목받는다. 그리고 홍대용 – 박지원 – 이덕무 – 박제가 – 정약용 – 이규경 – 서유구 등의 개신악학 전통이 최한기에 의하여 이어지고 독자적으로 음악 체계를 수립한다는 점에서 역사적이다. 단적으로 말하여, 최한기의 음악론의 깊이 · 넓이 · 크기는 모두 음악기학音樂氣學이자 음악기행音樂氣行이며, 세계역사철학으로서 실천이었다.

음악기학이란 음과 악을 기화氣化로써 인간의 인식 지평을 확대하고, 기화氣化로써 실행으로 옮기는 음악의 학이자 실천이다. 즉, 그는 음에서 소리의 발생과 특성을 음악음향적 · 생리적 · 심리적 관점에서 접근을 시도하고 그 주체인 기氣를 몸의 습염과 지각知覺(앎으로서 깨달음)을 통하여 인식 지평을 확대하였다. 이것은 조선에서 본격적으로 물리학적 접근에 의해 음악을 해명하는 계기가 되었다. 또, "하나의 소리가 시작하여 끝나는 동안을 사람의 호흡하는 수數로서 장단의 마디를 삼는다"와 같이 한 호흡 구간을

314　한국근대음악사 1

기화氣化의 느리고 빠름으로 '조정'한 체계가 다름아닌 '장단長短'이라고 규정함으로써 장단을 음·악의 구성 원칙으로 삼았을 뿐만 아니라, 기氣 자체가 우리 나라 음악의 주체임을 밝혀 놓았다. 그리고 그의 우주책宇宙策에서 조선을 중심으로 한 동서남북과 그 천지(하늘과 땅)를 체계적으로 접근하고, 동시에 현재로서 과거를 무차별하게 왕래하며 현재화시키려는 역사철학을 수립하여 조선이 나아갈 길을 밝히려 한 것도 독자적이었다. 말하자면, 최한기의 인식─수행에 의한다면, 때에 따라 나타난 서양음악의 과학성을 수용하되 그것은 우리 나라 역사적 문맥과 비교·검증하려는 논리적 기반과 궁극적으로 우리 나라 음악을 세계화하려는 좌표계가 수립된 셈이다.

최한기 역시 서양음악을 탐구하여 조선음악의 나아갈 바를 개진한다. 그는 서양음악의 개론을 구명한 『율려신서 속편』을 검토하고 그 내용을 조선의 문맥에서 해명하기에 이른다. 자연히, 지금까지의 중국예악론에 입각한 악론을 조선 후기 개신악학자들처럼 비판하고 과학적 기초를 마련한다.

> 어찌 궁宮은 임금이 되고, 상商은 신하로 삼는 따위나 황종이니 대려니 하는 명의名義에 현
> 혹될 것이 있겠는가.

지금까지 지배층은 음악 여명기에나 적용할 5성 12율을 5행론에 근거를 두고 현실에 무리하게 적용시켜 왔었다. 즉, "궁宮이 임금이 되고, 상商이 신하가 되며, 각角이 인민이 되며, 치徵가 일事이 되며, 끝으로 우羽가 물物이 된다"는 식의 계급 분석을 사회정치적으로 오랫동안 적용하여 왔었다. 이러한 적용을 최한기가 반전反轉시키고 있으니, 패러다임의 대전환이 아닐 수 없었다. 최한기의 음악기학으로 말미암아 기존의 악론이 더 이상 현실적이지 못함을 드러내는 힘을 가지고 있다.

더욱이, 제1기 기간이 안으로부터 역사의 정체성과 밖의 외세에 의하여 조선이 불행한 시대에 직면하고 있음을 간파한 그는 국가의 정치력 상실과 가치체계 붕괴로 외세에 대한 대응력과 전망의 부족 등 민족 현실을 적확히 인식하지 못하고 있는 당대 체제 전반을 비판하고, 새로운 시대에 부응하고자 하였다. 그는 '안으로 체제와 문화제도를 고치고 밖으로 비교하여 좋은 점을 채택'하여야 함을 개진하고 있었다. 서양음악에 대한 개진은 이러한 바탕에서다.

이로써, 그는 조선 시대의 주류를 이룬 주자학의 치학治學 방법과 경학經學에서 벗어나 근대성으로의 전환을 치열하게 열어 갔다. 그는 제1기 시대 정신 그 자체였다. 1869년에 들어와 그의 삶이 마감하는 1877년까지 18년간 그는 근대조선음악사의 제1기 기간을 온몸으로 장식하며 세계를 버티어 갔다. 그는 기학으로 음악학 수립을 꾀하면서도 이를 음악학 수립으로 완결하지 않고 기의 수행에 학문적 목표를 두었다. 그에게 있어서 학은 실천이었다. 그리고 '오늘·이땅'의 역사적 '깊이'와 동서남북의 사방의 '넓이', 그것의 세계관인 '크기'에 인식·실천함으로써 자주적이면서도 세계적일 수 있었다.

따라서, 최한기는 조선 민족이 19세기 60년대에 나아갈 바를 밝히며, 그 시대의 지식인과 민중들의 역사를 대변하고 있다. 그의 논구는 그가 수립한 '우宇·주宙·책策'에서 구체화되었다. 그 우주책은 대원군이 등장하여 국제적 외교 감각이 없이 천주교 탄압(1865년 이래)과 쇄국 정책으로 일관하여 조불·조미전쟁(1866)을 초래하고 불평등조약인 조일수호조약(1876)이 체결되어 봉건적 지배 체제가 강화되는 시대 상황에서 민족 악론의 좌표계로 실행되었기 때문에서도 이 시기에 우뚝 솟은 시대 정신이기도 하다.

이로써 제1기는 안으로부터 전개된 인간화된 사회 추구와 밖으로부터 도전된 제국주의를 민족적으로 대응하며, 음악의 새로운 인식과 음악인들의 해방성 기획, 민족음악의 예술적 기반 확립과 음악인들의 새로운 역사 평가 작업의 부각과 동학·유학·단가는 물론 서양음악을 자주적으로 수용하면서 전개시켜 나간 특징을 지닌다.

이러한 자주적이면서도 개방성을 가진 민족음악 대응이 제2기(1880~1894)에 거센 도전을 받는다. 그 첫 시련이 1876년 일본과의 수호 조약 체결에 따라 다가온다.

근대전기
: 제2기 음악

04

근대전기
: 제2기 음악

1. 근대 전기 : 제2기의 시기 구분과 성격

근대음악사 전기 제2기는 1876년 개항부터 동학농민전쟁이 일어나는 1894년 직전까지 18년의 기간을 말한다. 조선은 19세기 80년대 직전부터 참으로 엄청난 충격을 받으며 이 기간 극심한 변화를 겪고 있었다. 이 시기는 세계 제국주의의 식민지 쟁탈 시대로서 이들의 세력이 차차 동쪽으로 옮겨지는, 곧 서세동점西勢東漸의 시대였다. 중국의 문호 개방과 구미열강의 침략, 그리고 일본의 개국이 조선을 중대한 위기로 몰아세우고 있었던 것도 세계사적 현실이었다. 또, 내부적으로 중세사회체제를 근대적인 체제로 전환을 요구하는 농민들의 항쟁이 지난 1860년대 이래 끊임없이 제기되는 시기이기도 하였다. 조선은 이 위기에 어떻게 대응하여 근대 민족국가로서 민족음악을 수립하느냐 하는 역사적 과제가 주어졌다. 자주적인 근대화로 나아가야 할 과제는 결코 쉽지 않았다. 자주적 근대화의 실패가 결국 식민지화가 되어 버릴 수 있기 때문에서도 이 시기의 과제가 민족적으로 거대한 시련으로 다가왔다.

이 시기 민족음악 수립은 먼저 음악인 자신들이 지난 시기의 중국음악관계와 달리 새로운 국제관계를 맺어가는 서양음악과 일본음악의 이론과 실제를 파악하여 조선음악을 자주적인 근대음악으로 발전시키는 데 있었다. 그러기 위해서도 국가가 음악인들을 주체적으로 꾸려 주었어야 했다. 다행히 서양음악의 이론과 실제를 자주적으로 파악하고 경험하려는 역사는 1876년 개항 이전만 하더라도 250여 년간 이상이 될 정도로 축적되어 있었으므로 음악인들로 하여금 그 역사를 이용할 수 있도록 국가가 사회체제

〈사진 20〉 　　　　　　　　　　1876년 강화도 조약 체결 기념식

일본과 불평등조약으로 맺어진 강화도조약으로 조선의 개항·개국은 불가피한 민족 현실로 부각되었다. 일본과 서양의 팽창주의에 밀려 문화적 개화를 당하느냐, 그렇지 않으면 자주적인 근대화를 마련하여 이를 대응할 것이냐를 가르는 그러한 조약이었다. 사진은 강화에서 일본과 강화도조약 체결 기념식을 벌이고 있는 모습이다.

를 근대적으로 이끌어 주었어야 했다. 그 역사는 음악인들 자신들의 전통이 아니라 실학자들인 개신악학자改新樂學者에 의한 것이었다. 더욱이 음악인들은 그 악학樂學 전통을 자주적으로 발전시키기에는 사회적 신분이 제약 받는 최하층이었고, 또 거의 대부분이 '실기'로만 조건지워졌다. 근대화로 나아가는 데 걸림돌은 음악인들의 사회적 신분이 최하층이라는 점이었으므로 신분 해방이 주어지는 근대민족국가 수립이 과제였다. 그러나 신분 해방의 사회 체제가 개항 직후의 시기를 넘겨 동학농민전쟁의 결과로서 신분 해방이 주어지는 때가 1894년이었으므로 오히려 음악인들에게 민족음악을 단절시켜 버리고 대신 서양음악사회를 형성하는 계기가 주어졌다. 그러나 무엇보다도 음악인들 스스로가 해방성과 국제적 감각을 획득했어야 했다.

이 시기 민족음악 수립의 두 번째 과제는 국가가 서양음악과 일본음악을 연구하고 정책에 반영시킬 수 있도록 하는 기구 설치에 있어야 했다. 정부의 장악원 같은 음악 국가 기관내에 그 기구 설치를 하여 개신악학자들의 음악 역사와 시회詩會의 역사적인 근대성을 수용하고 외래음악을 비판적으로 수용할 수 있어야 했다. 특히 서양음악은 양洋을 달리하는 역사와 미학 그리고 음향적 재료들(accoustic materials)을 가지고 있기 때문에서도 지난 시기 대중국음악 관계사보다 더 치열하게 검토하기 위해서 서양 현지로 국비유학생 파견을 정책적으로 수행했어야 했다.

그러나 이 과제들 역시 개항 이후에서 30여 년간을 넘긴 1910년대를 전후하여 기관(조양구락부→조선정악전습소)을 설치하여 대응하려고 하였을 때에는 이미 일본제국주의에 의하여 식민지화가 되어 버린 때였고, 그 기관도 민간화된 기관이었으므로 한계가 있었다.

결과적으로 근대민족국가의 토대 위에서 근대 민족음악 수립을 과제로 삼을 수 있는 절호의 기회를 놓친 채, 오히려 국가가 식민지적 상태를 조성시킴으로써 조선은 일본음악화(皇音化)와 서양음악화(洋音化)가 식민지 지배체제에서 이루어져 버렸다.

대신, 조선 민중들은 동학농민전쟁과 독립협회와 만민공동회 그리고 계몽운동과 의병전쟁을 통하여 '외세 음악과 대결'하는 역사를 전개하였다.

개항 이후 음악 역사 전개는 국가가 서양음악을 아무런 비판 없이 군제 개편과 함께 수용하였기 때문에 그 음악이 이질적인 서양음악이었음에도 불구하고 새로운 '힘의 음악'으로 인식될 수 있는 기반 위에서 전개되었다. 이후 국가는 서양음악을 새로운 문화요소로 인식하여 조선 사회내에 전파할 수 있는 '사회적 수용(social acceptance)'의 차원에서 양악의 봇물을 터놓았다. 그리고 사회적 수용의 성격도 서양음악의 발전사를 조선에서 축약시켜 장르별로 발전시키려는 '탐욕적인 발생론적 역사 성격'에다 국가에 의하여 군대 → 교회·학교 → 시민의 순에 걸쳐 이루어진다.

2. 근대화의 두 가지 방법

근대민족국가 수립은 개항 이후 조선 사회가 풀어야 할 최대 과제였다. 근대적인 사회 체제로의 전환과 외세의 침략을 막아내는 것이 과제의 문제 제기이자 방법이었다. 그 방법에 있어서 자연히 인식(노선)이 달라질 수밖에 없었다. 하나는 위정척사(衛正斥邪)운동이고 또하나는 개화(開化)운동이다.

'정正을 지키고 사邪를 물리친다'라는 위정척사에서 정正은 말할 나위 없이 조선 시대의 통치 이념이었던 성리학적 입장이었으며, 사邪는 당대의 서구 문명을 가리킨다. 위정척사파는 전국의 유생儒生세력으로서 화서華西 이항로李恒老(1792~1868)와 면암勉庵 최익현崔益鉉(1833~1906)이 대표적인 인물이었다. 이들의 입장은 이항로나 최익현이 정부에 올린 글에서 잘 나타나고 있다. 즉, '서양과 국제관계를 맺으면 국민의 금수화禽獸化나 이적화夷狄化(오랑캐화)를 가져오는 것은 물론 무역 통상이 서구 자본주의에 의하여 파괴력을 가져와 조선 경제가 몰락할 것이므로 그 세력들을 단호하게 막아야 한다'라고 주장한 것이 그것이다.

위정척사론은 대원군의 쇄국정책에서 절정을 이루고 1866년 조불전쟁과 1871년의 조미전쟁을 승리로 이끌면서 더욱 견고해졌다. 척사(위정)파들은 1876년 강화도 조약 이후 일본에 대한 반외세 운동을 전개하고 있었다. 왜냐하면, 개항 이후 일본과 서양 물품이 조선으로 유입되자 그 교환의 대가로 쌀 등의 곡식이 유출되고, 그 값이 치솟기 때문에 조선 민중들의 생활이 더 궁핍해졌으므로 반외세 운동을 더욱 강도있게 전개하였던 것이다. 이들이 때로는 민씨 정권 타도(1881년의 쿠테타 계획) 계획을 갖거나 1882년의 임오군란(임오군변)을 통한 반외세운동을 전개하여 개화운동가들과도 갈등을 일으켰다. 그렇다고 척사파들이 무조건 외세를 반대한 것만은 아니다. 위정衛正의 테두리에서 서양 기술을 수용함으로써 개화하자는 주장, 이른바 동도서기론東道西器論도 전개하였기 때문이다. 그렇지만, 이들의 개화 반대론이나 동도서기론 전개가 봉건사회의 신분사회체제를 이룬 성리학적 사상체계에서 비롯되었다는 점에서 자주적 근대화를 위한 방법론에는 한계가 있었다. 그러나 뒷날 반일의병운동의 지도세력으로 발전할 수 있었던 점은 높이 평가해야 할 것이다.

개화운동은 서세동점 시기에 서양사상과 제도를 적극 수용하여 시대적 전환을 대응하자는 운동이었다. 개화開化란 용어는 개발변화開發變化·개물성무開物成務와 화민성속化民成俗에서 나왔다. 즉, 개물화민開物化民·개명화開明化 등 구습보다 서양 문물의 핵심으로 발전시켜야 한다는 뜻을 가지고 있다. 더 나아가 개화의 근저에는 외세를 막아낼 수 있는 서양의 기술 문명은 물론 근대 시민 정신도 습득함으로써 부국강병富國强兵과 무비자강無備自强을 꾀하자는 뜻도 있었다.

개화운동을 전개한 사람들은 조선 후기 실학사상(개신악학자를 포함하여)에 기반을 둔 박

〈사진 21〉 개화당을 주도한 김옥균
김옥균은 기존의 문벌보다는 국민의 평등과 능력중심의 인재를 등용하고 청나라 종속에서 자주 독립국을 만들려고 1884년 갑신혁명을 일으켰다. 김옥균과 늘 함께한 음악가가 이은돌이었으며 그는 근대 최초의 유학생이자 악대지도자였다.

규수朴珪壽(1807~1876, 박규수의 조부가 연암 박지원이었으며 박지원의 학풍을 계승하고 서양의 신지식을 수용하고 있었다. 박규수의 교제는 이정복·정약용·서유구 등에 걸쳐 있다)로부터 19세기 70년대 초반에 지도를 받은 인물들, 곧 김옥균金玉均·박영효朴泳孝·박영교朴泳敎 등과 역관으로서 중인 출신인 오경석吳慶錫 등이 있었다. 김옥균은 중인 출신인 유대치劉大致의 지도를 받았을 뿐만 아니라 김옥균 이외에도 박영효·서광범徐光範·홍영식洪英植 등이 그의 지도를 받았다. 이들은 그 뒤 승려 출신인 이동인李東仁·중인 출신인 변수邊樹(1861~1892)·윤치호尹致昊·서재필徐載弼 등은 물론, 앞으로 우리가 이야기할 이 시기 최초의 양악가洋樂家 이은돌李殷乭과 신분을 초월하여 소위 '개화당'이라는 정치 집단을 조직(1879)할 정도로 시대적인 개화운동을 본격화시키고 있었다.

한편, 추사 김정희의 지도를 받은 강위姜瑋(1820~1884)와 박영교朴泳敎, 윤웅열尹雄烈(윤치호의 부친) 등은 개화당에 직접 참여하지는 않았지만, 개화당에 동조하며 개화 운동을 전개하고 있었다. 무관 출신인 강위는 이미 중국을 세 차례, 일본을 두 차례 시찰하면서 당대 동양의 정치 정세를 파악하고 있었다. 그는 1870년대 말에 광교 부근의 중인층을 중심으로 '육교시사'를 조직하여 그 문하의 중인 계층들과 함께 1880년대 초반까지 민씨 친척들의 정권[閔氏戚族政權]의 초기 개국정책의 기반으로 영향을 미친 바 있다.

위정척사파나 개화파들의 개국대응방침은 당시 민씨척족정권에 영향을 미치고 있었다. 그러나 대원군 실각 후 들어선 민씨척족정권이 1876년 일본의 함포 외교에 굴복하여 불평등조약을 맺고 문호가 개방됨으로써 지금까지의 위정척사운동과 개화운동은 새로운 국면을 맞았다. 그것은 1876년에 강화도에서 일본과 불평등조약(흔히 병자수호조약이라고 말하는 조약)을 체결하며 굳게 닫힌 나라문 빗장이 풀리자 세계 여러 제국들에 의하여 무차별한 문호 개방이 이루어진 데서 비롯된 변화이기 때문이다. 즉, 일본과 맺은 조약이 외국과 맺은 최초의 근대적 조약이지만, 조일수호조규朝日修好條規와 조일무역규칙朝日貿易規則이 뜻하듯 그 조약들은 외세들의 정치·문화의 치외법권을 인정하는 조약이자, 외세 경제 침탈의 정당성을 치외법권으로 인정하는 조약이었다. 그리고 이 조약은 일본이 이미 1854년에 미국과 화친조약을 맺은 후 세계제국들과 통상조약을 맺고 개국한 데 이어, 1868년 토쿠가와 바쿠후德川幕府를 타도하고 메이지 유신明治維新을 이룩하면서 근대화를 마련한데다, 사이고오 타카모리西鄕隆盛를 중심으로 조선을 정복하자는 정한론까지 나오고 있는 연장선에서 맺어진 조약이었다.

즉, 언제나 조선 침략을 호시탐탐 노릴 수 있는 상황에서 맺어진 불평등 조약이었다. 사실, 이후의 모든 외세와의 조약들도 이 두 가지 성격이 기본적인 내용이었다. 그러므로 이제 우리 나라가 지금까지 수천·수백 년간 발전시켜 온 민족문화와 민족경제체제를 이 시기 제국주의 성격이 뚜렷한 자본주의 문화와 경제의 세계체제 앞에서 어떻게 대응할 것인지가 이후의 민족 과제임을 피할 수 없게 하였다.

그러나 조선의 개국(국제화)이 일본화이자 서양화가 아닌 자주적 국제화를 가져오기 위해서는 제국주의의 실체를 정확하게 알고 안으로부터 부단한 개혁과 효율적인 대응책을 마련해야 함에도 불구하고, 왕권 강화를 위한 외세 이용이 결과적으로는 세계 자본주의 체제로의 종속적인 편입을 가속화시켰다. 자연히 민족문화와 경제가 이후 1백년간 이상 '해체'당하는 결과가 고스란히 초래되었다. 바로 여기에서 '홀로 서기의 민족음악 역사'가 돋보이는 것도 이 때문이다.

일단, 1876년에 일본과 불평등조약이 맺어지자 1882년 미국과 영국, 1883년의 도이칠란트, 1884년의 이탈리아와 러시아, 1889년의 프랑스, 1888년의 러시아, 1892년의 오스트리아, 1901년의 벨기에, 1902년의 덴마크 등과 차례로 문화와 경제의 치외법권을 인정하는 조약으로 이어진다. 이러한 조약들은 조선에서 불안을 느낀 청국이 세력 균형을 위한 조선의 지배체제와의 결탁에서 가속화되었다. 즉, 조선에서 영향력이 사라지고 있었던 청국이 일본의 독점적 조선 진출을 견제하며 세력 균형을 유지하기 위해서도 민씨 정권을 '개화파'로 내세워 결탁한 데서 이 조약들이 비롯되었다는 말이다.

이들 나라들과의 조약은 조약으로 끝나지 않고, 치외법권을 인정하는 개항지를 내놓아야 했다. 1876년 일본과의 조약은 부산을 필두로 개항지로 내놓은 데 이어, 1880년에 원산, 1883년에 인천, 1897년에 목포, 1899년에 군산 등도 차례로 개항이 되면서 이들 나라들의 문화와 경제가 물밀 듯 들어오기 시작하였다. 새로운 외국문화와 경제

유통 경험은 이들 개항지로 끝나는 것이 아니었다. 서울의 시전에서부터 각 지역의 포구에 이르는 우리 나라 전 지역이 이들 제국주의 자본에 개방되어 상업이나 무역, 해운, 금융, 철도, 광산, 어업, 농업 등 각 분야에 걸쳐 경제와 문화 침탈을 터놓게 되었다. 자연히 민족자본과 민족문화가 자주적으로 발전할 수 있는 기회가 막힌 채 자본주의 세계체제, 특히 일본제국주의의 자본에 종속적으로 편입하는 기틀이 마련되었다. 조선의 민생 위기와 국권 위기는 현실이었다. 그것은 동시에 민족문화의 위기이기도 하였다.

한편, 프랑스와 미국의 함대들을 상대로 치른 전쟁에서 그렇게 이겨낼 수 있었던 대원군도 1873년에 물러났다. 그가 펼친 경제 정책은 경복궁 재건으로 실패하였고, 정권에서 쫓겨났던 안동 김씨들과 세금을 징수당하던 양반계급들의 거친 불만과 고종의 왕비 민비閔妃가 그의 민씨 친척들을 중심으로 반대원군 세력을 끌어들이면서 최익현의 탄핵 상소를 계기로 대원군이 물러났다. 그러나 대원군 추종 세력은 수구파로 남아 있었다. 대신 민비를 중심으로 그 친척인 민승호·민겸호·민태호 등이 집권 세력으로 등장하면서 새로운 개국 정책을 펼쳐 나갔다.

1880년 국가의 모든 정무를 총괄하는 통리기무아문統理機務衙門 설치(청국의 관제를 모방한 것으로 1882년 대원군에 의하여 폐지되었다), 1881년에 일본 토오쿄오東京·오오사카大阪 등지를 방문하여 일본의 개화 제도와 산업을 시찰하는 박정양·어윤중·홍영식 등의 일본시찰단인 신사유람단紳士遊覽團 파견, 또 같은 해 양반 자제들을 유학생으로 뽑아 청국 텐진天津에 파견하여 신식무기제조와 군사훈련법을 배우려는 김윤식 등의 청나라 사찰단인 영선사領選使 파견, 1881년 일본공사 하나부사花房義質 건의에 따라 호리모토堀本禮造를 교관으로 삼은 새로운 신식군대 별기군別技軍 설치와 군제 개편 등은 개국 정책의 일환이었다.

이러한 시대적 흐름에서 1880년대는 우리 나라 음악사에서 엄청난 변화를 초래하는 시기이다. 서양음악의 유통에 따른 문화적 충격의 시기였기 때문이다. 그 수용은 먼저 정부의 군악대 설치와 뒤이어 교회와 학교를 통하여 이루어졌다. 모두 지금까지 개신악학의 바탕에서 자주적으로 수용한 서양음악 이론과 실제의 발전사를 정부가 수용하지 않은 채, 곧 서양음악의 실체를 구명하지 않은 채, 문화 갈등을 야기시킬지도 모른 채, 민족음악문화가 어떻게 정부에 의하여 해체의 역사로 가속화되는지를 모른 채 서양식 음악을 부국강병이나 무비자강의 '힘'으로 인식하며 이 기간 군악대 설치를 최대의 목표로 삼아갔다.

3. 서양음악의 사회화

1) 서양식 악대 발달

개항 이후 조선사회의 가장 큰 과제는 근대민족국가 수립이었다. 특히, 외세의 침략을 막아 낼 수 있는 근대적인 군제 개편은 시급하게 해결해야할 과제였다. 이 과제는 지배층을 중심으로 위로부터 추진되었다. 고종이 1881년 청국의 텐진天津에 영선사 일행들과 일본에 신사유람단을 보냈던 것은 무엇보다도 청국과 일본 개국에 따른 근대 군사제도와 과학기술 등의 물정을 탐색하여 근대적으로 제도를 개편하려는 데 있었다. 그 군제 개편에는 새로운 신호 체제와 군대 기능으로 말미암아 근대식 군악대 설치도 포함되어 있었다. 청국과 일본은 이미 서양 군악 교사(악대지도자)에 의하여 서양식 악대가 편성되어 있었으므로 이 분야의 시찰도 빼놓지 않았다.

영선사의 경우, 영선사 김윤식金允植과 양반 자제와 중인 출신들로 구성한 유학생 38명 등 모두 69명이 군사제도와 선진기계 학습과 제조술 익히기 임무를 띠고 파견되어 1년여 만에 돌아왔지만, 이들은 텐진에서 서양식 나팔과 북으로 편성한 악대에 의하여 2,500명의 근대식 군사훈련 모습을 견학하였으므로 조선의 그것과는 달라 있음을 확인하고 있었다.[1]

신사유람단의 경우, 이상재·윤치호·유길준·홍영식·박정양·어윤중 등 62명(양반과 하급 관리·중인 출신들을 포함)이 4월 10일부터 74일간 오오사카大阪·토오쿄오東京 등지의 포병 공창·진대·조선소·도서관·병원·신문·우편·대학교·사범학교·외국어학교·사관학교·호산학교·해군병학교·공부工部대학교·농학교 등을 견학하고 일본의 관제·군제·세제·세관·도량형의 척제·형법·경찰 제도·감옥 제도 등

1_ 金允植, 『陰晴史』, 高宗 19年 壬午 正月 19日條.

일본의 근대 물정을 살피고 그 결과를 「시찰기」와 「견문사건」으로 기재하여 정부에 보고한 바 있다. 특히, 육군을 담당한 홍영식 조사朝土와 그 수행원인 고영희·성낙기·김낙운 그리고 군사훈련 부문을 맡은 이원회 조사와 그 수행원인 송헌빈·심선영 등은 일본 육군성 관병식과 사관학교와 호산학교 등의 훈련 조직과 그 군제를 시찰하고, 그 현장에서 일본의 근대 군제가 서양식 군악대 편성에 의하여 이루어졌음을 확인하고 있었다.[2]

이들 국가들은 조선의 군사 신호 체제와 같은 징 종류의 금金이나 북鼓을 쓰지 않고 서양식 신호 나팔(western trumpet)과 서양식 북(western drum) 등을 쓰고 있었다. 일본은 명치유신 때 개항 이후로 영국과 프랑스 군대의 지도를 받아 군악대가 편성되어 있었고, 신사유람단이 일본 방문 당시에는 프랑스 군사고문단 중 한 사람인 악대지도자 다그롱 Charles Dagron이 육군 군악교사로서 일본의 육군 군악대들을 지도하고 있었다.

조선 군제에서 신호체제[號令]는 그 동안 각角·징鉦(또는 大金)·금金·고鼓·탁鐸·비鼙·나발喇叭·나螺·라鑼(鉦의 딴이름)·호적號笛 등이 쓰이고 있었다(조선과 서양식 '나팔'은 한자에서 '喇叭'로 같으나, 연주법이 다르기 때문에 이를 구분하려 한다. 조선은 '나발'로, 서양은 '나팔'로 표기하는 것이 그것이다). 조선의 '나발'이 비록 각종 대열을 배치시킬 때 신호로 쓰였을지라도 한 음만을 길게 불거나 북 종류의 다른 악기와 합쳐서 기능한 반면에, 서양의 '나팔'은 배음열(harmonic series)에서 도(c')·솔(g')·도(c'')·미(e'')·솔(g'') 등 다섯 음을 활용하여 더 많은 군사 행위를 통제할 수 있다(〈그림 62〉 참고).

중요한 사실은 조선에 서양식 '나팔'을 수용한다면 이것은 서양의 모든 음악문화를 수용하는 근거가 마련된다는 점이다. 서양음악이 모두 배음열에 공통의 기원을 가지고 있으므로, 음향적 재료에서 뿐만 아니라 의미 체계도 형성할 수 있는 기틀이 마련된다.

1881년 영선사와 신사유람단 유학단과 시찰단 파견, 그리고 같은 해 신식 군대인 별기군別技軍 창설(80여 명)은 모두 조선 정부의 부국강병책으로서 군제 개혁을 통하여 근대 군제를 도입하려는 노력들이었다. 같은 해 11월에 종래의 5군영을 개편하여 무위영武衛營과 장어영壯禦營 등 2군 영제를 성립시킨 것이나 정부의 모든 정무를 총괄하는 통리기무아문을 설치한 것도 근대적 제도 확립을 위한 노력들이다.

2_ 노동은, 「개화기 음악연구」 Ⅰ, 『한국민족음악현단계』(서울 : 세광음악출판사, 1989), 111쪽.

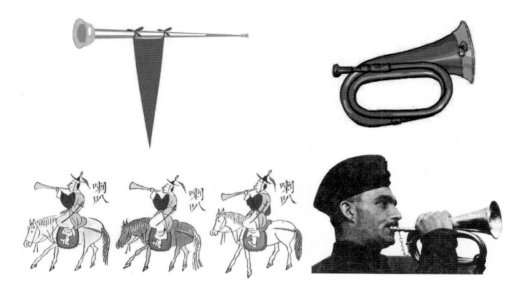

〈그림 62〉 　　　　　　　　　　　　　　조선의 나발과 서구의 나팔

대취타에 쓰인 조선의 나발(喇叭) 역시 4~5개의 서로 다른 음정을 연주할 수 있으나, 관습적으로 한 음만 길게 내게끔 연주하여 왔다. 그리고 나발은 통일된 길이를 가지지 않았기 때문에서도 여러 음들은 악기마다 서로 달랐으며, 그 음들도 정확하게 높낮이를 측정할 수 없어 기보에 어려움이 있다. 마우스피스의 구조 때문일 것이다.

　신식군대인 별기군 창설과 함께 그 부대내 악대 설치 계획은 1882년 6월 임오군란으로 좌절되지만, 다른 병영에 두 가지 통로로 진행된다. 하나는 청국에 의하고, 또하나는 개화당에 의한다.

(1) 청국 주도의 나팔수 양성

　대원군 정권이 물러난 뒤 들어선 정권은 고종의 외척들인 민씨 정권이었다. 민씨 정권은 외세의 압력에 밀려 1876년 문호개방을 강요받으면서 제한된 개화 정책을 전개하고 있지만 사회 체제가 근대 체제로 전환된 것이 아니었다.

　조선후기부터 확립된 조세제도는 전정·군정·환정 등 삼정만 있었던 것이 아니었다. 삼정 이외에도 군현마다 각종 상납과 비용을 충당하기 위하여 잡역을 농민들에게 부담시키고 있었다. 이처럼, 조세 부과의 증가와 불평등은 물론 신분제 문제와 토지 문제 등 여러 가지 봉건적인 모순 전반으로 확대됨에 따라 1862년뿐만 아니라 그 이후의 전국적인 농민항쟁은 반봉건적 성격을 가지면서 1894년의 갑오농민전쟁에서 극대화된다. 이러한 사회의 구조적 모순 속에서 진행된 민씨 정권의 개화 정책에는 한계가 있었다.

개방 이후 자본주의 상품유통경제의 발달이 촉진되어 지배층의 증대된 상품 수요와 화폐 수요로 부족한 재정을 민중들에게 부담시키자 봉건적 수탈의 가중에 따른 농민층의 몰락으로 이어지면서 1894년 갑오농민전쟁에 이르기까지 반봉건 항쟁이 끊이지 않았다. 말하자면, 근대 전기 제2기 기간에도 농민들의 요구가 수령과 이서층이 장악한 조세징수권으로 수탈하고 있는 탐관오리의 처벌과 삼정의 폐지 및 개혁 그리고 토지제도와 신분제 개혁 등에 있었기 때문에 민씨 정권이 이를 풀어 내야 했다. 그러나 국가 재정이 악화된 상태에서 1881년 신식군대 별기군 신설에 따라 이들을 우대하고 구식 군대의 군인들에게 차별 대우를 하자 마침내 1882년 6월에 임오군란으로 이어졌다. 임오군란은 녹봉인 쌀을 1년간 지급하지 않은 것과, 마침내 지급된 1개월분의 쌀에 모래가 섞여 있음을 알자 그 불만이 폭발한 군란이자 민씨 세력과 대원군 세력간의 다툼의 결과이지만, 기실 조선 군인들이 인간적 사회를 가져 보려는 항쟁이자 일본 세력 진출에 대한 민족적 저항이었다. 임오군란이 일어난 바탕에는 민씨 일가가 거두어들이고 있는 봉건적 조세 구조의 모순이 있었다.

문제는 임오군란으로 재등장한 대원군으로 말미암아 조선에서 영향력 상실을 우려한 청국이 민씨 정권과 결탁하여 대원군을 납치하고 원세개袁世凱가 지휘하는 청국 군대가 진주하여 임오군란 진압 이후에도 계속 주둔하며 조선의 관제와 군제를 개편한다는 사실이다. 일본세력이 후퇴한 반면에 민씨 정권의 청국 외세 의존성이나 청국의 내정 간섭은 더욱 심해졌다.

바로 여기에서 청국에 의하여 군제 개편이 이루어지면서 조선에 처음으로 서양식 군악 대원들이 배출된다〈그림 63〉 참고〉.

즉, 장정 1천 명을 선발하여 한성(서울)의 치안을 맡고 있는 청군에게 신식 훈련을 시키고 이를 신건친군영新建親軍營으로 개편하였다. 1882년 12월 19일에는 신건친군영의 5백 명씩을 다시 나누어 신건친군좌영新建親軍左營(때로는 친군좌영이나 그냥 좌영으로 줄여서 부르기도 한다)과 신건친군우영新建親軍右營으로 조직 개편을 마쳤다. 친군우영에 드디어 신호 나팔수 네 명을 1882년 음력 10월에 배출하여 부대에 편성하면서부터 1883년 10월까지 신호나팔수가 아홉 명이 되었다. 그리고 그 이름을 '동호수銅號手'라 하였다. 구리로 만

〈그림 63〉   청군의 나팔대(1882)

청군 맨 앞줄에 나팔수가 보인다. 이 그림은 1894년 동학농민전쟁 진압차 출동하는 청군들을 그린 것이지만, 청군은 이미 근대군제로
전환하고 있어서 1882년 임오군란을 진압차 조선에 출병하였을 때에도 같은 나팔수를 편성하고 있었다. 청군은 당시의 나팔수를 '동호
수(銅號手)'라고 불렀다.

〈그림 64〉   1894년 청일전쟁 전후시기 군제에 편성된 취고수

1894년 전후까지 조선 군제에는 취고수와 세악수가 편성되어 있었다. 그림에는 왼쪽 맨 아래 열에 나발과 호적(새납, 태평소) 악기가
보인다. 서 있는 사람들은 부대 수뇌급들로 보인다. 이 그림은 1894년 프랑스 르 몽드에 실린 그림이다.

든 나팔을 부는 사람이라는 뜻의 '동호수'는 청국에 의하여 조선에 처음 생긴 셈이다. 군제 개편과 함께 친군우영에 서양식 신호나팔수가 편성되었을지라도 전 군영에 즉시 편성된 것은 아니었다. 적어도 전통적인 조선군제가 내쉰 세악수나 취고수 등에 의하여 다른 부대가 편성되어 왔으므로, 이 편성과 병행시키면서 점차 서양식 신호나팔 체제를 확립하였다.

그러할지라도 신호 체제를 하나로 확립하는 것은 그렇게 간단한 문제가 아니다. 신건친군우영의 경우 동호수 정원 아홉 명을 전부 육성할 때까지는 신호 체제를 바로 부대에 적용하지 않았을 것이다. 또, 다른 부대의 경우는 행위를 통일적으로 유발시키는 악보가 다를 수 있어서 신호 체제 확립이 제2기의 중요한 문제로 부각되었다. 구식 군대와 신식군대간의 신호체제[號令]가 저마다 다르게 적용되기 때문에 전군全軍을 하나로 통일할 수 없어서 '혼란'이 가중되기 때문이다.

실제로 박영효가 일본에서 국왕 고종에게 올린 1888년 1월 13일자 상소문에서도 이 문제를 거론하고 있다. 즉, "전국의 병사들을 병조에 통속시켜 호령을 귀일토록 할 것 [全國之兵 依舊例 統屬于兵曹 使之號令諸將 而全一軍制事]"을 건의하고 있었다. 이 과제는 제3기에 가서 청국과 일본과 러시아가 3국 간섭으로 군제사가 바뀌어 갔을 때에도 나라마다 호령이 달라 조선이 통일시켜야 할 최대 과제 중 하나였다.

당시 청국의 신식 군대는 독일인에 의하여 훈련되었다는 점에서 동호수의 신호 나팔 곡들은 독일식이었겠지만, 그 사실이 중요한 것이 아니었다. 서양음악이 정부에 의하여 군대에서부터 '부국강병의 음악으로서 힘을 가진 음악'으로 의미 체계를 가짐으로써 전 조선사회에 소통 구조를 이룩할 수 있었다는 점이 더 중요하다. 왜냐하면, 모든 조선인들이 이후 서양음악은 힘의 음악이고 조선음악은 힘이 없는 음악이라고, 또 서양음악은 '새 음악'이고 조선음악은 '헌 음악'이라는 믿음을 국가가 심어 주었기 때문이다. 더욱이, 군제에 서양식 신호 나팔과 북 편성이 이루어졌다는 것은 서양식 '군가'조차 소통할 수 있는 근거가 마련되어 서양식 기악과 성악 형태에 의하여 조선민족의 장단감과 가락감이 '헌 것'으로서 약화되고 서양식 리듬감과 선율감이 '새 것'으로 증대해 버리는 계기가 되었다.

이후, 동호수는 군제 개편과 함께 나팔수 → 곡호수 → 곡호대 등의 이름으로 바뀌어지면서 전 부대에 확대 편성된다〈표 25〉참고).

(2) 이은돌과 개화당이 주도한 나팔수 양성

한국근대사에서 최초의 음악 유학생이 이은돌이고, 악대 지도자라는 점에서 그는 조선근대악대사에 역사적인 인물이다. 더욱이, 그는 김옥균이 이끄는 개화당의 한 사람으로 갑신정변에 앞장선 음악인이라는 점에서 음악 앞에 삶을 회복하고 서세동점의 시대적 격변 현장을 살아간 역사적 인물이다.

개화당들은 외국 기술을 습득하고 근대적인 국가 체제를 수립하려는 문화사업계획 일환으로 인재들을 뽑아 일본에 유학시켰다. 이 계획에 따라 이은돌은 1881년 11월 일본의 '교도단 기본 군악대'에 유학하여 프랑스 악대지도자 다그롱Gustave Charles Dagron으로부터 코넷Cornet과 신호나팔·악대교육과 군사교육을 받고 1882년 10월 22일에 귀국하였다. 교도단은 나팔수를 전문적으로 교육시킬 뿐만 아니라 일본 육군에서 유일하게 '교도단 기본 군악대'가 있었으므로 이곳에서 악대지도자로서 전문적인 군악 교육을 받을 수 있었다.[3]

귀국 직전 이은돌은 일본에서 김옥균, 박영효, 윤웅열 등과 역시 개화당이자 일본 호산학교에 입학한 신복모 등 개화당 인사들과도 만나고 있었으며, 귀국할 때에는 박영효의 보고서를 가지고 고종을 만나기도 하였다. 무관이 된 이은돌은 1883년 4월 경기도 광주 유수로 좌천된 박영효한테 가서 그곳의 광주병대廣州兵隊 8백여 명을 일본호산학교 출신인 신복모와 함께 신식군사훈련으로 나팔수를 열정적으로 양성하였다. 박영효는 벌써 갑신정변을 생각하고 준비하고 있었지만, 이은돌 역시 청국에 의하여 외세의 힘으로 양성되는 군악대가 아니라 자주적으로 근대 악대를 건설하기 위하여 부단하게 노력하였다.

그러나 박영효는 당시 민씨 정권으로부터 견제를 받고 있었으므로, 박영효 개인 직권으로 남한산성에서 신식 훈련을 시키는 광주병대의 위험성과 부당성을 민씨 정권이 문제삼아 그를 1883년 11월 6일에 면직시켰다. 그리고 광주병대 대부분과 이은돌·신

3_ 이은돌은 보통 7개월 걸리는 교육 기간을 5개월 만에 전 교과 과정을 마쳐 1882년 6월 17일자 『토오쿄오 일일신문(東京日日新聞)』에서도 「한인 육군악대를 졸업」이란 제목으로 기사화할 정도이다. 즉, "이미 육군 악대에서 오랫동안 군악 교육을 받고 있는 조선인 이돌은(이은돌─필자주)은 의외의 수준에 도달하여 돌아오는 8월 중에는 전과를 졸업하게 된다고 한다. 韓人陸軍樂隊を卒業 : 豫て陸軍樂隊に永く軍樂稽古中なる朝鮮人 李突銀は意外の上達にて 來る八月中には全科を卒業なすべしと云ふ. 〈그림 65, 66〉 참고.

〈그림 65〉 　　　　　　　　　　　　　　　　일본의 초기(메이지 초기) 군악대

1854년 5월 3일 페리(Matthew Calbraith Perry)제독(Admiral)이 흑선육전대(黑船陸戰隊)를 군악대의 연주에 맞추어 훈련시키고 있다. 일본의 군악대는 1869년 9월부터 요코하마에 체류중인 영국군 군악대로부터 사츠마한시(薩摩藩士, 사츠마의 번에 속한 무사)의 고적대원 등 30명이 1년간 교육받은 것을 계기로 일본 양악이 군악대 수용으로 시작된다. 그림은 1871년 3월 4개의 한 번에서 징병한 병사들을 메이지 천황이 열병할 때 일본군악대가 앞장서서 행진하고 있는 모습을 그린 그림이다. 맨 앞에 뷰글 혼이 보인다.

〈사진 22〉 　　　　　　　　　　　　　　일본육군교도단 기본군악대와 다그롱 음악교사

1881년 여름 요코하마 야마테(山手)공원 음악당에서 다그롱(맨 앞열 한 가운데 흰옷 정장)

1881년 여름 토오쿄오에 있는 일본교도단 군악기본대가 요코하마에 있는 야마테(山手) 공원에 외국인 클럽으로 세워진 서양식 음악당이 생겼을 당시 이곳의 요청으로 축하 연주를 함으로써 일본군악대 역사상 처음으로 외국인 앞에서 연주한 기록을 남겼다. 맨앞줄 가운데에 콧수염을 기른 다그롱이 보인다. 다그롱은 1872년 9월에 일본육군 군악교사가 된 이래 1883년 여름에 귀국할 때까지 10년 넘게 일본에 체류하며 일본군악대를 발전시킨 공로자이다. 1881년부터 1882년까지 우리의 이은돌이 일본교도단 군악기본대에서 다그롱으로부터 지도를 받았다. 일본교도단 군악대는 뒤에 호산학교에 귀속하여 호산학교 군악대로 변경되었다가 1942년부터 오늘날과 같은 '일본육군군악대'라는 이름을 가졌다.

복모를 군제 개편한 친군전영親軍前營에 편재시켰다. 나머지는 친군우영으로 보냈다. 전영이 이들의 집중적인 군사지도에 따라 당시 청국 지도를 받은 친군좌영과 우영보다, 그리고 일본 병대의 군사 시범과도 비교할 정도로 가장 뛰어난 부대로 정평이 나 있을 정도이고 보면 이은돌의 나팔수 양성 또한 혼신의 노력을 기울인 것이다. 그리고 전영의 정신적 지도가 개화당에 의한 것이었으므로 갑신정변 당시 전영의 군인들이 움직인 점은 우연한 일이 아니었다.

이로써 1884년 갑신정변 직전까지 청국의 나팔 교관으로부터 훈련받은 친군좌영과 친군우영 그리고 이은돌이 훈련시킨 친군 전영에 각각 아홉 명씩 총 24명의 '동호수'가 편성되었다가 정변 직후 '나팔수'로 그 명칭을 바꾸어갔다.

1884년 이은돌과 개화당들은 민씨 정권이 임오군란 뒤 청군을 끌어들여 관제와 군제에까지 크게 영향을 미치자 위기의식을 느끼고 있었다. 청국의 내정 간섭은 더욱 심해지면서 자주적인 민족국가 수립이 목표였던 이들 개화당들로서는 위기의식을 느끼지 않을 수 없었다. 1884년 7월에 일본육군 유년학교 출신인 서재필과 호산학교 출신인 14명의 사관생도가 민씨 정권에 의하여 군에서 쫓겨나고, 이은돌 역시 이양선의 연해 접근을 방지하려는 '해방영海防營(경기도 부평부)'으로 밀려나 있었을 정도로 민씨 정권과 대립하고 있었다. 개화당 요인들은 1884년 11월 26일부터 탑골 승방에서 여러 번 확대회의를 거쳐 드디어 12월 4일에 갑신정변이라는 근대 횃불의 기치를 치켜세웠으며, 이은돌은 앞장서 나갔다. 갑신정변이 수많은 희생자를 내고 비록 3일천하로 끝났지만 자주적인 민족국가를 수립하려는 근대적 정치체제로의 혁명이었으며, 이러한 '위로부터의' 민족적 정치 개혁 줄기는 반성적인 새로운 단계로 접어들게 하였다.

이은돌은 그뒤 일본으로 피신한 후 1885년 6월 1일에 귀국하였다가 죽었다. 1908년 '애국지사' 100명 중 한 사람으로 이은돌을 선정하여 추도회를 가질 정도로 그를 사회적 역사평가인물로 내세웠다. 서세동점의 충격앞에서 자주적인 민족국가를 수립하려고 역사 현장에 뛰어든 이은돌은 근대음악사에서 양악조차 민족적 성격으로 자리매김을 하려 했던 악대지도자라는 점에서도 주목받은 음악인이다. 그 줄기는 1900년대부터 시위연대 군악대의 지도자로 나선 백우용白禹鏞에게로 이어진다.

(3) 제2기 군제에서 악대 발달 상황

청국과 이은돌에 의하여 훈련된 동호수(나팔수)는 근대 군제 발달과 함께 변천하며 돌이킬 수 없는 양악 소통의 계기가 되었다.

1884년 연말까지 중앙군으로서 친군영제는 이후 다시 변통을 거듭한다. 1885년에는 이미 해산시킨 바 있는 용호영을 다시 부활시켜 왕의 호위부대로 복설하였다. 1888년에 친군우영과 후영 그리고 해방영을 합하여 통위영을 만들고, 친군전영과 좌영을 합하여 장위영을 만들었으며, 친군별영을 총어영 등 삼영으로 개편하였다. 그리고 사관학교라 할 수 있는 연무공원錬武公院도 이 해에 설립하여 근대군제의 기반을 다져갔다.

1891년에는 수도방비에 전략적 요충지인 탕춘대蕩春臺와 북한산성의 수비를 전담하는 '경리청經理廳'이라는 또 하나의 부대를 만들어 예전의 총융청보다 병력을 증강시켰다. 경리청의 악대가 전래적인 방식인 '취고수' 38명을 편성한 것으로 보아, 이 기간까지 정부는 서양식 악대와 전래적인 악대를 동시에 편성하면서 점차 서양식 악대 편성으로 전군에 확산시킬 계획을 가지고 있었다.

이처럼 1894년까지 근대식 군제 발달에 따라 서양식 나팔수가 편성되는데, 그 발달

〈그림 66〉   나팔수와 행렬
군인들의 행진이나 고관들의 퇴청 때에는 앞 열에 서양식 나팔수가 편성되어 있었다. 서양식 음제도(배음렬)에 의한 신호나팔곡들이 새로운 문명의 힘있는 소리로 자리잡는 대신 전통적인 음악들은 낡고 힘없는 옛 소리로 도식화하는 계기가 되었다.

상황을 알아보면 〈표 25〉와 같다.

조선군제가 제2기 기간에 근대적인 군제로 전환하였지만, 여전히 외세의 한반도 간섭에 따른 모방적인 군제 성격을 가지고 있기 때문에 근대 전기 제3기는 자주성을 확보하는 일이 남는 과제였다. 그리고 근대군제의 전환에 따라 등장한 근대 신호 체제 모델이 서양식 군악 발달을 모방하고 있었으므로 제3기에서도 풀어야 할 과제가 되었다. 이 과제는 제3기 기간이 청국과 일본 그리고 극동 진출을 꾀하는 러시아 등 3국이 치열하게 간섭하는 시기이므로 더욱 절실하였다.

〈표 25〉　　　　　　　　　　　근대 전기 제2기(1876~1894)의 악대발달 상황

연대	내용	출전
1882.11 ~1884	친군영제 변통으로 친군우영에 동호수 4명이 청국에 의하여 양성된다. 후에 9명으로 늘어났다.	『親軍右營都案』(장서각 도서번호 2-609)
1883. 4	이은돌은 박영효가 경기도 광주유수로 있는 남한병대에서 신식교련과 나팔수를 양성하였다.	박영효, 「갑신정변」, 『新民』, 1926년 6월호
1884.12	갑신정변 후 친군우영에 '나팔수' 9명을 편성하였다. 이로써 친군좌영에 나팔수 9명, 친군우영에 9명, 친군 전영에 9명씩이 편성되었다.	『親軍右營都案』, 甲申 11月 24日條.
1888. 4	기존의 병제가 삼영으로 변통되자 통위영에 4명씩의 '곡호병(曲號兵)'을 좌대와 우대에 각각 편성하였다. 장위영에는 '곡호대(曲號隊)'를 편성하였다. 장위영의 곡호대는 곡호대장이랄 수 있는 십장(什長) 2인과 곡호병정 13명, 그리고 부수적으로 화병(火兵) 1명 등 17명이 편성되었다.	『親軍別營謄錄』, 戊子 5月 19日條 『親軍壯衛營將卒實數 成冊』, 開國 五百 三年 甲午 10月 29日條
1891. 2	서울 방비를 전담하는 경리청(經理廳)을 복설하면서 38명의 취고수(吹鼓手)를 편성하였다. 이로써, 친군영제를 변화시켜 4영을 성립시켰다. 4영에 대략 70여 명이 웃도는 군악병이 확립된 셈이다.	『摠禦廳謄錄』(장서각 도서 번호 1411-30 -1-9), 辛酉 3月 3日條
1894. 8	장위영 소속의 1개 중대를 선발하여 일본인 사관교육에 의한 교도대(敎導隊)를 편성하고, 여기에 '곡호수' 4명을 편성 배치하였다.	『敎導所出駐將兵成冊』『東學亂記錄』下, 서울 : 국사편찬위원회,1959.

군제와 함께 제2기에 확립된 동호수 → 나팔수 → 곡호수에 의한 소편성과 '군악대'의 전단계인 '곡호대' 편성 발달은 제3기에 가서 중앙에만 머무르지 않고 지방 부대에 이르는 전군에까지 그 편성을 지향함으로써 중앙의 '군악대'와 지방의 '곡호대'라는 명칭이 자리잡게 되었다〈사진 23〉 참고).

〈사진 23〉　　　　1880년대 신군제로 편성한 부대의 나팔수
도열한 부대 왼쪽에 나팔수가 뚜렷하게 보인다. 모두 오른손 허리춤에 악기를 가
지고 있는 것으로 보아 아주 훈련이 잘된 나팔수임에 틀림없다. 장총을 가진 병사
들 역시 쉬어총 자세로 질서정연하게 줄지어 섰을 정도로 이 시기는 서양식 군사
훈련과 신호 체제가 확립해 가는 시기이다. 이 귀한 사진은 辛基秀 編著, 『映像ガ
語る「日韓併合」史』, 東京 : 勞動經濟史, 1987, 12쪽에서 재게재하였다.

　　이 과정에서 1888년 4월 장위영에 설치된 '곡호대' 설치는 그만큼 주목받는다. 1880
년대 벽두부터 동호수→나팔수 양성이 드디어 악대를 편성할 수 있는 규모(16명)가 되
었을 뿐만 아니라, 군악대장이랄 수 있는 십장什長이 직제화하여 이후 공식적인 편성의
악대를 자체적으로 배출할 수 있었기 때문이다. 그들 이름은 유봉길柳奉吉과 박대봉朴大
奉이었다. 1882년 처음 동호수가 청국에 의하여 교육받은 이래 6년 만에 악대 편성이
이루어졌으며, 그 악대 지도자의 계보가 이은돌→유봉길과 박대봉에 이어 1900년대
의 백우용으로 이어진다는 점에서 역사적이다.

　　조선의 악대원들이 자주적인 근대악대제도를 확립하는 전단계로 먼저 정부가 근대
민족국가를 지향하는 목적이 더욱 분명하여야 하고, 전통적으로 편성된 악대 '내취'와
음악적 대화를 모색하여 동시에 풀어야 할 문제가 있기는 하지만, 이러한 악대 발달이
제4기(1904~1910)에 가서 일본제국주의에 의하여 억압(1907년 군대해산)되자 민족적 성향의
의병항쟁과 사립학교 음악 교사로 진출한 점은 이은돌 이후 자주적인 악대지도자 배출

과 민족국가 수립이라는 시대 정신의 기반 위에서 가능하였기에 그 평가를 주목받기에 충분하다.

2) 교회 – 학교를 통한 서양음악 소통

근대 전기 제2기의 서양음악 수용 통로는 두 가지 큰 산맥, 곧 군대와 교회였다. 성격상 군대가 기악적인 음악에 관심을 가졌다면, 교회는 성악적 음악에 더 관심을 기울였다. 이 시기의 교회를 통한 양악은 세 가지 점에서 그 특징을 찾아볼 수 있다.

첫째는 군대의 악대와 같이 밖으로부터 전달자와 안으로부터 수용자 간의 성격이 두드러지게 나타난다는 점이다. 문화 소통 통로가 밖의 문화권을 익힌 본토 사람이 다른 문화권 안으로 전달하는 경우와 안의 문화권을 익힌 사람이 밖에 나가 학습하고 들어오는 경우와 그 성격이 다르게 나타난다는 말이다.

전자의 경우는 1885년에 들어온 미국선교사 언더우드H. G. Underwood(1859~1916)와 아펜젤러H. G. Appenzeller(1858~1902) 등이 대표한다면, 후자의 경우는 서상윤徐相崙이나 백홍준白鴻俊 등이 대표한다. 전자가 학교를 중심으로 영어식 찬송가를 교재로 삼는다면, 후자는 황해도 소래교회라는 현장에서 찬송가를 소통시키는 데서 그 성격이 갈라진다. 곧, 조선인에게 문화와 문화의 대등한 만남으로 접근하였느냐, 그렇지 않으면 서구문화 중심 견해로 이입시켰느냐가 결정되는 그러한 성격이었다. 전자의 경우, 1885년을 전후로 알렌 부부, 헤론 부부, 스크랜튼 부부, 아펜젤러 부부, 언더우드 부부 등 국내에 들어온 미국선교사들이 당시 20대 청년들이었기 때문에 조선인과 조선문화를 바라보는 '문화적 눈'이 성숙되어 있다기보다는 미국의 청교도적 심성을 가지고 미국의 이념을 전수시켜 나갔기 때문에 한국문화의 '역사적 함축(historical implication)'을 '역사적 해체(historical deconstruction)'로 조선인들에게 경험시켜 나갔다. 1885년에서 7년이 지난 1892년에 가서 조선에서 미국선교사상 처음 찬양가집으로 발간한 악보 없는 『찬양가』 내용은 미국 중심이었던 점에서도 그 특징이 잘 나타나 있다.

둘째는 교회가 학교 설립으로 양악을 소통시켰다는 점이다. 이것은 정부가 1898년 6월에 선교 허용을 공식화하기 이전인 제2기 기간이 주로 학교와 병원을 통한 간접적 선교를 할 수 있는 데서 기인한다. 이 사실은 교회가 적어도 1898년까지는 공개적인 복음 전교활동이 금지되어 있음을 말한다. 즉, 1898년 6월에 정부가 미선교사들에게 '전도하는 일을 할 수 있도록[因傳敎事] '여행증명서[護照]'를 발행함으로써 처음으로 공개적인 복음 전도 활동을 할 수 있도록 하였다. 이 때는 미국 북장로회 선교사 스왈른W. I. Swallen에게 발행하였다.[4]- 따라서, 그 직전까지는 주로 교육과 의료 사업에 국한하여 사업을 펼쳤다. 정부 역시 처음으로 미 선교사들에게 허락한 사업은 '학교와 병원'이었다.

그럼에도 불구하고 오히려 선교사들이 설립한 학교와 병원이 조선인들로 하여금 초기의 갈등을 극복하여 '근대적 힘을 가진 학교와 병원 = 교회'로 점차 알려질 수 있었다. 청일전쟁을 치르는 제3기 기간에 가서야 전계층이 교회 쪽으로 참여하면서 점차 개신교가 민족에 뿌리를 내리기 시작한다.

그러나 제2기 기간, 곧 초기 선교 활동은 조선에서 문화적 갈등을 심하게 겪고 있었다. 이것은 이 기간 교회에서 세운 학교 음악 교육이 뿌리를 내리지 못하고 그 영향력도 미미하였음을 말한다. 1885년에 설립한 배재학당의 경우 첫 교과목은 영어와 만국역사였으며, 1886년에 설립한 이화학당은 11월에 가서 4명, 1887년에 7명으로 증가, 1888년에 18명으로 증가되면서 「주기도문」과 「예수 사랑하심」 등 찬미가를 영어로 가르칠 정도였다. 이것은 소래교회가 찬송가 「예수 사랑하심」을 중국식 발음으로 찬송하는 것과는 비교가 되었다.

학교가 '조선을 복음화시키는 도구'였지만, 초기 선교사들의 공식적인 지위는 '선교사'가 아니라 '교사'로서 활동하면서 개신교가 조선사회에 부각되었다.

언더우드와 아펜젤러가 '교사'로서 1885년 말에 병원인 제중원濟衆院과 정동진료소에서 두세 명의 학생을 가르친 이래 몇 개의 학교가 세워졌다. 1885년 11월에 정부로부터 학교 설립 인가를 받고, 1886년 6월에 문을 연 근대 서구식 학교인 '배재학당'이 아펜젤러에 의하여 처음 세워졌다. 언더우드가 1886년 5월에 설립한 '언더우드학당'(1905년에 경신학당으로 정착), 1886년 5월에 스크랜튼 부인이 세운 '이화여학당'과 1887년의 '정신여학당', 1892년 4월 존스George Heber Jones 여사에 의하여 인천 '영화여학당'이 세워졌다. 주로 미국선교사들에 의하여 설립된 그 밖의 수많은 사립학교들은 주로 제3

4_ 『舊韓國外交文書』 11卷, 美案②, 242쪽.

〈사진 24〉 　　　　　　　　　　　　　　　이화여학당(1891) 여학생들
1886년 5월에 선교사 스크랜튼 부인에 의하여 이화여학당이 설립되어 배재학당과 더불어 학교가 조선을 복음화시키는 도구가 되었다.
선교불허로 초기엔 영어식 찬미가를 가르치다가 1890년대 중반 이후에 가서 민족적 성향의 노가바식 찬미가가 등장하고 1900년대 전
후로 창가가 음악교과목으로 자리잡는다.

기~제4기 기간 동안에 세워졌다.

　제2기 기간에 이들 학교는 한문, 역사, 지리, 수학, 과학 등 일반 과목에 더 많은 비중
을 두었다. 거의 예외없이 성경과목과 '찬미가'를 두었다.[5]

　당시 개신교 계통의 찬미가 학습은 음악 교육에 관하여 가르치고 배우는 과정을 계
획적으로 이끌어 준 1900년대 이후의 그러한 창가 교육이 아니었다. 따라 부르며 영어
교육과 간접적인 선교 방식의 하나로 가르친 초보적인 수준이었다. 오히려 음향적 재
료가 조선과 미국이 다르기 때문에서도 초기에 많은 갈등이 있었을 것으로 추정된다.

5_　이들 학교가 현재의 교사(敎史)를 간행하면서 초창기 교과목에 '창가(唱歌)'를 두었다고 기재하고 있지만,
　　당시에는 그 용어가 일반화되지 않았다는 점에서 새롭게 밝혀야 한다. 이 명칭은 1900년대 전후로 산발적
　　으로 보이다가 1906년 학부의 「칙령」 제44호로 「보통학교령」과 '보통학교령 시행 규칙'을 제정하여 교과
　　목으로 '창가'를 두었을 때까지는 일반화하지 않았기 때문이다. 다른 명칭으로 바로잡아야 할 것이다.
　　설립 초기부터 '창가'라는 명칭을 두었다는 기록은 창가 성격을 구명하는 데 중요한 사항이기 때문에
　　그 혼란을 피하기 위해서 필요하다. 특히, 한국양악사의 발생론적 음악사건으로 계기화하기 위하여 이
　　분야의 역사가들이 한국개신교에 편중하였기 때문에 많은 역사적 사실에서 오류를 범하고 있다. 『한국양
　　악백년사』에서, "고래로 한국에 창가라는 말이 없다. 물론 그러한 음악 형식이 없었던 것은 더 말할 나위
　　도 없지만 창가라는 어휘조차 없었다"[이유선, 『한국양악백년사』(서울 : 중앙대학교 출판국, 1976), 32쪽]
　　등으로 서술하는 것은 한국음악사의 무지를 스스로 드러내는 단정이다. 그러한 식의 역사 사실을 추적한
　　다면 한국양악 360년사일 뿐만 아니라 조선 시대에도 '창가'라는 용어가 구석구석 있었으며, 창가의 근대
　　적 의미는 미국의 개신교 선교사들이 들어오기 직전에도 있었다.

이처럼, 교재나 음악교육 공구, 그리고 전문음악교사가 없었다는 이유말고도 음향적 재료와 이를 해석하는 내용이 서구문화권과 전혀 다르기 때문에 음악교육의 적용을 본격화할 수 없었다.

이들 학교가 선교사에 의하여 설립된 사립학교라는 점, 극히 제한된 소수 학생들이 입학하였다는 점, 대부분 영어나 기술을 배우러 온 출세지향자들과 소외계층의 학생이라는 점, 교사들이 음악전문교사가 아니었다는 점 등을 미루어 보면, 이 기간 「찬미가」류의 양악 보급은 군대보다 현저하게 미미하였다.

그러나 그 교육을 받은 사람들에게는 찬미가가 '근대지향의 양악으로서 힘의 언어'로 작용하여 점차 그 기반을 확대한다는 점에서 이 기간의 특징을 이룬다. 계몽운동이 전개되는 제4기에서부터 조선양악사는 교회음악사라고 말하여도 좋을 정도로 '힘의 양악 언어'로 작용하는 개신교 출신 음악인이 많은 것도 이러한 이유에서다.

한편, 세 번째 특징은 카톨릭에서 이루어진다. 말하자면, 조선카톨릭계는 그레고리오 성가나 그 밖의 양악식 성가를 소통시키면서도 1860년대부터 천주가사를 이 기간에도 조선 전래의 민요에 얹혀 부르는 '노가바' 형태로 발전시키고 있었다 함이 그 세

〈그림 67〉　　　　　　　1890년대 전반기 한국카톨릭계의 미사 참배모습
한국 카톨릭은 1887년 한불조약 비준 교환 이후 공식적인 미사참례가 이루어졌다. 남녀 자리가 분명하게 갈라진 교회 예식은 70년대까지 이어질 정도로 그 문화적 뿌리가 유교적이었다.

번째 특징이다. 조선가톨릭교회는 1886년 5월 3일(양력 6월 4일) '한불수호통상조규韓佛修好通商條規'를 조선측 전권대사 김만식金晩植과 프랑스 전권대사 꽤가당Cogordan 사이에 조인이 이루어지자 그 동안의 순교자들의 수난사를 마감하고 종교 자유를 획득하는 기틀이 갖추어 진다. 공식적인 자유는 1887년 한불조약 비준을 교환한 직후부터였다.

이 사실은 개신교보다 먼저 공식적인 포교 자유를 얻은 가톨릭 교회가 곧바로 명동성당을 짓기 시작하는 데서도 주목된다. 학교도 1866년에 서울에다 과학, 인문, 신학을 교육하는 일반학교를 세운 이래, 1882 서울 인현동의 교회학교와 종현성당 관내의 '인성붓재글방', 국어와 한문을 교육한 1884년의 서울 '한한학원韓漢學院' 설립을 비롯하여 1893년에 가톨릭이 운영하는 사립학교 36개교에 246명의 학생들을 교육하고 있었다. 1885년 가을에 소신학교인 서울 용산의 '예수성심신학교'를 세운 가톨릭측은 리우빌Liduville(柳達榮) 신부와 마라발Maraval(徐若瑟) 신부 주도로 그레고리오 성가를 신학교 교육 교과목으로 채택 지도한 것을 보아도 개신교보다 전문적이었다. 그리고 1893년에 약현성당藥峴聖堂 축성식 때는 조선에서 공식적으로 '크레도Credo' 등의 그레고리오 성가를 처음으로 부를 수 있을 정도로 조선 봉건시대와 그 시대적 상황이 달라져 있었다. 그러나 무엇보다도 일반 성도들에게는 제1기 기간 동안에 번져 나갔던 최양업 신부의 '천주가사'가 민요에 얹어 '노가바식 신앙노래'(노래 가사 바꿔 부르기)로 불려졌다. 이것은 제2기 기간에도 변함없이 조선인의 음악 관습이 수천·수백년간의 역사적인 전통에 기반을 두었음을 상기시킨다. 그리고 가톨릭의 노가바에서도 확인할 수 있듯이 '노가바'는 조선사회가 일반적으로 20세기에도 건네 준 탁월한 노래부르기 방식이었다.

3) 서양음악문화의 교류

조선이 여러 나라와 국제간의 조약을 체결하였다는 사실은 조약 상대국가의 축하 연주와 앞으로 설립되는 공사관의 수비대에 나팔수 활동은 물론 통상조약에 따라 외국 양악기들의 유통 구조를 가질 수 있어서 일반인들이 서양음악을 문화적 충격으로 체험하는 기회가 주어졌음을 말한다.

〈사진 25〉　　　　　　　　　　　　　　　주한 독일공사관에서 연회
주한 독일공사관에서 연회가 벌어졌다. 흰 옷을 입은 한국관료들이 서양식 연회를 통하여 기존의 전통문화를 재조정하기 시작하였다.
한국인들은 낯선 서양문화를 주한 공사관이나 호텔 등 서양식 모든 건물에서 접촉함에 따라 새로운 문화체험을 하기에 이르렀다.

　　1882년 5월 22일(양력) 제물포 화도진에서 조선의 대취타가 연주되는 가운데 미국과의 수호통상조약이 조인되고, 같은 해 6월 6일에는 영국, 6월 30일에는 독일과 각각 수호 조약이 조인되었다. 1883년 11월 26일에는 조·영과 조·독간의 수호조약과 통상장정通商章程이 동시에 수정, 체결되었다.

　　1883년 11월 26일에 조·독 조약 체결을 축하하기 위하여 입항한 독일의 '라이프찌히Leipzig 함대'의 해군 군악대가 서울의 외아문外衙門에서 첫 연주를 하였다. 그리고 11월 27일에는 독일인 묄렌도르프Paul Georg von Möllendorff(목인덕, 1847~1901)의 전동 집 마당에서 연주되기도 하였다.

　　1885년 8월 웨베르 독일 대리공사 겸 총영사가 가족과 함께 서울에 입성하였을 때, 32세의 손택孫澤(Antoinette Sontag) 양은 궁중에서 민비에게 서양음악뿐만 아니라 서양의 풍속·습관·각종 제도까지 소개하였으며, 1886년이 지나 정부로부터 하사받은 집 한 채를 다시 2층 양옥으로 '손택호텔'을 지어 서양식 문화 소개는 물론 1894년경부터는 '정동구락부'라는 민영환, 이완용, 서재필, 윤치호, 민상호, 이학균, 이상재 등과 미국공사 실Sill, 프랑스 공사 꼴랭 드 쁠랑시Collin de Plancy, 미국인 다이Dye장군, 한국정부 고문 르젠드르Charles LeGendre, 언더우드Underwood목사, 아펜젤러Appenzeller 목사 등이 이용하는

〈사진 26〉　　손택호텔과 주인 존타크 그리고 외국인 손님들
1903년 정동의 현 이화여고 내에 준공한 손택호텔은 근대 최초의 서
양식 호텔로 알려졌다. 주한 외국인들을 중심으로 설립한 정동구락부
역시 이곳에 모일 정도로 사교계의 중심지로 자리잡으면서 서양문화
의 소개 창구가 되었다. 손택(孫澤)으로 알려진 주인 존안뜨와네뜨
존타크는 프랑스 출신이지만 국적은 독일이었다.

서양문화공간을 만들었다.

　이제, 외국의 군악대나 외국인들의 서울 입성과 양악 소통은 기정 사실이 되었다.

외국과 통상조약은 양악기류의 조선 유통을 보장한다. 영국과의 통상 조약에서 100분의 10을 세금으로 내는 세칙稅則과 함께 자동악기(mecanical instruments) 중 하나인 '팔음합八音盒'이나 그 밖의 '각종 악기'를 수입할 수 있도록 명시하였다. 1884년 1월 29일에는 국내 수입 상품 중에 일본으로부터 '악기 45원'어치를 수입하는 것도 그것이다. 윤치호도 1884년 4월 13일에 함경도 북청부 남병사로 있던 부친 윤웅열에게 '나팔'을 보내는 것도 벌써 양악기의 국내 유통을 말한다.

악기류를 수입하여 국내에 판매하는 회사도 생겨났다. 1884년 인천에 도착한 카를 볼터Karl Wolter는 '세창항행世昌洋行'이라는 무역 회사의 책임자로 들어와 악기를 포함한 외국 물품을 유통시킨 것도 그것이다.

국내의 신문류의 미디어 통로로도 양악문화 소개를 시작하였다. 근대 신문의 효시이자 개화파가 주도한 『한성순보漢城旬報』는 국제적인 견문을 넓히고 여러 가지 외국의 의문점을 풀어 주기 위하여 양악문화를 소개했다. 예컨대, 1884년 3월 8일자 제14호에는 미국의 병선이 상해에 정박하면서 해군군악대와 의장대 등의 퍼레이드가 있었다는 소개나, 제17호 4월 6일자에는 러시아 키예프음악학교·우스리스크 음악 온습장溫習場·프로코프 음악학교 등에 러시아 정부가 국고보조금을 지원하여 운영하고 있음을 소개하였다.

한편, 이 시기에 개항지 중심으로 공연공간이 신축되어 자국의 무대공연이 이루어지기 시작한다. 대표적인 예가 1892년 5월 인천의 일본인 거류민들이 사는 현재의 중구 송학동 일대의 야마노테山の手지역에 700석이 넘는 '인부좌仁富座' 극장 설립이 그것이다. 기록상으로는 조선의 협률사보다 10년 앞선 한국최초의 극장이다. 일본 토오쿄오東京의 신부좌新富座를 모방한 인천의 인부좌에선 가부키歌舞伎, 무용, 죠오루리淨瑠璃, 소인극素人芝居 등 주로 일본예능작품들이었다.

인부좌나 신부좌 등의 극장은 프로시니엄proscenium 형태이어서, 개항지에서 내륙인 서울·평양·청진·대구·부산·광주·전주 등으로 일본인들이 진출하면서 이 형태의 극장을 지어가며 일본예능작품들을 공연해나갔다.

4. 조선음악의 근대 대응

근대음악사 전기 제2기는 국내적으로는 왕권을 수행하는 자들, 특히 전세田稅제도를 이용하여 징수권을 장악한 지방 수령과 이서층의 탐학이 극에 이르면서 토지직접생산자인 농민군들이 경향 각지에서 농민항쟁을 끊임없이 전개한 시기였다.

이 항쟁은 1894년 갑오농민전쟁으로 정점을 이루지만, 모두 19세기 초 이래 군현 단위로 전개된 농민항쟁들의 연속선상에서 일어나면서 제2기가 진행되었다. 항쟁의 성격이 군현 단위의 조세 문제로만 한정되지 않고 신분제 문제와 조세 문제, 토지 문제 등 전근대적인 봉건 유제의 구조적 모순에서 유발된 것이어서 더욱 광범위하고 연속적이었다.

1879년 울산민란, 1881년 황해도 장연민란, 1883년 동래민란, 1885년 원주민란, 1888년의 함경도 초원난동과 북청부민 민란, 영흥부 민란, 1889년의 강원도 정선민란과 인제민란·통천민란·광양민란·수원민란, 1890년 경기도 안성민란·경상도 함창민란, 1891년 제주도 민란과 강원도 고성민란, 1892년 함흥부 민란과 덕원부 민란·강원도 낭천현 민란·예천군민 민란·함경도 회령민란·평안도 강계민란·평안도 성천민란·함경도 종성민란, 1893년 평안도 함종민란과 인천부 민란·황해도 재령민란·충청도 청풍과 황간민란·개성민란·황주민란 그리고 평안도 중화·운산·황해도 철도·함경도 회령과 종성·경상도 통영·경기도 양주 등 전국 각지에서 민란이 끊이지 않았다.

여기에서 민란은 지배층에서 보면 반체제 용어였지만, 농민들 입장에서는 항쟁을 뜻하였다. 민란은 민중들의 반봉건적 사회제도에 대한 투쟁이었고, 근대사회를 열망하는 구체적인 실천들이었다. 이처럼, 갑오농민전쟁이 일어나는 1894년 말 직전까지만 하더라도 농민항쟁이 계속적으로 전국에 걸쳐 일어나고 있었다.

농민항쟁뿐만 아니라 경향 각지에서 출몰하는 '당도黨盜'들도 출현하였다. 전국적으로 검거령이 내려 잡히면 효수를 당할 수 도 있었지만 이들은 끊임없이 나타났다. 1876년에 급증한 화적火賊, 수적水賊, 떠돌이 거지 조직체인 유단流團, 그리고 신청 출신자로서 조직한 채단綵團들이 지난 시기에 이어 계속적으로 출현하였다. 그리고 군인들의 항쟁(1882)도 일어났으며, 갑신정변(1884)과 같은 정치적 지각 변동도 일어났다.

이러한 현안 문제와 사회 변동은 개항 이후 외세의 상품 유통 장악으로 더욱 맞물려 있었다. 즉, 조선은 이 시기 국외적으로 여러 열강들과 맺은 온갖 조약으로 경향 각지가 불평등하게 개항·개화가 촉진되자 모든 사회제도와 격돌하며 갈등을 빚어내고 있었다. 민족문화면에서도 문화적 충격이 잇달았다. 몰락해 가는 개항장의 내국 상인들 중 여각이나 보부상을 비롯하여 시전과 장시 상인들이 청淸·일상日商에 대한 점포 철회와 시위를 벌이거나 상회와 상회사를 설립하여 대응하기도 하고, 모순으로 나타난 당대의 현실 체제를 종말론적 세계관을 가지고 새로운 현실 체제로 열어가려는 동학이 민중들의 내부적 유대를 결속해 가는 시기가 바로 제2기였다.

정부는 이러한 국내외적으로 어려운 격변기에 현실 개혁에 앞장섰다기보다는 시대에 끌려가고 있었다. 역사적으로 안으로부터 개혁없는 개항과 개화야말로 외세에 종속적일 수밖에 없음을 이 시기의 개항이나 개화가 말해 주고 있다.

1) 민중들의 두레 풍물과 노래

음악문화 영역도 서양음악이 '새로운 힘의 언어'로 정부와 도시에서 근대서양식 교육을 받은 자들에게 위력으로 부각되어 가는 동안, 민족음악문화는 일과 삶에 바탕을 둔 두레 풍물이 안팎의 항쟁과 함께 '조선인의 힘의 언어'로 더욱 자리매김해 갔다. 조선 민중들의 두레 풍물은 근대를 지향하는 민족음악적인 힘의 원천이다.

1891년 전라도 나주에서 동학도들이 모임을 가질 때마다 종이를 찢어 기를 만들고 대를 쪼개 창을 만들었으며, '북을 치고 나발을 불어' 무리를 모으면서 그 위세를 보인 것도 모두 두레 풍물을 일평생 생활화한 반증이다. 또, 1893년 음력 3월 24일 서울의 북산과 남산에 동학도들이 망기望旗를 세우고 그 밑에서 동학의 노래를 부르고 있었던 것도 같은 연장선이다. 1893년 3월 11일 충북 보은에 모인 동학도들은 '깃대를 세우고 북을 쳐서' 8만여 명이 그 신호체제와 음악판으로 흐트러짐이 없이 사방으로 쳐나갈 기세일 수 있었던 것도 민중들의 두레 풍물을 생활화한 결과였다.

보은에서 이들은 일본과 서양에 대한 반외세[斥倭斥洋]의 기치를 들었던바, 그 속에서 두레 풍물로 하나의 공동체가 되는 체험은 그만큼 근대적 힘을 느끼고 있었다. 민중들의 두레 풍물 감수성은 노래를 동반하기 마련이다. 충청도와 전라도에서는 동학농민전쟁이 일어나기 훨씬 전부터 어린이들 사이에까지 세상을 뒤덮을 노래가 동요로 불려지기 시작했다.

> 상도上道의 참새 하도下道의 참새
> 전주 고부에 녹두 참새
> 둥근박 전대 전대는 후예

이 노래는 어린이들이 참새를 쫓으면서 부르는 동요였으나, 순식간에 아무 때나 불려졌다. 무슨 내용을, 무슨 일들을 예고하는지는 아무도 몰랐어도 떠돌아다니며 세상을 깨어나게 하는 힘의 노래로 나타났다. 녹두라는 이름은 전봉준의 어렸을 때 이름으로 너무 익살스럽게 놀기 때문에 사람들이 '녹두'라고 불렀다고 한다.

동학농민전쟁이 일어났을 때 전주와 고부가 가장 부각된 지역이라는 점에서 이 동요의 내용이 비로소 맞았다고들 한다. 이처럼, 동학도들은 벌써 반봉건과 반외세운동을 전개하며 근대를 지향하고 있었다.

2) 신청과 예인집단

농민들이 항쟁을 전개할 때마다 이들을 일사불란하게 하는 요소는 근대 지향의 시대 정신과 두레 풍물에만 있었던 것이 아니다. 이들 모임에는 언제나 전문적인 신청 예술인들과 떠돌이 예인집단, 그 지역의 붙박이 예인집단들이 높은 수준의 예술판으로 묶어내고 있었다.

> 그 법은 귀천이나 노소가 없이 모두 같은 상대로 절하고 읍揖한다. 포군을 일컬어 초사접장이라 하고, 동몽을 동몽접장이라고 한다. 종과 주인이 모두 입도하면 또한 서로 접장이라고 불러 친구와 같이한다. 그런 때문에 모든 사노私奴, 역인驛人, 무부巫夫, 수척水尺 등 모든 천인들이 가장 즐겨 여기에 따랐다.[6]

6_ 黃玹, 『東匪紀略草藁』, 이민수 역, 『東學亂』(서울 : 을유문화사, 1985), 183~84쪽.

이 인용문에서 말하는 법은 동학을 가리킨다. 농민들보다 더 사회적으로 소외 계층이었던 종이나 역인, 무부, 수척 등 천민들이 '가장 즐겨 동학에 입교'하였다. 특히, 여기에서 '무부'란 무당의 남편들로서 무격(무당과 무부)들의 조직체인 신청인들이 동학에 가입하였음을 말한다. 이들의 소리꾼을 광대라 불렀다. 그리고 거문고·대금·피리·가야금·아쟁·징·장구·북·깽매기·해금 등 악기잽이를 악인樂人이나 공인工人 또는 고인이나 악공이라 부르고, 줄타기나 땅재주 등 연희판에 연행을 주도하는 꾼들을 재인, 풍물패를 신청 걸립패라고 각각 불렀다. 이들이 일평생 민중들의 삶과 죽음의 현장에서 음악과 춤과 연행을 익혀 왔으므로 그 뛰어난 기량으로 말미암아 정부 기관의 악공이나 군인들로 특채되어 전국적으로 공적인 행사에도 참여하고 있었다.

그러나 이들 역시 무세巫稅를 정부에 내지 않으면 안 되었고, 환곡을 갚을 수가 없어서 죽음을 불사하고 '굿판'을 떠나 떠돌이 신세로 예인집단들을 형성하며 살아갔다. 말할 나위 없이 지방의 수령들과 이서층의 세稅 징수권을 남용하여 탐학하는 데서 비롯된 결과였다. 다음의 「신청완문神廳完文」(1832년)이 이들의 비참한 현실을 예증하고 있다.

일을 좇아 행함에 있어서 무부의 일은 다른 백성들보다 몇 갑절 힘들 뿐만 아니라, 또한 무세포를 사람마다 납세하도록 하여 네 냥이 넘기에 이르렀다. 그러므로 이를 감당할 수가 없어 직업을 잃고 떠도는 자가 열에 팔·구가 되었다. 지금 남아 있는 사람도 몇 안 되었다. 그러니 각종 사역에 완전한 사람을 쓰려 해도 방도가 없게 되었다. 그 중에서도 가장 어려운 것은 양곡을 환상하는 일이다.

그러하기에 신청 출신들이 삶과 죽음의 굿판을 떠나 동학에 입교하여 그들이 가진 예능을 판으로 제공하며 제2기를 살아갔던 것이다.

다른 한편으로 판소리는 지난 시기의 8명창-5명창 시대를 마감하고 새로운 세대 교체를 이루어 가던 시기이기도 하였다. 1860년대 이후 20세기 벽두까지 판소리 명창들은 약 2백여 명이나 될 정도로 이 장르는 조선 음악 사회에서 가장 대중성을 가진 예술음악으로 자리잡혀 있었다. 1850년대에 태어난 김창환金昌煥(1854~1927), 60년대 중반 동기들인 송만갑宋萬甲(1865~1939), 이동백李東伯(1866~1947), 강용환姜龍煥(1865~1938), 김채만金采萬(1865~1911), 전도성全道成(1864~ ?) 등의 명창들이 점차 부각되는 시기이기도 하였다. 여류 명창인 허금파許琴波와 강소향姜小香도 이 시기를 정점화시키고 있었다. 이들은 거의 예외없이 1900년대 협률사 → 원각사 시대의 중추적 인물이었으며 후에 협률사 수석이 되는 김창환이나 이동백, 박기홍, 유성준 등은 신청 출신의 무부巫夫로서 국창이기도 하였다. 김창환의 경우는 신청(재인청) 조직의 우두머리인 도산주都山主였다.

그러할지라도, 신청 출신들의 광대들은 한쪽으로는 신분 상승을 꾀하기도 하였지만, 갑오농민전쟁에서 보듯 농민군의 주력부대로서 활동하며, 여전히 판소리를 비롯하여 여러 장르를 민중들 손에서 발전시켜 나갔다. 판소리를 비롯하여 신청의 민악民樂이 이후의 모든 시기에 대중성을 확보하며 민족음악으로 발전할 수 있었던 것도 이처럼 민중들의 삶의 현장에서 혼불처럼 살아 있었기 때문이다.

한편, 시장 경기가 상설화되는 도시를 중심으로 전국의 예인집단들이 먹거리를 챙기기 위하여 모여들게 됨으로써 각종 패들이 상설연행판을 펼치는 것도 이 시기 중요한 변화이다. 예컨대, 경기도 광주군 송파松坡(1963년에 서울로 편입)의 경우는 상인들이 송파시장을 상설적으로 활성화시키기 위하여 산대놀이패를 육성했다. 송파는 여주·이천에서 도성으로 들어가는 교통 요충지인데다 한강 상류와 하류를 잇는 수운의 길목이라는 점에서 강상의 거점이 될 수 있어서 일찍부터 인마와 물화의 통행량이 많은 곳이었다. 자연히 강주인, 선주인, 여각, 객주 등 강상과 사상들 그리고 동대문 안의 배오개와 남대문 밖의 칠패 등 각 시장의 중개상들이 속속 모인 곳이다. 오히려 관이 허가한 서울이나 다른 지역의 시전상인들에게 커다란 타격을 줄 수 있게 되었으므로 항의가 잇따라 일어나기도 하였다.

> 명목상으로는 한 달에 여섯 번 장이 선다고 하지만 실제로는 서울의 시전이 파는 상품과 같은 것을 마을 안에 쌓아 두고 매일같이 매매하였으므로 서울의 시전상인들이 이 때문에 해마다 이득을 빼앗기는 실정이다.[7]

송파의 산대놀이뿐만 아니다. 각종 탈패들이 떠돌이와 붙박이 예인집단들과 함께 이 시기에 들어와 상설시장화하는 곳이면 어느 곳이든지 찾아와 그 연행판을 활성화시켰

7_ 『備邊司謄錄』, 英祖 31年 1月 16日條.

다. 18세기 중엽부터 현전하는 양식인 탈춤으로 성립한 봉산탈춤이나, 19세기 초에 만들 어진 것으로 알려진 양주별산대나 예전의 본산대패에서 지역화하여 발전한 애오개산대 나 사직골 탁탁이패·구파발산대·노량진산대·퇴계원산대 등 서울과 경기 지역을 중 심으로 한 산대들말고도, 1870년대부터 성행한 경상도 율지리의 대광대[竹廣大]패나 수 영·동래·통영 등의 야유野遊(들놀음)나 오광대패들이 제2기에 전국에서 그 사회내부적 모순을 풍자하며 판을 벌리고 있었다. 이들은 섣달 그믐날부터 그 다음 섣달 그믐날까지 각종 축제에 동네 어귀에서부터 관아의 동헌에 이르기까지 새로운 민족연행 형식으로 발전시켜 나갔다. 자체적으로 반주팀을 운영하기도 하였지만, 때로는 지방 기관에 매인 악공들의 삼현육각팀을 동원하였는데, 이들 대부분은 신청 출신들로 짜여져 있었다.

이러한 탈춤패들이 민중들이나 왕권을 수행하는 자들을 불문하고, 또 장소를 가리지 않고 연행하였음은 이 시기 1893년의 경상도 고성부사의 글[8]-에서도 잘 나타나 있다.

> 가까이 있는 풍운당의 내력에 대하여 지나가는 말로 물었다. …이곳은 수직인守直人이 사 는 곳이다. 이곳에서는 예로부터 무격巫覡이 서로 바꾸어 가며 향사를 지내는데 매해 단오날 과 섣달 그믐날에는 으레 이곳 고성 관아의 작청作廳의 공형으로부터 시임時任의 각 방 향리 들에게 이르기까지 풍운당에 제물을 갖추어 놓고 제사를 올릴 때에는 무리들이 풍악을 울 리면서 일제히 나아간다는 것이다. …날이 이미 어두웠다. 조금 있으니 나희배들이 쟁을 치 고 북을 두드리며 펄쩍 뛰어오르는 등 온통 시끄러이 떠들며 일제히 관아의 마당으로 들어 온다.

경상도 고성 관아에 얽매인 무격, 곧 신청인들이 중인 출신들과 함께 탈춤과 각종 풍악을 주도하며 연행하는 것을 고성부사조차 바라볼 뿐 아니라 관아에서 관습화되었 음을 시사케 한다. 이것은 신청 출신들이나 예인집단들의 문화예술양식이 거꾸로 왕권 수행자들의 성리학적 예악문화권 속에까지 일반화되었음을 말한다. 그만큼, 전 시기의 문화예술과는 판이하게 달라져 있었다〈그림 (68) 참고〉.

8_ 吳宖默, 『固城叢瓆錄』, 高宗 30年, 3月 1日字와 12月 30日字.

김준근 그림. 이 그림은 기산(箕山) 김준근(金俊根)의 탈판 그림이다. 인간의 얼굴이 거짓으로 감추며 아침 저녁으로 변하는 것에 비하여 탈은 자기를 감추지 않고 진실하게 보여 준다. 그림 아래 부분에 불을 피운 것으로 보아 밤에 탈판이 벌어졌으며, 춤사위의 흐드러짐이 한창 신명이 돋아난 모양이다. 보통 삼현육각 편성으로 반주하는 탈판이 꽹과리·장구·북으로만 반주하는 것으로 보아 탈판이 즉흥적으로 열렸음을 알 수 있다. 김준근은 1890년대 부산 초량과 원산 등지에서 작품 활동을 하였다. 사료적 가치가 높은 그의 그림들 중 560여 점이 영국이나 오스트리아 기타 유럽 지역 박물관에 소장되어 있어 안타까움을 더해 준다.

3) 시회와 아악권

이 시기에 중인 출신들의 시사詩社 동인체인 육교시사가 1880년대 전반까지 전승되며 근대화 흐름을 맞이하고 있었다. 육교시사만 하더라도 급변하는 시대 상황에 따라 개화의 경륜가로 변모할 수 있었던 마지막 시사운동체였다. 추사 김정희의 제자로서 육교시사의 맹주인 강위, 역시 추사의 제자인 현기와 이상적과 북학을 수입한 김석준, 개화당 일원으로 김옥균과 활동한 백춘배, 강위의 제자이며 종두법 수입자인 지석영, 1876년 제1차 수신사행의 수행원이었던 박영선 등 육교시사 동인·시우詩友 들은 1880년대 개화 정책의 수행자로 역할을 하였다.

정부의 아악권은 1882년 5월 22일 제물포 화도진에서 한미수호통상조약이 조인될 때 정부의 대취타를 동원하여 축하할 정도로 위세를 보였지만, 조선 정부의 오랜 역사를 가진 성리학적 아악권이 개항과 함께 자주적 발전을 모색하지 못하고 점차 정부가 주도하는 군악대 발달사에 밀려나는 위기 시대가 바로 제2기이기도 하다.

4) 삼현육각 음악의 일반화

우리들은 근대 전기 제2기에 삼현육각이라는 악기 편성이 17세기 이래로 일반화되어 민중에서부터 양반 관헌의 음악향수층에까지 중심적인 감수성으로 자리잡은 장르이었음을 주목할 필요가 있다. 모든 음악 장르의 연주 형태 중 노래를 제외하고는 전 계층의 기악적 심성으로 자리잡은 연주 형태이며, 근대 전기 제2기와 제3기 사이에 기악독주곡인 '산조散調'를 생성케 하였다는 점에서 주목받기에 충분하다.

물론 산조가 판소리의 기악화에 힘입어 발전한 민족음악 양식이지만, 삼현육각이라는 민족 기악중주 양식이 12세기부터 산대놀이 반주 형태에서 출발하여 17~18세기에 정착한 오랜 역사성으로 말미암아 내재적으로 산조라는 기악독주곡을 배태케 하였으며, 또한 전 계층에 성리학적 예악관이 최고의 미덕으로 이상화되었던 시대를 지나 이제는 조선이 민악시대民樂時代임을 선언하는 데 힘입었기 때문에 더욱 발전할 수 있었던 것이다.

'삼현육각三絃六角'이란 말 그대로 현울림악기 · 공기울림악기 · 몸울림악기 중 여섯 개를 뽑아 편성한 6중주를 말한다. 즉, 악기 줄(현)을 울려 소리내는 현울림악기(Chordophone)인 가야금 · 거문고 · 비파 · 해금, 공기를 울려 소리내는 공기울림악기(Aeorophone)인 젓대류의 대금 · 중금 · 소금 · 향피리 · 세피리, 악기 자체를 진동시켜 울려 주는 몸울림악기(Idiophone)인 좌고 · 장구 · 북 등 악기에서 여섯 개를 가려 뽑아 편성한 6중주를 말한다. 편성사 초기에 여섯 개의 악기 중 거문고 · 가야금 · 비파등 세 개의 현울림악기가 들어갔다 하여 '삼현육각'이나 '새민육각'이라 하였다. 이들의 연주를 '풍류'나 '새면친다'라고 말할 때도 있었거니와 여섯 사람의 연주인들이 연주한다 하여 '6잡이' 또는 '6잽이'나 '육재비', 그리고 '풍류'라고 하는 데서 이들을 '풍류군'이라고도 하였다.

여섯 개를 뽑아내는 기준은 시대와 지역의 음악적 취향에 따라 달라왔다. 조선 중기부터 17세기까지만 하더라도 비파 · 해금 · 젓대(대금) · 피리 · 장구 · 북(좌고)으로 편성

한 경우와 좌고·장구·두 개의 피리·대금·비파인 경우, 또는 장구·피리·대금·
해금·비파·편경인 경우도 있었지만, 18세기부터 두 개의 피리와 한 개의 젓대·해
금·장구·북으로 변하기 시작하였다. 이와 달리 함경도 지방과 같이 퉁소 한 개, 피리
두 개, 해금 한 개, 북 한 개, 장구 한 개인 경우도 있었다. 또, 퉁소 두 개, 해금 한
개, 북 한 개로 축소시킨 형태도 있었다. 대체적으로 삼현육각에서 변하지 않은 악기로
는 피리·대금·해금·장구 등이고, 변화가 큰 악기로는 비파·좌고·편경 등이었다.
　삼현육각의 뿌리가 12세기부터 산대놀이 반주 형태에 있었지만, 전 계층의 기악감수
성으로 자리잡은 시기는 대체적으로 17~18세기이다. 그것은 이름있는 화가들의 그림
대상이 되어 있다는 점에서도 그러하다〈그림 69〉 참고).

〈그림 69〉
〈그림 69-1〉
작자미상 : 「中廟朝書筵官賜宴圖」, 1533년경

삼현육각편성과 역할의 다양성
1533년경 삼현육각식 편성

〈그림 69-2〉 　　　　　　　　　　　　　　　　　　1605년의 삼현육각 편성

작자 미상, 百歲蔡大夫人慶壽宴圖. 두 그림은 노모를 모신 재신들의 경수연(慶壽宴)에 세악수들이 연회음악을 베푸는 모습이 보이는 그림들이다. 이 그림은 「선묘조제재경수연도첩(宣廟朝諸宰慶壽宴圖帖)」에 나오는 그림이지만, 왼쪽은 1605년작이고, 오른쪽은 19세기에 다시 모사한 작품이다. 왼쪽에서 좌고·장고 순으로 시작하여 집박으로 편성된 형태이지만, 오른쪽은 전형적인 삼현육각편성이자 세악수들의 편성인 좌고·장고·피리·피리·해금·대금 들로 대무 반주음악을 연주하고 있는 모습이다. 18세기까지 삼현육각편성이 유동적이었으나 그 이후는 정착된 모습이다.

〈그림 69-3〉 　　　　　　　　　　　　18세기 후반 신윤복이 그린 삼현육각편성의 세악수

신윤복은 18세기 후반 세악수들의 편성을 오른쪽 처음부터 좌고·장고·대금·피리·피리·해금 순으로 가장 일반화된 편성으로 그려놓았다. 특히, 좌고를 치는 고수가 지휘감독격인 패두(牌頭)이고, 군영의 군복을 입은 패두로 그려놓았다. 모두 군영의 세악수들이다.

〈그림 69-4〉   18세기 후반 김홍도가 그린 삼현육각 편성

김홍도의 「평양감사 향연도」 중 「부벽루연회도」의 부분 그림이다. 부벽루각 안에서 평안감사와 수많은 인파가 모인 자리에서 처용무・포구락・검무・무고의 춤과 세악수 공연을 한꺼번에 보여주고 있다. 홍의를 입은 세악수들은 좌고・장고・대금・피리・피리・해금 그리고 집박자들이다.

〈그림 69-5〉   19세기 세악수들의 공연형태

이 그림은 18~19세기 작자미상의 「평양감사 환영도」(8폭) 부분 그림으로 세악수의 다양한 연주형태를 보여준다. 이 그림은 좌고・장고・피리・피리・대금・해금・피리・피리・좌고 등 일반적인 세악편성에 집박자가 있는 세악수들이 앉아서 연주하는 여러 모습을 8폭에서 그 부분만을 뽑아 한 곳에 모은 그림이다.

세악수의 활동 : 대금・해금・피리・피리・좌고 등의 세악수들이 '평양감사환영도'에서 다양한 편성으로 활동을 하고 있다.

〈그림 69-6〉
**민가에서 삼현육각편성의
여러 형태**

이 그림은 김홍도가 그린 「무동(舞童)」이라는 작품이다. 세악수들이다. 이들 세악수의 감독지휘자는 오른쪽 맨 위 좌고를 치는 '패두(牌頭)'이고, 이 패두와 함께 피리와 해금주자의 복식으로 보아 모두 군영에 속하는 세악수일 것이다.

좌석배치도 좌고·장고·피리·피리·대금·해금 등 전형적인 배치순으로 자리잡고 한창 대풍류무용곡과 함께 무동이 춤을 추고 있다.

〈그림 69-7〉 　　　　　　　　　　　　　　　　**1907년 삼현육각편성의 연주형태**

대한제국의 군대가 해산되는 1907년에 서울에서 찍은 세악수들이다. 광무대나 원각사 등의 예술단 소속의 세악수로 보인다. 이 사진은 W.L.허버드(Hubbard)의 저서 『외국음악사』(History of Foreign Music, N.Y.: Irving Squire, 1908), 35-41쪽의 한국(Horace N.Allen이 썼다) 항목에 소개된 사진도판 부분이다. 오른쪽부터 좌고·장고·피리·피리·대금·해금 등 전형적인 편성에 배치로 연주하고 있다.

무엇보다도 주목할 사실은 삼현육각을 다루는 음악인이 대부분 신청 음악예술인 출신이라는 점과, 다양한 삶의 현장의 연주 형태로 뿌리를 내려 민족공동체의 기악 중주로 자리잡았다는 점, 그리고 '산조' 장르를 판소리와 함께 발전시키는 계기가 되었다는 점을 들 수 있다. 이들은 궁중 장악원에 악공으로, 각 군영의 세악수로, 지방 관아와 군영에 세악수 악공으로도 진출하면서 동시에 신청 조직과 떠돌이·붙박이 예인집단의 활동을 통해 삼현육각을 일가一家의 통합예술성으로 활성화시키고 있었다.

　　각종 연회 때 연주하는 거상악舉床樂, 각종 춤의 반주음악, 각종 믿음 치레 현장에서의 제례악, 또는 행진 음악은 물론 떠돌이 전문 예인집단같이 높은 수준의 연행에 어김없이 삼현육각이 전 계층의 삶의 예술문화로 자리잡아 갔다. 국가적인 나례 행사나 기회耆會와 관아의 연향, 관료들의 행차(진급이나 삼일유가 등), 산신제, 향교의 제향, 마을의 제사, 개인적인 연회(환갑이나 생일축하 등)는 물론 민중들의 삶의 현장에서 '시나위'(산아위, 신아우, 시나우)판과 신청예술인들의 굿판, 마을의 명절놀이 때나 잔치, 그 밖의 각종 놀이에 삼현육각은 어김없이 등장하였다.

　　대광대패·사당패·중매구패·초란이패·남사당패·비나리패(걸립패)·솟대쟁이패·풍각쟁이패·광대패·굿중패·애기장사패 등 떠돌이나 붙박이를 불문하고 모든 전문 예인집단들이 예외없이 풍물 악기 편성이나 삼현육각 편성을 상황에 따라 하였지만, 그 중에서 특히 광대패의 반주 음악과 이들의 탈놀이와 줄타기 등의 곡예판·소리판·춤판·연주판을 농촌과 도시를 연중 넘나들며 연행을 하기도 하고, 이들간에 서로 섞여 공연하기도 하였다.

　　이들은 삼현육각 편성의 악곡인 '대풍류'로 「관악 영산회상」, 「관악취타」, 「대풍류무용」 음악을 연주하였다. 「관악 영산회상」은 「대영산」·「중영산」·「잦영산」·「삼현도도리」 ─ 「돌도도리」·「삼현타령」·「별곡타령」 등 6곡으로 구성된 「관악 영산회상」으로 군영軍營이나 지방관아의 세악수나 민악인民樂人으로서 6잽이들이 연주하였다. 「관악 영산회상」은 중앙과 지방의 국가기관 의례행사나 산대山臺공연, 문희연聞喜宴의 잡희雜戱, 그 밖의 축하연인 은영연恩榮宴이나 은문연 恩門宴 그리고 대동굿에서 연주했다.

　　「관악취타」곡은 「취타」·「길군악」·「염불타령」·「산현타령」·「별곡타령」 등 여섯 악곡으로 구성되었다. 실내에서 6잽이 편성의 「대풍류취타」와 실외에서 6잽이 편성의 「대풍류취타」는 서로 다른 '대풍류풍류'이다. 실내 「대풍류취타」는 「길군악」·「길타령」·「염불타령」·「삼현타령」·「별곡타령」은 연주한다. 여기에 비하여 실외 「대풍류취타)는 행진할 때 「길군악」과 도착할 때의 「길타령」 연주로 나누어 연주한다. 그리고 실외 「대풍류취타」의 악기편성은 크게 세 가지로 편성하여 운영한다. 태평소 2인, 소리 1인, 나발 1인, 대북 1인, 바라 1인 등 6인조 편성인 '소취타'와 소취타를 두 곱으로 편성한 12인조의 중취타, 중취타의 두 곱인 24인조의 '대취타'로 편성이 그것이다.

「대풍류무용곡」은 「염불타령」(긴염불)·「반염불」·「굿거리」·「자진굿거리」·「느린 허튼타령」·「중허튼타령」·「자진허튼타령」·「휘모리-당악」으로 구성한다. 「승무」의 기본 악곡이 「대풍류무용곡」이고, 또한 「양주별산대놀이」의 「봉산탈춤」의 반주음악을 비롯하여 서울과 경기지방의 굿음악으로도 쓰인다.

전계층의 수요가 많았던 것만큼이나 삼현육각 연주가 전문가들이어서 신청 출신들의 악공들이 대부분이었다. 그리고 이들과 맺은 다른 출신들의 연주가들도 높은 수준으로 연대하였다. 삼현육각 6중주로 가장 압도적인 연주곡은 '영산회상'이었다. 삼현육각으로 연주하는 영산회상을 흔히 대풍류라 불렀다. 또, 탈놀이에 연주하는 영산회상은 삼현곡이나 삼현영산이라고도 말하였다. 각종 연회 때의 삼현육각은 거상악과 행진할 때 보통 취타나 길군악 등을 연주하였다.

〈악보 34〉

「대영산」(「대풍류」 중)

한세현·황광엽·이호진 피리   김덕석·문재덕·김충환·원완철 대금
김정림·김선구·김지희 해금   김영길·윤서정 아쟁
조용복 장구   강형수 좌고

2006.11.22. 채보 오용록, 간축총보 노동은

「대영산」·「중영산」·「잦영산」·「삼현도도리」·「염불도도리」·「삼현타령」·「별곡타령」으로 대풍류는 관아·군영의 세악수 연주를
비롯하여 중앙과 지방의 국가기관 의례행사·산대·문희연의 잡희, 은영연이나 은문연 및 대동굿에서 연주되었다. 장쾌하기 이를데 없
는 작품이다. 「표정만방지곡」이라고도 한다.

<그림 70>   **1890년대 광대패의 줄타기와 삼현육각**

1880년대부터 부산・원산・평양・제물포 등에서 활동한 풍속화가 김준근(金俊根)의 「광대 줄타고」의 부분 그림이다. 이 그림에서 장고가 먼저 나오고 이어서 좌고・대금・피리・피리・해금 등 전형적인 삼현육각편성이 줄을 타고 있는 살판쇠가 부채를 든 매호씨와 「대풍류」 반주음악에 맞추어 재담을 주고 받고 있다. 줄타기를 어름, 줄꾼을 어름산이, 줄 아래서 부채로 어릿강대 역할을 하는 매호씨 등이 삼현육각의 「대풍류」를 들으며 함께 공연하고 있다.

이들은 먼저 줄고사를 올리고 중타령, 오봉산타령, 풍년가 등과 사이사이 다른 장단을 섞어 진행하고, 줄타기 묘기도 앞으로 가기・거미줄 늘이기・뒤로 훑기・공심기・걸터 앉기・병신걸음 걸이・왼발로 밀고 나가기・높이 뛰기・두발 뛰어서 돌아 앉기・뛰며 앞으로 가기・높이 뛰기・두발로 뛰어서 돌아앉기・뛰며 앞으로 가기・곰배팔이 걸음걸이 등 40여 종류를 내 보였다. 1894년에는 묘기 중 '녹두장군 행차'라는 전봉준 장군의 당당한 걸음걸이 흉내도 창안될 정도로 어름산이는 시대에 민감하였다. 광대패 말고도 남사당패의 주된 연행종목의 하나이다.

〈그림 71〉　　　　　　　　　　　삼일유가(三日遊街)시 광대들과 삼현육각

위 그림은 관아나 군영의 금창이나 광대, 그리고 세악수들과 함께 과거급제자가 시가 행진을 하는 모습니다. 좌고를 앞사람이 매고 가
면서 이 패두가 장고·해금·대금·피리·피리 등의 세악수들을 지휘하고 있다. 막대 짚어 재주넘는 광대 앞에 부채를 든 다른 광대
가 주고 받기를 하고 있다. 그 앞에는 급제자의 홍패를 왼손에 들며 다른 이들에게 보여주고 있다.
1890년대 기산 김준근이 그린 신등용문 그림이다.

　　삼현육각이 정부나 관아와 관련한 영산회상 연주곡을 예악관에 의거하여 반복적인
필요에 따라 규격화하는 데 비하여, 민간의 경우는 장단 악기의 끊임없는 기화성氣化性
장단으로 말미암아 정해진 악곡내에서 즉흥적인 흐름을 유발시킨 특징을 가지고 있다.
여기에 피리와 젓대 그리고 해금 등의 주도적인 선율 악기들이 첨가됨으로써 때때로
시나위 연주를 넘나드는 특징도 있었다. 이 사실은 신청 음악예술인들의 삼현육각 편
성에 의한 시나위나 또 다른 판소리 그리고 각종 기악중주곡에서 벌써 모든 특징을
독주악기로 함축하는 장르, 곧 사조를 배태하고 있었음을 말한다. 물론, 모든 판의 주
체인 기화氣化를 생성케 하는 장구가 동반되면서 말이다. 드디어, 근대음악 전기 제2기
와 제3기 기간 사이에 '산조'가 개척되어 제3기에 뿌리를 내린 점이야말로 역사적이라

말하지 않을 수 없다.

5) 민족음악양식의 새로운 발전 - 산조의 출현

근대음악 전기 제2기에서 제3기 사이에 민족음악 양식으로 '가야금 산조'가 출현하였다는 점은 역사적이다. 이것은 한반도 전체 음악사에서 근대가 갖는 획기적인 음악 사건이다. 모두가 사회경제적인 발전의 결과와 음악에 대한 민중들의 사회적 요구가 높아진 데서 비롯되었으며, 더욱이 한반도를 거점으로 제국주의의 패권주의가 드세지고 있는 상황에서 발전시킨 민족음악 양식이라는 점에서 그러하다.

가야금 산조는 1890년대 초반에 김창조金昌祖(1856~1929, 1865~1919 설도 있다)와 한숙구韓淑求(?~?)에 의하여 확립된 민족기악 양식으로서 장구 장단이 곁들여진 가야금 독주곡이다. 산조散調 확립은 음악사적으로 몇 가지 점에서 중요하다. 첫째는 한반도 민족음악 창작 원리가 기화氣化에 있다는 점을 발전적으로 확인할 수 있다는 점, 둘째는 민족기악 독주곡으로 확립하여 이후의 모든 독주 악기의 '창작 틀'을 제공하였다는 점, 셋째는 이러한 발전의 기틀이 신청의 일가一家지향적 음악 생활에 있다는 점이다.

〈사진 27〉　　　　가야금 산조의 창시자 김창조
한숙구와 더불어 가야금 산조를 창시한 김창조는 새로운 산조시대를 열어줌으로써 한국음악사에서 큰 획을 그었다. 한숙구에서 정남옥과 한수동이 나왔고, 김창조에서 한성기·안기옥 등이 나왔다.

첫 번째의 원리는 음악 양식의 창작적 발전이 기실 음악의 주체인 기화에 끊임없이 '푹 젖어서 울어나올 때[遊藝]' '창작의 길 – 연주의 길'이 곧 음악 발달의 근본임을 확인하였다. 두 번째의 '틀'은 김창조가 일단 가야금 산조의 틀을 갖춘 이래로 다른 독주 악기로 돌려가면서 새로운 독주틀로 창작 – 연주의 계기화가 조성될 수 있었다. 백낙준白樂俊에 의하여 1896년에 거문고 산조 확립은 물론 이후 박종기의 젓대 산조와 이후의 해금 산조, 퉁소 산조, 아쟁 산조를 비롯하여 모든 산조의 창작과 연주가 솟아나는 샘물이 되었다. 또, 한 악기의 원류에서 수많은 유파를 발생하게 한 계기가 이루어질 수 있었다. 세 번째의 '일가一家'는 바로 김창조의 연주 생활에서 쉽게 검증할 수 있는 통합 음악 생활법이다. 그는 전라도 영암 출신으로 대체적으로 1915년경까지 연주 활동을 하였는데, 가야금 산조 · 거문고 산조 금 병창 · 젓대 산조 · 단소와 해금 등을 연주한 것이 그것이다. 이것은 김창조가 여러 악기에 대하여 정통하고 있었음을 말한다. 그러기 위해서도 이러한 모든 악기를 어려서부터 전부 다루어서 '악기로 기화의 명수'가 될 수 있는 환경이 제공되어야 가능하다. 이 사실이 그가 신청 출신임을 반증한다. 신청 (재인청) 출신들만이 일찍부터 '일가 음악 교육'을 전문적으로 해왔기 때문이다.

첨부하는 악보와 같이 김창조 가야금 산조의 특징은 '기화를 장단의 느리고 – 걸음걸이로 – 빠르고'로 조정하는 '이음새 독주곡'이기 때문에 장구 장단 악기를 동원하는 데 있다. 즉, 장단 구성이 '진양조 – 중모리 – 중중모리 – 자진모리'로 되어 있으며, 이 장단들을 '한 판에 흐트려 놓은散' '가락調'이란 뜻을 가진(그러한 뜻으로 허튼 가락) '산조散調'이다.

자연히, 장단 하나마다 몇 개의 장으로 나누어지기 때문에 '장별제 산조'라고도 하였다. 즉, 진양조 5장 – 중모리 5장 – 중중모리 3장 – 자진모리 5장으로 이루어졌다. 이러한 장별제 산조는 김창조의 제자인 안기옥安基玉(1894~1974)에 의하여 엇모리와 휘모리를 몇 개 장절로 창작 삽입하여 발전시켜 나간 바 있다(제4장 끝부분에 게재한 김창조의 〈가야금 산조〉 악보 참고).

또 하나의 특징은 가야금 산조는 본래 기본 장별만 정하고 그 내에서 또다른 즉흥성을 시나위 연주 방식처럼 진행시켰다는 점이다. 신청 예술인들은 시나위 합주에서 '기화가 주관하는 질서'에 충실하며 악기별 독주와 합주를 즉흥적으로 연주하거나 소리가락(구음 시나위나 판소리 등)을 가야금에 얹혀 연주하는 방식을 취하고 있었다. 이러한 본래의 산조가 일제하 신청 탄압으로 일가교육(통합음악교육)이 사라지면서 고정적인 틀, 곧

유파로만 전수하는 지금의 경우와는 그 산조 연주법의 근본바탕이 달랐다.[9]

오늘날처럼 한 악기로 전문화하는 것과는 그 세계가 다르다. 일가 교육은 2중 음악성 획득을 넘어서 음악과 무용과 시, 그리고 삶과 죽음을 통합하는 교육 방식이기 때문에, 신청 출신들이 일가를 이룬 한 분야는 전체를 다 담고 있었다.

격변의 근대 전기 제2기의 민족음악사는 이제 제3기로 접어든다. 제3기는 1894년 갑오농민전쟁 시기부터 1904년 8월 제1차 한일협약이 체결되는 직전 시기이다. 제3기 벽두부터 안으로 사회적 모순과 밖으로 외세 침략이 전 민중들과 첨예하게 대립한 갑오농민전쟁이 그 시대를 삼키고 있었으며, 그로 말미암아 음악 사회가 그토록 바라던 신분제가 형식적으로나마 타파되었고, 전계층이 노래 운동을 전개하며 독립협회와 만민공동회를 전국적으로 확산시켜 나갔다. 또, 백낙준의 거문고 산조 출현과 창극의 태동 및 이은돌 이후 악대지도자로 부각한 프란츠 에케르트와 백우용의 왕립군악대가 창설되는 등 새로운 근대음악 양상으로 나가는 시기이다.

1994년은 갑오농민전쟁 100주년이 되는 해였다. 다음 항은 갑오농민전쟁 시기에 어떻게 음악사적으로 전쟁을 치렀는지를 밝히는 글부터 시작한다.

여기에 첨부하는 악보 가야금 산조는 음악사적으로 매우 귀중한 사료임에 틀림없다. 1890년대의 산조 관습을 알 수 있기 때문이다. 그러나 이 관습만이 유일한 산조의 틀은 아니다. 모두 기화에 푹 젖어 우러나올 때는 또 다른 창조성이 언제나 새롭게 창출될 수 있다는 사실에 주목하며 이 악보를 게재한다.

이 악보는 최근 연변에서 국내에 전해진 악보이다. 김창조의 가야금 산조를 오늘날 악보와 같이 전할 수 있게 한 공로자는 그의 수제자 안기옥이다. 그는 민족음악가로서 해방 직후 유감스럽게도 월북하였지만, 뛰어난 장인이기도 하였다. 김창조의 가야금 산조 악보 출처는 1958년 조선음악 출판사에서 간행한 정남희·안기옥 공저의 『가야금 교측본』 80~89쪽에 게재되었음을 밝힌다. 이 악보에서는 장단마다 겹세로줄로 장별을 구분하고 있다.

9_ 더욱이, 오늘날 산조가 악보로만 전수되어 그 유파의 모방 문화로만 굳어지고 있어서 연주의 즉흥적 자유함이 박제되어 심각한 상황에까지 이르고 있다. 이 현상은 모두 서양음악이 창작과 연주 분리에서 전문화로 치닫고 있는 영향권을 극복하지 못하고 있을 뿐만 아니라, 일제의 민족문화 유린책의 결과에서도 벗어나지 못하고 있다는 점에서 우리들의 냉철한 반성이 필요하다.

〈악보 35〉 　　　　　「가야금 산조」

김창조 작곡

속도를 떨구며

근대 전기
: 제3기 음악

05

근대 전기
: 제3기 음악

1. 근대 전기 : 제3기의 시기 구분과 성격

근대음악사 전기 제3기는 동학농민전쟁이 일어난 1894년부터 애국계몽운동과 의병전쟁이 본격화하는 1904년 직전까지 약 10년간의 시기이다.

이 기간 우리 나라는 밖으로 외세와의 각종 불평등조약 체결과 열강의 경제적 침략이 강화되어 가는 한편 안으로는 봉건사회가 해체되어 가는 격변의 시기였다. 1894년 청일전쟁에서 승리한 일본이 조선을 보호국화하고 중국 침략을 획책하자 극동 진출을 꾀하며 일본에 맞서려던 러시아가 독일·프랑스와 힘을 합친 삼국개입(1895)으로 말미암아 조선은 여전히 심각한 위기를 맞이하고 있었다. 일본의 민비살해(1895)와 친일내각(을미사변), 왕을 러시아 공관에 연행한 아관파천(1896)과 함께 친일 정권 붕괴와 대한 제국 수립(1897)으로 이어지면서 열강(러시아, 미국, 일본, 영국, 프랑스, 독일 등)들의 광산채굴권·철도부설권·산림벌채권·전기와 수도설치권 등 자원 약탈과 문화 침탈 등 이권 쟁탈에 따른 위기가 뒤따랐다. 그럼에도 불구하고 각 사회세력들은 근대화로 나아가는 개혁 노선 대립으로 갈등을 빚어내고 있었으니 조선은 안팎으로 위기 상황을 맞이하고 있었다.

정부는 1897년 그 동안의 외세의존적인 갑오개혁(1894~1895)을 비판하고 대한제국을 수립하여 유생층의 보수 여론과 독립협회의 개화 여론을 절충한 광무개혁을 국왕의 전제권력하에 단행하였다. 내각제 이념의 도입, 전국의 13도 제도 개편, 과거제도 폐지, 중추원 설립, 근대적 호적제도 채택, 근대적인 각종 학교 설립, 각종 신문발행 인가,

관보발행, 정부와 왕실 재정 분리, 중앙집권적 조세제도 수립, 경제적 제도 장려, 지주제를 강화한 토지제도 개혁 등이 그것이었다. 이것은 모두 동학과 갑오농민전쟁에서 확인한 근대화로서 개혁이라기보다는 국체를 지키려는 왕권강화에서 나온 개혁이었으므로 한계가 있었다. 그 이념으로 '충군애국忠君愛國'만이 강조 되었다. 또, 제국주의 열강들의 이권과 침략 강화 앞에서 왕권강화는 허점을 드러내 1904년 8월 일본제국주의와 제1차 한일협약을 체결함으로써 일제침략의 발판을 내주고 말았다.

민중들은 1894년 동학과 으로 근대화를 지향하는 한편, 친일세력과 헤어진 개화파(이완용, 박정양, 이상재, 안경수, 윤치호 등)의 독립협회(1896)운동에 일부 협조하거나 1898년의 만민공동회운동에 주체적으로 참여하여 민권운동을 신장시켜 나갔다. 이들이 독립협회의 영향권에 있었으므로 한계가 있었지만, 또 다르게 전개한 활빈당, 영학당英學黨, 서학당, 남학당은 물론 1898년~1903년 사이에 개항장에서 부두노동자들의 파업, 미국인이 운영하는 운산금광과 일본인이 경영하는 경인철도회사 등의 파업 들은 모두 안으로부터 반봉건과 밖으로의 반외세를 지향한 근대화 투쟁이었다. 이 줄기는 또한 제4기 기간의 항일의병투쟁과 애국계몽운동으로 이어져 이후 식민지하 항일운동으로 발전한다.

이 기간 음악 사회에서 가장 주목할 사건은 우리나라 전 음악사 차원에서 음악인들이 동학과 갑오농민전쟁을 전개하여 정부로부터 신분 해방(1894년)이 단행된 사건이었다. 이 신분 해방은 지금까지 판소리나 다른 장르의 명인이 되어 천인賤人에서 벗어나려는 변형된 계층 이동의 양상이 아니다. 우리나라 음악사와 그 사회를 오랫동안 주도한 음악인들이 실질적인 신분제 질곡에서 비로소 벗어날 수 있었거니와 이후 자주적인 음악 활동의 길이 열린 그러한 신분 해방이었다. 역사적인 사건이 아닐 수 없었다. 1895년 이후의 애국가운동, 1890년대 도시에서의 상설연희활동, 그리고 1902년 그 역사적인 협률사 설립, 1900년대 이후 군악대원들의 학교 음악 교사 진출 등 이후의 모든 음악계와 음악이 자유할 수 있는 계기가 여기에서 나왔다.

한편, 정부는 대한제국기 이후 왕권강화의 일환으로 부단한 악대 개혁으로 드디어 서울에 시위연대 군악대·시위기병대 군악대·포병대대의 나팔수·친위연대의 곡호대·공병중대의 나팔수·치중병대의 나팔수 그리고 각지방의 진위대에 곡호대를 1900년 12월까지 설치하고 약 580여 명에 달하는 악대원을 확보할 수 있었다. 1901년 2월에는 시위연대 군악교사(악대지도자)로 독일인 프란츠 에케르트Franz Eckert를 초빙하여 양악의 악대 문화 분야에 새로운 전기를 마련하였다. 이것은 양악이 한국음악사에서 부동의 현실로 받아들였기 때문에 서양음악의 발전사를 전문화시킬 때까지 '발생론적'으로 수용할 수밖에 없는 계기가 되었다는 점말고도, 오랫동안 정부의 국체성國體性으로 보호하며 발전시킨 바 있는 장악원掌樂院 아악류의 음악을 정부 스스로 '정체적停滯的 음악音樂'으로 인정하는 전기轉機가 되었다. 정부의 악대 정책 말고도 또 하나의 음악 정책은 1895년 이후 독립운동과 민권운동으로 촉발된 애국가 제정운동이 정부의 '충군애국'의 이념과 맞아떨어진 1902년의 '국가 제정國歌制定'이었다.

이 기간 개신교가 서양음악 교육의 일환으로 펼친 '찬미가'는 사립학교 노래 시간에 '노가바'로 자리잡으면서 군대의 군가軍歌와 함께 독립협회 운동과 만민공동회 그리고 국권회복운동을 거쳐 민족적인 노래운동으로 발전한다. 이 운동은 '애국가 제정운동'으로 모아지면서 1900년대에 들어와 '창가'로 일반화한다.

민중들의 풍물과 노래 감수성 기반 위에 있었던 이 기간의 천민 출신인 떠돌이 예인집단과 붙박이 예인집단들은 노비와 천인이라는 질곡의 신분으로부터 해방(1894년 7월)된데다, 도시 중심으로 상업자본의 발전으로 문화욕구가 팽배해진 데에 힘입어 19세기 90년대 말에 상설무대로 진출하고 있었다. 이 움직임은 또한 신청神廳 출신들의 예술인들을 서울 등 대도시를 중심으로 창작과 연주 그리고 연희활동을 장르별로 전문화시키고 대중화시키는 계기가 되었다. 또, 정부가 아악권 입장에서 그 동안 역사적으로 상대화시켰던 조선의 민악民樂과 민악인들을 중심으로 공식적인 정부 기구, 곧 1902년의 협률사協律社를 설립한 것도 그 계기가 되었다. 1904년 관기제도 폐지도 한몫을 거두어 이를 확고하게 하였다. 이러한 흐름은 열강들의 음악, 즉 일본의 왜창倭唱과 청국의 경극京劇, 각국 공관과 손택호텔과 같은 양악문화공간 그리고 일본과 미국의 '활동사진'(영화)과 축음기·음반산업 등이 대중적 소통 체계를 갖춘 상황에서 병진행된 민족음악 발전책의 결과였다.

이 기간 김창조의 가야금 산조와 백낙준의 거문고 산조 등이 1890년대에 민족음악 형식으로 그 뿌리를 내리고, 1900년대 전반에 「춘향전」(1903)과 「심청가」(1904) 등이 판소리 연주 형태와 병행하여 발생된 창극唱劇이 민족가극으로 발전하였다. 또, 각 신청 출신의 전문 예인들과 예인집단들이 전개한 판소리·민요·잡가·기생가무·줄타기·재담기술·잡희·승무·검무·사자춤·탈춤 등이 상설무대화를 통해 대중성과 전문성을 갖추고 자리잡아 가고 있었다.

근대 전기 전기간에 제3기처럼 민족음악이 다양한 창작과 연주 형태는 물론 전문성과 대중성이 민중들의 기반 위에서 힘이 넘친 적이 없을 정도로 이 분야가 고무되었다. 또, 열강들의 음악에 대해서도 그 기반 위에서 새로운 관계로 대응하며 비판적 수용이 자리잡을 수 있었던 시기였다. 그러나 1904년 이후의 일본제국주의의 식민지 야욕 앞에 그 동안의 부단한 민족음악 발전이 억압되는 새로운 국면을 맞이하였다. 어떻게 민족음악을 수립할 것인지가 여전히 과제로 남았다.

다음은 동학과 갑오농민전쟁의 음악, 왕권강화와 서양식 군악대·곡호대 강화 내용, '군가' 보급의 대중화, 애국가 제정운동과 노래운동의 과정, 가야금 산조와 거문고 산조·창극 등의 민족음악 양식의 새로운 발전, 협률사 전개 과정, 제3기와 제4기의 관계를 추적하기로 한다.

2. 동학과 갑오농민전쟁의 음악

동학과 갑오농민전쟁이라고 함은 그 주체들이 종교적으로 동학도이었을 뿐만 아니라 사회계급적으로는 소작으로 농사를 지은 빈농층이 주축이었고, 농민들이 동학도와 더불어 그 조직을 이용하여 안으로의 봉건성과 밖으로 외세적 국제화를 극복하려고 1894년에 함께 일으킨 농민전쟁을 말한다.

조선은 이 시기에도 전 인구의 절대 다수를 차지하고 있는 빈농층을 위하여 정치 사회를 풀어 나가지 않았다. 외세가 경제적·문화적 침략을 본격화하고 있는데도 안으로부터 근대 지향의 개혁이 이루어지지 않고 도리어 국체보존을 빌미로 지배층의 수탈이 강화되고 있었다. 백성, 서민, 양인, 상인常人 등의 이름이 바로 농민들이었고, 또 어업이나 상공업 등 산업에 종사하는 백성들도 여기에 속해 있으면서도 빈농층이었다. 그리고 이들보다 더 천대를 받은 노비·광대·무당·백정 등도 빈농층이었다. 이들은 국가로부터 토지를 빌려 소작 생활을 하고 있었을 뿐만 아니라 모든 국가의무(조·세·부·역·공)를 짊어졌으며, 부당한 징수와 사회적 신분으로 질곡 상태에서 살아가고 있었다. 이들은 토지의 직접생산자이면서 언제나 그 주인일 수 없도록 조선 시대 전기간에 걸쳐 소외되었다. 특히 반봉건을 외치는 농민전쟁이 이미 1860년대부터 전국에 걸쳐 해마다 일어나고 있었으므로 1894년의 농민전쟁은 이미 예고되고 있었다.

1894년 동학·갑오농민전쟁의 성격은 처음에 반봉건의 기치를 내세워 일어났지만, 제국주의 침략이 본격화하면서 반봉건과 반외세의 구국전쟁으로 나타났다. 말할 나위 없이 이 전쟁은 1860년대 이후 반봉건과 반외세라는 두 가지 모순의 연장선에서 일어났다.

동학·갑오농민전쟁은 먼저 1892년 8월(음력) 손화중孫和中이 중심이 된 전라도 무장현의 선운사 비결 사건, 그해 10월의 서병학·서인주 등 동학교도들이 공주집회와 교조 최제우의 억울한 죽음을 풀어달라는 교조신원 소장訴狀 제출과 11월의 삼례집회, 1893년의 2월 11일의 동학교도들이 경복궁 광화문 앞에서 교조신원 복각 상소, 그 해 3월에 '척왜양창의斥倭洋倡義'라는 기치를 내걸며 2만여 명이 모인 보은집회와 그 뒤의 여러 농민전쟁 끝에 일어난 전쟁이었다. 곧, 1894년 1월 전라도 고부, 경상도 함안과 사천에서 농민전쟁이 일어나면서 전국에 확산되었다.

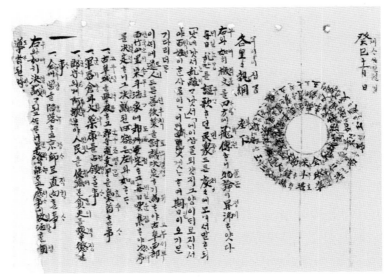

〈그림 72〉 　　　　　　　　　　　　　　　　　　**1894년 농민군들의 사발통문**
동학농민군들의 사발통문(沙鉢通文)이란 사발을 놓고 원에 따라 이름을 적어 넣음으로써 주모자를 숨기는 한편 연대책임을 지는 통문으로, 여기에서는 1. 고부성을 격파하고 군수 조병갑을 효수할 사, 1, 군기창과 화약고를 점령할 사, 1, 군수에게 아유하여 인민을 침어한 탐리를 격징할 사, 1. 전주영을 몰락하고 경사로 직향할 사 등의 내용을 전봉준 이외의 손화중포의 정읍 지역 영솔자인 손여옥, 김덕명포의 태인 지역 영솔자이자 3월 제1차 기포 당시 영솔장을 지낸 최경선 등이 연서로 확인하고 있다.

1894년 정월 초파일 '사발통문'에 따라 마을 풍물패로 조직한 걸립패들과 마을사람들이 말목장터에 모임으로써 갑오년 농민전쟁이 시작되었다. 녹두장군 전봉준과 농민 수천 명이 '징 소리며 나발羅叭 소리와 고함 소리로 천지를 뒤끓게 하면서'[1]- 고부군수 조병갑趙秉甲을 징벌하려고 갑오년 농민전쟁이 일어나자, 사람들은 수십년 전부터 호남에 유행한 "상도上道의 참새 하도의 참새/전주 고부에 녹두참새/둥근 박전대 전대는 후예"라는 동요가 맞았다 라며 개벽의 해가 찬란하게 떠올랐음을 확인하고 있었다.

평민 출신이자 농업이 직업인 전봉준全琫準과 농민들은 전라도 고부古阜에서 봉기한데 이어 보국안민報國安民을 부르짖으며 3월 20일 무장에서 기포起包한 제1차 농민전쟁이 전라도 지역으로 확산되었다. 총대장 전봉준을 비롯하여 김개남金開男과 손화중孫和中을 총관령, 총참모 김덕명과 오시영吳時泳, 영솔장 최경선崔慶善으로 삼은 강력한 농민군 8천여 명이 '격문'을 사방에 내고 일어섰던 것이다.

격문

우리가 의를 들어 이에 이름은 그 본의가 결코 다른 데에 있지 아니하고 <u>창생을 도탄 속에서 건지고 국가를 반석 위에다 두고자 함이다. 안으로는 탐악한 관리의 머리를 베고, 밖으로는 횡포한 강적의 무리를 구축驅逐(몰아 쫓아냄 - 필자)하고자 함이다.</u> 양반과 부호 앞에서 고통을 받는 민중들과, 방백과 수령 밑에서 굴욕을 받는 소리小吏들은 우리와 같이 원한이 깊은 자라 조금도 주저하지 말고 이 시각으로 일어서라. 만일 기회를 잃으면 후회하여도 돌이키지 못하리라.(밑줄 - 필자)

갑오 3월 일

호남창의 대장소 재在 백산白山

농민군들은 안으로 구체제 봉건사회와 밖으로 외세를 동시에 떨쳐내고 한국 근대의 과제였던 '창생을 도탄 속에서 건지고 국가를 반석위에다 두려는' 자주적 민족국가 수립을 다시 한 번 확인·수행하고 있었다. 농민군들은 4월 7일 전주에 오는 관군(전라병사 홍계훈을 양호초토사로 임명한 부대로서 장위영 등)과 보부상군을 황토현에서 격파, 무장·영광으

1_ 朴文圭, 『石南歷事』.

로 진격한 데 이어, 토벌관군인 홍계훈 부대를 격퇴하고 4월 27일 전주를 장악하였다.

이들은 5월 7일 '전주화약全州和約'에 따라 전라도 53군현 각지에 자치적인 집강소執綱所를 설치함으로써 지방 정치권력을 장악하고 봉건적 중앙과 지방의 정치권력의 타도(서정 협력, 탐관오리 엄징, 무명잡세 철폐), 일본과 외세의 추방과 타도(일본과 간통한 자 엄징), 신분해방(불량 유림과 양반배 징습, 노비문서의 소각, 7반 천인의 대우 개선, 청춘과부의 개가 허용, 지벌地閥 타파와 인재등용 등), 부민과의 투쟁(횡포한 부호배 엄징, 공사채 혁파, 토지의 고른 분작) 등 12개조 폐정개혁안을 정부에 요구하는 한편 전라도 각지에서는 이를 실행하였다. 특히, 농민군의 신분 투쟁은 가장 격렬하였다.

정부는 군국기무처軍國機務處를 설치하고 6월 28일(양력 7월 30일)에 법령의 결과 7월 2일(양력 8월 2일)에 법령 제정으로 사회신분제도를 폐지하였다. 갑오경장의 개혁이었다. 실로 이 나라 역사에서 중세의 구체제를 떠받들었던 사회신분제도가 드디어 폐지되었던 것이다. 이미, 충청도에 이어 7월경에 경상도 각지의 농민전쟁이 더욱 격심해졌다.

8월 16일 청국과 일본의 국제적인 대립전쟁이자 청·일전쟁인 평양전투가 8월 18일 압록강 앞바다에서 일본의 승리로 끝나자, 이후 강원도를 포함하여 전국에 걸쳐 농민 전쟁이 치열해졌다. 추수 직후인 음력 9월에 농민·천민들이 기포하여 제2차 농민전쟁을 일으키고 그 첫째가는 목표를 일본군 축출에 두었다. 일본은 관군(장위영·통위영·교도대와 각 지역부대)과 함께 때마침 9월 18일 삼례회의 이후 북으로 진격한 농민군들과 치열하게 맞섰다. 10월 21일 목천 세성산 전투에서 농민군 패배, 10월 26일 충청도 세교시와 문의 전투에서 농민군 패배에 이어 11월 9일 공주 우금치 전투에서 관군과 합세한 일본군과 농민군(전봉준)이 처절한 전투를 벌였지만 패배하였다. 김개남 부대는 11월 13일 청주 전투에서 패배하고 퇴각하였다. 이후 연말까지 각지에서 공방전이 벌어졌다.

12월 9일 전봉준 체포, 12월 11일 손화중 체포, 이어서 12월 25일에는 김개남의 머리를 서소문 밖에다 매달았고, 이듬해인 1895년 3월 29일 전봉준은 손화중과 함께 처형되었다. 이로써 1년 이상을 끈 농민전쟁은 끝났다.

농민전쟁을 이끈 지도자 세 명, 녹두장군 전봉준과 김개남 그리고 손화중은 그렇게 죽어갔다. 이들뿐 아니라 동학 지도자, 농민군 지도자, 농민과 천민 약 40만 명 이상이 죽었다. 너나 할 것 없이 모두 서럽고 한맺힌 피울음을 이 땅 산하에 적시며 노래를 불렀다.

가. 새야새야   팔왕새야   무엇하러 나왔나
    댓님솔닙   푸릇푸릇   봄철인가 하였더니
    백설이 펄펄   휘날리니
    저 건너   양생녹죽養生綠竹이 날 속였네

나. 새야새야   팔왕새야   네 무엇하러 나왔느냐
    솔잎 댓잎이   푸릇푸릇   하절인가 하였더니
    백설이 펄펄   흩날리니
    저강건너   청송녹죽이   날 속인다

다. 새야새야   파랑새야
    녹두밭에   앉지마라
    녹두꽃이   떨어지면
    청포장수   울고간다

라. 새야새야   녹두새야
    웃녁새야   아래녘 새야
    전주고부   녹두새야
    함박쪽박   열나무 딱딱 후여

마. 개남아 개남아 김개남아 수천 군사 어디두고 짚둥지가 웬말이냐
    개남아 개남아 진개남아 수천 군사 어디두고 전주야 숲에는 유시遺屍했노

바. 가자서라   가자서라   나라맥이   가자서라
    울아부지   지어주신   강남까진   열에닷죽
    울어머니   지어주신   세우맥미   열에닷말
    우리누님   지어주는   세우버선   열에닷죽
    우리처재   지어주는   청포도포가   열에닷죽
    가자서라   가자서라   나라맥이   가자서라
    …(중략)
    대명천지   밝은날에   불과같이   나는볕에
    소낙비가   오기여도   내눈물인지   여겨주소
    너 찌든   옥주화를   나를주고
    나 쓰든   은맥이가   삼녹이   끼이거든

날죽은지	여겨주소	…	
올르그라	올르그라	정읍으로	오른즉슨
한모퉁이	쩍울리니	기왓장이	어긋나네
두 모퉁이를	쩍울리니	온산천이	어긋나네
온조선이	어긋나네		
내리거라	내리거라	정읍으로	내린즉슨
저기가는	저군사들	편지한장	전해주소
…(후략)			

〈악보 36〉　　　　　　　　　　　새야 새야 파랑새야

경기지방

〈악보 37〉　　　　　　　　　　　새 새 파랑새

평북 박천군

〈사진 28〉　　　　　　　　　　　동경대전과 본 주문 항목
왼쪽은 최제우가 지은 『동경대전』필사본이다. 오른쪽은 1888년(무자판) 목판본인 『경국대전』의 일부 내용문이다. '본주문' 항에 '시천주
조화정'이라하여 천주님을 모시는 것이 시천주(侍天主)임을 설명하고 있다. 동학도는 누구나 천주를 모심으로써 저마다 인격적 존엄성
을 얻는 것을 핵심으로 삼고 있다.

　　갑오년 농민전쟁의 주체가 동학도들과 빈농층이었다는 사실은 그 음악이 동학도들
의 「칼노래」를 비롯한 동학노래와 「칼춤」 등은 물론, 농민들의 두레 풍물과 노래, 그리
고 전문 예인집단인 신청神廳 출신들의 각양각색 음악들이 모두 민족음악으로서의 성격
을 드러냈음을 시사한다.

　　1894년 벽두 수천 농민군들이 맨처음 말목 장날에 모여 고부 군수 조병갑을 징벌하
기 위하여 모일 때에도 그 음악은 '징소리와 나발 소리'를 앞세운 두레 풍물이었다. 농
민군들의 풍물 감수성 위에 신청神廳 출신과 전문적인 문적인 떠돌이 예인집단들이 전
쟁 전과정에 앞장섬으로써 민족음악 공동체를 전문적으로 이끌었다.

　　가. 종과 주인이 모두 입도入道하면 또한 서로 접장接長이라고 불러 친구와 같이 한다. 그러
　　　　기 때문에 모든 사노私奴・역인驛人・무부巫夫・수척水尺 등 모든 천인들이 가장 즐겨 여
　　　　기에 따랐다(밑줄-필자, 이후 같음).[2]

〈그림 73〉　　1894년 7월 말 서울의 외국인들
1894년 7월 25일 일본과 청국간의 청일전쟁이 서해 풍도(楓島) 앞바다에서 일본 군함 공격으로 일어나자 서울의 외국인들이 불안한 심정으로 전세 상황을 살피고 있다. 남대문 앞에서 일본인과 청국인들이 자국의 이익과 관련지어 심각한 표정들을 그림으로 연출시키고 있다. 이 그림은 프랑스 특파원이 현장의 표정을 현지 『르 프티 파리지앙』 1894년 8월 13일자에 게재한 그림이다.

나. 손화중은 전라우도에서 도한屠漢・재인才人・역부驛夫・야장冶匠・승도僧徒 등 평일의 가장 천류賤流로만 한 접接을 별도로 설치했는데 <u>그 사납고 용맹함이 누구도 대항할 수 없어 사람들이 가장 두려워했다.</u>[3]

다. 처음에 손화중은 도내의 <u>재인才人을 뽑아 1포布</u>를 조직하고 홍낙관洪洛官으로 하여금 이를 지휘하도록 하였다. <u>홍낙관은 고창의 재인</u>으로서 손화중에 속하여 그 부하 수천인이 민첩하고 정예였으므로 손화중이 비록 전봉준・김개남과 정족지세鼎足之勢(솥발처럼 셋이 맞서 대립한 형세-필자)에 있었다 할지라도 (실제로는 손화중의 무리가) 최강이었다.[4]

라. 처음에 김개남은 도내의 <u>창우倡優・재인才人 천여 명으로 일군一軍</u>을 만들어 그들을 두터이 예우해서 그들의 사력死力을 얻음을 도모하였다.[5]

2_ 黃玹, 『東匪紀略草藁』.
3_ 黃玹, 『梧下記聞』, 제2필의 97쪽.
4_ 黃玹, 『梧下記聞』, 제3필의 35쪽.
5_ 黃玹, 『梧下記聞』, 제3필의 23쪽.

전봉준   손화중   김개남

〈사진 29〉   처형당하기 직전의 농민군 지도자들
좌측의 전봉준장군, 중간의 손화중장군, 우측의 김개남 장군 등이 구금중이거나 압송당시의 사진이다.
전봉준은 〈창의문(倡義文)〉에서 "백성은 국가의 근본이라 근본이 쇠잔하면 나라가 망하는도다. 보국안민의 방책을 생각지 아니하고 밖
으로 향제(鄕第)를 설치하여 오로지 제 몸만을 위하고 부질없이 국록만을 도적질하는 것이 그 어찌 옳은 일이라 하겠는가."라며 조선인
들에게 부패한 관료를 응징하고 보국안민을 위하여 떨쳐 일어나자는 〈창의문〉이었다.
손화중 장군과 김개남장군의 주력군은 창우·재인·악공 등 신청과 재인청의 당골출신들이었다.

앞의 기록은 1894년 전후의 현장을 살아간 우국열사 황현黃玹(호는 매천梅泉으로 1855~1910)
의 기록이다. 이 기록에 의하면 동학과 갑오농민 전쟁의 주체는 사노私奴·도한屠漢·수
척水尺·역인驛人(또는 驛夫)·무부巫夫·재인才人·창우倡優·야장冶匠·승도僧徒 등 소위 최
하층인 '천인'들이었다. 사노는 상속·매매·기증·공출의 대상자로서 노비였고, 도한
이나 수척은 백정白丁의 다른 말로 가축류의 도살을 주업으로 하는 사람들이자 가장 멸
시받은 개인노비였으며, 역인은 각 지방에 이르는 주요 도로에 마필馬匹을 맡아 공문서
전달이나 공용 여행자들을 안내한 일종의 마부이며, 야장은 대장장이를 가리켰으며, 승
도는 조선 시대 천민 층으로 전락한 승려였다. 무부·재인·창우는 대부분 신청神廳 출
신자들로서 연희판에서 줄타기나 땅재주 등을 펼친 꾼을 '재인'이라 하였고, 무녀巫女의
남편을 '무부', 창우는 소리꾼인 '광대廣大'나 악기연주자인 '고인[工人]'이나 '재인' 등 그
배우들을 이르는 말이었다. 말할 나위 없이 모두가 천민들이었다. 물론, 이들말고도 집
강소 시기부터 제2차 농민전쟁 시기까지는 몰락양반·잔반층, 민포군, 민보군들도 포
함하지만 역시 주체는 양인과 노비·천민 출신의 소작농·빈농들이었다.

이들이 동학도가 될 수 있었던 것은 동학의 핵심에 시천주侍天主에 있었기 때문에,
우주의 창조주 천주님을 모시는 것이 시천주이고, 그래서 동학도는 누구나 인격적 존엄

성을 가진 존재가 될 수 있었다. 시천주의 천민들은 누구나 하나님이었다. 음악인들은 비천하기 짝이 없을 정도로 천민의 신분이었지만, 시천주의 음악인들은 인격적 존엄성을 가진 하나님이었다. 누구나 인격적 존재이었으므로 음악인들은 동학의 주체가 되어 맨 앞장에 서서 싸웠다. 조선성악연구회 이사장과 조선음악무용연구회 이사장이었던 한성준韓成俊도 1890년대 홍천관아의 관노신분이었지만 동학도가 되어 앞장을 섰다.

주목할 사실은 이 시기 삼 거두의 한 사람인 손화중은 재인들로 구성한 하나의 농민군을 조직하여 그 지도자를 역시 재인 출신의 홍낙관으로 삼았고, 또 한 사람인 김개남은 창우·재인들 천여 명으로 일군을 만들었다는 점이다. 재인 출신 홍낙관洪樂寬(또는 洪洛官, 1850~?)은 아내나 며느리를 고창 서부 홍달골의 세습무당 출신들을 맞이할 정도로 서부당골에서 살았다가 무장·백산봉기 때부터 두령으로 나섰다. 고창의 동부당골들뿐만 아니라 영광·무장 등 인근의 신청神廳 조직들이 홍낙관과 함께 농민항쟁에 나설 수 있었던 것은 신분 해방이었다.[6]

재인들은 놀이판 중 살판(죽을판)에서 땅재주(곤두)와 앵두나무 끝으로 각종 접시들을 돌린 버나, 또 줄놀이판에서 보인 줄타기(어름) 등을 전문적으로 연행하고 또 여기에 삼현육각 기악 반주하는 모두를 일컬었으니, 솟대쟁이패(무간장)·광대패·대광대패·남사당패 등 떠돌이 예인집단들이 그들이었다. 재인들의 땅재주와 줄타기 등은 오늘날의 각종 필드 종목에서 쓰이는 체조나 도약이 아닐 수 없었다. 여기에서 단련한 무가巫家의 청년들은 이미 정조 시기의 친위부대랄 수 있는 충익위忠翊衛에 편성되었을 뿐만 아니라 1860년대 고종과 대원군의 행진 후열에서 경비하는 난후군欄後軍으로 선발할 정도로 그 민첩함을 인정받고 있는 터이다. 명창 이동백(1867~1950)이 충익위 무관(정3품)이었다는 사실은 무병巫兵으로서 최고의 벼슬을 획득하였음을 말하는 것뿐만 아니라 각종 재주에

6_ 홍낙관은 1898년 11월 16일 전북 홍덕에서 농민군 지도자 이화삼(李化三)을 따라 농민항쟁에 다시 나섰다. 영학당(英學黨)의 항쟁이었다. 영국인 목사가 말목 장터에(성공회 교회를 세운 것을 계기로 홍낙관은 교회를 중심으로 동학농민군의 잔여세력을 영학계로 조직하여 항쟁에 나섰으니 동학·갑오농민전쟁 이후 최대의 항쟁이었다. 척왜(斥倭)·척양(斥洋)·보국안민(輔國安民)이라는 기치를 내세우고 1차로 고부·홍덕·무장을 거쳐 11월 22일 고창읍을 공격하였다. 정부에서는 이들을 '난민(亂民)'으로 취급하고 있었는데, 당시의 기록 『중범공초(重犯供草)─홍덕군(興德郡) 난민취초사안(亂民取招査案)』(규장각도서번호 17282 13a-b)에 의하면 영학당들이 '나발을 불고, 꽹매기를 울리며, 징과 장구를 치며' 항쟁에 나설 수 있었으니, 평상시의 두레 풍물이 다시 한 번 함께하고 있었다. 이들에게 음악은 언제나 삶의 음악이었다. 바로 이 자리에 재인 출신 홍낙관이 음악 또한 주도하고 있었다.

따른 민첩함이 왕의 친위부대인 충익위에 편성될 수 있는 근거가 있었음을 말한다. 바로 이러한 일로 말미암아 심지어 1894년 농민전쟁 기간 동안에도 무부巫夫 출신들이 관군으로 선발되어 '비호 같은 무서운 군사'로 등장하기조차 하였다.

가. 1일은 전라감사가 병정을 발하여 백산白山에 있는 난민亂民을 치라고 명령을 내리었다. 부관 이재섭李宰燮과 동 송봉호宋鳳浩 등이 1천 명의 병정을 거느리고 고부古阜로 행군령을 놓았다. 당시 새로 뽑은 병정은 모두 무부巫夫 출신이라, 본래 용신(用 12身)이 요용僥 勇하고 불질을 잘하는 자들이며 겸하여 신교련을 배워 비호같이 무서운 군사라고 칭하였다.[7]–(밑줄은 필자)

나. 관병官兵이라는 것도 또한 창우배倡優輩 중에서 새로 모집되어.[8]–(밑줄은 필자)

앞의 글은 당시 동학도였던 오지영吳知泳의 기록이다. 동학·갑오농민 전쟁에 신청神 廳 출신인 무녀의 남편 '무부巫夫'와 그 중에서 소리꾼·악기연주가·줄타기 등의 재인들인 '창우'들이 관군으로 뽑힌 사실을 예시하고 있다. 이때는 전봉준이 고부에서 백산 白山으로 진을 옮긴 직후, 2월 1일 전라감사가 관군에게 토벌 명령을 내린 상황이었다. 그러나 2월 23일 고부읍을 점령한 이후부터는 무부 출신과 무부 출신으로서 창우로 조직한 관군들이 농민군으로 돌아섰음을 반증케 한다.

이처럼, 동학에 입도한 '무부', 고창의 '재인' 출신 홍낙관이 지휘한 천민농민군부대 (손화중 부대에 속한), 김개남이 전라좌도에서 1천여 명의 '창우와 재인' 중심의 천민농민군 부대는 '그 사납고 용맹함이 누구도 대항할 수 없어 사람들이 가장 두려워'할 정도의 정예부대였다. 그리고 이들은 전국의 신청(재인청) 출신들로서 실제로 광대·악기잽이(악 공 또는 고인)·재인·신청 걸립패(재인걸립패), 그리고 여기에서 분화 발전한 남사당패·솟 대쟁이패·걸립패·광대패·대광대패 등 떠돌이 예인집단들이 중심적으로 조직된 부대에 다름 아니다. 또, 승도들로 조직한 중매구패와 이들이 변장한 굿중패, 또 각 마을의 두레풍물패에서 떠돌이로 전락하여 흡수된 패들, 이밖에 붙박이 예인집단들이 농민

7_   오지영의 1939년 저서 『동학사』를 다시 펴낸 서울 : 대광문화사, 1987, 127쪽.
8_   위의 책, 128쪽.

군에 속하였음을 말한다.

이 사실은 갑오농민전쟁의 음악이 동학도들의 「칼노래」와 「칼춤」· 농민들의 두레 풍물과 노래는 물론, 신청 출신들의 판소리·노래·춤·삼현육각에 의한 각종 기악곡 연주와 시나위 같은 즉흥 연주 및 춤판·탈춤·땅재주·줄타기 등 각종 음악·무용판이 한데 어울려 진한 음악공동체 판을 민악民樂으로 연출하였음을 말한다. 판소리만 하더라도 19세기에 들어와 중인 및 부호층이나 국왕이 판소리 연행에 참여한 것은 사실이나 변함없이 민중 속에서 비판적 풍자 정신으로 발전하고 있었다.

또, 군사 훈련을 전문적으로 받지 않은 농민군들이 관군과 일본군을 맞설 수 있었던 것은 농민과 천민들이 오랜 역사 동안 일상적 두레 풍물의 신호 체제 음악과 두레 조직으로 행동의 일체화를 가져왔다는 점에서 가능하였음을 말한다. 이들에게 '둥둥두리둥' 북소리는 혼을 부르는 소리였고, '뚜뚜 뚜리뚜'의 땡깔이나 태평소(호적) 소리는 심장의 울부짖는 소리였으며, '갠지 갠지 개갱 갠지'의 깽매기 소리는 공동체를 하나로 이끌고 나가는 갑오년 하늘과 땅을 가득 채운 민족의 소리였다.

이 상황은 1894년 4월 18일의 함평군 정부보고서에서 조직적 장대함을 인정하고 있었고, 1894년 11월 이후 공주 우금치에서 농민군들이 일본군·관군 사이에 50여 차례 공방전을 펼쳤을 때도 정부 보고서 조차 그 농민들의 조직적 행동과 흔들릴 수 없는 일체감을 처절하게 전해 주고 있다.

가. 맨 앞에서는 호적胡笛을 불고, 다음은 인仁자와 의義자의 기가 한쌍이요, 다음은 예禮자와 지智자의 기가 한 쌍이요, 다음은 백기가 둘인데 하나에는 보제普濟라고 쓰고 또 하나에는 안민창덕安民昌德이라 썼는데 모두 전서篆書이다. 다음 황기 하나에는 해서로 보제중생普濟衆生이라고 썼고 나머지 기에는 각각 읍명邑名을 표하였다. 다음은 갑주甲冑를 갖추고 말타고 칼 춤추는 자가 하나요, 다음은 칼을 가지고 걸어가는 자가 4, 5쌍이요, 다음은 크게 각角을 불고 북을 치는 붉은 단령團領을 입은 자가 두 명이요, 다음 두 명은 또 호적을 불고, 다음 한 사람은 절풍모折風帽를 쓰고 우산을 받고서 말을 타고 돌아다니면 여섯 사람이 뒤를 따른다. 두 줄로 만여 명의 총수銃手가 모두 건巾을 써서 머리를 가렸는데 건은 다섯 가지 빛으로서 똑같지가 않다(밑줄은 필자, 이후 같음).[9]-

나. 아아, 그들 비류 수만의 무리가 4, 50리에 걸쳐 포위하여 길이 있으면 빼앗고 높은
   봉우리가 있으면 점거하여 동에서 소리치면 서에서 따르고 좌에서 번쩍이면 우에서
   나타나고 <u>기를 흔들고 북을 쳐 죽음을 무릅쓰고 앞을 다투어</u> 기어오르니 그 <u>의리와
   담략을 말로 하기에는 뼈가 떨리고 마음이 서늘하다.</u>[10]-(밑줄은 필자)

이처럼, 수많은 농민군이 일사분란하게 행동을 통일시킬 수 있었던 것은 평상시 두
레 풍물의 일상화에 있었다. 나발喇叭형의 뗑갈이나 징 그리고 북이나 호적(태평소, 새납)
은 조선 후기 내내 농민들의 두레 신호 체제였다.

마을마다 조직한 두레풍물패나 때로는 걸립을 목표로 조직한 걸립패들의 음악 그 자
체는 일관에서 작업을 지시하는 신호음악이기도 하였다.[11]-

위 인용문 가・나항에서 확인하듯 근대 기간의 농민전쟁시 두레 풍물악기들은 행진
과 전투시의 신호 체제 악기이자 승리를 다지는 농민들의 소리였다. 목천 세성산細城山
고지에서 동학 북접 산하의 김복용金福用이 지휘하는 농민군 4천이 한때 점령하고 있었
지만, 정부 관군의 소모관召募官 정기봉鄭基鳳 부대에게 습격받아 김복용이 체포되었을
때에도 농민군이 사용한 여러 물건이 수거된 것 중 악기가 있었으니, 그 악기들은 물론
두레 풍물용 악기들이었다. 곧, 징 세 개, 북 세 개, 나발 두 개가 그것이다.[12]- 위 인용
문 '나' 항에서 보듯 농민군들에게 북소리와 징소리 그리고 나발소리들은 '죽음을 무릅
쓰고 앞을 다투어 나가게 하는 혼의 소리'였다.

무엇보다도 1894년 동학・갑오농민전쟁에서 획기적인 사건은 음・악예술인들의 신
분제 폐지에 있다. 참으로 오랜 역사 기간 동안 봉건 사회의 구체제를 떠받친 신분제가
철폐되었다. 물론, 봉건적 정치권력 타도와 반외세도 주요 목표였지만, 음악사적 중요
성은 음・악예술인의 신분제 철폐투쟁이었다. 이것은 농민전쟁을 주도한 소작 농민 중
천민들이 주체적으로 참여하였던 바, 그 천민 중에 무부巫夫・재인才人・창우倡優와 떠돌
이 예인집단들이 다름아닌 전문음악인이었고, 이들의 제1차 농민전쟁과 집강소 시기의

9_ 黃玹, 『東匪紀略草藁』.
10_ 「巡撫先鋒陣謄錄」, 『東學亂記錄』 上, 489쪽.
11_ 계간 『낭만음악』 겨울호, 통권 17호(서울 : 낭만음악사, 1992), 40쪽 앞뒤 참고.
12_ 『兩湖 右先鋒日記』, 甲年 十月 二十二日字, 28b의 '木川細城山討賊軍實成册' 항목 참고.

신분제 철폐 투쟁이야말로 정부로 하여금 마침내 그 철폐를 공식화하기에 이르렀다. 대부분 신청 출신이었던 이들은 민중들의 주요 행사와 예악문화가 이루어진 정부 조직의 악공과 관기로 이 땅의 음악 역사를 주도한 전문 (음)악인이었지만 수백·수천 년간 천민이자 노비였으므로 격심한 신분 투쟁과 신분 해방 운동을 전개하였다.

집강소의 12개조 폐정 개혁 중 제5조는 "노비문서를 소각할 사"였으며, 제6조는 "7반 천인(일곱 가지 천한 일에 종사하는 신분층)의 대우는 개선하고 두상白丁頭上에 평양립은 탈거할 사"였고, 제7조는 "청춘과부는 개가를 허할 사"였다. 정부는 이를 흡수하지 않을 수 없었다. 또, 갑오경장 개화파정부(음력 6월 23일 수립)도 사회신분제 폐지를 주장 해오던 터이다. 드디어, 정부는 6월 25일 군국기무처를 설치하고 3일 후에 법령 의결로 사회 신분 제도를 폐지하였다.

1. 문벌·반상의 등급을 벽파劈破하고 귀천에 구애받지 않고 인재를 선용選用할사.
1. 문무존비의 차별을 폐지하고 단지 품계에 따라 상견의相見儀만 있게 할 사.
1. 죄인 자기 이외의 녹좌율緣坐律을 일체 시행치 않을 사.
1. 적처嫡妻와 첩에 모두 자식이 없는 연후에야 비로소 양자의 입솔入率을 허용할 사.
1. 남녀의 조혼을 즉시 엄금하되 남자는 20세, 여자는 16세 이후에 가취嫁娶를 허할 사.
1. 과녀寡女의 재가는 귀천을 물론하고 그 자유에 맡길 사.
1. 공사 노비의 제도를 일체 혁파하며, 인구人口의 판매를 금할 사.
1. 비록 평민일지라도 참으로 이국利國·편민便民할 기견起見을 가진 자는 군국기무처에 상서하여 회의에 부치게 할 사.
1. 각 아서衙署의 조예皂隸를 작량가감酌量加減하여 설치할 사.

그리고 7월 2일(양력 8월 2일)에는 그 폐지를 보완하는 법령 제정으로 사회신분제도 폐지를 더욱 확실하게 하였다.

가. 역인驛人·창우倡優·피공皮工의 면천免賤을 모두 허가할 사.
나. 무릇 관인官人이 비록 고등관을 지낸 자라도 휴관休官한 후에 편의에 따라 상업을 영위할 수 있게 할 사.

이로써, 천민음악인들은 공적·사적 노비신분제도 폐지와 창우倡優로 대표하는 신청 출신의 모든 음악인들이 면천되었으니 한국음악사상 획기적인 사건이 아닐 수 없었다. 한때, 관아의 악공으로 뽑힐 수밖에 없었던 신청 출신들의 무부巫夫들도, 또 무부에 대한 오랜 노비 제도로 말미암아 이 기간 관군으로 뽑힌 무병巫兵들도 해방되었다. 이들이 신분상 '자유'로워진 것은 근대 시기 음악 활동에 있어 깊은 뜻을 가지고 있다. 곧, 음악 창작과 연주는 물론 활동에도 커다란 영향을 미치기 때문이다. 1902년 신청 출신들로 조직한 협률사처럼 조직 활동도, 또 애국 계몽 시대의 공적·사적 음악 교사로 진출할 수 있는 점에서나, 1908년에 지난 시기의 봉건사회를 비판한 민족가극(창극)「최병두 타령」을 창작하여 무대화시킬 수 있는 점 등이 그것이다.

한편, 동학·갑오농민전쟁의 음악적 특징 중 또 하나는 이들의 음악이 민족음악으로서 성격을 뚜렷하게 하였다는 점이다. 이 기간, 농민과 신청 출신들의 무부·재인·창우 그리고 예인집단들이 창출한 민악民樂은 정부 관군과 일본군의 음악인 '양악'과 음악 형식면에서 대립적이었다. 이때의 민악은 형식면에서 민족음악이었으며, 그 내용은 반봉건과 반외세라는 점에서 근대민족음악이었다.

정부 관군이나 일본군은 이미 신식 군제 편성을 하고 있었으므로 모두 양악으로서 나팔대·군악대로 나타나고 있었다.

가. 양고洋鼓·나팔에 양총洋銃을 메고 총을 탕탕 쏘면서 호기등등豪氣騰騰하게 앞으로 나아간다. …1천 명의 경병京兵은 일제히 신식 서양총을 가졌으며 기타 수십 문의 대포를 선두에 내세우고 양고洋鼓·나팔 소리에 의기양양하게 나아가니 군용이 당당하고 위의품품威儀稟稟하여 향곡거민鄕曲居民의 안목으로 과연 외국 수입품의 살인 기계를 바라보고 아니 놀랄 수 없었다(밑줄은 필자).[13]

나. 어쨌든 한국의 동학당 난을 계기로 27년(1984년-필자) 8월 1일 일본과 청국 사이에 선전이 포고되었다. 일본 병력은 보병 14여단이 처음으로 '군악대' 2대를 대동한 총인원 60, 922명이었다(따옴표와 밑줄은 필자).[14]

13_ 吳知泳, 『東學史』, 127쪽과 131쪽.
14_ 山口常光 編著, 『陸軍軍樂隊史』(東京 : (有)三靑出版部, 1973), 92쪽.

위 인용문 '가'에서 양고洋鼓는 수입한 행진용 서양 북이고, '나팔'은 한국 전래의 태평소나 '나발'이 아니라 역시 수입한 서양식 신호 나팔이다. 그 악기들은 '농민군의 안목으로 보면' 양총과 함께 '외국 수입품의 살인 기계'였다.

여기에서 실제로 2차 농민전쟁을 일으킨 농민들을 토벌하기 위하여 동원된 관군의 악대 상황은 어떠했을까? 정부측 기록에는 지방 병영과 보부상인으로 조직한 보부상군 이외에 경리청經理廳·장위영壯衛營·통위영統衛營·교도소教導所 등에 중앙군이 동원된 기록이 나타났다. 이것은 1885년에 복설한 용호영龍虎營, 1888년의 총어영·통위영·장위영 등 3영 변통, 1891년 경리청 성립, 1894년 8월 농민군 토벌을 목적으로 설치한 교도소 등 중앙군 편제 중 국왕 호위대인 용호영과 중앙군 총어영을 제외한 대부분이 출전한 셈이다. 출전한 경리청·장위영·통위영·교도소 등 중앙군에 바로 악대가 편성되어 있었다. 〈표 26〉이 그것이다.

〈표 26〉 농민전쟁에 출전한 중앙군 악대 상황(1894)

부대명	출전 인원	악대명	악대 편제와 이름		기타	출전
			십장(什長)	병정(兵丁)		
장위영	850	曲號隊	柳奉吉 朴大奉	劉漢京·金基宗·安石伊·南靑龍 李興祿·崔壽振·李仁太·姜正卜 咸千日·申元瑞·金東植·金昌學 鄭學男·金奉石	火兵1명 계 17명	『各陣將卒成冊』, 『東學亂記錄』, 下卷, 638쪽.
통위영	357	曲號兵	·	宋點山·金佑成·金用根·金德文	계 4명	위의 책, 641쪽.
교도소	328	曲號手	·	林海守·梁元泰·姜用根·韓仁伍	계 4명	위의 책, 646쪽.
경리청	820	吹鼓手	·	·	계38명*	

* 경리청의 820명은 친군경리청 703명과 경리청 117명을 합친 인원으로, 서울 방비를 전담하기 위하여 1891년에 복설할 당시에는 38명의 취고수를 전래적으로 편성한 바 있지만, 1894년의 출전 여부는 확실하지 않다.

〈표 26〉에서 확인할 수 있듯이 1894년 제2차 농민전쟁에 출전한 중앙군내의 장위영 '곡호대'(15명)나 통위영 '곡호병'(4명)과 교도소의 '곡호수'(4명)는 서양식 나팔과 북으로 편성한 악대였다(경리청의 경우는 전래 병영에서 편성한 전통 민족악기들인 '취고수'였다). 이름도 부대 편성에 따라 큰 경우는 '곡호대'라고 한 데 비하여 '곡호병'과 '곡호수'는 작은 편성에 붙여진 이름이었다. 이 이름들은 '군악대'나 '군악병' 또는 '군악수'라고 부르지 않았다

는 점에 유의할 필요가 있다. 1894년 농민전쟁 직후 군제 개혁이 신군제로 완전하게 이루어졌을 때 왕실 호위대로 편성한 경우에만 '군악대'라는 이름을 사용하였고, 여전히 그 이외의 중앙군이나 지방군의 경우 '곡호대'라는 이름을 병행하여 사용하였기 때문이다. 즉, 1907년 일본에 의하여 군대가 해산되기 직전까지 '군악대'는 국왕 호위대라 할 수 있는 시위대侍衛隊에 한하여 붙여진 이름이다. 그리고 편성 역사는 목관·금관·타악기 등이 모두 포함된 악대 편성과 예산 확보, 전문 군악교사 초빙과 군악병 양성에 목표를 두고 전개한 역사였다.

여기에 비하여 병행시킨 '곡호대'는 신호 나팔과 북을 편성한 일종의 '나팔대'로서 왕권의 권위를 상징하는 '군악대' 이외의 모든 중앙과 지방부대에 붙여진 이름이다. 다만, 1900년에 가서 규모가 작지만 특수 부대에 한하여 네 명의 '나팔수'를 두기 시작하였다.[15]

일본의 경우는 '군악대'였다. 목관·금관·타악기가 편성된 그러한 '군악대'였다. 8월 16일(양력 9월 15일) 평양 전투 이후 일본군은 메이지明治기간 육군 원사元師이자 정치가인 야마가타 아리토모山縣有朋(1838~1922)를 사령관으로 한 제1군(제5, 제3사단)과 역시 메이지 기간 육군 원사인 오오야마 이와오大山巖(1842~1916)를 사령관으로 한 제2군(제1, 제6사단)을 재편한 바 있다. 바로 1군에 오오사카大阪 제4사단 군악대[악장 나카이 이와이永井岩井, 25명의 대원편성]를 '제1임시 군악대'로 배치하였고, 제2군에 '군악학사軍樂學舍' 25명을 편성[악장은 쿠도오 테이지工藤貞次(1860~1927), 1893년 일본육군호산학교 초대 군악대장으로 프랑스에 유학한 작곡가]하여 '제2임시 군악대'로 종군케 하였다.[16] '제1임시 군악대'는 압록강 전투부터 구련성九連城 입성이나 안동현 각지의 일본군 병사들 위문과 선무 연주를 하였고, '제2임시 군악대'는 여순旅順 요새 전투나 전압대田壓台 전투 등에서 활동하였다〈그림 60〉 참고). 또한,

---

15_ 그 동안 한국양악사 중 악대사를 기술한 이유선·남궁요열·장사훈 등이 이 부분에서 혼동을 일으키는 것은 이 용어를 구분하지 않고 그 역사를 추적하였기 때문이다. 1901년 군악 교사로 초빙된 프란츠 에케르트에 의하여 '군악대'가 본격화한 것은 사실이다. 그러나 그 사실 때문에 그 이전의 사료들이 무시될 수밖에 없었다. 1880년대 악대지도자 이은돌, 1894년의 곡호대 출전 사실과 명단, 1896년의 '군악대비' 지급 사실, 1897년 러시아 군악기 구매 사실, 1901년 프란츠 에케르트 초빙 이전에 군악대원 101명 편성과 이를 포함하여 전국에 악대원이 540여 명이 있다는 사실들이 모두 간과됨으로써 왜곡된 악대사로 해석하고 있다. 한국의 그것은 자주성을 가진 노력의 산물이었는데도 말이다.

16_ 山口常光 編, 앞의 책, 92~93쪽.

일본 군악대는 「나팔의 음향喇叭の響」, 「전투가戰鬪歌」, 「해전海戰」, 「압록강鴨綠江」 등 '군카軍歌'도 작곡하여 보급함으로써 청일전쟁을 계기로 일본내에 '군카'를 발달시킨 바 있다.[17]

　이처럼, 농민전쟁에 출전한 조선의 관군이나 일본군은 서양음악을 연주하는 악대들 이었다. 즉, 조선의 중앙군 악대 역시 '곡호대·곡호병·곡호수'라는 이름의 서양음악 이었다. 그러나 정부가 신군제로 군제 개혁을 부단하게 단행하여 발전해 왔을지라도 농민전쟁에 참여한 민중들은 관군과 일본군의 곡호대 소리를 '외국 수입품의 살인 악기 소리'로 듣고 있었다. 관군이 사용한 무기와 악기들을 모두 농민군들은 '외국 수입 품의 살인 기계'[18]로 보았기 때문이다. 이 사실은 민중의 음악과 관군·일본군의 음악

〈그림 74〉　　　　　　　　　1894년 청·일전쟁에 종군한 일본 제1임시 군악대

정부가 갑오농민전쟁을 진압하기 위하여 청국에 원병을 요청하자, 일본은 일본공사관 및 거류민 보호를 내세워 일본군을 한반도에 진 주시킴으로써 7월 25일(양) 아산만 풍도 앞바다의 해전으로 청·일전쟁이 일어났다. 일본군은 남쪽으로 성환·천안 방면과 북으로 평 양·의주 방면으로 전투를 벌였다.

그림은 성환 전투 직후 한성에 있었던 일본 제1임시 군악대가 남산의 왜성대(倭城臺)에서 펼친 기념 연주 장면을 그린 그림이다. 유포 니움 악기가 보이고 지휘보면대를 놓은 지휘자가 지휘봉으로 지휘하고 있는 연주 편성으로 보아서 군악대(Military Band)이다. 우측으 로 이름을 알 수 없는 조선 정부의 대표자와 오오시마 토시마사(大島義昌, 1850~1926) 제5혼성여단장과 오오토리 케이수케(大鳥圭介, 1832~1911) 조선주차공사 등이 보인다. 그림은 메이지 시대의 화가로서 청·일전쟁 당시 일본 『국민신문』 삽화가로 종군한 쿠보타 베 이센(久保田米遷, 1852~1906)이 그렸다. 출전은 『京城府史』 第二卷, 京城 : 京城府, 1936, 629쪽이다.

17_　위의 책, 93~95쪽 참고.
18_　오지영, 앞의 책, 131쪽.

을 대립적으로 보았다는 것이고, 양악이 한국 민중들의 합의적 수용없이 정부에 의해 일방적으로 추종될 경우 끊임없이 '문화적 갈등'의 소지를 빚어낼 수밖에 없었음을 말한다. 한국민중들에게 풍물악기·삼현육각 등의 악기나 소리 등 민악은 민족음악이고, 군악대와 곡호대의 양악을 외세음악으로 본 것도 1894년 농민전쟁의 음악 특징이었다.[19]

1894년 동학·갑오농민전쟁은 구체제의 봉건음악사회를 마무리 짓고 반침략·반외세음악의 선구로서 새로운 민족음악사회를 모색하고 출발하였다는 점에서 한국음악사의 분수령을 이룬다. 음악 예술인들의 노비 신분이 철폐되고 봉건 수취 체제의 붕괴에 따른 음악 예술인들의 이후의 과제는 홀로서기가 아닐 수 없었다. 그것은 유학儒學의 음악세계관을 비판적으로 수용하고 오랜 역사 동안 형성해 온 민중 세계관을 체계화시키려는 홀로서기, 정부의 후견 없이 스스로 홀로서기를 기획하여 음악 예술 그 자체를 시대에 따라 민족과 함께 발전시키려는 홀로서기, 외세 성격을 가진 서양음악과 일본음악의 그 이론과 실제면에 있어서 정체성正體性 밝히기와 민족음악에 재통합하려는 홀로서기 등이 그것이다. 이 과제들은 시급하게 풀어가야 할 과제들이었다. 그렇지 않을 경우, 민중들이 서양과 일본음악에 개방 당하여 이 후에 회복할 수 없는 상황까지 될 수 있는 위급한 상황이 한반도에서 벌어지고 있었기 때문이다.

한편, 1897년 3월 부산에 한국최초의 '사립부산유치원'이 설립되었으며, 취학이전의 아동교육이 개항지의 일본거류민단 중심으로 점차 확대되었다. '사립부산유치원'은 일본불교 종파인 대곡파 동본원사東本願寺 부산별원이 설립하였다. 조선내 일본인들의 유치원들은 대부분 일본불교와 일본신도의 종파들이 설립하고, 나중에는 포교차원으로 조선인들도 입학시켰다. 이 유치원들은 프뢰벨식 일본유치원 방식을 모방하여 운영하였으며 교과내용도 일본처럼 은물교육과 유희, 창가, 담화, 수기 중심으로 교육활동을 하였다. 그리고, 일본처럼 일본국가「키미가요君が代」를 비롯한 일본의 의식창가와 일반창가 및 일본전래동요와 놀이를 교육하면서 유치원 침략을 감행하고 있었다.

19_ 한국의 서양 음악인들이 서양음악을 한국에 재통합하여 민족음악으로서 수용하기까지는 이후 많은 희생이 뒤따랐다. 김인식·이상준·김형준·백우용·안기영·채동선에 이어 김순남·이건우를 거쳐 청년 윤이상의 60년대 전반으로 이어지는 빛나는 아픔의 전통이 뒤따랐다. 80년대 '제3세대'도, 90년대에도, 또 앞으로도 계속 뒤따를 것이다.

다른 한편, 1896년경부터 미국 선교사들 중심으로 매일학교(Day School) 운동을 서울과 평양 및 제물포 등에서 시작했다. 예수교소학교 이름의 학교는 물론 일반교회에서 운영하며 유아교육과 초등교육이 시행되었다.

3. 왕권 강화와 군악대 · 곡호대 강화

1) 악대 직제 개편과 군악 교사 프란츠 에케르트

조선에서 청·일간의 경제적, 정치적, 군사적 대립의 결과 일어난 청·일전쟁(1894~1895)에서 일본이 승리하였지만, 극동 진출을 꾀하던 러시아가 독일·프랑스와 함께 3국간섭을 통한 일본 견제 세력으로 부각하자 조선에는 친러정권이 들어서는가 하면, 때로는 친일정권이 들어서기도 하였다. 이 과정에서 정부는 자주성 확보를 목표로 1897년 10월에 '대한제국' 성립을 선포하고 개혁을 단행하였다. 그것이 바로 왕권의 강화였다. 대한제국 국제(1899) 공포를 시작으로 외세의 경제적 침투 저지와 소·중·사범학교를 세울 수 있는 신 교육령 등 여러 가지 개혁 조치를 취한다. 주목할 사실은 서울 방비와 국왕을 호위·강화하는 친위대나 시위대 등과 지방의 진위대 설치 등 군제 개편을 핵심적으로 개혁하려 한 점이다. 러시아·일본·서구제국주의 세력 사이에서 역학관계의 재정립을 모색하려는 과도기적인 단계에 있었던 이 시기에 민중들은 정부와 다르게 독립주권국가로의 열망이 결집되고 있었다.

근대음악사 전기 제2기에 이어 제3기인 이 기간의 군악대·곡호대 개편은 바로 왕권 강화를 위한 것이었다. 민중들의 독립주권국가의 열망은 「애국가」나 「독립가」 등을 통하여 애국가 제정 운동으로 나타났다. 정부가 러시아로부터 군악기 수입이나, 군악병 양성과 편성을 전국적으로 진행하면서 1900년 12월에 왕립군악대 설치와 초대 군악 교사로서 프란츠 에케르트를 초빙하는 것도 이러한 왕권강화의 상징적 일환이었다. 이로써 국가가 서양 음악이야말로 새로운 문명 시대의 음악이자 왕권을 상징하는 힘의 언어라는 점을 확고하게 한 셈이다. 그렇다고 정부내 서양음악을 비판적으로 수용할 수 있는 연구 기관과 그 음악인들을 양성한 것도 아니었다. 그 결과 전통음악이 어떻게 양화되어 가는지를 예견치 못하였을 뿐만 아니라 한국 전통음악이 새로운 시대에 맞지 않는 '힘없는 낡은 음악'이라고 자인한 꼴이 되었다.

근대적인 군제 변화인 군 편제, 병종, 군령과 군정 기관, 군사법軍司法, 군대 계급, 군대 용어 등이 외국과의 역학관계로 영향을 받아온 것이 우리 나라 근대 군제사였다. 이와 함께 군대의 신호 체제도 기존의 방식과 다르게 변화되었다. 신호 체제의 변화는 서양식 군악대·곡호대가 담당한 몫인데, 군제사의 변화 자체가 군악대·곡호대 역사일 정도로 군제 개편에 영향을 받고 있었으며, 군악대·곡호대의 발전이 서양음악의 의미 체계가 확산하는 계기로 이루어진 것이 우리 나라 근대 음악 전기 제3기의 한 특징을 이루었다. 1894~1895년까지의 일본 군제, 1896~1899년까지의 러시아 군제, 1899~1904년까지 일본과 러시아 군제에다 전통적인 요소가 혼합한 군제 변천에 따라 악대 문화도 중층적인 구조로 변천되었다. 결국, 1904년부터 일본 군제의 영향하에 완전하게 들어간 그 동안의 역사적 변화가 바로 조선과 국제와의 역학 여부의 결과였다.

1888년 기존의 중앙군의 병제를 총어영·통위영·장위영 등 3영으로 변통하고, 1891년 서울 방비의 경리청의 성립으로 중앙군은 4영이 확립되었다. 이와 함께 '곡호병'·'곡호수'·'곡호대'·'취고수' 등의 이름으로 악대원이 있었음은 이미 살펴본 바와 같다. 기존의 4영에다 왕의 호위대인 용호영龍虎營(1855년 3월 복설) 등 친군 5영제가 청국의 영향권에 의한 편제였다면, 1895년의 군제 개혁이 중앙과 지방에서 이루어진 것은 일본 군제의 영향권이었다. 1894년 동학·농민군들을 토벌하려는 목적으로 설치한 '교도소'의 '곡호수' 4명은 이 기간부터 일본 군제의 영향권 아래 교육 되었다.

1894~1895년간의 군제 개혁으로 구영舊營 체제는 폐지되고 신군제가 들어섰다. 즉, 친위대·교도대·훈련대·신설대·시위대侍衛隊가 그것이다. 여기에서 주목할 사실은 1895년 시위대에 '군악대軍樂隊'가 편성된다는 점이다. 우리 나라 군악 역사에서 처음으로 '군악대'라는 이름이 확립되었다. 이것은 왕권을 보호하고 대내외에 이를 드러내기 위한 이름으로 기존의 '곡호대'나 '곡호수' 등과는 편성에서나 이름에서 차별성이 있었다. 공식 이름은 '시위대侍衛隊 군악대軍樂隊'이다. 그러나 '군악대'란 이름으로 '내취內吹' 편성도 병행하고 있었다. 이것은 기존의 각 군영의 내취 편성에서 서양식 군악대가 점차적으로 확립되어 갔음을 뜻한다. 당시의 시위대 → 시위연대에 '군악대軍樂隊'라는 이름으로 악대가 편성되어 있었으니 내취 2패(각 패당 38명) 편성이 그것이다. 그리고 새로

운 군제 편성에 따라 1895년에 각종 법제를 제정할 때 군악 장교를 '주임奏任' 관등으로 분류하였다. 1등一等 군악장軍樂長은 주임 4등으로서 정위正尉급이고, 2등 군악장은 주임 5등으로 부위副尉, 3등 군악장은 주임 6등으로서 참위參尉에 각각 해당하였다.

그 동안 1880년대 벽두부터 발전해 온 동호수·나팔수·곡호수·곡호병·곡호대 등이 90년대 중반 이후에도 '동호수'를 제외한 이름들로 중앙군과 지방군 부대의 악대 편성 이름이었다면, '군악수'·'군악병'·'군악대'·'군악장' 등은 '왕실 악대'에 적용하는 이름으로 정착되었다. 이제 서구식 군악대 편성을 목표로 과제를 해결하기 위해서는 이 명칭을 2중으로 병행시켰을지라도 정부가 서구식 군악대 편성을 목표로 잡은 이상 서구식 신호나팔(western trumpet)과 북(western drum) 이외에도 목·금관악기를 구입하고, 그 대원을 양성하며, 전문적 군악 교사를 양성하기 위한 예산 편성과 집행은 당대의 과제였다. 그 과제는 1895년 이후 여러 조치와 함께 풀어진다.

1895년 이후 친러정권이 들어서자 1896년부터 1899년까지 러시아 군제로의 개편이 이루어졌다. 동시에 기존의 악기에다 코오넷이나 트럼펫 등의 여러 양악기 편성에 의한 군악대가 설치됨에 따라 조선의 군악대 편제는 새로운 양상을 띠게 되었다. 정부는 1895년 육군을 서울의 왕성 수호를 전담하기 위하여 친위군親衛軍과 지역 방위를 전담하는 진위군鎭衛軍으로 양분시켰다. 그리고 그 전술 단위로 대대大隊(4개 중대 단위)를 편성한 데 이어, 1896년부터 초빙된 러시아 교련 사관진들에 의하여 러시아식 군제 개편이 단행되었다. 궁중 시위를 맡은 시위대侍衛隊 편성도 이 때 이루어졌다. 이로써 중앙군으로 수도 방위를 담당하는 친위대와 왕궁 호위를 맡은 시위대가 러시아식으로 개편 되었다. 지방은 1899년까지 두 개의 진위대와 14개 지역의 지방대대가 모두 러시아식 군제 편제였다.

'시위대 군악대' 개편은 정부의 강한 집념 사업이어서 집중적으로 지원 하였다. 그것은 예산 편성에서도 두드러진다. 1896년 1월 20일『관보』제226호에 의하면 '조선국 정부 예산 일람'에 군부 소관 제7항에 '군악대비'로 4,608원元이 잡혀진 데 이어, 1899년에는 군악대비로 4,608원元이 예산 편성된 것을 보면, 중앙과 지방의 곡호대 운영과는 별도로 군악대 운영비가 계속 집행되어졌음을 분명하게 한다. 여기에는 서양식 신호 나팔과 북만의 악기 편성이 아니라 여러 가지 목·금관 악기 구입 욕구가 커졌고, 실제로 양악기를 러시아로부터 구입하였다.

민영환関泳煥은 조선 정부의 전권 공사가 되어 1896년 5월 26일에 러시아 황제 니콜라이 2세의 대관식에 초청을 받고 참석한 바 있었거니와, 현지의 각종 행사 및 연회 현장에서 러시아 군악대 연주를 들은 바 있다. 민영환에 의하여 러시아 교련 사관의 초빙 교섭이 이미 1896년 3월부터 시작하여 7월에 군사 교관 파유 문제로 회담이 이루어졌고, 러시아는 8월에 러시아 장교를 서울에 파견시킨 바 있다. 같은 해 10월 중순에 푸챠타Putiata 대령을 비롯하여 세 장교와 열 명의 하사관이 민영환 일행의 귀로에 동행하여 서울로 왔다. 1896년 연말부터 이들에 의하여 러시아 군제로 전군을 개편하기에 이르른 것은 말할 나위 없다. 이리하여 편성한 것이 '시위대'와 '시위대 군악대'였다.

러시아 하사관 중에는 군악 전문 하사관이 있었던 것으로 보인다. 군제 개편에 있어 신호 체계와 의식은 군악대가 주도하고 있을 뿐만 아니라, 1897년 3월에는 '노국露國 군악기軍樂器 구매비購買費'로 3,096원元을 정부 예비금에서 지급한 것으로 보아도 그러하다.[20] 또, 1897년 4월에는 러시아공사 스페어Speyer가 조선정부 앞으로 러시아 군사교관 및 장병 160명을 고용할 것을 주장하였으나 부결 되었지만, 이 내역 중 하나에 '악장樂長' 한 명과 '취고吹鼓' 세 명이 포함되어 있었다.[21] 그러나 조선 군부 자체의 요청과 러시아측의 집요한 주장에 의하여 1897년 7월에 러시아 사관 세 명과 하사 열 명이 초빙되었는데, 여기에 군악하사관이 실제적으로 포함된 것으로 보여진다. 1897년 10월 에는 시위 1, 2, 3대대로 개편하였을 뿐만 아니라 러시아식 군사 훈련과 교육이 지방의 진위대와 지방대에도 실시되었다. 이처럼, 정부가 왕실 군악대로서 '시위대 군악대' 설치를 러시아와 관련맺어 군제 개편을 단행한 것은 외국의 간섭 속에서도 왕권을 강화하고 자주독립국가의 면모를 선양하기 위한 것이었다. 이것은 대한제국 성립과 함께 부단한 노력의 결과였다.

한편, '시위대 군악대' 개편과는 달리 중앙의 친위대와 지방에서 두 지역의 진위대와 14개 지역의 지방대는 '곡호대'로 재편하였다. 1898년 7월 2일 '칙령 제22호'에 의하여 친위대 1, 2, 3대대에 '곡호대曲號隊'를 개편한 것이 그 하나다. 즉, 하나의 곡호대에 '부교副校' 1인, '곡호수曲號手' 10인, '고수鼓手' 10인 등 21인을 편제하였다. 한 곡호대를 한

20_ 『高宗實錄』, 建陽 2年 3月 18日字.
21_ 『議奏』 卷6, 奏本 第95號, 建陽 2年 4月 30日字.

대대에 두었다. 또 하나는 1899년 1월 15일 '칙령 제2호' '진위대 지방대 편제를 개정하는 것'에 의하여 전주와 평양의 두 진위대와 14개 지역의 지방대에 '곡호대'를 편제하였다. 여기에도 역시 부교 1인과 곡호수 10인, 고수 10인 등 21인을 확정하여 개편하였다. 이후 많은 군제 개편과 함께 군대 악대 편제의 변동이 이루어졌다. 1900년 12월까지 전국의 군악대·곡호대 증강 상황은 〈표 27〉과 같다.

〈표 27〉　　　　　　　　　　　　1899~1900년의 서울과 지방의 악대상황

부대명칭	시위대(侍衛隊)	친위대(親衛隊)		진위대(鎭衛隊)		지방대(地方隊)	
악대명칭	군악대(軍樂隊)	곡호대(曲號隊)		곡호대(曲號隊)		곡호대(曲號隊)	
편지내용		부교(副校)　　1인 곡호수　　10인 고수(鼓手)　10인		부교　　　　1인 곡호수　　10인 고수　　　10인		부교　　　　1인 곡호수　　10인 고수　　　10인	
		총 21인		총 21인		총 21인	
부대수		대대본부에 1대의곡호대를 두었다. 친위대는 세 개의 대대가 있었다.		대대본부에 1대의 곡호대를 두었다. 진위대는 전주와 평양에 있었다.		대대본부에 1대의 곡호대를 두었다. 지방대는 수원·강화·청주·공주·광주(光州)·대구·안동·고성·해주·황주·안주·원주·북청·종성 등 14개 지역	
총원수	76인	21인×3개 대대 63인		21인×2지역 42인		21인×14지역 294인	
총인원수	475인						

　　〈표 27〉의 편성은 1880년대 이래 가장 증강된 편성이다. 이 증강은 대한제국기 특히 1898년 군대 확장에서 비롯한 결과이다. 외세에 의하여 주권이 상실되는 과정에서 왕권강화로 자주독립국가의 면모를 대내외에 천명하기 위한 군대 확장이 서양식 '군악대·곡호대'의 확장을 가져왔음은 주지의 사실이다. 이로써, 정부의 악대 정책이 첫째로 왕립 군악대 설치와 전투 부대인 곡호대 설치에 있었음을 반증케 한다. 이러한 편제와 더불어 이제 해결해야 할 과제는 전문적인 악대 지도자 초청과 악대원 양성, 그리고 재료(교재, 악기, 악보, 공간 등) 구입과 확보, 예산 지원 등이었다.

　　드디어, 1901년 2월에 시위연대 '군악 교사(軍樂敎師)'로 프란츠 에케르트가 초청되었다. 이제, 한국은 제2단계 악대 증강기를 맞이한다.

1902년 10월 30일에 시위연대와 친위연대 내의 대대 증설로 증강을 꾀함에 따라 군악대와 곡호대의 변동이 있었지만, 〈표 27〉의 편성은 1880년대 이래 가장 증강된 편성이었다. 대한제국기, 특히 1898년 군대 확장과 더불어 비롯한 결과이다. 외세에 의하여 주권이 상실하는 과정에서 왕권강화로 자주독립국가로의 면모를 대내외에 천명하기 위한 군대확장은 서양식 군악대·곡호대의 확장을 가져왔음은 주지의 사실이다. 정부의 악대정책은 첫째가 왕립군악대설치와 전투부대로서 곡호대 설치였다.

따라서, 이 설치와 더불어 해결해야 하는 과제로 전문적인 악대지도자의 초청과 지도자 양성 및 공구(교재, 악기 등) 구입과 지원, 예산확보 등이 있었다.

바로 여기에 1901년 2월에 시위연대 군악대장으로 '프란츠 에케르트'가 초청되어 제2단계를 맞이하였다.

프란츠 에케르트Franz Eckert(1852~1916)는 1901년 2월 19일 시위연대 군악대의 '군악 교사軍樂敎師'로 초청되어 왔다. 대한제국의 위용을 상징적으로 드러낼 왕실악대와 또 중앙과 지방에 530여 명이 넘는 악대원들을 지도할 악대지도자(軍樂敎師) 문제는 20년 전부터 오랜 과제였다. 정부의 신사유람단이나 영선사 그리고 이 분야 최초로 양성된 이은돌李殷乭의 죽음으로 악대지도자 문제는 신식군제가 계속되는 한 지속적인 과제였다. 여

〈사진 30〉 에케르트와 계약서(1902. 4. 5)
정부는 에케르트와 군부 관방장 한진창(韓鎭昌)·외부교섭국장 이응익(李應翼) 사이에 1902년 4월 5일자로 계약된 내용을 밝히고 있다. 에케르트는 당시 '에케르트'로 불렸으며, 공식 지위는 '시위 연대 군악대 교사'였다. 이 사본은 한글본과 독일어 원문으로 이루어졌다.

프란츠 에케르트 백우용   프란츠 에케르트

〈사진 31〉   시위연대군악대와 프란츠 에케르트 군악교사

맨 앞열 중앙에 백우용(白禹鏞, 1883~1930)과 좌측 바로 옆에 중절모자를 쓴 프란츠 에케르트가 보인다. 백우용은 1901년 1월 덕어학교(德語學校)를 졸업하고 무관학교에 들어가 1902년 8월 육군보병 참위로 있으면서 에케르트의 통역을 맡고 있었다. 1904년 5월에 그는 3등 군악장으로 임명되어 군악중대에 있으면서 이후 승진하여 악대 지도자가 되었을 뿐만 아니라 창작 활동을 하였다. 1880년대 이은돌에 의하여 씨 뿌려진 한국 악대는 백우용에 의하여 제2전환기를 가져왔다. 백우용은 또한 1930년에 죽기 직전인 1920년대에 민족 정기를 고취시키려는 뜻에서 조선지리분야에 수많은 '창가'를 창작하여 보급한 민족적인 음악가이기도 하다. 사진 출처는 남궁요열, 『개화기의 한국음악 — 프란츠 에케르트르 중심으로』를 『음악교육』 1987년 7월호 부록(서울 : 세광음악출판사, 1987)으로 펴낸 저서에서 재인용하였다.

기에 에케르트가 등장하였다. 조선정부 입장에서 독일인의 음악접촉이 처음은 아니었다. 이미, 1883년 10월 27일 한독 수호통상조약과 통상장정이 체결할 당시 이를 축하하기 위하여 입항한 독일의 라이프찌히 함대의 해군군악대가 서울에서 연주한 적도 있었고, 1899년 6월 8일 독일황제 빌헬름 2세의 친동생인 하인리히Prinz Heinrich 친왕親王이 방문직후 대동한 군악대 연주가 있어 왔다. 정부는 여러 나라 군제 중 특히 프러시아 군제에 관심을 기울이고 있었다. 정부는 주한독일공사였던 바이페르트Weipert(瓦爾壁)나 주외국 한국공사 등 여러 채널을 통하여 시위연대군악대 악대지도자[軍樂敎師]를 물색하고 있었던 차에, 방문한 하인리히 친왕과 고종간에 군악교사 초청문제가 구체화되었고, 외부대신 박제순朴齊純과 주한독일공사 바이페르트와 협의 끝에 에케르트가 추천되어 1900년 연말에 에케르트 초청과 악기구입 그리고 악대교육 및 악대지도자 양성을 결정하였었다.[22] 그는 실제로 52점의 악기와 악보 등을 가지고 들어왔는데, 이 악기들은 목관·금관·타악기로 편성할 수 있는 군악대軍樂隊(Military Band)용이었다. 다음 〈표 28〉이 그 악기들인데, 그 악기명이 기록된 자료로 유일하게 『증보문헌비고』가 있기 때문에 전부 한자이름밖에 없다.

에케르트의 초빙은 조선악대문화에 새로운 전기를 가져왔다. 말할 나위 없이 대한제국의 위용을 만천하에 천명하려는 의도로서 시위연대 군악대의 본격적인 활동과 시위기병대군악대와 시위대 소속의 포병대대의 나팔수는 물론 친위대의 곡호대와 나팔수 등의 훈련지도 그리고 무엇보다도 대한제국의 상징으로서 「대한제국 애국가大韓帝國愛國歌」를 창작하였기 때문이다. 시위연대군악대의 본격적인 활동은 편성과 창작 및 악대연주에서도 잘 나타나 있다.

〈표 28〉의 50인조의 악기편성은 금관악기로만 편성된 '브라스 밴드Brass Band' 편성이 아니라 목관·금관·타악기가 고루 편성한 '군악대(Military Band)' 편성이고, 행진만을 목적으로 한 행진악대(Marching Band)가 아니라 연주가 중심이면서 행진도 한 '연주악대(Conert Band)'였다.[23]

22_ 『皇城新聞』 光武 4年 12月 18日字에 "向日 機廷에서 德道樂師 에케르트씨를 雇聘하였는데 기한은 3년이오 월봉은 3백 원이니 동씨가 악기를 휴대하고 德國으로부터 일전 登程하여 到韓한 후 在京 名隊에 軍樂을 교수할 터이다."

23_ 필자가 쓰고 있는 '악대'란 용어는 'Band'의 번역어이다. 이 용어는 1881년 신사유람단 일원이었던 이헌영

악기분류	한자이름	한글이름	독일어명칭	영어명칭	악기수	비고
목관악기	大笛	플루트	Flöte	Flute		
	小笛	피콜로	Kleine Flöte	Piccolo		
	胡笛	오보에	Hoboe	Oboe		
	最高音笙	Eb 클라리넷	Kleine Klarinette	Eb Clarinet		
	高音笙	Bb 클라리넷	Klarinette	Clarinet		
	深音笙	알토 클라리넷	Altklarinette	Alto – Clarinet		
		베이스 클라리넷	Bassklarinette	Bass – Clarinet		
		버수운(파곳)	Fagotte	Bassoon		
	最高音喇叭	피콜로 트럼펫	Kleine Trompet	Piccolo Trumpet		
	最高喇叭	Bb 트럼펫	Trompet	Bb Ttumpet		
		Bb 코오넷	Cornet	Bb Cornet		
			Klappen Flugelhorn			
	保續音喇叭	호른	Horn, Ventilhorn	Horn, French Horn		
	最强音喇叭	플루겔 혼	Flugel Horn	Flugel Horn		
			(Fr., Bugle)	Soprano – Saxhorn		
금관악기	强音喇叭	알트호른 (알토 색소른)	Althorn	Alto Saxhorn		
		테노르호른 (테너 색소른)	Tenorhorn	Tenor Saxhorn		
		바리톤호른 (바리톤 색소른)	Baritonhorn	Baritone Saxhorn		
		유포니움	Euphonium	Euphonium		
	助深音喇叭	테노르포자우네 (테너 트롬본)	Tenorposaune	Tenor Trombone		
	半深音喇叭	알트포자우네 (알토 트롬본)	Altposaune	Alto Trombone		
	深音喇叭	바스포자우네 (베이스 트롬본)	Bassposaune	Bass Trombone		
	最深音喇叭	튜바(튜바)	Tuba	Tuba		

이 그의 견문록인 『일사집략(日槎集略)』에서 '악대주악'이란 용어를 적용하며 일반화시키고 있었다. '악대지도자'란 용어는 영어권의 'Band Master'나 'Music Master', 독일어권의 'Kapellmeister', 또 프랑스권의 'Chef de musique'를 염두해 두고 사용하는 용어이다. 우리 나라에서 서양식 악대지도자로는 말할 나위없이 이은돌이었다. 한편, Band는 금관가 타악만으로 편성한 Brass Band와 목관·금관·타악기로 편성하는 Military band로 구분한다. 이 Military Band는 행진을 목적으로 편성한 Marching Band와 연주회를 목적으로 편성한 Concert Band로 구분하고, 이 Concert Band에서 대규모의 Symphonic Band와 소규모의 Wind Ensemble로 다시 나뉜다. 시위연대 군악대는 Military Band이자 Concert band이고 또 Wind Ensemble 이었다. 미출간한 필자의 『樂隊理論과 實際』, 6~9쪽에 의한다.

	한자	한글	(German)	(English)	비고
		헬리콘	Helicon		(소프라노, 알토, 테노르, 바리톤, 베이스)
타악기	三角磬 鐵琴 小鼓 大鼓 鈴鼓 轉調片 五音器 提琴	트라이앵글 글로캔시필 작은 북 큰 북 탬버린 케스터네츠 음차 심벌즈	Triangle Glockenspiel Kleine Ttommel Grosse Trommel Tambourin Kastagnettte Becken	Trianle Glokenspiel Side Drum, Snare Dr. Bass Drum Tanbourin Castanets Tuning folk Cymbals	

〈표 29〉 　　　　　　　　　　시위연대 군악대 연주곡목

국가명	한자명(현재)	애국가	국민가	행진곡	가곡	무곡	기타
대한제국	大韓帝國	애국가		대한민국 행진곡			예호(禮號)
일본국	日本國	애국가		평상행진곡	평상가곡5		장관예호
영국	英國	애국가	국민가			회전무곡2* 2절 도무곡 대무곡(隊舞曲)	
미국	美國	애국가	국민가	도무행진곡			
불국	佛國(프랑스)	애국가			평상가곡		
덕국	德國(독일)	애국가	국민가	평상행진곡 입혼시행진곡 즉위행진곡 도전행진곡 조례행진곡 기병행진곡 창가행진곡	찬미가곡2 성회가곡2 혼례가곡 이별가곡 평상가곡5	회전무곡 전약(轉躍)무곡 소서(小徐)전약 소서(小徐)무곡 대무곡 반전(半轉)무곡 완무곡(緩舞曲) 창흥(創興)무곡	완서곡 공상곡3 장서곡3 잡가
아국	我國(러시아)	애국가					
오국	奧國(오스트리아)	애국가		평상행진곡6			
비국	比國(필립핀)	애국가					
의태리국	義太利國(이태리)	애국가			회루가곡	완무곡	
청국	淸國				평상가곡		
서반아	西班牙(스페인)				평사가곡2		

* 곡명에 붙어 있는 숫자는 그 곡의 곡수를 말한다.

이것은 '시위연대 군악대' 편성 자체도 그러하지만, 이들이 공식적으로 연주한 곡목들이 각국과 조약을 맺은 국가들에 관한 예식곡과 일반곡들이 풍부하게 준비된 것으로 보아 연주악대였다. 물론 군 속성상 행진악대의 기능도 지녔다.

이들이 연주한 곡목은 〈표 29〉와 같다. 일반적인 관례가 조약국가들이 보낸 곡들이지만 경우에 따라서는 에케르트가 의전상 편곡한 곡들이 있는 것으로 보인다. 〈표 29〉에 나타난 국가들은 이미 통상조약을 맺어 최대국 대우와 치외법권을 규정하고 있었으며, 호시탐탐 이권을 노리고 있었다. 즉, 조선에서 조약을 맺은 일본·미국·영국·독일·이탈리아·러시아·프랑스·오스트리아·청국·필리핀 등의 애국가·행진곡·무곡·가곡 등이 치열한 세력확보 속에서 연주되어 갔다. 독일곡들이 압도적으로 많은 것은 군악교사 프란츠 에케르트의 준비도 있었겠지만, 러시아를 비롯 삼국간섭이 있으면서 일본세가 약화됨에 따라 독일과 접촉이 그만큼 많아진 이유도 있었다. 대한제국의 애국가와 대한국민행진곡이 있는 것으로 보아 조약국들과 빈번한 만남이 있으면서 의전상 긴급을 요하는 곡이었다. 특이한 사실은 서양의 노래를 악대곡으로 편곡하였을지라도 이들 노래들을 '가곡歌曲'이라고 정부가 명명한 사실이다. 그리고, 이 밖에도 많은 악대곡들이 있었다. 이 사실은 다변화되고 첨예화되는 국제외교에 조선의 역사적인 음악이 발전되지 못하고 그 대신 시위대 양악으로 대응하였음을 말한다. '새로움과 힘과 군대를 상징하는 양악'이 조선의 역사적 음악에 재통합하려면 앞으로 수없는 반성의 시기가 있어야 했다.

그러나 러·일전쟁에서도 일본의 승리로 끝나자 1904년부터 일본의 폭행적인 조선 간섭이 본격화하였고, 이후 군악대·곡호대도 약체화를 면치 못하였다. 급기야는 1907년 일본에 의하여 조선의 군대가 해산을 당하자 악대 역시 거의가 해산당하였다. 이 사건으로 서울과 지방의 군인들이 대일항쟁을 전개하

〈표 30〉　　　1904년 군악 1개 중대 편제

관등	직명	인원
1등 군악장(軍樂長)	중대장	1
2등 군악장	소대장	2
3등 군악장		
정교(正校)		1
부참교(副參校)	1등 군악수(軍樂手)	8
상등병(上等兵)	2등 군악수	12
병졸(兵卒)	악수(樂手)	54
	악공(樂工)	24
부참교(副參校)	서기(書記)	2
계		104

였으며, 해산된 군악·곡호대원들은 사립학교 음악 교사나 연흥사 등의 전속 악대로 진출하는 등 새로운 국면을 맞이하였다.

시위대 군악대가 프란츠 에케르트 영입으로 활성화하자 편제에도 변화가 일어났다. 이미 설립한 바 있는 '시위연대 군악대' 51명과 '시위기병대 군악대' 51명 등 102명을 중심으로 프란츠 에케르트의 군악 교육이 본격화한 지 3년이 지난 1904년 3월 12일 '칙령 제6호'에 의거 "군악 1개 중대를 설치"하여 2개 소대로 나누어 운영하였다. 군악 1개 중대는 관례적으로 시위 제1연대에 속하게 하였다.

〈표 30〉은 1904년 군악 1개 중대의 편제 내용, 〈표 31〉은 프란츠 에케르트가 초빙되어 오기 직전인 1900년 12월까지 전국의 군악대와 곡호대의 편제 상황, 〈사진 32〉는 이때의 포병대와 친위대의 중대단위에 편성한 나팔수 모습이다.

〈표 31〉 1900년 12월까지 전국의 악대 상황

부대명칭	친위대								진위대
부대 구분	시위연대		시위기병대	포병대대		공병중대	치중병대	친위연대	
				산포중대	야포중대				
악대 명칭	군악대		나팔수	나팔수	나팔수	나팔수	나팔수	곡호대	곡호대
편성 구분	관등	인원수	인원수						
1등 군악장	대장	1	1					부교 1 (副校)	부교 1
2등 군악장	부장	1	1						
1등 군악수	부참교	3	3						
2등 군악수	상등병	6	6						
악수(樂手)	병졸	27	27						
악공(樂工)	병졸	12	12						
서기(書記)	참교	1	1						
				나팔수 4	4	4	4	곡호수 10	10
								고수(鼓手)10	10
인원 소계		51	51	4	4	4	4	21	21
인원 총계		51	51	4	4	4	4	63 (대다수3×21인)	399 (19×21인)
합계	580								

이 표들을 참고하면, 대한제국의 홀로서기가 왕권강화와 함께 국체를 이어가려는 일

환으로 '군악대·곡호대'의 조직 강화에 있었음을 알 수 있는데, 이는 프란츠 에케르트 군악 교사를 초빙함으로써 그 꿈을 현실화시켜, 1880년대 이은돌에 이어 부단한 악대 건설 과제가 제2의 한국 악대 전환기를 가져왔다. 그러나 1904년 일본 제국주의의 벽 앞에 그 발전이 좌절되는 통한을 감출 수가 없다.

한편, 광무연간(1897~1906)에 왕권강화 일환으로 나타난 것은 비단 군악대·곡호대 증 강에만 있었던 것이 아니다. 이 기간 군주 중심의 정치 체제는 두 개의 관제(궁중 사무를 관장한 궁내부와 내각 행정부인 의정부) 중 주로 궁내부를 통하여 이루어졌다. 이러한 관제 개 편 중 음악사에서 주목할 사실은 음악 기관의 직제 개편이었다. 지금까지 왕실 예조에 부속된 장악원掌樂院이 1894년에 창설한 궁내부에 흡수되었다가 대한제국이 성립되는 1897년 이후에는 장례원掌禮院 협률과協律課로 흡수되었다. 그리고 이어서 1900년 6월 19일 포달布達 제59호 '군내부 관제 개정'에 따라 협률과를 교방사敎坊司로 개칭한 바 있 었다. 그 인원에 있어서도 722명이나 둔 것은 이 기간 자주독립국가의 위용을 선양하 기 위해서였고, 이 인원은 조선 시대의 마지막 큰 인원이었다. 그러나 1905년 3월 4일

〈사진 32〉   포병대와 친위대의 중대 단위에 편성한 나팔수
1900년 전후로 군악대와 곡호대 편성과 달리 포병대대의 산포중대와 야포중대 그리고 친위대의 공병중대와 치중병대에는 '나팔수'란 이름으로 네 명이 각각 편성되었다. 이 사진은 두 명의 나팔수가 신호 나팔을 불고 있으며, 또 한 사람은 휴대 자세로 있지만, 또 한 사람이 악기가 없는 것으로 보아 나팔장인 듯 싶다. 뒤에 말이 있고, 그 뒤로 커다란 건물이 마굿간 건물로 보이는 것으로 보아 이들 은 기마 군수 부대랄 수 있는 치중(輜重)병대 소속의 나팔수이다. 귀한 사료 사진임에 틀림없다.

포달 제126호 '궁내부 관제 개정'에 따라 장례원을 폐지하는 대신 '예식원禮式院'이 신설되었을 때 교방사가 '예식원 장악과'로 개편하면서 벌써 일본의 통제권에 들어가고 있었다.

2) 대한제국의 상징, 국가 제정

한국근대사는 봉건사회체제와 밀려오는 외세로부터 근대민족국가를 수립하는 역사적인 과제를 가지고 있었다. 동학과 농민전쟁은 물론 1896년부터의 독립협회운동과 1898년의 만민공동회로 이어가며 부단하게 근대화를 추진하려 한 과제가 '애국가 제정과 애국가 부르기 운동'으로 나타났다. 1894년 동학혁명으로 신분제가 철폐되자 천인층과 농민층을 비롯하여 임금노동자층, 그리고 급속하게 성장하는 시민계층이 형성되어갔다. 그리고 이들 시민사회층은 신지식층들과 결합하여 사회정치단체를 조직하였으니 '독립협회'이다. 1896년 7월에 설립하였다. 독립협회는 체제문제를 독자적으로 해결하려고 민족주의·민주주의·근대화 등의 사상을 통합하여 설립하였다.

독립협회는 특히 민족국가야말로 황제나 양반사회가 아니라 전 민족구성원의 국가, 곧 국민국가를 주장하였다. 1897년 10월에 성립한 '대한제국'은 아직 완전한 국민으로 이루어진 민족성원의 국가가 아니다. 특권 양반관료와 일반인으로 나누어진 국가에서 참정은 특권 양반관료만 하고 있었다. 독립협회는 일반인민에게 참정권을 주어야만 국가가 비로소 인민이 국민이 된다고 주장하면서 모든 민족성원에게 보편성이 주어져 민주주의를 실현할 수 있다고 보았다. 독립협회는 근대 민족주의 특성을 나타냈다.

독립협회는 나라의 자주독립을 지키고 영원무궁케 하려면 '애국심'이 강화되어야 함을 내세운다. 그래야 국민적 통일의 형성을 가져올 수 있다고 보았다. 독립협회의 애국심 강화에 의한 민족주의사상의 한 단면이 '상징조작'으로 국기와 애국가제정, 그리고 독립문과 독립공원이었다. 독립협회는 또한 만민공동회와 대한제국이 정한 경축일, 곧 개국기원절(음력 7.16)과 만수절(음력 7.25) 등의 경축대회를 개최하고, 이어서 시가행진을 벌여 민족주의 의식을 고취시켰다. 모두가 애국심으로 애국가를 부르고 민족주의 사상을 나타내고 있었다. 독립협회의 애국가 제정운동은 이렇게 시작하였다.

정부가 비록 외세 의존이라는 한계점을 드러내고 있었지만, 1897년 10월 대한제국

선포와 1899년 대한국 국제를 공포하여 그 자주성을 국내외로 천명하려고 한 의지가 '국가 제정'으로 나타났던 것이다. 국가 제정뿐만이 아니었다. 국제외교의 의례적인 교류를 위해서도 국기國旗·군기軍旗 등의 제정은 시급한 과제가 아닐 수 없었다. 그래서 1902년 고종 황제는 어기御旗·예기睿旗·친왕기親王旗 제작을 위한 '기장 조성소旗章造成所' 설치를 명하였다.[24] 그리고 이 제정 사업, 특히 '국가 제정'에 정부는 시위 연대 군악대 군악 교사인 프란츠 에케르트를 참여시켰다. 그는 1900년 12월 왕립 군악대라 할 수 있는 시위 연대 군악대가 설치되자 1901년 2월에 초대 군악 교사로 독일에서 초빙된 악대 지도자였다.

정부는 국가 제정에 있어 두 가지의 기준을 국가 제정 관계자에게 제시 하였다. 하나는 각국의 국가를 참조하여 새로운 국가를 만들라는 것이었고, 또 하나는 우리 나라식으로 '심정 궁치審定宮徵'하라는 것이 그것이다. 여기에서 심정 궁치란 우리 나라 아악의 음향적인 재료인 '궁상각치우(궁치)'의 악률을 참조하고 아악기 편성의 준거인 8음(금·석·사·죽·포·토·혁·목)을 팔괘八卦와 팔풍八風에 배합하는 미학적 원리를 충분하게 심의하여 창작하라는 뜻이었다. 프란츠 에케르트는 이미 일본국가(기미가요君が代) 제정에 참여한 경험을 가지고 있었기 때문에 그 적격자로 삼고있었다. 1902년 8월 15일에 드디어 「대한제국大韓帝國 국가國歌」가 공식적으로 제정되었다. 이 국가 제정은 1896년 독립협회가 국가 제정 운동을 전개한 지 7년 만에 이루어진 것이었다. 다음 〈악보 37〉이 이때 제정한 국가이다.

국가國家가 국가國歌를 제정한 것은 지금까지 나온 모든 「애국가」를 하나로 통일하려는 의도였다. 군부軍部는 군악 교사 에케르트가 편곡한 군악대용을 전부대에 보급하고, 학부學部는 가사가 곁들인 노래악보를 인쇄하여 각 학교에 보급하기 시작하였으며, 외부外部는 각 조약 국가에 군악대용의 총보를 보내 '대한제국 국가 제정'을 알리는 동시에 보급에 나섰다.[25] 비록, 「애국가」란 호칭을 가지고 있었지만, 당시 모든 나라의 국가를 관행상 우리가 「애국가」라고 부른 점을 참고한다면 우리 나라 사상 공식적인 첫 '국가國歌'인 셈이다. 더욱이, 각국 재외 공사에 배포한 「대한제국 애국가」는 독일어로

24_ 『官報』, 1902년 8월 15일자와 8월 20일자 참고.
25_ 『皇城新聞』, 1904년 5월 13일자 참고.

〈그림 75〉　　　파리 국제박람회에 출품한 한국관(1900년 4월~11월)

파리만국박람회는 파리시 상드 마르스 지역 일원에서 1900년 4월 14일~11월 12일 기간에 개최된 박람회이다(맨 위 사진과 가운데 왼쪽 사진). 한국 물품은 정부에서만 출품한 것이 아니고 콜랭 드 플랑시가 소장한 한국관련 책과 앨범, 자수 명주, 가구, 무기, 표범 가죽 등도 출품되어 진열하였다(가운데 오른쪽 사진 참고). 엔지니어인 그리유는 장롱, 화장대, 장신구와 보석을, 중국 주재 무관 비달은 금고, 궤, 장롱을, 멘느 박사는 자개 상감 철모와 철제 병기 등을 전시하였다. 또한 한국 물품의 전시와는 별도로 1899년에 대한제국을 방문하여 고종의 유화 초상을 그린 휴벗 보스의 고종 초상이 인류민속관에 전시되기도 했다. 맨 위 그림은 파리박람회 개막식 광경이고 맨 아래 그림은 조선관 선전 포스터이다.

「대한제국 애국가」

프란츠 에케르트, 1902

상 ― ― 제 는 우 리 황 ― 제 를 도 우 ― ― 소 서

성 수 무 강 하 ― 사 해 옥 주 를 산 같 이 쌓 으 시 고 ―

위 권 이 환 영 에 떨 치 사 오 천 만 사 에 복 록 이 일 신 케 하 소 서 ―

상 제 는 우 리 황 제 를 도 우 ― 소 서 ― ―

다음처럼 병행 표기하였던 바, 'Kaiserlich Koreanische Nationalhymne'는 '대한제국 국가'임을 분명하게 하였다〈사진 33〉 참고).

「대한제국 애국가」가 제정된 지 얼마 안 되어 1910년 8월의 소위 한일 합방 비극이 한국 최초의 '국가國歌'에까지 영향을 미쳐 더 이상 부를 수 없는 금지곡이 되었다. 동시에 모든 애국가가 조선총독부에 의하여 '불온창가'와 '반체제 노래'로 처분되어 전면 금지되었다. 그러할지라도, 「대한제국 애국가」는 몇 가지 점에서 재검토하여야 할 것이다. 첫째, 가사에서 기독교적인 해석이 가능한 점, 둘째는 그 뜻이 민족국가 수립이라는 지상과제가 표현되었다기보다는 왕권강화를 표현하고 있다는 점, 셋째는 음악이 지난 시기 궁정 음악의 아악풍을 지향하고 있다는 점, 끝으로 조선의 민중들의 노래 전통과는 거리가 먼 외국인이 창작하였다는 점 등을 들지 않을 수 없기 때문이다. 무엇보다도 그 국가國歌는 국민적 합의가 없는데다 일제의 가창 금지 조치로 역사의 뒤안 길로 사라져 갔다.

〈사진 33〉 　　　　　　대한제국 애국가 표지와 밴드 풀 스코어

맨 위 사진은 「대한제국 애국가」표지이다. 국가(표지독일어)이면서 한글로는 '대한제국 애국가'로 표기되었다. 아래 왼쪽 총보(Score)는
프란츠 에케르트가 작곡한 콘서트밴드용 총보(Full Score)이다. 오른쪽은 「대한제국 애국가」의 가사로 1900년 당시 한글 표기이다.
"샹뎨는 우리 황뎨를 도으스 셩슈무강ᄒᆞᆺ 히옥듀를 산갓치 ᄲᆞᆺ으시고 위권이 환영에
쓸치ᄉ 오쳔 만셰에 복녹이 일신케 ᄒᆞ쇼셔 샹뎨는 우리 황뎨를 도으쇼셔"
"(上帝는 우리 皇帝를 도으사 聖壽無疆하사 海屋籌를 山같이 쌓으시고 威權이 寰瀛에
떨치사 於千萬歲에 福祿이 日新케 하쇼셔 上帝는 우리 皇帝를 도으쇼셔"

3) 군가 보급의 대중화

제3기는 군악대와 곡호대 등 양악의 기악 문화만 촉진한 것이 아니었다. 성악 분야
인 '군가軍歌' 보급도 처음 이루어졌다. 군가는 군대의 시대적인 생활상을 담은 노래이
다. 그러나 근대 군제 확립과 함께 집단적인 음악 소통의 기틀이 확립된다는 점에서
그 사회성은 지난 시기와 다르다. 이 시기 군대가 군가의 대중성을 확보하였다면, 사회
일반에서는 '애국가·독립가·경축가' 등의 이름으로 노래의 대중성을 확보하고 있었
다. 전자의 군대 자체가 노래 보급 진원지였다면, 후자는 학교-교회가 중심적인 보급
지로 자리잡고 있었다. 이 노래들은 둘 다 생활 노래로 불리기보다는 외세 침략 거부와
자주 국가에의 갈구 때문에서도 노래 운동의 성격을 가지고 있었다. 그러하기에 서로

영향을 주고받으면서 같은 시대를 반영하며 노래하고 있었다. 때때로 '황제에게 충성하고 나라를 사랑한다'는 식의 '충군애국忠君愛國'이라는 말이 빠지면 안 될 정도로 유행한 것도 이 시대의 큰 흐름이었음을 예시한다. 점차 노래들은 모임이 있는 곳마다 회중제창의 '순서'로 자리잡아 간 것도 근대적인 새로운 인식이 일반화하고 있음을 말한다.

또, 이러한 시대 정신으로 말미암아 전군全軍이 일본병제 영향권에 있을지라도 일본 군가의 영향을 받지 않은 것이 이 때문이었다.

군가는 근대 군제 확립과 함께 자연스럽게 소통되었다. 주로 근대 음악 제3기에 불려진다.

다음 군가들은 1897년 시위대와 무관학교 학도들이 창작하여 제정한 노래들이다.

가. 대군주   폐하께서   자주독립   하옵신후
   여민동락   하옵시니   즐겁도다
   만물이라   억만년   변치말고   한결같이   하사이다.
   어화우리   성은이야   임금이제   새로시니
   개국   503년부터   독립자주   정하셨네(개국 503년은 1894년 – 필자)
   지금폐하   위덕이   만만세
   새로워라   새로워라   성군성덕이   새로워라
   오백년에   처음이요   사천년에   처음이라
   아마도   자고로   금상이   제일이신가   [금상今上 – 필자]
   폐하일세   폐하일세   우리군주   폐하일세
   자고로   없던 일을   우리 성상   새로서니   신민들도   처음이라
   억만년   변치말세   병정이야   병정이야   충군애국   잊지마라
   (이하 생략)[26]

나. 기초로세   기초로세   대한제국   기초로세
   평양립진목추平陽笠眞木椎는   대한제국   기초로세
   하여보세   하여보세   부상반수負商班首   하여보세
   길과천반수吉果川班首님은   좌적진고와식坐摘眞苽臥食일세

26_ 『獨立新聞』, 1897년 6월 10일자.
27_ 『皇城新聞』 1899년 1월 23일자.

두평양수목추頭平陽手木椎가   승어학교무예勝於學校武藝로세
반모실총半毛室銃더져두고   대진목추大眞木椎 깍어보세
다행일세   다행일세   대한군대   다행일세[27]_

4. 민간 '애국가' 제정 운동

이 시기 가장 획기적인 음악 사건은 '노래'를 민권과 독립운동으로 인식 하였다는
점이다. 음악을 사회운동으로 인식한 경우는 19세기 60년대 이래 동학의 「칼노래」와
같은 경우나 농민전쟁에서 두레 풍물과 노래의 경우나 신재효의 단가 「괘심하다 서양
되놈」과 같은 경우가 있다. 이 시기의 노래운동 특징은 노래로서 사회-민족사상을 고
취하고 전계층이 참여하였을 뿐만 아니라 노래를 계속적으로 생산하였다는 점일 것이
다. 이렇게 된 데에는 열강의 도전과 사회 체제 안으로부터 오는 전근대적 구체제에
대하여 독립협회를 중심으로 공동체적 결집력이 가능해졌고, 또 노래에 대한 인식 전
환과 교육력이 확산될 수 있었던 데서 가능해졌다. 그 노래들은 여전히 기존의 민요적
노랫가락의 구조에다 가사만 얹어 부르는 '노래 가사 바꿔부르기'(노가바)가 강세이지만,
점차 학교 교육 현장과 교회에서 서양식 「찬미가」의 영향과 군대 「군가」의 영향을 받
고 있었다. 가사는 민족주의·민주주의 사상과 근대화라는 복합적 내용이 반영되어 있
었으므로 제목 자체가 '애국가'와 '독립가'가 압도적이었지만, 점차 '애국가 제정 운동'
으로 모아져 갔다.

이 노래들은 1896년 독립협회가 중요 활동으로 간행한 『독립신문』에 게재되어 대중
화가 확산되어 갔다. 학생·주사·기사·군인·예수교인들이 지은 '애국가·독립
가·애국독립가·자주독립가·자주독립 애국하는 노래·독립문가·동심가·애민가·
성몽가·성절송축가·대군주 폐하 탄신 경축가' 등이 그 노래들이다.

"부국강병 된 연후에 / 태극기를 높이 달아 / 일·청국을 압제하고 /오대주를 횡행
하면 / 독립문이 빛이 나고 / 독립지에 꽃이 핀다" 등도 한 예이다. 이 노래들은 서로
제목이 달라도 모두 '애국가'로 모아졌다.

한국 역사상 맨처음 애국가를 '국가國歌'로 제정하여 전국민에게 보급시킬 것을 제안

한 것은 독립협회이다. 독립협회가 전개한 두 가지 운동축, 즉 독립운동과 민권운동을 대중적인 정치운동으로 전개하면서 그 일환으로 『독립신문』을 1896년 4월 7일(이 날은 오늘의 '신문의 날' 기념일이 되었다)에 창간한 바 있다. 이 『독립신문』을 통하여 '국가 제정'을 제안하고 '애국가 부르기 운동'을 펼친 것이 그것이다. 그것도 단순한 근대 모양새 갖추기가 아니었다. 구체적인 방법론의 제안이라는 점에서 획기적이었다. 독립 협회는 각종 집회에서 애국가를 식순에 넣어 '애국가 부르기 운동'을 전개 하면서 만민공동회의 '애국가운동'을 줄기화시키고, 1902년 정부가 정식으로 국가 제정을 공포케 한 '앞당긴 역사성'까지 획득하고 있었다.

> 우리 생각에는 조선 정부 학교에서들 국기를 학교 마당 앞에 하나씩 세워 매일 학도들이 그 국기 앞에 모여 경례하고 <u>애국가 하나를 지어 각 학교에서 이 노래를 아침마다</u> 다른 공부 <u>하기 전에 여럿이 부르게 하고… 이런 노래는 학부學部에서 위원을 정하여 하나를 율律에 맞게 만들어 외국사람을 청하여 몇 날 동안 교원들을 노래하는 법을 가르친 후 그 교원들이 자기 학교들에 돌아가 학도들을 가르치게 하는 것이 학문상에 대단히 유조한 일이요, 또 조선 백성들이 나라 사랑하는 것을 배울 터이요, 또 국기가 소중한 물건으로 생각들 할 터이니 학부 제공들은 이 일을 생각하여 각 학교에서 매일 학도들이 국기에 경례하고 애국가를 부르게 주선하여 주는 것을</u> 우리는 깊이 바라노라(밑줄은 필자).[28]

학부에서 '국가제정위원회'를 조직하고 '율에 맞춰 작곡'하여, 또 외국 음악 교사를 초빙하여 각급 학교 교원들을 가르치면 이 교원들이 자기들 학교에 돌아가 '조선 백성들이 나라 사랑'하는 실제적인 방법을 가르칠 수 있을 뿐 아니라 온나라가 자주 독립 정신과 그 정서를 고양시킬 수 있을 것이라고 독립협회는 구체적으로 제안한 것이다. 독립협회의 국가 제정 운동과 애국가 부르기 운동은 정부쪽에 제안하는 데 그치지 않고, 실제로 각종 집회에서 '애국가'란 이름을 식순에 넣어 전개하였다.[29] 예컨대, 1896

28_ 『獨立新聞』, 1896년 9월 22일자 '논설' 항목.
29_ 노동은, 「애국가, 언제 누가 만들었는가?」, 『역사비평』 여름호, 통권 25호(서울 : 역사비평사, 1994), 17~45 쪽 참고.

〈사진 34〉 　　　　　　　　　　　　　　독립협회 관계 행사들

독립협회는 국민적 통일과 애국심을 고취하려고 국가제정을 비롯하여 국기제정 및 1897년 국민헌금으로 독립문을 세우고 독립공원을 조성하였다. 사진 위는 1896년 7월 2일 모화관을 독립관으로 개수하고 독립협회 강연에 찾아온 사람들이고, 아래 왼쪽은 독립기념관, 아래 오른쪽은 1896년 11월 21일 독립문기공식의 초대장이다.

년 11월 21일 독립협회가 주관한 독립가 정초식 행사에 '애국가'를 식순에 넣어 진행한 것이 그것이다. 당시, '애국가'란 배재학당 학원생들이 「조선가」와 「독립가」 그리고 「진보가」를 비롯하여 다른 학원생들이 다른 애국가를 불렀던 것으로 보아 애국가는 '나라 사랑하는 모든 노래'를 가리키고 있었다. 이러한 모임에는 수만 명이 모여 애국가를 부르기도 하였다.[30] 또, 그 노래들은 기독교적 신앙 고백이 주류를 이루고 있고,

스코틀랜드 민요 「올드 랭 사인Auld Lang Syne」이나 다른 「찬미가」에 '노가바'하여 불리워지는 특징을 가지고 있다.

이처럼, 독립협회가 전개한 '애국가 제정과 부르기 운동'은 모든 계층이 참여하여 애국가 문화 공간을 마련하고 독립과 민권적 노래운동 성격을 드러냈다는 점에서 획기적이다. 이러한 문화 공간은 애국가 가창 공간만 주어진 것이 아니었다. 1898년 만민공동회가 열린 민중대회에서는 장례원 협률과(구 장악원)의 「여민락」과 같은 '이원풍류'도 있었고, 삼현육각이나 풍물패, 무관학교의 군가, 친위대와 곡호대 행진, 배재학당과 경성학당 및 관립공립소학교 학도들의 '애국가・경축가・독립가・찬미가・군가' 등이 있었다. 이 사실은 '애국가'류 양악 노래들도 모든 계층과 더불어 민족 현실과 함께 함으로써 점차 사회적 수용으로 자리잡아 가고 있음을 뜻한다. 독립협회와 만민공동회의 애국가 제정과 부르기 운동은 앞서 지적하듯 1902년 정부로 하여금 '국가 제정'을 끌어내고, 독립과 민권운동을 고취시켰다는 점에서 이 기간 민간인들의 애국가 제정과 애국가 부르기 운동의 의의가 있다.

〈사진 35〉   대안문(大安門, 현 대한문) 앞에서 만민공동회
만민공동회 모임에는 장례원 협률과의 이원풍류, 삼현육각 편성의 세악수들, 풍물패, 서양식 악기로 편성한 곡호대의 연주는 물론 학동들과 모든 참가자들이 애국가 부르기를 전개하여 음악으로 독립운동과 민권운동을 드높였다.

30_ 『독립신문』, 1898년 9월 12일자, 9월 16일자.

또한, 장례원 협률과나 민악 출신의 음악인들과 무관학도·친위대 군인 들과 학당 학원들과 일반인들이 음악을 통하여 독립과 민권운동에 이 기간 지속적으로 참여함으로써 민족음악적 성향을 드러내고 있었다.

5. 민족음악의 새로운 발견

근대음악사 전기 제3기는 민족음악의 새로운 발전을 가져온 시기이다. 이것은 안으로 봉건사회가 해체되고, 밖으로 제국주의의 패권주의가 드세지고 있는 상황에서 발전하였다는 점에서 주목된다는 말이다. 사회문화적인 측면에서 전래의 아악류 수용층이 새로운 예술적인 민악류의 욕구와 맞아 떨어지면서 발달하기 시작한 가야금 산조→ 거문고 산조 음악의 출현이랄지, 상설무대화에 따른 민족음악 형식의 새로운 정형화와 전문화와 대중화의 요구로 발달하는 각종 기악·성악곡 출현과 민족 가극이랄 수 있는 판소리의 창극화 등을 우선 손꼽을 수 있을 것이다. 바로 여기에 1902년 관립극장예술 단이면서 천민 신분에서 해방된 음악·예술인들로 조직한 '협률사'가 조직되어 그 시대에 부응하고 있었다.

모두가 사회경제적 발전과 사회정치적 진전의 결과와 한반도에서 국제적 변화로 말미암아 민중들의 음악에 대한 사회적 요구와 아악류를 새로움으로 대신하려는 수용층 (선비·대부·패트런)의 성격 변화가 맞아 떨어지면서 비롯되었다.

1) 상설무대화

이미 18세기 이후 도시는 상업 자본의 발달로 문화 욕구가 팽배해져 가고 있었다. 개항 이후 서울과 전국의 개항장은 그 좋은 본보기이다. 서울의 경우 각종 상설극장이 한상韓商들의 집단 거주지에 있었던 것도 그것이다. 여기에다가 도시인들의 문화적 '눈'은 19세기 60년대 경복궁 중건이 있는 해에도 궁중내에 각종 민간 예술 단체들이 공연할 정도로 '민악民樂' 감수성이 전계층의 문화예술 감수성으로 높아 가고 있었다. 19세기 말에 가서 민중들도 점차로 공연 자체를 상설화할 수 있기를 요구하고 있었다.

더욱이 외세의 경제적·정치적·군사적·문화적 각축장이 되어 가는 현실에서 민중들이 새로운 시대의 민족음악 예술의 탄생에 대한 기대가 커지면서 상설무대화가 촉진되었다.

　서울의 경우, 1899년 초 사설극장으로 실내무대형 연희장이 아현 지역에 만들어졌고, 1900년에 용산무동연희장龍山舞童演戲場을 비롯하여, 관립극장인 협률사協律社가 1902년 여름에 설립되었다.[31]

　판의 상설화는 이후 계속적으로 극장을 만들어 가게 하였다. 1907년에 연흥사演興社, 광무대光武臺, 단성사團成社가 만들어졌다. 1908년에는 협률사가 원각사圓覺社로 바뀌었고, 이 밖에 장안사長安社와 음악사音樂社, 단흥사團興社 등 여러 극장이 생겨나고 있었다. 뛰어난 예인집단들이나 음악·무용 예술인들은 더 이상 떠돌이일 수가 없을 정도로 상설 실내 공간으로 모여들었다. 지방의 경우, 경기도 광주군 송파松坡에서 상인 들이 송파시장을 상설적으로 활성화시키기 위하여 산대놀이패를 육성하여 송파에 상설 공연케 하거나, 서울 중심으로 애오개산대나 사직골 딱닥이패, 구파발산대, 노량진산대, 퇴계원산대 그리고 경상도 수영·동래·통영 등의 오광대패의 상설화는 물론 전국 조창지역은 상업 자본의 발달로 온갖 예인집단이 생겨나곤 하였다.

　한편, 외국인들의 상설 극장 설립과 함께 자국의 문화 소개도 만만찮게 전개되었다. 1902년 여름에는 일본인들이 교동에 연희장을 설치하고 매일 밤 '왜창倭唱'으로 무대를 꾸려 나갔다. 벌써 일본 현지에서 1880년대부터 유행한 소오시壯士들의 '신파극'인 소오시게키壯士劇와 '엔카演歌' 등이 유입되고, 개항지에서도 '가부키좌歌舞伎座'가 상설적으로 무대에 올려지고 있었다.[32] 일본은 조선 개항과 청·일전쟁 이후에도 저들의 거류지에 소오시게키, 엔카, 가부키는 물론 유곽 지역을 만들어 가기도 하였다. 일본인의 예기藝妓와 창기娼妓 유입은 물론 1904년 이후 조선의 기생과 그 문화를 각종 법규로 매매음 산업화를 획책한 것도 모두 일본군의 조선 진입과 관련이 있는데 한국 민족문화의 분리 정책으로 약체화를 기도한 것도 같은 문맥에서다. 일본은 이외에도 1899년부터 변사辯士를 대동하여 일본의 활동사진(영화)을 가지고 전국 순회 상연을 하면서 대중적 인

31_ 『皇城新聞』, 1899년 4월 3일자, 1900년 3월 6일자, 1902년 8월 15일자 이후 참고.
　32_ 『京城新報』, 1908년 8월 15일자 참고.

〈사진 36〉   협률사

1902년에 설립된 협률사는 민악 출신으로 궁정 안팎으로 최고의 명인·명창·명무가들로 조직한 종합예술단체이자 이들의 전용 극장 이름이기도 하였다. 1902년 8월 현재의 신문로 1가 58-1번지 일대에 준공한 협률사는 벽돌조와 내부 목조로 지어진 지하와 지상 2층 그리고 옥탑으로 건축되었다. 남녀좌석을 구별 지은 협률사는 2층이 특석이었고 관객을 6백 명에서 1천 명 정도 수용할 수 있었다. 1908년에 원각사로 그 이름을 바꾸어 지속하다가 1914년 안타깝게 화재로 소실되었다. 무대가 갖추어진 옥내 극장이었고, 우리 나라 음악으로 국제화에 대응하려고 하였던 정부의 첫 뜻이 담겨진 내용을 보더라도 오늘날 남아 있는 평면도를 참고하여 복원되어야 할 역사적 극장이다.

기를 끌며 조선인의 문화감수성에 엄청난 변화를 일으키기도 하였다.

청국인들도 마찬가지였다. 한성(서울)내 청계천 2가 수표교를 중심으로 한 청국인 거리에 거주하는 청국상들은 1904년 아예 청용관이라는 상설극장을 만들어 청국 연희패와 경극단京劇團을 들여와 연행과 경극을 유행시키고 있었다. 상설 극장들의 설립은 대중을 상대로 한 공연 양식과 연희 관습, 악단 조직 등에 많은 변화를 가져오게 하였다. 상설 극장이 이 시기에 생겼다는 것은 대중을 기반으로 한 무대공연 형태가 달라졌음을 전제한다. 협률사의 조직과 각종 음악 예술인들을 상설 실내 극장으로 끌어들이는 것은 물론, 판소리를 '창극화' 시키고, 시대에 부응하는 편곡·창작의 활성화를 꾀하여 여러 민족음악 형식을 창출케 하는 등 많은 영향을 미쳤다.

2) 민족음악 형식의 새로운 발전과 수용

한국 근대 시기는 그 시기를 거듭할수록 민악民樂의 통일 시기가 도래하였다. 이양선 출현, 북경 함락, 개항, 농민전쟁, 정변, 동학·갑오농민전쟁과 청일전쟁, 독립협회운동과 만민공동회운동, 삼국간섭과 아관파천, 대한제국과 국제관계 등의 엄청난 시대적 변화는 지식인들로 하여금 성리학적 예악감수성에 더 이상 묶여 있을 수 없게 하였다. 대신, 예악적인 미학관을 가졌으면서 민악화할 수 있는 민족음악 형식, 곧 가곡·가사·시조·줄풍류·대풍류·사관풍류 등과 민악이면서 예악적인 민족음악 형식, 곧 판소리와 산조와 춤, 그리고 각종 예인집단들의 가무를 수용하고 있었다. 이것은 어느 한쪽의 음악감수성으로 일관하지 않았음을 말하지만, 시대적인 변천과 함께 민악 예술을 더 선호하게 되었다. 이 현상은 제3기를 거쳐 제4기로 갈수록 심하였다. 이것은 안으로 군악대·곡호대 편성과 애국가 제정운동에 따른 감수성 변화와 농민전쟁에서 해방된 민족정서 확인, 밖으로 영화나 레코드 등의 수용과 청의 경극과 일본의 가부키나 엔카 등의 유입에서 비롯되기도 하였지만, 무엇보다도 민족 현실의 안팎 위기로 인해 성리학적 미학이 더 이상 근대음악 미학으로 작용할 수 없는 대신, 민족정서 공동체를 더 솔직하게 확인할 수 있다는 점에서 비롯된다.

신청 출신들이 일상화하고 있었던 판소리와 시나위 합주에서 비롯한 산조 출현은 이미 밝힌 바 있다. 김창조金昌祖(1856~1929)의 장별제 가야금 산조에 이어 제3기 벽두에 백낙준白樂俊(생몰연대는 1876~1930, 1884~1934, 1875~1935 등 여러 설이 있다)이 만들어 낸 기본 거문고 산조가 오늘날과 같은 틀로 잡혀갔다. 즉, 김창조의 가야금 산조가 그러하듯 백낙준의 거문고 산조도 기본 장단마다 몇 개의 장으로 나눈 기본 장별에 따라 기화氣化시킴으로써 즉흥적이었지만, 이 시기에 '진양조-중모리-중중모리-엇모리-자진모리'들로 틀이 잡혀갔다. 백낙준 거문고 산조는 김종기·박석기·신쾌동 등의 제자에 의하여 이후 여러 유파를 형성하였지만, 신쾌동을 비롯하여 누구나 백낙준류를 바탕으로 새로운 중중모리 등을 지어 삽입하거나 확대·변주시켜 새로운 유파를 탄생케 하였다. 이것은 모두 백낙준 거문고 산조에 그 바탕을 두고 있다. 곧, 창작은 전통과의 변증법적 '대화'에 근거를 두고 있다.

이 시기 나라 안으로의 판소리가 밖으로의 일본의 가부키나 청국의 경극 그리고 서양제국들의 극적 무대 작품들과 대응하여 민족 가극이랄 수 있는 '창극'으로 무대화하였다. 판소리 창극화의 주역들은 1902년에 설립된 협률사 단원들에 의한다.

3) 협률사 조직 활동과 판소리의 창극화

(1) 궁내부 소속 협률사

협률사는 정부가 재정 충당을 목적으로 1902년에 설립한 관립 극장이다. 국가 제사와 시호諡號(제왕·경상·유현들이 죽은 뒤에 그들의 공덕을 칭송하여 추증하는 칭호)를 맡고 있었던 관청, 곧 봉상시奉常寺내에 설치한 협률사는 궁내부 내의 협률사協律司가 관장하였다. 협률사協律社가 운영하는 극장 이름과 그 조직체가 협률사協律司였다.

협률사協律社는 야주개夜珠峴(현 신문로 새문안교회 자리)에 벽돌조와 목조 구조로 지하와 지상 2층 그리고 옥탑이 곁들여진 건물을 1902년 8월에 준공하고 '궁내부 소속 협률사'란 간판을 내걸고 1900년대 우리 나라 무대 예술을 주도하였다. 협률사 공간 수용 능력은 600~1,000석 정도이었으니 당시로서 큰 규모가 아닐 수 없었다. 백열등이 켜 있는 1층의 무대 전면과 계단식 횡렬좌석·일반좌석·2층 특석을 두고 중앙부를 오픈 공간으로 처리하였으며, 남녀 좌석을 구분하였을 뿐만 아니라 주변에 매표구·매점·끽다소喫茶所·변소·신발장·소도구실·의상실 등을 갖춘 극장이었다.

협률사는 1906년 사회적 비판에 몰려 일시 문을 닫았다가 1907년 봉상시 폐지와 함께 폐지되었다. 폐지 직후 협률사는 지방의 민간조직체의 협률사로 분화·발전하였고, 서울의 협률사 공간은 고급 관리들의 사교장이랄 수 있는 '관인구락부'로 이용되었지만 시민들의 공연 개장 요구에 따라 1908년 민간극장 '원각사圓覺社'란 이름으로 개장하였다. 1914년 불로 소실될 때까지 협률사 → 원각사는 한국 음악 사회에 가장 폭넓게 영향을 미친 최고·최대의 공연 전문 극장이었다.

협률사 구성은 2차에 걸쳐 완료하였다. 1차는 궁내부의 태의원太醫院(황실의 의무醫務 주관 기관으로 1902년에 전의사典醫司에서 개칭)과 상의사尙衣司(조선 시대부터 임금의 의복과 궁중의 일용품·금·보화 등을 공급한 기관으로 1895년에 상의원에서 개칭) 등에서 기생[官妓]들을 선발하였고, 2차는 김창환金昌煥·송만갑宋萬甲·이동백李東伯·강용환姜龍煥·염덕준廉德俊·유공렬劉公烈·허금파許錦坡·강소향姜小香 등 명창과 경서도 명창인 박춘재朴春載·문영수文永洙·이정화李正

和・홍도紅桃・보패寶貝 등 모두 170여 명으로 조직된 전국 민악계 최고의 조직체이다. 이들이 바로 조선 제1의 명인・명무・명창들이다.

협률사 수석(주석)이었던 김창환金昌煥(1863~1930)은 전라도 나주 출신으로 국창이었으며, 서편제의 거장이었다. 송만갑宋萬甲(1865~1939)은 전라도 구례 출신으로 역시 국창으로 협률사 부주석이었다(명창 송우룡의 아들이자 그의 종조가 가왕 송흥록이었고 조부는 대명창인 송광록이었다). 이동백李東伯(1866~1947)은 충청도 서천 출신으로 고종으로부터 정3품 통정대부通政大夫를 제수받을 정도로 국가로부터 인정받은 국창이었다. 강용환姜龍煥(또는 龍漢, 1865~1902, 또는 1938)은 전라도 무안 출신으로 근대 기간에 명성을 떨친 서편제 명창이었다. 그는 또한 창극 연출가이기도 하였다. 염덕준廉德俊(1865~?)은 전주 출신으로 고종 – 순종기에 일세를 떨친 서편제 명창이었다. 유공렬劉公烈(1894~1927)은 전라도 익산 출신으로 1983년 전주 통인청 대사습에서 부각된 이래 전국에 명성을 날린 명창이었다. 허금파許錦坡는 전라도 고창 출신으로 김세종 문하에서 판소리를 공부하고 신재효에 의하여 여류 명창으로 부각되어 판소리 공연사에 전환점을 마련한 명창이었다. 강소향姜小香은 경상도 대구 출신으로 광무연간(1897~1906)에 명성을 날린 미인 명창이었다. 경서도(경기・서도) 명창인 박춘재朴春載(1877~1948)는 경기잡가의 대가이자 발탈의 명인이며 재담의 1인자로, 또 일축에서 최초로 녹음을 남긴 명창이었다. 문영수文永洙는 박춘재의 재담 파트너로, 또 박춘재・김홍도・이정화 등과 경서도 민요의 병창으로 널리 알려진 이 분야 명창이었다. 이정화李正和・김홍도金紅桃・보패寶貝 등은 모두 경서도 명창들이었으며, 1910년대 이후 음반 취입으로 일세를 풍미하였다.

이처럼, 협률사는 크게 전라도의 판소리・경서도의 잡가와 민요, 궁정의 정재와 아악, 그리고 삼현육각 중심의 기악들과 그 밖의 재담・재인들의 놀이 등을 주 공연 종목으로 할 수 있었던 명인・명창・명무가들로 공연때마다 '인산인해'를 이룬 당대 최고의 인기를 누린 예술가 조직체이다. 전라도와 경기도 등의 소리체를 혼재시킨 협률사는 그만큼 시대인들의 다양성을 반영하고 있는 것도 큰 특징이었다.

협률사 구성원과 활동을 주의깊게 보면 우리는 중요한 역사적 사실을 발견할 수 있다. 첫째는 정부가 처음으로 민악인들을 중심으로 조직하였다는 점이다. 대중을 상대로 한 소통 언어가 궁정 아악류가 아니라 민악류임을 공식화하였던 것이다. 이 사실은 조선 음악 역사에서 처음 있는 일로써 음악관의 전환을 뜻하고 있다. 알고 보면, 동학·농민전쟁으로 이들이 천민 신분에서 해방되어 자유화할 수 있는 점에서 그러하기도 하였다. 그만큼 시대적 상황이 급변하고 있었다.

둘째로 협률사가 신청(재인청) 조직원들이 중심적으로 짜여진 단체라는 점이다. 1903년에 협률사의 고시에서도 이 점을 잘 나타내고 있다.[33] "협률사에서 경산 각 사찰에 고시하기를 음률하는 공인을 의임 본사에서 관할하는 바인즉 소창하러 다니는 것을 불가불 금단하는데"와 같이 협률사가 '음률하는 공인'을 전국적으로 통제하고 있었다. 이것은 협률사의 주무主務를 맡고 있는 관료들과는 달리 소속 음악인을 대표하는 김창환이 송만갑과 함께 전국의 명인 명창들을 신청 조직을 통하여 불러모았기 때문에서도 통제가 더욱 가능할 수 있었다. 그리고 태의원과 상의원에 속한 기생들도 다름아닌 신청 출신에서 선발한 무녀들이 대부분이었다. 이미 신청이 8명창 5명창을 배출시킨 바있지만, 협률사 음악 예술인들을 대표하는 김창환이나 이동백·박기홍·유성준 등은 신청 출신으로 무부巫夫 국창이었다. 특히, 협률사 수석 김창환은 고종이 가장 아끼던 국창으로 신청(재인청)의 전국 우두머리인 도산주都山主 출신이었다. 그리고 협률사의 산맥이 1906년 원각사로 줄기화하고, 1934년 '조선성악연구회'로 이어져 오늘에 이른다는 점에서 그 도도한 산맥이야말로 한반도 민족음악의 본산이 아닐 수 없다.

셋째로 궁정 아악을 비롯하여 정재呈才를 민간화시킨 점이다. 정부 조직으로 궁내부와 태의원과 상의사 등의 관기들과 장악원 악공과 각 관아의 악공들로 협률사를 조직할 수 있었던 것 자체가 민간화를 촉진하였다. 이들의 공연 종목으로 정재의 경우는 검무·가인 전목단·선유락·항장무·포구락·무고·향응 영무·복춤·사자무·학무 등이었으며, 이 정재 반주야말로 바로 아악류였다.[34] 정재呈才란 왕실을 위하여 헌정獻呈하는 재예才藝로써 궁중무악宮中舞樂을 가리킨다. 이들 정재는 지금까지 궁중의 각종 의제儀祭를 비롯한 행사에 태의원 의녀醫女로서 약방 기생과 왕실의 바느질을 하는 침선비針線婢로서 상의사尙衣司에 속한 관기들이 춤을 췄다. 춤 형태는 『악학궤범樂學軌範』이나 각종 '진연의궤進宴儀軌'·'진찬의궤進饌儀軌' 또는 『고종계사홀기高宗癸巳笏記』나 『각정재무도홀기各呈才舞圖笏記』 또는 화원畵員들의 그림과 사진으로 전해지고 있다.

33_ 『뎨국신문』, 1903년 3월 27일자 참고.
34_ 『大韓每日申報』, 1907년 12월 24일 참고.

| 정정렬 | 김창룡 | 이동백 | 송만갑 |
| 김창환 | 박춘재 | 문영수 | 한성준 |

〈사진 37〉 협률사 명창·명인·명무가들

　향악 정재로서 검무劍舞는 일명 검기무劍器舞로서 향당 교주에 임시로 붙여진 곡 무
령지곡武寧之曲을 연주한다. 또, 「가인전목단佳人剪牧丹」은 향당 교주에 붙여진 「축유여지
곡祝有餘之曲」, 「선유락船遊樂」과 「항장무項莊舞」는 징·북·호적·자바라·나발·등 내
취수內吹手 편성으로 대취타大吹打와 삼현육각이 연주하고, 무고舞鼓는 향당 교주인 「경
만년지곡慶萬年之曲」을, 「사자무獅子舞」는 영산회상에 임시로 붙여진 「만방영지곡萬方寧之
曲」, 「학무鶴舞」는 「채운선학지곡彩雲仙鶴之曲」을 각각 연주하고 있어서 최소한 삼현육각
이 동원되어 연주하였다.

　이처럼, 협률사가 궁중음악문화를 궁중 안에서 궁중 밖의 일반 무대를 통하여 선을
보인 것은 궁중의 모든 음악문화가 더 이상 왕도王道의 악樂으로 존재하지 않고 예술로
서 변모케 하였다는 점에서 이들의 역사성이 있다(민족문화 해체를 서슴지 않았던 일본제국주의의
문화 정책에도 불구하고 협률사-원각사가 무대 예술화하였기 때문에 오늘날까지 전수할 수 있었음은 특기할 사항
이다).

〈사진 38〉   협률사 소속의 관기들

〈그림 76〉 　　　　　　　　　 협률사 - 원각사가 일반화시킨 「항장무」
1872년 정현석(鄭顯奭)의 『교방가요(敎坊歌謠)』 중에 나오는 「항장무(項莊舞)」이다. 무극(舞劇)이다. 처음에 「대취타」를 연주해야하므로
세악수와 취고수가 그림처럼 등장하였다. 대취타가 끝나면 세악수가 중심이 되어 진행한다.

　　넷째는 협률사가 모든 조선 전통음악과 춤을 '무대화'하여 근대음악·무용 사회를
주도한 점이다. 이들이 무대화한 것은 궁중음악문화만이 아니다. 이들 자체가 판소리
하는 명창들과 민요와 무용 그리고 각종 재주 부리기를 할 수 있는 사람들과 삼현육각
등으로 기악 연주와 반주를 할 수 있었던 명인·명창·명무자들이었기 때문에 공연
내용은 판소리와 민요와 춤 재주넘기와 온갖 기악 연주가 주축이었다. 판소리 이외에
경서도 민요, 서도 잡가, 기생 가무, 줄타기, 재담 기술, 잡희 그리고 앞서 예를 든 승무,
검무, 사자춤 등을 모두 무대화하였다.

　　다섯째는 협률사에서 무엇보다도 판소리를 창극화시켰다는 사실이 우리를 주목시
킨다. 신청 음악의 창출이 늘 그러하듯이 판소리를 단절시키고 창극으로 발전시킨 것

이 아니다. 판소리도 병행시키면서 민족가극이랄 수 있는 창극을 발전시켜 나간 것이다. 고종의 어전광대로 사고참봉史庫參奉을 제수받은 강용환(용한)이 협률사 창립직전부터 「춘향가」의 창극화를 모색하다가 협률사가 창립하자 그 무대화를 본격화시켰다. 1903년 가을에 「춘향전」과 1904년 봄에 「심청가」가 드디어 창극화하였다. 물론, 처음이라서 한계가 있었다. 창극 「춘향전」은 무대 장치와 도구 없이 백포장으로 배경을 삼았고, 천장에 백전구만을 밝힌 무대에서 2인이 번갈아 배역을 맡는 2인 음악극이었으며, 그 내용도 전편 공연이 아니라 앞장과 뒷장만 뽑아서 연출한 창극 형태였지만, 판소리를 배역에 따라 극을 근대적으로 도입하여 오늘날의 창극과 같은 발전의 기틀을 마련하였다. 따라서, 민족 전통음악을 통하여 민족가극의 무한한 가능성을 계기화시킨 것은 역사적이다. 이러한 초기의 창극들은 근대음악사 전기 제4기에 가서 「최병

〈사진 39〉 　　　　　　　　　　　　　　「항장무」 출연진과 복식

항장무는 19세기 내내 인기 정재였다. 1844년에 한산거사(韓山居士)가 지은 「한양가(漢陽歌)」에 "갑사군복 홍수달아 / 남수화주 긴 전대를 / 허리를 잔뜩 매고 / 상모단 노는 칼은 / 두 손에 빗기 쥐고 / 잔영산 모는 삼현三絃 / 항장項莊의 춤일런가 / 가슴이 서늘하다 / 보기에 번화하고 / 듣기에 신기하다"와 같이 삼현육각의 항장무를 「한양가」에서 유달리 부각시킨 대목에서 그러하다. 항장무는 이후 1827년의 「교방가요」와 1893년 고종계사홀기에 전하기도 하지만, 1902년 협률사를 통해서도 인기 정재였다. 협률사-원각사에 의하여 일반화한 점은 역사적이랄 수 있다. 내용은 항우와 유방 그리고 관중간의 관계를 다룬 춤이다. 앞의 〈그림 76〉은 1893년 고종계사홀기에 나오는 그림이다. 맨 밑부분 연주는 취고수 8명이 취타곡을 연주하는 모습이다. 주목할 사실은 취고수 8명 바로 위에 세악수 6명이 좌고를 비롯한 삼현육각 편성으로 연주하고 있어서 협률사-원각사의 모든 정재반주야말로 삼현육각 편성의 전문적 육잽이가 연주했음을 시사케 한다는 점이다. 그리고 항장무 이외의 사자무의 경우는 북쪽 지역의 성천 춤이 1887년에 궁중에 들어간 경우여서 1880년대 이후부터 민간과 궁중의 문화 교류가 빈번해졌음을 말한다. 또한, 협률사-원각사의 무대를 통한 정재 공연으로 정재가 더 이상 왕실을 위한 춤과 음악이 아니라 일반인에게 예술로서 의미 체계가 변모하였음을 뜻하고 있다는 점에서도 협률사 공연이 더욱 주목된다. 한편, 19세기 전반기는 가곡·가사·잡가·시조 또한 유명 장르였음을 「한양가」는 전하고 있다.

두 타령」과 1910년의 「변강쇠 타령」, 1915년의 「흥보전」을 거치면서 본격적인 민족
가극으로 발전시켜 나갈 수 있었다. 그 음악인과 음악들은 모두 민중들 속에서 자라
나왔다. 특히, 「최병두 타령」과 같이 민족 형식과 인간화 구현을 내용으로 삼은 음악
작품으로 창작화하여 이 기간 민족음악의 전형성을 획득할 수 있었던 것도 그 가능성
이 여기에서 비롯되었다.

(2) 민간 협률사

궁내부 봉상시 소속의 협률사가 1902년 활동을 개시한 지 5년 만인 1906년에 사회
적 비판으로 일시 문을 닫은데다가 1907년 봉상시 폐지와 더불어 해체되었다. 1908년
시민들의 공연 개장 요구에 따라 원각사로 다시 문을 열지만, 예전의 협률사 구성원과
는 변화가 있었다. 이 변화는 협률사 주석이면서 국창이었던 김창환을 비롯하여 강용
환·송만갑·김창용·유공렬·강소향·등 명창들이 민간 조직으로 사설 협률사를 조
직하여 분화하였기 때문이다(강용환의 경우는 불분명하다).

김창환金昌煥(1863~1930)은 협률사 해체로 낙향한 뒤 1907년 전라도 출신의 명인·명
창·명무들을 규합하여 '김창환 협률사'를 조직·활동하였다. 김창환·강용환姜龍煥·
유성준劉聖俊·김정길金正吉·김채만金采萬·안영환安永煥·공창식孔昌植·박지홍朴枝洪·김
억순金億順·박꾼수·신용주申用柱·전일도全一道·한성태韓成泰·안영채安永彩·박화섭朴
化燮·박종원朴宗元·정학진丁學珍·김봉학金鳳鶴 등 50여 명이 그들이다. 판소리 분야가
대부분이었지만 이 중에서 김억순·안영환·전일도·신용주·박꾼수·안영채 등은
재담 잡기와 민요 등을 중심으로 활동하였다.[35]

이들의 주된 공연 종목은 판소리와 창극·줄타기·재담·해학·민요·춤 등이었으
며, 가설 무대에 횃불을 밝히고 순회하는 이들의 공연마다 관객들로 '인산인해'를 이루
었다고 한다. 김창환 협률사의 공연사적 의의는 무엇보다도 '창극화'라는 점에 있다.
이 시기 창작적인 연출가로서 강용환의 부각은 부동의 위치에 있다. 궁내부 소속의 협
률사 경험에서 비롯한 강용환의 경우는 「춘향전」 중 「어사와 초동」을 독자적으로 창
극화한 「어사와 초동」 연출로 인기를 모았다. 여창이 없는 상황에서 남창 중심의 창극

35_ 박황, 『창극사연구』(서울 : 백록출판사, 1976), 46~63쪽 참고.

이었다. 또, 1910년에는 판소리 「변강쇠 타령」(횡부가, 가루지기 타령, 변강쇠전)을 창극화하기도 하였다. 지역의 민족감수성을 크게 발전시키고 있었던 김창환 협률사는 그러나 1910년 소위 한일합방 직후 스스로 해체하였다.

궁내부 협률사가 해체하면서 김창환이 김창환 협률사를 조직한 것처럼 이동백李東伯 (1866~1947)은 1908년 가을 '이동백 협률사'를 조직하고 주로 서울과 지방을 대상으로 전국적인 활동을 전개하였다. 김창용·유공렬·한성준·이선유·김정문·김광순·강소향 등이 '이동백 협률사'의 주된 구성원이었다. 여류 명창으로 강소향 한 사람밖에 없었으므로 역시 판소리를 장면별로 창극화하였지만, 이들 공연장 역시 언제나 초만원이었다. 이동백 협률사 역시 1910년 8월 소위 한일합방과 함께 자진 해산하였다.[36]

이제, 우리들은 조선을 음악 식민지 전진 기지로 삼으려는 일본제국주의의 압력 정책 앞에서 민족음악의 각성과 저항으로 의병전쟁과 계몽운동이 한국 전민중들에게 전개하는 제4기(1904~1910)를 맞이한다. 일본이 어떻게 식민지 전진기지화하려 하였는지 음악 분야에서 강압적인 직제 개편과 그 내용, 민족음악으로서 각성과 저항의 내용들을 다음 6장에서 추적하기로 하자.

36_ '김창환 협률사'와 '송만갑 협률사'가 해체한 이후로도 이들은 1912년에 '광주 협률사'(1920년 까지 8년간)를 거쳐 김정문의 남원권번·장판개의 구례권번·박종원의 나주권번·한성태의 함흥권번 등 소위 권번 시대의 소리 선생으로 이어지다가 1933년에 드디어 조선 최대의 음악 조직체인 '조선성악연구회'로 모아졌다.

근대 전기
: 제4기 음악(상)

근대 전기
: 제4기 음악(상)

1. 근대 전기 : 제4기의 시기 구분과 성격

근대 전기 제4기는 1904년 2월부터 1910년 8월까지 6년 6개월간의 시기이다. 안으로는 계몽운동과 항일의병전쟁 시기이자 밖으로는 일본이 조선을 식민지화 하기위해 구축 작업을 한 시기였다. 이 시기는 전자의 국권회복운동과 후자의 식민지 전진기지화 구축이 대립적인 역사 성격을 가진 시기였다.

이 성격은 음악에서도 그대로 나타났다. 일본이 정치적·경제적 체제를 이용하여 대한제국의 교방사(1897년 장악원에서 직제 개편) 음악문화와 군악대·곡호대, 그리고 조선 민악들을 강압적으로 약체화시키려는 획책을 자행하고, 또 공립학교 음악 교육 현장에 일본의 '쇼오카唱歌'와 '온가쿠音樂'를 적용시킴으로써 민족 정서를 구체적으로 해체시키려 했던 시기였다. 또, 일제의 조선통감부가 음악인들을 기생조합권으로 재편시킨 점에서도 이 시기 일제의 억압적 성격이 그대로 나타난다.

반면, 조선 민중들은 계몽운동의 기치 아래 애국적인 노래 운동으로 일제에 맞섬으로써 국권 회복이라는 민족적 과제를 실천하고 있었다. 학교 설립을 통한 신교육운동이 '노래'를 통하여 대중들을 계몽하고 민족적 자각을 높이려는 데서 이 기간 문화운동의 성격이 실력 배양으로 나타나고 있었다. 이에 대하여 일본제국주의의 침략으로 민족적 위기 상황을 맞고 있는 현실에서 이러한 실력 양성만으로는 극복할 수 없다고 인식하여 전국에서 항일의병운동이 일어났다. 항일의병투쟁은 일본과 무력투쟁으로 맞서면서 1910년대 직후 국내외 항일독립운동과 그 전쟁으로 발전하였다.

여기에 「의병가」를 비롯한 「항일가抗日歌」 등이 항일의병투쟁가로서의 성격을 가졌다. 우리 나라 음악사가 늘 그러하듯 '노래' 장르로만 끝난 것은 아니었다. 특히, 이 시기의 국권 회복이라는 민족적 과제는 반외세로만 성격지워진 것이 아니라 봉건성을 반대하고 민주적인 사회를 갈구하고 있었으므로, 이 시기에 나온 「최병두 타령」은 민족가극의 전형성을 이루었다. 봉건성에 저항하는 최병두의 삶을 통하여 민주적인 근대 사회 추구의 사실성과 음악적 드러냄의 본격화, 판소리 장르에서 성악·기악을 종합적으로 발전시킨 민족적 형식 '창극'을 통하여 극적 효과의 전문성과 대중성의 획득에서 그 단적인 특징을 찾아볼 수 있다.

한편, 서양음악을 자주적으로 수용하고 조선음악을 체계적인 교육으로 발전시키려는 민간음악학교, 곧 '조양구락부'(후에 조선정악전습소로 발전)가 이 기간 마지막에 창립된 것도 세계의 흐름에 대한 대응책의 일환이었다. 조양구락부가 여전히 친일적 정치권의 후원 아래 아악 발전책을 전개시켰다는 점에서 한계였다. 그러나 조선의 역사적인 음악이 그 동안 대對 중국보다 이제는 대對 서양음악을 움직일 수 없는 음악 역사의 대상으로 삼고 전환적인 세계화를 모색한 점은 역사적이었다. 그만큼, 한반도에서 음악 역사 전개 이래 세계화 모색은 민족음악의 과제임을 다시 한 번 확인케 하였다. 비록, 그 모색이 아이러니컬하게도 서양음악을 수용하는 일본식 방법론을 통감부하에서 시도했을지라도 말이다.

이 시기 직전인 근대 전기 제3기에 한반도를 둘러싼 국제 각축전이 러시아·프랑스·독일 등 '3국 간섭' 중심으로 전개되자 일본 세력이 약화된 바 있다. 그러나 일본은 1902년 영국과 동맹 조약을 체결하여 제국주의 국가로 발돋움하고, 이어서 1904년 러·일전쟁에서 승리, 1905년 미국과 카츠라-태프트 밀약密約과 영국과 제2차 영일동맹英日同盟을 체결하여 조선에 대한 독점적 지배권을 국제적으로 승인받기에 이르렀다. 1905년 7월에 맺은 카츠라-태프트 밀약은 미국이 러시아 진출을 조선에서 막기 위하여 일본의 조선 지배를 정당화시켰다. 즉, 미국은 필리핀에 대한 독점적 권익을 보장받는 대신 일본이 조선을 독점적으로 지배할 수 있다는 권한을 국제적으로 승인하는 밀약이었다. 이 밀약은 당시 일본 수상이었던 카츠라 타로오桂太郎와 미국 대통령 특사 태프트Taft 사이에 체결하였다. 바로 일본이 미국·영국과 결탁하여 조선에서 제국주의 체제가 성립하였음을 말한다.

1905년 「일한협정서」체결기념사진
앞줄 의자 한 가운데 이토오 히로부미

1905년 을사조약 체결기념사진

1905년에 남산에 설치한 조선통감부

〈사진 40〉　　　　한일의정서와 을사조약 체결기념사진과 초대통감 이토오 히로부미

1904년 2월 러·일전쟁은 조선과 중국 동북부 지배와 이권을 위한 전쟁이었다. 일본은 조선에게 한일의정서를 강요하고 고문정치를
실시하였으며, 1905년 을사조약으로 통감부와 이사청 관제가 공포(1905.12)한 데 이어 초대 통감으로 이토오 히로부미가 부임하였다.
1909년 10월 의사 안중근은 이토오를 사살함으로서 일제의 조선지배를 반대하는 항일운동의 사표가 되었다.

안중근(安重根)의사   초대 통감 이토오 히로부미(伊藤博文)

　조선에서 일본의 제국적 침략성은 이후 거침이 없었다. 1904년 2월 러·일전쟁에서 승리한 일본이 그해 2월 23일에 조선을 군사적으로 강점한 상태에서 군사 기지를 확보하는 한일의정서韓日議定書를 강탈적으로 체결하고, 1904년 8월 22일 제1차 한일협약으로 고문정치顧問政治를 시작하였으며, 1905년 9월 5일에 포츠머스조약으로 조선을 보호국화하려는 일본의 정책이 국제적으로 승인을 받게 되었고, 같은 해 11월 17일에 대한제국의 외교권을 박탈하고 통감부統監府 설치를 내용으로 한 을사조약이 외부대신 박제순과 내부대신 이지용·군부대신 이근택·학부대신 이완용·농상부대신 권중현 등 '을사 5적'간에 체결되었으며, 1907년 대한제국의 군대가 강제 해산당하고, 1910년 8월 22일 통한의 한일합방 조약이 체결된 것이 그것이다.

　통감부는 이토오 히로부미伊藤博文가 초대 통감이었다. 러·일전쟁시 일본 경제를 주도한 일본인 메가타 타네타로오目賀田鍾太郎(1853~1926)는 1904년 조선의 재정고문財政顧問으로 들어와 일본식 세제 개편稅制改編을 통하여 조선의 경제 구조를 일본의 식민지 구조로 예속시키고, 1907년에는 '대한對韓시정 강령 7개조'로 식민지화 준비 계획을 획책하였으며, 이 해에 대한제국의 군대를 강제적으로 해산시키는 한편, 조선의 모든 음악문화를 일본화로 약체화시키려 한 장본인이다.

일본이 식민지화를 위해서도 사회간접자본을 확충하려고 철도 부설공사를 1905년 1월 경부선을 필두로 감행하면서 전국적인 토지 약탈로 나타나자 농민들은 소작료와 고리대로 몰락하면서 토지로부터 이탈 할 수밖에 없었다. 결국, 일본은 1910년 8월 22일 "한국 황제는 한국 전부에 관한 일체의 통치권을 완전히 그리고 영구히 일본 천황에게 양여한다"는 것을 골자로 한 소위 한일합방 조약이 체결되었다. 바로 여기에 제4기 조선 민중들의 국권회복운동과 의병전쟁의 빛나는 역사가 있었다. 10년대부터는 조선민중들의 기나긴 항일해방투쟁이 시작되었다.

이제, 근대 전기 제4기를 밖의 변인에 의한 음악의 식민지 위기와 안으로 민족음악으로서의 각성과 저항이란 두 항목으로 크게 나누어 풀어내려한다. 그만큼, 근대 전기 사상 중요한 시기이다. 전자는 다시 제도 개편, 군악대·곡호대 직제변경, 제도 개편에 따른 음악 예술인들의 사회화, 식민지 전진기지로서 학교 음악 교육의 구축 등 주로 국내외의 변화와 함께 음악계의 숨막히는 제도 개편 변화들을 추적한다. 이 분야가 근대음악사 전체사에서 중요한 부분이었지만, 지금까지 그 내용이나 성격이 불분명하게 알려졌다. 그 불분명성 때문에 근대 전기 제4기를 상上·하下로 나누어 두 번에 걸쳐 드러내고자 한다. 일제 통감부가 제도 개편으로 조선의 약체화를 획책하다가 점차 식민지 전진기지화 정책을 펼쳤다면 그 폭행적 정책 내용이 구체적으로 드러나야만 민족음악의 역사 전개 또한 구체적으로 그 성격과 내용이 본격화할 수 있기 때문이다.

2. 음악의 식민지 위기

근대음악사 전기 제4기 기간의 우리 나라 음악은 일본의 폭행적인 제도 개편으로 세 가지 방향에서 식민지 위기를 맞았다. 곧, 제도 개편의 목적은 이 기간 초기의 자주적 근대화를 위한 개편이라기보다는 일제 침략에 의하여 좌절하고 점차 일제의 한국 지배를 위한 물적 토대의 개편이자 황음화皇音化(천황의 일본음악화)를 위한 구조 개편이어서, 이에 우리나라 음악이 위기 상황에 직면하였다. 첫째는 정부 소속의 교방사와 군악대와 곡호대 등을 직제 개편으로 해체시켜 나가면서 음악 예술인들을 통제하기 시작하였다. 둘째는 자본을 걸머쥔 일본인으로 하여금 각종 음악 예술단을 예속화시켜 음악

사회를 통제하기 시작하였다. 셋째는 학교음악교육을 통하여 일본 민족음악을 뜻하는 '국악國樂'에 바탕을 둔 소위 '쇼오카唱歌'와 '온가쿠'音樂 교육을 통하여 일본 정서로 전환시키는 물적 토대를 이 기간에 갖추었다.

제도 개편은 물론 음악만이 아니었다. 위기 상황도 음악만이 처해 있는 것은 아니었다. 우리 나라 경제·정치·문화는 물론 민족문화 전체에 걸쳐 일제가 한국을 장악하기 위하여 통감부를 통한 제도 개편은 아주 치열하였다. 따라서, 우리들이 일반적으로 알고 있는 1910년 이후의 역사보다 이기간의 민족 현실이 더 위기 상황이었으며, 민족 투쟁 또한 치열하였다.

1) 제도 개편

광무光武연간(1897~1906) 군주 중심의 정치 체제는 두 개의 관제(궁중사무를 관장한 궁내부와 내각 행정부인 의정부) 중 주로 궁내부宮內部를 통해서 이루어졌다. 이러한 관제 개편을 음악사에서 주목하는 것은 이 개편 자체에 따라 음악 기관의 직제가 개편되어 중심적인 음악 사회 구조 자체에 새로운 변화가 일어났기 때문이다. 지금까지 왕실 예조禮曹에 부속된 장악원掌樂院이 1894년에 창설한 궁내부에 흡수되었다가 대한제국이 성립되는 1897년 이후에는 장례원掌禮院 협률과協律課로 흡수되었고, 이어서 1900년 6월 19일 포달 布達 제59호 '궁내부 관제 개정'에 의하여 협률과를 교방사敎坊司로 개칭할 때도 여기에 속하였다. 이 때의 인원도 722명이나 두었으니 그 위용은 자주독립국가의 위용을 선양하기 위해서였다. 이인원은 조선 시대의 마지막 큰 인원이었다.

그러나 1904년 러·일전쟁에서 승리한 일본과 '한일의정서'를 체결하고, 1904년의 제1차 한일협약으로 고문정치가 실시된 직후인 1905년 3월 4일 포달 제126호 '궁내부 관제 개정'이라는 제도 개편시에는 음악 직제도 벌써 일본의 통제권에 들어갔다. 장례원이 폐지되고 '예식원禮式院'이 신설되었을 때 장례원 교방사가 '예식원禮式院 장악과掌樂課'로 축소되어 개편된 것이 그것이다. 예식원은 '제실帝室 제의祭儀와 전례 및 악樂을 관장'토록 하였으나, 이미 고문정치顧問政治가 실시되어 대한 제국의 내각, 중추원, 각 부 이하 정부의 각 부국部局에 걸쳐 통폐합이나 축소 개정이 이루어진 뒤였다. 일본 통제란 구체적으로 조선의 모든 조직에서 명칭 변경과 인원 감축, 기능과 의미 축소, 각 부서의 일본인 등용, 일본군대·경찰 제도로 궁중 및 주요 지역의 통제 등으로 개편하여 조선 정부를 약체화시키고 식민지 전진기지로 개편하는 것을 말한다.

아악과 더불어 국가 음音·악樂의 양대 축으로 성장한 양악, 곧 군악대(시위 연대 군악대) 와 곡호대 역시 이 시기 일제 통감부의 제도 개편으로 약체화를 면치 못하고 있었다. 1907년 9월 1일에는 지금까지의 군부軍部 소관으로 있었던 '군악대軍樂隊'를 장례원 소속 으로 하고 그 이름을 '제실 군악대帝室軍樂隊'로 개정한 것도 마찬가지였다. 자주적인 대 한 군대의 힘을 상징하였던 '군악대'가 아니라 궁내부 예식대로서 축소되었기 때문이 다. 그리고 통감부가 어느 사이에 대한제국의 군악대를 궁내부 '제실帝室'이란 이름으로 축소시켜 바꾼 것도 조선을 직제 개편에 다른 '용어'에서부터 약체화시키려는 의도에 서다. 말할 나위 없이 이것은 1907년 7월 31일 통감부의 강압적인 군대 해산과 조선의 궁내부 장악에서 비롯된 것이다. 따라서, 군대 해산과 '임시황실유재산 및 국유재산조 사국 관제' 공포와 1907년 11월 27일 궁내부 관제가 일본통제하에 개정이 이루어지면 서 우리 나라 음악은 극도로 약체화되어 있었다. 당시 대한제국은 민족전통음악인 아 악과 서양음악의 군악대·곡호대라는 양 산맥으로 발전시키고 있었다. 이 날짜로 장례 원은 기존의 예식원 대신 생겼다.

여기에서 전통음악과 양악이 처음으로 같은 조직에서 만나지만, 일본식 직제와 용어 로 개편되는 음악사적 주요 사건이 일어났다. 조선의 전통음악으로서의 '아악雅樂'과 또 양악을 수용하여 발전시키고 있는 군악대의 '군악軍樂'이란 용어가 일제의 의도대로 사 라지고 대신 일본식 용어로 바뀌어지는 사건이었다. 즉, '일본 민족음악(National Music)'으 로서의 '국악國樂'과 그 바탕에서 대비시킨 '온가쿠音樂(음악)' 용어가 조선에 처음 공식화 되는 사건이었다. '국악國樂'이란 용어를 조선인들이 '국악'이란 번역어로 사용하는 계 기가 이루어졌지만, 일제는 일본민족음악을 가리키고 있었기 때문에 조선이 일제하로 편입하면 편입할수록 그 용어가 일본 음악을 뜻한다는 점에서 사건이 아닐 수 없었다. '음악音樂'이란 용어도 우리가 '음악'으로 번역하고 있었지만, 일제는 '온가쿠'를 서양음 악으로 설정하기 때문에 서양음악의 수용과 해석을 일제가 독점하는 계기가 이루어지 면서, 전통적인 '악樂'이란 용어가 해체되는 비극적 담론談論(discourse)이 전개되기에 이르 렀다. 〈표 32〉가 그것이다.

분류	직책 명칭	인원 직급	임무	임용자
조선음악	국악사장(國樂師長)	1인 주임	국악교수 및 주악을 맡음	종2품 이남희(李南熙)
	국악사(國樂師)	2인 판임	국악에 종사함	종2품 명완벽(明完璧)
				정3품 김인길(金仁吉)
서양음악	악사장(樂師長)	1인 주임	음악교수 및 주악을 맡음	정3품 백우용(白禹鏞)
	악사(樂師)	2인 판임	음악에 종사함	6품 강흥준(姜興俊)
				김창희(金昌熙)

〈표 32〉는 포달 제161호, 『관보』 융희 원년(1907) 11월 29일자 '부록'에 의하여 작성하였다. 궁내부 관제 개정건은 전문 33조로 되어 있으며, 장례원 조목은 제23조에 다루고 있다.

　　〈표 32〉에서 조선음악을 '국악國樂'이란 이름으로 통일하여 이남희가 '국악사장', 명완벽과 김인길이 '국악사'로 임용되었다. 서양음악 분야는 '음악音樂'이란 이름으로 백우용이 '악사장'으로 음악 교수와 주악을 맡았으며, 강흥준과 김창희가 '악사'로서 음악音樂에 종사하는 것으로 직제 및 그 명칭이 일본식으로 변경되었다.

　　'국악國樂'이란 용어가 우리 나라에 전혀 없었던 것이 아니다. 전래적으로 그 용어는 '아악류의 나라음악'이란 뜻의 '국악國樂'을 가리킨 경우가 있었으니 말이다. 이 경우는 '아정한 악雅樂'이란 뜻이 불분명하고 '국악國樂'이란 용어가 조선 안에서 쓰이는 용어이므로 일반적으로 쓰이지 않았다. 더욱이, 통감부가 조선을 식민지 기반으로 구축하려고 직제를 '일본식'으로 개편하고 있는 상황에서 '조선 나라의 음악'이란 뜻의 '국악'을 가리키게 하지 않았을 뿐 아니라, 오히려 조선음악을 약체화시키려는 뜻에서 의도적으로 일본식 용어를 적용하고 있었다.

　　이처럼, 일본식 용어를 적용한 사실에서 메가타 타네타로오目賀田鍾太郎(1853~1926)가 누구인지 우리가 알아야 한다. 그는 재정고문財政顧問이었다. 1907년 7월 19일 고종이 강제적으로 퇴위당하고 같은 해 7월 24일에 '한일신협약' 조인, 7월 31일에 군대 해산 조칙이 시행되어 우리 나라는 국정 전반이 일본의 지배를 받고 있었다. 궁내부도 통감부의 일본인들이 완전하게 장악하여 직제 개편뿐만 아니라 황실 재정을 완전하게 장악하고 있었다. 즉, 통감부의 중심부에 메가타 타네타로오가 있었다. 그는 1904년 9월 30일에 대한제국의 재정고문으로 서울에 들어온 이래 1907년 11월 9일 서울을 떠날 때까지 4년 넘게 궁내부의 사사로운 일과 제사, 궁내부 관련자들의 진퇴, 정부의 조선인 관리 등용 규칙, 봉급령 정리, 일본 관리를 간부로서 임용하는 문제, 은행 정비, 교통 개발, 풍속에 관한 문제, 교육 재건과 외국선교사를 통제하는 문제 등에 관여한 당사자였다. 그의 권한은 식민지 재정 사업의 완비 역할을 넘어 전영역에 걸쳐 있었고, 을사조약과 한일신협약, 군대 해산을 관장한 것이었기에 그의 재임 4년은 통감부 역사 그 자체였다.

메가타가 재정고문이라는 사실에서 드러나듯 그는 1905년 이후에 유통하고 있었던 백동화白銅貨와 엽전葉錢을 일본 화폐로 정리하고, 일본은 행권을 자유롭게 통용시키는 것은 물론, 지세 제도地稅制度를 개편하여 그가 일본으로 떠난 이후 조선총독부의 1910~1918년간 토지조사사업으로 모든 경제제도의 근간을 식민지적 제도 개편으로 완성케 한 장본인이었다. 무엇보다도, 그는 '국악國樂'과 '음악音樂'이란 일본식 음악 용어를 일본과 한국 음악교육 현장에 적용시킨 당사자이다. 따라서, 이 용어들은 대한제국의 내재적인 발전에 따라 일반화된 용어가 아니다. 일제 통감부가 외압적으로 적용한 일본 용어이다. 구체적인 내용은 다음 '식민지 전진기지로서 학교음악교육의 구축' 항목에서 밝히고자 한다.

통감부의 직제 개편은 1908년 6월 말과 7월 초에 걸쳐 해체나 폐지 또는 감축으로 더 구체화하였다. 이미 일제는 1906년 7월부터 일본 고문顧問 경찰이 궁중을 장악하고 조선인의 궁중 출입을 금지시킨 '궁금령宮禁令'을 내린 바 있고, 한일신협약에 따라 1907년 11월에 궁내부 신관제新官制를 발표하여 대신관방大臣官房과 12개청으로 축소시키고 대신 일본인 관리들을 대신관방, 내장원, 황실재산정리국 등 궁내부의 핵심부에 배치시킨 뒤, 1908년의 제도 개편으로 궁내부 모든 기관에 일본인 임용으로 궁내부 자체를 완전하게 장악하였다. 일제의 궁금령으로 궁중이 항일애국지사는 물론 국민으로부터 고립되었다. 자연히 궁내부의 모든 제사에 관한 의식이 개정되어 그 인원이 축소되거나 폐지됨에 따라, 여기에 속한 음악인들(관기들을 포함하여)이 궁중 밖으로 밀려 나와 궁중 안팎의 악단 사회가 재편되기 시작하였다.

일제는 두 가지 방향에서 조선의 정신 문화 뿌리를 자르는 제도 개편을 자행한다. 그 하나가 유교문화의 근간인 제례이고, 또 하나가 조선 민중문화의 근간인 무교巫敎이다. 전자는 장악원의 핵심적인 존재 당위성이요, 후자는 신청神廳 문화의 존재 당위성이었다. 조선 민족문화의 근간을 이룬 양대 산맥으로 누구나 거룩한 두려움의 종교적 세계를 이룩한 핵심이었다. 한국음악은 인간음악으로서 땅을 거룩하게도 하였지만 신적神的 음악으로서 자연과 하늘에 뻗어 있는 음·악인 이유도 여기에 있었다(후에 신청 제도 개편을 다시 알아보기로 한다).

지금까지 나라의 제사 의식은 국사國祀를 포함하여 궁중 안팎의 대사大祀·중사中祀·소사小祀 등 모든 제례를 통하여 1년 중 약 792회에 걸쳐 있었다. 그러나 1908년 6월 말에서 7월 초에 걸쳐 일제가 기구와 재정을 정비하여 제례를 바로잡는다는 명목[享祀釐正]으로 왕을 앞세워 조칙詔勅(왕이 일반에게 알리는 문서-필자)을 내리게 하였던 것이다. 이것은 제사·제례와 직접적으로 관계한 각 단壇·묘廟·사전社殿·궁宮·능陵·원園·묘墓의 관제 개편을 뜻한다.

이 분야에 관련된 악생·악공·악가무樂歌舞와 관련한 관기官妓들은 물론 관리자·여관女官들과 제사 재정을 대폭 감축시켜 해고시키는 결과를 가져온다.

실제로 일제는 이 시기 직제 개정으로 궁내부의 제실帝室 제사만 거행토록 하였지만, 이것으로 조선의 통치 문화를 상징하는 예악 문화가 해체 당하는 결과가 되었다. 계속하여 단사壇祠 폐지와 각 궁의 향사享祀 통폐합, 묘廟들의 폐쇄가 자행되고 있었다. 이 자행은 이곳에서 연주한 궁정음악의 약화를 뜻할 뿐만 아니라 그 기능과 인원도 해체됨을 뜻한다. 장례원 장악과 악공이 원래 7백여 명이었으나 1908년 6월 30일에 약 240명을 남겨두고 나머지 90여 명을 해산시켰다. 그것도 장례원 원경院卿과 이사와 사무관 모두 일본인이 맡아서 심사가 이루어졌다. 해산된 악공들은 어렸을 때부터 근무해 온 기간이 30년 이상되는 악공들이었다. 그뿐만 아니라 겸내취兼內吹도 같은 운명을 당하였다. 이로써 장례원 소관 장악과 악공들과 겸내취 소속원들은 실제적으로 해산되었다. 겸내취는 선전관청宣傳官廳에 매인 악인樂人들이었다.

장례원 장악과 악공들이 해산된 대신 두 달이 지난 1908년 8월 24일에 '장악부掌樂部'라는 이름이 새롭게 붙여졌다. 두 달 전인 6월 30일에 장례원 원경과 이사, 그리고 사무관을 모두 일본인이 장악하여 실기 선발을 빙자로 악공樂工 90여 명과 겸내취 18명을 해산시키고, 악공 240명과 겸내취 48명을 선발하여 장악과에 딸리게 하였다가 장악부로 직제를 바꿔 버렸던 것이다. 또, 장악부의 사무 내용은 '국악國樂'에 관한 사항과 '음악音樂'에 관한 사항, 악원樂員 양성에 관한 사항, 악기樂器 보관에 관한 사항이었다. 여전히 일본식 '국악'과 '음악'이란 용어가 고착되어 갔다. 여기에서 또 하나 주목할 사실은 '장악부'가 전통 아악 분야인 '국악國樂'과 양악인 '음악音樂'을 관장하였다는 점이다. 장악부가 아악만을 국악으로 다룬 것이 아니다. 이 전통은 일제 제도 개편에 의한 것이 아니라 이미 1880년대부터 '동호수-나팔수-곡호수-곡호대와 군악대'로 발전해 오는 과정에서 이루어졌다(오늘날 한국음악의 2원 체제와는 달랐다. 전통 단절이 아닐 수 없다. 그만큼 한국음악의 세계관이 좁아졌음을 말한다). 이처럼, 일본식으로의 명칭 변경과 인원 감축을 통하여 통감부는 조선 정부 자체를 약체화시켜 나갔다.

한편, 장례원 장악과에 '국악國樂'인과 함께 '음악音樂'인들로 구성한 '제실음악대'에 대한 '악사장' 이하 전부에게 복제服制를 정하였을 때, 그 직제를 보면 '악사장'과 '악사' 이하로 '악수장樂手長'과 '악수樂手'라 하여 '국國'자 붙은 '국악사장國樂師長'과 그 이하의 이름과 여전히 구분하여 고착시켰다.[1]

다음 복제 그림은 악사장 이하의 직급별·계절별·기능별로 모자·외투·상의·하의·검·복대·무궁화가 들어 있는 휘장 등 복제 형태이다.

결국, '한국 정부에 관하여 일체의 통치권을 완전하고 영구히' 일본으로 넘기는 1910년 8월 22일 소위 '한일합병 조약'으로 우리 나라 음악 역시 비상 국면을 맞게 되었다. 1910년 조선총독부는 대한제국의 법통을 일개 '이왕직李王職'으로 전락시키는 '이왕직 관제'를 1910년 12월에 발표하고 1911년 2월 1일부터 시행하여 민족문화는 물론 우리 나라를 전분야에 걸쳐 직접 지배하기 위해 나섰다. '이왕직李王職 아악대雅樂隊'와 '이왕직李王職 양악대洋樂隊'가 이 때 생겨난 이름으로 장악부와 제실음악대에서 각각 바뀌었다. 군부에서 궁내부로 기능이 약해진 이들 양 산맥이 이제는 한 왕가의 의식 행사로 전락하였던 것이다. 곧, 이왕직 및 공족의 집안 일을 돕는 임시 채용 인원이 바로 이왕직 아악대이자 이왕직 양악대였고, 이들은 인원수에 있어서도 189명으로 개편되는 비운을 맞이하였다.

비운은 용어에서도 그러하다. '국악'과 '음악'이라는 용어 대신 '아악'과 '양악'이란 이름으로 환원하였지만, 그 앞에는 '이왕직'이라는 수식어가 붙어 식민지 기간을 지내

1_ 포달 제176호, 장례원 악사장 이하 복제, 융희 2년(1908) 3월 20일 봉칙, 『관보』 융희 2년 5월 13일, 14일.

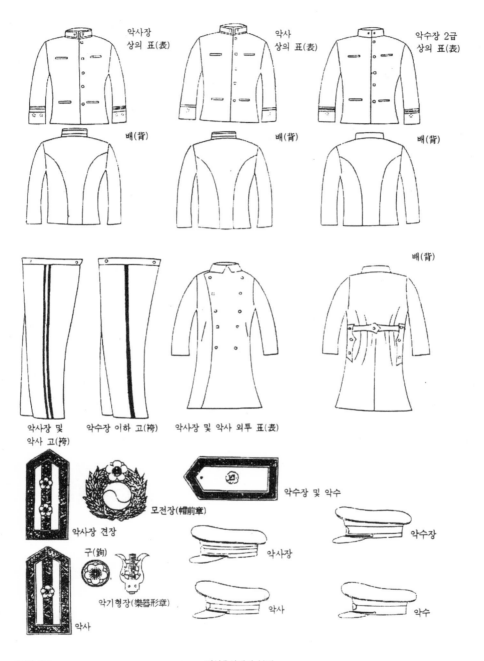

악사장
상의 표(表)

악사
상의 표(表)

악수장 2급
상의 표(表)

배(背)

배(背)

배(背)

배(背)

악사장 및
악사 고(袴)

악수장 이하 고(袴)

악사장 및 악사 외투 표(表)

악사장 견장

모전장(帽前章)

악수장 및 악수

구(鉤)

악기형장(樂器形章)

악사

악사장

악사

악수장

악수

〈그림 77〉   제실음악대의 복제

다가 해방 이후에는 다시 '국악'과 '음악'으로 부활하기에 이르렀다. 전통음악과 서양음악이란 의미를 대신하면서 말이다. 우리가 해방된 의식이 없이는 용어 해방도 할 수 없는 이유가 여기에 있다.

2) 군악대와 곡호대 직제 변경

이 시기, 통감부에 의한 직제 개편은 비단 궁정내 아악권뿐만이 아니었다. 대한제국의 위용을 상징하는 또 다른 산맥, 곧 군악대와 곡호대도 마찬가지였다. 1881년부터 부국강병富國强兵과 서양을 예견豫見하기 위하여 서양식 군악대 설치와 육성책은 20년 넘게 그 역사를 가지고 있었지만, 이 시기 통감부에 의하여 커다란 위기를 맞이하고 있었다. 1898년, 자주독립국가로서 면모를 대내외에 천명하기 위해서도 군대 확장을 한 대한제국의 군대가 제4기에 가서 일제의 군대감축－군대해산책에 밀려 점차 축소되어 갔던 것이 그것이다. 일제가 러・일전쟁에서 승리하여 그 기세를 대한제국의 내정간섭권으로 몰아 재정・외교・군사・학무 등 분야에 지배로 나타난 결과이다. 군악대・곡호대에도 커다란 변동이 생겼다. 이 조직들이 모두 군부에 속하였었다.

시위대에 속한 시위 연대 군악대가 1개 중대와 시위 기병대 군악대 1개 소대도 자연히 폐지되었지만, 1900년 12월에 설치한 시위 연대 군악대와 시위 기병대 군악대가 1904년 3월 12일에 군악 1개 중대로 개편되어 그 총인원이 104명이었다. 1907년 6월 19일에 가서 '군악대 편제 개정'을 하기 때문에 1905년의 개편은 편제상으로만 이루어졌다고 볼 수 있다. 1907년 6월 19일 「칙령」 제40호로 반포한 '군악대 편제 개정'의 특징은 1904년의 '1개 중대・2개 소대의 편제로 시위대 제1연대에 속한 군악대'였으나, 1907년 6월의 군악대는 '1개 대로서 군부'에 속한 편제였다. 여기에 직원표에서도 1등 군악장의 직명이 중대장에서 대장隊長으로, 2・3등의 군악장이었던 소대장은 '부附'로 축소된 셈이다. 직원 수나 군악대의 위상이나 또 인원에 있어서 격하되고 감축되었다.

이처럼, 1907년 6월에 개편된 군악대는 석 달 후인 1907년 9월에 궁내부 장례원 소속의 '제실군악대帝室軍樂隊'로 흡수되었다. 말하자면, 더 이상은 군부軍部의 군악대가 아닌 침몰하는 황실 악대로 비운을 맞아가고 있었다. 이미, 일제는 1904년 2월 23일에 한일의정서를 조인시키고, 일본군이 조선에 전략 요충지 수용을 확보하더니 두 달이

못 되어서 일본의 '주차사령부駐箚司令部'를 설치하여 군사 침략의 중추 기관으로 등장시킨바 있었다.[2] 군대에 대한 권한을 장악한 조선통감부는 1907년 4월에 편제 개혁을 단행하였다. 시위혼성여단사령부와 시위보병연대 그리고 시위기병대, 시위야전포병대, 시위공병대, 진위보병대대를 각각 개정하는 1대 편제 개혁을 단행하여 군대를 완전하게 장악하였다.

〈표 33〉   1905년 군부대의 악대 개편

부대명 편제	시위연대		공병대	기병대	포병대	진위 보병대		군악대	
	대대본부	중대	중대	중대	중대	대대	중대	1개 대	인원
나팔장 나팔수 고수	1(부참교) (1, 2등졸)	4 2	1 4 2	1 4	1 4	1	4 2	1등 군악장(대장) 2, 3등 군악장(附) 1등 군악수(부참교)	1 1
소계	1	6	7	5	5	1	6	2등 군악수(상등병)	
연대수 대대수 중대수	1 3	4	1	1	1	8	4	악수(병졸) 악공(병졸) 서기(참교)	
합계	3	72				8	192		
	75		7	5	5	200			
총계	292+군악대 인원								

〈표 33〉은 물론 악대와 관련한 다음 표들은 『官報』에 의하여 작성하였다. 그 출전을 노동은, 「근대한국음악의 전개」, 『한국사상사대계』 ⑥ 근대편, 성남 : 한국정신문화연구원, 1993, 437~532쪽에 밝힌 바 있다. 이와 관련한 문맥상의 각 주도 마찬가지이다.

2   한편, 일본은 1906년 2월에 일본육군호산학교 군악생도들 중에서 '한국주차군군악대(韓國駐箚軍軍樂)隊'를 편성하여 3월 6일 인천에 상륙시키고 경성에 있는 주차군사령부에 예속시켰다. 1907년 4월에 '한국주차육군군악대(韓國駐箚陸軍樂隊)'로 개칭하고 1909년 4월 용산에 군악대 청사를 신축하여 이전하였다. 1945년 조선주차육군군악 폐지건에 의하여 폐지할 때까지 일본군악대가 10년간 한국에서 활동한 것과 관련하여 대한제국의 군악대를 무력화(無力化)시켰다. 일본주차육군군악대 대자은 청・일전쟁 당시 조선에 출두한 쿠도오 테이지(工藤貞次)가 맡고 있었다. 金正明 編, 『朝鮮駐箚軍歷史』(東京 : (有) 南堂書店, 1967), 63쪽.

편제 \ 부대명	시위혼성여단 사령부(侍衛渾成旅團司令部)						진위보병대대	
	시위보병연대			시위기병대	시위야전포병대	시위공병대	대대	중대
	연대	대대	중대	1개 대	1개 대	1개 대대	1개 대대	4개 중대
나팔장(부, 참교) 나팔수(1, 2등졸) 고수(1, 2등졸)		1	3 2	1 3 2	1 3 ·	1 3 ·	1	3 2
소 계	6			6	4	4	6	5
연대 수 대대 수 중대 수	2 · ·	· 6 ·	· · 24	· · ·	· · ·	· · ·	· 6 ·	· · 24
합계	(2) 126	6	120	6	4	4	6 126	120
총계	266							

시위보병1개 연대는 3개 대대, 1개 대대는 4개 중대, 진위보병대 대대는 시위보병대에 준하였다.

　한편, 대한제국의 친위대 2개 연대의 곡호대나 공병중대와 치중병대에 각각 편성한 '나팔수'도 변동이 있었다. 거듭 밝히겠지만, '군악대'라는 명칭이 대한제국의 황제와 관련하여 황제의 대내외적인 외교·정치·군사와 관련한 국왕 군악대라면, 그 나머지 중앙의 경비를 맡는 부대나 특수부대, 그리고 각 지방부대에는 그 명칭에 있어서 '나팔수'·'나팔대'·'곡호대' 등이 규모에 따라 붙여졌다. 그 이름들은 대한제국이 엄격하게 변별한 이름들이다.

　무엇보다도 각 지방에 편성한 진위 6개 연대를 연대도 아닌 8개 진위대대로 감축하였기 때문에 19개 대대의 '곡호대'도 8개의 곡호대로 축소되어 버렸다. ⟨표 33⟩이 일제에 의하여 1905년 4월 군대 감축에 따른 곡호대·나팔수의 변동 사항이다.

　⟨표 34⟩는 1907년 4월에 일제 통감부에 의하여 편제 개혁이 단행되었을 때 전국의 나팔대 편제 상황으로 군대 해산 직전에 이미 해체 작업이 이루어지고 있었다.

　⟨표 34⟩에서 266명의 '나팔대'와 정원 미상의 '군악대'를 합친 숫자가 350여 명이라고 할 때, 그 수는 1900년 12월의 538인과 1902년 10월에 친위대에 1개 대대로 증설할 당시 21명의 곡호대를 합친 560여 명이 이제는 350여 명으로 축소되었다. 그 감축은

지금까지의 '곡호대'와 '군악대'가 아니라, '나팔대'와 '군악대'로 의미가 약체화되어 개편된 감축이다. 이것은 한반도에 양악문화를 자주적이고도 비약적으로 발전시킴으로써 민족음악에 재통합시킬 수 있는 가능성이 1905년 일제의 무력적인 조선 간섭으로 좌절되고 있음을 말한다.

〈표 34〉에서처럼, 1907년의 나팔대 266명도 일제 통감부의 간섭으로 계속 감축하여 해체가 유도되고 있었다. 군악대 1개 대와 합친 숫자가 대략 300명이 웃돈 감축 인원이었다. 1900년의 538명과 1902년의 560여명이 일제에 의한 조선 간섭 시기인 1905년에 350여 명으로 줄여졌다가 1907년에는 300명으로 군대의 관제 개편 때마다 일제통감부가 그 인원을 계속 감축시켜 해산 쪽으로 몰아갔다.

드디어, 1907년 7월 25일 일본군 사령관과 시위혼성여단 사령부 여단장들이 전국의 군대 해산을 종용하다가 일본 군대는 각 지역에 진주하여 경계를 강화하면서 일주일 후인 7월 31일에 고종으로 하여금 강압적으로 내리게 한 '군대해산 조칙'으로 전부 강제 해산 당하였다. 일본은 군대 해산 기본 방침을 세워 제1차로 재경 시위보병 5개 대대와 기병대 등을 해산 시키고, 제2차는 지방의 진위보병대대를, 마지막 제3차로 헌병대와 여단사령부·연성학교와 함께 마침내 '나팔대'를 해산시켰다.

군대 해산 후 8월 26일에 '칙령 제16호' '황궁의 의장儀仗과 수위를 맡는 근위보병대' 1대대(대대 본부와 4개 중대)와 12월 20일의 '칙령 제58호'에 의하여 '황실 의장을 맡는 근위기병대 63명'만을 남긴 채 대한제국의 모든 군대는 완전히 해산 당하였다. 기존의 모든 군대 관제건을 폐지하고 황궁의 의장과 수위를 맡는 병대만 남기고 말이다. 근위보병대의 나팔대 편성에는 대대 본부에 부참교로 '고수장鼓手長' 한 명과 1개 중대당 1, 2등의 졸卒로 나팔수 두 명과 고수 두 명이 있고 보면, 4개 중대에 걸쳐 있는 4개의 나팔대원 열여섯 명과 연대 본부에 속한 고수장 한 명을 모두 합친 열일곱 명, 그리고 근위기병대에서 1등 졸로 나팔수 세 명만이 잔류되었다. 이들 스무 명의 나팔수의 마지막 불꽃이 비운을 맞고 있는 군악대와 함께 꺼져 가고 있었다. 이들이 전투부대의 악대원이 아니라 그 임무에서 분명하게 밝히고 있듯이 황궁의 의장과 수위를 맡은 악대원으로서 말이다.

1907년 6월 19일부로 '군부'에 속한 '군악대' 1개 대도 군대 해산 직후인 9월 1일부로 '궁내부'의 '제실군악대'로 재조직되었음은 앞서 밝힌바 있다. 이때는 '군부 소관 전

前군악대원으로 제실음악대를 조직함'이라고 포달을 내린 것으로 보아 군대 해산과 더불어 일단 해산시켰다가 새로이 '조직'하여 궁내부에 딸리게 한 것 같다. 이것은 시위대 군악대의 1등 군악장이자 군악중대장보였던 백우용이 1907년 9월 3일부로 '해면解免'되었다가 그해 11월 30일에 '장례원 음악사장'으로 '서임敍任(관위를 내림 - 필자)'된 것으로 보아도 그러하다.

궁내부宮內部는 1894년에 창설한 관청으로 왕실(황실, 제실)에 관한 모든 일을 맡아왔다. 1907년 11월 27일에는 포달 제161호에 의하여 궁내부가 개정되자, 제실군악대는 궁내부의 장례원에 속하게 되었다. 궁내부는 대신관방大臣官房과 시종원侍從院, 장례원掌禮院, 승녕부承寧府, 황후궁皇后宮, 동궁東宮, 규장각, 내장원內藏院, 전선사典膳司, 주전원主殿院, 제실회계감사원, 종친가직宗親家職 등의 관청이 있었는데, 제실군악대는 '제의 전례 및 악사樂事를 관리'하는 '장례원'에 소속되었던 것이다. 장례원에는 궁중 전래의 장악원이 역시 직제 개편에 따라 여기에 속하고 있었기 때문에 제실군악대와 함께 있게 되었다. 새로 조직한 제실군악대인 데다 궁내부 관제 개편에 따라 해직된 전 시위대 군악대 1등 군악장이자 군악 중대 대장보이었던 백우용白禹鏞(1883~1930)이 다시 장례원 '음악사장音樂師長'으로, 3등 군악장(1907년 3월 10일)이었던 강홍준姜興俊(1885~?)과 새로이 임용되는 김창희金昌熙(1882~?)가 각각 '악사樂師'로 임용되었다. '악사'는 궁정 전통 음악의 '악사'가 아니라 제실 음악대의 '악사'였다. 이때는 아악류의 전통음악을 '국악國樂'이라 하였고, 서양 음악을 '음악音樂'이라고 한 바 있다.

이후 1908년 8월 24일에 장례원 장악과가 해체되고 통감부 일본인들이 주관하는 '장악부掌樂部'가 신설되고 의식 행사와 그 인원이 대폭 축소된 상황에서 군악대원들이 하는 일은 '이왕족李王族'의 사무나 순행시巡行時 모시어 좇는[扈從] 역할을 하다가 1910년 8월 소위 한일합방을 맞이하였던 것이다. 1911년 2월 1일부로 시행한 조선총독부의 '이왕직 관제'에 따라 일개 '왕족 악대'로 전락한 '이왕직 양악대'는 1919년 8월에 해산될 때까지 우리 나라 근대 음악사의 영광과 좌절의 두 얼굴을 가졌다. 바로 그 역사는 악대 지도자 백우용의 삶과 예술에서도 그대로 반영되어 있었다.[3]

---

3   우리는 다시 한 번 백우용의 삶과 예술을 조명해야 할 것이다. 그는 1898년 이래로 한성관립덕어학교와 무관학교, 그리고 육군보병 참위로 임용될 때부터 대한제국의 영광과 좌절의 역사 그 자체이다. 덕어학교

우리 나라 이은돌에 의하여 서양 악대를 자주적으로 수용하여 그 줄기가 바탕이 되어 발전할 수 있었던, 또 지역 음악문화를 발전시킬 수 있었던 근대의 악대문화가 이처럼 일본제국주의의 폭행으로 굴절을 겪어가지만, 이들이 이루어 놓은 양악의 대중화와 민간악대인 경성악대와 학교악대, 그리고 백우용의 삶에서 보듯 20년대의 민중들에게 조국의 산천과 청년을 일깨운 문화운동을 펼쳤다는 점에서 그 흐름은 도도하게 오늘에 이른다.

지금까지 우리는 근대음악 전기 제4기 기간의 정부내 장악과의 음악이나 군악대·곡호대가 일제통감부에 의한 직제 개편에 따라 어떻게 약체화·해체되었는지를 알아보았다. 이제, 직제 개편으로 말미암아 기악妓樂을 비롯하여 민악이나 아악 등을 담당한 음·악 예술인들이 어떻게 변화하는지와 일반 음악사회의 변화, 학교음악교육의 변화들을 추적하기로 하자. 그리고 이러한 직제 개편의 상황에 따라 민족음악을 어떻게 실천하여 가는지도 당연히 추적해야 할 것이다.

3) 음악예술인들의 사회화

급변하는 국가적 상황에서 정부의 제도 개편은 궁정이나 지방 관청에 매인 음악 예술인들로 하여금 사회적인 변화를 겪게 하였다. 기생·관현맹인·악공·악생 들이 그들이었다. 또, 천민의 사회적 신분으로 우리 음·악 예술을 주도한 신청神廳 출신의 예

졸업생이자 군인이었던 그였기 때문에 프란츠 에케르트 통역을 맡았다가 1904년부터 3등 군악장으로 출발하여 아예 악대지도자와 작곡가의 삶을 살아갔다. 그는 1906년경부터 사립보성중학교, 불교사법학교, 불교전수학교 등에서 교편을 잡는 한편 이왕직 아악부에 촉탁으로 「보태평」·「중광지곡」·「장춘불로지곡」 등 160여 곡이 그의 손에 의하여 5선보로 채보되는 역사적인 업적을 이루어 놓았다. 「봉영행진곡」 작곡(1918)과 불교관련 논문 발표 등 당시 국내 수준으로는 더 이상 그를 앞지를 수 있는 사람이 없었다. 민간 악대인 '경성악대' 창설자로, 또 많은 악대 합주곡을, 또 20년대 전반에 조국 산천과 조선 청년들을 일깨우는 수많은 노래들을 책자로 지어냄으로써 당시 최남선(崔南善)·최팔용(崔八鏞)·정노식(鄭魯湜)·이병도(李丙燾)·허헌(許憲) 등과 한 시대의 정신사를 이루는 문화운동도 펼쳤다. 이런 점에서도 그를 군인의 악대지도자로만 환원시킬 수는 분명 없다. 1930년 4월 22일에 아깝게도 폐결핵으로 68세의 시수로 삶을 마감한 백우용은 1880년대의 근대 최초의 악대지도자인 이은돌에 이어 자주성을 창출한 악대지도자이자 민간악대와 학교악대의 줄기를 이루어 놓았으며, 또 조선의 전래 궁정음악을 오선보화한 역할과 시대의 작곡자로, 무엇보다 20년대 전후 우리나라 음악의 정신사를 당대에 드넓혔다는 점에서도 1930년대 직전까지 한국 양악의 가장 우뚝 솟은 산맥이었다.

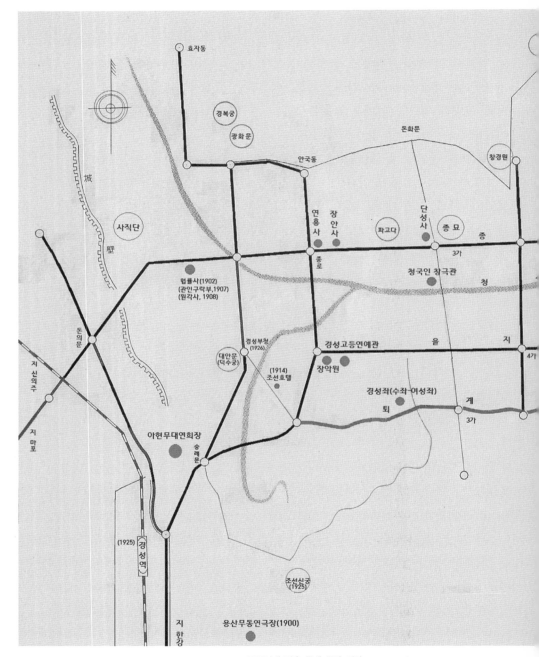

효자동

경복궁

광화문

안국동

돈화문

창경원

사직단

城壁

연흥사 장안사 파고다 단성사 종묘 종

협률사(1902) (관인구락부,1907) (원각사, 1908)

청국인 창극관 청 3가

돈의문

지 신의주

경성부청 (1926)

대안문 (덕수궁)

(1914) 조선호텔

경성고등연예관 을

장악원

지 4가

경성좌(수좌·여성좌) 계

퇴 3가

지 마포

아현무대연희장

숭례문

(1925) 경성역

조선신궁 (1925)

지 한강

용산무동연극장(1900)

〈그림 78〉   1900년대 전후 무대 공간 위치

술인들이나 떠돌이 예인집단과 붙박이 예인집단들로 변화를 겪고 있었다. 가장 큰 변화는 갑오농민전쟁으로 이들이 정부로부터 1894년 7월 2일에 모든 천민 출신들의 예술인들이 신분제가 폐지된 데 따른 것이다. 여기에 농촌의 수공업과 도시 상업 자본의 발달에 따른 상품 경제의 광범위한 전개로 도시와 농촌의 문화예술에 대한 욕구가 훨씬 커져 가고 있었다. 각종 상설 무대의 설립이나 무대 예술단의 창립이 그 반응이었다. 1899년 아현 지역의 사설극장이나, 1900년에 용산 무동연희장이랄지, 1902년 관립극장 협률사의 활동 등이 모두 지난 제3기에 있었던 일이다.

제4기에 들어와서도 연흥사演興社와 광무대光武臺와 단성사團成社 등이 1907년에 창립되었고, 1908년에는 협률사가 원각사圓覺社로 바뀌었고, 이 밖에 장안사長安社·음악사音樂社·단흥사團興社 등의 무대 예술단 창립이 이루어졌다. 극장은 주로 정부의 경우는 관공 건물이었으나, 민간인 경우는 회사 건물이거나 별도의 공간에 가설 무대를 설치하여 운영 하였다. 그리고 무대 공연 작품들은 음악·무용·극·활동사진·만담 등 통합 장르였다. 때로는 활동사진(영화)도 새로운 대중매체로서 관객들을 상업적으로도 휘어잡고 있었다. 다음 〈그림 78〉은 1900년대를 전후하여 서울의 무대 공간을 나타내고 있다.

관람객도 중추원 고문인 이지용李址鎔·해풍부원군 윤택영尹澤榮·황후궁대부 윤덕영尹德榮·시종장 조민희趙民熙 등 상류층에서부터 야학생夜學生들에 이르기까지 다양한 사람들이 새로운 무대 공간으로 찾아오고 있을 정도로 대중화가 일어나고 있었다. 19세기 말에서 20세기 벽두 기간에 상설 무대 공간의 확충과 도시 중심의 무대 예술단 창립은 지난 시기와는 이처럼 양상이 달랐다. 이 기간에도 여전히 궁정과 지방 관아, 또 사대부와 선비들의 사랑방·정(亭, 山亭·溪亭·江亭·茅亭·水閣 등)·당堂·정원 등과 중인들이 찾은 도시 근교의 가대歌臺나 민중들이 찾은 생활 전체 공간이나 시장市場의 즉석 공간·사찰 공간, 기생들의 기방妓房 공간 등에서 음·악 예술이 소통하고 있었지만 (〈그

〈그림 79〉 　　　　　　　　　　　　　　　　전통공간

왼쪽 그림은 우리나라 산천의 아름다움을 우리 고유의 화법으로 그려냄으로써 가장 위대한 업적을 남긴 겸재 정선(謙齋 鄭敾, 1676~1759)의 74세 때인 1749년 작품이다. 여인이 거문고를 연주하고 있고, 제 멋에 못이겨 휘어진 소나무 밑에서 연주하는 거문고 소리가 어느 사이에 시냇물 소리를 물리치고 있다. 열린 공간형태이다. 오른쪽 그림은 김홍도의 작품으로 전해지고 있는 '남수영도(南水營圖)'이다. 어영청 분영으로 현재 신라호텔 쪽의 남소영(南小營)에서 열린공간형태로 한참 연회가 베풀어진 모습이다.

림 79〉 참고), 급격한 사회 변동으로 무대 관행이 달라지고 있었다.

　　이러한 공간의 음악문화예술 활동이 19세기 말 이후에 도시 중심의 상설 무대와 새로운 무대 예술단의 활동과 다양한 무대 예술의 장르화로 지금까지의 중심점으로 작용한 문화활동 공간이 변화되고 있음을 말한다. 새로운 문화기대 확산은 새로운 장르와 형식에의 요구를 점증케 하였을 뿐만 아니라 도시 상업 자본을 주도한 사람들에 의하여 새로운 패턴이 형성하고 있음을 말한다. 사장제社長制가 도입되고 흥행사들이 생겨 예술 경제적인 운영을 하는 것도 전 시기와 다른 변화가 아닐 수 없었다. 더욱이 1880년대 중반 이후 선교사들과 민간인들이 세운 학교와 교회, 그리고 손택호텔Hotel Sontag(1902년 건립)과 같은 서양문화공간도 마찬가지였다. 또, 개항지의 외국인 거류 지역 내의 문화시설 등이 있었을 뿐만 아니라, 특히 개항과 청·일전쟁 직후 전국에 걸친 일본인 거류지의 유곽遊廓(集娼 지역)에 있는 매음 전문업소인 유녀옥遊女屋과 요리점料理店, 청계천을 중심으로 한 청인 거류지 등이 각각 서로 다른 문화 공간으로 자리잡고 있었다. 그만큼, 국내 음악 예술계는 이들과의 직간접의 영향으로 안팎의 변화를 맞이하고 있었다.

　그러나 근대 전기 제4기에 와서는 모든 공간과 무대 예술인들이 일제 통감부의 경제·정치·문화 등의 제도 개편이라는 조건 속에서 사회화가 이루어지고 있었음을 주목해야 한다. 1905년 이후의 일본 자본이 이식되고 토착지주 자본이 산업 자본으로 전환하면서 민족 경제의 발전이 몰락하는 것도 모두 일제 통감부의 제도 개편의 결과이다. 1908년에 창립한 원각사를 일본인 쿠보타 사부로오久保田三郎가 운영권을 주장하거나, 그 원각사를 1909년에 내부대신 송병준의 재정적 후원자이자 조선상업은행의 취체역인 김시현金時鉉이라는 재벌이 운영하거나, 연흥사를 전前 군수인 이풍의李豊儀가 운영하다가 프랑스인이 그 운영권을 인수한다랄지, 1909년 흥행사 박승필朴承弼이 단성사의 경영권을 넘겨 받고 또한 광무대의 운영권조차 동시에 거머쥐는 것도 그 예들이다. 이미 문화 충격 매체인 '활동사진(영화)'도 미국인 여행가 버튼 홈스E. Burton Holmes가 1901년에 황실 등지에서 영화를 소개한 이래 1903년부터는 '동문東門내 전기회사 기계창'에서 '동화銅貨 10전錢'을 받고 상업적인 흥행을 성공시킨 이래 여러 흥행사들이 이 분야를 부각시키고 있었다.[4]

　말하자면, 대한제국이 제4기 초기에 자주적인 발전을 도모하려고 제도개편을 서두르지만, 이 모두는 일제 통감부의 식민지화 계획 속에서 조건화되었음을 말한다. 그 조건화를 단적으로 드러내고 있는 것이 대한제국의 협률사 조직과 일제 통감부의 기생 산업화 정책이다.

　1902년 8월 대한제국이 관립극장으로 협률사(協律司, 協律社)를 조직하면서 '각색 창기'들을 뽑아 이들을 사회화시킨다. 여기에는 황실의 의무醫務를 주관하던 태의원太醫院(1902년 설치) 소속 의녀醫女와 궁내부에 속하여 임금의 옷을 관리하는 상의사尙衣司(조선 시대의 상의원을 1895년에 개칭) 소속 침선비針線婢 등 관기官妓들이 중심이었으며, 그 밖에 관기官妓 지원 신인들과 관기들이 아닌 일반사회의 기생(소위 삼패三牌, 또는 무명색 삼비三婢)들을 구성시키고 있었다. 물론, 협률사는 전국의 신청神廳 출신의 판소리 가객이나 성악인과 기악인들로 구성하고 있었으니 '민악인民樂人' 170여 명이 중심이었다. 국가가 공인하는 국가기관으로 협률사를 조직하였다는 사실 자체는 시대적 상황이 이미 변하고는 있었지만,

---

4_　『皇城新聞』, 光武 7年(1903) 6月 23日字.

놀라운 변화가 아닐 수 없었다. 국가가 지금까지 예악적인 정치적 이념으로 아악권 이외의 민중들의 음악을 '속된 음악俗樂'이라고 홀대해 온 그 민악과 민악인들을 중심으로 조직하였으니 말이다. 민중들은 역사를 통하여 수천·수백년간의 같은 음악감수성으로 음악 공동체를 살아온 민악이야말로 바로 아악雅樂일 수 있으며 조선 민족의 정악正樂일 수 있고, 또 민족음악일 수 있다는 사실을 공인한 셈이다. 이들이 물론 민악만을 공연한 것은 아니다. 신청 출신들은 이미 장악원이나 지방 관아에 속한 악공들과 관기(신청의 무녀 출신들로서)들로 선발되었을 뿐 아니라 민중들의 삶의 현장에서의 전문예술가들이기 때문에서도 아악권이나 민악권의 음·악 예술을 언제나 무대 공연화할 수 있었다. 실제로 협률사가 궁정 춤인 정재呈才에 속하는 가인전목단佳人剪牧檀·선유락船遊樂·항장무項莊舞·포구락抛毬樂·무고舞鼓·검무劍舞·사자무獅子舞·학무鶴舞 등과 민악류의 땅재주와 소리와 무동과 풍물 등 기악 공연들을 함께 무대화하고 있다.[5]

이것은 궁정 정재를 하기 위해서는 그 춤에 맞는 아악을 연주해야 함을 말한다. 협률사의 악공들이 바로 신청 출신이었기 때문에 정재 반주의 아악 연주가 가능하였다. 그러나 무엇보다도 궁정이나 지방 관아에서 특정 정치권이 아니고서는 접할 수 없는 정재와 아악을 협률사를 통하여 일반적으로 공개하고 대중화시켰다는 사실이 조선 예악의 미학적 중심점이 일반 대중으로 옮겨졌음을 말한다. 음·악계의 주요 변화가 아닐 수 없다. 또, 관기나 일반 기생들간에 지금까지 조선 시대의 엄격한 계급적 차별성이 점차 퇴색하여 같은 여성들임을 예고한다. 이 사실들은 '근대'로서 1860년대 부터의 「칼춤」을 통한 춤의 대중화와 동학농민전쟁으로 무용인들의 신분제 철폐 그리고 협률사를 통한 한국 무용의 기점이나 무대화·창작 무용의 계기화나 '근대성'으로서 성격을 분명하게 드러나게 한다.[6]

협률사가 비록 설립된 지 3년 반이 지나 폐관되었지만, 1907년에 대중들의 불꽃 같은 요구에 의하여 '관인구락부官人俱樂部'라는 이름으로 다시 개관開館한 바 있다. 그러나 역사적으로 주목할 사실은 대한제국이 자주적인 협률사 조직으로 시대 변화에 조응하

5_ 『대한매일신보』, 1907년 12월 24일자, 광고란.
6_ 한국무용계가 1928년 배구자(裵龜子)의 창작무인 「아리랑」을 발레작품 「빈사의 백조」나 「집시 댄스」와 함께 무대에서 현대식으로 발전시켰다 하여 한국근대무용사의 기점으로 설정하려는 것과는 기점과 성격 해석이 다르다.

며 민족음악적으로 확산시켜 나갔지만, 일제 통감부는 이들을 주도면밀하게 '기생 산업화'의 대상으로 유도하면서 사회화의 기초로 제도 개편한다는 점이다. 그것은 처절한 제도 개편이다. 군대 해산으로 조선을 모든 분야에서 장악할 일제가 통감부 경시청을 통하여 협률사나 원각사, 또 광무대 등의 여성 음·악 예술인들을 '기생 산업'의 계획 속에 대상화하였다는 사실이 처절성의 단면이다.

기생妓生은 음악과 춤, 그리고 치료와 옷으로 삯일을 위하여 전래적으로 궁중의 혜민서惠民署(역대 직제에 따라 惠民局)나 내의원內醫院(또는 태의원, 내의국, 약방 등)의 의녀醫女나 상의원尙醫院(상의사, 상방사, 1907년의 내장원)의 침선비針線婢, 공조工曹 등과 지방의 관청에 천민으로 매였고, 이들은 지배 계층이 요구하는 관습에 따라 현금玄琴·가야금·장구·아쟁·해금·대금·필률·소금·가곡 등과 춤 그리고 글씨와 그림을 익혀온 음·악 예술인들이었다. 대부분 신청의 무녀巫女 출신들과 그 밖의 '천민' 출신들이어서 사회적으로 최하층에 조건지워졌기 때문에 지배 계층이 함부로 대할 수 있었던 관기官妓였다. 그러나 매춘의 사회화로 사회 기층을 이루지는 못했다.

그러나 일제는 매춘녀인 창기娼妓와 창녀娼女를 1904년 10월 10일에 사회적으로 공식화하였으니 이것이 일본 공사관 산하 '경성영사관령京城領事館令 제3호'에 의한 것이었다. 그리고 1908년 9월 25일 구체적으로 기생과 창기를 구별하여 경시청령警視廳令 제5호의 '기생 단속령'과 경시청령 제6호의 '창기 단속령'으로도 나타났다. 〈표 35〉는 그 단속령으로써 그 전문을 지금의 표기로 고친 내용이다.

이미, 1908년 7월에 '향사享祀 이정釐正 조칙詔勅'으로 지금까지 연간 792회의 의식을 201회로 줄임으로써 동시에 그 요원들인 태의원의 의녀醫女나 침선비針線婢 등의 관기들이 폐지되고 대신 일본인들이 그 상층부를 장악하고 있었다. 태의원 등의 폐지는 곧 관기 폐지를 뜻하는 것이어서 이들이 낙향하지 않으면 거리에 쏟아져 나올 수밖에 없었다.

〈표 35〉   경시청의 기생·창기 단속령 전문(1908. 9)

경시청령 제5호	경시청령 제6호
기생단속령을 좌와 여(如)히 정함. 융희 2년(1908 – 필자) 9월 25일	창기단속령을 좌와 여(如)히 정함. 융희 2년 9월 25일

	경시총감 若林賚藏 기생단속령	경시총감 若林賚藏 창기단속령
제1조	기생으로 위업(爲業)하는 자는 부모나 혹은 차(此)에 대할 친족의 연서한 서면으로써 소할경찰관서를 경(經)하고 경시청에 신고하여 인가증을 수(受)함이 가(可)함. 기업(基業)을 폐지한 시는 인가증을 경시청에 환납함이 가함.	창기로 위업하는 자는 부모나 혹은 차에 대할 친족의 연서한 서면으로써 소할경찰 관서를 경하고 경시청에 신고하여 인가증을 수함이 가함. 기업(基業)을 폐지한 시는 인간증을 경시청에 환납함이 가함.
제2조	기생은 경시청에서 지정하는 시기에 조합을 설(設)하고 규약을 정하여 경시청에 인가를 수(受)함이 가(可)함.	창기는 경시청에서 지정하는 시기에 조합을 설하고 규약을 정하여 경시청에 인가를 수함이 가함.
제3조	경시청은 풍속을 해하거나 혹 공안을 문란하는 우(虞, 염려 - 필자)가 유(有)한 줄로 인(認)하는 시(時)는 기생 위업(爲業)을 금지하며 혹 정지(停止)하는 사(事)가 유(有)함.	경시청은 풍속을 해하거나 혹 공안을 문란하는 우(虞)가 유한 줄로 인하는 시는 기생 위업을 금지하며 혹 정지하는 사가 유함.
제4조	제1조의 인가증을 수(受)치 아니하고 기생을 위업(爲業)하는 자는 10일 이하의 구류나 우(又)는 십 환 이하의 벌금에 처함.	제1조의 인가증을 수치 아니하고 창기를 위업하는 자는 10일 이하의 구류나 우는 십 환 이하의 벌금에 처함.
부 칙 제5조	현금(現今) 기생으로 위업하는 자는 본령 시행일로부터 30일 이내에 제1조의 규정을 준행함이 가(可)함.	현금 창기로 위업하는 자는 본령 시행일로부터 30일 이내에 제1조의 규정을 준행함이 가함.

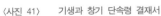

〈사진 41〉　기생과 창기 단속령 결재서　　　　　〈사진 42〉　기생·창기업 인가증

왼쪽의 결재서는 경시총감 마루야마(丸山重俊)가 1908년(융희2년) 9월 17일 '기생급 창기단속령' 제정을 품의한 건은 7일후인 9월 24일에 내부대신 송병준(宋秉畯)이 허가한 결재서이다. 오른쪽의 인가증은 '기생급 창기단속령' 제정에 따라 전국 각 경찰서에 하달하고 경시청이 발행한 인가증이다. 원적과 현주소 그리고 기생의 이름을 적게 하였다.

또한, 경시청은 오늘날 을지로 2·3가 지역에 있었던 당시의 시곡동詩谷洞의 김명완金明完을 중심으로 최명석·홍홍석·김중엽 등 47명으로 하여금 '경성유녀조합 설립청원서京城遊女組合設立請願書'를 1908년 6월 5일에 경시총감 마루야마 시게토시丸山重俊 앞으로 '청원토록 조정'하여 허가를 내주었다. 그리고 제정한 단속령으로 통제하였으니 이것이 바로 일제의 공창화公娼化 정책이었다.[7]

앞의 〈표 35〉에서 확인할 수 있듯이 '기생과 창기'의 이름만 다를 뿐 그 내용이 똑같다. 이 단속령은 경시청이 허가하는 '인가증'이 있어야 한다는 제1조와 '풍속과 공안을 문란케 한 자는 정지' 시키겠다는 제3조에 의하여 강력한 통제력에 예속될 수밖에 없었다. 여기에서 풍속은 조선 문화예술이요, 공안은 일본 통치에 대한 민족적인 운동에 다름아니다〈사진 41, 42〉 참고).

기생과 창기의 단속령을 경시청령으로 정한 10일 후쯤, 경시청은 '기생 및 창기 단속령 시행 심득心得'이란 세부 지침을 전국의 각 경찰서와 경찰 분서로 하달하였다.[8] 여기에서 인가증은 경시청 발행의 인가증을 말하는 것이고, 건강증명서는 경찰서가 지정하는 '경찰의警察醫'임을 분명하게 하였다. 일본은 1904년 군사경찰훈령으로 한국의 치안을 일본군이 담당한다는 군사경찰제를 시행한 데 이어, 1906년 6월에는 일본의 고문 경찰제가 대폭 확장되어 전국 각지에 고문 경찰과 이사청 경찰을 두면서 경무서로 운영하다가 1907년에 지금까지의 경무청(대한제국의 경찰사무를 맡아보던 관청)에서 '경시청'으로 개칭하여 그 단위를 '경찰서와 경찰분서'로 조직 체계를 가지고 있었다. 경시청은 1909년 4월에 '창기조합조직 명령건'을 정하여 이후 시행에 옮겼다.[9]

이로써 전국의 기생과 창기들은 경시청의 단속령에 따라 '기생조합' 또는 '창기 조합'이 조직되었다. 이 조직령에 따라 서울의 경우 경시청 관내에 있는 '경성京城'의 303인 창기수와 '용산'의 17인 등 320인을 묶은 '한성창기조합'이 1909년 8월 20일에 조직되었다. 경시청이 지정하는 남부 훈도방薰陶坊 시곡詩谷 41통 1호에 있는 창기건강진단소

7_ 이 부분을 확인할 수 있는 주요 사료로 「隆熙二年 妓生及娼妓二關スル書類綴」警務甲種 記錄 第28號가 있다. 1908년에 경시청 제2과에서 작성한 이 「융희 2년 기생 및 창기에 관한 서류철」은 일제 통감부가 갑종으로 서류 분류하여 영구히 보관한 서류철로써 그 분량이 A4 용지 209장에 달한다.
8_ 「警視廳訓令」第41號, 隆熙 2年(1908) 10月 6日附.
9_ 「娼妓組合組織命令ノ件伺」, 앞의 서류철, 0079쪽.

에서 집회를 갖고 창립 총회를 가짐으로써 활동하기 시작하였다.[10] 여기에서 경시청의 일본인들은 '창기娼妓'를 상화실賞花室·색주가色酒家·갈보蝎甫 등 모두를 지칭하는 말로 처단하고 있었다. '한성창기조합'은 경시청 부감, 담당과인 경시청 제2과장, 경시청이 창기들에게 지정한 경찰의를 비롯하여 경찰 간부들이 대거 참석한 가운데 창립 총회를 가지고 조직되었던 것이다. 창립 총회는 취체역取締役에 한연심韓蓮心(시곡 상화실 대표), 상담역相談役 김명완金明完, 부취체역에 박옥진朴玉珍(하교 상화실)·고춘옥高春玉(서부 주상酒商) 등 5인의 부취체, 평의원 이계화李桂花(중부 상화실)를 비롯한 10인 등과 그 밖에 서기 한 명과 통역 한 명을 선출하였다. 그렇지만 모든 활동 하나하나는 경시청이 관할경찰서를 경유하여 와카바야시若林賷藏 경시총감에게 보고하게끔 하였다. 각종 회의 내용, 조약 개정, 치료소의 검진보고서, 결산보고, 공연활동, 순회연주 등도 모두 보고와 허가가 있어야 했다.

예컨대, 1910년 5월 11일에 경시청장 앞으로 제출한 청원서에는 오오사카大阪에 거주하는 일본인 아사히朝日山四郎와 기생 김향운金香雲 및 동 포주 최태순崔泰順 등 일곱 명과 계약을 맺고 모두 스물세 명이 일본 오오사카大阪와 코오베神戸와 쿄오토오京都, 나고야名古屋, 토오쿄오東京 등으로 '무용음악' 등의 공연 활동을 한다는 신고서 일체가 있었다.[11] 김향운金香雲·김이화金梨花·김계향金桂香·조옥선趙玉仙·정산옥鄭山玉·노채옥盧採玉·유계옥劉桂玉·김계월金桂月 등 춤과 노래를 전문으로 하는 기생 여덟 명과 기악연주가 여섯 명, 교사 한 명 그리고 기생들의 포주 여덟 명이 1,550원을 받고 30일간의 순회공연차 일본으로 간다는 내용을 보고하여 일본순회활동도 경시청이 여행허가서로 철저하게 감시하였던 것이다.

국내의 경우, '원각사 연극장'(주인 신태범慎台範)의 지방공연이라 할지라도 반드시 경시청 앞으로 청원서와 공연자간에 맺은 계약서 내용을 상세하게 기록하여 허가를 받아야만 공연 활동을 할 수 있었다. 즉, 1910년 5월 24일에 경시청 여행허가서를 받고서야 개성에서 공연 활동을 하였는데, 원각사 측이 기생 연홍蓮紅·연심蓮心·향화香花·봉심鳳心·국희菊姬 등에게 2주일간의 개성 공연 계약금으로 한 사람당 14환을 주기로 하고

10_ 「漢城娼妓組合組織狀況」, 위의 서류철, 0120쪽.
11_ 위의 서류철, 0189쪽 이후부터 나타나는 이들의 '청원서'와 '계약서'에 의한다.

(그 밖의 소요 경비는 순이익금에서 10분의 3을 분배키로) 노래와 춤 공연을 하였던 것이다.[12]

이 기생 단속령은 1910년 8월 13일 통감부 경무총감부령으로 확대하여 전국에 적용·조치를 단행하였고, 1916년에는 경무총감부령 제3호 '예기작부치옥영업취체규칙藝妓酌婦屋營業取締規則'과 경무총감부령 제4호 '대좌부 창기취체규칙貸座敷娼妓取締規則'으로 발전시켜 성을 통제·조정 하였다. 일본여인 예기藝妓와 한국여인 기생을 단속하고 이들과 구별하여 불특정 다수인들에게 성을 제공하고 그 대가를 지불받는 창기와 구별하였지만, 일제는 일본인들에게 유곽이라는 일정 지역을 한정하여 공창 제도를 실시한 데 비하여 조선인 창기와 대좌부 영업지는 유곽 이외에도 허락함으로써 한국 사회의 매매음賣買淫 현상을 더욱 만연시켜 결국 '술과 기생과 전통음악과 매매음'이란 등식을 사회적으로 왜곡시키며 일반화하였다.

한국은 전래적으로 매음 행위가 없었던 것은 아니었지만 국가에서 공인하지는 않았다. 그러던 것이 개항 이후 일본 제국군대가 조선에 진주하면서부터, 특히 청·일전쟁이 일어난 1894년부터 매춘의 사회화 기초가 이루어졌으며, 통감부 시대에는 이를 제도 개편으로 도구화시켰던 것이다.

구체적으로 일제는 1905년 궁내부 제도 개편 일환으로 여악女樂을 폐지하였다. 그리고 1908년에는 관기들이 폐지되어 거리에 쏟아져 나왔다. 1908년 경성유녀조합이란 제도 개편으로 시곡 하교詩谷河橋를 중심으로 삼배三配·갈보蝎甫란 '밤에 나와서 피를 빠는 빈대'를 가리키고, 주막 부녀는 길가의 술집에서 젊고 예쁜 여자가 머리에 기름을 발라 빗고 얼굴에 분 바르고 술 파는 여인들을 이르는 말이다. 이들은 모두 청·일전쟁 당시 일본군 진주로 비로소 번창하였다.[13]

이미, 일제 경시청은 기생들을 시곡동(또는 詩洞이나 시궁골)에 상화가賞花家나 상화실賞花室

12_ 위의 서류철, 0203쪽 이후의 서류에 의한다. 그 일부를 소개하면 다음과 같다. 「妓生旅行ノ件」: 妓生蓮紅外九名ヨリ當地圓覺社主愼台範ニ雇ハレ開城ニ於テ演舞興行ノ爲二週間同地ヘ·指令案 ; 警視廳指令第七七號－京城西部龍井洞二十一統七戶 蓮紅外九名 隆熙四年五月二十日附願演舞興行ノ目的ヲ以テ妓生蓮紅外九名開城ヘ旅行ノ件認可ス. 隆熙四年五月二十四日 警視廳.

13_ 李能和, 『朝鮮解語花史』, 京城: 東洋書院, 1927, 140쪽 이후 참고. 이능화는 같은 쪽 이후에서 갈보의 종류로 기녀·은근자·탑앙모리·화랑유녀·여사당패·색주가 등을 포함시키고 있다. 또, 관기를 1패, 1패에서 물러난 기생 출신 2패들은 은밀히 몸을 판다하여 은근자나 은군자, 그리고 매음하는 유녀로서 잡가 수준의 창녀를 3패로 각각 나누고 있다.

이란 이름으로 집단 거주케 하여 직접적으로 통제 관리하면서, 공개적으로 '유곽화遊廓化'시켜 나갔던 것이다. 청·일전쟁 직후 일본인들이 조선에 거주하면서 '예창기藝娼妓' (또는 예기)·'특별요리점'·'석대업席貸業'·'대좌부貸座敷'·'대합待合' 등의 창녀업체인 유곽업을 겸하고 있었는데, 이와 같은 일본의 관행이 조선에 적용되고 있었다. 말할 나위없이 일제 통감부가 일본식 공창 제도를 이식시키고 조선에 진주한 일본 군대와 일본거류인들의 '성욕 배설 공간'을 확보해 놓고 있었다.

〈표 36〉의 동현경찰분서 성병 검진표 원사료가 불분명하므로 〈표 37〉로 재작성하였다. 이 표는 통감부 경시청 제2과에 작성한 「기생 및 창기에 관한 서류철妓生及娼妓ニ關ス ル書類綴」 자료에 의한 표이다. 동현경찰분서는 오늘날 을지로 2가쯤에 있는 구리개[銅峴] 뿐만 아니라 시궁동도 관할하였다.

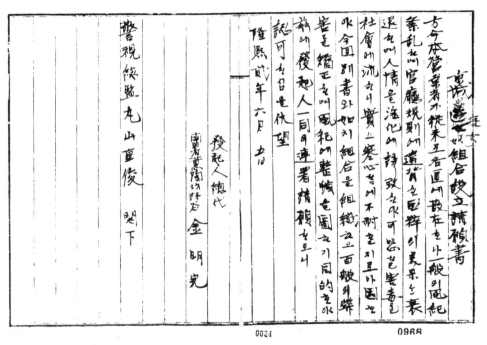

〈표 36〉   경성유녀조합설립청원서
1910년대 기생조합과 권번 설립청원에 앞서 1908년부터 설립에서 관리까지 일제는 성을 도구화 시켰다. 본 청원서는 경성 시곡동에 사는 김명완(金明完) 외 46명은 조합의 일체비용을 조합원이 부담하기로 하고, 또 매월 1회 이상 건강진단과 조합의 수지결산은 매월 행하여 익월 5일에 관할 경찰관서에 결산서를 제출하였다. 설립청원서는 규약과 명단 등 서류를 갖추어 마루야마 시게토시(丸山重俊)의 허가를 받아야 했다.

동현경찰분서의 성병검진결과에 의하면 1907년 2월부터 1909년 6월까지 29개월간 연 검진 인원 3,266명에 성병에 이상이 없는 건강한 자는 2,867명이고 399명이 성병에 이상이 있는 불건강한 사람으로 분류해 놓은 점이다. 또, 1907년 불건강한 '유독자' 95명이 1908년에는 128명으로 늘어났고, 1909년에는 불과 6개월 사이에 176명으로 급격하게 늘어난 점이다. 통감부가 '유독을 치료하여 공중 위생을 확립'하려는 취지에서 건강진단조합 명분을 내세운 기생·창기 조합은 오히려 해를 거듭 할 수록 성 문화가 기형적으로 정착하고 있었다. 그것은 일제 거류민들과 일본 군대들의 공격적인 성 배설 욕구가 성의 상품화를 촉진함으로써 점차 우리들의 자정 능력을 상실케 하였다.

〈표 37〉　　　　　　　　　　동현경찰분서가 작성한 성병 검진 현황

	1907			1908			1909		
	검사수	건강수	불건강수	검사수	건강수	불건강수	검사수	건강수	불건강수
1월	–	–	–	105	92	13	145	120	25
2월	108	94	14	101	95	6	138	106	32
3월	79	69	10	103	97	6	167	129	38
4월	95	93	2	89	80	9	167	140	27
5월	122	120	2	117	102	15	179	152	27
6월	107	104	3	101	92	9	186	159	27
7월	109	102	7	96	88	8			
8월	104	97	7	92	82	10			
9월	106	94	12	112	93	19			
10월	112	98	14	–	–	–			
11월	96	85	11	120	105	15			
12월	93	80	13	117	99	18			
계	1,131	1,036	95	1,153	1,025	128	982	806	176
총계	검사수 : 3,266			건강수 : 2,867			불건강수 : 399		

따라서, 대한제국의 모든 분야를 일제 통감부가 장악하는 1904년 이후는 이러한 매매음 관련 영업 인구를 증가시켜 놓고 있다는 점에서 그 음흉한 간계를 살필 수 있다. 다음 〈표 38〉이 그것이다.

〈표 38〉 1906년 이후 5년간 조선의 매매음 관련 영업 통계

	대좌수	다옥(茶屋)	요리점	예기(藝妓)	창기	작부
1906	–	–	385	985	–	518
1907	59	11	541	754	606	1,321
1908	73	18	843	1,035	697	2,321
1909	118	29	860	1,055	678	2,236
1910	141	26	807	977	851	2,263

山下英愛,「한국근대 공창제도 실시에 관한 연구」, 이화여자대학교 대학원 여성학과 석사학위논문, 1991, 5~6쪽; 박종성, 『한국의 매춘』, 서울 : 인간사랑, 1994, 68쪽에서 재인용.

　한편, '경성유녀조합 설립청원서'와 함께 '경성유녀조합 규약서' 제11조에 '본 조합에 관한 수지 결산은 매월 차此를 행하고 익월翌月 5일 이내로 소할所轄 경찰관에서 신고'하는 것으로 보아 이미 경시청이 조직체를 통하여 통제를 시작하였음을 확인 할 수 있다. 조직체 신청을 접수시킨 경시청은 바로 1908년 9월 15일자로 '기생 및 창기 단속령 제정건'을 때마침 교체된 경시총감 와카바야시若林賚藏를 통해 기생 및 창기 단속령을 경시청령으로 정하였던 것이다. 이로써 경시청이 발행하는 인가증 없이는 매매음업도 각종 여행이나 공연 행위 등 아무것도 할 수 없게 통제하기 시작하였다.

　그리고 일제 통감부가 한성창기조합의 경찰의료진을 지정하고 성병 치료를 중시한 것은 조합원의 건강을 위한 것이 아니라 '일본 군대의 강병책' 일환으로 성적 도구의 안정성을 확보하는 것이 그 배경이었다. 따라서 일본제국주의자들이 한성창기조합으로 열려진 조선 여성의 성적 착취는 이후의 각종 조합 시대와 권번券番 시대로 발전하면서 '기생·창기=음악·춤=술·유곽'의 등식을 사회적으로 공식화하였다. 한국인들의 윤리성을 앞세우면서 이처럼 철저하게 왜곡시키고, 우리로 하여금 민족문화예술에 대한 분리주의를 팽배하게 만들어 갔다.

　한편, 한성창기조합이 자체의 음악과 무용을 곁들인 활동을 하면서 1900년대에 신설한 각종 극장과 연관하여 공연 활동이 잦아지자 이들의 기예 요구에 부응할 교육 체계가 필요하던 때에 1909년 12월에 발기한 '조양구락부'와 연계하여 교육 체제를 갖추었지만, 경시청의 명령으로 금지되기도 하였다.[14]

　더 중요한 사실은 일제 통감부에 의하여 1905년 여악女樂 폐지와 1908년의 태의원

등의 폐지, 1909년에 관기 제도가 폐지됨에 따라 궁내부를 비롯한 전국 관청에 매인 모든 관기들이 사회 진출이 활발해지면서 동시에 조양구락부가 생겨나는 하나의 계기가 되었다. 조양구락부는 1911년에 조선정악전습소로 발전한 바 있다. 조선정악전습소는 하규일河圭一·명완벽明完璧·함화진咸和鎭 등 아악계 최고 중진과 양악계를 대표하는 김인식金仁湜 등이 교직원으로 있었던 '민간음악 무용학교'였다. 바로 조선정악전습소가 그 분교실로 운영하고 있었던 기생 조합이 '다동 조합茶洞組合'(1914년에 대정권번으로 발전하였다가 조선권번으로 그 이름을 바꾸었다)이었다. 이 시기가 그 유명한 명월관明月館 시대이다. 초기에 시궁골로 제한한 조합도 전국 전역으로 번져 나갔으니, 신문로 쪽의 오궁골(주로 궁중출신의 관기들)과 반도호텔 일대의 곤당골, 다동 일대의 다방골 등 기생촌이 급격하게 늘어났다. 일본인들로 구성한 예기나 창기는 일정 유곽 지대로 제한한 데 비하여, 한국의 그것은 거의 제한없이 허가한 것이 바로 일제의 음흉한 계책이었다.

이처럼, 1908년 조선통감부가 관장하는 대한제국 경시청의 통제하에 '창기조합'이 설립된데 이어 한일합방 이후인 1913년에 다동조합과 광교조합 등 회사령에 의한 '기생조합'이 전국적으로 설립되었다. 그리고, 1917년에 '한남예기권번'이나 '대정권번' 등 '권번시대'가 이루어졌다.

원래 권번券番(칸반)은 17세기 에도江戶시대 당시 요시하라吉原에 만들어진 유곽에서 예기藝妓(게이사)들을 감독하는 사무소로 창설할 때 생긴 이름이다. 또는 발음이 같은 '검번檢番'(켄반)이나 '견번見番'(켄반)이라고도 하였다. 일본은 18세기부터 유녀遊女를 취체하는

14_ 『大韓民報』, 隆熙 4年(1910) 1月 15日字, "琴妓習樂·刀洞에 設立한 調陽俱樂部에서 各種 音樂을 敎習하는더인대 妓生組合에서도 妙年(여자 20전후의 나이 - 필자)의 妓生을 選拔하여 音樂을 鍊習코자 하여 幾個日을 實習케 하더니 警視副監의 命令으로 妓生의 習樂을 禁止한다는 設이 有하다더라."; 한편, 기생조합의 기생학교 운영자료로 「平壤妓生學校規則」이 있다. 그 내용은 전문이 일문(日文)으로 田邊尙雄(타나베 히사오), 『中國·朝鮮音樂調査紀行』東洋音樂選書 十一(東京 : 音樂之友社, 1970), 190~194쪽에 게재되었다. 타나베는 일본 궁내부 악부부속 아악연습소의 강사로 지내다가 1921년 4월에 조선의 '이왕직 아악부'의 음악을 조사하기 위하여 서울로 출장나온 바 있다. 가족은 물론 『음악과 축음기』사 사장, 계명회(이 회에서 연구비를 받았다) 관계자 등의 전송을 받았다. 그가 조선의 아악을 보존케 한 공로로 오늘날에도 전통음악인들이 그를 '은인'으로 추앙을 하고 있지만, 그 보존책은 후에 『음악과 축음기』에서 '일선융화(日鮮融和)'를 위한 필요성을 강조하는 것을 보면 그 보존책의 입장이 달랐다. 田邊尙熊, 「日鮮融和と音樂」, 『音樂と蓄音器』 第8卷 第5號(東京 : 蓄音器世界社, 1921), 1~5쪽. 한편, 타나베가 『음악과 축음기』를 발행하는 축음기 세계사의 편집 고문을 맡고 있는데다 이 회사로부터 지원을 받을 수 있었기 때문에서도 『음악과 축음기』 1921년 5월호는 '조선음악'에 대하여 특집으로 거의 전부 채웠다.

사무소가 켄반見番이었다. 명치연간에는 풍기문란 취체와 게이샤들의 축의와 옥대玉代에 대한 요시하라의 공공비 부과와 수납사무 처리를 목적으로 켄반見番이 나왔다. 근대의 권번券番은 예기의 취폐업수속, 게이샤의 置屋과 이들의 나가는 요리옥·대합待合·여관 (주로 온천지)간 연락과 취업배분, 잠정적 차인差引 수납 등 운영비와 수수료 그리고 조합 비를 담당하였다. 일본은 또한 근대 삼업조합三業組合으로서 치옥置屋·요리옥·대합待合 의 조합사무소에서 켄반(檢番, 見番)을 겸하는 경우가 많았다.[15]

곧, 일본의 칸반券番제도를 도입한 조선의 권번은 회사령에 따라 설립되고 기생의 취 업과 폐업의 수속, 음악예술학교 등록, 풍기문란취체, 정기적 건강검진, 옥대에 대한 공공비용부과, 조합비부과, 요리점 등의 출향관리 등을 관리사무소로 운영되었다.

그러나 식민지하의 시대적 상황에서도 1929년 3월 29일 수원 기생 조합 기생 일동이 자혜병원으로 검진을 받으러 가다가 경찰서 앞에서 김향화를 선두로 독립만세를 부른 운동에서 보듯 조선의 기생들은 일제의 성적 도구의 안정성 확보책에 민족적으로 저항 하고 있었다.

세계 어느 국가에서도 찾아볼 수 없는 일제의 인권 유린과 성의 유린은 급기야 정신 대나 위안부로 동원 체제를 이룩함으로써 한국 민족 여인들의 성 수난사가 끝없이 전 개되었다.

일제의 강압적인 조직 개편으로 마침내 일본군과 일본인들의 성 유린이라는 기층 요 인이 제4기부터 자리잡았다. 일제의 성적 도구화는 지금까지 우리의 역사 속에서 생소 했던 매춘이 일상화되는 계기가 되었고, 그 계기는 민족의 음악 예술에서 두 가지 중대 한 왜곡 현상을 일반화시켰다. 다동 조합에서 확인하듯 이곳을 중심으로 기생과 음악 인들이 아악과 민악의 큰 산맥으로 줄기화하고 있었으므로 그 왜곡 현상은 씻을 수 없었다. 하나는 일제의 통제하에 조선음악이 해체될 수 있다는 사실과 또 하나는 '기 생·창기 = 음악·춤 = 유곽·술'이라는 공식화가 사회적으로 자리잡게 하였다는 점이 다. 바로 이 점에 우리들의 통한이 서려 있다. 일본제국주의의 폭행 결과가 이제 우리 들 스스로조차 역사적 왜곡과 그 편견에서 해방될 수 없다면 그것 또한 비극이 아닐 수 없다. 바로 이 점이 인간과 민족의 음악으로 우리 음악 역사가 해방을 기획하지 않

15_ 山松之助編,「見番」,『遊女』日本史小百科(東京 : 東京堂出版, 1979), 30~31面.

으면 안 되는 사유이다.

일제는 1904년 이후 한국 사회를 통제하는 각종 법적 장치를 마련하고 식민지화의 전초 단계를 마무리 짓고 있었다. 이 장치들은 한국의 지배 체계와 손을 잡고 강화하고 있었다. 음악인에 대한 통제 장치는 한성창기조합에서 알 수 있듯이 모든 움직임을 경시청이 통제하고 있었다. 한성창기 조합이나 그 밖의 여러 음악 단체만 통제한 것이 아니다. 음악문화가 발전할 수 있는 모든 고리를 일제는 제도 개편으로 통제하고 있었다. 창작물 소통의 근거가 될 수 있는 것도 보안법이나 저작권법으로 통제하였다. 또, 한국 민중의 삶의 체계의 풍요성을 가져다주고 예술감수성을 성숙시킨 신청(또는 재인청) 활동도 '무복 잡술 금지령巫卜雜術禁止令'으로 통제하였다.

1904년 7월에 일본군은 군사경찰훈령에 의하여 한국의 치안을 일본군이 담당한다는 군사경찰제를 시행한 데 이어 1905년 1월부터는 경성京城(서울) 및 부근의 치안경찰권을 일본헌병대가 장악한 상황에서 고등경찰제도를 실시하였다. 그리고 재정고문 메가타의 화폐 조례가 공포되어 일본 화폐의 무제한 유통이 허용되는가 하면 일본제일은행에 국고취급 및 화폐정리사업을 위임하는 등 이미 1905년 11월의 한일신협약(을사조약) 이전에도 한국은 급변하고 있었다. 바로, 이러한 상황에서 조선 전래의 민중의 삶의 뿌리와 믿음 치례를 함께 해온 신청(재인청) 활동을 정부가 '무복 잡술巫卜雜術'로 몰아쳐 금지하는 처단이 1905년 4월에 이루어졌다.

무복 잡술巫卜雜術을 조가朝家에서 통금通禁하는 것이되 근래에 법망이 해이하여 그 무리가 경향에 출몰하여 요언 요술妖言妖術로 민중을 선동하고 심하면 도당을 만들어 정령政令을 문란케 하는 데까지 이르니 그 소위所爲를 캐어본다면 참으로 극히 통완痛惋스러운지라. 즉시 법부法部와 경무청으로 하여금 일일이 형장詗拿하여 의법依法 처단케 하이 어떠할지 삼가 아룁니다[巫卜 雜術 朝家之所 通禁者 而晚近法網解弛 若輩出沒京鄕 妖言妖術煽動民衆 甚至作爲從黨 以致紊亂政令 究厥所爲 誠極痛惋 亟令法部警務廳——詗拿 照律正罪何如 謹上奏].[16]

16_ 『高宗實錄』光武 9年(1905) 4月17日條. 한편, 이 주본(奏本)을 올린 의정부 참정대신 민영환(閔泳煥)은 4월 17일 재가를 받아 실행키로 하였다.

4월 17일에 재가를 받아 시행한 이 '무복 잡술을 통금하는 건'은 4월 29일의 '법률 제2호 형법' 제정(제4장 '사위소간율詐僞所干律' 조항)과 함께 일제 감독하에 법부와 경무청이 주관하였다는 점에서 그 이전 시기와 달랐다. 신청의 활동을 '요언 요술로 민중을 선동하고 도당'하는 활동으로 보고 법무와 경무청이 법적 조치를 취한다면 그것은 곧 일제와 연결되어 언제나 의법 처리할 수 있는 대상이 되어버린다. 더욱이, 민족적인 믿음 치례로 발전시켜 왔던 신청을 '종교'보다도 '무복잡술'로 정부가 규정한 것은 민족과 민중의 근본을 부정함으로써 근대화의 시행착오를 이후 예고 하는 결과가 되었다. 이것은 이 시기 민중의 민족적인 믿음 치례로 발전시킬 수 있는 가능성의 차단이자 민족 정서의 또 다른 해체 정책이다. 여기에서 무복이란 신청의 믿음 치례를 말하고, 잡술은 다름아닌 신청의 음 · 악이었다.

신청은 역사적으로 조선 시대의 유교 지배 체계에 의하여 억압과 왜곡의 역사를 살아온데다, 기독교 문화권의 선교 활동의 촉진을 위한 미신화 처단, 또 일제의 민족문화 말살책의 핵심 대상으로 삼고 이 기간 금지령을 조치하였던 것이다. 여기에서 잡술이란 신청의 모든 문화예술을 가리키는 것이어서 이 금지령으로 해체화가 촉진된다.[17]

한편, 학교 교육에서 일본음악 교육 방식을 주입하여 점차 '일본 식음지植音地(일본음악의 식민지)'로 발판(귀판)을 마련하였다. 국권을 되찾으려는 한국 민중들의 애국계몽운동과 항일독립투쟁의 기반을 약화시키고 식민지로 만들려는 과정이 바로 근대음악 전기 제4기의 흐름이었다.

제4기 기간에 가장 큰 법적 장치는 저작권법 · 출판법과 보안법일 것이다. 전자가 창작물에 대한 통제법이라면, 후자는 집회금지법이었다. 전자가 음악창작물에 대한 일제의 통제를 받고 있는 내부대신의 허가 없이는 출판 · 유포할 수 없으려니와 후자에서 각종 음악회가 통제의 대상이 될 수 있게 되었다.

내각총리대신 이완용李完用은 1908년 8월 13일에 '내각고시 제4호'에 의하여 일본의 현행 법령을 적용하였는데, 여기에 저작권법 이외에도 특허 · 의장 · 상표법도 있었

17_ '무복 잡술을 통금'하는 조치는 이후 1911년 7월 조선총독부의 '총령(總令)' 제84호의 '사찰령 시행 규칙'과 1915년 8월의 '총령(總令)' 제 83호의 '포교규칙'에 의하여 신청의 믿음 치례가 더 이상 설 땅을 잃게되었다. 朝鮮總督府編纂, 『朝鮮法令輯覽』, 앞의 책, 第7輯 第2章 '宗教' 항목, 8~11쪽

다.[18] 음악창작물과 악보의 홍행권을 포함한 이 저작권법은 제11조에서처럼 "신문지 및 정기간행물에 기재한 잡보 및 정사상政事上의 논설 혹은 시사時事의 기사"는 저작물로 인정할 수 없음을 규정하고 있다. 또, 제31조에 "일본에서 발매 반포하는 목적으로 위작물을 수입하는 자는 위작자로 간주"하고 있었다. 이것은 민족이 위기에 처한 상황을 신문이나 정기간행물을 통하여 알 수 있는 사항이나 일본을 통한 국제적 소통 방식에 대한 통제가 아닐 수 없었다. 음악에 관한 구체적인 조목으로는 제2장 제30조의 제4항으로 "문학예술의 저작물의 문구를 자기가 저작한 각본에 삽입하거나 또는 악보樂譜에 충용充用하는 것"은 '위작물'로 간주하고 있었으며, 또 제2장 제35조에는 "미발행한 각본 및 악보의 홍행에 관하여는 그 홍행에 저작자라 하여 성명을 현顯한 자로서 저작자로 추정"하지만 "저작자의 성명을 현顯치 아니한 시는 그 홍행자로서 저작자로 추정"하였다. 이것이야말로 저작자가 불명한 창작품의 홍행을 막아보자는 것으로 항일독립투쟁을 나타낸 저작품과 소통 그 자체를 통제할 수 있었던 법적 장치이기도 하였다.

이러한 법령은 '한국저작권령 시행 규칙'과 '출판법'과 같은 묶음으로 묶여 통제 법망을 구축하고 있었다. '저작권법'과 같은 날에 시행한 '한국저작권령 시행 규칙'은 '통감부령 제28호'로서 한국에서 발행하는 작자 불명의 저작물을 막는 한편 모든 저작물은 관할 이사청理事廳에 신청·신고 하여 '통감부 특허국'의 허가를 받아야 하는 규칙이었다.[19]

제5조에 "한국저작권령 제6조에 의하여 복제물을 발매 반포하거나 홍행코자 하는 자는 좌계 절차를 이행"하도록 하였고, 제5조 제4호는 "업사業已 홍행하거나 홍행에 착수한 것에 대하여는 그 사실을 본조 제1호의 기간내에 제3서식에 의하여 신고"하도록 규정하고 있었다. 제6조는 "검인의 신청과 신고는 관할 이사청에 차此를 함이 가可함"으로

18_ 『官報』, 隆熙 2年(1908) 8月 15, 23日, 10月 9日字, '附錄'.

19_ 朝鮮總督府編纂, 『朝鮮法令輯覽』, 앞의 책, 第9輯 第3章 '出版' 항목, 140쪽. 한편 이사청은 지방에 있어 작은 통감부적 기능을 가지고 있었다. 1905년 12월 21일 '통감부 및 이사청 관제'가 공포되면서 이사청은 일본 정부가 서울 이외의 지역에서 영사(領事)업무를 담당하는 이사관을 두고 조약과 법령 사무의 관장, 통감처럼 군대사용권·사법권·지방관청의 사무처리 위임권 등을 가졌으며, 통감의 지휘 감독을 받았다. 경성·부산·마산·군산·인천·평양·진남포·원산·성진·대구·신의주·청진 등 12개소에 두었다.

되어 있었다.

따라서, 음악저작물은 해당 서식에 의하여 신고하여야 하며, 음악 홍행 역시 '홍행신고 목록부'와 '홍행 신고서' 서식에 작성, 신고하여야 했다. 다음 〈표 39〉와 〈표 40〉이 그것이다.

〈표 39〉   홍행신고 목록부(1908. 8)

각본이나 악보의 명칭	저작자의 성명 칭호	홍행자의 주소성명	신고연월일

이사청명
검인
지증

〈표 40〉   홍행 신고서(1908. 8)
제3서식

```
홍행 신고서

ー 저작자의 성명 칭호
ー 각본이나 악보의 명칭 및 그 발행한 토지와 그 연월일
ー 홍행(홍행에 착수)한 처소(處所)
우(右)는    년   월    일에 홍행(홍행에 착수)하온바 명치(明治) 41년(1908 -
필자) 통감부령 제28호 제5조 제4호에 의하여 자에 신고함.
                          주소
                          홍행자 성명              인
        년   월   일
이사관  좌하
```

한편, 1909년 2월에 시행하기 시작한 '출판법'은 더 강력한 통제력을 가지고 있었다. '법률 제6호'로 규정·적용하고 있는 이 '출판법'은 제13조일 경우 "내부대신은 본 법에 위반한 출판된 문서도화의 발매 또는 반포를 금하고 해당하는 각판·인본을 압수"하고 있을 뿐만 아니라, 제16조일 경우, "본법 시행 전 기존의 출판되어진 저작품으로

서 안녕질서를 방해하고 또는 풍속을 문란케 할 염려가 있다고 인정하는 경우 그 발매 또는 반포를 금지 및 해당 각본刻本과 인본印本을 압수"를 규정함으로써 현행 및 과거의 출판물도 통제 대상이 되었기 때문이다. 이 '출판법'은 동시에 1908년 8월 28일에 「학부령」 제16호로 시행한 '교과용도서 검정규정'과 함께 가중적인 성격을 가지고 있었다.

일제는 1908년 6월에 대한제국의 학부를 앞세워 전국의 관공립 보통학교에서 유행하는 동요 현황을 조사한 적이 있었다.[20]

말할 나위 없이, 법 규정으로 노래를 통제하기 위한 것이었다. 이 사실로 미루어 전국의 사립학교는 물론 공립학교에도 국권 회복을 노래한 동요나 가요들이 불리고 있기 때문에 통감부로서 통제하지 않을 수 없었다. 1908년 8월의 '교과용도서 검정규정'은 통치 차원으로 이루어진 것이다. 그리고 1908년부터 1910년 5월까지 학부 검정 또는 인정을 신청하였던 교과용도서 '창가'집은 3부였으나 1부는 인가되지 않는 사태가 일어났다.[21]

또, 1910년 4월 15일자와 1910년 4월 20일자로 조선통감부 내부대신 박제순朴齊純의 이름으로 출판법 제13조에 의하여 두 권의 음악출판물이 발매와 반포금지 및 압수를 당하였다.[22] 이때 압수된 두 권은 이성식李聖植의 『중등창가中等唱歌』와 이기종李基鍾의 『악전교과서樂典敎科書』였다.

다음은 이 두 권에 대한 내부 고시에 의하여 발매·반포 금지 및 압수를 하였다는 내용이다.

20_ 『대한매일신보』 융희 2년(1908) 6월 18일자, '잡보'란. "歌謠詳報 : 學部에서 各官公立普通學校長에게 通和하되 通俗 敎育上에 參考하기 爲하여 地方 流行의 俚諺과 童謠 等을 査察할 必要가 有하니 期圖細探하야 來八月十五日內로 報來이되 左記 區別을 依하여 無或疏漏케 하라 하였는데, 壹 現에 流行하는 것 及 其地方, 貳 現에 流行치 아니코 曾往流行하던 것(流行의 期間이 分明한 것은 其期間을 記載) 及 其地方"

21_ 高橋濱吉, 『朝鮮敎育史考』(東京 : 帝國地方行政學會朝鮮本部, 1927), 177~178쪽; 學部, 『敎科用圖書一覽』, 27~31쪽

22_ 『官報』 第4660號, 隆熙 4年(1910) 4月 23日字.

내부 고시 제32호

1. 중등창가 전 1책 이성식李聖植 저작

  우 출판물은 허가를 수受치 아니하고 출판한 자이기 출판번 제13조에 의하여 그 발매 반포를 금지하고 차此를 압수함.

  융희 4년 4월 15일

  내부대신 박 제 순

내부 고시 제38호

1. 악전교과서 전1책 이기종李基鍾 저작

  우 출판물은 허가를 수受치 아니하고 출판한 자이기 출판번 제13조에 의하여 그 발매 반포를 금지하고 차此를 압수함.

  융희 4년 4월 20일

  내부대신 박 제 순

이처럼, 일제는 애국계몽의 내용이나 더더군다나 항일독립투쟁 내용이 담겨진 저작물을 '불온'과 '안녕질서를 파괴'하고 '풍속을 문란'케 하는 것으로 몰아갔다. 당시, 저작물 중 교과서에서 지적한 정치적 사항으로는 정면으로 한국 현시의 상태를 통론하는 것, 자주독립을 말하고 국권을 만회하지 않으면 아니된다는 것을 절언한 것, 외국의 사례로 일본의 장래를 경고한 것, 우화를 교묘하게 써서 타국에 의뢰함이 불가하다는 것을 풍자 한 것, 한국의 고유한 언어 풍속 습관을 유지하고 외국을 모방하는 것이 불가함을 말하여 배외 사상을 고취한 것, 애국심을 고취하는 연설 등이 있었다.[23]

결과적으로 음악출판물뿐만 아니라 모든 저작물에 엄청난 탄압이 시작되었다. 이

___

23_ 高橋濱吉, 앞의 책, 180~181쪽.

밖에 1908년 4월의 '신문지 규칙'도 그러하지만, 1906년 4월의 '보안 규칙'과 1907년 7월의 '보안법保安法', 1910년 8월의 '집회취체集會取締' 적용도 음악문화의 고리를 끊어내는 일제의 제도 개편이다. 일제 통치에 도전하는 안녕질서와 풍속에 관련한 집회를 법으로 통제할 수 있도록 규정한 보안법이나 집회취체법은 민족국가의 인간으로서 음악하기를 포기하라는 법이기 때문이다. 대신 친일적 음악활동만이 보장받는 법이기도 하다.

'보안법'일 경우 제1조는 "안녕질서를 보지保持하기 위한 필요가 있을 경우에 결사結社의 해산"을 명할 수 있었고, 제5조의 경우에는 "정치에 관한 불온한 동작을 행하는 염려가 있다고 인정하는 자에 대하여 그 거주장소로부터 퇴거"를 명하고 "1개년 이내 기간을 특정한 일정 지역내의 범인을 금지"할 수 있도록 규정한 것이 그것이다.[24] 소위 한일합방이 이루어지는 1910년 8월에 '경령警令 제3호'의 '집회취체'는 관할경찰 관서의 허가를 받은 설교나 학교생도들의 체육이나 운동을 제외한 모든 집회는 완전하게 금지시켰다.

이와같이 일본제국주의는 친일화되어 버린 한국의 지배 체계와 함께 우리들의 눈과 귀와 심장을 각종 법규로 탄압하기 시작하여 1910년 이후의 식민지 통치를 위한 발판을 이 기간에 구축하였다. 바로 국권 회복의 두 산맥, 계몽운동과 의병항일투쟁의 민족음악운동이 빛나는 이유가 여기에 있다.

4) 식민지 전진기지로서 학교음악교육의 구축

한국근대음악사에 가장 놀라운 변화가 제4기 기간에 이루어졌다. 특히, 1960년 '제1차 학교령 시행기'(1906. 8~1909. 8)에 이루어졌으니, 그 성격은 일제의 식민지 전진기지로서 학교음악교육의 구축이었다. 두 가지 점에서 그러하다.

하나는 국가가 관·공립학교에 처음으로 '창가唱歌'와 '음악音樂'이란 이름의 교과목을 공식적으로 설정하면서 일본식으로 제도를 개편한 점이고, 나머지 또 하나는 처음 있는 그 교과목 내용이 일본의 음악교과 내용으로 이루어졌다는 점이다. 말할 나위 없이

24_ 朝鮮總督府編纂, 『朝鮮法令輯覽』(京城 : 帝國地方行政學會, 1920), 51쪽의 '保安及風俗' 항목.

일제가 조선 전체를 식민지로 완성하기 위한 최대의 계책이 학교 교육이었으며, 그 성격은 황민화로서의 기초작업이었으니, 음악교육의 제도 개편이야말로 그 성격을 그대로 나타냈다.

그렇다. 오늘 우리 음악계가 고통스러운 것도 이 시기의 역사적 기반 때문이다. 한국음악 역사와 미학의 체계화로 나아갈 수 있는 자생적인 길(조선 시대는 빛나는 전통이 있었다)이 이 시기 일제의 음악교육 제도 개편으로 말미암아 좌절한 데 있으며, 또 일제의 일본식 가치 기준과 일본음악으로 길들여진 감수성을 오늘에도 청산되지 않은 데 있으며, 끝으로 수천·수백년간 이 땅에서 발달시켜 온 민족문화 예술이 해체되는 기반이 형성되는 등 이 시기의 역사적 기반으로부터 우리가 자유스러울 수 없기 때문이다. 그러므로, 이 시기에 일제 통감부가 어떻게 그 기반을 형성하였는지를 상세하게 파헤쳐야 우리들의 치열한 반성에 의하여 앞으로 나아갈 수 있을 것이다.

이 이유로 지금까지의 내용보다 더 길어질 수밖에 없는 점을 양해해 주어야 하겠다.

1906년에 공립학교와 관립사범학교에서 '창가唱歌'와 '음악音樂'을 교과목으로 개설한 것은 한국음악사상 중요한 위치를 차지한다. 관·공립 학교사로 보아서는 처음 있는 일이었다. 물론, 이에 앞서 일반 사립학교나 특히 기독교 계통의 사립학교에서 음악을 가르치고 있었다. 그렇지만, 관·공립학교에서 음악교과를 채택하였다는 점은 국가조직상 전 사립학교에까지 영향을 미친다는 점에서 주목해야 할 사항이다.

사립학교에서 그 이름은 1900년대에 들어와 '창가'라는 이름으로 막 일반화하고 있었으나 통일되어 있지 못했고, 대부분 기독교적 신앙 고백에 기초를 둔 충군애국식 '찬미가'나 '찬미'라는 이름의 창가가 주류를 이루고 있었다. 아직도 음악교과는 유교적 가치관에서 수용적이지 못하였다. 더 중요한 사실은 가르칠 교육 기관이나 인적 자원 그리고 교재와 악기 등의 물적 요소가 전무한 상태(바로 이 사실 때문에서도 김인식, 이상준, 정사인, 백우용 등과 선교사들을 중심으로 한 사립학교 음악교육의 중요성이 부각된다)였다.

그러나 사립학교보다 음악교과목 설정이 늦었지만, 이 시기의 관·공립학교는 '창가'와 '음악'이란 교과목 이름을 분명하게 구별하여 채택하고 있었다. 설정한 1906년 이후부터 관·공립학교는 물론 사립학교에 이르기까지 전국적으로 그 이름이 통일되고 일반화되었다.

근대교육 정립은 근대군대 확립과 함께 양대 산맥을 형성할 정도로 정부의 오랜 숙원 정책이었다. 국가적인 정책 사업이었으므로 여러 학교를 신설한 데 이어 여러 교과목을 두었지만, 1906년에 와서야 처음으로 관·공립학교에 음악교과목을 확립 할 수 있었다. 비록, 학교에서 음악교과목은 조선의 음악문화가 역사적 함축으로 작용하지도 않았고, 그 교재도 개발한 것도 아니지만, 외국의 음악교과를 참조하고 민족음악교육을 수립하기 위해서도 하루빨리 확립했어야 할 교과목이었다. 바로 그 점이 조선시대의 특권 지배층만 주자학으로 교육한 치학治學과 경학經學의 '예악禮樂'교육과 달리 모든 계층에게 음악교육의 기회가 주어진다는 점에서, 또 그래야만 근대로 전환할 수가 있었다.

(1) 통감부의 제1차·제2차 학교령 시행과 음악교과

그러나 대한제국 정부의 모든 참조는 '일본'이었다. 일본이 어떻게 음악 교육에서도 조선을 장악할 수 있는지를 간파하지 못한 채 참조하고 있었다. 참조 사항이라기보다는 오히려 참조를 당하고 있었다. 일제 통감부의 조선 간섭이 그것이다.

정부가 음악교과목을 근대 교육 확립 일환으로 뿌리를 내린 것은 1906년으로 이 때는 벌써 반식민지가 된 상태였다. 1906년 이전에 관립과 공립으로서 사범학교·중학교·소학교·고등소학교·소학교 심상과 등을 비롯하여 의학교·각 외국어학교(일어학교, 영어학교, 법어학교, 아어학교, 한어학교, 덕어학교 등) 등이 있었지만, 당시에는 음악교과목이 없었다. 음악교육이 바로 국민 정서를 좌우하고, 그것도 식민지하에서는 민족문화 자체를 해체시킬 수 있는 기본 교육이므로 정부가 오히려 이 분야를 전망하고 제도 개편을 앞서서 발전시켰어야 했다. 개편을 서둘렀을 때에는 1906년이었으며, 그 때는 이미 일제 통감부 수중에 들어갔을 때이므로 우리의 회한이 있다.

대한제국은 1906년 4월과 8월에 각종 「칙령」과 「학부령學部令」을 발표하였다. 이 중에서 음악교과와 관련한 법령들은 1906년 4월부터 '학부령 제9호'의 고등여학교령 시행 규칙과 8월부터 '칙령 제44호'에 의한 보통 학교령, '학부령 제23호'의 보통학교령 시행 규칙, '학부령 제21호'의 고등학교령 시행 규칙, '학부령 제20호'의 사범학교령 시행 규칙이다.

보통학교일 경우, 1906년의 보통학교령에는 시의時宜(그때의 사정에 맞음)에 따라 '창가唱歌' 과목을 채택할 수 있도록 함으로써 비로소 '창가' 교과목을 둘 수 있게 하였다. 고등학교의 경우에도 과거와 달리 교과목으로 '음악音樂'을 비로소 두게 하였지만, 이 경우에도 음악을 시의에 따라 채택할 수 있는 교과목으로 하였다. 고등여학교는 '음악'을 정식 교과목으로 두었다. 사범학교는 본과本科의 학과목으로 '음악音樂'을 두고 있었지만, "현금간現今間만 궐闕함을 득得함"이라 하여 '음악' 교과목을 당분간 비워두고 설치하지 않기로 하였다.

1906년의 학제를 보면 보통학교가 4년간이고, 이 졸업자들이 고등학교로 진학하여 4년간을 수업 연한으로 삼았던 학제였다. 그리고 보통학교 졸업의 학력이 있는 자가 사범학교 본과 3개년 과정에 입학할 수 있었다. 이 학제에 '창가唱歌'와 '음악音樂' 교과목을 그 이름부터 구별하여 법령으로 두게 하였으니 한국음악사상 음악교육 일반화의 길이 열리는 계기가 되었다.

보통학교에는 '창가唱歌'를 두었고, 고등학교와 고등여학교 그리고 사범학교 경우에는 '음악音樂'을 두었다. 비록, 시의에 따라 음악교과목의 개설 여부를 적용하고 있지만 말이다. 보통학교와 고등학교·고등여학교·사범학교를 교과목 명칭부터 각각 달리한 것은 학습 내용의 정도에 따른 구분이었다. 요즘식으로 말한다면, 초등학교 저학년에 '창가'를 두었고, 고학년 이상에는 '음악'이란 이름으로 교과를 설정하였다는 말이다. 나중에 다시 밝히겠지만, 창가唱歌는 보통학교 음악교육에서 노래가 중심인 음악 교육 수준을 말하고, 음악音樂은 노래와 기악교육도 포함한다는 수준차를 구별하기 위한 것이다.

한편, 여기에서 '시의時宜에 따라' 음악교과목 개설 여부를 정하기로 한 것은 음악교사 양성 기관의 부재, 음악교사 부재, 음악교재 부재, 음악교육 공구와 그 환경 등이 모두 부재한 데서 비롯하였다. 그러므로 음악교육 제도 개편은 이 부재를 현실화시키는 데 있었다. 그러나 결론부터 끄집어낸다면, 그 과정의 모든 물리적·인적 토대와 정보를 일제가 독점운영하고 있는 실정이었다.[25]

25_ 여기에서 학제에 대하여 더 알아보기로 한다. 보통학교인 경우 4개년의 본과 이외에 본과 졸업자가 그 학교에 설치한 보습과(補習科)로 진학하기도 하였다. 그 수업 연한은 3개년이었다. 고등학교는 본과 4개년의 본과말고도 예과와 보습과를 두었다. 고등학교의 보습과도 고등학교 본과 졸업자가 진학할 수 있으며 그 수업 연한은 예과와 같이 1개년이었다. 보통학교 졸업자의 고등학교 본과 입학 적령 나이는 12세 이상으로 삼았다. 그러나 예과와 달리 보습과에는 음악교과목이 없었다. 사범학교는 본과 3개년 과정 이외에도 예과, 속성과, 강습과 과정이 있었으며, 그 수업 연한은 통상 1년 이내였다. 사범학교에 여러

다음 〈표 41〉은 각 학교에 따라 음악 교과목의 명칭과 교과 목표 및 시수를 나타내고 있다.

〈표 41〉에서 제1차 학교령이 시행되는 1906년 8월 이후부터 관·공립 학교에 '창가와 음악' 교과목 설치 상황을 전체적으로 알아볼 수 있지만, 그것은 그 전제가 '시의時宜'에 따라 운영케 한 것이었다.

유일하게 고등여학교에 '음악'과 '관립한성고등여학교 부속유치원'에 '창가'를 두었다. 이들 학교에서 음악교과목은 선택 교과목이 아니라 필수 과목이었다.

고등여학교의 경우는 본과, 예과, 기예전수과 중에서 기예전수과를 제외한 두 과에서 '음악'音樂을 필수과목으로 하였다면, '관립한성고등여학교 부속유치원'에서는 '창가唱歌'라는 이름의 교과목을 두었다. 이것은 제1차 교육령이 시행한 지 2년이 지난 1908년 4월 7일에 시행한 것이다. 즉, 「학부령」 제9호 '고등여학교령 시행규칙' 제4조에 다음과 같이 학과목을 규정하고 있었다.

〈표 41〉 음악교과목 명칭과 교과목표 및 시수(1906~1908)

	교과명칭	교과목표	주당시수	학년 별 교과과정	
보통학교	창가	평이한 歌曲을 唱케 하여 美感을 養하고 德性의 함양을 자(資)함으로 요지를 함이라. 가사 및 악보는 평이 아정(雅正)하여 이회(理會)키 이(易)하고 차(且) 심정을 쾌활 순미케 할 것을 選함이라.	○	제1학년 제2학년 제3학년 제4학년	단음창가 동상(소上) 동상(소上) 동상(소上)

과정이 많았던 이유 중 하나는 늘어나는 보통학교 교원의 수요를 충족하려는 데서 비롯되었다. 학부의 교원시험 검정제도는 바로 보통학교 교원의 자격증을 수여하고 그 교원이 될 수 있도록 시험을 치른 제도이었다. 한편, 1900년 4월 4일 「칙령」 제11호 '중학교관제'에는 제1조가 "중학교는 실업에 취(就)코자 하는 인민에게 정덕이용후생(正德利用厚生)하는 중등교육을 보통으로 교수하는 처"로 정하였고, 1900년 9월 3일 「학부령」 0125 제12호 '중학교 규칙'에는 그 교과목으로 윤리·독서·작문·역사·지지(地誌)·산술·경제·박물·물리·화학·도화·외국어·체조로 정한 것에 비하여 음악 교과목이 없었다. 1899년 4월의 중학교 관제에는 중학교 수업 연한을 7년으로 정하여서, 처음 4년을 심상과(尋常科)라 하였고, 그 뒤의 3년간을 고등과로 하였다. 서당은 1908년 8월 28일에 학부훈령 제3호의 '서당 관리에 관한 건'으로 새로운 전기를 마련하였지만, 제2항에서 밝혔듯이 "서당에서 과하는 학과는 한문(漢文)으로 위주" 하였다. 성균관은 1895년 7월 2일 「칙령」 제136호 '성균관 관제'와 같은 날의 「학부령」 제2호 '성균관 경학과 규칙'에서 밝힌 학과목은 '삼경·사서·언해의 강독'·강목·작문·역사·연문(衍文)·산술이 었다. 기타, 외국어 학교는 학교의 특성상 음악 교과목이 없었다. 1909년 7월 5일 「학부령」 제5호의 '외국어학교령 시행 규칙'에도 그 교과목으로 수신·국어 및 한문·2개국 외국어를 하되 기타 수학·이과·역사·지리·법제 및 경제·부기·체조 등을 채택할 수 있었지만 음악 교과는 없었다.

고등 여학교	음악	音樂에 관한 지식(智識)과 기능을 득(得)케 하여 미감 을 養하고 심정을 고결케 하며 겸하여 덕성의 함양에 資케 함을 要함. 音樂은 單音唱歌를 授하고 又 편의로 윤창가(輪唱歌)와 복음창가(複音唱歌)를 交하여 樂器 사용법을 授함이 可함.	2	예과제1학년	단음창가
				소제2上學년	동상(소上)
				본과제1학년	동상(소上)
				소제2上學年	단음창가 복음창가 악기사용법
				소제3上學年	동상(소上)
고등학교 (본과)	음악	歌曲을 唱함을 知得케 하여 美한 흥운(興韻)을 감발 (感發)하고 心情을 고결케 하며 겸하여 덕성함양에 자 뢰(資賴)케 함을 要함이라.	1 1 1 ○	제1학년급 제2학년급 제3학년급 제4학년급	단음창가 동상(소上) 단음·복음 ○
고등학교 예과과정	음악	예과의 학과목은 고등학교 본과에 준한다.	1		단음창가
사범학교 (본과)	음악	가사악보 중의 고아순정(高雅純正)하여 교육상에 비익 (裨益)이 有할 것으로서 연습케 하고 겸하여 音樂의 명칭과 기호의 요략(要略)과 가사의 의의(意義)를 지 득(知得)케 함이라.	2	제1학년	단음창가
				제2학년	단음창가 악기사용법
				제3학년	단음창가 악기사용법
사범학교 (예과)	음악	예과 및 속성과의 학과목은 본과에 준한다.	2		단음창가
사범학교 (속성과)	음악	예과 및 속성과의 학과목은 본과에 준한다.	2		단음창가 악기사용법

고등여학교 본과의 학과목은 수신, 국어, 한문, 일어, 역사, 지리, 산술, 이과, 도화, 가사, 수예, 음악音樂 및 체조로 함. 단 수예 중에 자수, 편물, 조사組絲, 낭물囊物, 조화 및 할팽割烹의 1과목 혹 수과목을 수의과목隨意科目으로 하고 외국어(일어를 제함) 및 교육 대요를 수의 과목으로 하여 가함을 득함. 예과의 학과목은 수신, 국어, 일어, 산술, 이과, 도화, 수예, 음악音樂 및 체조로 함. 기예전수과의 학과목은 수신, 국어, 산술, 재봉, 자수, 편물, 조사, 낭물, 조화 및 할팽의 1과목 혹 수과목으로 함. 단 일어 및 가사를 수의 과목으로 하여 가함을 득함.[26]

이처럼, 고등여학교의 본과와 예과는 '음악音樂'을 필수과목으로 삼고 있었다. '관립

26_ 『관보』, 융희 2년(1908) 4월 10일자로 학부대신 임시서리 내각총리대신 이완용이 정하였다.

한성여학교 부속유치원'의 경우는 역시 1908년 4월 7일의 「학부령」 제10호 '관립한성여학교 학칙'을 정하였을 때, 제2조에 "본교에 부속유치원을 설치함"이라고 규정한 것과 같이 부속유치원을 두고, 제20조의 항목처럼 "보육의 항목은 유희, 창가唱歌, 담화談話 및 수기手技로 함"이라는 내용의 '창가唱歌'교과를 두었다.[27]

그리고 제1차 학교령의 특징 중 하나가 「학부훈령」과 「학부고시」에 의하여 '사립학교령 시행'과 '사립학교 학칙 기재 예'를 규정하여 '창가唱歌'와 '음악音樂'을 관·공립학교의 경우를 적용 시행한 점이다. 여기에서는 보통학교에서부터 차례로 수업 시수와 학년별 음악 교과 과정을 알아 보기로 한다〈표 42〉 참고).

〈표 42〉 사립학교 음악 수업 시수와 학년별 교과 과정(1908. 8)

	교과명칭	제1학년	제2학년	제3학년	제4학년
보통학교 정도	창가	단음창가	단음창가	단음창가	단음창가
고등학교 정도	음악	단음창가	단음창가	단음창가	

한편, 조선통감부가 1909년 9월에 제2차(1909. 9~1911. 8) 학교령을 시행할 때에도 '창가唱歌'와 '음악音樂'은 여전히 '시의에 의하여' 운영하는 교과목이었으나 고등여학교와 그 부속유치원을 제외하고는 '사범학교'에 변화가 있었다. '시의에 따라'라는 제1차 학교령의 규정을 삭제하였기 때문이다. 전체적인 상황을 〈표 43〉이 보여준다.

〈표 43〉과 같이 1908년의 개정 사범학교령은 '음악音樂' 교과목이 1906년처럼 "현금간現今間만 궐闕함을 득得"하는 교과목이 아니라 필수과목으로 분명하게 두었다. 이것은 나중에 다시 살펴겠지만, 이미 '관립한성사범학교'에 '음악 교수音樂敎授'가 있었기 때문이었다. 그리고 제2차 학교령 시행기(1909. 9~1911. 8)에서 음악 교과 목표가 큰 변동은 없었지만 음악 교과 명칭과 교과 목표의 진술문 내용에 수정 사항이 있었다. 그 내용은 〈표 44〉와 같다.

27_ 『官報』, 隆熙 2年(1908) 4月 10日字.

〈표 43〉 　　　　　제2차 학교령 시행기의 음악 교과 목표(1909. 9~1911. 8)

보통학교	보통학교의 교과목은 수신(修身)과 국어 및 한문과 일어와 산술과 지리역사와 이과(理科)와 도화(圖畵)와 체조로 하고 여자에는 수예를 가(可)함이라. 시의(時宜)에 의하여 창가(唱歌)와 수공(手工)과 농업과 상업 중에 1과목 혹 기(幾)과목을 가(可)함을 득(得)함이라.
고등학교	고등학교의 학과목은 수신, 국어 및 한문, 일어, 역사, 지리, 수학, 박물, 물리 및 화학, 법제 및 경제, 실업, 도화, 창가(唱歌), 체조로 함. 단 법제 및 경제, 창가(唱歌)는 궐(闕)함도 득(得)함. …공립 우(又)는 사립고등학교 보습과의 학과목은 본과에 준하여 학교장이 정하고 학부대신의 인가를 수(受)함이 가(可)함.
고등여학교	고등여학교 본과의 학과목은 수신, 국어 및 한문, 일어, 역사, 지리, 산술, 이과, 가사 도화, 재봉, 음악(音樂), 체조로 함. 전항 외에 수의과목(隨意科目)으로 수예, 외국어, 교육의 1과목 또는 수과목(數科目)을 가(可)함을 득(得)함. 단 외국어는 영어, 법어, 덕어, 한어의 1개 국어로 함. 예과의 학과목은 수신, 국어 및 한문, 일어, 산술, 이과, 도화, 재봉, 음악(音樂), 체조로 함. 전항 외에 수의과목으로 수예를 가(可)함을 득(得)함.
사범학교	사범학교 본과의 학과목은 수신, 교육, 국어 및 한문, 일어, 역사, 지리, 수학, 박물, 물리 및 화학, 도화, 수공, 음악(音樂) 체조로 함. 학교장은 학부대신의 인가를 수(受)하여 전(前)항 각 학과목 외에 농업, 상업의 1과목 우(又, 또 - 필자)는 2과목을 가(可)함을 득(得)하되 기(其, 그 - 필자) 2과목을 가한 경우에는 학원(學員)의 소장(所長)에 의하여 기 1과목을 수(修)케 함으로 함. 예과, 속성과 및 강습과의 학과목은 학교장이 정하여 학부대신의 인가를 수(受)함이 가(可)함.

※〈표 43〉과 〈표 44〉는 다음 『官報』 내용을 참고하여 작성하였다. 「學部令」 第2號, '고등여학교령 시행 규칙', 『官報』, 隆熙 3年(1909) 7月 9日字, '附錄' ; 「學部令」 第3號, '사범학교령 시행 규칙', 위의 관보, 같은 날짜 ; 「學部令」 第4號, '고등학교령 시행 규칙', 위의 관보, 같은 날짜; 「學部令」 第6號, '보통학교령 시행 규칙', 위의 관보, 같은 날짜 ; 「學府告示」 제6호 '私立學校 學則 記載例', 앞의 관보(1909), 9月 1日, 14日字, '附錄'.

〈표 44〉 　　　　　제2차 학교령에 의한 관·공립 음악 교과 과정(1909. 8 이후)

내용 학교별	교과 명칭	교과목표	주당 시수	학년별 교과 과정	
				학년	과정
보통학교	창가	唱歌는 平易한 歌曲을 唱함을 得케 하고 겸하여 미감을 養하며 덕성함에 資함으로서 要旨로 함.	○	제1학년 제2학년 제3학년 제4학년	단음창가 단음창가 단음창가 단음창가
고등학교	창가	唱歌는 歌曲을 唱함을 得케 하며 미감을 養하여 덕성을 함양함에 資함으로써 요지로 함. 唱歌는 單音唱歌로 하되 高雅하여 교육상 神益될 歌詞樂譜를 택하여 교수함이 可함.	1 1 ○ ○	제1학년 제2학년 제3학년 제4학년	단음창가 단음창가 ○ ○
수업연한 단축 고등학교	창가		(1) (1) ○	제1학년 제2학년 제3학년	단음창가 단음창가 ○

476　한국근대음악사 1

고 등 여학교	음악	音樂에 관한 지식(知識)과 기능을 得케 하며 미감을 養하고 心情을 고결히 하고 겸하여 덕성 함양에 資 함으로서 要旨로 함. 音樂은 單音唱歌를 위주하되 高雅하여 교육상 비익(裨益)이 有할 歌詞, 樂譜를 택하여 교수하고 又편의로 複音唱歌를 可하며 樂器 使用法을 敎授함이 可함. 樂器使用法을 授함이 可함.	2 2 2	제1학년 제2학년 제3학년	단음창가 단음창가 단음창가, 복음창가, 악기사용법
사범학교 (본 과)	음악	音樂은 音樂에 관한 지식기능을 得케 하며 且보통학 교의 唱歌敎授하는 방법을 會得케 하고 겸하여 미감 을 養하며 덕성함양에 資함으로써 要旨로 함. 音樂 은 單音唱歌를 위주하고 歌詞樂譜가 高雅하며 교육 상 神益이 有한 자에 就하여 鍊習케 하며 且 樂器使 用法을 敎授함이 可함.	2	제1학년	단음창가
			2	제2학년	단음창가및악기 사용법
			2	제3학년	단음창가및악기 사용법
(예과)	음악	예과, 속성과 및 강습과의 학과목은 학교장이 정하 여 학부대신의 인가를 受함이 可함.	2		단음창가
(속성과)	음악	예과, 속성과 및 강습과의 학과목은 학교장이 정하 여 학부대신의 인가를 受함이 可함.	1		단음창가

○표는 배당 시간을 임의로 정하거나 음악교과목이 없는 경우이고, ( ) 표는 '시의에 따라' 배정하였을 때 주당 시수
와 그 내용이다.

1906년 8월, 제1차 학교령에서 관·공립학교들은 '시의時宜에 따라' '창가唱歌'와 '음
악音樂'교과목을 개설하였으나 음악 교사가 없어 운영을 못 하고 있었다.

그러나 1908년에 「칙령」 제22호와 「학부령」 제9호에 의한 '고등여학교령'과 '고등여
학교령 시행 규칙'에 의하여 음악音樂교과목과 창가唱歌 교과목이 있었거니와 관립한성
고등여학교에는 '음악音樂'교과목과 관립한성고등여학교 부속유치원에는 '창가'교과목
을 운영하고 있었다. 관립한 성사범학교도 1908년 1학기부터 '음악音樂 교수敎授'가 있었
던 것처럼, 처음 제1차 학교령과 달리 음악音樂교과목을 운영하고 있다가, 1909년 8월의
제2차 학교령 개정과 함께 필수과목으로 지정하였다. 정부는 1908년 1월 1일자로 관립
한성사범학교 음악 교수音樂敎授로 일본인 고이데 라이키치小出雷吉를 임용하였다.[28] 그는
부교수副敎授로 임용되었지만, 이미 1907년에 한성사범학교에 들어와 있었다. 그가 음악

28_ 『官報』 '附錄', 隆熙 2年(1908) 1月 10日字, 이 관보에 의하면 1월 1일부로 관립한성사범학교 교수로
임용된 사람은 고이데(小出)말고도 9품 윤정로(尹定老)와 9품 팽종헌(彭鍾獻)이 있었다. 이들은 모두 '부
교수(副敎授)' 직급으로 임용되었다.

인이었음은 『만세보』와 『황성신문』에서 확인할 수 있다. 즉, 1907년 4월 19일자 『만세보』에 의하면 학부學部에서 사범학교 교사로 소출뇌길小出雷吉 씨를 '연빙延聘'(예로서 맞음-필자)하였음을 확인하고 있는 것이 그것이다.[29] 그뿐만 아니라 학부는 그에게 '피아노와 올갠 등의 음악 기구를 구입'하여 주기를 요망하고 있었다. 또, 『황성신문』 1909년 9월 16일자에는 "관립고등학교에서 1주간에 1시간씩 '창가과唱歌科'를 첨입添入할 계획인데, 교사가 무無함으로 사범학교 창가唱歌교사 일본인 소출小出 씨를 겸임케 하라고 동교장同校長 홍석현洪奭鉉 씨가 재작일 학부에 청원하였다더라"와 같이 그가 이미 관립한 성사범학교에 재직하고 있음을 확인하고 있다. 즉, 1907년부터 한성사범학교에서 본과, 예과, 속성과에 재학했거나 졸업예정자들은 '음악音樂' 교수 고이데小出雷吉로부터 '음악音樂' 교육을 받고 있었다.

이로 미루어 1908년 3월 졸업생들은 그해 4월 신학기부터 관·공립 보통학교 현장에서 '창가唱歌' 교육을 받고 있었다. 그뿐만 아니라 점차 일반화되어가고 있는 '풍금(Organ)'이 마련됨에 따라 대한제국 학부가 연수할 기회를 마련한 것도 그러하거니와, 관립고등학교의 체조 시간에 풍금 사용을 계기로 각 관립보통학교 학생들도 참관 수업이 늘어나고 있었다. 이때의 관립한성고등여학교나 사범학교에서 학년별 음악 교과 과정에 개설된 '악기연주법樂器演奏法'은 다름아닌 '풍금연주법'이 중심이었다. 모처럼, 한성사범학교 음악 교수 고이데의 등장은 각급 관립학교의 창가 지도에 독보적인 위치로 부각되어 있음을 여기에서 확인할 수 있다. 더욱이, 한성사범학교 음악 교과에 고이데 부교수가 있었기 때문에서도 보통학교의 교원(專科 검정) 검정과목에 처음으로 '창가唱歌' 과목을 부과하는 결과가 되기도 하였다.[30]

29_ 『만세보』에 소개한 이름은 소출뇌정(小出雷正)으로 되어 있지만, 후에 정부가 임용할 때의 『官報』의 이름은 '小出雷吉'이었다. 본 글은 『官報』를 따른다.

30_ 풍금이 일반화된 사실에 관한 사료에는 『만세보』, 광무 10년(1906) 11월 5일자와 『대한매일신보』, 융희 원년(1907) 8월 9일자가 있다. 즉, 1906년 11월 5일 하오 9시에도 청년회관 강당에서 청년회 신입회원 103인을 축하하기 위한 간친회 일환으로 일본인 미야가와(宮川) 씨의 풍금과 부감독 박서양(朴瑞陽) 씨의 창가가 있었던 것처럼 당시의 노래 반주를 거의 풍금으로 하고 있어 풍금의 일반화 경향을 엿볼 수 있다. 또, 1907년 8월 9일자 『대한매일신보』에는 학부가 1908년 추기(秋期) 개학 때부터 사범학교 및 보통학교에서 '풍금'을 일반학생들에게 가르치려는 계획을 갖고 이를 학부 차원에서 협의하기도 하였다는 기사가 있었던 것으로 보아 학부는 풍금과 창가·음악 수요에 상당한 관심을 가지고 대책 마련에 골몰하였음을 확인케 한다. 한편, 『황성신문』, 융희 3년(1909) 4월 27일자에 의하면 1909년 4월 26일자 『황성신문』에는

이와같이 통감부의 제1차 학교령이 시행하는 1906년에 관·공립학교에 '시의에 따라 창가唱歌나 음악音樂' 교과목을 일단 편성하였지만, 1907년 직후부터 관립한성사범학교를 필두로 한성고등여학교와 그 부속유치원을 비롯하여 각급 관·공립학교에 음악교육이 이루어지고 있었다. 풍금 연주에 맞춰 율동하는 체육 시간과 함께 본격화되어 가는 음악교과는 제2차 학교령이 시행하는 1909년에 '창가唱歌와 음악音樂' 교과가 점차 필수화되어 갔다. 여기에서 1909년 8월의 제2차 학교령(1911년 8월부터 시행한 '조선교육령'으로 일본식민지주의 교육이 본격적으로 전개되기 직전까지)이 대한제국의 마지막 학교령으로 그 통한의 시대를 적용하고 있었다.

1908~1909년간의 전국에 산재한 각급 관·공립학교를 소개하면 〈표 45〉와 〈표 46〉과 같다.[31]

한편, 지금까지 통감부 주도하에 운영되고 있는 관·공립학교와 달리 사립학교의 경우에는 '항일애국사상의 온상'으로 성장하고 있었고 일찍부터 음악 교육에 관심을 기울여 왔기 때문에서도 그 성격에 있어서 관·공립학교와는 달랐다.

〈표 45〉 1908~1909년간의 전국 관·공립학교 현황

	기준정도	학교수		교원수						생도수					
		1908	1909	1908			1909			1908			1909		
보통학교	관립 각종공립 을종공립		9 51	일인	한인	계	일인	한인	계	남	여	계	남	여	계

'관립고등학교에서 체조 시간에 풍금 사용이 주지의 사실'임을 확인하고 매주 토요일 오후에 각 관립보통학교 학생들을 초대하여 체조할 때 풍금 사용함을 참관수업케 하고 있었다. 실제로 1909년 4월 26일에는 관립교동보통학교 보습과 1, 2학년 생도 20명을 모아놓고 풍금 연주에 맞춰 체조하는 시간에 참관하였다. 교원 검정 과목으로 창가 과목이 부과된 경우를 1909년 7월 5일 「학부령」 제6호의 '보통학교령 시행규칙'에 조항 삽입 항목에서 분명하게 찾아볼 수 있다. 즉, 제4장 직원 및 감독 항목의 있는 제41조에 "본과 교원의 검정 과목 및 그 정도는 훈도에 재(在)하여는 사범학교 본과, 부훈도에 재(在)하여는 사범학교 속성과에 준함. 전과(專科) 교원의 검정 과목은 한문, 도화, 체조, 수예, 창가(唱歌), 수공, 농업, 상업의 한 과목 또는 수과목으로 하고 그 정도는 훈도에 재하여는 수예는 고등여학교 기예전수과 기타는 사범학교 본과 부훈도에 재(在)하여는 수예는 고등여학교 본과 기타는 사범학교 속성과와 동등 이상으로 함"과 같이 전과 교원의 검정 과목으로 창가(唱歌)가 있었다. 한편, 기독교 계통의 사립학교는 관·공립학교에서 앞서 풍금으로 창가와 체조나 유희 학습을 하고 있었다.

31_ 〈표 45〉의 수치들은 그 해의 12월 말 현재의 통계이다. 그리고 이 표는 다음을 인용 재작성하였다. 『舊韓末日帝侵略史料叢書』 Ⅲ 政治篇 3, 「韓國施政年報」 下(서울 : 亞細亞文化社, 1984), 226~35쪽.

						11 64 6 33	46 227 81 88	57 291 89 121			1859 7936	61 451	1920 8387
보조지정		34 31											
계	89	125	66	293	359	114	293	556	10534	193	10727	14129	660	14827
고등학교 (촉탁)	1	2	4(1)	9(1)	13(2)	9(4)	12	21(4)			172			269
고등여학교	1	1	3	4	7	3	4	7			88			151
사범학교 (촉탁)	1	1	6	7(1)	13(1)	9	6	15			140			212

〈표 46〉　　　　　　　　　　　　　1909년 현재 관·공립학교

	관·공	학교이름	수
보통학교	관립	校洞　齊洞　養賢洞　養士洞　仁峴　水下洞　貞洞　梅洞　安洞	9
	공립 (갑종)	수원 공주 충주 光州 전주 진주 대구 춘천 평양 영변 해주 함흥 鏡城 개성 인천 안성 청주 강경 남원 군산 목포 나주 경주 상주 동래 마산 울산 황주 진남포 정주 의주 안주 원주 강릉 원산 북청 城律 회령 영암 고부 鎭南(경남) 밀양 온양 선천 여주 강화 간도	51
고등학교	관립	관립한성고등학교 관립평양고등학교	2
고등여학교	관립	관립한성고등여학교	1
사범학교	관립	관립한성사범학교	1

　　1904년 2월의 한일의정서 조인과 그해 4월 한국에 일본의 주차사령부駐箚司令部 설치, 또 1905년 군대 감축과 을사조약으로 국권 상실이 현실적으로 다가오자 대한제국기의 시대인들은 1905년부터 '기울어져 가는 국권國權을 바로잡으려면 오직 교육밖에 없다'라고 생각하여 수많은 학교를 세워 나갔다. 예컨대, 1905년 5월에 설립된 보성학교普成學校(오늘날의 고려대학교 전신)의 설립 정신이 "청광개교請廣開校 교육인재教育人材 이복국권以復國權"인 것처럼 인재를 배양함으로써 국권을 회복하자는 데 있음으로 해서 그 건학 정신이 잘 나타나 있었다. 그리고 현산학교峴山學校와 모곡학교牟谷學校를 설립한 남궁억南宮檍도 "국권 갱생의 길은 오직 하나인 교육밖에 없다"라고 말하여 국권회복의 길에 교육이 있음을 분명하게 한다.

수많은 학교 설립이 가능하였던 또 하나의 사실은 1908년 통감부의 「사립학교령」이 시행되기 이전이었기 때문이기도 하다. 즉, 사립학교 설립이 통감부의 인가 사항이 아니었기 때문에서도 관·공립학교 수와는 비교가 안 될 정도로 많았다. 1908년의 경우, 조선총독부의 통계[32]-에 의하면 "경성 시내 100여 교를 비롯하여 총수 5천여에 달했으며 학생수 10만에 이르렀다"와 같이 전국에 5천여의 각종 학교가 있었다는 점에서도 이를 확인할 수 있다.

특히, 기독계의 사립학교는 전체 사립학교 중에서 거의 반절에 해당할 정도로 많았다.[33]- 이것은 기독교계의 학교가 관·공립 학교보다 앞서 음악 교과에 관심을 기울여 왔음을 뜻한다. 기독교 계통의 학교 설립은 '선교 허가'와 달리 정부가 19세기 80년대 중반 직후부터 공식적으로 허가하여 왔다. 여기에다, 조선가톨릭교회가 1887년 한불조약 비준 직후부터 가톨릭계 학교에서 교회음악을 할 수 있었거니와, 1898년 6월, 정부가 북장로회 선교사 스왈른W. L. Swallen에게 선교사로서 '전도하는 일을 하도록' 허가한 이래 기독교는 공식적인 종교 행위를 할 수 있었으므로, 교회내의 '찬미가'와 '풍금'은 공식적으로 기독교계 학교 음악 교육에 전환할 수 있는 환경이 이미 갖추어졌었다. 더욱이, 기독교는 1894년의 청일전쟁 이후부터 민족 종교로 자리잡는 계기가 되면서부터 기독교계의 사립학교가 민중들의 국권회복운동과 항일애국사상의 성지로 부각되었기 때문에서도 학교 설립은 압도적이었다. 그 학교 설립은 주로 1900년 이후였다〈표 47〉 참고).

기독교계 학교들도 서울 지역을 제외하고는 〈표 47〉에 나타난 것처럼 대부분 1900년 이후였다〈표 47〉 참고).

32_ 朝鮮總督府, 『朝鮮の保護及倂合』(京城 : 朝鮮總督府, 1918), 378쪽.
33_ 俵孫一, 『韓國教育の現狀』(京城 : 學部, 1910), 56쪽에는 1910년 5월 말로 일반과 종교계의 학교 총수가 2,250개교로 집계되었다. 이 수는 물론 「사립학교령」 시행 후 설립인가된 숫자들이다. 1910년 2월의 종파별 학교 통계에서 다섯 개의 불교계 학교를 제외한 1,111개교의 학교가 바로 기독교 각 종파별 합계이었다. 약 50% 가량이 기독교계 학교였다.

지역	학교명	설립연대	선교부	지역	학교명		
서울	배제학당 이화학당 언더우드학당(경신) 정신여학교 캐롤라이나학당(배화)	1885 1886 1886 1887 1898	미감 미감 북장 북장 남감	전주	신흥학교 기전여학교	1900 1902	남장 남장
				광주	숭실학교 수피아여학교	1907 1908	남장 남장
평양	숭실학교 숭의여학교 광성학교 정의여학교	1894 1903 1894 1899	북장 북장 미감 미감	군산	영명학교 멜볼딘여학교	1901 1901	남장 남장
				목포	영흥학교 정명여학교	1903 1902	남장 남장
선천	신성학교 보성여학교	1906 1907	북장 북장	함흥	영생학교 영생여학교	1907 1903	캐나다 캐나다
대구	계성학교 신명여학교	1906 1903	북장 북장	성진	보신학교 보신여학교		캐나다 캐나다
재령	명신학교	1898	북장	원산	보광학교 루씨학당	1903	캐나다 남감
강계	영실학교	1908	북장				
인천	영화여학교	1892	미감	개성	한영서원 호수돈여학교 미리흠여학교	1906 1904 1906	남감 남감 남감
공주	영명여학교 영명학교	1905 1907	미감 미감	부산	일신여학교	1892	호주
이천	양정여학교	1904	미감	마산	독서숙－ 창신학교	1906	호주
수원	삼일학교 매향여학교	1903 1907	미감 미감				

1910년 4월 현재 한성(서울)의 학교수는 관·공립학교가 11개교이고, 사립학교는 94개교였다. 『대한매일신보』, 1910년 4월 27일자.

　　기독교계 학교들도 서울 지역을 제외하고는 〈표 47〉에 나타난 것처럼 대부분 1900
년대에 들어와 설립되었다. 1908년 8월에 시행한 조선통감부의 「사립학교령」은 사학私
學이 더 이상 '애국사상의 온상 교육처'로서가 아니라 '조선통감부의 인가'를 받아 식민
지 교육의 온상으로 전환시키려는 압살책이었다. 따라서, '노래 따라 부르기'를 통한
음악 지식과 애국계몽과 항일사상을 나타낸 사학의 음악이 1906년 8월 조선통감부의
제1차 학교령과 1908년 8월의 「사립학교령」으로 음악 교과도 '창가唱歌'와 '음악音樂'이

란 이름으로 '단음 창가單音唱歌'가 편성되면서 점차 일본식 음악교육 방식을 강요받기에 이르른다. 앞서 제도 개편 항목에서 밝혔듯이 사학의 음악 교과용 도서를 '불량 창가'나 '안녕질서를 파괴하고 풍속을 문란'케 한다는 이유로 출판법을 걸어 금지시키는 대신 1910년 5월 20일 '학부學部' 편찬의 일본식『보통학교 창가집普通學校唱歌集』을 강요한 것이 그 사례이다.

또, 나중에 다시 밝히겠지만 학부가 규정한 음악 교과 과정이 그 성문과 관계없이 일본 현지에서 적용하고 있는 내용을 그대로 적용했기 때문에 점차 음악 교육의 정보를 일본이 독점하는 것도 그 예이다.

참고로 1908년 8월 사범학교령 시행 후 1909년 상반기에 인가된 기독교계의 학교 중 '창가唱歌'나 '음악音樂' 교과목을 둔 학교를 〈표 48〉에서 알아보기로 한다. 통감부가 학교 이름에 반드시 '사립'임을 표기한 것이 벌써 사학 간섭으로 나타나고 있다. 〈표 48〉은 모두 184개교를 대상으로 한 것인데, 이 중 16개교를 제외한 168개교에 '창가唱歌'와 '음악音樂'이라는 이름으로 음악 교과를 두었다. 그러나 '사립황성기독교 청년회학관'처럼 중학교 과정에는 음악 교과를 두었으나 그 밖의 다른 과정에는 없는 경우가 모두 4개교가 있고 보면, 실제로는 거의 모든 학교에 음악 교과목을 설치하고 있었다. 교과 명칭에 있어서 서울의 '사립황성기독교 청년회학관'과 경기도 남양군 음덕면의 '사립보흥학교'의 고등과에 '음악音樂'이라고 하였으나, 그 밖에 모든 학교는 '창가唱歌'였다. 이 사실은 조선통감부 학부의 인가를 받는 과정에서 대부분의 사학들이 학부가 제시한 교과 편성에 '창가唱歌'나 '음악音樂'이라고 기재하여 이후 그 용어들이 일반화되었음을 알 수 있다.[34]

34_ 대부분의 학교에서는 이 명칭을 기준으로 삼았지만, 예외가 전혀 없었던 것은 아니다. 예컨대, 서울의 북서 장동에 자리잡은 '진명여학교'에서는 '풍금(風琴)'이란 이름으로 하였거니와(『대한매일신보』, 1907년 8월 24일자, 광고란), 연동에 자리잡은 경신학교의 경우는 '찬미(讚美)'라는 이름으로 과정을 이수하고 있었다. 위의 신문, 6월 30일자, 광고란.

지역 위치	학교 명칭	학과목	음악교과 명칭
漢城중부	사립황성기독교 청년회 학관	중학과 : 성경, 국어, 내외국 地誌역사, 수학이학, 박물, 법제, 경제, 어학(일 · 英隨意), 도화, 음악, 체조 이외에 어학과, 영어 과, 공예과, 특별과	음악
한성서부	사립배재고등학당	성경, 독본, 지지, 역사, 산술, 대수, 물리, 화학, 부기, 문법, 생리학, 박물학, 한문, 일어(음악 교과목 미기재)	○
	사립배화여학교	수신, 한문, 국어 역사, 지리, 습자, 수학, 영어, 도화	○
경기인천부내면	사립영화학교	수신, 국어, 한문, 지지, 역사, 산술, 이과, 도화, 체조, 창가, 수공, 외국어, 상업	창가
소개성군내북면	사립한미서원	소학과 : 성경, 수학, 국한문, 습자, 작문, 일어, 지지, 이과	○
		고등과 : 聖敎, 수학, 국한문, 작문, 지지, 역사, 영어, 일어, 이과, 공업, 창가, 체조	창가
소廣州군도척면	사립普隆학교	수신, 국어, 한문, 지지, 역사, 영어, 도화, 산술, 창가, 체조	창가
소남양군음덕면	사립普興학교	보통과 : 수신, 국어, 한문, 산술, 지지, 역사, 이과, 체조, 도화, 창가	창가
		고등과 : 수신, 국어, 한문, 일어, 지지, 역사, 수학, 박물, 물리, 화학, 법제, 경제, 도화, 음악, 체조	음악
소양성군전곡면	사립海토학교(천)	수신, 국어, 한문, 지지, 역사, 체조	○
소수원군 북부	사립三一학교	수신, 국어, 한문, 영어, 도화, 산술, 지지, 역사, 이과, 창가, 체조 위와 같음.	창가 창가
소수원군 북부	사립三一여학교	유치과 : 수신, 성경, 국어, 한문, 창가, 체조	창가
소인천부부내면	사립傳文학교(천)	심상과 : 수신, 국어, 성경, 한문, 일어, 산술, 지지, 역사, 도화, 체조, 창가	창가
		고등과 : 수신, 국어, 한문, 성경, 일어, 산술, 지지, 역사, 이과, 도화, 영어, 체조, 창가, 상업, 부기	창가
충남은진군전구	사립萬東학교	수신, 성경, 한문, 산술, 지지, 역사, 도화, 작문, 체조	○
소면천군비방면	사립玖瑰학교	초등과 : 종교수신, 국어, 한문, 일어, 산술, 지지, 역사, 이과, 도화, 체조, 창가, 농업, 상업	창가
		고등과 : 종교수신, 일어, 지지, 역사, 박물, 물리화학, 도화, 체조, 창가, 법제경제, 농업, 상업	창가
소한산군	사립기독교韓英학교	중학예과 : 성경, 국어, 한문, 작문, 습자, 산술, 지지, 역사, 체조	○
		중학본과 : 성격, 학문, 지지, 역사, 법학, 상업, 외국어, 체조	○
충북진천군	사립信明학교	성경, 한문, 영어, 산술, 습자, 창가, 체조	창가
경북대구군하북면	사립基○養性소학교	성경, 국한문, 산술, 지지, 체조, 창가	창가
경북대구군	사립기독계성소학교	성경, 국문, 한문, 지지, 산술	○
소선산군	사립기독新聖소학교	성경, 한문, 국어, 지지, 역사, 이과, 산술, 습자, 도화, 창가, 체조	창가
소서내면	사립기독○○소학교	위와 같음.	창가
소무을면	사립기독○○소학교	위와 같음.	창가
소	사립기독日新소학교	위와 같음.	창가
소	사립기독○○소학교	위와 같음.	창가
소대구군	사립기독信明女소`	성경, 국문, 한문, 지지, 역사, 산술, 습자, 창가, 체조	창가
소선산군	사립기독永○소학교	성경, 수신, 국어, 한문, 습자, 작문, 산술, 지지, 역사, 도화, 체조	○

소의성군	사립기독永進학교	위와같음.	○
소	사립기독昌林소학교	성경, 국문, 한문, 지지, 산술	○
소 개녕군	사립기독永○소학교	수신, 성경, 한문, 지지, 역사, 산술, 체조, 창가, 농업, 상업	창가
소개녕군 남면	사립기독○○소학교	위와같음.	창가
소개녕군 동면	사립기독○○소학교	심상과 : 수신, ○○, 지리, 산술	○
		고등과 : 수신, ○○, 한문, 지지, 역사, 산술, 창가, 체조, ○○	창가
소개녕군	사립기독永明소학교	위와같음.	창가
소개녕군 동면	사립기독○○소학교	성경, 국어, 한문, 지지, 역사, 산술, 체조, 창가, ○○, 상업	창가
소개녕군 남면	사립기독新聖소학교	위와같음.	창가
소개녕군 북면	사립기독○○학교	심상과 : 수신, 국한문, 지지, 산술	○
		고등과 : 수신, ○○, 지지, 국사, 산술, 체조, 창가, ○○	창가
전북금구군	사립기독○○소학교	성경, 수신, 국어, 한문, 작문, 습자, 미술, 지지, 역사, 도화, 이과, 창가, 체조, ○○○, ○○	창가
소진안군홍면	사립천주교永新학교	성경, 국한문, 일어, 이과, 도화, 지지, 역사, 산술, 체조	○
소금구군서문외	사립新○소학교	성경, 수신, 한문, 작문, 습자, 산술, 지지, 역사, 도화, 이과, 창가, 체조, ○○	창가
소	사립야소교永新학교	보통과 : 수신, 국어, 한문, 지지, 역사, 산술, 이과, 도화, 창가, 체조	창가
		고등과 : 위와 같음.	창가
소	사립永明중학교	예과 : 수신, 국어, 한문, 지지, 역사, 산술, 이과, 도화, 창가, 체조	창가
		본과 : 위와 같음.	창가
소전주군	사립기독咸寧소학교	성경, 수신, 국어, 한문, 습자, 산술, 창가, 체조	창가
소함열군북일면	사립芙蓉학교	보통과 : 수신, 국어, 한문, 지지, 역사, 이과, 산술, 창가, 체조	창가
		고등과 : 위와 같음.	창가
소전주군	사립기독新平소학교	성경, 수신, 국어, 한문, 작문, 습자, 산술, 지지, 역사 등	○
전북전주군	사립기독昌寧학교	성경, 수신, 국어, 한문, 습자, 산술, 창가, 체조	창가
황해신천군성월면	사립천주교鐵崇학교	수신, 국어, 한문, 작문, 습자, 지지, 역사, 산술, 창가, 체조	창가
평남중화군길생면	사립崇德학교	보통과 : 수신, 국어, 지지, ○○, 산술, 이과, 도화, 창가, 체조	창가
		고등과 : 위와같음.	창가
소중화군평천면	사립廣德학교	보통과, 고등과 위와 같음.	창가
소중화군상도면	사립進明학교	위와 같음.	창가
소순천군선도면	사립義英학교	위와 같음.	창가
소성천군추난면	사립進明학교	위와 같음.	창가
소용강군해안면	사립義信학교	위와 같음.	창가
소용강군화촌면	사립新興학교	위와 같음.	창가

* 이 외에 134개교가 위와 같은 교과목에 '창가' 교과를 두었다.
 〈표 48〉에서 학교명, 교과명 항목 중 ○는 판독 불가 표시이며, 음악 교과 명칭란의 ○표시는 음악교과목을 두지 않은 학교이며, 소'는 소학교의 약호이다.
 〈표 48〉의 자료는 1909년 이사청 자료이다. 1905년 조선통감부를 공포할 때 함께 공포한 '이사청(理事廳) 관제(官制)'도 동시에 시행된 바 있다. 즉, 전국의 일반 지방행정을 보조·감시하던 기관이 이사청이다. 기밀 문서로 분류된 '기독교파에 속한 사립학교조(基督敎派=屬スル私立學校調)'는 군산이사청이 1909년에 서류철한 자료로, 그 내용은 「사립학교령」 직후 1909년 4월 10일부터 5월 14일까지 설립인가된 학교의 명칭·위치·목적·학과목 등을 기재하였다. 『機密關係文書綴』, 明治 42年(1909) 1月~6月, 群山 : 群山理事廳, 1909, 117~127쪽.

(2) 제1, 2차 통감부 학교령과 음악 교과목의 성격

일제 통감부가 대한對韓 식민지화를 정착시키려는 정책 중에서 아마 교육 분야처럼 심혈을 기울인 분야는 없을 것이다. 그것은 민족주체성을 말살하고 일본 신민臣民으로서 동화시킬 수 있는 교육 정책이 바로 식민지화의 예비 단계라고 파악하였기 때문이다.[35]

근대음악사 전기 제4기에 일제는 조선통감부를 통하여 두 차례의 교육령을 통하여 식민주의 교육을 위한 법적 제도 개편을 단행하였다. 음악 교육도 예외가 아니어서 관·공립학교에 음악 교과를 개설한 것도 이러한 이유에서다.

1906년 8월부터의 제1차 학교령으로 일제 통감부에 의하여 '한국교육이 간섭되고 또한 전단專斷되어 일제 식민지주의 교육이 부식되던 때'였다면, 1909년 9월부터의 제2차 학교령으로 '교육 침략'이 자행되었다.

음악 교육에서 일제는 '창가'와 '음악'이란 이름으로 음악 교과 내용을 부식시켰고, 그 국면에서 일본 정서가 드러난 음악 교과 도서를 통용케 하여 마침내 10년대부터 음악 교육을 완전하게 장악하였다. 이 장악은 민족정신과 민족 정서를 말살하는 '음악 침략' 그 자체로 말미암는다. 학교 음악 교육에서 일본음악의 침략은 곧 한국 사회 전반의 음악 침략이다. 그러므로 이 시기에 해결해야 할 민족적 과제는 민족음악 수립이다. 그리고 이 과제는 비단 근대음악사 전반뿐만 아니라 해방 이후에도 변함없이 '일제 잔재정서를 청산하고 민족음악을 수립'하는 과제이기도 하다.

따라서, 이 항목에서는 '창가와 음악'이 뜻하는 바가 무엇이며, 그 교과 내용이 왜 문제인지를, 또 통감부 학부 발행의 『보통교육 창가집』이 왜 문제인지 알아보기로 한다.

① '창가'·'음악'·'국악'의 의미

사회 일반에서는 1900년대 벽두부터, 그리고 관·공립학교에서는 1906년부터 적용하여 일반화시킨 '창가와 음악'이란 용어는 일본음악 용어이다. 우리가 그토록 자랑삼

35_ 이 분야의 관계 학자들은 이 점을 공통적으로 지적하고 있다. 다음의 논저들이 그것이다. 金英宇, 『韓國開化期의 敎員養成研究』(대전 : 創學社, 1984); 孫仁銖, 『韓國近代敎育史』(서울 : 延世大學校, 1975); 孫仁銖, 『韓國開化敎育研究』(서울 : 一志社, 1981); 李元浩, 『開化期敎育政策史』(서울 : 文音社, 1987); 鄭在哲, 『日帝의 對韓植民地敎育政策史』(서울 : 一志社, 1985).

아 말하는 '국악'이란 용어도 마찬가지이다. 그동안 별로 쓰이지 않았던 이 용어들이 1900년대 이후에 왜 갑자기 일반화 하였을까? 여기에 우리 역사의 통한이 서려있다.

우리 나라는 전래적으로 '소리·노래·가락·이요俚謠·이가俚歌·가歌·요謠·가요歌謠·악부樂府·곡曲·가곡歌曲·성聲·음音·악樂·음률音律·아악雅樂·정악正樂' 등의 음악 용어는 있었지만, '창가'와 '음악'이란 용어는 특수한 용례를 제외하고는 일반적으로 쓰이지 않았다.

물론, '창가'라는 용어가 '歌[노래]를 부르다'와 같이 동사적으로 쓰인 경우나, '노래 부르기 기생'이란 뜻으로 '창가비唱歌婢' 같은 용어도 있지만 다른 음악 용어에 비하여 일반화시키지 않았다. 그 이유는 이때의 '창가'가 대부분 '기생들이 부르는 노래'라서 성리학적 예악론 입장에 있는 지배 계급들이 홀대하였기 때문이었다.[36] '음악'은 '예악'으로써 내용과 '시·가·무'의 장르를 통합한 '악'에서 음악장르를 부분적으로 가리킬 경우의 용례로 쓰였지만, 역시 '악'이란 용어보다 일반화되지 않았다.

'창가'와 '음악'이란 용어를 근대음악 용어로 일반화시킨 주제는 일본이었다. 즉, 일본의 메이지明治 시대가 열린 1869년(明治 2) 우치다 마사오內田正雄가 네덜란드(화란) 교육법규(1857)를 번역하여 펴낸 『화란학제和蘭學制』에서 '창가'라는 용어로 번역하면서 일반화되기 시작하였던 것이다.[37] 그리고 1873년(明治 6) 사자와 타로오佐澤太郎가 프랑스(불국) 학교 제도를 소개한 『불국학제佛國學制』에서 '창가'와 '음악'이란 용어를 자세하게 설명함으로써 이미 이 용어들이 일본에서 일반화되었음을 확인케 하였다(위의 책, 61~98쪽). 소학교편과 중학교편으로 대별하여 소개한 『불국학제』에서 '창가'는 주로 소학교용의 교과 이름으로 쓰이는 데 비하여, 사범학교나 중학교의 경우는 '음악'이란 교과 이름으로 차별하여 쓰이고 있다. '창가'가 주로 소학교에서 노래 중심인 데 비하여, '음악'은 중학

36_ 노동은, 「근대한국음악의 전개」, 『한국사상사 대계』 ⑥ 근대편 (성남 : 한국정신문화연구원, 1993), 510쪽.
37_ 內田正雄譯, 「和蘭學制」, 『明治文化全集』 第10卷 教育篇(東京 : 日本評論社, 1928), 5쪽. 『화란학제』 제1권 '소학 조례' 항목에는 네덜란드 소학교가 크게 두 종류로 나뉘는데, 일반적인 소학교에서 '창가'를 필수 과목으로 두고 있음을 소개하고 있다. 필수과목으로 소독素讀·습자·산술·문장·란어(네덜란드어)·지리학·역사·이학(理學)·창가 등의 교과목이었다. 한편, 음악 교육가인 아오야기 젠고(青柳善吾, 1884~1957)는 1934년작 『本邦音樂教育史』, 東京 : 音樂教育書出版協會, 1934, 55쪽에서 화란학제가 일본의 학제 제정에 유력한 참고가 되었다고 말하는 것으로 보아 『화란학제』는 음악 교육에도 영향을 미쳤다.

교 이상에서 기악도 포함한, '창가'보다 수준 있는 용어로 쓰이고 있었다. 말하자면, 일본이 네덜란드나 프랑스, 뒤에 다시 추적하여 밝히겠지만 미국의 음악 교육 제도를 모방하면서 적용한 용어들이 바로 '창가'와 '음악'이다. 지금까지 나는 의도적으로 '창가'나 '음악'을 '창가唱歌'나 '음악音樂'이란 우리 말과 글로 쓰지 않았음을 주목하기 바란다. 그만한 이유가 있기 때문이다.

말할 나위 없이 '창가'는 영어의 singing을, '음악'은 music을 번역하여 일본의 교과목 이름으로 쓰였다. 때로는 music을 '주악'으로 번역하기도 하였다. 특히, '창가'는 미국의 초등 음악커리큘럼에 등장한 'Vocal Music(노래 음악)'을 번역한 용어이다. '창가'는 일본발음으로 '쇼오카'라 하고, '음악'은 '온가쿠'라고 한다. '창가(쇼오카)'는 일본이 과거부터 쓰여진 '창가(쇼오카)'에서 차용하였다. 쇼오카しょうか(창가)와 발음이 다른 쇼오가しょうが(창가)는 '일본 악기의 선율이나 리듬을 입으로 부르는 방법[口唱法]'을 가리킨다.[38]

쇼오가唱歌는 일종의 악기 선율 창법이다. 이것은 쇼오가가 일본 가가쿠雅樂에서부터 근세 호오가쿠邦樂의 고토箏나 샤미센三味線, 히토요기리一節切, 샤쿠하치尺八 등의 악기에 쓰였기 때문이다. 그래서 샤미센의 쇼오가는 '쿠치 샤미센口三味線', 고토일 경우에는 '쿠치고토口箏'라 말하기도 한다.

따라서, 1872년부터 일본의 학제 반포시 '창가과唱歌科'를 설치하면서부터 기존의 '쇼오가' 용어를 근대음악 교육 용어로 '쇼오카'로 차용시켜서, 이른바 '쇼오카 시대'가 열린 것이다.

'음악'이란 용어도 일본이 일찍부터 중국과 한국을 통하여 전래적으로 일반화시킨 용어였지만, 메이지明治 시대에 music의 번역어로 쓰이면서 정착하였다. 이러한 용례는 1873년(明治 6)에 발행한 『소학독본』 1권에서 병대 나팔을 묘사하며 '온가쿠音樂'라는 용어가 보다 일반화되었는데, 이때의 '온가쿠音樂'는 일반적으로 양악洋樂을 가리켰다. 주목할 사실은 이 용어들이 1850년대 이후 『화란학제』나 『불국학제』를 번역하면서 일본 전통음악 용어를 참조하여 번역상에 쓰였지만, 이 용어들의 내용을 채운 노래들이나

38_ 平野健次, 「唱歌」, 『音樂大辭典』 3(東京 : 平凡社, 1983), 1216~1217쪽. 쇼오가에 대한 주요 논문으로 일본 '東京제대 문학부 미학과' 출신이자 호오가쿠 연구가인 킷카와 에이시(吉川英史)의 「창가역사와 원리와 기능－샤미센과 고토의 쇼오가를 중심으로(唱歌の歷史と原理と機能－三味線と箏の唱歌を中心として－)」, 『武藏野音樂大學 研究紀要』 Ⅶ(東京 : 武藏野音樂大學, 1973)이 있다.

그 기준과 성격은 미국이었다.

즉, 이 용어들이 '일본적인 국악'을 내용으로 한 음악교육 용어로 발전하면서 미국의 개신교와 민족음악(National Music)의 영향을 받았다는 말이다. 일본에서 '쇼오카唱歌'가 서양의 학교 제도를 모방하여 학제로서 설치는 되었지만, 실행할 수 있는 직제 마련이나 음악 교사와 교재들이 전무한 상태였으므로 당대에 바로 실시할 수가 없었다. 물론, 일본에 들어온 외인 교사들이나 외국 기독교 선교사들의 선교 지역이나 교회 그리고 일본의 군악대 등지에서 양악洋樂이 있었고, 일본 가가쿠雅樂가 일본 정부내에 있기는 하였지만, 일본 국민 교육으로서의 음악 교육이 아직 공식화하지 못했다. 1878년이 되어서야 미국 유학중인 이자와 슈우지伊澤修二와 유학생 감독관 메가타 타네타로오目賀田鍾太郎의 공동 건의서나 메가타 독자의 보고서를 일본 정부의 문부성 최고책임자(문부대신)인 타나카 후지마로田中不二麿에게 보낸 것이 계기가 되었다. 그 결과 1879년에 음악 감독 기관이랄 수 있는 '음악취조괘音樂取調掛'를 설치할 수 있었다. 이로써 일본 정부 차원에서 본격적인 음악 교육을 실행할 수 있었던 음악 감독 기관이 생겼던 것이다(음악취조괘는 1887년에 '동경음악학교東京音樂學校'로 발전하였다). '음악취조괘'는 서양음악뿐만 아니라 메가타와 이자와가 주장한 '국악國樂의 일으킴[國樂創成]', 곧 "동서 2양洋의 음악을 절충하여 신곡新曲을 만드는 일"을 추진하는 음악 감독 기관으로서 자리잡게 되었다.[39]

39_ "동서 2양의 음악을 절충하여 새로운 곡을 만드는 일"은 이자와 슈우지의 독자적인 안은 아니지만, 그가 1878년 5월에 미국에서 귀국한 직후 동경사범학교 교장에 취임되고 1879년 3월에 문부성 앞으로 계속 이 안을 제출하자 일본 정부 승인으로 음악 취조괘 설치와 함께 '음악취조괘 어용괘(御用掛)'를 겸임하였다. 그리고 메가타와 함께 추천한 미국의 메이슨(당시 보스턴 공립 음악학교 감독)도 1880년 일본 정부 초빙으로 와서 수많은 음악교재 개발(메이슨 괘도 Mason's Charts 등)과 인재양성 등 음악 정책 수행이 이루어졌다. 1882년에 떠날 때까지 2년 4개월 동안 메이슨은 문부성 외국인 교사로서 음악취조괘와 동경 사범학교 등에서 교수 활동도 펼친 바 있어 일본 근대음악의 초석이 되었다. 한편, 음악취조괘의 주요 사업이 다름아닌 1) 동서 2양의 음악을 절충하여 신곡을 만드는 일, 2) 장래 국악(國樂)을 일으킬 인재를 양성하는 일, 3) 여러 학교에서 음악 교육을 실시하는 일 등이 되었다. 한편, 이자와는 1875년 7월 미국에 유학 당시의 직책이 '사범학과 조사원'이었고, 메가타는 정부 유학생 감독관이었기 때문에 이들이 보고한 글들은 공식적이었다. 그리고 이자와가 유학한 매사추세츠 주 브리지워터 사범학교는 당시 The State Normal School, Bridgewater였지만, 후에 The New England Normal Musical Institute로 개칭, 발전하였다. 당시, 일본음악의 혁신을 이룬 메가타와 이자와의 대표적인 글들로써 다음이 있는데, 이러한 글들이 1880년대 직전에 일본인 손에 의하여 작성되었음을 주목할 필요가 있다. 目賀田鍾太郎, 伊澤修二, 「音樂取調事業ヲオコナウベキ上申書」(1878); 伊澤修二, 「音樂傳習所設置案」(1879); 目賀田鍾太郎, 「我公學ニ唱歌ヲ興バギ仕方ニ付私ノ見込」(1878).

〈사진 43〉　　　　　　　　　　이자와 슈우지가 유학한 미국 브리지워터 사범학교

윗 사진은 이자와 슈우지(伊澤修二, Shuji Isawa, 아래사진)가 다닌 브리지워터 사범학교(he Normal School, Bridgewater)이다. 매사추세츠 주에 있다. 그는 이곳에서 1875년부터 사범학교 조사원 직책으로 유학하며 페스탈로치 교육사상에 영향을 받는 한편 음악교육가인 루터 메이슨(Luther W. Mason)과 벨(G.Bell)을 만나 근대음악교육에 영향을 받는다.

　　메가타 타네타로오目賀田鍾太郎(1853~1926)는 1872년에 미국 하버드 대학에서 법률을 공부하는 한편 보스턴대학 부속 웅변학교에 들어가 공부한 바 있다. 1874년 7월에 하버드대학을 졸업하고 잠시 귀국한 직후에 1875년 7월 미국 유학생 감독이 되어 재차 미국에 가서 교육 제도를 조사하다 1879년 4월에 귀국하였다.[40]

　　이때 미국 유학생 감독이 되었을 때의 이자와 슈우지를 만났다. 이자와 슈우지伊澤修二(1851~1917)는 1875년 9월에 미국 매사추세츠 주 보스턴에서 남쪽으로 40Km떨어진 브리지워터Bridge Water 사범학교에 일본 정부 파유 유학생으로 입학하였고, 동 대학을 1877년 7월에 졸업한 데 이어, 그해 10월에는 하버드대학에 입학하여 이화학理化學을 공부하고 1878년 5월에 귀국하였다. 귀국 직후인 1878년 10월에 '동경사범학교 교장'이 되었다.[41] 이자와 등 세명이 미국 유학을 떠났을 때 이들의 감독이 바로 메가타였다. 이들은 1875년부터 3년간 미국에 같이 있었다. 특히 이자와는 매사추세츠 주립 브리지워터

40_　故目賀田鍾太郎 傳記編纂會, 『男爵目賀田鍾太郎』(東京 : 故目賀田鍾太郎 傳記編纂會, 1938), 345~46쪽, 533~54쪽, 541쪽.
41_　上沼八郎, 『伊澤修二』(東京 : 吉川弘文館, 1988), 63쪽 이후.

사범학교에서 음악 교육가인 메이슨Luther Whiting Mason(1818~1896)과 벨G. Bell을 만나 근대 음악 교육에 영향을 받았다. 메가타와 이자와는 메이슨과 이후 돈독한 협력 관계를 이룩하였다. 여기에서 이들은 페스탈로치J. H. Pestalozzi 교육 사상에도 깊은 영향을 받았다 (위의 책, 63~70쪽). 미국은 보스턴을 중심으로 1830년대부터 페스탈로치 주의를 음악 교육에 도입하면서 근대음악 지도원리의 기초를 확립하고 있었다. 학교 교과 과정에 음악 교과를 신설하여 미국 근대음악 교육의 개척자가 된 메이슨은 1872년에 『민족음악 교과서National Music Teacher』와 『민족음악 괘도National Music Charts』 그리고 1873년에 『음악 교과서Music Reader』 등의 저서를 펴낸 바 있다. 특히, 그는 '메이슨식 음악 교육용 괘도'로 전미국에 잘 알려진 음악 교육가였다. 그는 1876년에 미국유학중인 이자와 슈우지를 만나 이후 일본에 초빙(1880~1882년간 2년 4개월 동안 문부성 고용 외국인 교사로 동경사범학교 등의 출장 교수로)되어 일본 근대음악 교육에 절대적인 공헌을 하였다.

한편, 미국에서 메가타와 이자와가 함께 연명連名하여 일본 문부성에 '쇼오카唱歌' 실시를 위한 보고서를 1878년부터 여러 차례 올렸다. 그 핵심이 '국악창성國樂創成'이었다. '국악'은 'National Music'의 번역어로 메이슨의 각종 저서에 수없이 등장하는 용어이다. 일본에서는 '국악'이 '나쇼나루 뮤직쿠'(내셔널 뮤직)로 발음하는 외래어이기도 하다. 그러나 그 내용은 너무나 일본적 해석으로 그 성격을 유감없이 드러내고 있었다.

국악國樂이란 우리 나라(일본 – 필자주) 고금 고유의 사가곡조詞歌曲調의 착하고 어진 것을 더욱 연구하여 그 모자라는 것은 서양西洋에서 취하고 마침내 귀천貴賤에 관계없이 아속雅俗의 구별없이 누구에게도 어느 절節에도 일본의 국민으로서 노래하여야 할 국가國歌, 주악奏樂하여 국조國調를 일으킴을 말한다.

國樂トハ我國古今固有ノ詞歌曲調ノ善良ナルモノヲ尙硏究シ, 其ノ足ラサルハ西洋ニ取リ終ニ貴 賤
ニ關ハラス雅俗ノ別ナワ誰ニテモ日本ノ國民トツテ歌フヘキ國歌, 奏ヅヘキ國 調ヲ興スヲ言フ[42]

민족음악民族音樂의 일본식 번역어가 '국악'이라고 하여 일본 전통음악이나 민속음악

42_ 東京藝術大學 音樂取調掛資料硏究班, 『音樂敎育成立への軌跡』(東京 : 音樂之友社, 1976), 7쪽.

만을 가리키지는 않는다. 19세기 민족주의(Nationalism)에 바탕을 둔 민족음악(National Music)의 이론과 실제가 미국에서는 음악작품으로 구체화되지 않았지만, 음악교육가 L. W. 메이슨에 의하여 도입되고 있었다. 이것은 후에 밝히겠지만, 미국이 당시에는 서부 개척사였고, 청교도적 기독교 선교 역사에 불타 있는데다 1850년대까지 미국 음악교육은 학교에서 정식 교과목으로 채용되어 있지 않을 정도로 극히 빈약한 상태였다. 메이슨이 중심이 되어 음악 교육을 학교 교과 과정에 필수로 넣어 미국 국민의 음악으로 발전시켜야 한다고 주창하면서 이 용어들이 끊임없이 등장하고 있었다. 즉, 미국에서 민족음악은 교회를 중심으로 청교도적이면서 서부개척적인 바탕에서 미국 국민의 음악이어야 함을 메이슨은 생각하고 있었다. 메이슨 시대 이전 1720년에 최초의 가창학교(Singing School)가 보스턴에서 토마스 사임즈Thomas Symmes 목사에 의해 설립되었고, 1786년에는 매사추세츠의 스타우턴Stauton에 가창학교가 설립되었다. 그리고 1800년대에 들어와 로웰 메이슨Lowell Mason(1792~1872)에 의하여 가창학교의 음악 교육 기초의 공고화가 이루어지면서 보스턴 음악학교(Boston Academy of Music)가 설립되어 루터 W. 메이슨 시대를 맞이하였던 것이다. 미국 음악 교육은 이처럼 그 역사가 개신교의 의도에서 태어나 그 지지로 발전한 역사이다. 메이슨 민족음악의 사상적 뿌리는 개신교의 청교도적 선교에 바탕을 두고 있었다. 그가 후에 일본에 가서 개신교의 선교 방침을 감춘 채 일본의 '나쇼나루 뮤직쿠民族音樂(내셔널 뮤직)'를 부각시키고, 여기에 '창가(쇼오카)'와 '음악(온가쿠)'이란 이름으로 찬송가들을 일본식 가사로 '노가바'하여 일본 근대 음악을 전개하였던 것이다(이것이 한국의 첫 관찬 창가집인 『보통교육 창가집』에 찬송가가 들어간 이유이다. 결코 한국의 개신교 입장이나 한국인들을 충분히 고려한 제재 선정이 아니다).

따라서, 메이슨의 '민족음악' 주창은 비록 일본의 입장이 다를지라도 절실하게 필요한 때였다. 일본측의 메가타·이자와와 미국측 메이슨이 서로 '의도'를 감춘 채, 필요에 따라 자기식으로 해석하며 일본 근대음악 교육을 발전시키고 있었다. 이처럼, 조선이 아악을 나라 음악이란 뜻의 '국악'이란 용어로서 특정 계층에 사용한 데 비하여, 일본은 '아속雅俗의 구별 없이 일본 국민이 누구나 부를 수 있는 일본 나라 음악'으로 발전시키고 있었다. 그리고 '일본음악과 서양음악을 절충하여 일본 국민들이 새롭게 부르는 음악으로 발전'하자는 '일본민족음악', 구체적으로 '일본國民音樂'의 약자가 바로 '국악'이었다. '국악창성國樂創成'론은 바로 일본 국민음악을 일으키자는 부국강병식 음악

교육론이라고 볼 수 있다. 일본 근대 음악 교육을 바로 세우며 그 내용을 '동서양의 음악을 절충하여 새로운 창작곡을 만드는 것'과 장래 이러한 '국악을 발전시킬 수 있는 인물을 양성하는 일', 또 '여러 학교에서 음악을 실시하자는 것'이 메가타와 이자와가 보고·건의한 '국악창성론'이다. 여기에서 우리가 알 수 있듯이 이들이 일본 전통음악을 고려하면서 서양음악의 장점을 선택하여 적용하고 있다는 점, 새로운 일본 국민음악을 발전시키자는 점, 서양음악을 미국 현지에서 익혀가면서 적용하고 있다는 점, 끝으로 세계 문명으로 일본 문화를 발전시키지 않으면 안 된다는 일본 근대사상적 맥과 그 뿌리를 같이하고 있었다.

'국악'이란 용어는 너무나 일본적이었다.

그렇다. 일본 근대음악 교육은 '국악'에 바탕을 둔 국민학교 저학년에 적용하는 음악이 바로 '쇼오카唱歌(창가)'였고, 고학년 이상에 적용한 음악이 '온가쿠音樂(음악)'였다. 우리는 여기에서 다시 한 번 중요한 사실을 발견할 수 있다. 즉, '쇼오카(창가)'와 '온가쿠(음악)'라는 일본 국민음악, 곧 국악 용어의 창시자로 유명한 그 메가타 타네타로오目賀田鍾太郎가 1904년 대한제국의 재정고문으로 들어왔다는 사실이다. '국악' 용어는 메가타가 일제 통감부하에서 우리식 발음으로 '창가'와 '음악'으로 제도를 개편한 용어이지 결코 우리 역사가 발전시킨 용어가 아니다. 또, 일본이 페스탈로치적 음악사상을 대한제국에 적용한 것도 아니다. 그 용어는 러·일전쟁 이후 대륙 진출과 조선 지배라는 시대적 상황에서 적용한 용어이므로 일제가 조선 민족문화를 해체시키고 일본화하려는 용어이며, 앞서 지적하였듯이 이를 위하여 직제 개편을 하였던 것이다.

더욱이, 이자와 슈우지伊澤修二는 이후 동경사범학교 교장, 음악취조소장, 문부성 편집국장, 동경음악학교 교장을 지내다가 1896년 4월 1일에 대만총독부 민정국 학무부장으로 취임하였다.[43]

메가타는 청·일전쟁과 러·일 전쟁시 일본 귀족원 의원이자 대장성大藏省 주세국장主稅局長을 지내면서 일본 경제를 주도하다가 1904년 대한제국 재정고문으로 들어와 모든 징세제도 개편을 담당하였다. 이자와나 메가타는 대만이나 한국에서 그 용어와 일제 문화의 침식을 기획하여 각각의 민족정서 또한 해체시켜 나간 주역이다. 어느 사이

43_ 上沼八郎, 『伊澤修二』, 앞의 책, 213쪽 이후.

이들은 일본의 메이지 시대의 자유민권운동적 차원에서 세계를 호흡하려는 시대적 흐름과는 달리 '일본의 국가주의'에 호흡하면서 일본 제국주의를 정당화시키려고 '국악'·'창가'·'음악'이란 용어 적용과 식민지 기지화를 획책하고 있었다.

이처럼, 이자와와 메가타가 일본 정부에 보고·건의한 '국악창성'건은 크게 세 가지 방향에서 작품이 만들어졌다. 하나는 서양의 선율에다 새로운 일본어 가사를 바꾸는 '노래 가사 바꿔 부르기'식 쇼오카(창가) 작품 만들기이고, 또 하나는 일본 전통음악과 양악을 절충한 쇼오카(창가) 작품(예컨대 일본의 전통 음계에다 서양식 장단으로 처리하는 등), 끝으로 일본 전통음악의 음향적 재료에서 만들어진 경우이다. 만들어진 작품들을 학교음악 교육 현장에 제공하기 시작하였다. 이로써 일본은 1880년대부터 '쇼오카唱歌 교육'을 열어갈 수 있었다. 즉, '일본 전통음악에다 양악을 절충한 노래로서 일본 민족이 누구나 부를 수 있는 새로운 일본 민족의 음악', 곧 '국악'을 일본 국민의 노래나 소학교에 적용한 것이 '쇼오카唱歌'였고, 그 국악의 바탕에서 노래와 악기를 동원하였거나 고학년과 중등학교 이상으로 적용한 용어가 다름아닌 '온가쿠(음악)'였다. 일본은 그뒤 1890년(명치 23)에 '교육에 관한 칙어' 반포에 따라 정교政教 일치가 강력하게 작용하는 국가주의로 발전하여 창가의 국가주의를 지향하였다. 쇼오카(창가)의 국가주의는 일본의 제국적인 대외 팽창과 함께 한국에 들어왔고, 그 성격을 한국에 부식시킨 것이 제1, 2차 학교령 시기의 특징이었다는 말이다. 이를 주관한 바 있는 이자와 슈우지가 1896년에 대만총독부 민정국 학무부장으로 갔던 사실은 앞서 지적한 바 있다. 메가타 타네타로오目賀田鍾太郎는 1904년 한국의 강력한 재정고문으로 들어왔다. 이어서 관립 한성사범학교 음악 교수로 고이데小出雷吉가 1907년에 들어와 우리 나라음악 교육을 장악하고 있었던 것이 한 예들이다.

② 음악 교과 목표의 성격

일반적으로 교육 과정은 목표와 학습 경험 그리고 평가라는 3대 영역을 설정한다. 학습 경험을 이루는 교사, 학생, 내용, 학교, 사회라는 변인變因 중에서 내용이 교과 지도를 형성하므로 교과의 성격을 좌우하는 교과 목표를 설정한다.

한국에 근대음악 교과 목표가 설정된 시기는 앞서 말한 바의 1906년부터의 제1차 학교령 시기였다. 관·공립학교에서 보통학교의 '창가'와 고등학교나 사범학교의 '음악'도 1906년 이 시기에 배정되었지만, 운영할 만한 음악 교과 직제가 없었고 음악 교사나 그 교육 기관이 없었으며 음악 교과 도서와 음악 교육 공구가 전혀 갖추어지지 않은데다 특히 국권 회복이라는 시대적 흐름과 전통적으로 '노래'를 홀대한 사회였기 때문에 '시의時宜에 따라' 운영할 수밖에 없었다.

비록, 사립학교에 관·공립학교보다 앞서서 '창가'나 '찬미가'라는 교과를 두었지만, 기독교계의 학교나 특수한 경우를 제외하고는 일반적으로 설정되어 있지 않았다.

관·공립학교가 비록 '시의에 따라' 운영한 음악 교과였지만, 설정한 음악 교과 목표는 일본의 음악 교과를 그대로 적용하였다. 음악 교과 목표뿐만 아니라 명칭, 과정, 음악 교과 도서, 음악 교사 양성 방침, 음악 교육 정책 등 음악 교육에 관련한 전분야에 걸쳐 그대로 적용하였다.

여기에서는 보통학교 음악 교과 목표만 예로 들어보기로 한다.

1906년 보통학교 음악 교과 목표를 보면 "평이한 가곡을 창케 하여 미감을 양하고 덕성의 함양을 자함으로 요지를 함이라. 가사 및 악보는 평이 아정하여 이회키 이易하고 차 심정을 쾌활순미케 할 것을 선함이라"라는 그 내용이 일본의 그것과 전혀 다르지 않음을 다음 〈표 49〉로 알 수 있다.

〈표 49〉 　　　　　　　　　　　한국과 일본의 음악 교과 목표(보통학교) 비교

한국의 음악 교과 목표(1906)	일본의 음악 교과 목표(1900)
平易한 歌曲을 唱케 하여 美感을 養하고 德養을 資함으로 要旨를 함이라. 歌詞 及 樂譜는 平易 雅正하여 理會키 易하고 且 心情을 快活純美케 할 것을 選함이라.	平易ナル歌曲ヲ唱フコトヲ得シメ兼テ美感ヲ養ヒ德性ノ涵養ニ資スルヲ要旨トス. 歌詞 及樂譜ハ平易雅正ニシテ兒童ノ心情ヲ快活 純美ナラツムルモノタルバツ.

〈표 49〉에서 일본의 경우는 1900년 8월에 「칙령」으로 소학교령을 개정하여 심상소학교를 4개년으로 하고 그 교과목에 수신, 국어(독서, 작문, 습자), 산술, 체조를 필수과목으로 두었으며, 그 밖의 도화와 창가, 수공은 한 과목이나 여러 과목을 둘 수 있도록 하였다. 이어서, 교칙 제9조로 창가 교과 목표를 〈표 49〉와 같이 개정하였다.[44]

44_ 井上武士, 『國民學校 藝能科 音樂精義』(東京 : 教育科學社, 1940), 10~12쪽.

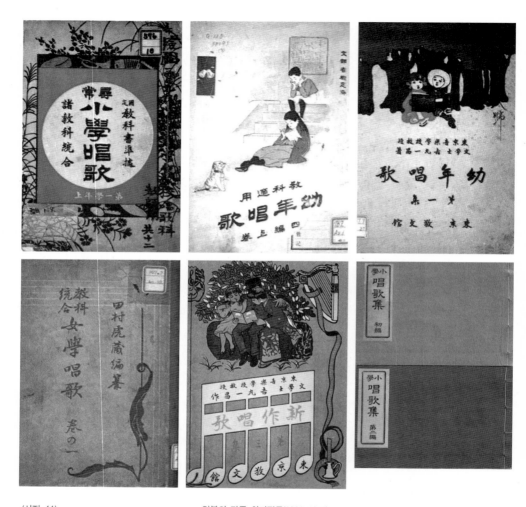

〈사진 44〉　　　　　　　　　　　일본의 각종 창가집들(1881~1912)

위 창가집들은 1881년부터 1912년 사이에 일본에서 발행한 각종 창가집들이다. 주로 초등학교용 창가집들이다. 이러한 창가집 활용은 일본의 음향적 재료와 일본정서의 한국유통을 뜻한다.

　　가사와 악곡의 뜻으로 붙여진 가곡歌曲을 쉽게 부를 수 있도록 함으로써 미감을 기르고 덕성을 함양하자는 창가 교과의 요지는 가창 교육의 목표로서 더 이상 좋은 문장이 나올 수 없을 정도이지만, 그 성격이 일본 국민적 음악을 내용으로 하였기 때문에 일본 음악 교과서를 가르치게 되는 결과를 가져왔다. 이러한 경우는 보통학교뿐만 아니라 고등학교와 사범학교에도 그대로 적용하였다. 「사립학교령」이 시행된 1908년 8월 이후 특히 제2차 학교령이 적용된 1909년 9월부터는 일본식 창가와 음악 교육이 식민지植民地=식음지植音地로 전음악교육계에 작용하기 시작하였다.

이처럼, 대한제국과 일본이 같은 음악 교과 목표를 설정하고 있어도 이를 해석하는 내용이 처음에는 서로 달라 있었을지 모르지만, 점차 일본 통감부의 의도대로 강행하여 일본제국주의의 군국적 음악 교육 시대로 넘어가게 되었다.

한편, 일본식 음악 교과목 개설과 일본인 음악 교사 초빙과 사범학교에서 여러 형태의 음악 강습에 따른 교사 배출, 풍금(오르간) 등이 갖추어졌다면, 음악 교재 역시 일제 통감부에 의하여 일본 현지의 것이 한국에 그대로 이식되었다.

근대 전기 제4기에 사립으로서 기독교 계통의 학교들이 국권 회복을 위한 노래와 노가바식 찬미가 등으로 주종을 이루었다면, 일제는 관·공립학교에서 먼저 통감부의 계획에 따라 음악 교과 도서가 배급되고, 음악 지도법과 관련한 지도서가 서점을 통하여 일본에서 수입되는 유통구조를 확립시켜 놓았다. 〈표 50〉이 그것이다.

〈표 50〉   제4기에 통용된 일본 음악 교과 도서 관련 및 지도서

번호	저자	책명	비고
1		『수신창가서(修身唱歌書)』	고등소학용
2		『학교유희법(學校遊戱法)』	중등용
3		『창가교수법(唱歌敎授法)』	사범학교용(교사용)
4		『각과 교수법(各科 敎授法)』	사범학교용(교사용)
5	교육학술연구회 편	『각과 교수세목(各科 敎授細目)』	심상고등용, 전2책, 각60錢
6	교육학술연구회 편	『각과 교수안(各科 敎授案)』	심상과, 전2책, 각 1圖 20錢
7	교육학술연구회 편	『각과 교수안(各科 敎授案)』	고등과, 전2책, 각 1圖 20錢
8	富永岩太郎	『유희의 원리 및 실제(遊戱の原理及實際)』	체조 유희용, 전1권, 80錢
9	白井規矩郎	『일첩 군가(日捷軍歌)』	체조 유희용, 전1권, 80錢
10	旗野士郎	『소학창가집평석(小學唱歌集評釋)』	동경음악학교 교수, 전1책, 60錢

근대 음악 교육 체제를 우리보다 먼저 발달시킨 일본이 이 분야를 독점 하고 있었기 때문에 이외에도 학제별 각과 지도법이나 무수한 창가집이 조선에서 유통 구조를 형성하고 있었다. 그럼에도 불구하고, 조선의 사립학교에서는 자체 제작한 애국가류 창가서나 창가 일반과 찬미가를 함께 편성한 창가집을 펴내 발전시키고 있었다.

또, 승동학교勝洞學校의 경우는 1909년에 창가와 음악 분야에 부각된 박서양朴瑞陽이 맡는 '음악과音樂科'를 신설함으로써 이 분야 근대 최초의 양악 분야의 전문 교육 기관으로

발돋움하고 있었다.[45] 또한, '조양구락부朝陽俱樂部'도 전통적인 조선음악과 서양음악을 교육할 수 있는 전문기관(조선정악전습소)을 설립하기 위하여 1909년 12월 29일에 발기회를 가진 바 있었다.[46] 말하자면, 시대적인 변화와 함께 자주적으로 음악 교육을 발전시키려는 노력들이 여러 분야에서 일어나고 있었다. 그러나 이러한 발전이 일제의 끊임없는 도전 속에 있었다.

여기에서 우리들은 관·공립학교에 먼저 적용하고 결국은 전국 사립학교도 똑같이 적용한 학부學部 발행의 『보통교육 창가집』 제1집의 성격을 밝혀야 할 것이다. 그것은 일제가 의도하는 음악 교과 목표가 음악 교과도서에 어떻게 반영되었는지를 알아봄으로써 이후로 전개하는 식민지 음악 교육사의 성격을 밝힐 수 있기 때문에서도 그러하다.

③ 음악 교과 도서의 성격

음악 교과 도서(음악 교과서)는 음악 교과 영역의 학습 내용을 학습자의 기본 자료로 사용할 수 있도록 제작한 교재이다. 그 교재를 만든 사람이나 집단의 성격 그리고 시대적인 상황에 따라 교재 내용이나 그 해석이 달라지게 마련이다. 이것은 마치 1906년 제1차 학교령에 따라 설정한 음악 교과 목표가 "쉬운 가곡을 노래하고 미적 감수성을 길러 덕성 함양"을 돕는 데 있을지라도, 대한제국이 그 문맥 자체를 해석·적용하는 것과 통감부가 해석·적용하는 것이 전혀 달랐다는 말이다. 대한제국은 자주적인 독립 국가를 지향하기 위한 해석·적용이었다면, 통감부는 일제의 대외 팽창을 지향하는 국가주의에서 대한제국 통치를 장악하려고 해석·적용한 것이 그것이다. 그만큼 그 역사적 조건이나 시대적 상황 조건이 달라 있었다.

이 사실은 1908년 9월에 교과용 도서 검정 규정과 1909년 2월의 출판법 제정 시행으로 '안녕질서 파괴와 풍기문란'을 야기하는 교과용 도서는 불온 교과서로 인가를 하지 않을 뿐 아니라 발매 금지와 압수를 하는 등의 통감부가 거침없이 저지르는 폭행에서

45_ 『대한매일신보』, 1909년 2월 16일자, 광고란. 월사금은 매월 30전으로 하고 1909년 2월 23일 개학하였다. 서양음악 이론과 창가 곡조를 악기로 배울 수 있도록 하였다. 박정양은 황성기독교청년회 부감독을 맡고 있었으며, 1906년 11월 5일에 기독청년회 신입회원 103인을 축하하기 위한 간친회에서 창가독창을 함으로써 당시 이 분야에서 널리 알려진 인물이었다. 『만세보』, 1906년 11월 7일자 참고.
46_ 「조선정악전습소 방문기」, 『조광』 창간호(서울 : 조광사, 1935), 113쪽.

잘 나타나 있다. 안녕질서란 일본제국주의의 한국지배질서로 해석하는 것이지 국권회복운동질서가 아니었기 때문이다.

또, 풍기는 한국 민족문화의 확인이 아니라 일본민족문화를 부식시키는 과정에서 나타나고 있기 때문에, 모두 일제 지배 질서 확립에 근거한 안녕 질서 파괴와 풍기 문란 적용이었다.

1910년 4월 15일 조선통감부 내부대신 이름으로 고시한 이성식李聖植 저작의 『중등창가』와 이기종李基鍾 저작의 『악전 교과서』를 각각 출판법으로 발매 금지와 압수를 자행한 것이 이를 반증하고 있었다.

따라서, 조선통감부의 안녕과 풍기를 모범적으로 제시하며 학부學部에서 처음으로 『보통교육 창가집』 제1집 편찬·발행(1910년 5월 20일)하여 관·공립학교, 사립학교 등 전 학교의 음악교과를 통일시킴으로써 이 기간 조선통감부의 모든 의도가 명명백백하게 드러나고 있었다. 『보통교육 창가집』 제1집은 '한국정부 인쇄국韓國政府印刷局'에서 인쇄하였다(이후 이 창가집 이름은 『보통교육 창가집』, 또는 학부창가집으로 줄인다).

이 창가집은 네 가지 점에서 일제의 지배 질서가 드러나고 있었다.

첫째는 통합 음악 교과서로 편찬됨으로써 모든 종류의 검인정을 막고 통감부의 통제된 음악 정책을 펼 수 있는 음악 교과서가 되었다. 『보통교육 창가집』이라고 하여 그 이름처럼 보통학교만을 위한 음악교과서가 아니었다. 머리글에서도 밝혔듯이 "보통학교, 사범학교, 고등학교, 고등여학교 등 기타 일반 제 학교에서 교수할 목적으로 편찬"하였을 뿐 아니라 "교사용과 학원용과 학도용으로 사용하고 가정에서도 사용함을 목적"으로 한 통합 교과서였다.

1. 본서는 보통학교, 사범학교, 고등학교, 고등여학교 등 기타 일반 제 학교에서 교수할 목적으로서 편찬한 자者(것 - 필자)이라.
2. 본서는 교사용 또는 학원·학도용으로 사용함을 득得함이라.
3. 본서는 학교에서 교수할 뿐 아니라 가정에서 사용함도 역가亦可함이라.[47]

47_ 學部編纂, 『普通教育 唱歌集 第一輯』, 學部(韓國政府印刷局 印刷, 1910), 1쪽.

이처럼, 『보통교육 창가집』은 모든 학교와 학도에서부터 일반 가정에까지 모든 사람들에게 통합 음악 지침서로 작용하고 있었다. 음악 교과 도서는 더 이상 검인정의 대상이 되는 교과목이 아니라 통감부의 통치적 국정 교과목으로 전환하고 있었다.

실제로 일제의 식민지 지배 질서 확립, 곧 병참기지화 정책과 황민화 정책을 양 고리로 하여 강력하게 추진한 문화 정책이 다름아닌 일제하 음악정책이었다. 말할 나위 없이 이러한 음악 정책을 1906년부터 준비하고 있었다.[48]

둘째로 이 창가집의 노래 가사는 자연물 노래·배움의 권장·부모와 친구의 은혜·경제 활동의 고취를 담고 있어, 상대적으로 민족 현실이나 민족 정신을 나타내는 노래는 처음부터 분명하게 배제하고 있었다. 이를 확인하기 위하여 먼저 창가집에 게재한 것 중 악보를 제외한 곡명과 가사 전문을 알아보기로 하자.[49] 학부 발행의 『보통교육 창가집』 제1집의 27곡 모든 노래를 주제별로 나눈다면 이 창가집의 체계적인 성격이 드러날 것이다. 다음 괄호 안의 숫자는 창가집에 게재한 노래 곡명의 일련번호이다.

자연물이나 그 계절을 노래하였거나 비유한 창가 : 7곡

－기러기(1)·토끼와 거북(6)·나비(7)·달(2와 3)·사계절 풍경(20)·봄날 아침(21)

생활이나 놀이를 노래한 창가 : 3곡

－종이연과 팽이(4)·시계(5)·겉옷(13)

농촌 경제 활동을 촉구한 창가 : 2곡

－모내기(8)·농부가(23)

배움을 촉구한 창가 : 11곡

－공부(9)·나아가(10)·학문가(11)·사계절 노래(12)·갈지라도(14)·학도가(18)·소나무 심기(19)·권학가(22)·수학여행(24)·운동가(26)·졸업식(27)

부모나 친구의 은혜를 노래한 창가 : 3곡

－부모의 은혜(15)·선생님의 은혜(16)·착한 벗(17)

48_ 노동은, 「일제하 음악 사회 성격」, 계간 『낭만음악』 1989년 가을호, 제1권 제4호(서울 : 낭만음악사, 1989), 4~91쪽이나 이를 다시 게재한 노동은·이건용 공저, 『민족음악론』(서울 : 한길사, 1991), 293~352쪽.

49_ 붙임 자료로 게재한 『보통교육 창가집』 제1집을 참고하기 바란다.

교훈적인 창가 : 1곡
- 공덕가(25)

즉, 학부창가집은 자연과 계절, 생활과 놀이, 농촌 경제, 배움, 부모와 선생님의 은혜, 교훈 등을 그 가사로 삼고 있어서 다양하게 꾸며낸 것처럼 보인다. 특히, 배움을 촉구한 노래가 전체의 40%를 차지하여 시대적인 교육상을 반영한 듯하다.

그러나 이 창가집은 민족국가로서 자주성은 전혀 보이지 않거니와, 또 그 동안 일련의 조치, 곧 음악 교과 도서의 압류나 검인 인가를 내주지 않거나 교가校歌 단속 끝에 나온 창가집이었기 때문에서도 이 창가집 가사가 보여 준 가사는 '민족 현실을 외면케 하는 순수성 지향'이란 점이 특징이었다. 즉, 학부가 역사적으로 처음 내놓은 『보통교육 창가집』이 왜 순수 지향으로 비정치성으로만 일관하고 있었느냐 라는 점을 당시의 신문 보도가 분명하게 밝히고 있다.

> 학부에서는 각 관공립 사립학교의 창가가 통일되지 못할 뿐 아니라 과격한 격동적 언사가 다多하다 하여 근일에 신창가집을 편찬중인데 제1집은 내來 4월경에 출간되리라 하더라.[50]

위의 기사는 두 가지 점을 지적하고 있다. 하나는 관공립과 사립학교의 창가집을 통일시켜 창가 통제를 하겠다는 점이고, 또 하나는 기존의 창가 집들이 '과격한 격동적 언사'가 많기 때문에, 이 두 가지 점을 고려하여 새로운 창가집을 펴내겠다는 기사였다. 여기에서 "과격한 격동적 언사가 많음"이란 특히 사립학교에서 임의로 채택하고 있는 창가들이 주로 국권회복을 내용으로 한 애국창가들이 대부분이었음을 말하며, 통감부 쪽에서 보면 반체제 노래들이었음을 말한다. 학부에서 펴낸 『보통교육 창가집』은 바로 이러한 뚜렷한 이유에서 민족 현실을 외면하고 '배움을 권장하는 순수한 비정치적 창가집'으로 첫 선을 보이면서 창가 통제에 이른 것이다.

더욱이, 이 창가집의 노래 가사에 나타나는 자연물 노래·배움의 권장·부모와 친구

50_ 『皇城新聞』, 隆熙 4年(1910) 3月 17日字.

의 은혜·경제 활동의 고취를 학부學部에서 필수 교과목으로 선정한『국어독본國語讀本』교과목 내용을 참조할 수 있도록 지시하고 있다는 점에서도 일제 통감부의 군국적 지배 성격이 드러나고 있다.

「지연과 핑이」는『국어독본』제5권 제6과의 교과 내용을 연계시키고 있으며, 「시계」는『국어독본』제5권 제19과를, 「접」은 제6권 제7과를, 「이앙」은 제7권 제14과를, 「학문가」는 제7권 제19과를, 「표의」는 제8권 제2과를, 「선우」는 제8권 제12과를 각각 연계 수업할 수 있도록 그 내용을 짰다. 이처럼, 이때 정착된 음악 교과 도서의 성격은 식민지하에서 군국적인 성격으로 진행되는 것으로 보아 일제의 간계를 가늠케 하였다.

셋째 특징은 농촌에서 순수 생산 활동을 독려하기 위한 노래 가사를 채택한 점이다. 농부가나 모내기 노래를 등장시킨 점인데, 이것은 농민의 위상을 높이기보다 오히려 농촌 경제 활동을 적극적으로 촉구시켜 일제의 경제구조에 편입시키려는 의도가 확연하게 드러나고 있다. 1905년에서 1910년에 이르는 이 기간의 농촌 경제는 일본 수출을 위한 농산물 생산의 개량과 규격화가 일어났고, 조선 식민을 위한 농촌에서 법적 구속력이 구축 되었으며, 물적 기초 조성을 위하여 국유 농지의 확대와 농촌 경제를 화폐 경제화하기 위한 조치들이 시행되어 일제 경제 구조로 재편된 시기였다. "왔도다 왔도다 봄이 왔도다/농부야 깊이 든 잠 어서 깨어라"로 지어진 「농부가」나 "여기서는 소몰아 급히 논갈고, 저기서는 벼모를 바삐 심는"「모내기」노래 가사는 겉으로 보아 농민들의 평화로운 모내기 풍경을 노래한 듯싶다. 그러나 농촌 경제가 이미 일제의 경제 구조로 재편된 상황에서의 노래였으므로 민족 경제를 억압하는 대신 순수한 생산 활동만을 촉구하는 노래 가사였다.

넷째 특징은 일본 전래의 노래들을 그대로 번역하여 뚜렷하게 일본 정서화를 도모한 창가집이었다. 그 특징은 창가집 얼굴이랄 수 있는 첫 번째 곡목에서부터 등장한다. 즉, 「안雁(기러기)」의 곡과 가사는 일본 노래이자 그 가사를 그대로 옮긴 창가이다. 기러기를 뜻하는 「안雁」은 일본어로 'カリ카리'이다. 이 「카리」동요는 일본에서 동식물을 노래한 전래동요 중 처음으로 대표성을 가질 정도로 널리 알려진 동요였다.[51] 바로 이 「카리雁」를 학부 편찬의 첫 창가집 첫 곡목으로 옮겨 놓았다는 점이 문제였다〈표 51〉과

51_ 町田嘉章·淺野建二 編, 『わらべうた-日本の傳承歌謠』(東京 : 岩波書店, 1962), 176쪽.

〈악보 38〉 참고).

<표 51> 　　　　학부창가집의 〈안(雁)〉과 일본전래동요 〈안(雁)〉의 가사 비교

학부창가집의 「안」의 가사	일본 전래동요 가사와 발음	
기럭아 기럭아 날아라 큰 기러기는 앞으로 작은 기러기는 뒤로 사이 좋게 날아라	雁 雁 渡れ 大きな雁は 先に 小さな雁は 後に 仲よく 渡れ	카리 카리 와타레 오오키나 카리와 사키니 지이사나 카리와 아토니 나카요쿠 와타레

이 비교표에 의하면 일본 전래동요 「카리雁」를 한 글자도 틀리지 않게 적확하게 옮겨 놓았다. 다음 항목에서 음악적 특징을 다시 살펴겠지만, 곡조도 음표 하나 틀리지 않게 옮겨 놓았따. 이 사실들은 이미 창가집을 통하여 일본 정서를 옮기는 가사와 음악적 구조를 완성시켜 나가는 기획이 음악 교육에서 이루어졌음을 반증한다.

더욱이, 한국인들의 정서 속에는 '기러기雁'보다는 '학鶴'이 보다 더 의미화가 되어 있는데다(우리에게는 의미가 없을지라도 일본에서는 기러기가 앞뒤로 날아가는 것이 에도오江戶 시대부터 의미가 있었대), 전래적으로 가사의 장단성, 예를 들어 "날아라 날아라 기럭기럭 날아라"와 같이 굿거리 장단 호흡에 장단화시킨 역사적 함축과 일본의 "기럭아/기럭아/날아/라"와 같이 4분의 2박자로 짧아지는 경우와는 '가사의 음악성'이 전혀 다른 것이었다. 이렇게 다른 가장 큰 이유는 모든 노래의 핵심인 장단(필자는 '리듬'이라 부르지 않았다)이 서로 다르기 때문이다. 즉, 한국은 8분의 12박처럼 3박자(의 4박자계)가 중심이지만, 일본은 4분의 2박이나 4분의 4박이 속하는 2박자(의 2박자계나 4박자계)여서, 서로의 민족 정서를 구분케 하는 다름이었다.

비단 「안」(기러기)뿐만 아니다. 노래 한 작품의 가사를 더 지적하기로 하자. 학부의 『보통교육 창가집』 중 제10곡으로 나오는 「나아가」 역시 일본에서 1887년 12월에 나온 『유치원 창가집』의 「스스메 스스메進め進め」 가사 그대로였다. 일본어로 '스스메進め'가 '나아가'이다. 이 노래 곡조는 원래 미국의 어린이 노래 'Children go to and fro'를 카베 이와유우加部嚴夫가 새로 작사하여 불려진 '노가바'(노래 가사 바꿔부르기)였다.[52]

52_ 堀內敬三・井上武士編, 『日本唱歌集』(東京 : 岩波書店, 1963), 26쪽.

말하자면, 대한제국의 학부가 원곡을 번안하거나 새롭게 '노가바' 형태를 창출한 것이 아니라 일본 작사자의 가사를 첨삭없이 악보 그대로의 가사와 곡을 판박이하였다는 말이다. 그렇다. 발행은 대한제국의 학부가 하였지만, 그 자체를 편집한 것은 일제 통감부였다. 일제 통감부가 대한제국의 학부 이름을 빌려 발행하였기 때문에서도 소위 한일합방 후인 1914년 까지도 이 창가집만은 계속 쓰였다(1914년부터 '조선총독부' 발행으로 『신편 창가집』으로 바뀌었다). 이 밖에 「월月」・「달」・「토兎와 구龜」・「학문가學問歌」・「권학가權學歌」 등 대부분 노래가 「안」과 같은 경우이고, 다른 곡들은 서양악곡을 '노가바' 형태로 꾸민 작품들이다.

『보통교육 창가집』의 다섯째 특징은 서양음악을 일본식으로 해석함으로써 그 해석 정보를 일본이 독점하는 창가집이라는 점이다.

이 창가집은 일본의 『소학 창가집小學唱歌集』 초편(1882)・제2편(1883)・제3편(1884), 『명치창가』(二, 1888), 『소학창가』(一, 1892), 『교과적용 대첩군가』(三, 1895), 『신편 교육 창가집』(四, 1896), 『유치원 창가집』(1887), 『교과 적용 유년 창가』(初の中, 1900)・(二の上, 1901), 『국정 소학 독본 창가집』(심상과 上・中, 1904), 『고등소학 창가』(一の六, 1906) 등을 차용한 창가집이다. 그러나 그 중심은 『소학 창가집』이다. 『보통교육 창가집』에 나오는 「접蝶」・「공부工夫」・「사절가四節歌」・「식송植松」・「졸업식卒業式」 등이 모두 일본의 『소학 창가집』에 나오는 데서 그러하다.

『소학 창가집』은 음악취조괘가 일본 최초의 소학생용 창가 교과서로서 이자와 슈우지伊澤修二와 메이슨을 비롯한 음악취조괘 설립 당시의 괘원들이 참여하여 발행한 창가집이다. 우리에게도 익히 알려진 노래 대부분들은 이미 1880년대에 일본에서 유행한 노래들로 일본 『소학 창가집』에 게재된 바 있는 서양 노래들이다.

스코틀랜드 민요에 노가바(노래 가사 바꿔 부르기)한 「졸업식가」(또는 작별의 노래, 올드 랭 사인)는 일본 『소학 창가집』에 「호타루螢」(또는 螢の光, 반딧불)로 나오고, '주먹 쥐고 손을 펴서' 라는 동요는 「미와타세바見ねにせば」(휘둘러 바라보면)로 나오며, '솔솔 부는 봄바람'은 〈카즈미카 쿠모카霞か雲か〉(안개인가 구름인가)로서 독일민요 'Frühlings Ankunft'이다. 또, 「나비야 나비야 이리 날라 오너라」는 「죠오 죠오蝶蝶」(나비야 나비야)란 이름으로 나오는데 스페인 민요이다. '귀뚜라미가 또르르 우는 달밤에'(또는 오 아름다운 나의 벗은 어디로, 스코틀랜드 민요)라는 노래는 「우츠쿠시키うつくしき」로 나온다. 또, "리 리 릿자로 끝나는 말은"(라이트 작곡)은 「후나코船子」(뱃사공)란 이름으로 나오고, 모차르트 오페라『마적』제2막 중에서 나오는 파파게노의 유명한 아리아 '파파게노가 원하는 것은 한 귀여운 아가씨'(Ein Madchen oder Weibchen wunscht Papageno)는 「마고토와 히토노 미치誠は人の道」(성실은 사람의 길)란 이름으로 노가바되어 나온다. 그 유명한 스코틀랜드 민요 「한떨기 장미꽃」은 「사쿠菊」(국화)란 이름으로, '서편의 달이 호숫가에 질 때에'라는 에스파니아 민요 「고별의 노래」는 「쥬우신忠臣」(충신)으로 나오며, 「들장미」는 「카쵸오花鳥」(꽃과 새)로 나온다. 말하자면, 1880년대에 이 노래들은 일본에서『소학 창가집』으로 일본인들의 노래 생활에 깊숙이 영향을 미친 결정적인 창가집이었다. 그뿐만 아니라 우리게도 1906년 이후부터 지금까지 일제와 동경유학생들에 의하여 그 노래 감수성에 지울 수 없도록 영향을 미친 창가집이 되었다.[53]

주목해야 할 또 하나의 사실은 이런 노래들이 일본의 요코하마橫兵・코오베神戶・오오사카大阪 등의 외국인 거류 지역의 기독교 전도 구역傳道區域에서 '찬미가'로 이미 불려졌다는 사실이다. 일본내의 기독교 선교사들은 메가타와 협력하여 학교(특히 소학교)를 개신교 선교지로 삼고 있었다. 메이슨은 당시 문부 1등 직위에 있었던 메가타 타네타로오(대한제국의 재정고문으로 들어오는)와 일본 도항 비용, 월급, 주택 지급, 근무 시간, 계약 해제 등의 계약서를 작성하고 일본 정부에 추천을 마쳐 일본에 들어온 바 있다. 그는 미국에서 개신교적 민족음악 입장에서 미국음악 교육을 개척한 경험을 가지고 있었으며, 일본 음악취조쾌에 참여하여 일본 정부 최초의 창가집『소학 창가집』발행에 직접 관여할 수 있었으므로 많은 찬송가가 일본어로 노가바되어 게재될 수 있었다. 위의 노래들말고도 「참 반가운 신도여(O come, all ye faithful)」로서 예수 탄생을 찬양하는 찬송가로

53_ 〈사진 26〉 참고. 일본 음악취조쾌가『소학 창가집』이후에『명치 창가』전6권을 1888~1892년에 발행하여 또 한번 일본인들에게 깊은 영향을 미쳤다. 이 창가집 제1집은 메이슨의 인물 사진과 그에게서 화성학을 공부한 바 있는 오쿠 요시이사(奧 好義, 1858~1933, 가가쿠(雅樂) 전업의 가계로서 일본 궁내성에서 아악을 연주하는 한편 양악을 습득하고, 음악취조쾌원, 여자고등사범학교 교수를 겸임하는 한편 조선『보통교육 창가집』중에 나오는「금강석」을 작곡한 궁내성 식부직(式部職) 영인(伶人)이었다. 그가『명치 창가』에 메이슨에 대한 감사의 글을 남기고 있다. 가사는 대부분 일본 국문학자이자 시인인 오오와타 타케키(大和田建樹, 1869~1910)가 지었다. 바로 이 창가집에 독일 민요「로렐라이」가「二月の海路(2월의 해로)」로, 스코틀랜드 민요「밀밭 사이로(Comin' through the Rye)」가「故鄕の空(고향의 하늘)」로, 「그리운 날 옛날은 지나가고」라는 노래가「旅の暮(여로의 일모)」, 모차르트 작곡의 'Sehnsucht nach dem Fuhlinge'이「上野の岡」(우에노의 언덕, 후에 추억이란 뜻의「思い出」로, 미국 포스터 작곡의「스와니강」이「あわれの少女」(가련한 소녀)와 그 밖의 포스터 작품들 등이 게재되었다.

〈사진 45〉 일본의 『명치 창가』(1888)와 각종 창가집 표지

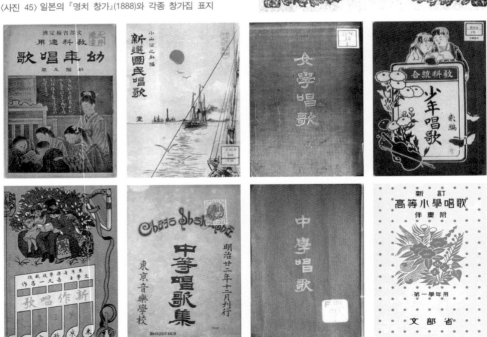

우리가 익히 알고 있는 노래도 이미 일본『소학 창가집』에「사카유쿠 미요榮行く御代」(번창해 가는 천황의 대대)로 게재되었고, 또, 스코티John Douglas Scotti가 작곡하고 작사는 한국에 들어온 바 있는 유명한 미국선교사 스왈른William L. Swallen(소안련: 1859~1954)이 찬송가 가사로 노가바한「안니 로리Annie Laurie」역시 이미 일본『소학 창가집』에 메이슨이 '쇼오카唱歌'로 선정하였다.「사이죠才女」(재주가 뛰어난 여자)란 이름으로 말이다. 따라서, 일본 근대의 '쇼오카唱歌'로 알려진 대부분의 노래들은 메이슨이 중심이 된 찬미가(찬송가)이며, 우리 역시 그 역사적 성격은 마찬가지이다.

학부 발행『보통교육 창가집』에 나오는 제14곡「갈지라도」는 오늘날에도『찬송가』190장「샘물과 같은 보혈은(There is afountain filled with blood)」으로 널리 불리고 있다. 제19곡「식송植松」은『찬송가』61장「주여 복을 비옵나니(Lord, dismiss us with Thy blessing)」로 불려지고 있고, 제19곡「춘조春朝」는 291장「날빛보다 더 밝은 천국(There's land that is fairer than day)」이란 제목으로 게재되어 가장 많이 불리고 있는 찬송가들이다.

이 찬송가들은 일본의『소학 창가집』을 비롯하여 여러 창가집에 나오는 것들을 차용한 것인데, 말할 나위 없이 메이슨이 미국 개신교 전통에서 확립한 학교 음악 교육과 그 교재 기준에 따라 채택된 노래들을 일본에 적용하였고, 또다시 통감부가 달리 해석하며『보통교육 창가집』을 만들어 냈던 것이다. 통감부는 당시 시위연대 군악대 군악교사이자 뛰어난 음악가인 프란츠 에케르트Franz Eckert나 악대지도자 백우용이나 한국의 개신교 선교사들을 초빙하여 창가집을 만들지 않았다는 점에서도 이 창가집 발행이 일본 의도 그대로였음을 간파케 한다.

오늘날에도 우리들이 세계 여러 음악과 문화를 이해하려고 선정한 듯한 수많은 노래들이 사실은 통감부의 의도된 역사의 결과이며, 그 노래들의 미적 가치를 떠나서라도 역사적으로 본다면 일본 메이지 근대 기간에 일본 민족음악 바탕에서 서양을 수용하려고 한 그 기준에서, 또 지금도 일본의 음악 교과서를 닮은 한국음악 교과서라는 점에서 우리들이 일본의 서양음악해석 정보에서 백년 동안 한 치도 못 벗어났음을 반증하고 있다.

학부 편찬『보통교육 창가집』의 여섯째 특징은 곡 대부분이 일본인들 작품과「접蝶」(나비)과 같이 서양민요나 창작품으로 채워져 한국음악 정서를 근본적으로 파괴시키는 음악 교과서로 작용한 점이다. 이러한 성격으로 말미암아 우리가 지금도 흔히 말하는

바의 '다양성'이라는 담론談論은 허구이다. 음악 작품이 아이디어와 음향적 재료로 구성된다고 할 때, 학부의 창가집은 음향적 재료면에서 대부분 요나누키ㅋ ナ拔き(장)음계와 2박자, 그리고 짧은 노래 형식으로 획일화시킴으로써 한국민중들이 역사적으로 발전시켜 온 음향적 재료를 해체시키는 결과를 빚어냈다. 그 결과는 이후 식민지 아래에서부터 일본음악과 서양음악 정서로 한국대중들이 전환되는 계기가 공식화되었다는 점에서도 가장 심대한 결과였다.

열여덟 번째 곡 「학도가」의 경우는 우리에게 음악 구성의 세 가지 점에서 정보를 제공한다(제7장에 실린 〈악보 39〉 참고).

「학도가」는 일본근대음악의 특징인 요나누키 음계와 2박자 그리고 한도막 형식으로 이루어졌다. '요나누키ㅋ ナ拔き 음계音階'란 일본 메이지明治 기간에 서양의 '도·레·미·파·솔·라·시·도'라는 장음계 계명을 'ㅂ히·ㄱ후·ㅁ미·ㅋ요·ㅣ이·ㅅ무·ㄴ나·ㅂ히'라고 부르고, 여기에서 네 번째음 '화(fa)와 일곱 번째음 시(si)'에 해당하는 "ㅋ요·ㄴ ナ나를 뺀(拔き, 누키) 음계"를 말한다. 이 음들을 빼고 나면 남는 음音들, 곧, '도·레·미·솔·라'만 남게 되며 이 음들로 구성한 음계가 다름아닌 '요나누키 음계'이다.[54]

---

[54] 일본이 서양음악 이론을 가지고 일본 전통 음계를 연구하기 시작한 시기는 1884년부터이다. 그리고 1895년에 우에하라 로쿠시로(上原六四郎, 1848~1913)가 발표한 「속악 선율고」로 최초의 과학적 연구가 이루어지면서 1919년 타나베 히사오(田邊尚雄, 1883~1984)의 「일본 음악 강화」에 의하여 발전하여 오늘날 일본 음계의 골격이 갖추어졌다. 이러한 음계 이론 확립으로 당시 일본의 대표적 양악 작곡가인 야마다 코오사쿠(山田耕作, 1886~1965)나 나카야마 신파이(中山晋平, 1887~1952) 그리고 후지이 키요미(藤井清水, 1889~1944) 등에게 창작에 필요한 이론 정보를 제공해 일본음악의 근대를 이끌도록 하였다. 이러한 역사적 문맥에 따라 1940년대 일본음악 체계가 확립하여 일본음악의 세계성을 추구하는 전기가 마련되기도 하였다. 20세기 전반만 하더라도 우에하라 로쿠시로의 음계론이 주축을 이루고 있었는데, 그는 일본의 5음음계를 도시의 음계란 뜻에서 미야코 부시(都節) 음계와 시골의 음계라는 뜻에서 이나카 부시田舍節 음계로 구분하였다. 요나누키 음계는 다름아닌 이나카 부시 음계였다. 그러다가, 제2차 세계대전 후 일본 음계를 비교음악적-종족음악학적 연구 방법으로 코이즈미 후미오(小泉文夫, 1927~1983)가 음계 이론을 체계화하였다. 그는 일본 음계를 민요 음계, 미야코부시 음계, 율(律)음계, 류우큐우(琉球) 음계 등 네 종류를 테트라코드 구성론에 근거하여 3음렬로 체계화하였다. 이 중에서 율(律)음계는 '레·미·솔'과 '라·시·레' 또는 '도·레·화'와 '솔·라·도' 등 3음렬을 결합한 음계이다. 제2차 세계대전 이전에는 주로 율음계와 같은 요나누키 음계가 일반화되어 있었다. 코이즈미 후미오의 이 분야 주요 글로 『日本傳統音樂の研究』(東京 : 音樂之友社, 1982)와 「日本音樂の音階と旋法」, 東洋音樂學會 編, 『日本の音階』(東京 : 音樂之友社, 1982), 51~81쪽이 있다.

그리고 박자를 크게 2박자와 3박자로 나눈다면, 이 노래는 2박자에 속한다. 2박자류에 속한 박자로 2박자계(2/2, 2/4, 2/8)와 3박자계(3/2, 3/4, 3/8)와 4박자계(4/2, 4/4, 4/8)와 그 밖에 5박자계와 7박자계가 있다. 3박자는 2박자계(6/4, 6/8 등)·3박자계(9/4, 9/8 등)·4박자계(12/4, 12/8 등)와 그밖의 5박자계와 6박자계가 있다.

우리가 익히 알고 있는 4분의 2박자나 4분의 4박자 그리고 4분의 3박자는 2박자류이고 한국인들이 역사적으로 불러온 가장 대표적인 굿거리 장단이나 자진모리 장단은 3박자류에 속하는 8분의 12박자계이다. 한국 전래의 8분의 12박자는 일본 장단의 특징인 4분의 2박자나 4분의 4박자로 쪼개지지 않는다. 물론, 한국에도 2박자류에 속하는 3박자계(3/8과 같은 세마치 장단)와 4박자계(4/4와 같은 단모리 장단) 등이 없는 것은 아니지만, 이 것은 3박자류의 4박자계인 8분의 12박자가 중심적인 축을 이룬 구조에서 있다. 그런데 「학도가」와 같은 2박자가 이창가집에 전부 게재되어 있기 때문에 한국인의 장단 감각이 역사적 해체를 체험하는 계기가 되었기 때문에서도 일본과 서양음악으로 동화하는 음악 교과서가 되었다. 더욱이, 일본의 요나누키 음계와 세계 공통으로 산재해 있는 5음음계 그리고 2박자류가 대부분인 서양의 음향적 재료의 친화성으로 일본은 쉽게 '서양화'가 촉진될 수 있었다. 바로 '국악' 창성론이 그것이었고, 그 줄기가 다름아닌 '쇼오카唱歌'와 '온가쿠音樂'였다. 더욱이 「학도가」 작곡자 오오노오 메와카多梅稚(1869~1920)는 일본 가가쿠雅樂 전문가로서 궁내성의 악사를 지내기도 하였다. 음악인은 아니지만 일본에서 알려진 국문학자이자 시인인 오오와다 타케키大和田建樹(1857~1910)는 『요곡평석曲謠評釋』이나 『명치문학사明治文學史』 저자로서도 유명하지만 그의 아름다운 와카和歌인 「설월화雪月花」나 「심산유深山櫻」 등이 일본 고토箏 작곡가의 대부격인 미야기 미치오宮城道雄(1894~1956)의 젊은 시절을 휘어잡아 이후 고토 작곡에 뜻을 두게 하기도 하였다. 오오와다는 이러한 정서를 가지고 창가 작사자로 더 알려진 또 하나의 일본 국문학자였다. 학부 편찬의 『보통교육 창가집』을 기획한 통감부는 일본 정신과 뗄 수 없는 '일본 정서의 본류'를 이 창가집으로 줄기를 잡은 셈이다. 그렇다면, 여기에서 학부 편찬의 『보통교육 창가집』의 전체적인 음향적 재료가 어떻게 구성되어 있는지를 〈표 52〉로 알아보기로 한다.

〈표 52〉 학부편찬 『보통교육 창가집』의 음향적 재료

일련번호	곡명	음계	박자	형식(마디)	자곡자	작사자	비고
1	雁	민요	2/4	두도막(16)	일본 동요	원사 わらべ歌	伊澤修二개곡
2	月	요나누키	2/4	한도막(6)	內田條太郎 외	*	원제, オツキサマ
3	달	요나누키	2/4	작은세도막	納所弁次郎	石原和三郎	원제, おつきさま
4	紙鳶과핑이	요나누키	2/4	작은세도막	미상	國語讀本 卷五 弟六課	
5	時計	요나누키	2/4	확대한도막	內田條太郎 외	*	원제, 時計
6	兎와 龜	요나누키	2/4	두도막(16)	納所辨次郎	石原和三郎	원제, 兎と龜(日)
7	蝶	장음계	4/4	두도막(16)	스페인민요	野村秋足 외	원제, 蝶蝶
8	移秧	요나누키	4/4	두도막(16)	內田條太郎 외	*	원제, 田植ゑ
9	工夫	요나누키	4/4	세도막(24)	伊澤修二편	개사	12번의 改曲
10	나아가	장음계	4/4	두도막(16)	미국동요	加部嚴夫	번역
11	學問歌	요나누키	4/4	확대세도막	奧好義	昭憲皇太后	원제, 金剛石(日)
12	四節歌	요나누키	4/4	두도막(16)	伊澤修二편	慈鎭和尙	원제, 春のやよい
13	漂衣	요나누키	2/4	두도막(16)	田村虎藏곡, 石原和三郎사		「うらしまにろう」와 恰似
14	갈지라도	5음음계	4/4	두도막(16)	Lowell Mason	William Cowper	찬송가 190장
15	親의 恩	요나누키	4/4	두도막(16)	『小學唱歌集』第二五 薰にしらるる와 恰似		
16	師의 恩	요나누키	4/4	두도막(16)	文部省 唱歌 ひよこ 동기와 같음		
17	善友	'요, 율음계	4/4	두도막(16)	越天樂今樣	작사자 미상	원제, 南朝五忠臣
18	學徒歌	요나누키	4/4	두도막(16)	多梅稚	大和田建樹	鐵道唱歌 개곡
19	植松	장음계	4/4	두도막(16)	J.J. Rousseau	John Fawcett	見ねにせば, '찬
20	四時景	요나누키	4/4	작은세도막			
21	春朝	장음계	4/4	두도막(16)	J. Philbrick	S. F. Bennett	찬송가 291장
22	勸學歌	요나누키	2/4	두도막(16)	奧好義	佐佐木信綱	勇敢なる水兵
23	農夫歌	요나누키	4/4	두도막(16)	奧好義	大和田建樹	원제, 舟あそび
24	修學旅行	요나누키	2/4	세도막(24)	미상	미상	원제, 修學旅行
25	公德歌	요나누키	2/4	세도막(24)	奧山朝恭	落合直文	櫻井の訣別, 개사
26	運動歌	요나누키	4/4	작은세도막			
27	卒業式	5음음계	4/4	두도막(16)	스코틀랜드민요	작사자 미상	원제는 螢(螢の光)

'요 → 요나누키 (장)음계, * → 일본의 '국어'교과서에서 가사화, '찬 → 한국찬송가에 게재, 나머지 빈칸은 미상

〈표 52〉와 같이 학부 편찬 창가집은 음계에서 3곡의 장음계와 2곡의 5음음계를 제외하면 전체 27곡의 81%나 되는 22곡이 일본의 요나누키 음계(한편의 민요음계와 또한편의 율음계를 포함하여)로 작곡되었다. 즉, 22곡이 완전하게 일본인들이 작곡한 '너무나 일본적인 작품'이다. 그리고 장음계(3곡)와 5음음계(2곡)로 이루어진 곡들은 모두 서양의 민요이거나 서양인들의 작품이라고 한다면, 학부 편찬의 『보통교육 창가집』 제작은 일본인에 의하여 완전하게 주도된 셈이다. 외국 민요이거나 외국인에 의하여 작곡한 그 다섯 곡도 이미 일본에서 창가집에서 익히 다루어지고 있는 곡들이라는 점에서 창가집 편찬은 완전하게 일본의 의도대로 이루어졌다.

창가집 21번째 곡 「춘조春朝」는 장음계로 이루어진 곡으로 미국의 센포드 필모 베네트Sanford Filmore Bennet(1836~1898)가 작사하고 죠셉 필브릭 웹스터Joseph Philbrick Webster (1819~1875)가 작곡한 찬송가였다. 원제는 'Sweet by and by'로 한국에서 「날빛보다 더 밝은 천국」으로 알려져 있지만, 일본에서는 이미 '동경음악학교' 교수를 지낸 국문학자인 타케시마 하고로오武島羽衣(1872~1967)가 「송도松島」라고 개사하여 메이지明治 시대 '창가'로 불렀다. 이런 경우에는 학부 창가집 일곱 번째 곡 「접蝶」이 원래 스페인 민요 「Lightly row! Lightly row!」로서 일본에 건너와 노무라 아키타리野村秋足(1819~ 1902)가 이자와 슈우지伊澤修二의 청원으로 「접접蝶蝶」으로 개사하여 『소학 창가집』(초, 1882)에 게재한 창가가 되었다.

열 번째 곡 「나아가」는 프랑스 민요였다. 미국에 건너가 'Children go to and fro'로 개사되어 유치원 노래로 불려졌지만, 일본이 역수입하여 '음악취조괘' 어용괘를 지낸 가베 이즈오加部嚴夫가 「스스메 스스메進め進め」로 개사, 1894년 12월 『유치원 창가집』에 게재하였다. 열네 번째 곡인 「갈지라도」는 한국에서 「샘물과 같은 보혈은」(190장)으로 알려진 찬송가이지만, 그 원곡은 미국 전래 민요로 로웰 메이슨Lowell Mason(1792~1872)이 편곡한 찬송가였다가 일본에서 唱歌로 개사하여 불려진 경우이다. 열아홉 번째의 「식송植松」은 그 유명한 장자크 루소가 작곡한 노래로 일본의 시바다 키요테루柴田清熙와 이나가키 치카이稲垣千穎가 「미와타세바見わたせば」로 개사하여 1881년의 『소학 창가집』(초)에 게재 하여 불렀다. 학부 편찬 창가집 끝곡인 「졸업식卒業式」은 한국에서 애국가나 졸업가 또는 이별가로 너무나 잘 알려진 스코틀랜드 민요 'Auld Lang Syne'으로 일본에서 작사자 미상으로 『소학창가집』에 「호타루螢(또는 螢の光, 반딧불)」로 게재한 창가였다. 말하

자면, 한국에서 1900년대를 전후하여 알려진 노래들이라 할지라도 바로 이 점을 고려한 것이 아니라 일본에서 '창가'로 통용되고 있었기 때문에 선정하였던 것이다. 처음부터 학부 편찬은 일본제국주의의 편찬이었다.

무엇보다도 중요한 사실은 앞서의 외국곡 다섯을 제외한 22곡 모두가 일본인의 작품들이라는 점이다. 두 곡만 지적한다면, 열여덟 번째 곡으로 한국에서 잘 알려진 「학도가」가 실은 일본에서 창가의 대명사라 말할정도로 유명한 「철도창가」였다. 이 곡은 일본 가가쿠雅樂 음악인으로 작곡가인 오오노 우메와카多梅稚가 오사카 사범학교 교유教諭 시절에 작곡한 작품(오오와다 타케키大和田建樹, 1857~1910의 가사)으로 1900년 5월 『지리교육철도창가地理教育鐵道唱歌』 제1집第一集을 통하여 알려진 노래이다. 그리고 학부 편찬 창가집 제22곡인 「권학가勸學歌」는 일본에서 1895년 2월 『대첩군가大捷軍歌』(3)에 실린 「용감한 수병勇敢なる水兵」이란 노래로 사사키 노부츠나佐佐木信綱 가사와 오쿠 요시이사奧好義 (1857~1933) 작곡으로서 너무나 잘 알려진 곡이었다.

더욱이, 학부 편찬의 창가집이 주목받는 사실은 일본인 작품 중에 상당수가 전래 일본 궁정음악이랄 수 있는 가가쿠雅樂와 관련을 맺은 음악이나 음악인들이라는 점에서 한국에서 일본음악을 전면에 내세우고 한국 정서를 근본적으로 해체하려는 계산된 제1인자가 다름아닌 학부 편찬의 창가집이었다는 점이다.

열한 번째 곡인 「학문가學問歌」는 오쿠 요시이사奧好義의 노래라는 점은 앞서 밝혔지만, 이 노래는 오쿠 요시이사가 1887년 3월 당시 '화족여학교華族女學校'에서 일본천황의 황후에게 헌정한 「콘고오세키金剛石」란 노래로 바로 '화족여학교 교가'가 되었다. 이 학교의 교관이었던 오쿠는 가가쿠雅樂 음악인으로서 서양음악을 공부하였기 때문에서도 (일본에 들어온 메이슨에게 화성학을 공부하였다) 당시 '토오쿄오 여자 고등 사범학교' 교관직도 겸하고 있었다. 주목할 사실은 그가 '일본 근대 가가쿠雅樂의 명인'으로 지목받고 있는 음악인이었다는 점이다. 즉, 학부 편찬의 「학문가」 가락을 따라 노래하면 일본 가가쿠의 정서가 배이는 것도 이 때문이다. 오쿠 요시이사의 작품으로 「학문가」 이외에도 학부 편찬 창가집의 스물세 번째 곡 「농부가」도 있었다. 열일곱 번째 곡인 「선우善友」는 작사자가 미상이지만 일본의 「남조5충신」이라는 곡으로 가가쿠雅樂의 관현악곡인 「에텐라쿠越天樂」의 선율에 가사를 붙여 부른 곡, 곧 「에텐라쿠越天樂 이마요今樣」였다.[55]

이처럼, 일본 정서의 본류를 외화시킨 음향적 재료의 특징, 곧 요나누키 음계와 2박자(duple) 그리고 정형화된 음악 형식과 이것에 바탕을 둔 선율의 진행 방식이나 음빛깔 등의 짜임새로 이어가는 음향적 재료의 특징으로 일본 민족의 정신과 세계를 빚어내고 있었다. 학부 편찬의 『보통교육 창가집』 27곡 중 21곡의 일본인들 작품은 모두 요나누키 장조음계(민요 음계와 율음계를 포함하여)인데다 박자는 4분의 2박자가 열 곡이었고, 4분의 4박자가 열한 곡이고, 한국의 3박자(triple)류가 한 작품도 나오지 않을 정도로 완전하게 2박자류의 창가들이다.

이것은 일본음악의 박자 체계가 중금음악과도 쉽게 만날 수 있으며, 서양의 5음음계 이론과도 쉽게 만날 수 있는 데 비하여 한국과는 근본적으로 달라 있음을 말한다. 음계만 하더라도 일본은 오늘날 여러 가지 다양한 음계 이론이 있다. '요나누키ヨナ抜き 음계音階'만 축약한다면, '도·레·미·솔·라·도'는 '요나누키 장음계'로 '리츠律음계'와 '민요 음계'와 통한다. '요나누키 단음계'의 구성은 '미야코 부시都節 음계'인 '라·시·도·마·파·라'의 구성음과 같다. 문제는 한국의 '도·레·화·솔·라·도'라는 평조가 일본의 율律음계와 같고, 평조를 조옮김하여 생기는 음과 일본의 리츠律 음계와 같고, 동시에 요나누키 장음계와 공통분모를 가지고 있다. 그러나 일본음악과 근본적으로 달라지는 것은 이 음계에 바탕을 두고 음높이를 설정하여 가락을 진행하는 방식이나 서양의 평균율로 처리되지 않는 음들의 출현이나 장단에 의하여 선율을 짜나가는 방식이나 또 음빛깔을 내는 방식 등이 일본의 그것과 다르기 때문이다.

음향적 재료를 구성하는 음재료나 구성 원칙의 어느 한 요소가 같다손치더라도 같은 음악으로 취급할 수 없는 것은 이처럼 음향적 재료의 수많은 요소들에 의한 짜임새나 '해석'하는 방식이 역사적으로 다른 데서 비롯된 것이다. '해석'하는 방식 중 지적할 사항은 『보통교육 창가집』의 조성이 예외없이 '장조長調'라는 점이다. 일본인이 작곡한 창가 스물한 곡은 모두 '요나누키 장음계'에 속할 뿐만 아니라 서양의 5음음계로 되어 노래들은 일본 민요 음계와 같은 공통분모를 가지고 있으며, 또 나머지 양악곡 두곡도

55_ 吉川英史(킷가와 에이시), 『日本音樂の歷史』(東京 : 創元社, 1979), 91쪽. 이마요(今樣)는 새로운 현대적 양식이란 뜻을 가졌다. 음악에서는 그 용례가 현대풍인 음악이나 현대풍인 가곡을 가리켰다. 현재에 와서는 '가요곡'과 일맥상통한다. 이마요의 민중적 이마요에 대하여 귀족적 이마요가 다름아닌 「에텐라쿠 이마요」였는데, 그 직업적인 연주자들이 다름아닌 '무녀·유녀·괴뢰자·백백자' 등이라는 점에서 한국의 역사적 기반인 '신청(神廳)' 음악인들의 사회적 역할에 비유된다.

모두 장음계로 되어 있다. 그만큼, 1900년대를 전후하여 일본은 장음계를 선호하고 있었다. 일본의 근대음악 시기에 도시음악의 근간을 이룬 음계를 '미야코 부시都節 음계'라고 지칭하고, 시골 음악의 근간을 이룬 음계를 '이나카 부시田舍節 음계'로 구분하고 있었다. 미야코 부시 음계를 양악의 단음계와 관련지워 '음 선법(陰旋)'으로, 아나카 부시 음계를 양악의 장음계와 관련지워 '양 선법(陽旋)'으로, 구분한 이론을 확립하고 있었다. 즉, 1895년 우에하라 로쿠시로오上原六四郎(1848~1913)의 『속악선율고俗樂旋律考』에서 구체화하였다. 이것이 일본사상의 또 하나 축인 일본식 '음향 체계陰陽體系'에 따라 음계를 구분한 것이다. 이러한 구분과 의미 체계야말로 일본이 하루 아침에 이룬 것이 아니다. 당시 일본은 서양의 장음계와 같은 선상에서 해석한 양선의 이나카 부시, 곧 요나누키 음계를 강조하고 있었으며, 그 성격을 밝히며 체계화하려는 부단한 노력을 다하고 있었다.

그 성격 구명은 이자와 슈우지伊澤修二에 의한다. 그는 장·단 두 개의 관계를 설명하면서 장음계(major scale)의 선법에 속한 악곡은 "용장 활발하고 쾌활한 정이 넘쳐나 연주자도 심성의 근저에 환락의 느낌이 나타나는 데 비하여, 단조 음계(minor scale)의 선법에 속하는 악곡은 유약우울하고 애정哀情이 심하여 그 악곡을 연주하는 사람은 비탄 감정에 빠지는 결과"가 된다고 주장한 바 있다. 더욱이 장음계에 바탕을 두고 창작을 많이 하는 국가는 최선진국으로 부각되었고, 단음계의 경우에는 후진국가에서 많이 나타나는 현상들이기 때문에서도 음악 교육에서 장음계 악곡을 권장하자고 그는 주장하고 나섰다.[56]

56_ 伊澤修二, 山住正己 校注, 「音樂と教育との關係」, 『洋樂事始』(東京 : 平凡社, 1971), 106~107쪽. 한편, 일제하에 일본유학을 한 한국 음악인들이 한국 전래의 음계 중 평조는 서양의 장음계와 비슷하고(때로는 같고) 계면조는 서양단음계와 비슷(때로는 같다라고)하다고 주장한 것도 기실 일본음악계의 서구화 지향에서 얻은 지식의 단편들이었다. 이러한 음계의 성격 구명이 종국에 가서 주장하는 내용은 서양추수주의 입장에서 자국의 문화를 '추방이나 개량'하려는 데까지 이어가고 있었다. 실제로, 일본의 근대화 기간 특히 1880년대 직전부터 1890년대 전반까지 서양추수주의 입장에서 '쇼오카(唱歌)' 교육이 팽배하였는데, 이것은 일본이 서양 '선진국'에 대하여 '후진국이나 야만국'으로 자인하고 이를 탈피하기 위하여 일본 지도층이 '개량론'에 입각한 정책을 펼쳐 나간 결과였다. 일본민중들의 생활 양식을 비판하고 풍속 개량은 물론, 언어·연예 등 전분야에 걸쳐 나타났다. 여기에서 주목할 사실은 이자와 슈우지가 1890년에 '국가 교육사'를 창립, 초대사장에 추대되면서 이자와는 음악 분야에만 머물러 있는 것이 아니라 '충국애국의 원기를 양성하는 국가 교육을 관철'하고 있었다. 이에 앞서 1898년 이자와는 『진화원론(進化原論)』을 번역출판하고 있었는데, 모두 서구의 우열성패의 진화론적 역사관에 입각하여 유기체설이나 원기(元氣)

이러한 장단조 음계의 성격 규명은 이자와에서 비롯된 것은 물론 아니다. 그 접근들은 그리스 시대의 에토스 이론이나 18세기 벽두 마태존Johann Mattheson(1681~1764) 이론에서도 등장하고 있지만,[57] 이자와 슈우지의 주창은 음악 그 자체의 접근보다도 "천황을 정점으로 한 충군 애국의 원기를 양성하는 학교 교육의 일환으로서 음악 교육" 이론으

메가타 　　　　　　이자와 　　　　　　메이슨

〈사진 46〉 　　　제4기에 억압적으로 영향을 미친 메가타 · 이자와 · 메이슨

설의 논조를 강조하고 있었다. 이러한 일련의 과정에서 나온 글들이 바로 그의 「俗曲改良の事(속곡개량의 일)」였다. 그는 이 글에서 일본 민중의 음악을 개량하여 풍습을 바로잡고 또 음악취체법을 정하여 그 사업을 감독하는 법을 제정하는 대신 좋은 음악 · 서양음악 · 국악으로 새로운 기풍을 세우자는 내용을 주장하고 있었다. 그가 오랫동안 일본 교육의 행정 관료로 정책을 펼쳤다는 점에서도 주목해야 할 내용들이었다. 한국의 일본유학생들이 이러한 메이지 시대의 정신사를 그대로 적용하여 식민지하의 민족 개량의 입장에 서서 결국 친일화가 촉진되었다는 점 또한 지나칠 수가 없다. 음악인 중 홍난파는 「동 · 서 음악의 비교」를 통하여 서양추수주의 입장에서 한국 민족의 역사적인 음악을 '원시음악'으로 규정한 사상의 흐름은 말할 나위 없이 이자와 슈우지의 정신사와 맥을 같이 하고 있기 때문이다. 홍난파에 앞서 유전(劉銓)은 1909년『대한흥학보』(동경 : 대한흥학회 사무소, 27~29쪽)에서 「음악의 효능」을 발표하며 2분법적 장단조의 성격을 대립적으로 비교한 것도 기실 이자와 슈우지의 「俗曲改良の事」를 참조한 글이다. 유전이나 홍난파를 비롯하여 '동경유학생'들은 양 문화의 비교에 앞서 자국의 역사적인 문화에 대한 이해가 극히 한계를 노출할 정도로 무지한 전제에서 비교한 글들이다. 비교 전제의 잘못이다. 양쪽의 논리가 동일하게 탄탄하지 않으면 비교는 할 수 없다. 이자와의 이러한 글들을 참고할 수 있는 자료는 다음이 있다. 伊澤修二, 「俗曲改良の事」, 『洋樂事始』山住正己(야마주미 마사미) 校住, 위의 책, 288~299쪽; 上沼八郎(카미메마 하치로오), 『伊澤修二』, 앞의 책, 148쪽부터 제7장 '國家敎育の推進者' 항목; 松下直子(마츠시타 나오코), 「歐美主義期における唱歌敎育の實熊」, 『武藏野音樂大學 硏究紀要』 XI (東京 : 武藏野音樂大學, 1977), 59~74쪽.

57_ Johann Mattheson, *Das New Eroffnete Orchestre*(Hamburg, 1713, Kassel & Basel, 1970).

로 접근하고 있다는 점에 있었다.[58] 즉, 이자와의 음악 교육론은 1890년 '교육에 관한 칙어' 발표후 정교政敎 일치의 강력한 국체주의國體主義로 흐르는 시대 중심에 그가 자리 잡고 음악 교육에 영향을 미치고 있었다. 이것이 학부 편찬의 창가집이 왜 '요나누키 장음계'가 중심인지를 해명하는 근거이기도 하다.

학부 편찬 『보통교육 창가집』으로 말미암아 또 하나 한국이 문화적 갈등을 빚은 것은 일본 음계와 2박자류의 규격화로 가사의 율격이 4·3·5조와 3·4·5조로 분석되는 7·5조로 획일화되었다는 점이다. 이것은 한국인들의 역사적 산물인 장단의 율격을 해체하는 계기가 되었다. 일본은 전통적으로 2박자류이기 때문에 와카和歌나 하이쿠俳句의 기본 율격이 7·5조나 5·7조로 발전할 수 있는데다, 메이지明治 기간의 창가 발전으로 4·3·5조나 3·4·5조로 분화하여 전체적으로 7·5조 전통을 형성시키고 있었다. 4분의 2박이나 4분의 4박자는 결국 7·5조가 중심이고 여기에 글자수 몇 자를 가감하여 여러 조를 파생시키는데, 이것은 모두 일본음악이 2박자류의 필연성 때문이다. 즉, 7·5조는 물론 8·5조나 6·5조는 모두 같은 일본의 율격이다. 말할 나위 없이 율격은 리듬 안에 있기 때문이다. 도표로 분석하면 〈표 53〉과 같다.

기본 박만 표시한 〈표 53〉에서 2/4박자에 나타나는 율격수는 7·5조만 나타나는 것이 아니라 6·3조, 6·7조, 8·8조, 7·8조, 7·7조, 4·4조 등도 나타났다. 그리고 4/4박자 역시 7·5조만 나타나는 것이 아니었다. 4·4조, 7·4조, 13·13조, 5·7조도 그 지류였다. 그러나 이 모든 것을 7·5조로 보는 것은 2박자류이기 때문에 이 조가 가장 많이 출현하게 된다. 이것은 율격의 자수가 많아지면 노래할 호흡이 짧아지고, 자수가 적어지면 리듬감이 단순하게 되므로 2박자류에서 호흡과 함께 리듬성을 가지려는 데서 7·5조가 자연스럽게 정착한다는 말이다.

그러므로 스코틀랜드 민요 'Comming Through The Rye'를 「보리밭」이라는 노래에 얹혀진 최남선의 「경부 철도가」(1908)가 "우렁차게 / 토해낸 / 기적소리 / 에"와 같이 7·5조로 나타난 것도 이 곡이 원래 4분의 2박자이기 때문이다. 또, 학부 편찬 창가집의 열여섯 번째 곡 「친親의 은恩」이 4분의 4박이므로 이 리듬에서 형성된 가사를 한국어로 번역하거나 새로 지어낼 경우 "철없고 어린 / 동서불변 우리들"도 마찬가지이며,

58_ 上沼八郎, 『伊澤修二』, 앞의 책, 148~72쪽.

열여덟 번째 곡 「학도가」, 역시 바로 7·5조의 변형으로 나타날 수밖에 없었다.

〈표 53〉 　　　　　　　　　　2/4박자와 4/4박자에서 생기는 율격

곡명	2/4박자				율격조
	♪♪♪♪♪	♪♪♪♪	♪♪♪♪	♪♪♪♪	
1 雁	기 러 아 -	기 러 아 -	날 - 러 -	라 - - -	6·3조
2 月	아 버 님 -	어 머 님 -	속 히 나 와	보 시 오 -	6·7조
3 달	달 아 달 아	밝 은 달 아	이 태 백 이	노 든 달 아	8·8조
4 紙鳶과 핑이	올 - 라 라	연 아 연 아	훨 씬 훨 씬	올 라 라 -	7·7조
5 時計	시 - 계 가	땡 땡 친 다	어 서 어 서	일 어 나 세	7·8조
6 兎와 龜	여 보 여 보	거 북 님 -	내 말 들 어	보 - - -	7·5조
13 漂衣	산 곡 간 에	흐 - 르 는	맑 은 물 가	에 - - -	7·5조
18 學徒歌	청 - 산 -	속 - 에 -	묻 힌 옥 -	도 - - -	4·4조
19 植松	어 - 덕 -	우 - 에 -	솔 - 을 -	심 - 어 -	4·4조
22 勸學歌	소 - 년 은	이 노 하 고	학 난 성 하	니 - - -	7·5조
24 修學旅行	조 - 일 이	선 명 한 데	행 장 을 정	돈 - - -	7·5조
25 公德歌	공 덕 이 라	하 는 것 은	그 무 엇 인	가 - - -	7·5조

곡명	4/4박자				율격조
	♩♩♩♩	♩♩♩♩	♩♩♩♩	♩♩♩♩	
8 移秧	어 제 오 늘	연 - 하 여	비 가 오 더	니 - - -	7·5조
9 工夫	공 - 연 히	허 송 말 세	오 - 늘 날	을 - - -	7·4조
10 나아가	나아 가 나아가	발빠르게나아가	그쳐라 그쳐라	한꺼번에그쳐라	13·13조
11 學問歌	금 - 강 -	석 이 라 도	갈 지 않으	면 - - -	6·5조
12 四節歌	춘 - 색 -	자 랑 하 는	좋 은 화 원	도 - - -	7·5조
15 親의 恩	태 산 보 다	높 - 으 신	아 버 님 은	혜 - - -	7·5조
16 師의 恩	철 없 고 어	린 - - -	동 서 불 변	우 - 리 들	5·7조

　　그렇다. 『보통교육 창가집』의 박자 전부가 2박자류의 4분의 2박자와 4분의 4박자라
는 점에서 이 창가집은 일본식의 7·5조를 일반화시킴으로써 한국인의 장단감 기초를
해체시킨 창가집이다. 한국 장단조의 발전이 곧 일본의 리듬이나 서양의 리듬 체계가
아니다. 그것은 근본적으로 음향적 재료를 조직하고 선택하는 문화 세계관이 다른 데
서 출발한 것이다. 따라서, 그 동안 '창가'의 율격에서 근대시가 발전하였다는 것이나
창가에서 서양식 '예술가곡'이 발전하였다는 발전론은 비교 전제의 오류이다. 서양에서
창가류나 가곡류나 처음부터 공존한 '노래'이지, 창가의 발전이 가곡은 아니기 때문이
다. 또, 예술 가곡이 비교한 창가는 우리 민족의 노래도 아니었다. 이미 우리 노래들은

창가나 가곡과 다르게 지금까지 독자적인 양식으로 발달되어 왔기 때문이다.

　그럼에도 불구하고, 청일전쟁 이후 일본 쇼오카唱歌로 이루어진 일본군가의 유행이나 사회 일반에서 1900년대 벽두를 전후하여 불려진 '창가'들이 결국은 학부 편찬의 『보통교육 창가집』으로 시가의 율격조차 일본식으로 통일시키는 계기가 되었다. 그것은 곧 한국민중들이 수천, 수백년간 삶과 죽음의 과정에서 형성시킨 '장단의 율격'과 근본적으로 갈등을 빚어내고 있음을 뜻한다. 일본 역시 그들의 양식은 하루아침에 이루어진 것이 아니라, 또 메이지 시대에 발전되어진 형식이 아니라 역사적 전통을 함축 하고 있었다. 그러므로 한국의 역사적인 음계나 장단, 율격 등이 어우러진 체계의 발전이 일본이나 서양의 음계나 장단, 율격이 아니다. 즉, 한국인들의 노래 발전이 쇼오카唱歌도 아니고 7·5조도 아니며, 굿거리 장단의 발전이 일본과 서양의 리듬 체계도 아니며, 사회 체제의 변화로 근대 사회로 이행하는 음악의 모습이 역사적인 한국 민악民樂을 해체하고 대신 나타난 4분의 2박이나 4분의 4박자 또는 서양의 장음계나 일본의 요나누키 음계 또는 7·5조가 아니다. 이것은 모두 당시 외세로 등장한 일본과 서양의 음·악·론에 근거한 접근이다.[59]

59_　서양의 리듬과 일본의 리듬을 한국의 장단과 비교하여 분석할 때 리듬과 장단에의 접근 없는 율격론은 부질없는 일이다. 율격론이 기실 한 문화권의 오랜 시기에 걸쳐 형성된 리듬이나 장단감수성에서 비롯된 것이므로 그러하거니와 또 이들 국가간을 비교·분석·종합·해명 없이 율격 근대화 설정이나 성격 구명은 부질없다는 말이다. 이 시기 최남선의 「경부 철도가」가 근대시가의 기점을 이루었다는 것이나 김소월의 민요조라는 그 동안의 주장들은 이러한 서양·일본·중국의 리듬과 한국의 장단을 비교하지 않은 채 접근한 데서 비롯된 것이다. 소월의 작품이 '민요조'일 수 있는 것은 시어(詩語)와 이미지 때문이지 결코 율격의 자수 때문이 아니다. 1900년대를 전후하여 리듬론이나 율격에 근거한 시가론은 기실 일본의 와카(和歌)나 하이쿠(俳句)의 기본 율격과 메이지(明治) 기간의 '쇼오카唱歌'에 바탕을 둔 7·5조라는 일본 전통에 두었다. 그만큼이나 우리들의 반성이 필요하다. 이 자리에서 학부 편찬의 『보통교육 창가집』이 역시 학부 편찬의 『국어독본』과 관련 단원을 설정한 사실을 본 글에서 상론치 아니했다. 제4, 5, 7, 8, 11, 13, 17 등 일곱 곡이 모두 『국어독본(國語讀本)』과 관련 단원임을 앞서 밝힌 바 있다.
　　열일곱 번째의 「선우(善友)」와 같은 경우는 『국어독본(國語讀本)』 권8, 제12과와 관련 제재인데, 그 창가(唱歌)의 원전은 일본 「남조5충신」으로 후(後)제호천황과 후(後) 촌상(村上)천황 2대에 펼쳤던 건무(建武)의 대업과 길야조(吉野朝)의 수호에 공적이 있었던 5인의 무장을 칭송하는 내용으로 되어 있었다. 따라서, 이 창가집에서 「선우」(착한 벗)라는 창가(唱歌)로 번역되었고, 그 내용을 『국어독본(國語讀本)』과 연계시킬 수가 있었다. 그만큼, 한국인의 세계관을 바꾸어 놓으려는 일제의 치밀한 간계가 이 창가집에 드러나고 있었다. 왜냐하면, 「선우」와 일본의 「남조4충신」과 가사가 다를지라도 이 노래를 익힌 사람은 그 노래의 원전인 일본 가가쿠(雅樂)이자 관현악곡인 「에텐라쿠(越天樂)」에 친화력이 생기게 마련일 뿐만 아니라 그 친화력이 이 관현악곡의 노래, 곧 「에텐라쿠(越天樂) 이마요(今樣)」를 들음으로써 앞서의 일본 신화에 더 감격하는 계기가 되기 때문이다.

〈사진 47〉   기생들의 나들이
꽃다발을 가진 기생 셋이 막 나서려고 하던 차에 짐꾼 앞에서 기념 사진을 찍었다. 1903년 사진이다. 이들은 15세에서 22세까지이고,
18세 전후가 가장 많았다. 머리에 동백기름을 곱게 바르고, 새앙머리로 쪽진 맨 앞의 기생의 앳된 모습에서 16~17세 정도의 나이를
읽어볼 수 있지만 자세가 흐트러지지 않고 있다. 일제는 이들을 중심으로 1908년에 한성기생조합을 조직하여 매매업의 사회적 기초를
닦았다.

따라서, 일본음악의 특징인 이러한 음계와 리듬 그리고 형식 등에 바탕을 두고 메이
지 시대에서부터 국가주의와 제국주의로 이행하는 시대 정신들이 담겨진 산물이 다름
아닌 '국악'으로서 '창가'이자 '음악'이었다. 그리고 이 바탕에서 음악 교과 도서를 한국
에서 완전하게 장악하고 일본 그대로를 적용한 교과 도서가 학부 편찬의 『보통교육
창가집』 제1집이었다.

한편, 학부 편찬의 창가집보다 앞선 1910년 5월 이전에 한국에서 여러편의 음악 교
과 도서용 '창가집'이 나온 이래 1912년 3월 18일에 발행된 김인식金仁湜(1885~1962)의 『교
과 적용 보통창가집』 등의 시행착오를 겪어 1914년 8월의 김인식의 『조선구악 영산회
상』이나 같은 해 10월의 이상준李尙俊(1884~1947)의 『조선속곡집』 상권 발행으로 한국 전
래의 음악이 정리되기 시작하였지만 식민지하라는 암울한 시대적 상황에서 학교 음악
교육으로 발전하지 못한 채 일제 음악 교육 체제로 말미암아 좌절되었다. 학부 편찬의
『보통교육 창가집』은 1911년 6월 15일에 '조선총독부' 발행으로 정정하여 그 내용 그

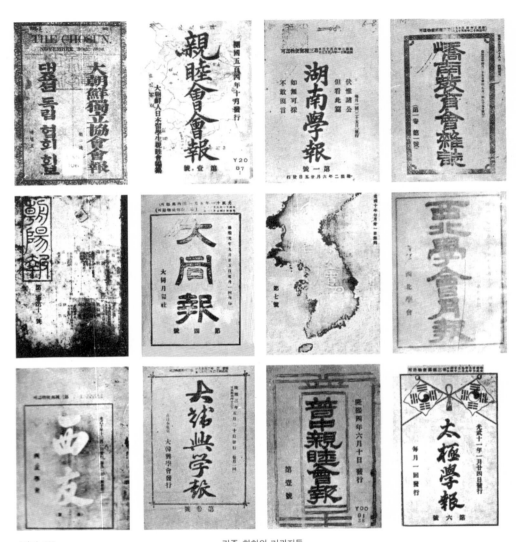

〈사진 48〉   각종 학회의 기관지들

1906년 대한자강회를 선두로 각종 학회 설립이 이루어지면서 그 기관지가 나왔다. 학회지 발행과 신문제작과 학교설립은 이 시기 실력을 양성하여 국권을 회복하자는 계몽운동으로서 이 학회지에 각종 창가들과 음악관련 기사들이 발표되었다.

대로 계속 이어지다가 1914년 3월 15일자로 '조선총독부' 이름으로 편찬하여 새로운 『신편 창가집』이 나와 일제는 완전하게 '식민지＝식음植지'를 달성해 갔다. 그『신편 창가집』은『보통교육 창가집』에 게재된 「안」·「월」·「토와 구」·「친의 은」·「시계」 등

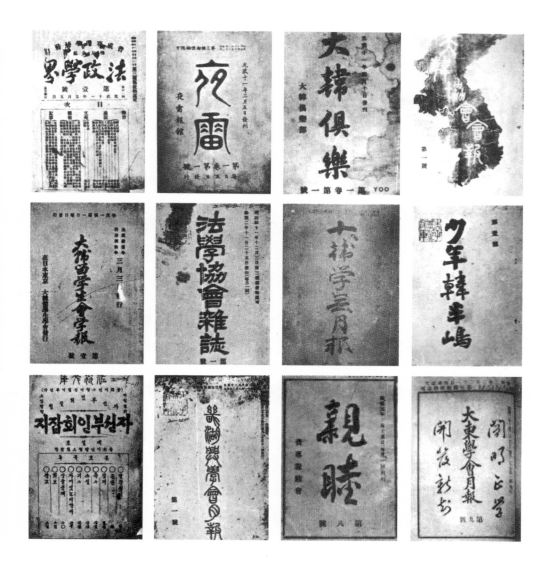

이 계속하여 게재된 데다, 일본 천황을 찬양하는 소위 의식창가 「기미가요君がよ」・「이치가즈 이치지즈一月一日」・「키겐세츠紀元節」・「텐쵸오세츠天長節」・「쵸쿠고 호오토오勅語奉答」 등을 제일 먼저 게재하여 학습케 하였고, 나머지 스물다섯 곡 등 전체 서른다섯 곡 전부를 일본어 가사와 일본음향적 재료에다 황민화의 아이디어로 조직한 창가집이었다. 다만 앞에 게재한 일본어 악보 중 여섯 곡을 뽑아 맨 뒤편에다 한글로 번

역(「雁」, 「兎와 龜」, 「피였네 피였네」, 「紙鳶」, 「時計」 등 다섯 곡)하거나, '노가바'(노래 가사 바꿔 부르기, 「달」로서 한 곡)하였을 뿐이다.

우리는 지금까지 근대 전기 제4기의 일제 제도 개편 상황을 자세하게 알아보았다. 거기에는 그만한 이유가 있었다. 그 동안 이 분야를 식민지 전진 기지로 구축하려는 일제의 제도 개편으로 우리의 민족문화예술이 역사적으로 해체될 수 있는 토대가 마련되었음에도 불구하고, 1910년대 이후만 주목하거나 또는 이 기간을 애국계몽운동쯤으로 전개한 막연한 역사 시기로 보거나, 또는 창가에서 가곡으로 발전하기 위한 기틀을 마련한 시기로서 음악예술사로서는 미숙한 시기로 성급하게 규정하거나, 또는 연구자들이 제1차 사료와 한·일·미의 관계 사료들을 참조하지 않은 채 너무나 2차 사료들을 베끼고 있다는 진단에서 깊이 다루어야 할 책무를 느꼈기 때문이었다.

일제의 간계스러운 통감부의 여러 제도 개편은 우리들에게 많은 고통을 안겨다 주었다. 그 제도 개편 자체가 수천·수백년간 이 땅에서 민족문화를 약체화시키는 대신 일본문화의 기초를 이루게 하는 고통스러운 개편이었다. 일제 통감부의 대한제국 궁내부 제도 개편으로 근대를 준비하던 자주적인 전통음악 분야와 협률사의 민악 그리고 군악대와 곡호대 등 양악 분야가 해체 위기로 치달았다. 또, 관기 제도의 약체화와 폐지로 기생들이 거리로 쏟아져 나옴으로써 일제는 이들을 기생·창기조합으로 사회적 기초를 이루어 공격적인 일제의 매춘산업화를 가져왔다.

특히, 교육 분야는 일제가 장악함으로써 식민지 전진 기지의 완성이라는 제도가 이루어졌던 시기가 바로 제4기였다. 우리가 우리식의 노래로 알고 있는 대부분의 창가·동요·교가·군가·가요 등의 음악 재료들은 철저하게 일본 것이었다. 가사가 한글이라도 우리 노래라고 말하지 않는 이유가 여기에 있다. 우리 노래들은 따로 있었다. 그 노래들은 우리의 역사가 근대화 과정에서 자생적으로 발전한 것이 아니라 일제 통감부의 식민교육 일환으로 사회화가 이루어지고 역사화한 결과이다.

또, 현행 중·고등학교에 게재되어 있는 대부분의 외국 가곡들 역시 우리가 필요에 따라 직접 선택한 것이 아니라, 일본이 해석한 문화 장치에 따라 선택한 노래들을 동경東京유학생들에 의하여 다시 번역한 노래들이었다. 우리의 통한이 서려 있는 분야이다. 그 결과는 우리들의 역사적이고도 미적인 장단감과 호흡권이 일본과 미국식으로 바꾸어진 역사가 근대 전기 제4기부터 시작하였다. 그러므로 자주적이고도 근대의 민족적 과제인 민족음악사 전개가 그만큼이나 치열할 수밖에 없었던 것도 이 때문이었다. 따라서, 일제의 식민지 전진 기지 구축 시기인 제4기가 명명백백하게 드러나야 한다. 그러할 때 결코 일제의 전개사에 매몰되기는커녕 애국계몽운동과 의병들의 항일투쟁으로 일제와 맞서 싸운 자주적 민족음악 역사가 빛나는 당위성을 획득할 수가 있다. 다음 장은 같은 제4기의 두 번째 내용으로 민족음악 역사가 어떻게 전개되었는지를 추적하는 내용들이 나온다.

근대 전기
: 제4기 음악(하)

07

1. 근대 전기 : 제 4기의 음악 사회 개관

19세기 60년대의 동학과 농민항쟁, 90년대의 그리고 대한제국기의 민중운동을 계승하면서 근대 전기 제4기(1904~1910)에 견고한 국권회복운동으로 전개한 것이 다름아닌 항일의병전쟁과 계몽운동이었다.

항일의병전쟁은 1904년 7월부터 조선군인들이 반일 의병 부대로 전환한 이래로 1915년까지 해산된 군인·양반 유생·농민·상인·포수·화적 등이 중심이 되어 전국에 걸쳐 강고한 투쟁으로 일본과 맞서다가 만주나 연해주 등지로 옮겨 독립군으로 무장 투쟁을 펼쳐 나간 조선의 민족운동 역사에 있어 가장 큰 줄기이다. 1909년 말까지 일본군 진압으로 학살된 의병은 1만 6천여 명과 부상자 3만 6천여 명이었다. 그만큼 가열찬 전쟁이 전개되었다.

또 하나의 줄기는 계몽운동이었다. 계몽운동은 항일의병전쟁과 같은 무장 투쟁을 배제하였지만 학교 설립과 신문과 잡지의 발간 그리고 산업 진흥 등을 통한 실력 양성으로 국권을 회복하려는 운동이었다. 2천만 민족 모두가 '충군애국忠君愛國'으로 힘을 합치고 실력을 양성할 수 있도록 국민을 계몽하자는 운동이 바로 계몽운동이었다. 1904년 일본의 토지 약탈계획에 반대하며 활동하기 시작한 보안회와, 친일세력이었던 송병준의 유신회와 이용구의 진보회가 합하여 결성한 친일매국단체 일진회一進會와 준열하게 맞선 헌정위원회憲政委員會(1905) 등이 민족의 자각운동을 전개 하였다. 또, 1906년 4월의 대한자강회를 선두로 서우학회·한북흥학회·호서학회·호남학회·관동학회·기호

학회 등 학회를 조직하여 기관지 발행과 사립학교 설립으로 대중계몽활동을 전개하였고, 1898년부터 설립한 『황성신문皇城新聞』과 『제국신문帝國新聞』 그리고 이후의 『대한매일신보大韓每日申報』(1905), 『만세보萬歲報』(1906), 『대한민보大韓民報』(1909), 『경향신문京鄕新聞』(1906), 『경남일보慶南日報』(1909) 등, 또 『소년少年』・『조양보朝陽報』(1906) 등이 대중 계몽과 애국심 고취에 나섰다(사진 48) 참고). 일본이 보안법・집회취체령・신문지법・출판법・저작권법・「사립학교령」 등으로 정치활동을 일체 금지시킨 상황에서 합법적인 운동 전개에 한계를 느낀 계몽운동가들은 비밀 결사 조직체인 신민회新民會(1907년 설립하여 1911년에 일본의 날조 사건인 '105인 사건'으로 해체)를 조직하여 실력양성론(안창호 같은 경우 미국에서 흥사단으로 발전)과 달리 독립전쟁론(양기탁・이동휘 같이 항일무장투쟁을 전개)으로 발전하여 나갔다. 이것은 '개량주의적 실력양성론'이 가진 허구성에 대한 반성이었다.

이러한 국권회복운동인 의병전쟁과 계몽운동을 통하여 한국 전민중들은 역사상 처음으로 '노래'를 '운동'으로 인식하고 실천하였다. 과거에도 노래는 항쟁에 큰 몫을 한 것이 사실이지만, 이 시기에 와서는 일회적이거나 상황에 따라 불려진 것이 아니라 국권회복운동의 중요한 투쟁 양식으로 삼았다는 점에서도 역사적이었다. 두 가지 길이 열렸다. 하나는 노래가 대중들의 투쟁 양식으로 자리잡은 길이고, 또 하나는 음악 전문인들에 의한 '음악운동'이 그 길이다.

전자는 '창가와 민요'가 그 형식이었고, 후자는 '창극'이 그 형식이었다. 전자의 '노가바'(노래 가사 바꿔 부르기, 노래 가사 바꿔 붙이기) 형태의 창가운동과 민요 개작 운동이 이를 대표한다면, 후자는 창극 「최병두 타령」이 그 정점이었다. 따라서, 창가와 민요, 그리고 창극은 의병전쟁이나 계몽운동을 전개하는 한국의 전민중들의 강고한 삶의 현장에서 살아 있는 음악 이었고 민족음악이었다.

1) 근대 전기 : 제4기의 음악 사회

이 시기에 한국 민중들의 국권 회복 운동으로 자리잡을 수 있었던 분야가 바로 음악이었다. 민중들의 공동체 정서와 의식을 견고하게 하여 항일로 나아가는 길에 창가처럼 호소력 있는 양식이 없었기 때문에 노래가 민중들 속에서 자리 잡을 수 있었다. 이 점 또한 역사적이다. 그것은 국권회복운동의 자리매김 말고도 정부나 지배 체계들이 오랫동안 민중들의 노래를 '속된 가락'으로 여겨 왔던 음·악 세계관이 점차 변하여 오다가 노래를 모두 국권회복운동의 한 방식으로 중요하게 여겼다는 점에서 그러하다.

각급 학교와 교회, 군대, 연흥사·광무대·단성사·원각사·장안사·음악사·단흥사 등의 가설·상설 극장이나 단체, 손택호텔·주한 외국 공사관·회동會洞의 일본 가부키좌歌舞伎座, 궁정과 전국의 지방 관아·정亭 당堂·정원·사랑방·시장의 가설 무대·사찰 공간·기방 공간 등에서 창가·음악·춤(정재와 살풀이 등)·극·활동사진·만담·연행·판소리와 창극·산조·영산회상·예인집단들의 연행 종목·민악 종목 등이 연행되고 있었다.

이 종목들을 창가와 음악 교원·악대 출신·선교사·전통 음악인·외국인들이 기존 지배층의 후견인과 새롭게 부각한 시민들의 지지 속에서 음악 사회를 형성하고 있었다. 그러나 시대 정신은 국권 회복이었다.

〈그림 60〉   연흥사

연흥사는 1907년에 창립한 종합예술단이다. 위의 두 그림은 연흥사의 전용극장인 연흥사를 그린 그림이다. 왼쪽의 실제적인 건물과 달리 오른쪽의 삽화그림에서 2층집과 매표소가 선명하여 근대적인 공연 유통구조를 갖추고 있었다. 초생달 아래 불을 밝히고 2층 악대석에서 서양나팔과 징소리로 호객은 물론 1층 입구에는 그날 밤 공연종목을 붙혀놓았다. 그리고, 매표소 안에서 관리자가 밖을 응시하는 모습들은 전통적인 공연과는 사뭇 다르게 "근대화가" 되었다. "동내집에서 잠좀자자"라며 항의하는 모습에서 그러하다.
삽화그림은 『대한민보』, 1909년 7월 1일자에 나온다.

(1) 학교와 교회

우리는 여기에서 복잡하게 중층화된 음악 사회에 새로운 변수로 부각한 학교와 교회를 먼저 알아보아야 할 것이다. 그것은 이 시기의 국권회복운동을 구체화하면서 학교 설립을 기독교계가 주도하고 있었으며, 이들 학교와 교회가 음악인들을 배출하면서 양악과 일악(일본음악)의 음악 저변을 확대시켜 새로운 음악 사회를 형성하였기 때문이다.

먼저, 노래 중 '창가'나 '음악'이 1906년부터 관·공립학교에서 공식화 하기에 앞서 1905년 전후로 사립학교나 사회에서 일반화가 이루어진 사실(〈표 54〉 참고)을 다음 기록을 통해 알아보기로 한다.

이때에 불려진 노래들은 나중에 그 내용을 다시 밝히겠지만, 〈표 54〉의 1905년부터 그 동안의 「애국가」나 「찬미가」 등의 용어들을 대신하여 '창가'나 '음악'이란 용어가 본격적으로 학교 교과목으로 자리 잡아 가고 있었다.

〈사진 49〉   황성기독교 청년회관

황성기독교 청년회관은 오늘의 종로 YMCA이다. 본래의 황성기독교 청년회관은 1907년 11월에 착공하여 1년 만인 1908년 12월에 준공하였다는데 서울 장안에 당시로는 제일 큰 집이었다. 설계자는 돈햄(B. C. Donham)이었다. 2층 강당은 아스토 하우스 호텔의 강당과 함께 이 시기 양대 음악회장·강연회장·환등 시사회장·토론회장 등으로 이용되었다. 이곳에 설립된 상동청년학원에서 음악 교과 과정과 창가 하기 강습회 창가, 그리고 10년대 이후에 음악회장으로 서울 장안에서 가장 각광을 받은 곳이라는 점에서 건축물 자체가 서양음악의 위용을 상징하고 있었다. 1916년에 증축되었다가 1950년에 소실되었다.

시기	내용	출전	비고
1898. 9.20	독립협회에서… 각 학교 학도더리 차제로 기하야 경축가를 사죽(絲竹)에 올나 화창(和唱)한 후	『황성신문』	창가라는 용어가 일반화하지 않음
1899. 1.23	무관학교 제 학도들이…신군가라 한 노래를	『황성신문』	군가
1900. 5. 4	京城學堂 졸업식전에서 齊聲唱歌	『황성신문』	'창가' 용어 사용
1902. 4.28	관립일어학교에서…진군나팔로 군가를 창(唱)하며	『황성신문』	'군가' 용어 혼용
1904. 3.13	학부에서 각 학교 애국가를 정리하기 위하야 각 학교에 신칙(申飭)하되 군악대에서 조음(調音)한 國歌를 효방(效倣)하여 학도를 교수하라 하난대 기(其) 國歌난 여좌(如左)하니 "上帝난 우리 皇帝를 도으소셔…	『황성신문』	'애국가', '국가' 용어 혼용
1905. 2~	'唱歌'는 '軍樂음조로 신제교육(新制敎育)함'		각급 학교 입학생
1905. 2.23	사립보성학교 교과과목 : 고등과 唱歌…, 심상과 唱歌	『황성신문』	모집광고에 창가 교과목을 소개
1906.10.19	황성기독교청년회에서…특별한 학관을 설립하얏는데 기 취지와 장정과 과정이 좌와 여하더라… 특별과 : 音樂	『만세보』	교사는 박서양 '음악'
1906.11. 5	청년회관 강당에서 신입회원 103인을 축하하기 위한 간친회가 있었는데, 일본인 공업학사 궁천(宮川) 씨의 풍금과 부감독 박서양(朴瑞陽) 씨의 唱歌가 있었더라.	『만세보』	'창가'
1906.12.15	용천부 광과면 광화학교난 …과목은 수신…唱歌	『대한매신』	'창가'
1907. 2.10	본부(학부 – 필자)에서 3월 4일에 교원을 시험선취 허겟스니…청원서와 이력서를 학부로 제정허고…필수과…수의과(隨意科) 音樂…, 專科교원及부교원 音樂…	『대한매일신보』	학부의 교원 시험 선택과목으로 '음악'
1907. 3.20	미국서 돌아온 안창호(安昌浩) 씨가 서서(西署) 만리현 의무균명학교(義務均明學校)에서 선진국의 본을 받아 매월 상학전에 국기 예배와 '애국가'화창을 하기로 되어 거(去) 월요일부터 배기(拜旗) 唱歌例를 거행한다더라.	『대한매일신보』	'창가' '애국가'
1907. 4. 6	동문(東門) 밖 석촌 인창학교(仁昌學校)에서 본월 4일 찬성회를 열고 애국가를 불렀다.	『대한매일신보』	애국가
1907. 4.14	만수절에 평양서 학도들이 제등행렬로 애국가를 불렀다.	『대한매신』	애국가
1907.10.12.	연동 사립 儆新學校 : 학원모집광고, 중학과 1년 音樂…, 중학과 2년 音樂, 담임교사난 여좌함 영어·이화학·음악 밀의두(密義斗)	『대한매일신보』	음악, 밀의두는 E. H. Miller로 1901년에 입경
1909. 4.11.	「특별대복음회」 本日은 구주야소(救主耶蘇) 씨의 부활하신 주일인고로 당일 하오 2시에 종로 청년회관에서 특별대복음회를 개(開)하고 영국신부 사컥 씨가 강도(講道)하난대 모리스 부인이 唱歌하며 의학박사	『황성신문』	창가, 음악 박서양 출연

시기 일자	내용	출전	요지
	박서양(朴瑞陽) 씨와 본 학관과 경신학교학생이 연합唱歌하며 각종 音樂을 奏하야 성대한 기념 경축례를 행한다더라.		
1909. 7. 2	「音畵강습생 모집공고」本所에서 각 학교 과정 중 자재화(自在畵)와 唱歌가 완전치 못함을 시려(是慮, 바르게 생각함 – 필자)하여 현시(現時)에 저명한 교사 김인식(金仁湜) 씨가 상동청년학원(尙洞靑年學院)에서 하기방학간에 강습소를 개(開)하고 속성으로 교수하겠아오니 교육에 유지(有志)하신 회원은 본소로 내강(來講)하심을 망(望)함. 입학지원은 7월 10일 내로 하고 상세함은 본소에서 내문(來問)할 사. 상동청년학원내 음화강습소 白.	『황성신문』	창가 교과목을 김인식이 강습함
1910. 2.22	YMCA 대강당에서 오후 7시 30분부터 YMCA회원 가족을 청하여 위한 음악연주회가 개최되었는데, 배화학당 여학생은 풍금에 맞추어 唱歌를 불렀으며, 조양구락부원들은 한국樂을 연주하여 내참객 1, 2백명을 감격케 하였다더라.	『대한민보』	음악연주회에서 풍금반주로 창가 조양구락부원 연주는 한국악
1910. 8.30	음악대(音樂隊) 정교 정사인(鄭士仁) 씨는 행공(行公)한 여가를 이용하여 경성고아학교의 唱歌 及 音樂을 교수하며 俄國 구말(舊末)의 제반 歌曲을 서양악기로 주화케 하기로 연구하야 기(旣)히 수개곡본(曲本)을 해득 후 고아 音樂으로 실천하얏더라.	『황성신문』	정사인의 창가 및 음악을 교수

밑줄은 필자, 시기 일자는 출전 게재 일자

이 기간 국권회복으로서 노래운동을 전개할 수 있었던 양대 공급처는 학교와 교회였으며, 음악 교사들은 공·사적 사범학교 출신들과 선교사나 외국인들, 그리고 교회에서 성장한 자생적 음악인들, 끝으로 악대(군악대와 곡호대) 출신들과 유학생들이 중심이 되었다.

학교는 1906년 8월의 학교령 시행에 의하여 음악 교과목을 설치할 수 있도록 하자 대부분의 학교, 특히 사립학교에서 노가바식(노래 가사 바꿔 부르기) 찬미가와 일본 쇼오카唱歌의 번안 노래, 그리고 민요식 노가바를 음악 제재로 삼으면서 동시에 국권회복을 드러내는 노래운동을 전개할 수 있었다(제1차 학교령은 1906년 8월~1909년 8월, 제2차 학교령은 1909년 9월~1911년 8월까지이다). 학교 설립이 1909년 말 집계로 전국에 5,727교였으며, 이 중에서 사립학교는 2,250교였지만 정부가 미인가한 사립학교는 실제 수가 3천여 교에 이르렀다.[1] 이들 학교 중 전문, 실업 등을 제외한 학교 대부분이 교과 과정 운영상에 당면한 최대 현안 문제는 창가·음악 교사 확보였다.

이미, 공립학교의 경우는 1906년부터 한성사범학교에서 '창가와 음악'을 가리키고

1_ 국사편찬위원회, 『한국독립운동사』 Ⅰ(서울 : 국사편찬위원회, 1955), 358~360쪽.

있는데다가 교사를 재교육시키고 있었으며, 1907년부터 학부가 교원 시험 검정 과목에 '음악'을 선택과목으로 두거나 음악전과音樂專科 교원이나 부교원을 선발하고 있었고,[2] 학부에서 필요에 따라 각 학교가 의무적으로 참여할 수 있도록 소집하여 창가 교육을 시키고 있었다.[3]

사립학교의 경우는 기독교 선교사들이 직접 교사로 나서거나 이곳에서 성장한 자생적 음악인들, 악대 출신자들이 음악 전과 교원 자격을 취득(관공립학교의 경우처럼)하거나 비공식적으로 임용, 그리고 외국인들과 유학생들이 교사로 나서고 있었다. 양악과 전통음악의 체계화를 모색하려 했던 김인식金仁湜(1885~1963)의 경우도 미국 북장로교 선교사였던 마펫Samuel Austin Moffett(馬布三悅, 1864~1939)이 세운 평양 대동문 판교소학교(숭덕학교 전신)에서 찬송가 배운 것을 계기로 후에 이곳에서 창가 교사로 활동하다가 서울로 진출하여 1907년 상동 청년학원 창가 교사, 1908년 기호학교 음악 교원, 1909년 관현觀峴 휘문의숙 창가 교사, 1910년 조양구락부 풍금 교사 등을 '겸직'하고 있었다.[4] 김인식과 같은 평가를 받고 있는 이상준李尙俊(1884~1948)이나 김형준金亨俊(1885~?) 들도 선교사들과 개신교에서 찬미가 학습이 계기가 되어 음악 교사가 된 경우이다. 선교사의 경우는 이화학당을 세우고 「주기도문」이나 「예수 사랑하심」 등의 찬미가를 가르친 미감리회 여선교사 스크랜톤Mary Fitch Scranton(1832~1909)의 경우나, 미북감리회 여선교사인 존스 George Heber Jones(趙元時, 1867~1919)가 1892년 인천 영화여학당에서 찬미가를 가르치거나, 1901년 북장로회 선교사로 내한하여 경신학교에서 교육하다가 1905년 경신학교 교장에 부임하면서도 이 학교에서 이화학·영어와 함께 '음악'을 가르친 밀러Edward Hughes Miller (密義斗, 1873~1966), 1905년 공주에 명선 여학당을 세우고 찬미가를 가르친 미감리회 여선교사 샤프Alice J. Hammond Sharp(史愛利施, 1903년 윌리엄즈와 결혼하고 1940년 일제에 의해 남편과 함께 강제 귀환)나 1906년 같은 곳에 영명학당을 세우고 「크리스트군병가」·「자주독립가」·「애국가」·「국채보상가」·「소년 남자가」 등의 창가를 가르친 미감리회 선교사 윌리

2_ 『대한매일신보』, 1907년 2월 10일자.

3_ 『만세보』, 1907년 4월 25일자 참고.

4_ 『황성신문』, 1907년 7월 8일자; 『기호흥학회 월보』 제1호(59쪽)와 제3호(35쪽), 황성 : 기호흥학회사무소, 1908; 『대한민보』, 1909년 7월 10일자와 7월 11일자, 1910년 1월 20일자; 『조선일보』, 1939년 6월 21일자.

〈사진 50〉   1900년대 체조 유희 시간

위의 사진은 1900년대 벽두 나바위 학생들 사진이다. 1906년 제1차 교육령에 따라 보통학교 체조 시간에 풍금 연주에 맞춰 유희하는
모습이 일반화되어 갔다. 체조 또한 국권 회복을 위한 교과로 사회적 인식이 자리잡으면서 이미 학교에서 개최하는 운동회가 문화 볼
거리로 주민들에게 제공되었다. 아래쪽 사진에서 율동이 운동회의 한 순서로 풍금에 맞춰 펼쳐지고 있다. 그 풍금 주자가 남자라는 점
에서 한성사범학교 출신이나 이 학교의 강습회 또는 학부에서 실시한 음악 전과 검정 출신으로 보인다. 10년대 말은 체조 시간에 풍
금 사용이 일반화하였다. 당시 오르간이라는 풍금은 18원에서 250원까지, 양금이라는 피아노는 280원에서 2천 원에 판매하고 있었다.

엄즈Frank Earl Cranston Williams(禹利岩, 1883~1962)의 경우나, 1909년 미국장로교 선교사로 내한하여 평양 숭실학교와 숭의여학교 등을 중심으로 음악을 가르친 모우리Eli M. Mowry(牟義理, 1880~1970) 등 내한한 미개신교 선교사 내외들은 이 기간 찬미가식 창가를 가르치고 있었다.

그리고 1899년 서울의 친위대 곡호대曲號隊에서 1900년 시위대 군악대 대원으로 선발되고 1907년 군대 해산 이후에도 궁내부의 제실 군악대 대원으로 활동하고 있었던 정사인鄭士仁(1881~1958)은 군악대 생활을 하면서도 1910년에 경성고아학교에서 '창가와 음악'을 가르치고 있었다.[5] 정사인의 예처럼, 1902년 서울과 지방 전국에 560여 명의 군대 악대원들이 1907년 군대 해산 후 제실군악대 1개대를 제외한 5백여 명 이상이 대부분 교원이나 창가·음악 교원으로 진출하였을 것이고, 극히 일부가 연흥사 등의 선전악대에 진출하였다. 또, 1909년 창가 지도자로 부각되면서 승동학교에 '음악과'를 신설하여 전문 교육 기관으로 발전시킨 박서양朴瑞陽의 경우도 본래 유학을 통한 의학도였다.[6] 일본 유학생이었던 유전劉銓은 대한 흥학회 학보를 통하여 음악 비평 활동을 전개하고 있었다.[7]

이처럼, 국권회복운동 일환으로 전국에 불길처럼 번진 학교 설립의 계기는 그 교과과정으로 창가와 음악 교과를 가르칠 수 있는 교원(교사)이나 전과專科 담당 교원이 각급 학교에 선임되기도 하였지만, 이들 외에도 사립 각급 학교들이 1906년 제1차 교육령으로 창가·음악 교과가 공식화하면서 이를 담당할 교원 양성 또한 각종 강습회를 통하여 수급하고 있었다. 1906년 강화의 보창普昌학교 사범과의 '창가' 과정, 1909년 여름방학 기간에 상동청년학원에서 개최한 김인식의 음화音畵(창가와 그림) 강습회와 서우학회에서 설립한 서우사범학교의 창가 과정, 1908년 경신학교 사범강습소의 '음악' 과정과 융희학교의 학부교원 시험 검정에 응시할 목적으로 예비 교사 과정을 모집한 '창가' 과정, 1909년 창가 하기강습회를 관현 숭문의숙에서 개최한 것 등이 그것이다.

5_ 『황성신문』, 1910년 8월 30일자 참고.
6_ 『황성신문』, 1909년 4월 11일자.
7_ 『대한흥학보』 제2호(동경 : 대한흥학회, 1909), 155~157쪽.

(2) 양악 음악회의 일반화

학교의 창가, 교회학교의 찬미가식 창가, 교회의 찬미가 등과 풍금의 일반화로 양악
과 일본음악의 재료는 물론 그 표현력이 확산되어 새로운 문명적 힘의 언어로 사회적
관계를 형성하며 본격적으로 교류하기 시작한 이시기의 사회문화적 시스템은 그 이전
시기와 질과 형식면에서 달라져 있었다. 그리고 이러한 음악 사회는 그 문화를 낳은
서양과 일본의 다른 문명 도구들이 속속 들어오면서 초기의 문화적 충격이 점차 사회
적 수용으로 전환되고 있었다.

이미, 1898년에 철도가 부설되고, 1898년에는 서울 시내에 전차 궤도 부설 공사가
이루어지는가 하면, 1899년 경인선 개통, 1900년 한강철교 준공, 1901년 경부선 기공
식, 그리고 1903년에는 고종 황제가 승용차 한 대를 구입하여 궁안궒을 질주함으로써
전통적인 문화 시스템이 급변하고 있었다. 이 기간에 전차를 타보려고 전국에서 사람
들이 몰려들었다. 건축에서도 전통 한옥과 다른 서양의 르네상스 양식이나 로마네스크
양식 또는 바로크 양식 건물이 외국 설계자들에 의하여 들어섰다. 1880년대 일곱 개,
1890년대 일곱 개가 건축된 데 비하여 1900년대에는 스물아홉 개의 서양식 근대건축물

〈사진 51〉   1900년의 전차

〈사진 52〉   나팔대 행진

〈사진 51〉의 전차 모습에서나 〈사진 52〉의 악대행진에서 한국인들은 문명의 힘을 느끼고 있었다. 모든 사람들이 지켜보고 어린이들도 철없이 전차와 악대를 따라 다녔다. '아는 것이 힘'이라는 베이컨의 말은 '서양을 아는 것이야말로 힘'이라고 믿어갔다. 동시에 서양은 새 것이고 한국은 낡은 것이라는 가치판단이 시대적으로 작용하고 있었다. 이 백년간의 역사에서 누가 자유스러울 수 있단 말인가?〈사진 51〉은 외국인들이 서울 시가지에서 전차로 관광을 나선 모습입니다. 〈사진 52〉 윗 사진은 1903년 '나팔대' 모습이다. 앞에 작은 북 (Side Drum) 다섯 명과 뒤로 나팔수 네 명이 말을 탄 고관 앞에서 행진하고 있다. 이보다 규모가 큰 '곡호대'는 작은북 고수 10, 나팔수 10, 나팔장 1 등 21명이 갖추어져야 한다. 〈사진 52〉의 아래 사진은 나팔수 네명과 고수 2명으로 편성한 '나팔대' 행진모습이다. 구제에서 신제로 바뀌어가는 군제개편기에 대부분 전래의 취타대보다 서양식 나팔대를 선호하며 행진하였다. 윗 사진이나 아래 사진에서 나팔대 좌우로 어린이들이 흥겹게 쫓아가는 모습에서 모두들 시대가 급변하는 것을 통감하고 있었다.

이 한국전통과 '뚜렷하게 비교'되면서 '근대적 힘'을 상징하며 들어섰다. 외국인들도 1903년 말 조사에 의하면 35,745명이었고, 일본인은 29,429명과 청인 5,649명을 제외한 667명의 서양인이 있었을 정도이다.[8]- 아마 이 시기에 문화 예술계의 가장 충격적인 사건은 1901년 미국인 버튼 홈스E. Burton Holmes가 '활동사진'을 황실 등지에서 소개한 이래 1903년부터 동문내 전기회사 기계창에서 동화 10전을 받고 상영한 사건이 아닐 수 없다. 상연할 때마다 말 그대로 인산인해였다. 자연히, 고종 황제의 나들이에서 장쾌하고 화려와 위엄의 극치였던 대취타의 행진 모습보다 시위 연대 군악대의 행진 모습이 사회적으로 더 '힘'이 있어 보였다.

1907년 곡호대·군악대가 해체되거나 축소되긴 하여도 이 해를 전후로 소속 기관의 장들은 나팔대를 동원하여 행차하기를 선호하였다는 점에서 그 '힘'을 느낄 수 있었다. 다음 〈사진 51과〉 〈사진 52〉가 그것이다.

특히, 양악의 사회문화적 시스템이 대중적으로 확산되자 양악음악회가 개최됨으로써 모든 자생적 양악인들의 선망이 모아졌다. 교회와 학교 공간뿐만 아니라 손택호텔과 애스터 하우스 호텔 등의 서양 문화공간과 주한 외교사절들의 공관, 황성기독교 청년회관 등에서 음악회가 벌어졌다.

군악대가 개최하는 음악회, 풍금 반주에 맞춘 창가 발표회, 피아노 반주에 맞춘 독주회 등이 그것이다. 다음 〈표 55〉가 그 관련 기사이다.

〈표 55〉에서 확인할 수 있듯이 군악대가 1908년 8월 13일 목요일부터 매주 목요일마다 공원(파고다공원)연주회를 기획한 사실 또한 획기적이다. 더욱이, 지난 시기 대한제국의 위용을 과시하던 시위연대 군악대였지만, 1907년 일제 통감부의 군대 해산책으로 강제 해체되어 1907년 9월 1일부로 '궁내부 제실군악대'로 재조직되어 있었던 그 군악대가 그 동안의 궁내부 각종 행사에서 궁내부 밖의 대중 공간으로 전환하여 초청연주회[9]-와 시민들을 위한 공개연주회를 기획하고 정기화시킬 수 있었기 때문이다.

8_ 『황성신문』, 1904년 9월 29일자.
9_ 『황성신문』, 1907년 10월 26일자와 『대한매일신보』, 12월 22일자 기사 참고. 위 기사 중에서 '주악'이나 '악사'라는 용어는 이들 군악대 관련 용어들이다. 이미 군악대는 1902년 6월에 현재의 파고다공원 옆으로 이전한 상태이다.

연월일시	명칭	내용	출전	비고
1902. 7.17 하오 7시	外部盛宴	작일 하오 7시 외부에서 丹約조인한 事로 연회를 設하고 各府部대신과 각 공영사가 齊會하얏난대 軍樂과 妓舞로 宴娛를 盛張하얏더라.	『황성신문』, 1902년 7월 18일자	
1906. 9.13 오후 3시반	만수성절 원유회	만수성절 동관내 원유회 절차 : 오후 3시 반 宇合樓 以 軍樂隊 奏樂	『만세보』, 1905년 9월 13일자	
1906.11. 5 하오 9시	청회간친회	재작 월요일 하오 9시에 청년회에서 통상례회를 개하얏 난대 신입한 회원 일백삼인에게 대하야 간친회를 병행하 야 다과를 성비 하얏스며 일본공업학사 宮川 씨의 풍금 과 부감독 박서양 씨의 창가가 상화하야 동포 상애하난 기상이 방청인의 감정을 자발케한 후 11시에 폐회하얏 다더라	『만세보』, 1906년 11월 7일자	
1907. 4.27 오후 9시	<u>대음악회</u>	신문외 법인여관 애쓰토하우쓰에서 본월 27일(토요일) 오후 9시에 서양 해금사 머켄쓰양과 양금사 보나비아 헌 트 양과 대한 재인이 조력하야 <u>대음악회</u>를 개최하오니 검군자난 내림완람하시압. 입장표가난 3원인대 본여관 에서 발매함.	『대한매일신보』, 1907년 4월 27일자	Astor Hause Hotel
1907. 6. 4	부인계자선	작일 고아원 <u>자선연주회</u>에 내외국 유지士女가 폭주(輻輳)관람하난대…	『황성신문』, 1907년 6월 5일자	
1907.11. 2	자선연주회	경성고아의 재정군핍(窘乏)한 상황은 본보에 누누기재 하얏거니와 해원에서 각 임원이 특별찬성원의 협의로 11월 1일에 <u>자선연주회</u>를 동대문내 광무대로 개설하고 유지신사의 연설과 세계에 유명한 활동사진과 위생환등 과 <u>주악</u>과 기타 자미가 유한 연예로 일반 신사의 관람을 공(供)하난대 자선부인회에서도 일일출석하야 참관한다 니 유지동포난 자선의 심(心)을 대발(大發)하야 상근상 빙하야 다수왕림하심을 절망(切望)하노라	『황성신문』, 1907년 10월 26일자	
1908. 8.13 ~매주 목	공원연주회	래13일부터 관세국(關稅局)소관 공원내에서 <u>궁내부음악 연주회를</u> 개(開)한다난대 일시난매 목요일 오후 5시로 산정하얏더라.	『대한매일신보』, 1908년 8월 9일자	
1909.10. 7	자선연주	경성에 재류하난 서양 각국 유지신사 제씨가 평양에 맹 아학교와 강화군 교회학교에 보조하기 위하야 래월 7일 오후 7시에 청년회관에서 <u>연주회</u>를 설행한다더라.	『대한민보』, 9월25일자	
1909.12.16 하오 7시	靑館연주	종로 청년회관에서 명일 하오 7시에 <u>연주회</u>를 개하고 다 수인의 래참을 희망하야 부인석은 연설 상층으로 별설하 야 혼잡함을 피한다난대 해 연주의 제반기관(奇觀)은 아 국에 초유한 성황이 유하리라더라.	『대한민보』, 1909년 12월 15일자	『황성신문』, 『대한매일신 문』, 동일자.
1909.12.22.하 오 7시	靑館간친	<u>금일</u> 하오 8시에 종로 청년회관에서 전일 연주회에 래참 하엿던 樂師제씨를 청교하야 간친회를 설한다더라.	『대한매일신보』, 1909년 12월 22일자	

1910. 2.22. ~23, 25	青會 연주	종로청년회관에서 음악연주회를 說하고 회원 가족을 청요(請邀)관람케 한다난대 해일자를 22일 23일 양일은 부인회에 專供하고 남자회난 동 25일로 정하엿다더라.	『대한매일신보』, 1910년 2월 22일자	『대동민보』, 1910년 2월22일자
1910. 2.22	青館연주회	종로청년회관에서 음악연주회를 개하고 해회 회원가족을 청요공람한다 함은 기게하얏거니와 재작일 하오 7시 20분에 개회하고 배화학당 여학생 등이 풍금을 화하야 창가하고 조양구락부원 등이 본국음악으로 연주하고 동서양 각국 유명한 경치로 환등하야 성황을 정하얏난데 단순한 부인 가족의 래참이 약 1천2백 명에 달얏더라.	『대한민보』, 1910년 2월 24일자	
1910.6.10. 하오 6시	한일부인 연주	한일부인회난 전동 숙명고등여학교를 위하야 작일붓터 재명일까지(일요난 休) 3일간 매일 오후 6시붓터 동 10시까지 종로 청년회관에서 자선연주회를 개하고 입장권을 사용한다난대 연예난 동서양의 音樂이라더라.	『황성신문』, 1910년 6월 11일자	
1910.6.20. 하오 8시	青會 연주	종로청년회관내에서 명일 월요 하오 8시에 특별연주회를 개하고 남녀를 동참케 하며 입장권을 사용하난대 부인석을 특설한다더라.	『대한매일신보』, 1910년 6월 19일자	『대한민보』, 같은날짜

　제4기의 '연주회'란 이름이 반드시 양악 중심만은 아니었다. 양악 중심의 연주회인 경우는 이 시기부터 '음악회'란 이름이 일반화되어 갔다. 후에 다시 살펴보겠지만, 이 시기의 '연주회'에 큰 족적을 남긴 연주 단체들 중에는 신청(재인청) 출신 예인들과 예인 집단, 특히 경성유녀조합 – 한성창기조합에 속한 기생과 창기들이 각종 연주회를 통하여 대중적인 인기를 끌고 있었으며 여전히 '대중적인 음악'을 주도하고 있었다. 이들은 연주회뿐만 아니라 1900년대 직전부터 음반(납관 원통형 유성기로 들을 수 있는) 취입을 통하여 잡가나 각종 노래들을 근대적인 '대중가요'로 발전시키고 있었다. 그만큼, 이 시기는 급변하고 있었다. 중세봉건적 질서가 급속하게 해체되고, 갑오농민전쟁으로 신분 해방을 쟁취하여 이들 자신이 더욱 대중성을 확보하면서 상설 무대나 음반을 통하여 대중 상대의 근대적 연주회를 전개 시켜 나갔다.

　다른 한편으로 서양과 일본의 문명의 힘이 도처의 사회 제도를 이루며 그 문화권을 형성하고 있었다. 당대를 압도하는 서구식 건축물, 쾌속 질주 하는 전차와 기차와 자동차, 당장이라도 혼이 뛰쳐 나올 것 같은 음반과 유성기와 활동사진, 지축을 흔드는 악대 행진과 연주, 거리마다 넘쳐대는 찬미가식 창가와 학교 창가, 황성기독교 청년회관 2층의 공연장이나 호텔 공연장에서 흘러나오는 양악기 소리 등이 이제는 호기심의 차원을 넘어 소통의 사회 관계를 맺으며 새로운 감수성을 형성하고 있었다. 〈표 55〉에서

〈사진 53〉　　　　　　　　　　　　　　애스터 하우스 호텔과 음악회

맨 위 사진이 이전의 `스테이션호텔(The Station Hotel)`에서 1905년 `애스터 하우스 호텔(Astor House Hotel)`로 다시 개장한 전경이다. 이 호텔은 활동사진연극장(活動寫眞演劇場) 운영을 비롯하여 명창들의 판소리와 춤과 민요 공연 및 피아노와 만돌린 그리고 기타 연주 등 음악회가 개최된 문화공간이기도 했다. 이곳에 그랜드피아노가 있었다. 또한 「대한매일신보」 사장 베델(Ernest Thomas Bethell, 裵說, 1872~1909)이 주로 활동한 호텔이기도 했다.

아래는 『대한매일신보』1907년 4월 27일자 기사와 The Seoul Press의 미스 머켄스의 바이올린과 미스 보나비아 헌트의 피아노 및 조선의 음악가들이 출연한 음악회 개최 광고이다. 예매처를 두었다.

처럼 10년대 중반보다 1908년 12월에 준공한 황성기독교 청년회관과 그 전해에 선을 보인 애스터 하우스 호텔을 중심으로 '연주회장·음악회장·공연장·연극장·영화상 연장·강연회장' 등의 다목적 기능으로 펼쳐지는 기사가 신문지상을 장식, 소개하고 있었다. 이 건축물 자체가 장안의 명물로 부각되었다.

바로, 애스터 하우스 호텔Astor House Hotel에서 외국인이 바이올린 독주회를 1907년에 하였다는 점에서 이 사실이 이후의 한국양악사 성격을 드러낼 정도의 음악 사건이 되었다. 이 호텔에서 1907년 4월 27일 음악회가 개최되었다. 또, 장안에 몇 안 되는 피아노 역시 이곳에 있다는 사실로도 유명하였다. 이곳은 아무나 출입할 수 없었다. 상류층과 개화 지식층이 아니고서는 출입이 제한될 정도였으니 말이다. 이날 연주회는 늦은 밤 9시에 '대음악회'라는 이름으로 공개적인 바이올린 독주회가 열렸다. 독주회 성격이므로 '대'자가 아니었음에도 불구하고 '대'자가 통하기 시작한 연주회이다. 바이올리니스트 머켄스Henriette Murkens 양과 피아니스트 보나비아 헌트Bonabia Hunt 양이 주인공이었다. 입장료 3원을 애스터 하우스 호텔에서 예매하였다. 〈사진 53〉은 이때의 호텔 전경과 관련 자료들이다.

이 호텔도 서양 성주들이 살았던 성관 양식이라는 점에서 한국의 전통 건축물과 비교되었고, 이 호텔의 회장에 있는 피아노도 한국의 전통 악기와 비교되었다. 그리고 양악의 음악회도 전통적인 악회樂會와 비교되는 것들이어서 문화 충격 요소들이었다.

실력 배양으로 국권을 회복할 수 있다는 시대적 요청은 '서양과 일본을 아는 것이 힘'이라는 방향으로 인식되어감에 따라 문화 충격을 벗어나 사회적 수용으로 치닫고 있었던 시기가 바로 이 시기였다. 그러나 이 흐름은 한국문화의 비교 속에서 문화 평등으로 수용되는 흐름이 아니었다. 한국 전통문화가 근대적인 발전에 걸림돌이 되고 있다고 믿어 버린 대한제국이나 지식층들과 그 믿음을 증폭시키는 통감부의 치열한 정책으로 맞물리면서 이 시기 모든 사람들에게 "새 것은 서양과 일본이고, 낡은 것이 한국"이라는 등식을 심어 점차 한국음악 사회의 판도 변화가 일본과 서양 쪽의 양악 음악회와 일본식 음악 교육으로 일반화되어 가고 있었다.

(3) 축음기 문화 형성

양악(서양음악)과 일악(일본음악)이 학교 교육과 사회 교육으로 사회적 기반을 형성하고 있는 과정에서 각종 서적 판매와 축음기(유성기)·음반 판매가 상업적으로 유통권을 형성하면서 일반화되어 가고 있었다.

이미, 1880년대 전반부에 통상 조약의 '해관 세칙海關稅則'에 따라 외국 물품들이 쏟아져 들어오고 있었다. 서양식 나팔과 자명금自鳴琴(Music Box, 또는 八音盒)과 각종 악기 등이 들어올 수 있었다. 1900년대 직전에는 악기·유성기留聲機(有聲機, 또는 蓄音機)류·서적 등을 취급하는 잡화상과 서적상, 그리고 1900년대 이후 애국계몽운동이 학교 설립과 각종 신문 발행으로 모아지면서 인쇄소들이 속속 창업되어 양악과 일악의 일반화가 꾸준하게 확대되어 갔다〈그림 81, 82〉 참고).

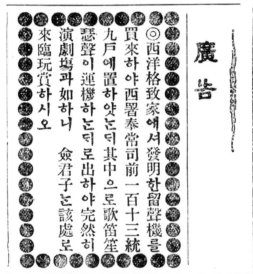

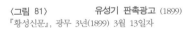

〈그림 81〉　　　　유성기 판촉광고 (1899)　　　　〈그림 82〉서적상의 축음기 광고
『황성신문』, 광무 3년(1899) 3월 13일자　　　　　　『만세보』, 1906년 4월 25일자

〈그림 81〉의 "서양 격치가에서 발명한 유성기를 매래하야 서서 봉상시 전 113통 9호에 치하얏난대 기중으로 가적생금성이 운기하난 대로 출하야 완연히 연극장과 여하니 검군자난 해처로 래림완상하시오"라는 그 당시 어투는 요즈음으로 고치면 "서양 과학계가 발명한 유성기(축음기)를 구입해서 서부 봉상시 앞 113통 9호에 진열하였는데, 그 소리 가운데는 노랫소리, 젓대소리, 생황소리, 거문고 같은 소리들이 기계가 움직이는 대로 들려서 완전하게 연극장과 같으니 여러 신사들은 이곳으로 왕림하여 구경하시오"와 같다. 서양음악을 우리식으로 이해하기 위하여 '가적생금성'이라 한 것으로 보아 이미 1900년 직전에 우리 나라에 서양음악으로 취입한 음반이 유통하고 있음을 말한다.

〈그림 82〉의 경우는 〈그림 81〉의 광고가 나온 뒤 7년이 지난 뒤였다. 전국의 관공립학교에서 '오르간'(풍금)에 맞춰 노래하는 창가 모습이 일반화되어 가던 시기에 나온 광고이다. 토오쿄오에 본사를 둔 조선 지사의 '일한서적'은 도서출판을 겸하면서 각종 창가 교재와 함께 '학교용 음악기 오르간'과 '강성축음기' 등을 판매하고 있었다.

그러나 근대 전기 제4기를 고비로 국내에 진출한 일본 자본들은 판촉을 활성화하기 위하여 새로운 판매 전략으로 나섰다. 즉, 이들 외국 자본들이 대한제국에서 유통 구조를 형성하기 위하여 끌어들인 수법은 한국의 유명 전통음악인들을 음반에 취입케 하여 상업화시키면서 점차 독점적으로 장악하는 수법이다. 다음, 『만세보』1907년 3월 19일자 광고가 그것으로, 일본 토오쿄오東京에 본점을 두고 전국에 지점을 둔 삼광당三光堂이 조선에 쯔지야 수입상을 앞세워 한국에 진출하면서 악공 한인오韓寅五와 관기 최홍매崔紅梅와 그리고 이름을 밝히지 않은 수명을 일본으로 불러 음반을 제작하여 판매에 나섰던 것이다〈그림 83〉 참고, 광고 문안의 밑줄은 필자).

근고謹告(삼가 알림 - 필자)

폐점은 일본에서 축음기(유성기) 판매하기를 남보담 처음으로 하여 토오쿄오東京긴자銀座 일정목 3번지에 본점이 잇고 토오쿄오 아사쿠사淺草와 오오사카大阪 큐우슈우九州 하쿠타博多 · 북해도北海道 오타루小樽에 지점이 잇셔 광廣히 영업을 하엿사오니 일본에서난 물론 상하고 신사계셔 주문하여 주시는 이가 만코 일본에 계신 의화궁義和宮 전하께셔와 또 향래向來특사로 오셧든 이대신李大臣 각하계셔도 폐점에 주문하신 총영寵榮을 입엇사외다. 대저 축음기(유성기)난 가정 오락하난대 용用하고 또 일가 단란하난 락樂에도 중매仲媒가 되매 제일 필요한거슨 임의 대한국 상하의 일반 인허하신배오며 폐점이 향시向時에 대한大韓 악공 한인오韓寅五와 관기 최홍매崔紅梅와 기외 수명을 특별이 일본에 빙용聘用하야 평원반의 제반 음보音譜가 금회에 성취하엿삽고 점원 3명을 대한국 좌기한 곳에 파유하야 널니 귀국 상하가 일제히 주문하심을 밧겟사오니 이후에도 더욱 애고愛顧하심을 바라와 갑슬 염廉하게 하고 물품도 정량하게 할터이오니 검위 신사계셔 난 육속陸續 주문하심을 천만 간원懇願하옵나이다.

특약 대발매 기린표 맥주
경성 본정 3정목
한국총대리점 쯔지야 전화 636번

〈그림 83〉에서 주목할 사실은 축음기(유성기, 말하는 기계) 판매도 판매지만, 그 축음기 그림에 올려놓은 음반이 '평원반식'이라는 점이다. 이것은 대량 생산과 대량 소비의 유

통 구조를 형성하였음을 말하는 사건으로 음반 판매가 본격화했음을 말한다. 이 음반은 일본 오오사카大阪에서 녹음한 모반母盤을 미국 콜럼비아 본사에 가져가 복사한 상업음반이라는 점에서 이 시기 대량 생산－소비 구조가 구축되어 조선이 축음기와 음반 시장이 되었다. 특히, 『대한민보』 1909년 8월 4일자부터 잡화 수입상 쯔지야는 광고 문안 중 '축음기와 음보 각종'을 부각시킴으로써 축음기와 음보(음반) 구매력이 사회적 기반화가 되어가고 있음을 반증케 한다.

또 하나의 주목할 점은 연설회나 각종 모임에서 청중 동원을 목적으로 유성기(축음기)를 틀어줌으로써 음반의 사회화가 촉진된 점이다.[10]

그리고 일본 자본들은 경기 명창 한인호와 최홍매와 그밖의 조선 음악인들로 음반을 취입케 하여 이들을 앞장세우고 점차 양악과 일악의 음악 음반 역시 생산과 소비의 유통 구조를 수립하겠다는 판매전략으로 나선 점이다. 이 전략은 10년대 이후 맞아 떨어져 조선음악과 양악·일악이 동시에 활성화하지만, 조선총독부가 조선음악을 약체화시키려는 정책과 경제력에 기반을 둔 일본 음반 기술에 계속 종속적인 상황에 놓이는 그러한 판매 전략이라 볼 수 있다.

1908년 이후 미국 빅타Victor사, 1911년의 주식회사 일본축음기상회(닙보노홍, 1928년에 일본 콜럼비아로 개칭), 1920년에 일본의 일동축음기주식회사(NITTO)가 창업하여 20년대 중반부터 발매(Nitto Record)한 제비표 조선레코드판매, 1926년 합동축음기 주식회사에서 '비행기표 조선소리판'이란 이름의 판매 개시, 1927년 미국의 빅타Victor가 일본 현지에 '일본빅타주식회사'를 설립한 데 이어서 1928년 한국 음반을 녹음하기 시작한 것 등이 그것들이다.

일본의 경우는 1878년에 스코틀랜드 출신인 제임스 앨프레드 유잉James Alfred Ewing (1855~1935)이 포노그래프 공개화한 데 이어 1899년에 축음기를 수입하고 있었고, 1903년에 평원반 수입하면서 동시에 일본에 진출한 외국 상사들이 일본 가가쿠雅樂나 오교쿠謠曲 등은 물론 나가우타長唄나 코우타小唄 등을 녹음하였다. 1901년 일미日美 축음기蓄音機가 업무 확장 일환으로 1907년에 주식회사 일본 축음기 상회를 창립할 때가 되면

10_ 『만세보』, 1907년 5월 30일자, 『황성신문』 1908년 6월 26일자, 『대한민보』1909년 6월 19일자와 8월 24일자 등; 〈그림 84〉 참고.

일본은 본격적인 일본음악 음반 제작과 일본식 전축 생산을 산업화한 상태이기 때문에 조선에 진출하여 축음기 문화를 주도할 수 있었다. 이 기간 일본은 조선내에 축음기와 음반 제작 시설을 하지 않고 일본 현지에서 독점하고 있었다. 말하자면, 〈그림 83〉에 나오는 일본 토오쿄오의 삼광당三光堂은 축음기의 일본 국산화를 개척한 아사쿠사의 축음기 상점 이름이었다. 삼광당이 토오쿄오의 긴자에 진출한 이후 세 사람이 1907년에

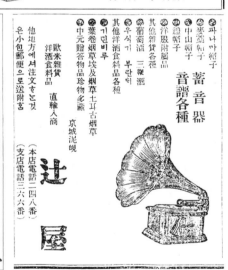

〈그림 83〉
쯔지야 수입상의 한국 판촉 광고들

	1
2	3

1 『만세보』 1907년 3월 19일~4월 4일자
2 『만세보』 1907년 4월 14일~4월 25일자
3 『대한민보』 1909년 8월 4일자 이후

〈그림 84〉 각종 모임에 청중 동원 목적으로 이용한 축음기(1909)
이 그림은 『대한민보』 1909년 9월 1일자에 나온다. 유세장에 청중을 끌어들이기 위하여 축음기가 동원되었음을 한눈에 알 수 있다. 이 그림은 친일 단체 '국시유세단(國是遊說團)'이 순회 연설을 기획하였지만 청중이 모여들지 않기 때문에 유성기(축음기)를 동원 하여 도 사람들이 귀보다 오히려 친일 냄새 난다고 코를 막고 피하는 모습을 그렸다. "유세(遊說)가 유성(有聲)인가, 유성(有聲)이 유세(遊說)인가, 듣는 이들은 어찌하여 코를 막고 물러가는가"라 하여 당시 국권 회복의 시대 정신을 바탕으로 친일 단체들의 행각을 비판하고 나섰다.

설립한 회사가 다름아닌 '일미 축음기 제조회사'였다. 그 삼광당이 조선에 진출하여 축음기 판매에 나섰던 것이고, 판매를 촉진하기 위하여 미국이 일본에서 했던 것처럼 쯔지야 수입상을 앞세워 악공 한인오韓寅五와 관기 최홍매崔紅梅, 그리고 이름을 밝히지 않은 수명을 일본으로 불러 음반으로 제작하였던 것이고, 그 판촉 광고를 『만세보』 1907년 3월 19일자부터 게재하였던 것이다. 따라서, 조선음악인들에 대한 녹음은 조선음악의 보존이나 활성화가 아니라 일본이나 미국의 음반 시장 구축 일환이었으며, 양악과 일악의 확산에 그 목적이 있었다.

(4) 전통 음악 공간

일본 음반 회사나 조선에 외국 자본을 끌어들인 수입상들이 앞다투어 축음기를 소개하거나 조선의 음악인들을 음반 취입하여 조선을 시장화하거나, 1902년에 민악인들을 중심으로 정부조차 협률사를 대내외에 전문예술단으로 내세울 만큼, 또 국권회복운동을 전개하고 있는 시대적 상황에서 민족 현실을 외면한다며 비판을 받고 각종 전통

예술단들이 명멸하거나 마지막으로 운영 자본이 영세성을 면치 못하여 명멸을 거듭하면서도 오뚝이처럼 다시 설립하는 분야로서 그만큼이나 대중들의 호흡 속에서 발전을 거듭하고 있는 분야가 전통 예술 공연 분야이었다. 특히, 전통 음악 분야는 이 기간의 시대적 요청에 부응하며 끊임없이 근대성을 모색하고 있었다. 무대의 상설화와 매니지먼트로서의 독자적 운영 체계, 그리고 전문예술가들이 자기 이름을 실명으로 내세울 정도로(광고) 전통예술인들의 신분 해방성의 확고함이나 '입장권'을 지정처에 두고 판매하는 자본주의의 예술경제적 관행, 궁중예악이나 굿 등 전문 문화 예술에서 무대화로 프로그램을 개발함에 따라 민간화와 대중화, 그리고 예술화를 모색하는 발전적 형태, 끝으로 외국의 무대 예술들을 참조하여 자신들을 급변의 시대적 상황에 맞추어 나가는 모습에서 그 근대성을 찾아볼 수 있었다.

1899년 아현 지역의 사설 극장, 1900년 용산무동연희장, 1902년 관립극장이랄 수 있는 신문新門내의 협률사 등의 개관에 이어 제4기 기간인 1907년에 들어서 사동寺洞에 연흥사演興社・광무대光武臺・동구洞口내의 단성사團成社・서서西署 야주현夜珠峴에 창립한 관인구락부官人俱樂部 등이 창립되었다. 1908년에는 협률사가 원각사圓覺社로 개칭되었고,

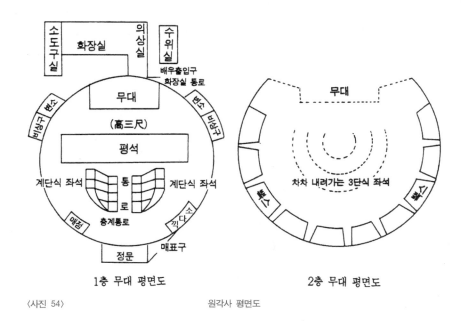

〈사진 54〉 　　　　　　　　　　원각사 평면도

〈그림 85〉　　　　광무대 무대(1907)

무대 주변이 화려함을 보여 준다. 만국기가 무대와 객석 주변에 걸
려 있음과 무대 정면의 백포장 사이에 백열등의 빛을 받으며 장구를
앞에 두고 정재 복장으로 출연한 여인의 모습이 그러하다. 중절모자
의 신사, 여인네들과 학동들의 모습에서 그 면면들을 엿볼 수 있다.
당시, 정재 춤을 전문으로 하는 기생이 인기를 끌었다. 음악사적으
로 주목할 사실은 광무대나 원각사 등의 공연 노래 작품들이 이 시
기에 '잡가(雜歌)'로서 자리잡았다는 사실이다. 즉, 이 시기의 잡가는
3패 기생들이 부르는 잡된 노래라는 평가절하식 공연 종목이 아니었
다. 이 시기의 '잡가'란 '단가·판소리·타령·잡가·가사·시조' 등
전통 성악곡 전부를 지칭할 뿐 아니라 20세기에 들어와 일반화되어
간 '창가'나 '엔카(演歌·艶歌)'조차도 포함한 대중가요까지 모두 포
함하였다. 이 분야의 각종 잡가집 이름으로 출간한 서적들이 이를
반증한다. 따라서, 한국 근대의 대중가요도 전통음악인들이 내재적
으로 발전시킨 장르이었고, 이들에 의하여 근대적인 음악이 착실하
게 준비되어 갔음을 확인할 수 있다.

〈사진 55〉　　　　　　　　　　　　　　　　　광무대 출연진

광무대 출연진들의 이 낡은 사진은 당시의 역사를 복원시키는 데 몇 안 되는 사진 중 하나로서 아주 중요하다. 중앙 앞열에 검무 정
재 복장으로 앉은 여인들. 그 좌측으로 두 여인의 승무 복장이나, 바로 뒷열의 판소리 가객들의 복장, 오른쪽에 서 있는 풍물패, 맨
뒤쪽으로 이동과 삼동 무동을 탄 모습, 앞쪽 왼편으로 태평소를 든 기악연주가들로 보아 각종 정재와 승무, 풍물과 무동놀이, 판소리
와 그 밖의 연주형태들이 중심 분야임을 알 수 있는 것이 그것이다.

동구洞口 내에 장안사長安社 · 음악사音樂社 · 단흥사團興社 등의 무대 종합 예술단 겸 극장이 설립되었다. 그 밖에 1906년에 인천의 송림동 뒤에 산지도감山地都監이나, 1907년 서울의 중서中署 사동寺洞의 장윤식 집에 연희루나 동문東門 안에 있는 건기 철도 회사 부속 활동 사진소내의 연극장, 1908년 원산의 연희대, 같은 해 서울의 경성유녀조합과 1909년의 한성창기조합 창립과 조양구락부 발기, 1910년 서울에 경성고등 연예관이나 남부 명동에 철도연희장 등의 공연장이 속속 개관될 정도로 전통 종합 예술단의 활동이 활성화 되었다.

1902년에 준공한 협률사는 지금의 신문로 1가 58번지 일대에 지은 극장으로 벽돌조와 목조 구조로 지하와 지상 2층, 그리고 옥탑이 곁들여진 건물이었다. 1906년에 비판에 몰려 일시 문을 닫은 적이 있지만, 1908년에 내부를 개수하고 사설 극장 원각사란 이름으로 다시 개장하여 1914년 불로 소실될 때까지 우리 나라 공연예술 전문공연장으로 장안의 이목이 집중된 곳이었다. 〈사진 54〉와 〈그림 85〉는 원각사의 평면도 그리고 광무대의 극장 내부 그림들이다.

제4기에 설립된 예술 단체는 모든 무대예술가들을 망라한 종합예술단이어서, 그 공연 종목도 음악 · 무용 · 극(창극과 탈춤 등)을 종합하고 음악에서도 '잡가'가 전통 성악곡을 모두 망라한 장르 이름으로 부각하였으며 기악 독주와 합주 · 만담 등은 물론 '창가'도 수용하여 불려졌다.

먼저, 각종 무대예술단의 구성과 공연 종목, 그리고 기생조합의 구성을 보면서 알아보기로 하자〈표 56, 57〉 참고).

〈표 56, 57〉을 종합하면, 각 극장에 매인 무대 전문 예술인이나 기생조합에 속해 있으면서 각 극장에 매인 기생 출신들이 한성(서울) 및 각 지방이나 일본의 각 극장에 출연하거나 순회 공연 또는 초청 공연으로 전래의 성악 · 기악 전분야와 춤, 연행 등을 발전시켜 활성화하고 있었다.

한편, 전래의 모든 성악곡과 새로 창작한 성악곡 그리고 일본식 창가나 일본 유행 가요들을 포함하여 '잡가'라는 명칭으로 통일시키며 '대중적 노래' 혹은 '대중가요'로 폭발적인 인기를 끌면서 자리 잡아 갔다. 잡가雜歌의 잡雜은 순純의 반대 개념이나 여기에서는 '전통적인 노래와 새로운 노래 그리고 외국곡까지 포함한 모든 노래'를 가리키고 있었다. 이것은 광무대의 공연 종목에서도 확인할 수 있고, 또 동문 안에 있는 전기 철도 회사 부속 활동사진소내의 연극장에 있는 광무대의 관련 기사[11]를 보아도 그러하다.

> 광무대라 명칭하고 前記한 재인(김창환, 송만갑을 가리킴, 『만세보, 5월 21일자 – 필자) 등으로 연예를 始開하얏난대 재작야 하오 8시붓터 개장하야 활동진 수회를 연희한 후에 <u>춘향가 중 수회를 연극하난대 재인 등의 唱歌와 기예</u>가 천연적 진경을 畵出하거니와 12세녀 연화난 上卅의 형모와 환출하고 11세녀 계화난 춘향이가 재생한 듯 백반비환한 상태를 모출할뿐더러 唱歌, 彈琴, 僧舞가 무비절묘하야 가히 가무장리에 제1등을 점거할거시라. 1동1정이 관람자의 갈채를 공하며 傀儡가 환출할 시간에난 <u>유성기로 歌曲을 송주</u>하니 春香傳은 전래하난 특별한 행적이나 단 <u>唱優가 唱歌로 敷衍하고</u> 其眞像을 未睹(아직 못 봄 – 필자)함이 慨歎(개연히 탄식함 – 필자)하난바이러니 수에 其活畫를 快睹하니…재인 등의 기예가 타국에 讓頭(지위를 남에게 넘겨줌 – 필자)치 아니하겠난지라. 관람한 성황을 약기하야 찬양하난 一辭를 附陳하노라.   밑줄은 필자

광무대는 창극 춘향가뿐만 아니라 가야금이나 거문고 연주와 승무는 물론 창가唱歌를 불렀을 뿐만 아니라 이미 음반으로 「춘향전」이 제작되어 관객들에게 들려주고 있었음을 확인케 한다. 그리고 1908년에 나온 『대동풍아』(김교헌 편집으로 이미 『가곡원류歌曲源流』 영향을 받고 있다)의 '가곡'과 '시조'를 구가舊歌란 이름의 잡가雜歌로 묶어 부르고 있었다. 현행 모든 성악곡을 '잡가'란 이름으로 통일시켜 나갔음은 1915년의 『무쌍신구잡가無雙新舊雜歌』·『증보신구잡가增補新舊雜歌』·『고금잡가편古今雜歌篇』과 1916년의 『특별대증보신구잡가特別大增補新舊雜歌』·『현행일선잡가現行日鮮雜歌』 등 모두가 '잡가'란 이름으로 출판한 사실에서도 확인할 수 있다.

이처럼, 조선 전래의 음악과 춤, 그리고 각종 연행 종목들과 새롭게 발전 시킨 창작품들을 여러 예술단이 각종 극장을 통하여 비약적인 발전을 도모하였음은 물론 창가唱歌나 일본 작품조차 무대화하여 청중들을 다변화시키고 있었다.

11_ 『만세보』, 1907년 5월 13일자.

명칭	구성	공연종목	출전
광무대 (光武臺; 1907년 東門전기 철도회사 부속 활동 사진소 부설 연극장)	임원 : 이상필 · 곽한승 · 곽한영 교사 : 金昌煥 · 宋萬甲 · 朴春載 한성준 · 김봉업 · 김인호 · 이동안 · 이형순 · 紅挑 · 寶貝 · 방울 · 금행 · 남행 · 행화 · 연옥 등, 唱歌女 : 蓮花 · 桂花(11세)	경서도소리, 재담, 줄타기, 상사별곡, 별춘면곡, 고상사별곡, 고상사곡, 추 풍감별곡, 수양산가, 양양가, 처사가, 죽지가, 백구사, 어부사, 관산융마, 회심곡, 황계사 노처녀가, 과부가, 봉황곡, 화류사, 석춘사, 규수상사곡,	『무쌍신구잡가』 경성 : 유일서관, 1915.
	향산록, 가진영변가, 가진개타령, 가진담바귀타령, 농부가, 신제농부가, 홍 타령, 경복궁타령, 날개타령, 유산가, 별적벽가, 제비가, 소춘향가, 집장가, 십장가, 형장가, 별선유가, 가진박물가, 별수심가, 평양수심가, 신제이팔청춘 가, 길군악, 원부사, 화류가, 사미인곡, 배다라기, 맹꽁이타령, 굼보타령, 성 주푸리, 맹인덕담가, 새타령, 바위타령, 토끼화상, 소상팔경, 사친가, 초한가, 사시풍경가, 악양루가, 단가별곡, 강호별곡, 몽유가짝타령, 륙자백이, 산염불, 신제산염불, 아리랑타령, 방아타령, 자진방아타령, 난봉가, 자진난봉가, 판 염불, 압산타령, 뒤산타령, 자진산타령 우조 : 초중대엽, 이중대엽, 삼중대엽, 초수수엽, 이수수엽, 삼수수엽, 삼회 계면 : 조중대엽, 이중대엽, 삼중대엽, 초수수엽, 이수수엽, 삼수수엽 우평조 : 장수대엽, 중수대엽, 촉수대엽, 쇠주대엽 계평료 : 장수대엽, 중수대엽, 촉 수대엽, 우롱, 계롱, 얼롱, 우락, 계락, 언락, 편락편수엽, 편대, 장진주, 권 주가, 파연곡 등 '잡가'	『만세보』, 1907. 5.15일자
관인구락부 (1907년 前협률사 에 설립)	발기인 : 趙南益 · 金鎔齊 · 徐廷岳 출연자 : 궁내부 행수기생 桂玉 　　　　태의원 행수기생 蓮花 　　　　상의사 행수기생 錦花 　　　　竹葉 · 桂仙	평양랑탕패, 환등, 창부, 땅재주, 승 무, 검무, 가인전목단, 선유락, 항장 무, 포구락, 무고, 향응영무, 복춤, 사자무, 학무	『대한매일신보』, 1907.12.24일자
연흥사 (1908년 寺洞에 설립)	총무 朴完根, 감독 연흥사 측 宋鍾五 감독 시동상화실 측 金明完 · 韓昌 植 · 山月 · 月色 · 蓮心 · 柳色 · 紅兆 감독하고 상화실 측 高桂天 金舜澤 · 琛蓮 · 娟蓮 기타 창부 金昌龍	무동, 예기창, 평양패, 춘향가 등 배 비장타령 화용도 무동, 풍악 활동사진과 고등기생의 검무	『황성』, 1908. 7. 9 『대한매일신보』, 1909. 3.23 『대매』, 1908. 5. 6. 『대매』, 1908. 5.10. 『대매』, 1910. 6.17.
원각사 (1908년에 협률사에서 개칭)	주인 : 愼台節 단원 : 金昌煥 · 宋萬甲 · 朴基洪 　　　李東伯 · 丁貞烈 · 廉德俊 　　　金昌龍 · 金楚香 · 李花中仙 　　　申錦紅 · 朴錄珠 · 金秋月 　　　韓成俊 등 270여 명	연극 춘향곡, 심청가 연극 수궁가 창극 정감사타령 (최병두타령) 각항 정재	『대매』, 1909. 3.13. 『대매』, 1909.11.26. 『대매』, 1909.10. 7. 『횡성』, 1910. 2.22
	1910년 5월 11일에 일본 오오사카(大阪)에 살고 있는 朝日山四郎과 大阪 神戶 · 京都 · 名古屋 · 東京 등 순회공연할 당시 계약한 기생과 악공 명단 : 金香雲 · 金梨花 · 盧採玉 · 劉桂玉 · 金桂月 · 金桂香 　　　趙玉仙 · 鄭山玉 등 기생 8명과 악공 金永基 · 姜在興 　　　李聖昌 · 馬聖雲 · 李桂完 · 韓光雲 등 6명과 기타 9명		「隆熙 二年 妓生 及娼妓=關スル 書類綴」警務甲 種 記錄 第二八 號, 1,135쪽 이후

	1910년 5월 24일 경시청에서 개성순회공연 허가증이 나온 명단 기생 蓮紅・蓮心・香花・鳳心・菊姬・蘭紅・眞香惠蘭・春外春		위의 서류철, 1,150~1,155쪽.
단성사 (1907년)	1908년 7월 자선연주회 출연진 <u>시동 예기</u>로서 강진・월색 연심・류색・홍도・경패・옥엽 채경・해주・목단・벽도・도화 운향・비취・농옥・매화・진홍 금홍・난주・화선・명옥・연련 월출・농선・월회・죽엽・계심 계화・취월・도화・농주・행화 옥향・봉회・이화・농월・등38인 <u>하교 예기</u>로서 옥령・옥진 난주・녹주・홍매・항심・화향 향란・채경・금홍 등 10인	주악, 창부 연합 각항 연예 預妓 각항 연예, 舞童, 랑탕패 연예	『대한매일신보』, 1908. 6.30. 『대한매일신보』, 1908. 7. 3.
조양구락부 (1909.12.29 발기. 경성도동)	소장 : 韓錫辰 교과감독 : 함재소 가악부 교사장 하순일, 가악교사 : 신경선・장덕근・이영환 춤 교사 : 이병문・함화진 음악부 교사장 : 김경남 휘금(徽琴)교사 : 고익상 현금교사 : 이병문・조이순 가야금교사 : 김진석・이병문 양금교사 : 백용진・김현주 풍금교사 : 김인식 1911년에 조선정악전습소로 발전	舊歌로서 男唱과 女唱의 우조와 계면조 및 가사 구악으로 현금・가야금 양금・생황・단소 등, 新樂으로 풍금・사현금 악리 한성기생조합원 중 기생을 선발하여 교습 후에 茶洞組合을 운영 1914년에 大正券番으로 개칭	『대한민보』, 1910. 1.20.일자 『대한민보』, 1910. 1.50 일자

『황성』은 『황성신문』, 『대매』는 『대한매일신보』

〈표 57〉　　　　　　　　　경성유녀조합(1908)과 한성창기조합(1909)의 구성

명칭	구성		출전
경성유녀조합 1908. 6. 5 청원서 제출	발기인 총대 : 金明完 발기인 : 김명완・최명석・홍흥석・김중화・김순택・강명식 　　　　이순서・정운주・유치학・김순원・변흥준・김정규 　　　　김한용・강대성・김흥근・김석현・최문식・안일성 　　　　차수항・오중근・김명원・이홍식・고계천・주순민 　　　　김명중・김순원・이종현・이순필・최호석・김향모 　　　　김명석・서백순・송명복・한순향・한성칠・김태산 　　　　최한규・최용식・황흥준・백남훈・김덕삼 등 기생들 : 학희・향난・화연・금화・화봉・화월・육섬・금선・ 　　　　취향・옥진・취연・쇼홍・운선・산월・연월・금향・ 　　　　홍매・채희・화용・화향・행화・난희・농주・봉희・ 　　　　비연・유묵・화선・연연・금주・도화・계선・행희・		「隆熙 二年 妓生及唱妓 =關スル書類綴」 警務甲鍾 記錄 第二八號, 0958~ 0971쪽.

	연향·월계·묵향·경옥·연옥·해옥·농선·명패· 봉선·이화·혜란·초선·운향·점홍·부용·채련· 이화·영월·난월·산호주·산옥·앵화·벽도·난홍· 매향·설도·향운·옥회·초운·산홍·해운·월향· 향심·진향·능파·목란·금회·금홍·보엽·연홍· 계향·명주·초월·옥엽·연화·륙엽·채란·도홍· 난주·경월·계옥·유색·계화·혜옥·홍연·농옥 등	
한성창기조합 1909. 8.20 총회	취체역 : 韓蓮心(시곡 상화실) 상담역 : 金明完 부취체 : 朴玉珍(하교 상화실)·高春玉(서부 酒商) 　　　　유옥향(중부 주상)·김창원(남부 주상) 　　　　이계향(동부 주상) 평의원 : 李桂花(중부 상화실)·金羅州(남부 락동) 　　　　피사동(중부 주상)·황향란(서부 용산상화실) 　　　　김향심(하교 상화실)·이옥엽(시곡 상화실) 　　　　김난주(동부 주상)·이나주(서부 주상) 　　　　류강진(남부 주상)·김성천(서부 용산상화실) 통역 : 李春吉　　　　　서기 : 孟浩俊 가입창기수 : 362명	위의 서류철, 0979쪽

2) 일본 통감부의 통제

사립학교나 일반 사회에서 '창가'와 '음악'이란 용어가 비록 음악 교과목 이름이나 노래와 기악 일반을 대신하는 용어일지라도 그것은 국권회복운동의 성격을 드러내고 있었으므로 대한제국의 학부나 통감부는 이를 통제하기 시작하였다. 또한, 내재적으로 근대화시키며 활발하게 발전하고 있었던 조선음악계 역시 통감부 통제를 받고 있었다. 다음 〈표 58〉이 그것이다.

〈표 58〉과 같이 일제 통감부와 그 지배 체제에 편입한 학부는 창가 노래들과 각종 예술단과 공연장을 통치적 차원에서 통제하고 있었다. 여기에는 1908년 8월 13일 내각 고시 제4호에 의한 '저작권법'과 통감부령 제28호의 '한국저작권령 시행 규칙', 또 같은 해 8월 28일 「학부령」 제16호의 '교과용도서 검정규정' 등 법적 장치가 이를 뒷받침하고 있었다. 이미 일제는 일본인 학정참여관 미쯔치 츄우조오三土忠造(1871~1948) 밑에 '교과서 편찬위원회'를 두고 각급학교 교과서 편찬 작업을 착수하면서 각종 법령으로 규제하고 있었다. "과격한 문자를 용하여 자주독립을 설하고 한국 현상을 파괴하려는 정신을 고취하는 자"나 "한국에 고유한 언어 풍습을 유지하고 외국을 모방함이 불가하다고 설하여 배외사상을 고취하는 자"나 "비분한 문자로 최근 한국사를 서술하는 자" 그

리고 "배일사상을 고취하여 한·일 양국에 친교를 저해하려는 자"나 "편협한 애국심을 도발하여 자제를 오誤케 할 려慮가 유有한 자" 등은 교과서 검정에 저촉되는 자일 뿐만 아니라 체제 도전으로 여기고 있었다.

〈표 58〉을 보면 일제 통감부는 시간을 거듭할수록 노래를 노골적으로 탄압하고 있었다. 일제 통감부는 먼저 전국에 걸쳐 동요나 창가 등 노래 실태를 조사하고, 이어서 「정신가」나 「동포경성가」 등 국권 회복을 노래하는 창가 금지나 교과서 발매 금지와 반포 금지 또는 압수(1910년 4월 이성식의 『중등 창가』와 이기종의 『악전교과서』 등)하였으며, 통제가 용이한 창가의 통일 교재를 기획하고 있었다. 일제에게 조선의 노래들은 악질적인 육군대신이자 제3대 조선 통감으로 1910년 8월 조선을 강제로 병합한 테라우치 마사타케寺內正毅 (1852~1919)가 조선총독부 초대 총독 자격으로 1911년 7월 1일 각도 장관회의 석상에서 사립학교 단속을 촉구하는 시정연설처럼 '독립을 고취하고 일본제국을 반대하는 불량 창가이자 위험한 노래'들이었지만, 대한제국으로 보아서는 국권을 회복하려는 노래들이었다.

〈표 58〉   통감부·학부의 노래·극장 통제 밑줄은 필자, 시기는 게재 일자

시기	내용	출전
1905	경향 官·私立 학교에서 경절(慶節)운동시에 애국가와 운동가가 일치하지 못함으로 學部에서 일치할 가곡을 신제 반포한다더라.	『황성신문』
1907. 4.26	校歌一致 : 학부에서 각 학교의 唱歌를 동일케 하기 위하야 애국가 1편을 신제 하얏난데 각교의 학원 기인씩(幾人式)총대로 선발하야 작일 해부(該部) 대청에서 회집하고 신제가를 이습케 하얏다더라.	『만세보』
1908. 6.18	가요詳報 : 학부에서 각관공립보통학교교장에게 통지하되 통속 교육상에 참고하기 위하여 지방 유행의 이언(俚諺) 신보과 동요 등을 사찰(査察)할 필요가 유(有)하니	『대한매일』
1909. 7. 2.	校歌단속 : 학부대신 이재곤(李載崑) 씨가 각 관찰 도·부·군(道府郡)으로 훈령하기를 현금 사립학교에서 용(用)하난 창가 중 가사에 불온당한 자가 불소(不少)한 바 취중(就中) 정신가(精神歌) 및 동포경성가(同胞警醒歌) 등은 기 최심(最甚)한 者인데 시 등(是等)을 청년학도에게 창(唱)케 함은 교육상 심부타당(甚不妥當)하니 전칙(轉飭) 각 학교하야 차등(此等) 가사는 일체 금지하라 하얏더니라.	『대한민보』
1910. 1. 9.	지방 각 사립학교에서 편술하는 불량의 창가를 물시(勿施, 해온 일을 무효로 함 - 필자)케 한다 함은 누보(累報, 여러 번 보도함 - 필자)한 바어니와 교육에 관하여 보통 창가를 학부에서 목하 편술 중이라 하더라	『황성신문』

1910. 3.17.	학부에서는 각 관공립 사립학교의 <u>창가</u>가 통일되지 못할 뿐 아니라 과격한 격동적 언사가 다(多)하다 하여 근일에 <u>신창가집</u>(新唱歌集)을 편찬 중인데 제1집은 내4월경에 출간되리라 하더라.	『황성신문』
1910. 4.20.	「창가」 압수 : 평양인 이성식 씨가 저작한 「중등창가」는 허가를 受치 아니하고 출판하였다 하여 내부에서 발매 반포를 금지하고 잉(仍)히 압수하였다더라.	『대한매일신보』
1910. 4.24.	「樂曲」 압수 : 이기종 씨가 저작한 「악전교과서」는 허가가 無히 출판하였다 하여 내부에서 발매 반포를 금지하고 잉(仍)히 압수하였다더라.	『대한매일신보』
1910. 7.27.	謠戱當禁 : 경시총감부 경시 이헌규 씨난 재작야에 사동 연흥사를 시찰하고 상풍패속(傷風敗俗)의 연극은 일체 금지하였다더라.	『대한매일신보』
1911.11. 7.	사립학교 중에는 唱歌 그 밖의 것에 있어서 독립을 고취하거나 또 帝國에 반항을 장려하는 것과 같은 것을 사용하는 데가 있다. 이것들은 물론 허용하지 않는 일이니 취체상(取締上) 가장 주의가 필요하다. 만약 조선이 소년에게 여사(如斯)한 사상을 양성한다면 어떠한 결과를 초래할지는 조선인 스스로가 깊이 반성하지 않으면 안된다. 가령 독립을 외치고 그래서 드디어 일본에 반항할 수 있다고 가정하자, 그 결과 조선인이 과연 행복을 증진할 수 있을가, 일본은 실력으로서 이를 진압할 것이고, 이 때문에 하등의 고통을 느낄 것이 없어도, 오직 조선인만이 불이익을 받을 것이다.	조선교육문제 管見 31쪽.

한편, 제4기 기간 동안 일제 통감부의 통제로 우리 음악이 식민지 위기를 맞이하는 여러 가지 직제 개편 항목에 대해서는 앞의 근대 전기 제4기(상)에서 제도 개편 항목을 참고하기 바란다.

2. 민족음악으로서의 국권회복운동

1) 음악 사회 비판

제4기에 전래의 조선음악 공간을 비롯하여 학교·교회·극장·회관·호텔·주한 외교 공관 등을 중심으로 전통음악의 새로운 발전과 창가·찬미가 등의 양악 등 복잡한 양상으로 음악 문화가 새로운 수용 계층이나 대중들을 중심으로 형성하자 당대의 시대정신이었던 국권회복운동 차원에서 음악의 사회적 기능에 대한 비평 행위가 각 분야별로 전개되었다. 또한 전통음악을 발전시키고 양악을 비판적으로 수용하려는 민간 학교의 설립이나 민족 현실에 부응하려는 창극운동은 물론 전국에 걸쳐 국권 회복의 노래·음악운동이 전개된 것이 이 시기의 특징이었다.

첫째는 각급 학교에서 부르고 있는 창가 가사를 한자투에서 누구나 알 수 있는 '속어'로 바꾸고, 또한 전국에 있는 민요(諸俚雜歌 등)에다 노래 가사 바꿔 부르기(노가바)하여야 누구나 쉽게 부를 수 있을 것이라는 음악의 사회적 기능과 방법에 대한 방향 제시를 하고 있는 점이다. 후자의 경우는 노래가 풍속을 좌우하여 민심을 나타냄으로 영웅의 활달한 기상이나 지사의 강개한 마음을 표현하자는 '가곡개량안'도 나왔다. 예컨대, "자부시오 자부시오 이 술 한잔 자부시오"라는 「권주가」에다 "문명발달 자유주" 등으로 고쳐 넣자는 식의 구체안이다. 이러한 비평적 논의는 『대한매일신보』 1908년 4월 10일자 금혜琴兮의 「가곡 개량의 의견」이라는 글과 같은 신문 1908년 7월 11일자 논설 「논 학교용가論學校用歌」 그리고 『대한매일신보』가 연재한 사조詞藻란, 『태극학보』 23호(1908. 7) 아양자의 글과 24호(1908년 8월)의 글, 『서부학회월보』 제16호(1909.10)의 춘몽자의 글과 제17호의 항요라는 글과 제19호(1910. 1)의 양산도 10편의 개작 등에서 구체화시킨 이 시대의 줄기찬 개작운동이었다.

두 번째는 협률사나 원각사 등이 각종 극장을 통하여 엄청난 인기를 모아가지만, 국권회복운동을 외면하고 음악 활동만을 전개하여 국민 풍속을 해치고 있기 때문에 이를 폐쇄하거나 개량하자는 끊임없는 비판에 부딪쳤다. 더욱이 이는 1908년 친일파가 여론 조작을 목적으로 다시 창립한 원각사였기 때문에서도 더 그러했다.

협률사난 … 예기를 초선하여 창우랄 모집하야 소위 춘향가 화용도타령을 백반 연극으로 완희玩戱를 정하야 금전을 모취謨取하야…매일 풍악이 굉천轟天하며 염기艶妓가 여월如月하며 창부가 여운如雲하야 일장一場 풍류진을 설함이 연소자제들이 심지가 요양謠揚하고 이목이 활홀하야 황금을 불석弗惜하고 청춘을 허송하야 가산창잔은 상의물론하고 만사영위가 종차소마從此消磨하기로 기부其父 기형其兄의 개탄분한하난 성聲이 만성에 비등함이 이야二也오.[12]

소설과 희대戱臺가 풍속에 유관 : 일국의 풍속을 개량코저할진대 근세의 열람하난 소설과 근일에 연극하난 희대를 필선必先 개량이니 하자何者오…고로 태서열방에난 소설이 논술과 희대의 연극이 대영웅 대현인의 경천동지敬天動地한 사업과 촬영이 활동하고 연역이 설명하

<hr>

[12] 『대한매일신보』, 1906년 3월 8일자.

야 국민의 사상을 고취하고 국민의 의기를 발양하야 족히 문명 자유의 전제가 될바어날…고
로 풍속을 개량코저 할진대 소설과 희대를 필선 개량이라 하노라.[13]

창극을 비롯하여 전통음악을 발전시키기 위한 공연장의 모든 작품이 국민의 풍속과
유관하기 때문에 국민의 사상과 의기를 고취 발양하여야 한다는 비판은 1906년 이후의
모든 신문과 학회지에 전개되는 비판이었다. 따라서, 원각사의 1908년 11월 15일에 올
려진 봉건 사회의 구조를 비판한 「최병두 타령」은 결코 우연히 나온 작품이 아니라
그 시대가 개량한 작품이 아닐 수 없다.

세 번째는 국권 회복의 사회적 비판 정신에 힘입어 음악인들이 민족 현실에 참여하
여 「최병두 타령」처럼 음악 창작 무대를 기획하거나, 조선음악을 체계화시키려고 양악
이론을 비판적으로 수용하거나 또는 민간 전문 음악 교육 기관을 설립(조양구락부–조선정
악전습소)하거나, 전국의 기생들이 고아원 돕기 자선공연을 꾸준하게 전개하거나, 일제가
통제하는 사회를 비판하는 주장을 펼칠 정도였던 사실들이 제4기의 흐름이기도 하다.

먼저, 조선음악을 체계적으로 교육하고 양악을 수용하려는 민간 교육 기관이 '조양
구락부'란 이름으로 설립되는데, 이들이 결의한 내용[14]이 그것이다.

1. 우리 나라 여러 왕조 시대의 임금이 지으신 가곡과 어질고 밝은 이의 지혜가 조화를
   이룬 사조를 고치고 그 음율을 익혀 높고 귀하신 성덕과 공열을 전국 인민이 오래도록
   전하여 그 근본을 잊지 않게 하기 위하여.
1. 시기에 적당한 애국가와 민간에 떠도는 노래를 수입하여 국가의 보통 가곡을 만들어
   학교로부터 민간에까지 보급하기 위하여.
1. 친척과 가족간에 정있고 은혜하는 마음과 의리와 도덕으로 서로 즐거워함이 가득깃든
   가요를 만들어 전국 민족이 집집마다 보통가로 남녀는 물론하고 언제나 서로 부르게
   하기 위하여.
1. 나라간의 교제와 귀빈 접대에 화락하고 여유 있는 예곡을 만들어 남녀는 물론하고 사

13_ 『대한매일신보』, 1910년 7월 20일자.
14_ 『대한민보』, 1910년 1월 18일자.

람마다 배우고 익혀 공사연에 응용케 하기 위하여.

1. 나라 안에 학문이 있게 하고 저 요숙한 부인으로 가악 및 무기舞技를 가르치고 익히게 하여 황국의 큰 연회에도 나아가게 하기 위하여.

1. 서양 악기를 구입하기 위하여.

1. 가보歌譜와 악보를 수집 편찬하기 위하여.

또, 양악 이론을 빌려 음악의 사회적 효용성을 제창하며 음악을 통한 국권 회복의 기상을 전개하는 비평적인 글도 쏟아져 나온다. 유전劉銓의 「음악의 효능」, 『대한흥학보』 제2호(동경대한흥학회 사무소, 1909) 중 27~29쪽 글이 그것이다.

고래로 아국이 문치를 숭상하며 공맹을 모양하야 구설예악口設禮樂하되 언실불부言實不符하여 전국에 악기 악서가 절핍하매 음악이라 하면 날날이 · 징 · 깽갈이 등으로 인認하며, 창가라 하면 시조 · 알으랑타령 · 영변가류로 지知하고 하등사회의 소위오, 상류인사의 학습할 바 아니라 하여 배척불이排斥不伊하니 어찌 개탄 할 바 아니라오.

현세에 유행하는 음악 곡조는 2자가 유有하니, 일은 마이죠어 씨(Major장조 것 - 필자) 곡조 오, 이는 민이오어 씨(Minor단조 것 - 필자) 곡조라.… 이상 양 곡조중에 일은 문명 열강에서 보통 사용하느니 차此(이 - 필자) 곡조는 人의 용기와 활동력을 양성하고, 이는 자고로 망국에서 많이 사용하던 곡조인대 人의 창감愴感(슬픈 느낌 - 필자)과 비애심을 발생케 하는 고로 금일 음악계 사용함을 불허하느니라. …아국도 음악을 시조 란란이로 오해하여 하등 사회의 소위하고 배척치 말고 문명 열방의 유행하는 악기 악서를 수입하며 고대 성현의 사용하던 악기 악전을 참작 교수하여 동포의 애국심과 활동력을 감발하여 북미합중국과 여如히 국세國勢를 만회하며 사상을 고상히 함을 희망하노라.

동경 유학생 유전의 「음악의 효능」이란 글은 이미 앞서 나온 일본 근대 음악 교육의 대부인 이자와 슈우지伊澤修二(1851~1917)의 「장단 두 음계 관계長短二音階の關係」[15]-를 참조한

15_ 『洋樂事始』(東京 : 平凡社, 1971), 106~109쪽.

글일 뿐만 아니라 음계로 문화 성격을 구분하여 장조 중심의 국가주의를 지향하려 한 이자와의 글을 그대로 모방한 점에서 한계가 있었지만, 미국식의 서양음악을 비판적으로 수용하여 우리 음악을 긍정적으로 인식하고 발전시키자는 비평 활동은 주목받기에 충분하다.

한편, 기생들도 "한국을 융성케 하자면 교육을 발달시키고 군대를 조직해야 한다"라는 주장이야말로 당시 일제에 의하여 군대 해산을 당한 직후에 나온 주장이어서 누구나 국권 회복이 민족 현실에 있어 당면 과제이었음을 반증케 하였다.

> 기생정염 : 대구군에서 기생 등이 조합소를 설립하고 김명계 씨를 연빙하야 일어를 연구하며 매 토요일에 토론회를 개開하난대 거去28일은 한국을 융성케 하자면 흥학興學과 양병養兵에 하자何者를 선先할고 하난 문제를 성盛히 교음嬌音을 발하야 토론을 시試하난 사事가 당국에 입문入聞되매 경찰서에서 즉시 차此를 해산키 위하야 기생 일동을 해該 서署에 인치하야 엄히 계근戒筋하되 부녀자가 치치致治를 얼론하난 것은 부절婦節을 문란케 함이라고 ○○해송解送하였다더라.[16]

끝으로 교회의 국가 관계에 대한 역할을 비판하며 지난 시기처럼 교회가 국권 회복에 앞장서야 함을 주장한다. 특히, 정교분리에 관한 미북장로교 선교부와 감리교 선교사 헐버트B. Hulbert간의 갈등이 1906년 첨예화되었다. 이미, 장로교공회의회는 1901년 9월에 정교분리의 원칙을 세운 바 있다.

1. 우리 목사들은 대한나라 일과 정부 일과 관원 일에 대하여 도무지 그 일에 간섭하지 아니 하기를 작정할 것이오.
1. 대한국과 우리 나라들과 서로 약조가 있는데 그 약조대로 정사를 받으되 교회 일과 나라 일은 같은 일 아니라 또 우리가 교우를 가르치기를 교회가 나라 일 보는 회가 아니오 또한 나라 일은 간섭한 일도 아니오.
1. 교회는 성신에 붙친 교회요 나라 일 보는 교회 아닌데 예배당이나 교회 학당이나 교회

16_ 『대한매일신보』, 1910년 5월 31일자.

일을 위하여 쓸 집이오, 나라 일 의론하는 집은 아니오. 그 집에서 나라 일 공론하러 모일 것도 아니오. 또한 누구던지 교인이 되어서 다른 데서 공론하지 못할 나라 일을 목사의 사랑에서 더욱 못할 것이오.[17]

이 결의문이 정교분리의 원칙을 제시한 것이라면 1906년 헐버트가 *The Korea Review* 6~9월호에 다음과 같은 논지로 이를 반박한다.

민중과 관련된 모든 것이 정치적이다. 한 나라의 종교는 정치에 대해서 뚜렷한 관계를 가진다. 서민의 모든 행동이 정치적 행위요, 사람은 로빈슨 크루소 같은 자가 됨으로써만 정치로부터 빠져 나갈 수 있다. …교회와 국가는 나눌 수 있으나 도덕과 청결, 정직과 정의, 애국심과 그리스도교에 의해서…앙양되는 기타 자질들, 이것들과 국가를 나눌 수는 없다.[18]

교회의 정치 간섭 금지와 국가 권력에 복종만을 주장하는 듯한 선교부(미북장로교)는 기실 1905년 미국과 일본 사이에 맺은 카츠라-태프트 밀약을 계기로 지금까지 민족교회로서 민족적 찬미가나 교회 계통의 민족창가들을 만들어 조선대중들을 이끌었던 지도력이 통감부의 통제와 함께 점차 사라지는 데 한몫을 한다.

1905년 윤치호가 역술(번역)하고 광학서관에서 펴낸 『찬미가』에 지금까지 민족인들이 합의하며 자생적으로 만든 「우리 황상 폐하」·「숭자신손 천만년은」·「동해물과 백두산이」 등 민족찬미가가 게재된 바 있었지만, 그 이후에 나온 선교부 중심의 찬미가집이나 찬송가집부터는 누락되었고, 그 대신 미국 찬송 중심이었다는 점에서도 헐버트의 비판은 값진 비판이었다. 민족적인 한국 찬송가의 발전이 이처럼 선교부의 정교분리의 원칙 제시와 선교부의 선교 교회와 민족 교회의 분리로 말미암아 제동이 걸리면서 또 일제하를 거치면서 풀어야 할 과제로 남겨졌으며, 80년대에 들어와서야 토착화와 상황선교 관점에서 재론할 정도로 선교부는 깊은 자욱을 남겼다.[19]

17_ 「장로회공의회 일기」, 『그리스도신문』, 1901년 10월 3일자를 인용한 김흥수, 「교회와 국가관계에 대한 미북장교 선교부와 헐버트와의 갈등」, 『한국기독교사연구』 제22호(서울 : 한국기독교사연구회, 1988), 21쪽에서 재인용.
18_ 위의 논문 22~23쪽에서 헐버트의 글 재인용.

〈사진 56〉　　　　　　　　　　평양 장대현교회에서 길선주 목사(1907)

평양 장대현교회를 배경으로 한복차림(↑표시)한 길선주(吉善宙, 1869~1935) 목사. 33인이자 한국교회 큰 목사이었던 길목사는 서도민요 「수심가」 곡조에다 「추풍석음가」라는 기독교 신앙가사로 불러야 한다는 방향을 잡은 분이다.

19_ 한국에서 민족찬미가운동은 지금까지 줄기찬 운동의 하나였다. 한국교회음악사에서 가사로서 예수가 나의 그리스도임을 신앙 고백하고 이러한 신앙 고백을 기존 찬미가나 민요 또는 민족적 형식으로 창작하려한 모든 민족찬미가운동의 계기는 19세기의 천주가사부터 시작되었다. 개신교에서는 독립협회와 만민공동회를 통한 노래운동에서부터 구체화되었다. 이 운동들은 20세기에 들어와서도 한국교회의 지속적인 과제로 전개되었다. 『그리스도신문』 1901년 5월 2일자에 "곡조를 여러 가지로 변하여도 관계치 아니하니 제 나라 곡조를 좇아서 하는 것이 또한 관계치 않소. 기쁜 마음과 진실한 뜻으로 하면 하나님 아버지께서 반가히 받으시리라. 대한 형제의 지은 노래 하나를 써서 알게 하노니 여러 교우들은 찬성시 곡조를 아지 못하거든 혹 자기 나라 곡조 잘 하시오"와 같이 '자기 나라 곡조에 신앙 고백'하려고 하였던 사회적 합의성이 있었으며, 이 줄기는 1912년 10월 8일자 『예수회 회보』에 길선주(吉善宙, 1869~1935) 목사가 청북 수심가 곡조에 「추풍석음가(秋風惜陰歌)」 가사를 지어 노가바한 경우에도 확인할 수 있고, 또 1940년 때까지 김인식·이상준·김형준 등의 민족찬송가운동에서도 확인할 수 있다. 『매일신보』 1941년 11월 17일자에 김형준 고백에서 반증할 수 있듯이, 일반 목사들이 "오정이나 놀이터에서나 부르는 곡"이라고 비판받으면서도 이들이 "기독교인들이 서투르게 부르는 구미식 찬송가보다는 차라리 동일한 의미의 가사에 조선식 곡을 도입"시켜 갔던 것이다. 이 분야의 논문으로 홍민자, 「천주 가사의 교회음악적 의의」, 『최석우 신부 화갑 기념 한국교회사논총』(서울 : 한국교회사연구소, 1975), 311~324쪽; 최필선, 「초기한국 가톨릭교회의 민족교회음악」, 『음악과 민족』 제4호(부산 : 민족음악연구소, 1992), 61~87쪽; 홍정수, 「노래에 맞추어 지어진 찬송가 가사」, 『長神論壇』 제9집(서울 : 장로회 신학대학교 출판부, 1993), 546~568쪽이 있다.

2) 노래운동

통감부가 통치적 차원에서 통제하려 하였던 소위 '불량 창가'는 다름아닌 국권을 회
복하려는 노래들이었다. 일본에게 '위험한 창가'이었던 그 노래들은 '민족 정신을 강고
하게 하는 노래이자 동포를 일깨우는 노래'이었으며, '독립을 고취하고 일제에 항거하
는 노래'들이었다. 노래가 이 시기에 비약적으로 발전할 수 있었던 것은 기독교 선교와
교육에 힘입었거나 국권을 상실하는 시대적 상황에서 온 민중이 일체감을 갖고 일본과
맞서는 일체감의 요구 때문이기도 하다. 이 기간 중에 선교사와 악대원들은 음악 교사
로 부각될 수가 있었다. 중요한 사실은 노래가 국권회복운동의 본격적인 양식으로 부
각되었다는 점이다. 즉, 국권회복운동의 양대 산맥인 항일의병투쟁과 계몽운동에서 움
직일 수 없는 표현 양식으로 '노래운동'이 전개되었다는 점이다.

(1) 항일의병노래

의병노래란 1900년대 전반기에 일제 침략자들을 반대하며 투쟁한 의병들의 노래를
말한다. 그 노래들은 민중들을 계몽하여 독립을 고취하려는 실력양성가에 있었던 것이
아니다. 의병들이 창작하고 불렀던 이 노래들은 반일투쟁의 현실적인 양식으로 자리잡
고 있었다. 항일의병전쟁이 초기에는 양반유생들이 애국심에 호소하여 의병부대를 조
직함으로써 의병투쟁 역할을 한 것은 사실이지만, 일본의 침략 행위와는 맞설 수 없었
던 점에 한계가 있었던 데 비하여, 1907년 군대가 강제 해산을 당하여 각 지방의 군인
들이 봉기하면서 이들이 가지고 있던 신식무기 제공으로 새로운 전술과 전투력을 갖추
게 되자 민중세력과 함께 본격적인 의병전쟁으로 전환할 수가 있었다. 즉, 신식무기와
함께 노래는 '군가식 의병투쟁가'로 전환하여 일본 제국주의와 가열찬 전쟁을 펼 수
있었다는 말이다. 따라서, 많은 「의병가」가 이들의 처절한 항일 현장에 살아 있는 민족
의 노래로 만들어졌다.[20]

20_ 〈표 59〉 참고. 다음 〈표 59〉의 출전은 다음과 같다. 「의병격중가」, 『독립군 가곡집, 광복의 메아리』(서울
: 독립군보존회, 1982), 38쪽; 「의병창의가」, 위의 책, 39쪽; 「의병대가」, 『조선음악사』 1하(학부용) 박우
영, 평양: 예술교육출판사, 1985, 20~21쪽; 「의병가」, 위의 책, 22쪽; 「신태식 창의가」, 趙東一, 「開化·救
國期의 愛國詩歌」, 앞의 책, 167~170쪽; 「기좌창의군행소 창의가」, 위의 책, 같은 곳; 「○○○」(용병가),

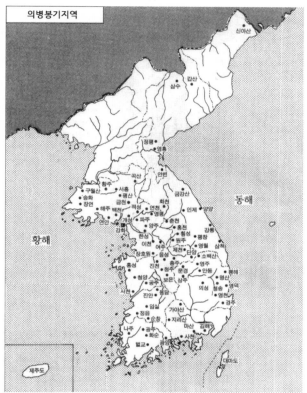

〈그림 86〉　　　　　　　　　　　의병봉기지역과 의병들
1905년 을사조약 체결이 되면서 일제침략에 반대하는 의병투쟁이 전국 각 지역에서 격화되었다. 민영환은 자결하고 국민들은 위 지도처럼 대표적인 전국 각지에서 스스로 의병을 일으켜 투쟁하였다. 1895년 제1차 의병투쟁에 이어 1905~1907년간에 의병투쟁이 절정에 이른다. 아래 사진의 의병들 사진 속에는 소년들도 있다. 의병투쟁은 1910년 이후 만주 등지에서 항일투쟁으로 나아간다.

　　　『도산본 창가집』, 17쪽; 곡명 미상의 「○○○」는 가사 내용이 용병의 노래를 다루고 있기 때문에 필자가 가칭으로 '용병가'로 붙였다. 「봉기가」, 『독립군 가곡집, 광복의 메아리』, 앞의 책, 46쪽.

「격중가橄衆歌」가 의병민중들의 결의를 다지고 뜻을 모으는 의병가라면, 「창의가倡義歌」는 국난을 당해 의병을 일으키는 의병가이다. 「의병격중가」와 「의병창의가」는 가사가 "구름같이 모여들고, 창의소로 돌아오라, 팔도에 의병낫네"와 궐기하는 의병들의 초기 작품으로 보이지만, "의병들아 일어나서 왜놈들을 좇아내고"(격중가 3절)와 "왜적 퇴치 연후에야 보국 안민 하여보세"(창의가 1절)와 같이 일제 침략자들에 대한 반일투쟁을 분명하게 하고 있다. 그리고 나라를 보존하고 민중이 편안하기 위해서라면 먼저 '왜적 퇴치' 투쟁을 하자라고 노래함으로써 국권회복운동의 방법론에서선 투쟁의 선후先後 문제를 분명하게 하고 있다. 더욱이, 이 노래는 민요로 되어 있어서 가사뿐만 아니라 그 형식에 있어서도 민중들의 오랜 정서를 반영하고 있었다. 「의병창의가」가 동학전쟁시 부른 「새야 새야 파랑새야」 가락에 얹은 '노가바'라면, 「의병격중가」는 '쇼오카唱歌'와 같은 음계로 구성되어 있으면서도 '쇼오카식'이 아니다. 그 이유는 그 장단이 2박자류의 '쇼오카'가 아니고 3박자류(12/8)의 조선민중의 역사적인 음향 재료를 충실하게 따르고 있기 때문이다. 이 경우를 생각하더라도 일본의 강압적인 '쇼오카唱歌' 음악 교육을 받을지라도 상당 기간 동화되지 않고 우리 나라 삶의 정서로 노래운동을 전개하였음을 반증하고 있었다.

〈표 59〉 항일의병의 노래들

곡명	가사
1. 의병격중가	1. 추풍이 소슬하니 영웅의 득의시라/장사가 없을소냐 구름같이 모여든다 　어화 우리 장사들아 격중가나 불러보세 2. 한양성중 바라보니 원수놈이 왜놈이요/원수놈이 간신이라 삼천리 우리강산 　오백년 우리종사 무너지면 어찌할까 3. 의병들아 일어나서 왜놈들을 좇아내고/간신들을 타살하여 우리금상 봉안하고 　우리 백성 보전하여 태평세월 맞이하세 4. 어화우리 장사들아 원수들을 쳐물리고/삼각산이 숫돌되고 한강수 띄되도록 　즐기고 노래하세 우리 대한 만만세라
2. 의병창의가	1. 오라오라 돌아오라 창의소로 돌아오라/만일 여기 오지 않고 왜적에게 굴복하여 　불행히도 죽게되면 황천으로 돌아가서/무슨면목 가지고서 선황선조 뵈올소냐 　세상이 이러하니 팔도에 의병낫네/무슨일 먼저할까 란신적자 목을 잘라 　왜적퇴치 연후에야 보국안민 하여보세
3. 의병대가	1. 오련발 탄환에는 군물이 돌고/화성대 구심에는 내굴이 돈다 　(후렴) 에헹야 에헹야 에헹에헹 에헤요/왜적 군대가 막 스러진다 2. 괴택이 원성책 중대장님은/산고개 싸움에서 승리하였고(후렴)

	3. 도상리 김치갱 김도감님은/군량도감으로 당선됐다네(후렴) 4. 홍대장 가는 길에는 일월이 명랑한데/왜적군대 가는 길에는 눈과 비가 내린다(") 5. 왜적놈이 게다짝을 물에 버리고/동래부산 넘어가는 날은 언제나 될까(후렴)
4. 의병가	1. 바람이 준다네 바람이 아니로구나/일만병장 군사들의 한숨이로세 2. 비가 온다네 비가 아니로구나/왜놈병장 군사들의 눈물이로세 3. 소나기 운다네 소나기 아니로구나/의병장군 홍범도의 호령소릴세 4. 번개가 친다네 번개가 아니로구나/우리 의병장군들의 창검빛일세
5. 신태식 창의가	어화세상 사람들아 검세형편 드러보소/이태조 창업하사 오백여년 나려올제 오천년 요순지치 이천년 공부자도/인의예지 법을 삼아 삼강오륜 분명허다/(중략) 불행할사 을사조약 오적어 농간이다/천지도 허맹허고 일월도 무강하다 국가가 요란헌대 창생인덜 편할소냐/누백년 양반종사 리씨은우 위안인가 (중략) 이천만 우리동포 아연이 잇단말가/군률을 당치말고 하루밧비 출두허소 (중략) 미시말 신시초의 천지가 뒤눕는다/속새포 기관포난 탄환리 빗발리요 천보대 거라대난 소래가 벽역이라/화약연기 안개되여 동서를 난분일내 사오일 지나도록 성패를 불분헌니/칠십여전 싸운후에 적병이 태진허내 군사를 수섭허니 총마진재 칠팔디라/적병을 수업허니 슈백명 사망이라(중략) 일본대장 장삼낭이 호달마 놉피타고/칼춤추고 더러울제 양양자득 하난구나 장부으 울분지심 참얼 수가 전혀 업다/노새를 자바타고 만군중의 나러갈 재 개갓탄 외적덜라 천시를 모르나냐/문경 사난 신대장이 너 잡으로 애 왓노라 일각이 채 되여 적장머리 벼혀덜고/본진어로 도라오니 날리 이미 황혼이라(하략)
6. 기좌창의군 행소 창의가	대한 광무 갑오년에 왜적이 침범하야/옛 법을 모다 고쳐 개화하기 시작했네 관제도 모다 고쳐 의복도 모다 고쳐/이래저래 몇 년 만에 인심은 산란하고/(하략)
7. ○○○(용병가)	1. 대한국의 용병 나가자/뎌원슈 뎌강도시랑들/네부모 쳐즈와 네강토/다 강탈힛네 　(후렴) 대한국의 용병/잡아총 압흐로 갓/뎌 원슈 뎌 강도 견쥬고/탕탕 쏘아라 2. 뎌 강산 초목의 슮혼 빗/네 부모 쳐즈의 울음을/웨 보고 듯고도 셧느냐/ 　발니 나가자 (후렴) 3. 셔산에 걸친 뎌 힛빗슨/네 용밍 보려고 셧스며/동편에 가을달 붉은 빗/ 　널 환영ㅎ네 (후렴) 4. 온 세샹 력수에 네 일홈/슈노아 단장을 잘ㅎ며/이천만 너희의 동포들/ 　만세 부른다 (후렴)
8. 봉기가	1. 이천만 동포야 일어나거라/일어나서 총을 메고 칼을 잡아라 　잃었던 내조국과 너의 자유를/원수의 손에서 피로 찾아라 2. 한산의 우로받은 송백까지도/무덤속 누어있는 혼령까지도 　노소를 막론하고 남이 나여나/어린아의 까지라도 일어나거라 3. 끓는피로 청산을 고루 적시고/흘린피로 강수를 붉게하여라 　섬나라 원수들을 쓸어버리고/평화의 종소리가 울릴때까지

　「의병대가」와 「의병가」 역시 두 가지 특징, 곧 "왜적 군대가 막 쓰러진다, 왜놈 병장 군사들의 눈물이로세"와 같이 반일의병투쟁 현실을 반영하고 있는 데다, 「의병대가」와 같은 경우는 함경도의 애원성의 특징을 담은 민요조로 의병들의 불타는 투쟁심을 다지고 있다.

「신태식 창의가」는 '경북 문경 출신 신태식(1894~1932) 작품으로 그는 향반 유생 출신'이었다가 1907년부터 의병투쟁에 나선 의병장이었다. 그는 2천만 동포에게 일어설 것을 호소하면서 자신은 일본과 '칠십여 전 싸움' 끝에 '적장 머리를 베어 버릴' 정도로 일본을 분명하게 적으로 삼고 노래하였다. 이 가사는 가사만 있을지라도 '한 장단 4음보'로 되어 있어 민요에다 얹어 부른 '노가바'이거나 즉흥적으로 노래 부를 의도로 창작한 작품일 것으로 보인다. 「기좌창의군행소幾左倡義軍行所 창의가倡義歌」도 「신태식 창의가」처럼 1907년 작품임을 밝히고 있는데, 일본군이 입수한 일역을 다시 국역한 「의병가」이다.[21]

「용병가」는 저 원수, 저 강도인 일본이 우리 부모와 처자와 이 땅을 강탈하여 그 피울음을 직접 '보고, 듣고' 체험했으니 우리 대한국의 용병들은 일본을 향하여 총으로 '탕탕 쏘아' 역사에 나섬으로써 '2천만 동포들이 만세'부르며 전진하자는 노래였다. 의병 항쟁은 '실력양성론'으로 맞선 것이 아니라 '총'으로 싸우면서 일본제국주의의 침략성을 드러내고 있었다. 「용병가」가 찬송가의 '노가바'인 것으로 보아 작사자는 개신교 출신인 의병인 듯하다. 그것은 이 노래가 실린 창가집에 '137 찬송가 곡조'라고 표기하여 놓았기 때문이다. '137 찬송가 곡조'란 『찬송가』제137장을 가리킨다. 곧, 목사 출신인 존 하트 스탁톤John Hart Stockton(1813~1877)이 작곡한 찬송 「구주의 십자가 보혈로(원제 : Down at the cross where my Saviour died)」에 얹은 「용병가」였다.

『찬송가』는 조선에 있는 미국 장로교와 감리교 선교부 대표들이 1905년 9월에 모여 '재한복음주의 선교부 통합공의회(The General Council of Evangelical Missions in Korea)'를 조직한 직후에 그 산하에 '통합공의회 합동 찬송가 위원회'가 조직, 그 연합 사업의 결실로 1908년에 발행한 찬송가이다.

21_ 趙東一,「開化・救國期의 愛國詩歌」, 임형택・최원식 편, 『한국근대문학사론』(서울 : 한길사, 1982), 167쪽에서 인용.

〈악보 39〉　　　　　　　　　　　　무궁화가

보통으로 ♩ = 84

승 자 신 손 천 만 년 은 우 ― 리 황 실 이 오

산 고 수 려 동 반 도 는 우 ― 리 본 국 일 세

후렴

무 궁 화 ― 삼 천 ― 리 화 려 ― 강 ― 산

대 한 사 람 대 한 으 로 길 ― 이 보 전 하 세

항일 의병 전쟁은 1908년에서 2년간 절정에 이르다가 대규모로 동원된 일본군의 '남한 대토벌 작전'에 밀려 점차 유격전으로 전환하기도 하였다. 1915년 이후는 만주와 연해 주 등으로 이동하여 '독립군'으로 전환한 이들의 발걸음과 가슴 속에 의병가는 독립가 로 항일 혼불을 태우고 있었다.

(2) 계몽운동노래

계몽운동노래란 말할 나위 없이 민족적 위기 상황에서 우리 나라가 실력을 양성하는 근대화가 추진되어야만 국권회복을 할 수 있다고 보아 이를 노래로 드러낸 노래운동을 말한다. '계몽운동노래'라 말하고 '계몽창가'라고 말하지 않은 것은 일본식 창가 형식만 있었던 것이 아니기 때문이다. 또, '애국계몽노래'라고 하지 않은 것도 이 시기의 노래 가 '애국주의와 국가주의'를 반영한 노래만 있었던 것이 아니라 한국음악 역사의 끊임 없는 과제였던 인간화된 사회를 구현하려 한 반봉건성을 실천적으로 일깨운 노래도 큰 축을 이루기 때문이다.

이 시기, 계몽운동노래가 항일의병투쟁과는 달리 제국주의의 침략성과 정면 대결의 노래로 펼치지 못한 한계가 있었으나, 노래운동을 특정 지역에 펼친 것이 아니라 전국적으로 확산하여 민족 현실을 노래로 나타냈다는 점에서 커다란 공헌을 하였다. 이 시기의 노래운동은 가사에 있어서 우리 나라의 역사적인 두 가지 과제, 곧 반봉건성을 떨치고 인간화된 사회를 반영하는 노래 가사와 외세로 나타난 일본에 대하여 반일 민족 현실을 뚜렷하게 드러내고 있었다. 그리고 이 시기 전국에 세워진 사립학교와 야학들을 통하여 실력을 양성하여 국권을 회복하려는 계몽운동의 전개로 애국주의와 국가주의를 고취하는 가사가 크게 반영되어 있었다. 즉, 반봉건성을 드러내고 반침략을 고취함으로써 애국적인 국가 현실을 노래한 가사가 이 시기 노래운동의 가사 특징이었다. 이 가사 특징은 '음·악'에서 '악'에 해당하는 아이디어의 세계를 이룬다. 결코, '음·악'에서 '음과 악'은 분리할 수 있는 것은 아니지만, '음'은 음향적 재료로 이루어 '악'의 아이디어를 반영하고 있고, '악'은 '음'의 구성에 변수로 작용하여 서로는 단단한 덩어리로 뭉쳐 있다.

이 시기, '음·악'에서 '음'에 해당하는 음향적 재료는 민요개작운동처럼 지난 시기 이래로 민중들의 역사적 정서가 반영된 민요와 여기에 바탕을 둔 새로운 민요 형식이 민족적 형식으로 나타나고 있었으며, 또 하나는 서양의 온음계(장, 단음계)와 일본 쇼오카唱歌의 근거인 요나누키ョナ抜き식 5음음계가 이들의 2박자류로 나타나고 있었다. 서양과 일본의 음향적 재료로 나타날 수밖에 없었던 두 가지 축은 교회를 통한 사립학교와 일본의 간섭하에 통제된 관·공·사립학교의 음악 교육으로 말미암은 것이다. 이로 인하여 가장 심대한 문제 야기는 이들의 2박자류에 의하여 한국 민중의 정서의 핵인 3박자류가 해체된다는 데 있었다. 만약, 한국민중들이 2박자류에 학습이 이루어져 의미 발생이 일어나면, 이것은 한국의 역사적인 3박자류가 먼저 해체되어 이로 인한 가락의 흐름이나 색채 감각이 무너지는 결과를 초래하기에 이른다. 그뿐 아니라 장단 해체에 따른 민요 시가의 전통 율격인 '한 장단 4음보'조차 해체하는 결과를 빚어낸다.[22]

22_ 국문학쪽에서는 전통적인 시가 형식을 기본음수율에서 '음보율'로 전환하여 오늘에 이른다. 이 분야는 조동일, 『한국 시가의 전통과 율격』(서울 : 한길사, 1982)에 의하여 비롯되었다. 즉, 시조의 율격을 자수로 보지 않고 호흡으로 접근하여 한 행을 4음보로 보았다. 탁월한 접근이었다. 더욱이, 전통적 율격을 파괴한 최남선이 일본 시가의 전통 율격인 7·5조로 모방되어 있음을 밝힌 것이나 한용운·김소월·김영랑이 3음보격을 계승한 것을 밝힌 것 등이 그것이다. 그러나 조동일의 접근은 글자수의 호흡으로 접근한 것이지 시조의 장단이나 민요 장단으로 접근한 것은 아니다. 우리 나라에서 모든 노래의 가사는 장단이 기본음수율뿐만 아니라 음보를 결정한다. 시조 장단과 분리하거나 민요 장단에 가사를 분할지라도 그것을

음향적 재료가 음계나 음높이·음길이·음의 강약·음빛깔 등과 이것의 형식적인 구성 원칙 전체가 음향적 재료의 덩어리라고 한다면, 정신이나 개념이나 감정 그리고 음향적 재료의 덩어리라고 한다면, 정신이나 개념이나 감정 그리고 음향적 재료를 완성하려는 태도 등은 아이디어 덩어리이다. 바로 이 아이디어 덩어리를 외화시킨 하나의 틀이 다름아닌 가사였다. 따라서, '음·악'은 음향적 재료 덩어리와 아이디어 덩어리로 뭉쳐진 구조적 덩어리이다. 이러한 구조적 덩어리가 한 문화권의 음악 감수성을 결정한다. 각각 민족문화권마다 그 덩어리의 요소들이 달라 왔지만, 가장 중요한 요소인 음계와 장단이 해체되면 다른 음악 요소도 가사의 율격도 해체되어 덩어리 자체가 와해된다. 따라서, 이 시기는 서양과 일본의 음향적 재료 덩어리를 시대적 상황에 따라 문화 접촉이 이루어졌을지라도 이것을 한국의 음향적 재료로 재통합하고, 한국의 역사적인 음향적 재료 자체가 중심적 축으로 형성시키는 기반 위에서 어떻게 '다양성'을 추구할 것이냐가 당대와 그 이후의 한국음악 역사상 최대의 과제로 부각되었다.[23]

한편, 계몽운동노래는 학교가 보급 원천으로 작용하고 있었기 때문에 청소년 학생들 속에서 널리 보급되면서, 이 시기 마지막에 백우용白禹鏞과 정사인鄭士仁과 김인식金仁湜이 비로소 부각되었다. 이 흐름은 이후 이상준李尙俊의 등장과 함께 10년대 음악 사회를 이루는 계기가 되었다.

'읽어 가는 호흡 방식'은 여전히 호흡과 관련한 '장단'에 있었다. 즉, 시조 장단을 고려치 않은 글자 율격이라 할지라도 그것을 읽는 한국인의 관습은 전통적인 '장단 호흡'으로 읽어(읊어) 간다는 말이다. 이것은 한국인들이 전통적으로 민악(民樂) 장단에 배어 있음을 증명한다. 3박자류 8분의 12박자 중 굿거리 장단 하나만 하더라도 한 장단을 음표로 규칙적으로 표기하면, "♪ ♪ ♪/♪ ♪ ♪/♪ ♪ ♪/♪ ♪ ♪"와 같다. 이 기본 장단 질서에 우리 나라 전래 노래의 글자수가 결정되기 때문에 4음보가 형성될 수가 있었다. 곧, 한 장단 4음보, 도는 1행 4음보이다. 이러한, 기본 축이 중심이 되어 8분의 6박자나 2박자류의 장단이 있듯이 그 음보 또한 다양하게 펼칠 수가 있을 것이다. 장단 자체가 기화(氣化)의 한국식 표현 방식이기 때문에 한국음악이 즉흥적일 수 있듯이, 이것의 발전이 반드시 자유시인 것은 아니다.

23_ 한국음악과 서양음악 그리고 일본음악 등의 외래음악과의 '접촉'에서 생기는 갈등은 우리 나라 근·현대 음악사의 가장 큰 특징 중의 하나이다. 이 문제에 주목하고 민족 형식을 끊임없이 창출하려 한 흐름으로 백우용·김인식·이상준 등의 '10년대 전후의 모색 시기'를 거쳐 30년대의 안기영과 김관 그리고 카프(KFPF)의 '적용 시기'에 이어 해방 공간에서 김순남과 이건우에 의하여 본격화가 이루어질 정도로 오랜 갈등의 세계였다. 이러한 역사성은 80년대 '제3세대'와 '민족음악 연구회' 등으로 이어졌고, 또 한반도 북쪽에서 지속적인 민족음악 구현의 핵으로 창출하며 역사화시키고 있다.

① 배움과 운동노래

이 시기 계몽운동노래는 크게 세분하면 배움·운동이 관련한 노래와 봉건 타파 그리고 일본의 침략성을 일깨운 노래이다. 그 결과, 이 세 부류는 모두 조선 – 대한제국의 애국주의와 국가주의를 목표로 하였기 때문에 '애국가적인 학도가·운동가·봉건타파가·친일비판과 항일가'가 이 시기를 대변하고 있으며, 그 중심은 '애국가'를 정점으로 하고 있었다.

배움과 운동노래는 학교 학생들의 노래로만 그치지 않고 사회 전체로 널리 부를 수 있었던 것은 말할 나위 없이 실력 양성을 통하여 국권을 회복하자는 시대적인 요청을 함께 하고 있었기 때문이다. 먼저, 배움·운동의 노래 중 널리 불려진 대표적인 노래를 알아보기로 한다〈표 60〉 참고〉.

1번의 「학도가」는 김인식金仁湜(1885~1962)의 첫 작품으로 나온 이래 1910년 이전의 '각종 창가집에 수록'됨으로써 널리 알려진 노래이다.[24]

24_ 다른 창가집이란 이미 통감부 학부에서 음악 교과 도서를 통제하기 때문에 출판이 되어 있으면서도 학부 인가를 받지 않고 통용되는 창가집을 말한다. 민간이 발행한 창가집은 1900년대 기간에 상당수가 있었다. 1908년 9월의 '교과용 도서 검정 규정'과 1909년 2월의 '출판법' 제정 전에는 학부 인가가 필요 없었을 뿐 아니라 규제법 제정 이후에도 비밀 창가집이 발행되고 있었기 때문이다. 『대한매일신보』, 광무 10년(1906) 6월 5일자와 6월 6일자 '광고'란에는 평양종로 대동서관(大同書館)에서 판매하고 있는 도서 목록을 소개하고 있었는데, 여기에는 『수신창가집(修身唱歌集)』과 『학교유희법』 그리고 『창가교수법(唱歌教授法)』이 있었다. 또, 1910년 4월에 내부고시 제32호와 38호에 의하여 압수당한 이성식의 『중등창가(中等唱歌)』와 이기종의 『악전교과서(樂典教科書)』말고도 그 직전에 학부 검정 신청을 한 창가집이 세 권이나 있었다. 또, 「애국가」·「권학가·학생가」·「대한혼」·「국기가」·「소년모험행진가」·「애국가」·「국가즉황실가」·「국가(주권인민)」·「감동가」·「운동가」·「석정가(惜情歌)」·「자유가(自由歌)」·「전진가」·「학생전진가」·「애국가」·「군대경축가」·「갑가(甲歌)」·「대한소년가」·「청년애국가」·「애국청년가」·「그리스도군병가」 등 22곡이 수록된 1909년의 『창가집』(이기재본)과 성자성손 천만년은·「동해물과 백두산이」·「동반구 아주(亞州)에 우리 대한은·우리 황상 폐하 등이 프린트로 수록한 한영서원(韓英書院) 발행의 『창가집』(백종섭본)도 있었다.
한편, 본 글에 인용한 〈악보 39〉의 「학도가」 외에 「권학가」가 수록된 『도산(島山)본 창가집』과 『윤주열본 창가집』도 있다. 전자의 창가집은 도산 안창호 선생의 장녀 안수산 여사가 1985년 3월 27일 독립기념관에 기증한 도산 유품 중 하나로 모두 24개의 노래(가사인쇄본, 앞에 8곡이 낙장되었음, 그 밖에 『대한매일신보』의 시사평론을 옮겨 놓았다)가 수록되어 있다. 이 창가집을 서울대 신용하 교수가 발굴하여 아주 짤막한 해제를 달아 「새 자료, 구한말 애국창가집」, 『한국학보』 제49집, 서울 : 일지사, 1987, 200~213쪽에 개재한 바 있다. 앞으로 인용은 『도산본 창가집』으로 한다. 그리고 후자의 창가집은 부산 동신(東新)국민학교를 정년퇴임한 윤주열(尹柱烈)이 1901년 발행의 『신정산술(新訂算術)』 1책을 당시 인쇄본 그대로 영인출간하였을 때(1985. 2) 그 영인본의 부록에 전해져 온 창가집 원본을 발췌개재하였고, 「학생가」·「권학가」·「학도가」와 그 밖의 제목 미상의 노래 한 곡 등 모두 네 곡이 그것이다. 이것으로 보아 학부 인가를 받지 않은 민간인 노래곡집은 상당수가 광범위하게 소통되고 있었다.

〈표 60〉 　　　　　　　　　　　　배움의 노래들

참고 : 음계1 - 요나누키 음계
　　　　음계2 - 서양5음음계

* 박자에서 1은 4분의 2박자, 2는 4분의 3박자, 3은 4분의 4박자

일련 번호	제목	가사	음계	박자	출전 기타
1	학도가	1. 학도야 학도야 뎌기 청산 바라보게 　　고목은 썩어지고 영목이 소싱하네 2. 동반구 대한에 우리 소년 동포들아 　　놀기를 됴아말고 학교로 나가보세 3. 고명한 션싱은 우리 학교 션싱이시니 　　깃부게 슈복ㅎ며 학문을 비화보세 4. 쇼년의 공부는 금은보석 싸하둠이니 　　쳐년을 간직ㅎ여 빅슈를 예비ㅎ세	2	2	김인식 작사 김인식 작곡 1905년작
2	학도가	1. 청산속에 뭇친 옥도/가라야만 광채나네 　　낙낙장송 큰 나무도/싹아야만 동량되네 2. 공부ㅎ는 청년더라/너의 직분 잇지마라 　　시벽달은 너머가고/동천조일 쎄초온다 3. 유신 문화 벽두초에/선도자의 책임 중(重)코 　　사회진보 기 씩암펴/개량된 자 의무크다 4. 농상공업 왕성ㅎ면/국태민안 여기 잇네 　　가급인족(家給人足) ㅎ고보면/국가부영 니 아닌가 5. 문명기초 어듸있노/학리연구 응용일식 　　실업과학 학습홈이/금일 시대 급선무라 6. 애(愛)ㅎ도다 우리 부형/엄ㅎ도다 우리 선생 　　부사(父師)교육 엄ㅎ온듸/학문불셩(不成) 홀가부냐	1	1	학부편찬 학도가 곡에 '노가바', 작사 · 작곡자 미상
3	학도가	1. 학도야 학도야 청년학도야/벽상의 괘종을 드러보시오 　　흔소리 두소리 가고 못 오니/인생의 백년 가기 주마갓도다 2. 동원춘산에 방초록음도/서풍추턴에 황엽쉽고나 　　제군은 쳐춘소년 자랑마시오/어언에 명경긱발 가셕ㅎ리라 3. 귀ㅎ고 귀ㅎ다가는 광음은/일분과 일각이 금천금일셰 　　문명에 됴흔 수업감당 ㅎ랴면/소년의 강장시가 맛당ㅎ도다 4. 학도야 학도야 싱각ㅎ여라/우리의 할 일이 그 무엇인가 　　자느씨느쉬지말고 학문넑혀서/됴흔사롬 되는것이 이것 아닌가	1	1	이상준 작사 학부편찬의 학도가 곡에 '노가바'
4	점진가 (점진학교 교가)	1. 참 기쁜 음성으로/노래하며/공부에 점진점진/향합시다 　　(후렴) 점진 점진/점진 기쁜 맘과/점진점진/점진 기쁜노래 　　각과를 전무하되/낙심말고/하겠다하세 우리/직무를 다 　　각과를 전무하되/낙심말고/하겠다하세 우리/직무를 다 2. 일초나 반초인들/방심할까/학문을 어서어서/배웁시다(후렴) 3. 용감한 정성으로/배양하야/시종이여 일하게/하여보세(후렴) 4. 근면한 생각으로/연구하야/일신코 월신하게/하여보세(후렴)	1	3	안창호 작사 1900년대작
5	권학가	1. 세월이 류슈굿하야 살과 갓치 가네/ 　　광음이 나를 위ㅎ여 지체키 만물셰 2. 오날날 흔번 보니면 쏘다시 못오네/ 　　금보다 귀한 세월을 착실히 앗기세	2	3	「무궁화가」와 한 곡됴 Auld Lang Syne

		3. 우리의 쳥년 시되는 삽시와 갓고나/ 긔회를 이 씩 일흐면 또엇기 어렵소 4. 싱존일경 졍흐는디 할 일이 만흔쥬/ 지식이 웃듬이로다 비와야 흐겟네 5. 고명한 학스되기는 씩에 잇고나/ 일각이 천금이로다 이 씩를 일치마오			
6	권학가	1. 歲月이 流水 갓흐야/샬갓치 지닉네/光陰이 나를 爲하야/ 지체키 만무울셰/지체키 만무울셰/지체키 만무울셰/ 光陰이 나를 爲흐야/지체키 만무울셰 2. 오날을 흔번 보닉면/또다시 못오네/金보다 貴한 歲月을/ 착실이 악기셰/착실이 악기셰/착실이 악기셰/ 金보다 貴한 歲月을/착실이 악기셰 3. 우리의 靑年時代는/삽시와 갓고나/期會를 잇딕 일흐면/ 또엇기 어렵소/또엇기 어렵소/또엇기 어렵소/ 期會를 잇딕 일흐면/또엇기 어렵소 4. 生存競爭흐는 中/할일리 만은 中/知識이 웃씀이로다/ 비와야 흐깃네/비와야 흐깃네/비와야 흐깃네/ 知識이 웃씀이로다/비와야 흐깃네 5. 高明한 學生되기는/잇 씩에 있구나/一刻이 千金이로다/ 잇 씩를 일치마오/잇 씩를 일치마오/잇 씩를 일치마오/ 一刻이 千金이로다/잇 씩를 일치마오	2	3	작사자 불명 윤주열본 Auld Lang Syne
7	배양력	가빈(家貧)에 스현처오 국난에 思良相이라 현처량상 업스니 가국빈는 엇지흐리 못죠록 학교룰 廣設흐여 人材養成	?	?	작사자 불명 1909. 1. 29. 『대매』
8	의국결 (醫國訣)	壹身에 병드러도 元氣調和 약쓰거든 萬機總察 져 皇室에 膏황病을 엇지흐나 아마도 그 병 고칠 神效方法 國民敎育	?	?	작사자 불명 1908. 12. 24. 『대매』
9	학생가	1. 나를 스랑흐고 기르시는니는/우리 父母先生 박긔업도다 敎育흐는 恩惠깁피 싱각흐니/學文닥글 마음 自然 싱기네 (후렴) 東西大地의 賢能後傑이/모도 學文으로 츳츠나오고 上下千載에 國家盛衰가/全혀 敎育上에 關係잇도다 2. 흔 學校드러 同學흐는 親舊/서로 스랑흐미 兄弟갓도다 모히는 곳마다 學問 議論흐고/有益흠으로서 서로 效흐셰(후) 3. 우리 人生 만일 學問업고보면/나무 禽獸에도 못 比흐리라 暖衣胞食흐는 靑年子弟들아/대를 일치말고 비울지어다(후) 4. 生存競爭흐는 이 時代에 나셔/힘슬거시 오작 敎育 쑌이니 우리 學生된 者 一層 奮發흐야/발고 빗는길노 먼져 나가셰 5. 어화 우리 人生 늘거 白首되면/혼즈 한탄흐는 無益흐리니 千金갓튼 時間虛送흐지말고/恒常熱心으로 學問 힘쓰셰 (후)	?	?	윤주열본 창가집

학부편찬→보통교육창가집, 『대매』→『대한매일신보』

김인식의 「학도가」는 1905년 평양에서 작곡된 것으로 알려졌다.[25]

이 노래는 모두 10절까지로써 세 가지 점에서 특기할 만하다. 하나는 김인식이 이후 연주와 창작과 교육 등에 걸쳐 양악과 전통음악에 전문인이 되어 20세기 전반부 악단을 주도하는 인물이 되기 때문에 그가 창작한 작품들이 악단과 음악 교육계에 영향을 미쳤다는 점이다. 이 점은 「학도가」가 작품으로서 비록 세련되지 못한 것이 사실이지만, 그의 첫 창작 행위의 결과라는 점에서 이 시대의 중요한 작품이다. 그리고 김인식 김인식이 열어 놓은 이러한 길은 동시대에 정사인鄭士仁과 이상준李尙俊을 더불어 음악 사회를 형성케 할 수 있었던 것도 지나칠 수 없는 점이다.

또 하나는 「학도가」가 지금까지 마지막 마디의 마침음이 계명으로 '레Re'로 끝난 악보밖에 전해지지 않아 단정하기는 어려우나, 서양음악 훈련을 한 사실로 미루어 10절의 가사를 계속 부르기 위한 조치인 듯하다. 즉, 1절이나 몇 절을 마치고 나면 '마침음'으로 돌아갈 수 있는 음표 처리가 이 악보에는 빠져 있다.

마지막 점은 일본의 요나누키 음계와 같은 우리 전래의 평조 음계 일부를 택하였을지라도 4분의 2박자나 4분의 4박자로 처리하였다면 '쇼오카唱歌'식으로 되었을 것이지만, 김인식은 4분의 3박으로 처리하여 쇼오카와 다른 창작 방식을 '앞당겨 실현'하였다는 점에서 그 특징이 있다〈악보 40〉 참고).

25_ 김인식의 「학도가」가 1905년이었음은 이유선(李宥善)과 이상만(李相萬) 두 선학의 공통된 지적이다. 한국근대음악사가 오늘날과 같이 학문적으로 정착하게 된 것도 두 선학들의 끊임없는 노력의 결과라고 해야 할 것이다. 비록, 그 내용이 양악 중심으로 되어 있을지라도 불모지나 다름없는 이 분야를 체계화시키려 했던 그 동안의 노력은 아마도 '처절한 노력' 그것이었다고 말해도 좋을 정도로 값진 것이었다. 그 결과, 이유선 교수의 『한국양악백년사(韓國洋樂百年史)』는 1976년에 나왔다. 이상만 선생은 아직 책자로 엮어지지 않았지만, 60년대부터 지속적인 관심을 가져왔다. 70년대 글로는 「음악개관」, 「문예총감」(서울 : 한국문화예술진흥원, 1876), 329~352쪽과 80년대의 글로는 「여명기의 한국음악가」, 『월간음악』, 1982년 4월호부터 10월호까지의 연재, 「한국의 서양음악(신음악)100년」, 『객석』, 1984년 3월호부터 7월호까지의 연재물 등이 있다. 장사훈(張師勛)의 세 편의 논문도 이 분야에 공헌하였음을 지나칠 수 없다. 앞의 책, 『여명의 동서음악』에서 인용한 바 있는 「한국 최초의 민간음악 교육기관」(14~78쪽). 「양악계의 여명기」(169~224쪽). 「애국가고」(225~234쪽) 등이 그것이다. 한편, 음악 교육 분야에서도 한국음악 교육사에 지대한 관심을 가지고 오늘에 이른다. 아직은 1880년대 이후의 양악 교육에 맞춘 한계가 있음에도 불구하고 이 분야의 민원득·정정식·유덕희 선생의 업적 또한 간과해서는 안 될 것이다. 특히, 1966년에 발표한 민원득閔元得 교수의 「개화기의 음악교육」, 『이화여자대학교 80주년 기념논문집』 예능편(서울 : 이화여자대학교 부설 한국문화연구원, 1966), 9~106쪽은 비상한 노력으로 이 분야의 기초를 세워 많은 후학들의 길잡이 역할을 하였다. 60년대에 접근 방식에 있어서나 7백 장이 넘는 논문의 양이나 질은 당대 다른 분야에서도 추종을 불허하고 있다. 이 글은 그 뒤 정정식(鄭貞植)에 의하여 「식민치하의 음악교육」, 『한국문화 연구원 논총』, 제18집(위의 기관, 1971), 319~401쪽과 유덕희(柳德熙)의 「해방후의 음악교육」, 『세계음악교육사』(서울 : 학문사, 1983), 530~565쪽으로 이어졌다.

〈악보 40〉 학도가

　　〈표 60〉의 배움 노래 중 두 번째와 세 번째 작품 「학도가」는 그 가치가 가사에 있었
다. 즉, 둘 다 학부 편찬의 『보통교육 창가집』의 「학도가」, 곧 일본 요나누키 장음계에
다 4분의 4박자로 된 쇼오카唱歌곡을 빌리고 있었다. 오오노오 메와카多梅稚 작곡과 오오
와 다타케키大和田建樹의 쇼오카 「철도창가鐵道唱歌」가 그것인데, 학부 편찬 게재곡으로
나오기 전인 1900년 5월부터 일본에서 『지리교육 철도창가』 제1집이 나온 직후부터
유행하고 있었는데, 초판은 10만 부가 팔릴 정도로 널리 알려졌었다(제5집까지 발행되었다).

1900년대 중반 직전부터 국내에 알려졌었다. 즉, 유행하고 있는 일본 노래를 빌려 우리식의 현실을 반영한 계몽 창가를 만들었다. 두 번째의 「학도가」에서는 '농업·상업·공업을 일으켜 국가와 민족을 위하기에도 교육이 급선무'임을 노래하고 있으며, 세 번째 이상준의 「학도가」에서는 '문명에 좋은 사업을 감당하기 위해서도 우리의 할 일이 때가 있으니 천금과 같은 시간을 아껴 학문을 정진'하자는 시대 정신들이 배어 있었다. 주목할 사실은 「학도가」라는 한 제목하에 이처럼 서로 다른 '학도가'가 있었다는 점과, 또 각각의 창가집을 학부 검인을 받지 않은 채 출판하여 소통시켰다는 점에서도 계몽운동의 으뜸가는 반영이 바로 「학도가」라는 점이다. 따라서, 이 시기의 각종 노래는 계몽운동으로서의 노래운동이었다. 이시기의 국권 회복이라는 시대적 요청에서 노래를 부르는 전국의 학교나 학도들은 이와 같은 사회역사적인 현실을 광범위하게 반영하며 학교 차원을 떠나 노래하고 있었다.

네 번째 작품 「점진가」는 도산島山 안창호安昌浩 선생이 지은 노래 가사이다. 그가 1899년에 '자아 혁신과 자기 개조를 통해서 민족 혁신과 민족 개조를 이룩'하려는 뜻을 가지고 세운 학교가 바로 '점진학교漸進學校'와 '대성학교大成學校'였다. '점진적으로 대성하는 인물'을 양성하기 위한 이 학교의 건학 정신은 「점진가」 가사에서 잘 나타나 있다. 이 노래는 점차 다른 지역으로 퍼져 나가면서 '점진'이 '전진前進'으로 고쳐져 불렸다. 그러나 「점진가」 역시 쇼오카조 노래였다.

다섯 번째 작품 「권학가」는 '우리 청년 시대야말로 지식이 으뜸이므로 이 때를 잃지 않고 배우자'라는 배움노래로써 이 시기의 권학가를 대변하고 있다. 관·공립학교의 학부 창가집에 나오는 「권학가」와도 다르고, "공부할 날 많다 하고 믿지 마시오"로 시작하는 이각종李覺鍾이 지은 「권학가」와도 다른 노래가 바로 『도산본 권학가』이다.[26]

그만큼, 이 시기의 배움 노래는 「학도가」와 「권학가」가 대변하고 있었다. 곡은 「무

26_ 필자가 인용한 「권학가」는 앞서 밝힌 바의 『도산본 창가집』이다. 이 창가집의 제12편에 나온다. 이 창가집에 밝힌 바와 같이 「권학가」는 함께 게재한 「무궁화가」와 한 곡조임을 지적하고 있으나, 「무궁화가」가 어떤 노래인지는 아직 구명이 안 되었다. 이각종 작사의 「권학가」는 이상준의 『최신창가집(最新唱歌集)』(京城 : 博文書館, 1918), 68~69쪽에 나온다. 『최신창가집』에는 이 외에 학부 편찬의 「권학가」가 함께 수록되어 있었다. 한편, 1912년 3월 18일에 김인식 편찬으로 발행한 『敎科適用 普通唱歌集 全』(京城 : 普及書館, 1912)에도 두 편의 「권학가」도 나오는 것으로 보아 이 시기의 배움 노래 중 가장 대표적인 것이 「학도가」와 「권학가」임을 시사케 한다.

궁화가」와 같은 곡에 얹혀졌다. 뒤에 다시 살펴겠지만, "성자 신손 오백년은 우리 황실이오"로 시작하는 가사는 곡명이 없거나 또는 「애국가」나 「무궁화가無窮花歌」란 제목으로 『찬미가』(1908년)나 『대한매일신보』(1907년 10월 30일자), 그리고 한미서원이 발행한 프린트본 창가집과 『도산본 창가집』에 게재되었지만, 유일하게 곡명을 지적한 것은 『찬미가』였다. 윤치호尹致昊가 역술譯述하고 김상만金相萬이 1908년 6월 25일에 발행(광학서관 발매)한 이 『찬미가』는 곡이 없는 가사 찬미가집이었다. 그러나 모든 찬미가마다 어떤 곡이었는지를 표기하고 있었다. 즉, "승자신손 천만년은/우리 황실이오"란 제10장이 스코틀랜드 민요 「올드 랭 사인Auld Lang Syne」 노래임을 밝히고 있다.

따라서, 같은 가사가 『대한매일신보』 1907년 10월 30일자나 『도산본 창가집』에 「무궁화가」로 곡명이 표기되어 있는 것으로 보아, 『도산본 창가집』에서 "권학가는 무궁화가 한 곡됴"라고 지적하였기 때문에 이 노래는 「올드 랭 사인」에 얹은 '노가바'였다. 그만큼, 이미 잘 알려진 한 곡조에 내용이 다른 여러 가사를 바꿔 부르는 관습이 이 시기의 특징이었고, 이러한 관습으로 말미암아 어떤 내용의 가사라 할지라도 노래 부르기에는 지장이 없었다.

여섯 번째 작품 「권학가」는 윤주열尹柱烈본 권학가이다. '도산본 권학가'와 다른 점은 후렴처럼 반복하는 부분이 더 있고, 한자가 더 있는 점이다. 이것으로 보아 서로 다른 창가집이 있다는 점말고도 가사만 지어내면 '노래 가사 바꿔 부르기'의 오랜 관습이 풍부하게 성행하고 있음을 말한다. 7번과 8번의 두 작품은 반드시 노래에 얹어 부르기 위한 것이 아닐지라도 시조 형식으로 만들어진 권학가의 일종이다. 「배양력」은 말 그대로 새 교육을 권장하고 인재 배양을 할 수 있는 '학교'를 건설하는 것이 곧 '힘'이라고 노래하고 있다면, 「의국결醫國訣」은 국가의 위기(고황병)는 '국민교육'밖에 없음을 노래하고 있다. 당시, 신문지상에 발표한 이러한 시조 가사나 가사, 『대한매일신보』에 발표한 것에는 제목 자체에도 '힘'이 강조되고 있었다. 이것은 제국주의 특히 일본 제국주의의 무차별한 약육강식의 현실을 구체적으로 체험하고 있는 한국인으로서는 '힘'은 민족 위기를 처절하게 극복하려는 '힘'이기도 하였다. 「배양력培養力」말고도 「인내력忍耐力」·「단체력團體力」·「고수력固守力」·「합중력合衆力」·「자강력自强力」·「역발산力拔山」·「단결력團結力」 등의 노래가 그것이다. 이 노래들은 1908년 11월부터 1909년 8월까지 발표된 노래였다. 일본에 의하여 1907년이 고종이 강제 퇴위하고 군대 해산이 강압적으로 이루어지자 전국에 의병 봉기와 전쟁이 가열차게 전개하는 시대를 이 노래들이 '힘'을 가지고 있었다.

마지막의 「학생가」는 '학도가'의 일종으로 「윤주열본 학생가」이다. "생존경쟁하는 이 시대에는 국가성쇠가 교육에 달려 있으므로 가일층 학문 공부에 분발할 것"을 노래하고 있다. 학교에서 널리 불려진 노래 중 「학도가」나 「권학가」 이외에 「운동가」도 살펴보아야 할 것이다. 그것은 체력 훈련이 교육구국운동에서 중요하게 강조되면서 운동을 노래하는 노래들도 널리 불려졌기 때문이다. 계몽운동에서 1907~1910년간 시행한 학교의 운동회는 학교 차원을 떠난 사회 전체의 경비 출연으로 전개한 사회운동이기도 하였다. 자연히, 학교 이외에서도 사회 단체들이 운동회를 열어서 '운동가' 없는 운동회를 생각할 수가 없었다. 다음 기사에서 이를 확인할 수 있다.

1. 「남교 운동」

남양 사립보통소학교에서 공립소학교와 상동上同 사립소학교를 연합하여 운동회를 …개행開行하니…국가를 위하여 만세천세를 호呼하고 …애국가 난 상인爽人이 금하고 분명할 구호령은 개인이목開人耳目이라 방관자 여운지집如雲之集하야 무부찬축無不讚祝이라 하더라. 「운동가」 어화우리 학도들아 운동가를 불너보세.[27]

2. 「구락부 운동」

거去 일요일에 대한체육구락부원 40여 인이 동문외 영도사永道寺에 출거出去하야 운동회를 설행設行하얏난대 관자觀者 여도如堵하야 성황을 정呈하고 …일장 연설한 수 애국운동가를 창하며 삼호三呼만세하고 잉仍히 환귀環歸하얏난대 기其 애국운동가난 여좌如左하더라.[28]

3. 「휘숙운동 성황」

재작일 휘문의숙 학도 등이 동소문외 삼선평에 전왕前往하야 춘기운동을 행한다 함은 기보어니와 동일 상오 9시에 해숙該塾 임원 및 교사 제씨가 학도를 영솔 출거하난대 학도 등이 일제히 단발하고 모자와 의복을 일색으로 정제하고 고수鼓手와 나팔喇叭이 전도前途하야 행진법으로 나열 전진함의 가로에 …운동가를 제창하고 독립만세를 삼호三呼한 후에 대오를 정제

27_ 『대한매일신보』, 1906년 6월 2일자.
28_ 『대한매일신보』, 1906년 6월 13일자.

〈사진 57〉　　　　　　　　　　휘문의숙 제1회 졸업기념사진(1910. 4. 4)
1906년 5월 민영휘가 휘문의숙(徽文義塾)을 설립한 이래 첫 졸업식(1910.4.4) 기념사진이다. 휘문의숙은 학교 악대를 앞세워 행진을 하면서 독립가를 부르며 국권회복운동을 하였다.

整齊하고 파귀罷貴하얏다더라.[29]

　4. 신숙莘塾 운동

　포천군 사립 신야의숙莘野義塾에셔 일전에 하기 운동회를 개開할세 태극기와 만국기를 벌여 곳고 경주 고조高踔 등 12과목으로 우등 각 3인씩 시취試取하야 상품을 시여하고 사무원 제씨가 학도에게 권면하난 취지랄 일장 연설하고 애국가를 제창한 후 만세를 3호三呼하고 폐회하얏난대 차此군에 여차한 성사난 처음이라고 관광하는 자 구름뫼듯 하얏다더라.[30]

　5. 근년에 학교연합운동회가 각지에서 서로 다투어 개최되어 거의 일종의 유행과 같은 양상을 보이게 되었다.…이 때문에 수일간 규정된 학업을 폐하고 학도로 하여금 유희에 탐

29_　『대한매일신보』, 1907년 4월 14일자.
30_　『만세보』, 1906년 7월 22일자.

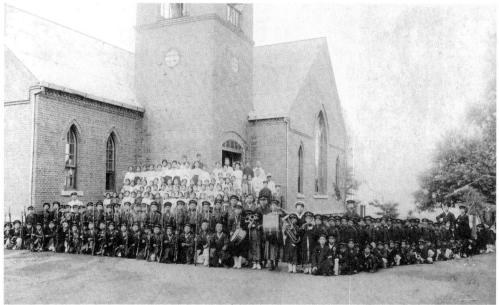

〈사진 58〉   1904년 직후 사립학교에서 악대
1904년 전후로 공립학교와 달리 사립학교는 북과 나팔을 앞세워 행진하는 체력훈련이 번져 나갔다. 일제에 대항하고 국권을 회복할
수 있다고 보았기 때문이다. 윗 사진은 평안도의 사립학교 악대이고, 아래사진은 1907년 인천 내리교회에 설립한 영화학교 악대와 제
식훈련대이다. 인천영화학교는 나팔과 북만 있었던 것이 아니라 큰북과 트럼펫과 바리톤 등의 악기도 편성하였다.

닉耽溺하게 하며…특히 그 참가구역을 넓히기 위하여 수십리 먼곳으로부터 학부형을 동반하여 참가함과 같은 일은 일층 더 폐해가 크다고 인정된다.[31]

6. 「야구단 운동가」

유학생 야구단에서 금일 하오 4시에 운동을 행行하난대 소년남자라는 운동가를 용用하니 기其 사의辭意의 활발함이 금인今人 감촉이기 좌左에 특재特載하노라.[32]

위의 인용 5에서는 1908년의 운동회가 2, 30리 밖에서도 모여 커다란 성황을 이루고 있음을 말하여 준다. 그리고 이러한 운동회들은 인용 1, 2, 3에서처럼 애국가와 운동가, 애국운동가 등이 불려지고 있었을 뿐 아니라 '고수와 나팔'을 앞세우고 행진할 정도로 화려하였다. 인용 6처럼 1909년에는 야구단 운동회에서 "소년남자라는 운동가"가 불려졌다. 물론 이 노래만 불려진 것은 아닐 것이다.

학교 운동회에서 불려진 노래 중 하나가 바로 「소년행진가」였다. 「소년행진가」는 처음에는 안창호의 작사에 의해서 「대성학교 운동가」로 불려졌다가 점차 사회화되었다. 즉, 안창호 작사인 이 노래는 "무쇠팔뚝 돌주먹을 불끈 쥔 소년남아들"의 체력 증진이 "애국 정신을 분발"하는 힘의 원천으로 불려지면서 점차 「소년 남자가」로 개사가 이루어졌다. 즉, '무쇠팔뚝 돌주먹'은 '무쇠팔뚝 돌 근육'으로, '쾌남아의 팔다리'는 '독립군의 팔다리'로 개사되어 1909년 3월 21일과 7월 21일자 『황성신문』에 게재됨에 따라 점차 민족운동가로 불려졌다〈표 61〉과 〈악보 40〉 참고).

〈표 61〉　　　　　　　　　　　　　　　「소년 행진가」와 「소년 남자가」

안창호 작사, 이상준 작곡	이광수 · 윤치호 작사, 김인식 작곡
1. 무쇠팔뚝 돌주먹 소년남아야 애국의 정신을 분발하여라(후렴) 다다랐네 다다랐네 우리나라에 소년의 활동시대 다다랐네 만인대적 연습하여 후일 전공 세우세 절세영웅 대사업이 우리 목적 아닌가	1. 무쇠 골격 돌 근육 소년남자야 애국의 정신을 분발하여라 다다랐네 다다랐네 우리나라에 소년의 활동시대 다다랐네 만인 적대(敵對)연습하여 후일 전공세우세 절세 영웅 대사업이 우리목적 아닌가

31_ 1908년 5월 이완용의 훈시를 인용한 孫仁銖, 『韓國開化教育硏究』(서울 : 일지사, 1981), 399쪽 재인용.
32_ 『황성신문』, 1909년 7월 21일자.

2. 충열사의 끓는 피 순환 잘되고 　쾌남아의 팔다리 민활하도다(후렴) 3. 일편단심 씩씩한 소년남아야 　조국의 정신을 잊지 말아라(후렴) 4. 벽력과 부월이 당전하여도 　우리는 조금도 두렵지 않네(후렴)	2. 충렬사의 더운 피 순환 잘되고 　독립군의 팔다리 민활하도다 　벽력과 부금(斧鉞)이 당전(唐前)하여도 　우리는 조금도 두려움 없네 3. 해전과 육전의 모든 유회를 　차제로 흥미있게 승부결하니 　개선문 뚜렷이 열리는 곳에 　승전고를 울려라 둥둥둥둥둥

따라서, 이 작품은 두 개의 가사와 두 개의 노래로 불려졌는데, 현재 가사는 도산 안창호의 「소년행진가」와 거의 같은 가사인 「소년 남자가」가 춘원 이광수 그리고 윤치호尹致昊로 되어 있다. 작곡은 작자 미상과 김인식 작품이 각각 있다.[33]

김인식 작품으로 앞서 나온 「학도가」보다 더 다듬어진 「소년 남자가」 이외에도 운동회에서 불려진 운동가가 더 있었다. 다음 두 편은 1906년 6월에 열린 두 군데에서 열린 운동회에서 불려진 '운동가'이다.[34]

〈악보 41〉　　　　　　　　　　「소년 남자가」

안창호 작사
이상준 작곡

1.무 쇠골 격돌 근육　소 년남 자 야　애 －국 의정 －신 을 분 발 하 여라
2.신 체 발 육 하 －는　무 리 동 시 에　경 －쟁 심 주 －의 를 양 성 하 려 고
3.충 렬 사 의 더 운 피　순 환 잘 되 고　독 립 군 의 팔 －다 리 민 활 하 도 다

다 다랐 네다 다랐 네 우 리 나 라에　소 －년 의활 동시 대 다 －다 랐 네
공 기좋 고놀 이좋 은 연 희 장 으로　활 －발 나 는듯 이 나 －아 가 세
벽 －력 과부 －월 이 당 전 하 여도　우 리 는조 －금 도 두 －렴 없 네

33_　안창호 작의 「소년행진가」와 달리 『매일신보』에 발표된 가사는 이광수설과 안치호설이 있다. 민원득, 앞의 책, 103쪽에는 「소년남자가」(『황성신문』, 1909년 3월 21일자 가사와 같은) 작사자를 이광수로 밝히고 있고, 이유선의 『한국양악백년사』, 앞의 책, 106쪽에는 윤치호 작사로 밝힌 것이 그것이다. 이유선의 경우는 이상준의 1918년 발행 『최신창가집(最新唱歌集)』(京城 : 廣益書館, 1918)을 인용하고 있다.

34_　「運動歌」, 『大韓每日申報』, 光武 10年(1906) 6月 2日字; 「愛國運動歌」, 위의 신문, 같은 해, 6月 13日字.

후렴

만 인 대 덕 연 습 하 여 후 일 전 공 세 우 세

절 세 영 웅 대 사 업 이 우 리 복 덕 아 닌 가

1. 「운동가」

어화우리 학도들아/운동가를 불너보식/황상폐하 우문지치/우리학교 흥왕흠이/

대한광무 10년이요/병오 4월 순팔이라/세계열강 둘너보니/교육인재 제1일내/

어화우리 학도들은/체조운동 하여보식/예약서수 진보ᄒ니/문명기초 이 아인가/

깃부도다 깃부도다/연합운동 깃부도다/진최작지 조흔이치/전후좌우 나열일식/

평화흠맘 단체되어/충군애국 열심으로/공고공고 공고ᄒ식/독립주권 공고하ᄂ/

건곤감이 태극기를/오대주에 빗너보식/문무병용 자구술이/국가반석 이 아인가/

만세만세 만만세여/대황제폐하만만세야/천세천세천천세여/황태자전하천천세라/

백세천세 천백세여/우리학교 천백세여

2. 「애국운동가」

아세아주 예의방은/우리대한 분명ᄒ다/청년들아 동포들아/2천만중 동포들아/

부패기상 다버리고/활발용기 늬여보세/대한체육 구락부ᄂ/유지동포ㅇ립ᄒ여/

청년교의 돈독ᄒ고/체육운동 목적이라/우리신체 구ㅇᄒ니/문명전진 용감ᄒ다/

일심단체 굿게되니/억만오획 ᄭ칠소냐/산악ᄀᄐ 불변심은/제국독립 기초로다/

수신제가 근본되고/충군애국 강령이라/1등훈장 영화롭고/류방백세 불휴로다/

우리황상 성은으로/여민동락 금일이라/일완풍화 죠흔적에/우리운동 질겁도다/

태극국기 노피드니/동서양에 빗ᄂ도다/천세천세 천천세요/만세만세 만만세라/

② 계몽노래

일본 제국주의의 침략성으로 민족적 위기를 맞이한 지식인이나 관료, 유학자, 군인,

학생, 농민들은 이를 타개하기 위해서 실력을 양성하여 근대화를 가져와야만 '힘있는 국가'가 된다고 믿어 학교 설립과 식산흥업운동·신문과 잡지를 발행하고 이에 호응한 것이 이 기간의 계몽운동이었다. 이러한 계몽운동과 함께 노래운동이 가장 급속하게 결속력을 가질 수 있었던 운동으로 발전한 것은 전래적으로 삶과 노래를 하나로 생활화한 결과인데다 이 시기 계몽운동을 가장 호소력 있는 대중적 장르로 부각시켰기 때문이었다. 일본제국주의자 마저도 한국민중의 노래가 "독립을 고취하거나 제국에 반항을 장려하는 데 쓰이는 것이어서 가장 주의를 기울여 단속"해야 하는 분야이었을 정도로 노래는 한국의 독립을 고취하고 항일의 기치를 드높이고 있으므로 계몽운동이나 의병항쟁과 전쟁에 가장 중요한 자리를 잡고 있었다. 그러므로, '노래'는 이 시기 민중 전체의 삶의 세계가 깊게 배어 나오고 있었다. 안으로부터 인간된 삶의 사회를 건설하고, 실력을 쌓아 밖으로부터 침략해 온 일본제국주의에 항일 기치를 드높이는 전 민중들의 회한과 희망과 의지와 결의와 투쟁이 '노래'를 통하여 분출하고 있었다. 이 계몽 노래운동은 각종 노래집과 찬미가집 발행과 사립학교와 교회, 의병 전쟁터에서 전개되고 있었지만, 당시의 민족적인 신문지, 특히 『대한매일신보』가 수많은 노래들을 게재함에 따라 전국을 '항일애국노래망'을 구축 할 수 있어서 한국 민중들에게 가장 열렬한 지지를 받고 있었다. 노래집에 있었던 노래가 신문으로 다시 정리되는가 하면, 신문에 발표된 것이 노래집에 다시 수록되어 곡을 붙여 갔다. 그러하기에, 이 기간의 신문에 게재된 노래들은 그 노래 속에 민족과 민중의 현실이 낱낱이 드러나고 있다. 또, 그 노래들은 신문 게재용 시작詩作용 가사가 아니라 '부르기 위한 시가詩歌'였다.

이 시기, 이러한 노래 역사는 음악권에 깊게 영향을 주고 '노래와 음악 운동'을 전개하며 또다시 민중들에게 노래들을 되돌려 주기도 하였다. 김인식, 정사인, 이상준 등이 이 시기의 시대적 요청과 함께 하고 있었고, 백우용이 대장으로 있었던 제실음악대는 민중들을 위한 음악회를 펼칠 수 있었다. 민족 정서를 목숨으로 여긴 신청 출신의 음악인들은 가장 현실적인 창극을 창출 할 수 있었고, 사회적으로 홀대받고 또 일제에 의하여 통제받고 있었던 기생들도 자선 음악회로 민중들을 지원했다. 그리고 민요의 개작운동 역시 민족 현실에 파고드는 구체적인 운동이었다. 이처럼, 음악인들의 사회와 민족의 역사적인 현실을 창출한 노래들은 민중과 뗄 수 없는 상호 소통의 최고 형식이었다.

이 기간 한국 민중들이 가장 많은 노래를 만들어 부른 노래는 애국계몽노래이다. 이

것은 대한제국 시기의 민중운동에서 계승된 애국가의 전통이기도 하였다. 특히, 1907
년부터의 애국계몽노래는 '애국가 시대'이기도 하였다.[35]

따라서, 애국계몽노래로 나타나는 애국가, 애국충절가, 독립가, 항일가, 국권수호가,
우국가憂國歌, 친일비판가, 경세가, 단결가, 망국가亡國歌, 국민가 등은 모두 이 범주에 속
한다. 음향적 재료 특징은 이 시기 공통적인 현상으로 민요나 일본식 쇼오카풍의 창가,
그리고 찬송가처럼 서양노래에다 가사를 바꿔 부르는 방식과 이러한 류의 창작품들이
었고, 가사 역시 노래 부르기 위한 시가들이었다. 새롭게 접촉되어 '힘'을 얻어 가고
있었던 서양과 일본류의 음향적 재료에 대한 과제는 음악인들이 해결해야 할 전문적인
영역이기는 하지만, 무엇보다도 일본제국주의가 이를 구체적으로 가로 막고 있었다.
다음 〈표 62〉는 애국계몽노래 중 가장 대표적인 노래들이었다.

〈표 62〉　　　　　　　　　　　　　애국계몽운동의 노래들

줄인말 : 도산본 – 도산본 창가집
『대매』 – 『대한매일신보』

번호	곡명	가사	출전 비고
1	애국가	상뎨는 우리 황뎨를 도으쇼셔/셩슈무강ᄒ샤 히옥쥬를 산갓치 ᄡᅡᄒ시고/위권이 한양에 셜치하 어천만수에 복록이 일신케 ᄒ쇼셔	F. Eckert곡 (1902) 도산본, 19쪽.

35_ 1890년대 중반기 이후부터 전개한 '애국가 부르기 전통'이 1907년부터 가열찬 것은 이해에 고종 퇴위와
군대 해산에 따른 전국의 의병전쟁과 계몽운동의 결과였다. 특히, 『대한매일신보(大韓每日申報)』는 애국
가를 부른 현장을 거의 빠짐없이 기록하고 있다. 안창호 선생의 의명 균명학교에서 애국가 제창(1907년
3월 20일자), 아산군의 보성학교에서 천추절 경축회에서 애국가 제창(3월 28일자), 동문 밖 석촌 인창학교
에서 애국가 제창(4월 6일자), 평양에서 만수절 행진 때 부른 애국가(4월 14일자), 최성대 씨의 애국가
작사(6월 4일자), 개성 교육 총회에서 개국 기원절 경축회에서 제창한 애국가(9월 8일자), 개성 배의학교
일어 야간 속성과 제1회 졸업식에서 애국가 제창(12월 14일자) 등의 기록이 그것이다. 한편, 현행 애국가
의 작사를 구명한 글로는 장사훈, 「애국가고」, 『여명의 동서음악』, 앞의 책, 225~286쪽이 있다. 필자의
최근 글로 「애국가, 언제 누가 만들었는가?」, 계간 『역사비평』 여름호, 25호(서울 : 역사비평사, 1994),
17~45쪽이 있다. 장사훈은 이 글에서 현행 애국가 작사자설로 등장한 민영환·안창호·김인식·최병
헌·윤치호 등을 거론하고 주로 1907년 전후에 나타난 여러 사료들을 근거로 애국가가 황실가(성자신손,
즉 무궁화가)임을 밝히고 그 가사는 윤치호임을 구명하였다. 그러나 작사자 구명이 주로 이를 지지한
사람들의 기록들을 바탕으로 확률적으로 이루어졌다는 데서 새로운 접근이 필요하다. 다른 의견을 가진
사람들의 주장이 틀린다고 하여 결론을 확정하는 것은 조건 제시의 오류이다. 작사자가 한 사람이 아니고
그것이 많으면 많을수록 그 노래는 근대를 살아간 그 시대인들의 산물임을 충분하게 고려했어야 했다.
그것은 애국가뿐만 아니라 모든 노래가 수많은 이본이 있다는 것 자체가 시대와 시대인들의 산물이기
때문이다.

		샹뎨는 우리 황뎨를 도으쇼셔	
2	대한제국 애국가	샹뎨는 우리 황뎨를 도으스/셩슈무강흐스 희옥듀를 산갓치 빗으시고/위권이 환영에 쓸치스 오쳔만세에 복녹이 일신케 흐소셔 샹뎨는 우리 황뎨를 도으소셔	위와 같음 대한제국 원본
3	○○○	1. 승자 신손 쳔만년은/우리 황실이오 　산고슈려 동반도난/우리 본국일세 　(후렴) 무궁화 삼쳔리/화려강산 　　　　대한사람 대한으로/길이 보젼하세 2. 애국하난 열심 의긔/북악갓치 높고 　츙군하난 일편단심/동해갓치 깁허 (후렴) 3. 이쳔만인 오즉 한맘/나라사랑하야 　사롱공상 귀쳔업시/직분만 다하세 (후렴) 4. 우리 나라 우리 님군/황쳔이 도으사 　국민동락 만만세에/태평독립하세 (후렴)	윤치호[술(述)], 『찬미가』, 뎨10, 광학서관, 1905. 11쪽. Auld Lang Syne
4	무궁화가	1. 셩즈신손 五百년은/우리 황실이오 　산고수려 동반도는/우리 본국일세 　(후렴) 무궁화야 삼쳔리/화려강산 　　　　대한사름 대한으로/길이 보존흐세 2. 이국흐는 열심 의긔/북악갓치 놉고 　츙군흐는 일편단심/동희갓치 깁허 (후렴) 3. 쳔만인 오직 한 무음/나라사랑흐야 　수롱공상 귀쳔업시/직분만 다흐세 (후렴) 4. 우리나라 우리황뎨/황텬이 도으샤 　군민공락 만만셰에/태평독립 흐세	도산본, 14쪽.
5	無窮花歌	聖子神孫 五百年은/우리 皇室이오 山高水麗 東半島는/우리本國일세 無窮花 三千里/華麗江山 大韓사룸 大韓으로/길이 保全흐세 忠君흐는 一片丹心/北岳ㄱ치 놉고 愛國흐는 熱心義氣/東海ㄱ티 기페 千萬人 오즉 한마음/나라 사랑흐여 士農工商 貴賤업시/職分만 다흐세 우리나라 우리 皇室/皇天이 도으샤 國民同樂 萬萬歲에/泰平獨立흐세	『대매』, 1907.10.30. 잡보란
6	無窮花歌 二	一. 동희물과 빅두산이 말으고 달토록 　하느님이 보호흐샤 우리 대한만세 　무궁화 삼쳔리 하려강산 　대한사람 대한으로 길이 보젼흐세 二. 남산 우헤 뎌 쇼나무 철갑을 두른듯 　바람 이슬 불별흠은 우리 긔상일세 三. 가을 하늘 공활흔데 구름업시 놉고 　밝은 달은 우리 가슴 일편단심일세 四. 이 긔상과 이 마음으로 님군을 셤기며 　괴로오나 질기오나 나라사랑 흐세	손승용(孫承鏞)본 제14 Auld Lang Syne

7	국가	1. 내나라 위ᄒᆞ야/샹쥬의 빔니다/도읍소셔 　아니 도으시면/나라 망ᄒᆞ겟네/쥬여 우리대한/더욱 권고 2. 우리 대황뎨를/우리 향수ᄒᆞ게/ᄒᆞ읍소셔 　텬톄보소ᄒᆞ샤/강건케 ᄒᆞ소셔/샹쥬의 빔니다/만슈무강 3. 샹쥬은덕으로/우리 대황뎨를/셜립ᄒᆞᆫ네 　셩령감동ᄒᆞ샤/대황뎨를 도아/만셰향슈 4. 우리 대 독립/샹쥬의 잇스니/긔도ᄒᆞ셰 　자쥬독립ᄒᆞ야/영원독립ᄒᆞ게/쥬의빌셰	도산본, 십오편 15쪽.
8	○○○	1. 우리 황상폐하/텬디 일월갓치/만슈무강 　산놉고 물고흔/우리대한뎨국/하나님 도으사/독립부강 2. 길고 긴 왕업은/룡흥강 푸른 물/쉬지안턋 　금강천 만봉에/날깃 찬란함은/태극긔 영광이/빗취난 듯 3. 비단갓흔 강산/봄꼿 가을달고/곡거니와 　오곡풍등하고/금옥구비하니/아셰아 락토가/이 아닌가 4. 이천만 동포난/한 맘 한 듯으로/직분하세 　사욕은 바리고/충의만 압셰워/님군과 나라를/보답ᄒᆞ셰	윤치호(술), 『찬미가』, 뎨1, 1905, 1쪽. America
9	국민가	1. 삼각산을 바라보니/만학천봉울차아/쳐텬삭츌금부용은/ 　대장부의 긔기라/(후렴) 대장부대장부/대한강산 담부한 　대장부 2. 한강유를 바라보니/경슈무풍야자파/호호탕탕 쳔리거ᄂᆞᆫ 　대장부의 전도라 (후렴) 3. 남산 송빅 바라보니/ᄉᆞ시장춘 푸르러/운소쥬에 용출홈은/ 　대장부의 졀기라 (후렴) 4. ᄒᆞ상충운 바라보니/즁즁쳡쳡다긔봉/만텬긔상 항홀홈은 　대장부의 죠화라 (후렴)	도산본, 20~21쪽.
10	○○○	1. 남산화초 바라보니/형형쇠식 각ᄌᆞ신/만화방창 문명긔ᄂᆞᆫ/ 　대장부의 지혜라 (후렴) 2. 구만쟝텬 바라보니/호호망망 무졔이/소소명명 만상구ᄂᆞᆫ 　대장부의 교화라 (후렴)	도산본, 21쪽.
11	○○○	1. 萬王의 王 우리 하ᄂᆞ님게옵셔/世界萬國들을 創立ᄒᆞ실ᄉᆡ 　大韓帝國 비록 져글지라도/오날가지 特別사랑ᄒᆞ셧ᄂᆡ 　(후렴) 學徒드리야 學徒드리야/大韓帝國인ᄂᆞᆫ 學徒드리야 　　　힘들 습시다 힘들 습시다/忠君愛國으로 힘들 습시다 2. 白頭山서붓터 漢拏山 까지/三千里 江山 우리 집이니 　漢江如帶ᄒᆞ고 종산若礪토록/大韓帝國 獨立 永遠堅固케 (후렴) 3. 皇城都會에서 深山幽谷 까지/二千萬의 우리 人口 同胞를 　셔로 사랑ᄒᆞ고 셔로 슬허ᄒᆞ면/우리 皇上陛下 깁부시게ᄂᆡ (후렴)	윤주열본, 부록
12	○○○ (독립가)	1. 슯ᄒᆞ도다 우리 민족아/ᄉᆞ천여년 력ᄉᆞ국으로 　ᄌᆞᄌᆞ손손 복락ᄒᆞ더니/오늘날 이 디경 왠일인가 　(후렴) 철ᄉᆞ쥬ᄉᆞ로 결박한 줄을/우리의 손으로 ᄭᅳᆫ허바리고 　　　독립만셰 - 우리 소리에/바다이 ᄭᅳᆯ코 산이 동캣네 2. 일간두옥도 내것 아니오/슈묘뎐토도 네것 못되네 　무리ᄒᆞᆫ슈욕을 ᄃᆡ답 못ᄒᆞ고/공연한 구타도 겨져 밧노나 (후렴) 3. 남산 쵸목도 눈이 잇스면/비창ᄒᆞᆫ 눈물이 가득ᄒᆞ겠고 　동히어 별도 몸이 잇스면/우리와 ᄀᆞᆺ치 슬허 ᄒᆞ리라 (후렴)	도산본, 9편 9~11쪽.

		4. 흔치 버레도 만일 넓오면/죽기젼 흔번 움작어리고	
		조고만 벌도 네가 닷치면/네 몸을 반두시 쏘고 죽네 (후렴)	
		5. 눈을 들어 슈혀 보오니/三千리 강산에 슈못찬 것은	
		우리 부모의 한숨 소릭요/우리 학도의 눈물이로셰 (후렴)	
		6. 금슈강산이 빗흘 일코/광명흔일월이 아득ㅎ도다	
		이것이 뉘죄냐 싱각ㅎ여라/네죄와 내죄 신둛이로셰 (후렴)	
		7. 스랑ㅎ는 우리 쳥년아/죽던지 살던지 우리 몸의	
		와신상담을 잇지 말나셔/우리 국권을 회복합셰다 (후렴)	
		8. 스랑ㅎ는 우리 동포야/자던지 기던지 우리 몸의	
		나태흔악습과 외뢰 수상을/모도다 흔칼노 씌허바리고 (후렴)	
		9. 우리의 수족을 근간ㅎ면/남의게 쓸것 업스리로다	
		이곳치 ㅎ고 내것 달나면/엇던 져한이 항거 ㅎ리오 (후렴)	
		10. 만일 져한이 항거ㅎ거든/흔칼노 션듯 버혀바리고	
		태극국긔를 높이 달고셔/독립 긔가를 불너 봅셰다	
		(후렴) 쳘스쥬스로 결박흔 줄을/우리의 손으로 씌허바리고	
		독립만셰 – 우리 소리의/바다이 씰코 산이 동켓네	
		만 – 셰 만 – 셰 대한뎨국 만 – 셰	
13	대한노릭	1. 우리 대한나라 대한국을 위히 노릭합셰	The Korea Review
		열셩조 나신데 또도라가셧대 모든 산겻혜셔 노릭합셰	1906년 8월호,
		2. 우리 대한 일홈 엇지 스랑흘가 우리대한	320쪽.
		그 산과 골이나 그 강과 슈풀다 스랑ㅎ는 우리 노릭합셰	
		3. 걱정ㅎ지 말고 하느님만 의지 셩즈밋셰	
		구쥬밋는 빅셩 셩경을 조츠면 아모 나라던지 굅박업네	
		4. 맘먹고 니러나 하느님 압헤셔 긔도합셰	
		잘못된 일 즈복 죄사흠을 밧어 긔독의 의지도 나라셰오	
		5. 긔즈 셰운나라 엇지 니즐소냐 만셰만셰	
		대한의 사룸다 힝실 뉘쳐 곳쳐 힘써셔 나라를 다시 셰오	

〈표 62〉의 애국계몽운동노래 열두 곡 모두는 '충군애국忠君愛國'을 주제로 삼고 있었 던 이 시기의 대표적인 애국가들이다. 이러한 주제들이 가장 상징적으로 드러내고 있 는 애국가는 다름아닌 국가 제정 「대한제국 애국가」였다. "한울님이 우리 황제를 돕고, 그 황제(고종)가 오래토록 살아서 영원토록 복과 록을 새롭게 해달라"는 내용으로, 국가 가 위태로운 상황에서 독립 보존이 절박하게 담겨진 노래가 아닐 수 없었다. 그러나 대한제국은 근대적인 내정 개혁을 통한 국력 증진과 가혹한 국제 질서에 대한 현실적 인 대응책이 마련되지 않아 국권 상실이 촉발하고 있는 현실에서 고종을 정점으로 한 충성이 바로 나라를 사랑하는 길이라고 노래한 것은 분명 국가國家와 국가國歌로서 한계 였다. 그럼에도 불구하고 국가國歌 제정의 애국가와 더불어 이 시기의 애국가들은 일본 의 침략성이 가일층 옥죄어오는 민족 현실에서 한국인을 민족공동체로 묶고 일본과 맞 섬으로써 구심체 역할을 하였다는 점에서 이 시기의 정점을 가져다준 노래들이었다.

첫 번째의 「애국가」와 두 번째의 「대한제국 애국가」는 같은 곡으로서, 대한제국이 1902년 8월 15일에 공식적인 국가國歌로 제정한 '애국가'였다. 「대한제국 애국가」 자체는 대한제국의 황제의 위엄을 상징한다. 1902년 2월에 '시위연대 군악대' 군악 교사로 초빙된 프란츠 에케르트가 고종 황제의 명에 따라 작곡하여 같은 해 8월 15일 대한제국이 공식적인 국가로 제정 발표된 「대한제국 애국가」였다. 민중들은 대한제국의 애국가를 부르면서 여러 가지 형태로 가사 바꿔 부르기를 시도하는데, 그 노래 중 하나가 첫 번째의 「애국가」였다.

세 번째의 "승자 신손 천만년은"은 네 번째의 「무궁화가」와 다섯 번째의 「무궁화가 無窮花歌」로 발전된 애국가로 대한제국기로부터 가장 오랜 기간에 형성한 노래였다. "성자신손" 애국가는 이미 1896년 독립협회의 각종 행사에서부터 불렸던 애국가로 통용되다가 1905년 윤치호가 역술한 『찬미가』집과 그뒤의 『도산본』 창가 - 찬미집, 그리고 1907년에는 『대한매일신보』(10.30)에 게재함으로써 가장 널리 일반화된 애국가였다.[36]

즉, "승자신손…" 애국가는 1907년 직전부터 「무궁화가」란 이름에다 스코틀랜드 민요 「올드 랭 사인」에다 가사를 얹어 불려졌다. 이 애국가들의 공통된 특징은 성자신손 聖子神孫 천만년의 법통성을 이은 땅과 국가로서의 역사적 성격과 2천만 민족이 하나가 되어 민족국가를 사랑하는 심리적·심미적 애국심과 그리고 사농공상 귀천없는 평등의 세계를 추구하는 민주적 성격이 한데 어울려 자주적 독립 국가를 대내외로 노래한 민족주의적 성격이 특징으로 나타나 있었다〈그림 87〉 참고).

특히, 주목할 사실은 〈표 62〉 3번의 "승자 신손 천만년" 애국가가 『찬미가』집으로

36_ 여기에서 연대미상의 『도산본』이 1905년에서 1907년 사이에 발행된 창가 - 찬미집임을 확인할 수가 있다. 즉, 『도산본』은 1905년 6월 25일에 발행한 『찬미가』와 1907년 10월 30일자의 『대한매일신보』 사이에 있었다. 그것은 『도산본』의 가사 중 '후렴'이 『찬미가』와 같은 데 비하여 『대한매일신보』는 '후렴' 없이 처리되었고, 『도산본』, 「무궁화가」의 2절 "애국하는 열심 의기 북악같이 높고/충군하는 일편단심 동해같이 깊어"가 『찬미집』의 2절과 문맥 배열이 같은 데 비하여 『대한매일신보』는 바뀌어 있었다. 그만큼, 「무궁화가」가 『찬미가』를 따르고 있었다. 「무궁화가」가 『찬미가』에 앞서지 않은 점은 『찬미가』에 나오는 가사 중 1절의 "성자신손 천만년"이 『대한매일신보』에는 "성자신손 5백년은"으로 바뀌었는데, 『도산본』이 후자를 따르고 있는 데서 확인할 수 있다. 『찬미가』의 3절에서 "2천만인 오즉 한맘 나라 사랑하여"도 「무궁화가」나 『無窮花歌』는 똑같이 "천만인 오직 한 마음 나라 사랑하여"로 바꾸어진 데서도 그러하다. 한편, 『도산본』을 필자가 『도산본』 창가 - 찬미집이라 하여 창가집이면서 찬미집이라고 말한 것은 『도산본』의 모든 노래 가사 게재가 체재상 '4편, 5편, 6편…' 등 '편'으로 짜여져 당시의 찬미가집의 체재를 따르고 있었고, 대부분의 노래가 당시의 찬미가에 얹어 부른 데서 그러하다.

〈그림 97〉　　　　　　　　1905년의 『찬미가』 표지와 제14장

발행한 점이다. 한국교회음악사에 역사성을 가지고 있었다. 즉, 1885년 이후로 민족종교로 성장한 한국개신교가 찬송가에 있어서도 '민족적 형식에다 기독교 신앙 고백을 내용'으로 하는 민족 찬송가를 어떻게 창출할 것인가가 시대적 과제로 삼고 있는데, 바로 그 과제를 『찬미가』로 공식화하고 있었기 때문이다. 그 과제 접근은 '민족적 형식에다 기독교 신앙 고백을 내용'으로 하는 '가사 짓기'가 첫째로 이루어져야 하고, 두 번째는 그 내용을 민족적 형식에다 재통합하는 '민족 찬송가 짓기'로 풀어질 수 있었지만, 후자는 한국과 서양음악의 두 문화를 깊이 있게 익혀 자주화할 수 있는 시대나 음악인이 있지 않고서는 요원한 과제였다. 따라서, 이 시기의 우선적인 접근은 전자에 있었던 것이고, 바로 이 접근을 『찬미가』가 수행하고 있었다. 그 수행은 1860년대의 '천주 가사'의 역사성을 획득하고 있었고, 또 일제 식민지하에서 김인식 – 이상준 – 김형준 – 안기영 등으로 전개하는 민족 찬송가 운동을 이어가는 산맥이기도 하였다.

　이 사실은 이후의 한국 찬송가 역사가 1905년 발행의 『찬미가』가 아니고서는 서양음악문화를 무차별하게 추종하는 역사가 압도적으로 전개되었다는 점에서 그 『찬미가』야말로 민족음악 역사에 역사성을 제공하고 있었다. 이 『찬미가』 발행 전후만 하더라도 1892년 곡조없는 가사만의 『찬미가』, 1894년 4성부의 『찬양가』, 1899년의 『복음찬미』1903년의 영국성공회의 『성회송가聖會頌歌』, 1908년 장·감 합동의 『찬송가』 등이 있었지만, 1905년의 『찬미가』처럼 한국인에 의한 독창적 가사가 반영된 찬송가는 전무후무이었다.

말하자면, 1892년 『찬미가』 서문에서 밝힌 것처럼 "우리는 한 결론에 도달하였다. 곧 이 한국 백성들 틈에서 그들 마음 그대로 솟구치는 가락으로 노래할 그들 자신의 찬송가 작곡 작사자들이 나와야 하겠다는 그런 다짐이었다"와 같은 바람이 1905년의 『찬미가』에 실현되어 있었다. 기독교 신앙고백의 내용 중 하나로 근대 한국 민중들이 숱한 애국가를 '찬미가'로 삼은 점은 역사적이 아닐 수 없었다. 그 사실은 『찬미가』 제10편 찬미로 "승자신손…"뿐 아니라 제1편으로 "우리 상황폐하 천지일월같이 만수무강"이라는 찬미와 제14편으로 "동해물과 백두산이"가 다른 신앙가사와 함께 수록되어 있다는 점에서 반증된다. 이 『찬미가』는 모두 15곡으로 이루어졌는데, 윤치호에 의하여 번역되거나 고쳐져 기술(譯述)한 찬미가로 1905년 6월 25일에 발행하였고, 1908년에 재판까지 내놓았다. 비록 윤치호가 역술한 찬미가일지라도 그 애국가들은 대한제국기 이래 민중들의 작품이었다.

그러나 이러한 민족교회로 성장하는 흐름과 달리 당시 미국 선교사 중심의 선교 교회는 이미 탈 민족교회 입장으로 급격하게 선회하고 있었다. 말하자면, 1905년의 『찬미가』는 1908년 한국장로회와 감리회가 합동으로 발행한 『찬송가』에 완전하게 도외시되어 미국 찬송가가 완전히 중심이 되어 버렸다. 이것은 모두 1901년의 장로교 공의회에서 결의한 정교분리 원칙과 1905년 7월과 8월에 미국과 일본 사이에 맺은 밀약, 곧 미국대통령 특사 태프트와 일본수상 카츠라 타로오桂太郎 사이에 체결한 비밀조약으로 미국의 필리핀 독점에 대한 일본 양해 대신 한국을 일본의 독점적 지배권을 미국이 승인한 '카츠라-태프트' 밀약 이후 한국의 미국계 선교사들이 정교 분리화와 탈민족교회로 가고 있는 흐름과 그 맥을 같이 하고 있었다. 그것은 선교사들의 선교 교회와 민족 현실과 함께하려는 민족교회와의 갈등이자 한국교회의 이율배반으로서 두 얼굴이었다.

그러나 민중들 중심은 교회 자체를 민족교회 방향으로 나아가고 있었고, 교회 안팎으로 애국가를 불러갔다. 1905년의 『찬미가』에서 매우 중요하게 주목할 또 하나의 사실은 〈표 62〉의 여섯 번째 곡명 없는 애국가 "동해물과 백두산이 말으고 달토록"이

'제14편'으로 게재된 점이다. 치열한 민족 현실에서 민중들이 합의해 낸 이 애국가는 현행 애국가 가사와 한 획도 틀리지 않고 같다는 점에서 그러한데, 어차피 역술한 윤치호 이름으로밖에 확인할 수 없지만, 이 애국가가 「무궁화가」와 애국가의 후렴이 같다는 점말고는 가사가 달라 있었다. 이 애국가 역시 『찬미가』가 스코틀랜드 민요 「올드 랭 사인」에 얹혀진 노래임을 표시하고 있었다. 「올드 랭 사인」에 얹혀진 노래 가사들이 이처럼 많은 것은 그 민요가 세계에 일반적으로 퍼져 있는 5음음계라는 점에서 한국음악문화의 음향적 재료와 친화력이 있었기 때문에 여러 '노래 가사 붙여 부르기'가 가능하였던 것이다.[37]

〈표 62〉의 일곱 번째 곡은 이 시기에 처음으로 '국가國歌'란 이름으로 불렸다는 점에서 주목된다. 『도산본 창가 – 찬미집』 제15편으로 게재된 이노래는 '나라를 위하는 노래'임을 명기하고 있다. '충군애국으로 자주독립'을 도모하자는 내용으로 보아 작자가 '국가 창작'을 목적으로 기획한 애국가이다.

〈표 62〉의 끝 곡인 열세 번째 곡 「대한노래」는 '대한大韓 국가國歌'이다. 이 노래는 'God Save the King'에 얹어서 부르는 '노가바' 노래로서 1899년에 캐나다 독립 선교사로 내한(1893년에 귀국 후 침례교적 신앙으로 전향 후 1896년에 재내한)한 펜윅Malcolm C. Fenwick(1863~1935)이 1906년 충남 강경에서 대한기독교회를 조직하며 토착적인 선교 사업을 추구하고 있을 때 기독교적 신앙 고백으로 작사·작곡한 '대한 국가'이다. 이노래가 '대한 국가'이고 펜윅이 작곡한 사실은 펜윅 자신이 영역을 'My Country Tai Han'이라고

37_ 그 동안 현행 「애국가」가 「무궁화가」와 같은 가사라고 알려져 있었다. 이것은 장사훈의 「애국가고」, 『여명의 동서음악』, 앞의 책에서 비롯되었다. 그러나 1905년의 『찬미가』는 「무궁화가」인 '성자신손 오백년은 우리 황실이요'와 「동해물과 백두산이 말고 닳토록」이 각각 다른 편으로 게재되어 있었기 때문에 서로 다른 작품임을 확인케 한다. 그것은 얹어서 부른 곡 「올드 랭 사인」이 같았다는 점에서 혼란이 야기된 듯하다. 또, 장사훈의 논문 「애국가고」가 밝혔어야 할 직접적인 1차사료 『찬미가』가 전혀 인용되지 않았기 때문에서도 그 혼란이 증폭되었다. 한편, 애국가 가사 문제는 해방 이후에도 지속적인 과제이었을 뿐 아니라 곡조에 있어서도 문제였다. 해방 공간에서 안익태의 애국가는 민족애국가로 작용되지 않았다. 더욱이, 일제 식민지하에 그는 미국에서 독일로 옮겨 생활을 하며 서양의 음향적 재료에다 작곡한 반면, 식민지하의 민중들은 「올드 랭 사인」에 얹어 부른 애국가를 훨씬 더 가까이 하고 있었을 뿐 아니라, 안익태의 애국가 곡조가 불가리아를 여행할 때 그 지역의 민요에서 일부 차용하여 창작하였기 때문에 흡사하다는 지적(이유선, 『한국양악백년사』, 앞의 책, 153쪽) 등은 모두 한국의 역사적 음악으로 이루어진 국가(國歌)가 없다는 데서 끊임없이 일어나는 문제들이었다. 국가 제정에 결단이 필요한 시대에 지금 우리가 살고 있다. 아마, 그 결단은 통일이 이루어질 때 본격적으로 부각될 것이다.

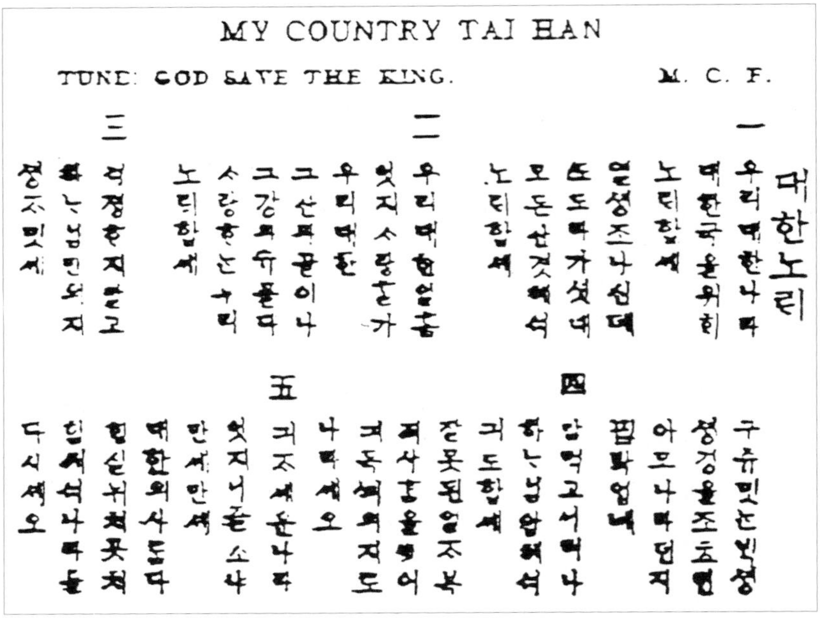

〈사진 59〉 펜윅이 작사한 「대한노릭」

한 데다, *The Korea Review* 1906년 8월호에도 "The following is a Korean national hymn composed M. C. Fenwick."이라고 밝히고 다음 악보를 게재하는 점에서 연유한다〈사진 59〉 참고).

이 밖에 '국민가'로 정착한 두 편의 노래(〈표 62〉의 9번과 10번), 곡명없는 "만왕의 왕 우리 하나님께옵서"라는 노래들은 전자가 충군애국보다 '대한강산의 기상을 담보한 대장부 노래'라 한다면, 후자는 '충군 애국'의 노래였다. 후자뿐 아니라 〈표 62〉 대부분 노래들이 기독교적인 용어 '하나님'이란 용어가 등장할지라도 기독교 출신의 대중들에게만 불려진 애국가가 아니라 모든 민중들이 함께 불렀었다. 그것은 상제上帝나 황천皇天으로 표기할 때나 때때로 '하나님·하느님'이라고 표기가 등장하고 있었지만, 이 용어에 대한 기독교적 입장은 유일신 하나님을 의미화시킨 데 비하여 일반 대중들은 '단군'이나 '하늘의 님'을 의미화시켰기 때문이다. '하나님'은 본래 '한울님'에서 그 용어가 생겼던 것이다.

〈표 62〉의 노래 중 가장 비장하면서도 각오를 새롭게 하며 또 전래적인 음보 형식

을 빌어 노래한 이 시기의 뛰어난 작품은 열두 번째의 「독립가」이다.[38]

1절만 하더라도 "슬프도다 우리 민족아/사천여년 역사국으로/자자손손 복락하더니/오늘날 이 지경 웬일인가"로 이어가며 민족 현실을 절박하게 바라보고 있었으며, "철사줄로 결박한 줄을/우리의 손으로 끊어 버리고/독립만세 우리 소리에/바다가 끓고 산이 동켓네"라고 노래하면서 민족을 옥죄고 있는 봉건성과 일본의 침략성의 철사줄을 결연히 끊어 자주독립을 노래하고 있었다. 한국 역사의 전 과제이자 민족음악 역사에서 풀어야 할 두 가지 과제, 곧 안으로부터 인간적 사회를 건설하고 밖으로부터 외세에 자주적인 민족국가를 건설하는 과제를 이 「독립가」는 노래하는 점에서도 작자미상의 저자는 정확한 역사 인식을 하고 있었다. 6절에서 "금수강산이 빛을 잃고 광명한 일월이 아득"하게 된 민족 현실이 "이것이 누구의 죄인지를 생각하면 나와 너 우리 모두의 까닭"임을 밝힌 데서 그러하거니와, 8절에서 "자던지 깨던지 우리 맘의 나태한 악습과 외래 사상을 모두 다 한칼로 끊어버리자"라고 절규하는 데서도 그 역사적 과제를 분명히 하고 있었다.

다른 한편으로 "눈을 들어 살펴보니/3천리 강산에 사무친 것은 우리 부모의 한숨 소리요/우리 학도의 눈물이로세"라는 5절이야말로 이 모든 비극이 안팎의 과제가 만든 철사줄이기 때문에 우리 손으로 끊어 버리자는 노래는 비장미를 정점으로 끌어올리고 있다. 그러면서도 "적이 항거하거든 한칼로 선뜻 베어 버리고 태극기를 높이 달아 독립가를 높이 부르자"라고 하여 그 결연한 의지를 불태우고 있었다.

이 「독립가」는 모든 철사줄로부터 자유독립을 노래하였고, 민족이 자주적으로 해결하고 발전할 수 있었던 모든 근대성을 일본제국주의의 침략으로 억업받음으로써 민족 현실에 나타난 모든 철사줄을 '죽음을 불사하는 우리의 손으로 끊어 버려 독립을 쟁취함으로써 대한제국 만세'를 부르자는 혁명의 노래가 될 수가 있었다. 애국가이자 반성의 노래이기도 한 이 독립가는 일제 침략과 싸우며 독립을 쟁취하는 혁명가로서 이 시기 애국 계몽 노래운동의 최고의 반석에 오른 노래이다. 더욱이, 이 노래는 『도산본

38_ 필자가 가제로 붙인 「독립가」는 원래 곡명이 없었다. 그러할지라도 '후렴'에서 "독립만세"라고 계속 강조하고 있었고, 특히 10절에서 "독립가를 높이 불러봅시다"에서와 같이 「독립가」를 지칭하고 있었기 때문에 곡명미상의 이 노래에 「독립가」라고 붙여졌다. 한편, 이 노래는 유감스럽게도 어떤 곡에 얹혔는지가 밝혀 있지 않았다.

창가 – 찬미집』 11쪽에 "정부에셔 압슈한 노릭"라고 표기할 정도로 일본 통감부와 지배체계들이 두려워한 노래였지만, 민중들은 이 시기의 최고의 독립가로 외세와 투쟁을 하였다. 이처럼, 이 시기 모든 노래들은 충군애국으로서 애국가와 일본제국주의침략에 투쟁하는 독립가로 노래운동을 전개하였다. 그 노래운동들은 동시에 1908년에서 1909년에 이르는 기간에 분수령을 이루고 있는데, 이것은 이 2년간이 의병전쟁이 절정에 이르른 때와 맞물려 전개되었기 때문이다.

다음 〈표 63〉은 한반도 역사와 민족의 뿌리와 민족국가에 대한 충성을 애국심으로 노래한 여러 노래들이다.

〈표 32〉 일제에 의한 음악조직개편과 일본음악용어의 적용(1907.11)

번호	곡명	가사	출전
1	단군가	1. 우리 始祖 檀君쯰셔/太白山에 降臨ᄒ샤 　나라 집을 創立ᄒ야/우리子孫 주시셨네 　거룩ᄒ고 거룩ᄒ다/大皇祖의 놉혼 聖德/거룩ᄒ다 2. 모든 苦難 무릅쓰고/荒蕪地를 開拓ᄒ샤 　良田美宅 터를 닥가/우리 子孫 기르셧네 　닛지마셰 닛지마셰/大皇祖의 깁흔 恩澤/닛지마셰 3. 모든 危險 무릅쓰고/惡ᄒ짐싱 모라ᄂᆡ샤 　害와 毒을 멀니ᄒ야/우리 子孫 保護힛네 　짓지마셰 닛지마셰/大皇祖의 크신 公德/닛지마셰 4. 착ᄒ 遍를 세우시고/어진 政事 베프시와 　靑邱山河 빗ᄂᆡ시고/ 千子萬孫 福주셧네 　닛지마셰 닛지마셰/大皇祖의 어진 德化/닛지마셰 5. 兄弟들아 姉妹들아/大皇祖의 子孫된자 　우리 兄弟 姉妹들아/千番萬番 죽드리도 　變치마셰 變치마셰/大皇祖를 向ᄒ 忠誠/變치마셰 6. 兄弟들아 姉妹들아/祖上나라 모든 民族 　우리 兄弟 姉妹들아/忠誠품고 同力ᄒ야 　빗ᄂᆡ보셰 빗ᄂᆡ보셰/大皇祖의 놉흔 일흠/빗ᄂᆡ보셰	『대매』, 1909년 8월 6일자
2	한반도	1. 東海에 突出ᄒ/나의 韓半島야 　너는 나의/조상나라이니 　나의 ᄉ랑흠이/오직 너뿐일셰/韓半島야 2. 恩澤이 깁고나/나의 韓半島야 　先祖들과/모든 民族들이 　너를 依託ᄒ야/生長ᄒ얏고나/韓半島야 3. 歷史가 오릭된/나의 韓半島야 　先祖들의/遺蹟을 볼쩍에 　너를 思慕흠이/더욱 깁허진다/韓半島야 4. 日月 ᄀ치 빗ᄂᆞᆫ/나의 韓半島야	『대매』, 1909년 8월 18일자

		둥근 ㄷㄹ이/半空에 밝을대 너를 싱각홈이/더욱 懇切ㅎ다/韓半島야 5. 山川이 秀麗흔/나의 韓半島야 　물은 맑고/山이 雄壯ㅎ데 　너를 향흔忠誠/더욱 놉하진다/韓半島야 6. 아름답고 귀흔/나의 韓半島야 　너는 나의/ᄉ랑ᄒᄂ바니 　나의 피를 부려/너를 빗내고져/韓半島야	
3	명츙가	부럽더라 부럽더라/민보국대감 부럽더라 이디감도 평시에는/별사람이 안이더니 나라일에 분격하야/일죠단츙 일운후로 쟝안빅셩 우는소리/부모상을 당흔 듯 졍츙디졀 놉흔일홈/동셔양에 빗치나네 우리들도 엇지허면/나라위히 셩공홀가 무감슌검 병졍이나/벌세구죵 샹노중에 츙분지심 잇스며눈/경각간에 셩공허리 내한몸을 등히잇고/역젹놈을 쳐치허면 죽들리도 츙신일홈/쳔츄복디 젼홀지오 쳐ᄌ권속 사눈것은/계샹공의 ᄌ직ㅎ니 우리갓흔 샹놈들도/츙신한번 되야보세 츙신한번 되고보면/민보국 디감 부럴손가	『대매』, 1905년 12월 5일자 屏門 長席生
4	해로가	精忠일네 精忠일네/우리 閔公 精忠일네 大節일네 大節일네/우리 閔公 大節일네 이 忠誠이 節槪ᄂ/萬古에도 쯕이 업네 빗치나네 빗치나네/大韓山天 빗치나네 期苑得生 발근말삼/遺書中에 丁寧ㅎ디 同胞들아 同胞들아/二千萬의 同胞들아 ᄒ여보세 ᄒ여보세/結心戮力 ᄒ여보세 ᄒ여보세 ᄒ여보세/死中求生 ᄒ여보세 堅志勉學 깁흔訓戒/우리 學徒 이질손가 學徒들아 學徒들아/大韓帝國 學徒들아 ᄒ여보세 ᄒ여보세/堅其志氣 ᄒ여보세 ᄒ여보세 ᄒ여보세/勉其學問 ᄒ여보세 獨立일세 獨立일세/大韓帝國 獨立일세 自由로세 自由로세/二千萬民 自由로세 이 獨立 이 自由ᄂ/우리閔公 功이로다 功이로다 功이로다/피흘니신 功이로다	『대매』, 1905년 12월 21일자 "英語學徒 等이 閔公 發靷時에 唱흔 薤露歌"
5	민츙졍 血竹歌	어화우리 학도들아/이ᄂ말슴 드러보소 대흔동포 합심긔쵸/민츙졍에 공노로다 나를 위히 죽ᄂ죽엄/영광즁에 데일일세 영싱일세 영싱일세/민츙졍공 영싱일세	『대매』, 1906년 8월 3일자 리학준작 박슈호 작
		빗나도다 빗나도다/졍츙졀의 민츙졍공 졀ᄉ흐은 빗나도다/우리 동립위흠 일세	최영창작
		보답ᄒ세 보답ᄒ세/민츙졍공 보답ᄒ세 잇지마세 잇지마세/츙의두ᄌ 잇지마세	김학인작

		민충정공 유셔말슴/우리심중 식여두고 문명지화 열닌세계/말과 일과 치ᄒ세	정슈안작
		우리딕한 청년들아/깁히든잠 얼는 씨여 슈화중에도 동포들/어셔 방비 건져닉세	김문슈작
		우리들도 강병되여/뇌셩갓흔 호호령에 번기갓치 닉다라셔/우리나라 도아보세	최몽구작
		우리딕한 동포형제/츄호반졈 낙심마오 하나님이 도으심을/회복할날 갓가왓네	리셩경작
6	追悼歌	天地至剛至正氣가/閔忠正의 一刀로다 피가 흘너 딕가되니/大韓帝國 光樂이라 居諸光陰 븟비오니/殉節하신 今日이라 全國同胞 二千萬이/一般追悼하려니와 數間基礎 우리學校/遺澤尙新하시도다 奮發홀사 學徒더라/丁寧遺書이질손가 忠愛目的 본을바다/獨立精神 기를세라 年年此日 이 노리를/紀念숨아 하여보세	『대매』, 1906년 12월 2일자 '잡보'란
7	慕忠歌	天下萬物 人物中에/死義一等이라 圃隱先生 善竹事ᄂ/古老相傳 들어더니 我國忠信 閔忠正은/幸生一世 目睹로다 血化허야 딕가되니/萬古綱常 이 아닌가 大韓江山 光榮이오/五洲世界 誦聲이라 어리석은 男女들아/徒自追悼 全如마라 國歌桂石 大臣되면/危亂世에 當然事라 우리同胞 二千萬이/自强之心 奮發處라 冬十一月 歲丙年에/縉紳章甫 齊會허야 生초一幅 忠正像을/精一교에 妥奉허니 分明忠竹 兩三叢이/永使蒼生 感心이라 學徒들아 學徒들아/晝소一心 膽仰ᄒ야 愛國精神 본다다셔/習興成性 홀지어다	『대매』, 1907년 1월 16일자
8	慕忠歌曲	泰山高節 閔忠正이/忠則盡命ᄒ얏스니 竭忠報國 말근節槪/大韓日月 빗낫도다 아희아 竹葉盃가득이/부러랴 同胞의게	『대매』, 1907년 2월 10일자 지아생작
9	莫放土	三千里疆土를, 흐응, 나못노켓다, 홍. 죽으면 죽었지, 나는 못노아, 아. 어리화, 됴타, 흐응, 和我者둘시구, 홍.	『대매』, 1909년 3월 7일자
10	猿鍾滅	와직씬쑥싹 흐응, 잘족여대더니, 홍. 그만혼 원슝이 滅種을 식힌다, 아. 어리화 됴타, 흐응. 慶事가 낫구나, 홍.	『대매』, 1909년 2월 8일자

(3) 친일 비판의 노래

일본은 1902년 영국과 동맹 조약으로 제국주의 국가로서 발돋움한데다 1905년 미국

과 카츠라-태프트 밀약, 영국과 제2차 영일동맹으로 조선지배를 국제적으로 승인받는
다. 1904년의 제1차 한일협약에 따른 고문정치 시작, 1905년 통감부 설치를 내용으로
한 을사5조약이 외부대신 박제순과 내부대신 이지용, 군부대신 이근택, 학부대신 이완
용, 농상부대신 권중현 등 '을사5적'간에 '허위'로 체결되자 조선민중들은 거리로 뛰쳐
나와 이를 격렬하게 규탄하고 시종문관장 민영환의 할복 자결, 학생들의 동맹휴학과
상인들의 철시 저항, 의병들의 결성으로 치열한 국권회복 전열이 갖추어졌다. 『황성신
문』의 주필 장지연이 "이 날을 목놓아 통곡한다是日也放聲大哭"라는 논설로 목놓아 규탄
한 일이나, 1907년 헤이그 만국평화회의에 밀사를 파견하여 을사조약이 고종 황제의
인허나 수결手決도 국새도 압인押印도 하지 않아 고종이 거부한 '허위문서'임을 폭로한
을사조약 무효화 사건도 모두 일제가 허위 문서로 한반도를 강점한 불법성을 규탄하는
사건들이었다〈사진 60〉 참고).

이후 고종의 강제 퇴위와 1907년 군대 해산 속에서도 일제의 식민지화에 저항하는
투쟁이 의병전쟁으로 이어지면서 1908년 조선정부의 외부고문으로 식민지화 정책에
앞장서고 있었던 미국인 스티븐슨을 저격하거나, 1909년 하얼빈에서 안중근은 통감부

〈사진 60〉　　　　　고종이 을사조약을 인허하거나 날인하지 않았다고 밝힌 친서
런던 『트리뷴』신문에 게재한 것을 『대한매일신보』 1907년 1월 16일에 다시 게재하였다.

외부대신' 박제순(朴齊純)　내부대신 이지용(李址鎔)　군부대신 이근택(李根澤)　학부대신 이완용(李完用)　농상대신 권중현(權重顯)

 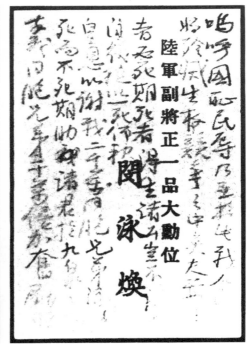

〈사진 61〉　　　　　　　　　　　　　　　　을사5적과 민영환의 유서

윗 사진은 일제가 1905년(광무 9) 한국의 외교권을 박탈하기 위해 강제로 체결한 을사조약을 승인한 5명의 대한제국 대신들의 모습이다. 학부대신 이완용(李完用), 내부대신 이지용(李址鎔), 외부대신 박제순(朴齊純), 군부대신 이근택(李根澤), 농상공부대신 권중현(權重顯)이 그들이다.

아래 사진은 민영환이 1896년 러시아니콜라이 황제 대관식에 참석하기 위하여 페테르스부르크에 도착한 후에 예복차림으로 사진을 남겼다. 이 참석의 목적 중 하나는 대한제국에 서양식 군악대 설치를 위한 것이었다. 다른 서양 제국을 방문하고 귀국 후에 민영환은 러시아 악기구입과 악대 교관 초빙 그리고 시위연대 군악대 설치에 실제적인 공헌을 하였다. 유서내용은 "슬프다! 국치와 민욕이 이에 이르렀으니, 우리 인민은 장차 생존 경쟁 속에서 모두 멸망하게 되었다. 무릇 삶을 요하는 자는 반드시 죽고, 죽음을 기하는 자는 반드시 삶을 얻는다는 것을 여러분이 어찌 모르겠는가! 영환은 다만 한번 죽음으로써 우러러 황은 보답하고 우리 2천만 동포에게 사죄하노라… 부디 우리 동포형제들은 천만으로 분려를 배가하여 자기를 굳게하고 학문에 힘쓰고 결심육력하여 우리의 자유와 독립을 회복하던 죽은 자가 마땅히 땅속에서 기뻐 웃을 것이다. 슬프다! 그러나, 조금도 실망하지 말라. 민영환"

한편 민영환 자결 직후에 수많은 노래들이 불리워졌다.

황현   최익현   안창호

양기탁   신채호   박은식

김구   이동녕   이회영

〈사진 62〉   애국지사들

〈사진 62〉　　　　　　　　　　　　　　　　　　애국지사들

1855년 전남 광양출신인 매천(梅泉) 황현(黃玹)은 1910년 한일합방 직후 자결하였다. 『매천집』·『동비기략』·『매천야록』 등의 저서를 남겼다. 최익현(崔益鉉)은 의병장으로 항일무장투쟁을 전개하다가 일제에 붙잡혀 대마도에 끌려가 단식으로 운명하였다. 안창호(島山 安昌浩, 1878~1938)는 1906년 항일비밀정치결사인 신민회를 양기탁·신채호 등과 조직하고, 이어서 『대한매일신보』를 기관지로 사용하거나 평양 대성학교와 정주의 오산학교를 세워 인재를 양성하였다.

안창호는 1913년 미국에서 민족혁명 수양단체인 흥사단을 조직한 뒤로 3·1운동 이후 상해 임시정부 내무총장과 흥사단 극동임시위원부를 조직하여 독립운동을 하다가 일본 경찰에 체포 되어 본국에 송환되었다. 3년간 대전감옥에서 복역한 뒤인 1937년 6월 동우회 사건으로 체포되어 1938년에 병보석으로 풀린 뒤 치료를 받다가 운명하였다. 대전에서 태어난 신채호(丹齋 申采浩, 1880~1936)는 『황성신문』이나 『대한매일신보』 등에 강직한 논설로 독립정신을 고취시키고, 상해와 북경 등지에서 비밀결사 조직체로 항일투쟁을 하다가 일제에 체포되어 여순감옥에서 복역 8년 만에 옥사하였다. 신채호는 민족사학 입장으로 『조선상고사』와 『조선사연구초』 등을 오늘에 남기었다. 신채호는 또한 "민중적 문화의 조선을 건설하고 노예적 문화사상을 파괴"하자며 내세우는 입장은 박은식(朴殷植, 1859~1925)선생이 민족역사의식으로 민족정신과 혼이 깃든 음악을 관철하려고 독립운동을 한 것과 더불어 그 역사적 전통을 오늘에 물려주고 있다. 박은식 선생은 1926년에 상해임시정부의 대통령으로 피선되었으나 퇴임 이후 같은 해 11월에 병으로 마감하였다. 『단군사고』·『한국통사』·『안중근전』·『독립운동지혈사』 등의 저서를 남긴 민족사학자이기도 하다.

김구(金九)는 항일독립운동가로 평생 독립운동과 통일민족 국가건설을 위하여 살다간 인물이다. 동학운동-애국계몽운동-신민회를 거쳐 1919년 3.1운동 이후로 망명지 상해에서 대한민국 임시정부를 실질적으로 이끌었다. 석오(石吾) 이동녕(李東寧)은 대한제국의 계몽운동가·언론인이자 일제 강점기의 독립운동가였다. 신흥무관학교를 설립하고 초대교장을 역임하였다. 임시정부 수립에 참여하면서 조국광복의 일념에 투쟁하였다. 성재(省齋)·이시영(李始榮)은 간도로 망명, 독립운동 기지 건설을 착수하자 이동녕·이상룡(李相龍)·김동삼(金東三) 등이 찬성하며 자치단체 경학사창설과 이론·병법·전술교육에 의한 신흥강습소-신흥무관학교를 설립으로 독립군 간부를 양성하여 청산리대첩과 1920년대 항일독립운동의 주역으로 활동하였다.

안중근(安重根, 1879~1910) 선생은 1909년 10월 26일 만주 하얼삔에서 한국침략의 원흉인 이토오 히로부미를 사살하여 겨레의 사무친 원한을 통쾌하게 설욕하였다. 이 거사에 우덕순·조도선·유동하 선생도 참가하여 안중근과 함께 체포되어 1910년에 일제에 의하여 모두 사형을 당하였다. 맨 아래 사진은 안중근 선생이 처형을 당하기 2주 전인 3월 24일에 두 동행 안정근·안공근이 면회하여 만나는 모습이다. 안중근 선생은 거사 전에 "장부가 세상에 처함이여 그 뜻이 크도다 / 때가 영웅을 지음이여 영웅이 때를 지으리로다 / 천하를 응시함이여 어느 날에 업을 이룰고…"라는 「장부가(壯夫歌)」를 국한문 두편을 지어 후세에 남겼다.

통감 이토오伊藤博文를 저격하였고, 이재명도 일제에 앞장선 이완용을 칼로 찔러 친일을 규탄하였다. 끓어오르는 분노로 일제와 친일대신·일진회와 같은 친일 단체를 규탄하는 글을 쓰고 노래를 만들어 낸 것은 우리들의 오랜 전통이기도 하였다.

번호	곡명	가사	출전
1	賣國慶祝歌	▲慶祝일식 慶祝일식/新明文에 捺印ㅎ야 大韓江山 三千里를/一手販賣ㅎ얏스니/口文이 不少로다 富貴榮華 自取ㅎ니/身外無物이라/國家는 何用인고 ▲慶祝일식 慶祝일식/韓國에 大臣交椅/爭奪者 何人이며 日本帝國 大勳立는/一平生 榮耀로다 天上天下 唯我獨尊/勢力熏籙 自取ㅎ니 身外無物이라/國君은 何用인고 ▲慶祝일식 慶祝일식/이뇌 一身 慶祝일식 我命은 在天이라/뉘가 敢히 죽이자고/嗟請인지 伏閤인지 一般逆賊 元老 公卿 憲兵隊가 제격일식 强國功勳 自炊ㅎ니 身外無物이라/國論은 何用인고 ▲慶祝일식 慶祝일식/屬國되면 뉘가 알며 領土되면 뉘가아나/뇌 富貴 뇌 位□야 三頭六臂 어늬놈이/흥야항야 하야보게 如此하면 輪船타고/日本東京뇌곳지라 綽綽餘地 自取ㅎ니/身外無物이라/國土는 何用인고 ▲慶祝일식 慶祝일식/二千萬生 靈 다죽어도/唯吾獨生 第一일식 無衣無食 홀理잇나/無金無帛 ㅎ든말가 高臺廣室 好家舍에 絶代佳人 行樂ㅎ고 綿衣玉食 自取ㅎ니/身外無物이라/國民은 何用인고	『대매』, 1905년 12월 1일자 매국대신작
2	警告同胞文	▲榮華로세 榮華로세/大韓帝國 榮華로세 榮華로세 榮華로세/自刎(자문)以死 榮華로세 忠臣인들 범연ㅎ며/忠臣에도 웃둑ㅎ다 古書古談 드럿건만/今日忠臣 보앗도다 (중략) 一心으로 野國物貨 스지말고/通商去來 막아보세만 一心 먹엇쓰면/두리울 것 바이업네 逆賊들아 大韓에는/逆賊이오 忠臣일세 忠臣일세/日本에는 忠臣이라 日本勳功 바드랴면/伊藤博文 우희로다 逆賊들아 逆賊들아/逆名듯고 富貴功名 그 富貴가 몃칠이며/그 功名이 몃칠인가 붓그럽다 붓그럽다/忠臣烈士 붓그럽다 逆名으로 報聘大使/日本인들 엇지가며 劍下驚魂 되얏스면/閻府엔 輕罪로다 죽지죽지 죽지어셔/왜 스랏나 왜 스랏나 우리君父 옹폐총명/日本스람 압제로세 더슬면 무엇ㅎ나/어셔밧비 죽어야지 忠臣의게 祭지뇌고/宗社의 告由ㅎ세 一丹心 二忠臣으로/獨立自由 되는도다 二千萬 우리 同胞/兩忠臣의 丹心밧다 大韓逆臣 셩토ㅎ고/남의 壓制밧지말아 獨立自由 ㅎ고보면/忠臣遺恨 씨스리라 一進會民 六十萬名/兩忠臣이 붓그럽다 우리나라 유죠흔것/죠금업고 日本壓制 쑌이로다	『대매』, 1905년 12월 10일자와 12일자 강우생략

		一進會도 스룸이라/一심으로 나아오쇼 어셔어셔 나아오쇼/大韓獨立 大路上으로 죽을 스쓰두려말고/獨立權을 ᄎᄌ보세 大韓乾坤 너른世界/一심바다 輔國ᄒ세 忠臣이 고만이며/忠臣이 고만인가 죽ᄂ것슬 두려말고/일심으로 忠君ᄒ세(完)	
3	思想八變歌	第一變 나라ᄒ고 相關된/公변되게 미운놈 한민에 쳐죽어셔/이ᄂᆡ 분풀니로다 第二變 잘못쳐서 못마치면/속졀읍시 나만죽네 第三變 六穴砲로 얼는노코/쏼니쒸면 일업도다 第四變 六혈砲를 當場삿네 第五變 남죽이고 나살야면/天理에 못되리로다 第六變 죽이고셔 나도죽자 第七變 한ᄉ룸 남죽이고/한ᄉ룸 나죽으면 兩人相讐될샏이라 第八變 한ᄉ룸 나만죽어/全國이 感惺ᄒ어 이몸에 榮華되고/國家에 幸福일세	『대매』, 1907년 7월 2일자 정재홍작
4	生辱死榮歌	榮華로다 榮華로다/이ᄂᆡ 죽엄 榮華로다 흑갓치 쎠근 말도/죽은후에 金言일세 軍士길너 戰爭보뎜/志士죽어 有力ᄒ외 志士열만 잘죽으면/일혼 國權 되찾ᄂ다 人生ᄒ번 아니죽나/早晩相關 샏이로다 죽지안코 살야한덜/셔셔살짜 어대잇나 남의손에 죽ᄂ날은/犧牲이네 아니야 나 죽어 榮華됨을/보고어셔 짜라오게	『대매』, 1907년 7월 2일자 정재홍작
5	追托書	밧구로ᄂ 富貴之慾/안으로ᄂ 室家之樂 다바리고 不願홀제/다시무엇 걱정ᄒ리 그러ᄒᆞ나 한 付託은/두낫 子息 敎育할닐 사랑ᄒᄂ 同胞에게/바라나니 심써쥬오 國內同胞中	『대매』, 1907년 7월 2일자 정재홍작.
6	聞一和十	▲一國을 헌動ᄒ니/內閣大臣의 權利로다 　나라權利 다팔어서/自己地位 買得ᄒ니/獨專其利 됴흘시고 ▲二千萬衆 우리同胞/生命財産 엇지ᄒ나 　不顧生靈 져官吏들/貪虐에만 從事ᄒ니/俊民膏澤 됴흘시고 ▲三百四十 餘郡中에/남은土地 얼마런고 　六里靑山 져긔잇다/八國山川 指點ᄒ니/稍쳔食之 됴흘시고 ▲四方山川 바라보니/風塵도 擾亂토다 　可憐홀손 ○辜生靈/灰燼中에 드단말가 　悲慘ᄒ 눈물을/어대다가 쑏리리오/普渡慈航 됴흘시고 ▲五大臣져 時節부터/新條約이 成立되야 　國權墮落 되던늘에/殉國忠節 멧멧친고/閔忠正公 壯ᄒ시고 ▲六大部洲 列强國에/大韓獨立 公布터니 　露日講和된 然後에/保護權이 웬말인가/弱肉强食 됴흘시고 ▲七條約을 成立ᄒ니/靑邱一幅 淨沈ᄒ다 　婢顔奴膝 這大臣아/當時에ᄂ 舌鋻이오 　千秋에ᄂ 筆鉞이라/遺臭萬年 됴흘시고 ▲八道江山 도라드니/淑氣도 崢嶸ᄒ다 　英雄豪傑 누가잇나/冀北野 千里馬ᄂ 伯樂을 못맛낫나	『대매』, 1907년 12월 18일자

		南陽草堂 臥龍先生/春夢을 느끼씨나/時哉時哉 됴흘시고 ▲九曲肝腸 다서눈다/壓制下에 잇눈人生 牛馬만도 못호도다 이羞恥를 엇지호나/호나님前 等狀가세/天高廳卑됴흘시고 ▲拾生九死 호더릭도/壹心으로 團體호야 自由鍾을 猛撞호며/獨立立을 高揚호야 覊絆을 脫免호고/東洋에 號令호면/堂堂帝國 됴흘시고	
7	夢中八事	▲午窓에 夢驚호야/世上事롤 生覺호니 夢中에 노눈人生/空然히 奔忙호다 ▲黃粱枕 도두베고/富貴만 思念호야 國權軍權 讓與호고/土地人民 不願호야 壑慾(학욕)만 채우건만/죽히지면 虛事로다/七大臣의 夢中事요 ▲銀錢分에 팔닌몸이/權門下에 哀乞호고 外人의게 阿附호노라니/勅奏判任 맛보랴고 晝夜奔忙 호노라니/爲國之心 늘슈잇나/仕宦客의 夢中事오 ▲南北村 出入場에/逢人쳐道 호눈말이 郡守奏本 되얏다지/幾寡中單 食口눈 主務大臣이 손을쓰니/地方政治 엇지호며 人材擇用 잘되얏다/郡守者의 夢中事오 ▲窮交貧族 對호時에/죽눈소릭 너무마라 自善事業 許多호딕/守錢奴가 되단말가 良田美土 高樓巨閣/當長行樂 無窮컨만 空手來 空手去눈/世上事가 虛탄호다/富家翁의 夢中事오 ▲歲暮天寒 頉窓下에/擁爐生涯 泣泊호다 겨집生員 志操보소/兩손길흘 홀불면셔 勞動事業 엇지호리/前日心腸 못變호니/貧寒士의 夢中事오 ▲洋服입고 落髮호니/外面開化 鮮明호다 人民團厝 體說이오/國家思○ 無實이라 聲名만 釣取호니/郡守하나 쥬어보면/名譽客의 夢中事오 ▲學問知識 쓸딕업고/風流場에 沈感호니 千金散盡 還復來눈/옛말이 無效로다 돈잘쓰눈 져手段은/靑젼産業 蕩敗호고 悲嘆窮廬 호눈고눈/蕩敗者의 夢中事오 ▲送郞迎郞 繁華場에/炎凉世態 可觀이라 多젼客만 偏好호니/某大臣과 恰似호다 二八靑春 幾何런고/東園桃李 片時春은/娼家女의 夢中事오 ▲一夢을 반즘씌여/四方을 바라보니/昏夢天地 되얏고나 이쑴을 언제씌여/文明世界 되야보나	『대매』, 1907년 12월 28일자
8	一進會야	▲韓國同胞 許多中에/極悲極惡 第壹이라 差等人物 누구런고 一進會가 네로고나 私情업눈 이 筆鋒이 無數論駁힛거니와 近日情形드러본즉 凶焰之勢 稍息호고 悔歎者가 만타호니 大慈大悲 筆端으로 壹次訓導호리로다 ▲愚痴호다 一進會야 可憐호다 一進會야 百萬名의 團體라고 네가 恒常 誇張호니 더럿타시 大團體로 他人奴隷 되지말고 祖國事에 獻身호야 탄誠竭力 호고보면 於公於私 그 利害가 오날날의 賣國賊과 何擇焉고 何擇焉가	『대매』, 1909년 2월 17일자

9	一進會야	▲一進會아 一進會아 五條約만 ᄒᆞ더리도 네 功名이 已高ᄒᆞ고 七協約만 ᄒᆞ더리도 네 欲望이 已充인ᄃᆡ 무슴 籔壑못다치워 合邦셔를 ᄯᅩᄒᆞ나냐 一身富貴 좃타ᄒᆞᄃᆞᆯ 너도 亦是韓人이지 그런 일을 엇지ᄎᆞᆷ아 ▲一進會아一進會아 五約七協 다ᄒᆞᆫ後에 그 結果를 못보나냐 全國影響姑舍ᄒᆞ고 一進會만 보더리도 外人의게 奴隷待遇 同胞의게 國賊唾罵 그 身世가 엇더ᄒᆞ가 利害上의 關係로도 이런 일을 못ᄒᆞ리라 ▲一進會아 一進會아 네黨與를 統計히도 數千名에 不過ᄒᆞᄃᆡ 무슴 聲勢虛張ᄒᆞ겨 百萬이라 假稱ᄒᆞ노 너의 ᄯᅩᄒᆞᆫ 凶逆輩ᄂᆞᆫ 萬萬名이 잇더리도 齒數ᄒᆞᆯ비 아니어늘 國民이니 代表니 네 言辭가 可痛코나 ▲一進會아 一進會아 彌天大惡 지어노코 區區殘命 保全코져 憲兵이니 巡査이니 압뒤門을 擁護치만 二千萬衆 뎌 同胞의 滿腔熱 쓸코보면 窄窄ᄒᆞᆯ수 이 天地에 容身ᄒᆞᆯ곳 업셔지니 네 身世가 可怜코나 ▲一進會아 一進會아 爾輩所謂頭領이야 肥已熱에 換腸ᄒᆞ야 窮天臣惡 짓더리도 頓不顧量ᄒᆞ거니와 ᄭᅵ닭업ᄂᆞᆫ 會員輩야 무슴 穀氣 바라노나 萬里前程 그룻치노 어셔밧비 退會ᄒᆞ야 國民分子 되야보소	『대매』, 1909년 12월 8일자
10	解散藥	날뎌워오니, 흐웅, 회ᄂᆡ시 난다, 흥. 썩어진 壹進會, 佛手散 멱여라, 아. 어리와, 도타, 흐웅. 良民이 되여라, 흥.	『대매』, 1909년 2월 21일자
11	六個畵像	▲李完用氏 畵像보소 호列刺에 죽을外바 皇天祈禱 排設ᄒᆞ고 女喪制를 驅逐ᄒᆞ니 高明ᄒᆞᆯ수 그 知識은 東西洋의 哲學者가 발명못ᄒᆞᆯ 知識일세 ▲李容植氏 畵像보소 六百年前 제 祖先의 歷史改正 請求ᄒᆞ야 上書가지 하얏시니 懇切ᄒᆞᆯ사 그 孝誠은 曾子ᄯᅩᄒᆞᆫ 孝子들도 行치못ᄒᆞᆯ 孝誠일세 ▲李載克氏 畵像보소 敎科檢閱ᄒᆞ다ᄒᆞ고 제나라의 名譽事蹟 一切撲滅ᄒᆞ다ᄒᆞ니 奇妙ᄒᆞᆯ수 그 方法은 古今天下 敎育家가 못히보든 方法일세 ▲朴齊純氏 畵像보소 新聞規則직히노라 海外發刊 ○新聞을 遺漏업시 押收ᄒᆞ니 奇特ᄒᆞᆯ수 그 精誠은 孔明ᄯᅩᄒᆞᆫ 賢宰相도 能치 못ᄒᆞᆯ 精誠일세	『대매』, 1909년 10월 3일자
12	編餘漫筆	▲魔報記者 韓석振은 宋秉畯의 指嘱밧어 牛洩馬勃 荒唐設노 人民耳目 眩亂터니 陰險ᄒᆞᆯ사 宋秉畯이 閔忠臣家 內庭事로 構陷不測 揭布코져 再三督促ᄒᆞᄂᆞᆫ 事에 絶力反對ᄒᆞ다가셔 社○體免되엿다니 그 良心이 可賀로다(중략) ▲窮凶極惡 宋秉畯은 明月館主 安淳煥의 各色科理 엇어먹고 多少金錢貸用ᄒᆞ야 그 情誼가 親密키로 典膳樓장식이엇고 日本가지 同行터니 伊廠氏의 交際ᄒᆞᆯ제 무삼感情 잇셧ᄂᆞᆫ지 互相시忌ᄒᆞᆫ다니 그 情態가 可憎일세(하락)	『대매』, 1909년 4월 9일자

| 13 | 魔報鬼設 | ▲大韓新聞 뎌 記者가 魔窟中에 墮落ᄒ야
政府機關 되ᄂᆫ줄을 壹般共知하지만은
近日政界 ○ᄒ여서 一篇論設 張皇ᄒ야
○內兩相 뎌 功名을 極口讚揚ᄒ얏ᄂᆞ딕
連紙累編 怪鬼設이 目不忍見ᄒᄀᆞᆺ고나
▲魔窟中에 뎌記者아 改革이라 ᄒᄂᆞᆫ것은 무슴뜻슬 닐름이냐
닉手中에 잇ᄂᆞ權利 남의 掌握너여주고
닉國民의 所有國을 남의 咽門 너어주면 이걸 謂之改革이냐
昭昭白日 鑑臨下에 怪鬼之設너무마라
▲魔窟中에 뎌記者아 乙巳年에 朴齊淳은 五條約을 締結힛고
丁未年에 李完用은 七條約을 締結하니
五七條約 그結果로 政治制度 就緒ᄒ야 네나라가 興힛ᄂ냐
昭昭白日 鑑臨下에 怪鬼之設 너무마라(하략) | 『대매』, 1909년
7월 21일자 |
| 14 | 믹國賊 | 人類아닌 기즘승도, 제 主人을 볼젹마다.
쏘리치며 압발들고, 반겨라고 쮜놀거든.
엇지타, 믹國賊의 뎌 무리ᄂᆞ 外人보면. | 『대매』, 1909년
12월 8일자 |

(4) 봉건타파의 노래

근대음악사 전기에서 민족음악의 양대산맥은 인간적인 음악 사회를 만들고 국제관계 속에서 자주적인 음악 사회를 만드는 일이었다. 오랜 시간에 걸쳐 봉건적인 유습이 인간적인 음악 사회를 건설하는 데 걸림돌이므로 그 악습을 타파하는 노래를 만들어냈다.

'아는 것이 힘'이라는 강령구호를 시대 정신으로 제창할 정도로 상식적인 힘을 신뢰하며 구습을 깨우치려는 봉건타파의 노래는 때때로 과거를 비판하면서 전통문화까지 오해하는 경우도 있지만, 그 참뜻은 새로운 시대의 계몽의 힘으로 근대화를 열어가려는 데 있었다.

〈표 65〉 봉건타파의 노래들

번호	곡명	가사	출전
1	九惡種子	▲半島山川 閱覽ᄒ니 壹團려氣 流行ᄒ야 許多種子 産出이라 變化風氣 ○進初에 障碍物을 能作하니 佛除根 뎌無期로다 ▲祖先白骨 籍勢○○ 陣陣宅號 傳來ᄒ니 兩班威氣 猛烈ᄒ다 隣近饒民 捉致ᄒ야 如干錢財 討索ᄒᆯ제 殘忍薄行 尙存ᄒ니 土豪種子 이 아닌가 ▲弓弓乙乙 逃野止의 壹斥秘識 荒唐設을 鐵石ᄀᆞᆺ치 偏信ᄒ고 名勝之地 旁求ᄒ야 不遠千里 往來타가 流離之歎 忽發ᄒ니 迷信種子 이 아닌가	『대매』, 1908년 8월 13일자

2	韓人惡習	▲韓國內의 諸般謠俗 累次爭論 ᄒ엿건만 別種惡習 쏘잇스니 地家荒說 盛行ᄒ야 上下貴賤 勿論ᄒ고 風水禍福 專恃하야 壹大鐵案 될쑨더러 全國具病 ᄒ얏스니 어리석다 韓人이어 ▲한인들아 한인들아 今日奴隷 되는것도 山禍라고 ᄒ깃는가 이 地境을 當ᄒ고도 特別思想 硏究안코 엇지ᄒ면 名堂엇어 이患難을 免ᄒ고셔 福祿享受 ᄒᆯ까하니 어리석다 한인이여	『대매』,1909년 2월 7일자
3	何憚不改	▲大韓歷史 불지라도 高皇創業 ᄒ신 後에 聖帝明王 繼作ᄒ샤 禮義崇尙 쑨일너니 降自中葉 以後로셔 巫祝輩가 盛行ᄒ야 民國俱亡 힛다히도 忘悖之言 아닌줄은 婦孺라도 알것마는 終不改悟 沈論ᄒ니 下愚不移 쌱ᄒ도다 ▲人生斯世 ᄒ고보면 疾病이라 ᄒ는 것은 不得免의 事이기로 先哲들이 근심ᄒ야 以製醫藥 ᄒ엿거날 少有疾病 ᄒ량이면 訪問醫藥 숨밧기오 巫祝輩를 請히다가 逐神因鬼 ᄒ다고 剝사獺力 奔走ᄒ니 이런 蠻習 쏘잇는가 ▲人生斯世 하고보면 禍福이라 ᄒ는것도 不得免의 事이기로 先哲들이 근심ᄒ야 福善福惡 辯論인대 惡ᄒ일만 ᄒ면서도 消除災殃 ᄒ다고 巫祝輩를 請히다가 束草製俑 姓名써셔 街路上에 裂破ᄒ니 이런 蠻習 쏘잇는가 ▲人生斯世 ᄒ고보면 死因이라 ᄒ는것도 不得免의 事이기로 先哲들이 근심ᄒ야 送死之體 磨練인들 行ᄒᆯ일은 못ᄒ여도 拾王길을 가른다고 巫祝輩를 請히다가 荊속으로 城을 싸코 諸般妖說 誼譁ᄒ니 이런 蠻習 쏘잇는가 ▲人生斯世 ᄒ고보면 痘疫이라 ᄒ는것도 不得免의 事이기로 先哲들이 근심ᄒ야 牛痘○術 發明인대 百般기避 아니타가 天然痘에 걸닌後에 生之死之 勿論ᄒ고 巫祝輩를 請히다가 紙교草馬 拜送ᄒ니 이런 蠻習 쏘잇는가 ▲人生斯世 ᄒ고보면 興因이라 ᄒ는것도 不得免의 事이기로 先哲들이 근심ᄒ야 興亡原因 訓論인대 亡ᄒᆯ짓슨 혼즈ᄒ며 强求福祿 ᄒ너라고 多少盛需 設備ᄒ야 巫祝輩를 請히다가 擊缶打鉦 搖亂ᄒ니 이런 蠻習 쏘잇는가 ▲近日來로 말ᄒᆯ진딕 陰曆歲首 싸둙으로 쟝安萬戶 집집마다 壹年身數 본다하고 僧尼巫卜 雜類들이 出此入彼 縱橫ᄒ니 窮樹悲慘 當ᄒ고도 夢中作예 무삼일가 他人厭悔恨을 말고 此等蠻習 革去ᄒ면 生門方이 열니련만	『대매』, 1909년 2월 9일자
4	悖風尙存	▲韓國內의 惡風悖習 居多ᄒᆫ中 嫡庶分別 最惡ᄒᄃᆡ 其弊端을 말ᄒᆯ진딕 社會國家 大妨害라	『대매』, 1909년 7월 3일자

		五百年來 싸힌怨氣 聞之寒心 이어니와 文明風潮 驅入後로 稍爲減削 ᄒ얏스나 其餘弊가 鄕閭間에 尙存일세 ▲韓人들아 드러보소 四色黨論 싱긴後에 國家興亡 ○關ᄒ고 自黨偏護 분이러니 左族右族 偏僻됨은 四色보다 百倍ᄒ니 國民團合 될슈잇나 이런悖풍 어셔밧비 互相勤戒 除根ᄒ야 民族團體 될지어다	
5	打破餘習	▲異常ᄒ다 韓國歷史 外樣으로 볼작시면 國家統一 完全ᄒ고 文明之化 되얏지만 內容으로 솝혀보면 民族決裂 多端ᄒ야 寧靖時代 全혀업다 新風潮가 侵入後에 多少改革 되얏시나 五百餘年 流來習慣 그餘波가 남엇고나 ▲(第壹 黨派分裂) 甲邊에셔 生覺ᄒ면 乙邊놈이 小人이오 乙邊에셔 生覺ᄒ면 甲邊들이 小人이라 國家事業 不顧ᄒ고 私鬪들만 爭尙ᄒ야 殺戮搆陷 爲主ᄒ니 廢公榮私 이러코야 國家昇半 ᄒ수잇나 世世相傳 뎌餘習을 ᄒ도업시 打破ᄒ고 ▲(第二 班常階級) ᄒ하날을 仰載ᄒ고 ᄒ나라에 化生ᄒ야 耳目口鼻 나도잇고 皮裏春秋 壹般인듸 되지못ᄒ 勢力으로 無勢者를 壓制ᄒ여 犧牲ᄀ치 虐待ᄒ니 上下離散 이러코야 國民團體 될수잇나 世世相傳 뎌餘習을 ᄶ도업시 打破ᄒ고 ▲(第三 文武區別) 內而經邦 ᄒᄂ것슨 宰相之實이 아니며 外而禦悔 ᄒᄂ것슨 干城之村이 아닌가 각其天職 壹般인디 宦職界限 이러코야 人材登庸 ᄒ수잇나 世世相傳 뎌餘習을 ᄶ도없시 打破하고 ▲(第四 嫡庶差別) 血肉으로 말ᄒ진듸 同氣○枝 이아니며 昭穆으로 말ᄒ진듸 曰叔曰祖 分明ᄒ야 同是家族 壹般인대 뎨집에서 賤待ᄒ고 他人되게 降等되니 人倫敗常 이러코야 同胞相愛 될수잇나 世世相傳 뎌餘習을 ᄶ도업시 打破ᄒ야 ▲이런餘習 뎌런餘習 두루두루 打破ᄒ고 二千萬人 韓國同胞 둥굴둥굴 밋치어셔 작고보면 地球ᄀ치 크고보면 太陽ᄀ치 磅박ᄒ게 結言ᄒ고 光明ᄒ게 照耀ᄒ야 赫赫明明 뎌 國光ᄒ宇宙間에 壹放하소 同胞들아 同胞들아	『대매』, 1909년 7월 3일자

제7장 | 근대 전기 : 제4기 음악(하) 607

〈사진 63〉　　　　　　　　　　　　　매국(賣國)관료들과 일진회(一進會)

한일합방을 찬성한 매국관료와 그 부인들이 일본을 방문하였다. 그리고, 친일단체 일진회 회원들의 단체사진이다. 일진회란 1904년 8월 이용구(李容九, 1868~1912)의 진보회와 송병준(宋秉畯)의 유신회가 일진회란 이름으로 통합하고 1905년 11월 총회에서 회장에 이용구 지방총장에 송병준 등이 선출한 친일단체이다. 일진회는 일본인 우치다 료오헤이 등의 지원을 받아 한일합방이 조선인의 희망에 의한 것이라며 여론을 일으켰다. 우치다 료오헤이(內田良平, 1874~1937)는 일본 우익 운동 주도자이자 대아시아주의와 천황주의를 표방하며 결성한 흑룡회(黑龍會) 주간이었다. 일진회는 한일합방 직후인 1910년 9월 26일에 매국적 친일행위를 끝으로 해체하였다.

3. 음악운동

제4기 한국의 전민중들이 국권회복운동으로 의병전쟁과 계몽운동을 전개하자 음악 사회를 형성하고 있었던 민악인民樂人들의 '창극운동'과 아악인雅樂人들의 '민간음악학교 설립'은 역사적이었다. 전자는 「최병두 타령」이 정점이었다면, 후자는 '조양구락부' 발족으로 나아갔다. 전자가 근대 음악이 구현해야 할 내용으로 인간과 민족이라는 양대 축 중에서 봉건성을 비판하고 인간적인 사회를 창극으로 드러냈다는 점에서 이 기간 음악운동을 대표한다. 후자의 경우, '조선악'을 전습하고 '서양악'을 발전시키기 위한 근대적인 음악학교 설립을 위하여 '조양구락부'가 1909년 12월에 발족하였다는 점에서 주목되지만, 이들의 후원체인 '정악유지회'가 대부분 친일파로 지탄을 받고 있는 사람들이어서 처음부터 민족 현실과 함께 할 수 없는 한계점을 노출하고 있었다.[39]

「최병두 타령」은 1908년 11월 15일부터 약 보름간 원각사에서 공연한 창극으로서, 강원감사의 수탈에 대결하다가 살해당한 최병도崔秉陶의 이야기를 극화시킨 작품이지만, 봉건성을 비판하고 인간화 실현을 내용으로 하면서도 창극이라는 민족 형식으로 현재화시킴으로써 이 시기 민족음악의 전형성을 이룬 점에서 역사적이었다. 민악인民樂 人들이 주축이 되어 전개한 창극운동은 1908년이 절정기를 이루고 있는데, 1908년부터 2년간 의병전쟁과 계몽운동이 가장 가열차게 전개되고 있는 국권회복운동 시기와 함께 하였다는 점에서도 이들과 이 작품은 민족 현실과 함께 하는 음악운동의 본보기였다.

이 작품은 이미 「춘향전」과 「심청전」을 창극으로 올린 바 있고 창작 판소리 「어사와 초동」을 지은 바 있는 강용환姜龍煥이 창극화하고,[40] 이인직이 소설 『은세계』 전반부로 개작하여 1908년 11월 20일에 동문사同文社에서 발간하였다. 현재, 이 작품의 악보는 불

39_ 조양구락부를 후원하기 위한 정악유지회가 실제적으로 결성된 것은 1911년 2월이었다. 이 때의 발기인으로 이준용, 박영효, 윤택영, 민병석, 조중응, 윤덕영, 유길준, 이지용, 김종한, 민영찬, 박기양, 김승규 들이 그들인데 여기에서 이지용은 을사5적으로, 조중응은 소위 한일합방 조약 책임자로, 제1급 친일파인 윤덕영, 또 1910년 소위 한일합방시 친일활동으로 공로를 인정받아 작위를 받은 윤택영, 김종한, 민영찬, 박기양, 민병석 등의 '조선귀족'들로 구성되어 있다는 점에서 '조양구락부'는 처음부터 국권회복운동이라는 민족 현실을 배제한 순수 음악 기관으로 한계점을 가지고 있었다. 노동은, 『한국민족음악현단계』(서울 : 세광음악출판사, 1989), 152쪽; 강혜인, 석사학위논문 「한국개화기음악 교육 활동의 역사적 의의－조선 정악전습소를 중심으로」(대구 : 경북대학교 교육대학원, 1898).
40_ 朴晃, 『唱劇史研究』, 앞의 책, 28쪽.

행하게도 전해지지 않고 있지만 대신 『은세계』를 참조할 수 있다. 『은세계』에 의하면 최병도는 부모의 죽음으로 '이모의 손'에 성장하면서도 '생일이 돌아와도 고기 한 점 아니 먹는' 평민 성격을 가진 몰락양반으로 1884년 개화당의 김옥균을 만나 새로운 시대에 눈을 떴으나 '갑신년 변란'으로 고향에 돌아와 천석꾼 부농으로 성장한 실제 인물이었다. 그가 강원도 감사의 탐학으로 감영에 잡혀가거나, 대결하거나, 옥에 갇히거나, 물고를 당하거나 죽음으로서 장례를 치르는 사실은 봉건주의의 전형적인 모습이었다.[41] 그리고 정감사를 '불가살이'로 풍자하는 동요, 정감사와 그 밑에 기생하는 주구층을 풍자하는 아전의 별명노래, 농부가, 정감사를 풍자하는 초동가, 교군 노래, 최병도 부인의 등장가, 천쇠의 급주노래, 상두소리, 달고소리등 민중들의 역사적인 노래로 창극화함으로써 음악으로서도 최병도의 민중적이면서 정치적 삶을 리얼하게 반영시키고 있었다.

「최병두 타령」은 오랜 연습과 극적 구성을 위한 숙고 끝에 무대에 올려졌음은 다음의 기록에서도 알 수 있다.

1. 「소설연극」
   대한신문사장 이인직 씨가 아국 연극을 개량하기 위하야 신연극을 아주현 전협률사에 창설하고 재작일부터 개장하얏는대 은세계라 제한 소설로 창부倡夫를 교육하야 2개월 후에는 해該 신연극을 설행한다는대 중다衆多한 창부 교육비가 거대함으로 기其 경비를 보조키 위하야 7월 26일로부터 2개월간은 매월 하오 7시로 동 12시까지 영업적으로 아국에 고유하던 각종 연예를 설행한다더라.[42]

2. 「연극시찰」
   대한신문사장 이인직 씨가 일본 연극을 관람차로 재작일 하오 10시에 발정發程 하얏다더라.[43]

41_ 崔元植, 「은세계 연구」, 『韓國近代文學史論』, 앞의 책, 217~243쪽.
42_ 『皇城新聞』, 隆熙 2年(1908) 7月 28日字.
43_ 『大韓每日申報』, 隆熙 2年(1908) 8月 5日字.

3. 「은세계 연극」

　　야주현 원각사에서 신연극 은세계를 매일 창부倡夫 등이 연습하야 미구未久에 설행한다
　　더라.[44]

4. 「은세계 연극」

　　원각사에 고용하는 창부倡夫 등이 은세계 신소설을 난숙히 연습한 고로 래월 1일부터
　　해該 연극을 개시하기로 예정하야얏더라.[45]

5. 「은세계 신연극 대광고」

　　본사에서 연극을 설시設始한 지 수월數月에 강호 첨군자僉君子(여러 점잖은 사람-필자)의 후권
　　厚眷을 몽蒙하야 익익 확장이온바 열월閱月 갈망하시던 은세계 신연극이 금총今總 준비이
　　압기 래15일부터 설행하오니 유지 첨언은 여운如雲 래람來覽하심을 무망務望 - 원각사 고
　　백 -.[46]

6. 「원각 풍파」

　　혜천창 주인 윤계환尹啓煥 씨 등 7인이 재작야에 원각사의 은세계를 관람하다가 정감사
　　가 최병도를 압치하야 시형탈재施形奪財하는 경황에 지하야 윤계환씨가 좌중에 언들를
　　통할 건이 유하다고 공포한 후에 창부 김창환을 호하야 왈탐도관리.[47]

7. 「은세계 풍파」

　　재작야에 혜천탕 주인 윤계환 씨 등 7, 8인이 신문내 원각사에 전황하야 각항 연극을
　　일체 완 상하고 은세계 연극에 대하야 일장 논박하다가 풍파가 야기하얏더라.[48]

　　사료 1~7까지를 종합하면, 1908년 7월 말에 연습 계획을 세워 진행한 창극은 창부倡
夫들이 중심이 되어 약 두 달 넘는 연습 끝인 11월 15일에 원각사에 올려졌던 것이고,
그것은 원각사가 친일의 여론 조작을 목적으로 운영하는 극단이었으면서 소속 음악 예
술인들이 사회적 비판에 동참함으로써 풍속 개량이나 연극 개량 등 국권회복운동의 시

44_ 위의 신문, 8月 13日字.
45_ 위의 신문, 9月 26日字.
46_ 위의 신문, 11月 29日字.
47_ 『貪饕官吏』, 隆熙 2年 12月 1日字.
48_ 『大韓每日申報』, 隆熙 2年 12月 1日字.

대적 요구에 즉응하기 위한 비상한 노력들을 기울였음을 알 수 있거니와 이러한 민족 현실을 반영한 창극이 대중들의 엄청난 반응을 보였음을 확인할 수 있다. 그리고 이인직은 중도에 일본에 감으로 해서 창극인들이 중심이 되어 완성하였고, 「최병두 타령」은 은세계란 이름으로 공연하였음도 확인할 수 있다.

실제로 당시 창극에 종사하였던 이동백은 다음과 같이 술회하고 있는데, 이 술회로 「최병두 타령」의 내용과 대중들의 반응을 알 수 있을 것이다.

> 그 때의 원각사에서 무엇을 했는고 하면 「춘향전」이니 「토끼타령」이니 하는 판소리도 하였지마는 그 당시에 특히 유명한 것은 「최병두 타령」이란 것이었다. 지금(1939－필자 주)은 「최병두 타령」하면 이것이 무엇인가 할 분이 많겠지마는 그당시에는 어찌나 유명했던지 모르는 이가 없었는데, 그러면 그 유래는 무엇이냐 하면 정모라는 탐관오리가 있어 강원감사를 갔을 때 그 고을 백성 최병두의 재물을 참내어 최가는 장폐시키고 그 재물도 들어 먹었으므로 그 자손이 하도 억울해서….[49]

위의 이동백 회고에서 「최병두 타령」이 "어찌나 유명하였던지 모르는 이가 없을" 정도의 민족적인 작품이었음을 알 수 있다. 따라서, 「최병두 타령」은 민족적인 민중의 노래를 삽입(농부가나 상두소리 등)하여 창극으로 창출한 민족 형식과 인간화 구현을 내용으로 삼은 음악 작품으로 이 기간 국권회복운동과 함께한 민족음악 구현을 이룩하였다.[50]

한국음악사에서 1860년대부터 1910년까지는 '근대음악'전기를 이루는 점에서 지난 시기와 달랐다. 이 기간에 우리 나라는 안으로 인간화 실현에 바탕을 둔 다양한 음악 사회가 기획되고, 밖으로 서양과 일본제국주의에 대응하면서 서양음악도 자주적으로 수용하며 음악 사회를 전개한 뚜렷한 성격으로 말미암아 '근대'를 형성하였다. 그리고 그 형식에 있어서는 민중들의 노래[民謠]나 동학가사, 각종 계몽가・애국가・의병가 등과 산조, 창극을 비롯하여 예인집단들이 수천・수백년간 역사적으로 합의해 온 민족

49_ 『朝鮮日報』, 1939년 3월 29일자.
50_ 『朝鮮日報』, 1939년 3월 29일자에서 명창 이동백의 회고기이다.

〈사진 64〉 　　　　　　　　　　　　　일제의 조선총독부 청사 공사현장(1916)과 완공건물

1910년 한일합방 직후부터 조선총독부 계획에 의하여 조선의 상징이었던 경복궁 안의 건물 4천여간을 헐어내고 그 중앙에 식민지 지배의 상징이었던 일본제국주의의 조선총독부 청사를 1916년부터 짓기 시작하였다. 이 건물은 그로부터 10년 만인 1926년에 완공하였다. 우리들이 역사적으로 땅을 인간화시켰던 그 자리에 일제 식민지 지배가 들어섬으로써 근대후기는 새로운 국면에 들어섰던 것이고 민족의 시련을 안겨다 주었기 때문에도 항일은 우리 민족의 빛나는 삶 그 자체였다.

형식을 새롭게 발전시킨 그러한 ‘근대음악 전기’이었다. 이것과 함께 최한기의 음악론이나 일본의 쇼오카唱歌와 달리 서양의 노래들은 자주적으로 수용하여 음악의 이론과 실제를 민족전통음악의 이론과 실제에 재통합하는 획기적인 시기이기도 하다. 내용에 있어서도 인간화 실현과 외세에 대한 자주화의 줄기는 20세기에 들어와 의병전쟁과 계몽운동을 통하여 국권회복운동을 음악 사회가 그 내용으로 삼았다는 점에서도 근대음악 전기는 한국음악사에서 민족음악을 뚜렷하게 진일보시킨 시기이다. 민족음악은 음악과 음악인이 민족 현실 안에 있고 그 민족 현실을 통하여 음악이 이 땅의 인간·사회·민족과 함께 어울리는 역사적·미적인 재료·사회·표현이라는 사회문화적 시스템의 발전에 있음을 근대 전기가 우리들을 일깨워 준다. 그러나 1876년 개항에서 보듯 국제자본주의 세계로 문호를 개방함으로써 근대화가 더욱 촉진되었지만 안으로 모든 분야에 봉건 상태에 있었기 때문에 이후 근대적 변혁 문제가 끊임없이 제기된 바 있었다. 지난 시기와 달리 근대의 민족음악 실천도 그 하나의 커다란 줄기였다. 갑신정변과 동학 농민전쟁 그리고 만민공동회 등을 통하여 전근대적 봉건 체제와 외국의 침략에 맞서려 하였던, 근대화를 위한 모든 운동이 실패하면서 러일전쟁 후 1906년 소위 일본의 통감 정치가 시작되면서 일본에게 국권을 박탈당하였고, 급기야 1910년 8월 일본의 총독 정치에 의하여 식민지로 전락하고 말았다. 한일 전 역사의 이웃 관계자는 1906년 이후 지배와 피지배 관계이자 가해자와 피해자의 관계가 되었다. 근대 후기(1910~1945)의 한국음악 역사는 이 관계에서 출발한다. 그 역사관계야말로 일본 입장에서는 지배와 가해자로서 식민지 음악사이겠지만, 우리의 그것은 가열찬 항일의 민족음악 역사 전개로서 관계이다.

Ⅰ. 원 자료

1. 일반 자료

「各陣將來成册」, 『東學亂記錄』 下卷, 국사편찬위원회, 1959, 627~705쪽.

『經國大典』, 1485.

『京城府史』, 京城：京城府, 1936.

『經濟六典』, 1398.

『高宗實錄』.

『官報』.

「教導所駐將兵成册」, 『東學亂記錄』 下卷, 국사편찬위원회, 1959, 643~647쪽.

『舊韓國外交文書』

『舊韓末日帝侵略史科叢書』 Ⅲ, 政治編 3(韓國施政年報 下), 亞細亞文化社, 1984.

『國朝五禮儀』, 1451.

『宮園儀』

『機密關係文書綴』, 群山：群山理事廳, 明治 42年(1909).

金景善, 「俄羅斯館記」, 『燕轅直指』.

『金玉均全集』, 서울：아세아문화사, 1979.

金允植, 『陰晴史』 · 『續陰晴史』.

金天澤, 『靑丘永言』.

『大東野乘』.

『大典會通』, 1865.

『大韓興學報』, 東京：大韓興學會 事務所, 1909.

『導崇都監都廳儀軌』, 1726.

『東國丈獻備考』.

『東學經典』, 서울：正民社, 1986.

『東學關係判決文集』, 『政府記錄保存所 影印資科集』 1, 總務處 政府記錄保存所, 1994.

『東學亂記錄』, 국사편찬위원회, 1959.

『동학농민전쟁연구자료집』 1, 서울：여강출판사, 1991.

馬聖麟, 『安和堂私集』.

『萬機要覽』, 1808.

『茂長縣邑誌』.

朴文圭, 『石南歷事』.

朴思浩, 「燕薊紀程」, 『心田稿』.

『備邊司謄錄』.

『西歸遺稿』.

『西北學會月報』.

『宣祖實錄』.

『世宗莊憲大王實錄』.

『修信使記錄－日東記游·修信使日記·使和記略』, 국사편찬위원회, 1968.

「巡撫先鋒陣謄錄」, 『東學亂記錄』 上卷, 국사편찬위원회, 1971, 381~693쪽.

梁誠之, 『訥齋集』.

「兩潮右先鋒日記」, 『東學亂記錄』 上卷, 국사편찬위원회, 1971, 259~334쪽.

魚允中, 『從政年表』(1868~1893).

『五禮儀』, 1451.

吳宖默, 『固城叢瓚錄』.

「往還日記」, 『赴燕日記』.

劉在建, 『里鄉見聞錄』, 1862.

『六典條例』.

李慶民, 『熙朝軼事』, 1866.

李鈺, 『潭庭叢書』.

『日省錄』.

『長興府誌』, 1790년대.

『長興神廳完文』, 1832.

『赤城誌』, 1898.

『典錄通考』, 1706.

鄭　喬, 『大韓季年史』, 국사편찬위원회, 1967.

丁若鏞, 『樂書孤存』, 1816.

_____, 『牧民心書』, 1818.

朝鮮總督府, 『朝鮮の保護及併合』, 硬性：朝鮮總督府, 1918.

朝鮮總督府 編纂, 『朝鮮法令輯覽』, 京城：帝國地方行政學會, 1920.

趙秀三, 『秋齋集』.

趙熙龍, 『壺山外記』, 1844.

『重犯供草－興德郡 難民取招查案』.

『職方外紀』.

『摠禦廳謄錄』.

崔漢綺, 『氣測體義』.

『親軍別營謄錄』.

『親軍右營都案』.

『親軍壯衛營將卒實數成册』.

『耽羅誌』.

『韓國民衆運動史資料大系』, 一八九四의 農民戰爭篇 1, 서울 : 驪江出版社, 1986.

『韓國民衆運動史資料大系』, 一八九四의 農民戰爭篇 附東學關係資料 1, 서울 : 驪江出版社, 1985.

『韓國施政年報』 下, 『舊韓末日帝侵略史料叢書』 Ⅲ, 政治編 3, 서울 : 아세아문화사, 1984.

『韓國土地農産報告書』, 1906.

『韓末近代法令資料集』, 大韓民國國會圖書館, 1971.

『韓末義兵資料集』, 『韓國獨立運動史 資料叢書』 第3輯, 독립기념관 한국독립운동사연구소, 1989.

學部編輯局, 「教科用圖書一覽」, 1910.

學 部, 「漢城府內私立學校・學會代表者招集席上 學部次官演說筆記」, 1908.

洪敬謨, 『耆社志』.

黃 玹, 『東匪紀略草藁』.

黃 峴, 『梅泉野錄』.

_____, 『梧下記聞』.

渡部學・阿部洋 編, 『植民地朝鮮教育政策史料集成』, 東京 : 龍溪書舍, 1981~1991.

俵孫一, 「在韓宣教師ニ對スル意見」, 1910.

_____, 『韓國教育の現狀』, 京城 : 學部. 1910.

_____, 「韓國現時に於ける教育制度と宗敎と關係」, 1910.

_____, 「漢城府內 基督敎學校狀況一班」, 1910.

2. 신문 자료

『京城新報』.

『京鄕新聞』.

『大韓每日申報』.

『大韓民報』.

『獨立新聞』.

『萬歲報』.

『帝國新聞』.

『朝鮮新報』.

『朝鮮日報』.

湖南日報社, 『忠淸南道發展史』, 大田 : 湖南日報社, 1932.

『皇城新聞』.

『東京日日新聞』.

『明治編年史』.

3. 음악·무용·악보 자료

『各呈才舞圖笏記』.

「居昌歌」.

『京畿道 唱才 都廳案』.

『景福宮 創建歌』.

金喬軒 編, 『大東風雅』, 1908.

金壽長, 『海東歌謠』.

金仁植 編纂, 『教科適用 普通唱歌集 全』, 京城 : 普及書館, 1912.

盧益亨 編, 『增補新舊雜歌』, 京城 : 漢城書林, 1915.

『島山본 唱歌集』.

『독립군가곡집, 광복의 메아리』, 서울 : 독립군보존회, 1982.

朴承均 編, 『古今雜歌編』, 京城 : 新舊書林, 1915.

_____, 『無雙新舊雜歌』, 京城 : 新舊書林, 1915.

_____, 『現行日鮮雜歌』, 京城 : 五星書館, 1916.

〈박타령〉 성두본.

朴孝寬·安玟英, 『歌曲源流』.

白景炫, 『東歌選』.

徐有榘, 「遊藝志琴字譜」, 『林園經濟志』.

成大中, 『海叢』.

成 俔, 「觀傀儡雜劇詩」.

_____, 『樂學軌範』.

_____, 『慵齋叢話』.

宋晩載, 「觀劇戲」, 『小樂府』.

『受爵儀軌』(英廟 乙酉), 1765.

『時用舞譜』.

申 緯, 「觀劇絶句十二首」.

申在孝, 「괴씸하다 서양 되놈」.

『樂掌謄錄』.

安玟英, 『金玉叢部』.

『龍潭遺辭』.

尹致昊 譯述, 『찬미가』, 京城 : 廣學書館, 1908.

『律呂正義 續編』, 1746.

李圭景, 「歐羅鐵絲琴字譜」, 『五洲衍文長箋散稿』.

_____, 「自鳴惡自動戲辯證說」, 『五洲衍文長箋散稿』.

李尙俊, 『最新唱歌集』, 京城 : 博文書館, 1918.

李石來 校註, 『風俗歌詞集 - 漢陽歌·農家月令歌』, 『新丘文庫』 2, 서울 : 新丘文化社, 1974.

정남희·안기옥, 『가야금 교측본』, 평양 : 조선음악출판사, 1958.

『呈才舞圖笏記』.

鄭顯奭, 「教坊歌謠」, 1872.

朝鮮總督府, 『新編唱歌集』, 京城 : 朝鮮總督府, 1914.

『進宴儀軌』 英祖朝 甲子.

『進宴儀軌』 辛丑.

『進爵儀軌』 戊子.

『進饌儀軌』 己丑.

『進饌儀軌』 戊申.

『進饌儀軌』 新丑.

蔡元定, 『律呂新書』.

崔良業, 「ᄉ향가」.

崔永年, 『海東竹枝』, 1921.

崔致遠, 「鄕樂雜泳五首」.

學部 編纂, 『普通教育唱歌集』 第1輯, 學部 : 韓國政府印刷局, 1910.

漢山居士, 「漢陽歌」.

洪大容, '黃鍾古今異同之疑', 「籌解需用」.

洪淳學, 「燕行歌」.

『隆熙二年 妓生及娼妓ニ關スル書類綴』, 『警務甲種記錄』 第28號, 1908.

4. 화상(畵像) 자료

金俊根, 〈줄타기〉, 1890년대.

金弘道, 〈耆老世聯禊圖〉, 1804.

_____, 〈浮碧樓 宴會圖〉, 18세기 후반.

_____, 〈松石園詩社夜宴圖〉, 1791.

_____, 〈安陵新迎〉

申潤福, 〈雙劍對舞〉, 18세기 후반.

李起龍, 〈南池耆老會圖〉, 1629.

작자미상, 〈꼭되각씨〉

_____, 〈都城三軍門 分界之圖〉

_____, 〈百歲蔡夫人慶壽宴圖〉, 1605.

_____, 〈三日遊街〉

_____, 〈宣祖朝 耆英會圖〉

_____, 〈仁政殿 進饌圖〉, ≪水原陵幸八曲屛≫, 18세기.

_____, 〈中廟朝書筵官賜宴圖〉, 1533년경.

_____, 〈進宴班次圖〉, 18세기.

_____, 〈平安監司 歡迎圖〉, 19세기.

Ⅱ. 2차 자료

姜明官,「18, 19세기 京衙前과 예술활동의 양상」,『韓國近代文學史의 爭點』, 서울 : 창작과비평사, 1990, 91
~134쪽.

姜惠仁,「한국개화기 음악교육활동의 역사적 의의 - 朝鮮正樂傳習所를 중심으로」, 석사학위논문, 대구 : 경
북대학교 교육대학원, 1989.

계간『낭만음악』, 통권 15~25호, 서울 : 낭만음악사, 1992~1994.

具滋均,『朝鮮平民文學史』,『民學叢書』2, 서울 : 民學社, 1974.

국사편찬위원회,『한국독립운동사』Ⅰ, 국사편찬위원회, 1955.

金英宇,『韓國開化期의 教員養成研究』, 대전 : 創學社, 1984.

金容沃,「飜譯에 있어서의 空間과 時間」,『東洋學 어떻게 할 것인가』, 양평 : 도서출판 통나무, 1986,
145~223쪽.

金晶東,「韓國近代建築의 再照明」1~15,『建策士』, 大韓建策士協會, 1987. 5~1989. 2.

金正明 編,『朝鮮駐箚軍歷史』, 東京 : 巖南堂書店, 1967.

김 진,「나의 스승 안기옥」1, 길림예술학원연변분원『學報』총 제2기, 1990년 1월호, 延吉 : 延吉分院 學
報編輯部, 1990, 29~32쪽.

_____,「나의 스승 안기옥」2, 길림예술학원연변분원『學報』총 제3기, 1991년 1월호, 延吉 : 延吉分院 學
報編輯部, 1991, 24~27, 23쪽.

南宮堯悅,『개화기의 한국음악 - 프란츠 에케르트를 중심으로』,『음악교육』1987년 7월호 부록, 서울 : 세
광음악출판사, 1987.

노동은,「개화기 음악연구」Ⅰ,『한국민족음악현단계』, 서울 : 세광음악출판사, 1989, 103~141쪽.

_____,「근대한국음악의 전개」,『韓國思想史大系』⑥ 近代編, 성남 : 한국정신문화연구원, 1993, 437~
532쪽.

_____,「애국가, 언제 누가 만들었는가?」, 계간『역사비평』여름호, 25호, 서울 : 역사비평사, 1994, 17~
45쪽.

_____,「음악기학(音樂氣學)」Ⅰ,『민족음악의 이해』3, 서울 : 민족음악연구회, 1994, 45~103쪽.

_____,「일제하 음악사회 성격」,『낭만음악』1989년 가을호, 제1권 제4호, 서울 : 낭만음악사, 1989, 4~
91쪽.

_____,「조선후기 음·악연구」Ⅰ,『한국민족음악현단계』, 서울 : 세광음악출판사, 1989, 57~102쪽.

_____,「한국음악인들의 현실인식과 수행」,『민족음악론』, 이건용 공저, 서울 : 한길사, 1991, 155~208쪽.

_____,「조선후기 음·악연구」Ⅱ, 음악학연구회 월례발표회 논문(1988. 4. 24), 1~28쪽.

문성모,『민족음악과 예배』, 서울 : 도서출판 한돌, 1995.

閔元得,「開化期의 音樂教育」,『이화여자대학교 80주년기념논문집』예능편, 이화여자대학교 부설 한국문
화연구원, 1966, 9~106쪽.

민족음악연구회 편,『민족음악의 이해』3, 서울 : 민족음악연구회, 1994.

朴美瓊,「한국음악의 즉흥성 - 진도당골의 의식에 있어서」,『공간』4월호, 통권 248권, 서울 : 공간사,
1988, 166~173쪽.

朴順浩,「줄타기에 대하여」,『民俗藝術』民俗學會 編, 教文社, 1984, 447~470쪽.

朴泳孝,「甲申政變」,『新民』總14號, 第2卷 第6號, 6月號, 京城 : 新民社, 1926, 40~47쪽.

박은용,「사당패들의 활동 정형」,『고고민속』4호, 평양 : 사회과학원 고고학 및 민속학연구소, 1964, 27~
    30쪽.

朴銓烈,「風角장이의 起源과 性格」,『民俗藝術』民俗學會 編, 서울 : 教文社, 1984, 549~564쪽.

朴 晃,『唱劇史研究』, 서울 : 백록출판사, 1976.

『뿌리깊은나무 민중자서전』전20권, 서울 : 뿌리깊은나무, 1990~1992.

서정범 외,『숨어사는 외톨박이』Ⅰ · Ⅱ, 서울 : 뿌리깊은 나무, 1977~1982.

孫仁銖,『韓國開化期教育研究』, 서울 : 一志社, 1981.

_____,『韓國近代教育史』, 延世大學校출판부, 1975.

宋芳松,『樂掌謄錄研究』, 경산 : 영남대학교출판부, 1980.

_____,『韓國音樂通史』, 서울 : 一潮閣, 1984.

宋錫夏,「社黨考」,『朝鮮民俗』第三號, 京城 : 朝鮮民俗學會, 1940, 65~74쪽.

愼慶淑,『19세기 歌集의 展開』, 서울 : 계명문화사, 1994.

辛永吉,『漢陽五百年歌史』, 서울 : 汎友社, 1985.

愼鏞廈,『獨立協會研究』, 서울 : 一潮閣, 1981.

_____,「새資料, 舊韓末 愛國唱歌集」,『韓國學報』제49집, 서울 : 一志社, 1987, 200~213쪽.

沈雨晟,『男寺黨牌研究』, 서울 : 同和出版公社, 1974.

安 廓,「歌聖 張竹軒 逝去 百二十年」,『朝鮮』11月號, 第145號, 京城 : 朝鮮總督府, 1929, 30~35쪽.

吳知泳,『東學史』, 서울 : 대광문화사, 1987.

吳 晴,「假面劇 鳳山탈 脚本」, 京城 : 朝鮮總督府 官房文書課.

劉 銓,「音樂의 效能」,『大韓興學報』, 東京 : 大韓興學報事務所, 1909, 27~29쪽.

陸軍士官學校 韓國軍事研究室,『韓國軍制史』近世朝鮮後期篇, 陸軍本部, 1977.

이강숙,『음악적 모국어를 위하여』, 서울 : 현음사, 1985.

이건용,『한국음악의 논리와 윤리』, 서울 : 세광음악출판사, 1987.

李能和,『朝鮮巫俗研究』, 京城 : 啓明俱樂部, 1927. 李在崑 옮김, 東文選 文藝新書 44, 서울 : 도서출판 東文選,
    1991.

_____,『朝鮮解語花史』, 京城 : 東洋書院, 1927.

李輔亨,「風角쟁이 音樂考」,『民俗藝術』, 民俗學會 編, 서울 : 教文社, 1984, 529~547 쪽.

李相萬,「한국의 서양음악(신음악) 100년」,『객석』1982년 4월 창간호부터 10월호까지, 서울 : (주)예음,
    1984.

李佑成 · 林熒澤 편,『李朝漢文短篇集』上 · 中 · 下, 서울 : 일조각, 1978.

李宥善,『韓國洋樂百年史』, 중앙대학교출판부, 1976.

李元浩,『開化期教育政策史』, 서울 : 文音社, 1987.

이재하 · 홍순완,『한국의 장시』, 서울 : 민음사, 1992.

이필영,『마을신앙의 사회사』, 서울 : 웅진출판, 1994.

이해준,「朝鮮時代 香徒와 村契類 村落組織」, 한국역사민속학회,『역사민속학』창간호, 서울 : 이론과실천,

1991, 8~43쪽.

李惠求, 「宋晩載의 觀優戱」, 『韓國音樂硏究』, 서울 : 國民音樂硏究會, 1957, 318~364쪽.

張師勛, 「愛國歌 考」, 『黎明의 東西音樂』, 서울 : 寶晉齋, 1974, 225~286쪽.

張師勛, 『黎明의 東西音樂』, 서울 : 寶晉齋, 1974.

_____, 『增補韓國音樂史』, 서울 : 世光音樂出版社, 1986.

全信宰, 『居士考－流浪藝人集團硏究 序說』, 『韓國人의 生活意識과 民衆藝術』 大東文 化硏究叢書 Ⅱ, 成均館
　　　大學校出版部, 1983, 453~488쪽.

丁淳睦, 『韓國書院敎育制度硏究』, 경산 : 영남대학교 민족문화연구소, 1979.

정승모, 『시장의 사회사』, 서울 : 웅진출판, 1992.

鄭在哲, 『日帝의 對韓植民地敎育策史』, 서울 : 一志社, 1985.

鄭在鎬, 『韓國歌辭文學論』, 서울 : 集文堂, 1990.

趙東一, 「開化・救國期의 愛國詩歌」, 朴焌澤・崔元植 編, 『韓國近代文學史論』, 서울 : 한길사, 1982,

_____, 『한국시가의 전통과 율격』, 서울 : 한길사, 1982.

주강현, 『굿의 사회사』 한국의 생활과 풍속①, 서울 : 웅진출판, 1992.

주강현, 「두레공동노동의 사적 검토와 생산문화」, 『노동과 굿』, 서울 : 학민사, 1989, 11~85쪽.

崔元植, 「'銀世界'연구」, 『韓國近代史文學史論』, 朴焌澤・崔元植 編, 서울 : 한길사, 1982.

최필선, 「초기한국가톨릭교회의 민족교회음악」, 『음악과 민족』 제4호, 부산 : 민족음악연구소, 1992, 61~
　　　87쪽.

崔虎鎭, 『近代朝鮮經濟史』, 東京 : 慶應書房, 1942.

韓萬榮, 「산타령에 관한 연구」, 『韓國傳統音樂硏究』, 서울 : 풍남, 1991, 123~148쪽.

홍민자, 「천주가사의 교회음악적 의의」, 『崔奭祐神父華甲紀念 韓國敎會史論叢』, 서울 : 한국교회사연구소,
　　　1975, 311~324쪽.

홍정수, 「노래에 맞추어 지어진 찬송가 가사」, 『長神論壇』 제9집, 장로회신학대학교 출판부, 1993, 546
　　　~568쪽.

Ⅲ. 기타

青柳善吾(아오야기 젠고), 『本邦音樂敎育史』 東京 : 音樂敎育書出版協會, 1934.

赤松智城(아카미쯔 지죠오)・秋葉隆(아키바 다카시), 『朝鮮巫俗의 硏究』 上・下卷, 京城 : 朝鮮印刷株式會社,
　　　1938.

秋葉隆(아키바 다카시), 『朝鮮巫俗의 現地硏究』, 丹波, 株式會社 養德社, 1950.

伊澤修二(이자와 슈우지), 「音樂傳習設置案」, 1879.

_____, 『小學唱歌』 1, 2, 東京 : 大日本圖書株式會社, 1892.

_____, 山住正己 校主, 「音樂と敎育との關係」, 『洋樂事始』 東京 : 平凡社, 1971, 106~109쪽.

井上武士(이노우에 후시), 『國民學校 藝能科 音樂精義』, 東京 : 音樂科學社,1940.

上原一馬(우에하라 가즈마), 『日本音樂敎育文化史』, 東京 : 音樂之友社, 1988.

上原六四郎(우에하라 로쿠시로), 「俗樂旋律考」, 1892년 저작을 1895년 간행한 글로 1972년 東京 : 岩波文庫

本으로 복간.

內田正雄(우치다 마사오) 譯, 「和蘭學制」, 『明治文化全集』 第10卷 敎育編, 東京：日本評論社, 1928.

大和田健樹(오오와다 타케키), 上眞行・多梅稚(오오노 우메와카), 『地理敎育鐵道唱歌』 第一集, 東京：尙榮堂・開成館, 1900.

大和田健樹, 奧好義(오쿠 요시이사), 『明治唱歌』 二, 東京：中央堂, 1888.

上沼八郎(카미누마 하치로오), 『伊澤修二』, 東京：吉川弘文館, 1988.

吉川英史(킷카와 에이시), 「唱歌の歷史と原理と機能一三味線と爭の唱歌を中心として」, 『武藏野音樂大學 硏究紀要』 Ⅶ, 東京：武藏野音樂大學, 1973.

吉川英史, 『日本音樂の歷史』, 東京：創元社, 1979.

『軍制綱領』, 陸軍省, 1875.

小池章太郎(코이케 쇼오타로오), 『藝能語原散策』, 東京：東京書籍株式會社, 1985.

坂本明(사카모토 메이), 『文部省唱歌の成立と變遷』, 『國定敎科書たおける海外認識の硏究一硏究報告』 No.41, 東京：財團法人 中央敎育硏究所, 1994.

辛基秀 編著, 『映像が語る 「日韓倂合」 史』, 東京：勞動經濟社, 1987.

『小學唱歌集』(初), 東京：文部省音樂取調掛 1881.

小泉文夫(코이즈미 후미오), 「日本音樂の音階と旋法」, 『日本の音階』, 東洋音樂學會編, 東京：音樂之友社, 1982, 51~81쪽.

_____, 『日本傳統音樂の硏究』, 東京：音樂之友社, 1982.

故目賀田鍾太郎 傳記編纂會, 『男爵目賀田鍾太郎』, 東京：故目賀田鍾太郎 傳記編纂會, 1938.

高橋濱吉(타카하시 하마키치), 『朝鮮敎育史考』, 東京：帝國地方行政學會朝鮮本部, 1927.

田邊尙雄(타나베 히사오), 「日鮮融和と音樂」, 『音樂と蓄音機』 第8卷 第5號, 東京：蓄音機世界社, 1921, 1~5쪽.

_____, 『中國・朝鮮音樂調査紀行』, 『東洋音樂選書』 十一, 東京：音樂之友社, 1970.

_____, 『日本音樂講話』, 東京：株式會社 講談社, 1984.

田甫柱三(탄포 케이조) 編, 『近代日本音樂敎育史』 Ⅱ 一唱歌敎育の日本的展開, 東京：學文社, 1981.

_____, 「唱歌敎育の夜明け一明治20年代の唱歌敎育」, 『武藏野音樂大學 硏究紀要』 Ⅸ, 東京：武藏野音樂大學, 1975, 19~39쪽.

東京音樂大學內 日本敎育音樂協會編, 『本邦音樂敎育史』, 東京：音樂敎育書出版協會, 1934.

東京藝術大學 音樂取調掛資料硏究班, 『音樂敎育成立への軌跡』, 東京：音樂之友社, 1976.

日本音樂敎育協會 編, 『本邦音樂敎育史』, 東京：第一書房, 1983.

平野健次(히라노 켄지), 「唱歌」, 『音樂大辭典』 3, 東京：平凡社, 1983, 1216~17쪽.

堀內敬三(호리우치 케이조오)・井上武士(이노우에 후시) 編, 『日本唱歌集』, 東京：岩波書店, 1963.

町田嘉章(마사다 카후미)・淺野健二(아사노 타케지) 編, 『わらべうた一日本の傳承歌謠』, 東京：岩波書店, 1962.

松下直子(마쯔시타 나오코), 「歐美主義期たおける唱歌敎育の實態」, 『武藏野音樂大學硏究紀要』 ⅩⅠ, 東京：武藏野音樂大學, 1977, 59~74쪽.

目賀田鍾太郎(메가타 타네타로오)・伊澤修二(이자와 슈우지), 「音樂取調事業ヲオコナウベキ上申書」, 1878.

目賀田鍾太郎, 「我公學ニ唱歌ヲ興バキ任方ニ付私ノ見込」, 1878.

山口常光(야마구치 쯔네미쯔) 編著, 『陸軍軍樂隊史』, 東京 : (有)三靑出版部, 1973.

山下英愛(야마시타 에아이), 「한국근대공창제도 실시에 관한 연구」, 이화여자대학교대학원 여성학과 석사
　　　학위논문, 1991.

Blacking, J., *How Musical is Man?*, University of Washington Press, 1990.

Kaemmer, J. E., *Music in Human Life : Anthropological Perspective on Music*, Austin : University of
　　　Texas Press, 1993.

Nettl, B., *The Western Impact on World Music*, New York : Schirmer Books, 1985.

The Korea Review.

Wiora, W., *Die vier Weltalter der Musik*, Stuttgart : W. Kohlhammer GmbH, 1961.

가

노동은魯棟銀

현재 한국음악연구소 소장으로 있으면서 중앙대학교 명예교수이다.
연세대학교 대학원을 졸업하였고, 중앙대학교 국악대학장과 한국음악학학회장을 역임했다.
주요 저서로『한국영아음악연구』·『한국근대 음악사』·『한국음악론』·『경기음악』등 22권과 논문「음악기학音樂氣學」·「만주음악연구」·「가정성과 직관성 그리고 근대」·「음악과 백두대간」등 400여 편을 발표하였다.
제10회 단재丹齋 학술상 한국의 미래를 여는 100인, KBS국악대상 특별공로상을 수상했다.

한국근대음악사 1

초판1쇄 발행 2015년 11월 15일

지은이 노동은 **펴낸이** 홍기원
편집주간 박호원 **총괄** 홍종화
편집 · 디자인 오경희 · 조정화 · 오성현 · 신나래 · 김선아
              이효진 · 남도영 · 이상재 · 남지원
관리 박정대 · 최기엽
펴낸곳 민속원 **출판등록** 제18-1호
주소 서울 마포구 대흥동 337-25 **전화** 02) 804-3320, 805-3320, 806-3320(代) **팩스** 02) 802-3346
이메일 minsok1@chollian.net, minsokwon@naver.com
홈페이지 www.minsokwon.com

ISBN 978-89-285-0796-2
SET 978-89-285-0359-9 94380